Effektivität des Schulsystems beim Abbau sozialer Ungleichheit

AF280584

Waxmann Verlag GmbH
Steinfurter Straße 555, 48159 Münster
info@waxmann.com

Empirische Erziehungswissenschaft

herausgegeben von

Rolf Becker, Sigrid Blömeke, Wilfried Bos,
Hartmut Ditton, Cornelia Gräsel, Eckhard Klieme,
Thomas Rauschenbach, Hans-Günther Roßbach,
Knut Schwippert, Ludwig Stecher, Christian Tarnai,
Rudolf Tippelt, Rainer Watermann, Horst Weishaupt

Band 63

Agnes Simona Stancel-Piątak

Effektivität des Schulsystems beim Abbau sozialer Ungleichheit

Latentes Mehrebenenmodell individueller und institutioneller Faktoren der sozialen Reproduktion (PIRLS)

Waxmann 2017
Münster • New York

Diese Arbeit wurde im Jahr 2013 von der Universität Hamburg
als Dissertation angenommen.

Bibliografische Informationen der Deutschen Nationalbibliothek
Die Deutsche Nationalbibliothek verzeichnet diese Publikation in
der Deutschen Nationalbibliografie; detaillierte bibliografische
Daten sind im Internet über http://dnb.dnb.de abrufbar.

Empirische Erziehungswissenschaft, Band 63

ISSN 1862-2127
Print-ISBN   978-3-8309-3480-6
E-Book-ISBN   978-3-8309-8480-1

© Waxmann Verlag GmbH, 2017

www.waxmann.com
info@waxmann.com

Umschlaggestaltung: Pleßmann Design, Ascheberg
Satz: Stoddart Satz & Layout, Münster

Gedruckt auf alterungsbeständigem Papier,
säurefrei gemäß ISO 9706

Meinem Mann Marek
und meiner Tochter Ester

Danksagung

An dieser Stelle möchte ich meinen Dank gegenüber einer Reihe von Menschen aussprechen, deren fachlichen Rat, Unterstützung und Ermutigung während der Forschungsphase, in der diese Arbeit entstand, ich hätte nicht missen wollen. Zuerst möchte ich meinem Doktorvater Prof. Dr. Knut Schwippert nicht nur für seinen exzellenten fachlichen Rat danken, sondern gleichermaßen für seinen persönlichen Einsatz, seine Unterstützung und Ermutigung. Seine zuversichtliche und positive Art, komplexe Themen und Herausforderungen anzugehen, hat mich persönlich stark geprägt. Ebenso möchte ich meinen Dank gegenüber Prof. Dr. Wilfried Bos aussprechen, der sich nicht nur bereit erklärt hat, die Arbeit zu begutachten, sondern der mir vor einigen Jahren einen ersten Zugang zur empirischen Bildungsforschung schmackhaft gemacht hat. Ohne seine Begeisterung und seine Unterstützung hätte ich womöglich ein ganz anderes Forschungsgebiet gewählt. Mein Dank gilt ebenfalls Prof. Dr. Michel Knigge, der mich als Gutachter und Kollege mit seiner methodischen Expertise und seiner freundlichen Art fachlich und mental unterstützte.

Des Weiteren möchte ich meinen Kolleginnen und Kollegen vom Arbeitsbereich *Internationales Bildungsmonitoring und Bildungsberichterstattung* an der Universität Hamburg für ihre Unterstützung und Kollegialität danken. Mein Dank gilt insbesondere Frau Heike Poppendieker, die das aufwendige Lektorat des ersten Manuskripts freundlicherweise übernommen hat. Zudem möchte ich meinen Hilfskräften danken, die mich bei der Datenvorbereitung, der Literaturrecherche sowie dem Layouten unterstützt haben, darunter insbesondere Frau Marlena Szczerba.

Last but not least möchte ich mich bei meinem Mann Marek und meiner Tochter Ester bedanken. Sie waren es, die vielerlei Abstriche in Kauf nehmen mussten, meine ständige physische und geistige Abwesenheit ertragen und in vielen familiären Lebensbereichen auffangen mussten, während ich intensiv mit der Arbeit sowie dem nebenbei laufenden TEDS-LT-Projekt (*Teacher Education and Development Study: Learning to Teach*) beschäftigt war.

Dank des Engagements und der Unterstützung meiner Kolleginnen und Kollegen sowie meiner Freunde und Familie wurde meine Promotionsphase zu einer überaus fruchtbaren und lehrreichen Erfahrung.

School effectiveness on mitigating social inequalities

Latent multilevel model of the individual and institutional factors of social reproduction (PIRLS)

Current research findings show that regardless of higher participation in education across social classes, the structure of educational discrimination has not changed significantly in many countries (OECD, 2010). Whereas the individual mechanisms of social reproduction have been identified in previous research, the impact of school and regional contexts on social reproduction has not been explored sufficiently. In particular, there is still lack of knowledge about school and class factors that can mitigate social inequalities. Considering the persistence of social inequalities, this research explores the mechanism of social inequalities in the German school system at the transition from primary to secondary school, focusing on school and regional factors that hold the potential to mitigate social inequalities.

The analytical framework is based on models proposed within *Educational Effectiveness Research* (EER) (Creemers & Kyriakides, 2008). Through connection of the social power theory (Bourdieu & Passeron, 1977) and the social-cognitive theory (Bandura, 1986) with organizational theories (Scheerens & Bosker, 1997), school factors that can mitigate social inequality are theoretically derived. It is assumed that the extent to which schools can mitigate social inequalities depends on their ability to counteract the inequality effects of students' family background on their achievement. Drawing on the German extension of the PIRLS-2006 data (*Progress in International Reading Literacy Study, IGLU-E,* Bos et al., 2007), two-level latent models are estimated. The methodological procedure along with its limitations are comprehensively presented and discussed in this book.

The inequality effects are explored through the association of students' family background with their achievement and parental educational aspirations for their children. By including school and class variables in the model, school and regional factors that contribute to social inequalities are analyzed. While controlling for class composition, the interaction of the regional (educational structure in the area) and school and teacher characteristics with the secondary inequality effect is estimated. The findings indicate that the social and performance-related class composition interacts with the inequality effect. Further, the results show that classroom climate and teacher ability can potentially contribute to mitigating social inequality in classrooms. Due to the cross-sectional data design and the nature of secondary analysis, the findings have to be validated in future studies.

Bibliography

Bandura, A. (1986). *Social foundations of thought and action: A social cognitive theory.* New Jersey: Prentice Hall.

Bourdieu, P. & Passeron, J.-C. (1977). *Reproduction in Education, Society and Culture*. (R. Nice, Trans.). London: Sage Publications.

Creemers, B. P. M. & Kyriakides, L. (2008). *The dynamics of educational effectiveness. A contribution to policy, practice and theory in contemporary schools*. New York: Routledge.

OECD. (2010). *Overcoming social background equity in learning opportunities and outcomes*. Paris: OECD. Retrieved from http://books.google.de/books?id=ui-V6nROIrgC &pg=PA56&dq=social+gradient+pisa&hl=de&sa=X&ei=iD1dUqunA4mGswb38oCQA w&ved=0CFIQ6AEwBA#v=onepage&q=social%20gradient%20pisa&f=false

Scheerens, J. & Bosker, R. J. (1997). *The foundations of educational effectiveness*. Oxford: Elsevier Science.

Inhalt

Der Anhang ist online abrufbar unter www.waxmann.com/buch3480.

1. Einleitung

1.1 Hintergrund und Zielsetzung

Aus der meritokratischen Forderung heraus sollten ungleiche Bildungsabschlüsse in demokratischen Gesellschaften durch Leistung gerechtfertigt werden. Hieraus resultiert der Anspruch auf Chancengleichheit[1], die durch Bereitstellung gleicher Zugangschancen zu Bildung durch die Schule für alle Kinder unabhängig von deren sozialem Hintergrund, Geschlecht oder ethnischen Zugehörigkeit gewährleistet werden sollte. Diese Forderung umfasst zum einen das Angebot von Lerngelegenheiten unter Berücksichtigung familiärer Voraussetzungen und zum anderen eine sozial unabhängige Beurteilung von Leistungen (Heid, 1988; Hopf, 2000). Spätestens seit Mitte der 1960er Jahre wird jedoch im Rahmen der Schulqualitätsdiskussion auf die, unter anderem durch Picht (1964) als *deutsche Bildungskatastrophe* konstatierten, Herausforderungen des deutschen Schulsystems in Hinsicht auf Chancenungleichheit hingewiesen (Dahrendorf, 1972; Steffens, 2007). In den letzten Jahren haben großangelegte Schulleistungsstudien unter anderem die besonders ausgeprägte Chancenungleichheit im Bildungswesen im Vergleich zu anderen Ländern herausgestellt (Baumert, Klieme et al., 2001; Bos et al., 2003; Mullis, Martin, Kennedy & Foy, 2007; Watermann & Baumert, 2006). Trotz der Bildungsexpansion, die Anfang der 1960er Jahre unter anderem durch die Bildungsreformen angestoßen wurde, ist zwar insgesamt eine höhere Bildungsbeteiligung in allen sozialen Schichten zu verzeichnen, die Strukturen der Bildungsbenachteiligung bleiben jedoch zum Teil erhalten (van Ackeren & Klemm, 2011, S. 85ff.; Baumert, Stanat & Watermann, 2006; Becker & Lauterbach, 2010, S. 12, 24; Bos & Pietsch, 2005; Maaz, 2006; Maaz, Hausen, McElvany & Baumert, 2006; Stocké, 2010; Vester, 2004). Offensichtlich erweisen sich die Strukturen der Bildungsbenachteiligung als relativ hartnäckig, denn die insgesamt vergleichbar höhere Bildungsbeteiligung zeigt zugleich eine hohe soziale Abhängigkeit.

Bei den bislang vorgelegten Untersuchungen zur Analyse der Wirkungsmechanismen im Schulsystem wurde deutlich, dass neben den unterrichtsbezogenen Reproduktionsmechanismen (Mittelschichtschule, Bourdieu, 2001) die Übergänge im deutschen Schulsystem eine herausragende Rolle in der Perpetuierung sozialer Ungleichheiten spielen, da sie durch die familiäre Herkunft beeinflusst werden. Zur Erklärung der im Rahmen von Übergängen stattfindenden Prozesse wird an handlungstheoretische Ansätze rekurriert, nach denen Bildungsentscheidungen sowie Übergangsempfehlungen ökonomisch geleitete Wahlentscheidungen zur Maximierung des Nutzens darstellen (Esser, 2000; Simon, 1978). Während hierbei bislang verstärkt individuelle Bedingungsfaktoren untersucht wurden, liegen nur wenige Studien vor, in denen der institutionelle und regionale Umweltkontext berücksichtigt wird. Das Ziel der vorliegenden Arbeit besteht darin, einen Beitrag zur Effektivitätsverbesserung der Schule

---

1 Der Begriff der Chancengleichheit wurde in neueren bildungspolitischen Diskussionen durch den Begriff der Chancengerechtigkeit ersetzt. Da in der vorliegenden Arbeit nicht auf den damit einhergehenden normativen Diskurs eingegangen wird, werden im Folgenden der Begriff der Chancengleichheit und der komplementäre Begriff der Chancenungleichheit benutzt.

zu leisten, indem die Rolle der Schule und des Schulsystems in der Perpetuierung sozialer Ungleichheiten an den Übergängen beschrieben und empirisch überprüft wird, um hieraus auf der systemischen Ebene konkrete Faktoren abzuleiten, die den Abbau sozialer Ungleichheit bedingen. Als Datenbasis dient die deutsche Erweiterung von IGLU/PIRLS (*Internationale Grundschul-Lese-Untersuchung/Progress in International Reading Literacy Study*). Die hierbei angenommene systemische Perspektive ermöglicht Analysen auf der Ebene des Schulsystems und führt zur allgemeinen Beschreibung von dominierenden Ungleichheitsmechanismen im schulischen Kontext. Interindividuelle Differenzen bleiben dabei unberücksichtigt, wenn sie nicht von bestimmten Gruppen als gemeinsames Merkmal geteilt werden. Das Ziel einer solchen Untersuchung besteht primär darin, herausragende Tendenzen zu identifizieren und daraus Handlungsimplikationen auf systemischer Ebene abzuleiten.

Die Beschreibung der Mechanismen der Perpetuierung sozialer Ungleichheit an den Übergängen im Schulsystem erfolgt in der vorliegenden Arbeit ausgehend von den Theorien sozialer Machtreproduktion (Bourdieu & Passeron, 1973) sowie unter Bezug auf die sozialökonomischen Ansätze rationaler Wahlentscheidung (Boudon, 1974) unter Berücksichtigung der subjektiven und sozialen Komponenten.[2] Danach wird in Anlehnung an den Ansatz von Boudon (1974) auf die Verknüpfung der Kapitaltheorie mit der Theorie rationaler Wahlentscheidung eingegangen. In Anlehnung an das IEO-ISO-Modell[3] wird die Differenzierung zwischen den *primären* und *sekundären* Effekten im Schulsystem erörtert. Anschließend werden Analysemodelle vorgestellt, anhand derer die Ungleichheitseffekte im Schulsystem differenziert untersucht werden können.

Da sich die Schulen hinsichtlich ihres sozialen Umfelds und institutioneller Faktoren voneinander unterscheiden (Baumert & Schümer, 2001b; Coleman et al., 1966, S. 8ff.) als auch ferner mit den objektiven Gegebenheiten differenziell umgehen (Schulze, 1985), wird hierbei davon ausgegangen, dass das Maß an sozialer Ungleichheit ebenfalls zwischen den Schulen variiert. Dabei wird die Schule in Anlehnung an die ökologische Perspektive (Bronfenbrenner, 1978, 1981) im Kontext ihrer lokalen und politischen Bedingungen betrachtet. Hierbei wird davon ausgegangen, dass die standortspezifische Zusammensetzung der Schülerschaft und Lehrerschaft ein eigenes soziales Milieu konstituiert, das in Wechselwirkung mit institutionellen Bedingungen bestimmte Lerngelegenheiten und Entwicklungspotenziale bereitstellt (Baumert et al., 2006). Gesucht wird somit nach institutionellen und individuellen Bedingungen (z.B. bezogen auf die Lehrerpersönlichkeit), die zur Reduzierung von Chancenungleichheiten beitragen können.

---

2   In der soziologischen Perspektive werden Bildungsentscheidungen zwar in Anlehnung an das ökonomische Modell als *rationale Wahlhandlungen* aufgefasst, in denen Kosten und Nutzen gegeneinander abgewogen werden, die soziologischen Ansätze unterscheiden sich jedoch grundsätzlich vom klassischen ökonomischen Handlungsmodell (Becker, 1982). Als Kernstück zur Erklärung des sozialen Handels fungiert hierbei die subjektive Rationalität des Handelnden und die soziale Bedingtheit ihrer spezifischen Rationalität (Ditton, 1992).

3   IEO, Inequality of Educational Opportunity – Ungleichheit von Bildungsgelegenheiten (im Folgenden: Bildungsungleichheit) ISO, Inequality of Social Opportunity – Ungleichheit sozialer Gelegenheiten (im Folgenden: soziale Ungleichheit)

Um schulische Bereiche zu identifizieren, die Potenziale der Beeinflussung zur Reduzierung von Chancenungleichheiten bereitstellen, wird auf der Grundlage des organisationstheoretischen Ansatzes (Scheerens, 1997; Scheerens & Bosker, 1997) die Schule als Organisation beschrieben. Die hierbei zugrunde gelegte Definition der Schuleffektivität wurde in Anlehnung an organisationstheoretische Ansätze (Scheerens & Bosker, 1997) erarbeitet. In Anlehnung an den *dynamischen Ansatz* von Cheng (1996, S. 29ff.) wird die Schuleffektivität als der Grad definiert, in dem sich die Schule auf der Basis eines kompetenten Managements beeinflussen lässt, langfristig die externen und internen Gegebenheiten zu integrieren als auch kontinuierlich die konkurrierenden vielschichtigen Ziele miteinander dynamisch zu verknüpfen und dadurch zufriedenstellend und möglichst effizient zu erreichen. Angenommen wird dabei, dass sich aus dem Spannungsfeld der gesellschaftlichen und pädagogischen Verpflichtungen der Schule unter Umständen konkurrierende Zielsetzungen ergeben können, wie zum Beispiel das Erreichen hoher Leistungsergebnisse bei gleichzeitiger Reduktion von Chancengleichheit. Nach der vorgelegten Definition werden diese augenscheinlich gegensätzlichen Zielsetzungen in Ergänzung zueinander betrachtet.

1.2 Aufbau der Arbeit

Aufgrund der Tatsache, dass die Untersuchung auf zwei theoretischen Forschungssträngen aufbaut, ist der erste Teil der Arbeit in zwei übergeordnete Kapitel unterteilt, in denen die beiden theoretischen Stränge beschrieben werden (Kap. 2 und 3). Diese Beschreibungen beinhalten jeweils die Darstellung der Theorien, gefolgt von einer Zusammenfassung vorliegender empirischer Befunde in Kapitel 4. Anschließend werden in Kapitel 5 die Erkenntnisse aus den beiden theoretischen Abschnitten zusammengeführt und Hypothesen vorgelegt.

Der erste Teil der theoretischen Fundierung der Arbeit (Kap. 2) beinhaltet eine umfassende Erörterung des Konzepts der Schuleffektivität in Anlehnung an die theoretischen Annahmen der Schuleffektivitätsforschung (Reynolds & Teddlie, 2000b; Scheerens & Bosker, 1997). Dabei wird die Schule als Institution anhand der ökonomischen Modelle in sozialökologischer Perspektive beschrieben. Nach einer Einführung in den gesellschaftlichen und bildungspolitischen Kontext (Kap. 2.1) erfolgt eine zusammenfassende Darstellung der Entwicklungen der Schuleffektivitätsforschung (Kap. 2.2), gefolgt von einer Darlegung organisationstheoretischer Ansätze der Schuleffektivitätsforschung (Kap. 2.3), die in Kapitel 2.4 um die sozialökologische Perspektive ergänzt wird. Anschließend werden ausgewählte Schuleffektivitätsmodelle vorgestellt, in denen die Schule in Anlehnung an die Schuleffektivitätsforschung in der sozialökologischen Perspektive beschrieben wird (Kap. 2.5), und Implikationen für die vorliegende Arbeit herausgearbeitet (Kap. 2.6).

Im zweiten Teil der theoretischen Fundierung wird auf die Reproduktionsmechanismen sozialer Ungleichheit im Schulsystem eingegangen. Die Mechanismen der Perpetuierung werden zunächst allgemein (Kap. 3.1) sowie danach spezifisch an den Übergängen im Schulsystem in Anlehnung an die Theorie rationaler Wahlentscheidung (Boudon, 1974, 1990, 1994) beschrieben (Kap. 3.2). Dabei werden ausgewählte Theorien sozialer und räumlicher Ungleichheit vorgestellt und im Hinblick auf die Komplexität vorliegender gesellschaftlicher Strukturen kritisch diskutiert. Zudem wird spezifisch auf Reproduktionsmechanismen am Übergang von der Primar- in die Sekundarstufe im Rahmen von elterlichen Bildungsentscheidungen sowie Übergangsempfehlungen von Lehrkräften eingegangen. Das Ziel hierbei ist es, die Mechanismen sozialer Reproduktion in der Schule zu beschreiben, um einerseits konkrete Hypothesen abzuleiten und ein Analysemodell aufzustellen (Kap. 5) sowie andererseits um die zu untersuchenden Faktoren im Rahmen der nachfolgenden Analysen zu operationalisieren. Ergänzt um die in Kapitel 4 zusammenfassend dargestellten empirischen Befunde werden in Kapitel 5 Hypothesen über schulische Bedingungsfaktoren sowie Umweltfaktoren, die zum Abbau von Chancenungleichheit beitragen können, abgeleitet und in ein gemeinsames konzeptuelles Modell der Perpetuierung von Chancenungleichheiten an den Übergängen im Schulsystem integriert (Kap. 5.2).

In Kapitel 6 werden zunächst die Datenquelle (Kap. 6.1) sowie die eingesetzten Methoden (Kap. 6.2) präsentiert. Basierend hierauf wird die Vorgehensweise bei der Modellierung und die Operationalisierung von Konstrukten in der vorliegenden Untersuchung beschreiben (Kap. 6.3 und 6.4).

Die empirische Überprüfung der Annahmen erfolgt anhand des Ansatzes der Strukturgleichungsmodellierung mit latenten Faktoren (Hox & Bechger, 1999; Reinecke, 2005). Kontext- und Kompositionseffekte werden mit dem Mehrebenenansatz (Hox, 2008; Raudenbush & Bryk, 2002) modelliert. Die methodologische Komplexität resultiert aus dem Bestreben nach einer möglichst reliablen und validen als auch umfassenden Analyse. Mit der, an die theoretischen Ausführungen anschließenden, ausführlichen Beschreibung der komplexen Modellierung in Kapitel 6 wird dem Leser eine Grundlage für ein elaboriertes Verständnis der eingesetzten Methoden geboten. Kapitel 6 muss nicht unbedingt zum inhaltlichen Verständnis der Ergebnisse detailliert gelesen werden, sondern kann bei gegebenenfalls aufkommenden Fragen zum Nachschlagen genutzt werden.

In Kapitel 7 werden schließlich die Ergebnisse präsentiert. Dabei wird zunächst allgemein auf die Existenz der primären und sekundären Ungleichheitseffekte am Übergang eingegangen (Kap. 7.1). Ferner werden in Kapitel 7.2 Schulklassen als differenzielle Schulumwelten anhand verschiedener Klassenfaktoren beschrieben. In den Kapiteln 7.3, 7.4 und 7.5 werden schließlich schulische Potenziale zur Reduktion von Chancenungleichheit empirisch untersucht. Diese werden anschließend in Kapitel 8.1 zusammengefasst und kritisch diskutiert. Hierbei werden zum einen der Mehrwert sowie zum anderen die Herausforderungen der vorliegenden Untersuchung hervorgehoben. Aufbauend hierauf werden Forschungsdesiderate (Kap. 8.2.3) abgeleitet. Im Schlusswort (Kap. 8.3) werden die Ergebnisse unter Bezug auf den gesellschaftlichen Kontext verortet.

1.3 Beitrag der Arbeit

Die bislang vorgelegten Untersuchungen aus der Schuleffektivitätsforschung beziehen sich vorrangig auf Leistungen sowie auf leistungsbezogene Persönlichkeitsmerkmale von Schülerinnen und Schülern. Untersuchungen zur Chancengleichheit dagegen berücksichtigen zwar einzelne Faktoren des Schulsystems, eine systematische Darstellung von schulischen Einflussbereichen unter Bezug auf die Reduzierung von Chancenungleichheiten als Effektivitätskriterium fehlt jedoch bislang. In der vorliegenden Arbeit werden schulische Bereiche, die Potenziale zur Reduzierung sozialer Ungleichheit bereitstellen, in Anlehnung an organisationstheoretisch fundierte Effektivitätskriterien systematisch abgeleitet. Die theoretische Fundierung der vorliegenden Analysen basiert dabei auf einer Verknüpfung der sozialökonomisch begründeten Ansätze zur sozialen Reproduktion im Rahmen rationaler Wahlentscheidungen (Boudon, 1974; Bourdieu, 2001) mit den organisationstheoretischen Ansätzen zur Beschreibung der Schule (Scheerens & Bosker, 1997).

Neben der Zusammenführung der beiden theoretischen Stränge wird ebenfalls in methodischer Hinsicht eine Weiterentwicklung angestrebt. Im Rahmen von bislang vorliegenden Untersuchungen zum Abbau sozialer Ungleichheit im Schulsystem werden in der Regel einzelne schulische Einflussfaktoren oder Faktorengruppen auf einer oder mehreren der drei Schulsystemebenen (Klassenkontext, Schulumfeld, regionaler Kontext) berücksichtigt. Aufgrund methodischer Herausforderungen sowie der hohen Anforderungen in Bezug auf die Datenbasis sind umfassende Modellierungen der Schuleffekte auf mehreren Ebenen eher selten vorzufinden. In der vorliegenden Arbeit wird die Schuleffektivität bezogen auf das Kriterium der Reduzierung von Chancenungleichheiten anhand von komplexen Mehrebenen-Strukturgleichungsmodellen umfassend untersucht. Die Modellierung latenter Faktoren weist gegenüber dem konventionellen Ansatz der Mehrebenenmodellierung mit manifesten Variablen Vorzüge auf. Unter anderem ist dabei eine Korrektur des Messfehlers sowie des Stichprobenfehlers möglich, was zu einer Reduktion von Verzerrungen führt (Lüdtke et al., 2008; Marsh et al., 2009a). Der methodische Mehrwert dieser Arbeit liegt somit in der umfassenden Modellierung der Wirkungsmechanismen und in der strengeren Kontrolle des Stichproben- und Messfehlers anhand latenter Modellierung.

2. Ansätze der Schuleffektivität

2.1 Gesellschaftlicher und bildungspolitischer Kontext

Die grundlegende Rationalität des outputbezogenen Steuerungssystems liegt in der freien Konzeption gesellschaftlicher Strukturen, die aus einer langen geisteswissenschaftlichen Entwicklung resultiert (Wottawa & Thierau, 2003, S. 27). Diese beschreibt gesellschaftlich relevantes Handeln als bewusstes und zielorientiertes Handeln, das unter Optimierungsaspekten selbst rational gestaltet werden kann. Im Schulsystem wird im Zuge der Dezentralisierung die Handlungsverantwortung von der übergeordneten Ebene zentraler Entscheidungseinheiten in kleinere dezentrale Einheiten, wie die Regionen, Kommunen, Stadtteile, oder gar auf die Ebene der Einzelschule verlagert (Klemm, 2000, S. 330). Aus der Überzeugung heraus, dass die einzelne Einheit die Wege der Zielerreichung effizienter gestalten kann, als es durch die Zentralpolitik erreicht werden könnte, resultieren bildungspolitische Konsequenzen, wie der Rückzug des Staates auf das Bereitstellen von Ressourcen unter gleichzeitiger Vorgabe zu erreichender Ziele (Peek, 2001, S. 323 f.). Nach Klemm (2000, S. 331) führe die damit einhergehende Teilautonomisierung der Schulen einerseits zur stärkeren Handlungsfreiheit und erweitere die Gestaltungsmöglichkeiten der Einzelschule. Gleichzeitig jedoch stelle sie diese stärker in die Verantwortung der erfolgreichen Erfüllung des meritokratischen Auftrags, ihre Entscheidungen bei der Vergabe von Zertifikaten durch objektive, überprüfbare und vergleichbare Kriterien gegenüber dem Sozialstaat zu rechtfertigen. Aus der öffentlichen Verantwortung der Schule heraus begründe sich hierbei der Anspruch des Staates, dass vorgegebene Ziele des Schulsystems erreicht werden sollen und nicht etwa durch institutionelle Ziele der Einzelschule verdrängt werden dürfen (Klemm, 2000, S. 331). Daraus ergibt sich die Notwendigkeit, die Handlungsfolgen zu überprüfen und die Zielerreichung zu kontrollieren und das System gegebenenfalls zu optimieren (Wottawa & Thierau, 2003, S. 30). Durch die klare Definition des Outputs als Kompetenzen und die Festlegung exakter Grenzwerte soll dem Anspruch des Staates entsprochen werden, die Zielerreichung zu überprüfen und die Vergleichbarkeit der Ergebnisse zu gewährleisten (BMBF, 2003; Klemm, 2000, S. 331; Köller, 2010; OECD, 2001a; Tippelt, 2008).

Die inhaltliche Definition dessen, was zum gegebenen Zeitpunkt als Lernerfolg definiert und anerkannt wird, unterliegt einem gesellschaftlich bedingten Wandel. Der im Zuge der Globalisierung zunehmende Austausch von Gütern, Dienstleistungen und Kapital und die damit einhergehende wachsende Bedeutung des Wissens führen gegenwertig zum Aufbau einer Wissensgesellschaft, welche den Wert von Wissen immer stärker an dessen marktwirtschaftlicher Nützlichkeit bemisst. Die inhaltliche Definition der Lernerfolge von Schülerinnen und Schülern resultiert dabei direkt aus der wirtschaftlichen Verwertung des Wissens (vgl. dazu Lang-Wojtasik, 2008). In Folge dieser Entwicklungen wird die Schulqualität immer stärker an ihrem Ertrag, der Wissensvermittlung, beurteilt sowie an ihrem Beitrag zur Herausbildung von Kompetenzen (Klemm, 2000, S. 333), wie zum Beispiel der sozialen oder der Problemlösekompetenz (Bos & Schwippert, 2003, S. 570). Weitere Kriterien, wie zum Beispiel die

Abbruchquoten, Elternarbeit oder interne Evaluation, geraten hingegen in den Hintergrund. Gleichzeitig wird im Rahmen schulischer Qualitätsforschung immer wieder konstatiert, die theoretische Basis der Schulforschung wäre schwach, der Begriff der Schulqualität nicht eindeutig definiert, die Funktionsweise und Wirkungen der Schule nicht ausreichend gut beschrieben. Aufgrund der Komplexität des Forschungsgegenstands erscheint dies jedoch verständlich. Die Verknüpfung von unterschiedlichen Lern-, Unterrichts-, Schul-, Organisations- und Systemtheorien zu einer umfassenden Schultheorie könne nur in einem langwierigen Forschungsprozess erfolgreich vollbracht werden, so Ditton (2000, S. 76, 2009, S. 83).

Vor dem Hintergrund dieser Entwicklungen tritt die Forderung nach Chancengleichheit beziehungsweise -gerechtigkeit in der gesellschaftspolitischen Diskussion erneut in den Vordergrund (Heinrich, 2010; Krüger, Raber-Kleberg, Kramer & Budde, 2011b, S. 7; Maaz, Baumert & Trautwein, 2011; Reimer, 2013). In Anlehnung an aktuelle empirische Befunde wird dabei bemängelt, dass trotz der nachgewiesenen Öffnung der Zugänge zu verschiedenen Schulabschlüssen keine bedeutsamen Reduzierungen von Ungleichheiten verzeichnet werden können. In Anbetracht dieser Hartnäckigkeit des Zusammenhangs zwischen sozialer Herkunft und der Bildungsbeteiligung wendet sich das Forschungsinteresse verstärkt den Ursachen und Mechanismen der Perpetuierung von Chancenungleichheiten im Bildungssystem zu sowie deren Verschränkungen auf verschiedenen Ebenen: der individuellen Ebene, der Klassenebene und der Schulebene mit ihrem soziostrukturellen Kontext (Ditton, 2010a; Dravenau & Groh-Samberg, 2005; Grundmann, Bittlingmayer, Dravenau & Groh-Samberg, 2010; Krüger, Rabe-Kleberg, Kramer & Budde, 2011a,b; Maaz et al., 2011). Nach Ditton (2004, S. 635) ließe sich dabei vermuten, dass der Öffnung des Zugangs zu Bildungstiteln durch subtile Mechanismen der Machtsicherung entgegengewirkt wird. Becker und Lauterbach (2010, S. 27f.) konstatieren in diesem Zusammenhang partikulare Interessen des Wohlfahrtsstaates und der Akteure in der Marktwirtschaft, die sich in der institutionellen Struktur niederschlagen: in den Bildungsangeboten, den möglichen Bildungswegen zur Erreichung von Bildungszertifikaten, den Zeitpunkten für die Bildungsentscheidung sowie den Regelungen und der Praxis an den Übergängen im Schulsystem. Zugang zu höherer Bildung ergebe sich danach durch ein Gleichgewicht zwischen *Öffnung* und *Restriktion*. Die Öffnung des Bildungssystems im Sinne von Qualifikationen des Bürgertums geschehe zwecks Bedarfsdeckung im Staatsapparat und ermögliche gleichzeitig die Aufrechterhaltung des Glaubens an mögliche soziale Aufstiege. Daraus resultiere die Legitimation der Restriktion beim Zugang zu höherer Bildung. Die Ziele seien hierbei eine sukzessive Durchsetzung hierarchischer Strukturprinzipien im Bildungssystem und Arbeitsmarkt sowie meritokratische Beurteilungsmaßstäbe im öffentlichen Dienst und in privatwirtschaftlichen Großbetrieben.

In der politischen Diskussion wird die Forderung nach Chancengleichheit (*equity of opportunity*) zuweilen als utopisch kritisiert. Sie setze eine Homogenität von Individuen voraus, die in der Realität nicht gegeben sei, so die Argumentation (Roemer, 1998, S. 1f., 2002, S. 456f.; Schwippert, 2009, S. 88). Weiter wird angemerkt, dass die hieraus resultierenden Reformen unzureichend sein mögen, wie dies etwa bei der

Angleichung der Bildungsausgaben pro Schüler der Fall sei. Der hiermit erreichte Ausgleich von Ausgaben sei nicht zufriedenstellend, da die Bildung von Kindern aus benachteiligten Familien eher zusätzlich bezuschusst werden müsste, um dem Anspruch gleicher Bildungschancen für alle Kinder zu genügen. Mit dem teilweise umstrittenen Begriff der Chancengerechtigkeit (*equality of opportunity*) wird der Versuch unternommen, dieser Kritik auszuweichen (Marggraf & Platta, 2010; Roemer, 1998, S. 1f., 2002, S. 456f.; Schwippert, 2009, S. 88). Der Begriff impliziert, dass Bildungschancen nicht für alle Menschen gleich sein können, da diese unter anderem von individuellen Merkmalen, wie zum Beispiel der Anstrengungsbereitschaft, abhängig seien. Die gesellschaftliche Verpflichtung wird darin gesehen, Lerngelegenheiten in Abhängigkeit von der Leistungsfähigkeit und dem Leistungswillen sowie angepasst an die individuellen Bedürfnisse der Individuen bereitzustellen. Das Ziel ist hierbei, jedem Kind eine angemessene Unterstützung zukommen zu lassen, die ihm die besten Entfaltungsmöglichkeiten gibt. Eine völlige Entkopplung des Bildungserfolgs von der sozioökonomischen Stellung der Familie erscheint aufgrund persönlichkeitsbezogener Differenzen nicht realistisch. Erstrebenswert sei vor diesem Hintergrund jedoch zumindest der Versuch, der Benachteiligung von Schülerinnen und Schüler aus unteren sozialen Schichten im offenen Wettbewerb um Bildungsabschlüsse entgegenzuwirken.

Die Ergebnisse empirischer Studien zur sozialen Benachteiligung weisen insbesondere auf die Benachteiligung an den Übergängen im Schulsystem hin (Bos, Voss et al., 2004; Maaz, Baumert, Gresch & McElvany, 2010; Maaz et al., 2006; Maaz, Trautwein, Lüdtke & Baumert, 2008; Pietsch & Stubbe, 2007; Stubbe, Bos & Euen, 2012). Bezogen auf die Verteilung von Bildungstiteln entstehen dabei nach Ditton (2010a, S. 247) Fragen nach der Art und Höhe der für einen bestimmten Abschluss benötigten Leistungen, ferner nach der objektiven Feststellung und Bewertung sowie des Weiteren danach, wer die Bildungsentscheidung treffen darf, zu welchem Zeitpunkt und welche Kriterien dem zugrunde gelegt werden sollten. Die in Deutschland bislang übliche Leistungsbewertung anhand von Kriterien, die auf der Basis von Empfehlungen der Einzelschule basieren oder gar durch einzelne Lehrkräfte konkretisiert werden, ließe sich in Bezug auf ihre Transparenz, Objektivität und Vergleichbarkeit nicht allzu positiv bewerten (Ditton, 2010a, S. 258).

Trotz einer gesellschaftlich bedingten steigenden bildungsbezogenen Investitionsbereitschaft sind soziale Disparitäten bereits anhand ungleicher Startchancen vor Schulbeginn bemerkbar. Während der Schulzeit verschärfen sich die Leistungsunterschiede, die im Rahmen von Bildungsempfehlungen und elterlichen Bildungsentscheidungen fortgesetzt und anhand von Bildungsabschlüssen legalisiert werden (Maaz et al., 2011, S. 70f.). In dieser Perspektive werden soziale Disparitäten als kumulativer Effekt früherer Bildungsentscheidungen und die Bildungsungleichheit im Bildungssystem als aggregierte Folge vorangehender Bildungsentscheidungen im sequenziellen Entscheidungsprozess an festgelegten Übergangspunkten beschrieben (Kristen, 1999, S. 16, 23, 32). Dementsprechend lassen sich die Entstehung und Persistenz sozialer Ungleichheiten besonders an den Gelenkstellen des Bildungssystems verdeutlichen. Eine besondere Selektion findet dabei am Übergang von der Grundschule in die Sekundarstufe I statt, weil die Kinder im sehr jungen Alter auf verschiedene Schulzweige verteilt werden, die sich in differenziellen Lernmilieus niederschlagen (Baumert & Schümer, 2001b, S. 454ff.; Baumert et al., 2006, S. 98ff.; Gundel Schümer, 2004, S. 81). Da Bildungsbenachteiligungen innerhalb kurzer Zeit, wie in der Grundschulzeit, durch die Schule nicht ausreichend aufgefangen werden können und eine spätere Korrektur aufgrund schulformspezifischer Lernmilieus erschwert ist, erscheint die Untersuchung sozialer Disparitäten am Übergang von der Primar- in die Sekundarstufe als besonders relevant (Maaz et al., 2006, S. 302f.). Bei der Interpretation der empirischen Befunde müssen allerdings die kumulativen Ungleichheitseffekte, die schon seit dem Kindergarten- bzw. Vorschulbesuch wirken, berücksichtigt werden.

Vor dem Hintergrund der bislang vorliegenden Befunde zum Zusammenhang zwischen dem sozialen Status und den Leistungen gewinnt die Frage nach der Rolle der Schule in der Perpetuierung von Chancenungleichheiten neu an Aktualität. Trotz der zuweilen einseitigen Ausrichtung leistungsorientierter Steuerung werden zunehmend in der aktuellen Debatte zur Qualität des Bildungssystems hohe Leistungen gekoppelt mit der Minimierung sozialer Selektivität als Qualitätskriterien aufgefasst. In der Schuleffektivitätsforschung zeichnet sich eine Gewichtsverlagerung der Effektivitätskriterien ab, von der ausschließlich leistungsbezogenen Perspektive hin zu einem umfassenden Ansatz, in dessen Rahmen das Gelingen einer Verknüpfung von konkurrierenden Zielen als Effektivitätskriterium betrachtet wird (Cheng, 1996, S. 19; Scheerens & Bosker, 1997; Seidel, 2008, S. 531ff.). Aus der Forschung zu effektiven Schulen ist zwar bereits bekannt, dass unterrichtsbezogene Schul- und Lehrermerkmale differenzielle Leistungsentwicklungen bedingen (Köller, 2012; Köller & Baumert, 2001; Reynolds & Teddlie, 2000b, S. 140ff.; Teddlie & Reynolds, 2000, S. 313ff.). Ebenfalls liegen elaborierte Systematisierungsversuche leistungsrelevanter schulischer Bereiche bereits vor (vgl. z.B. Scheerens & Bosker, 1997). Welche schulischen Faktoren jedoch die Perpetuierung sozialer Ungleichheit bedingen, wurde bislang – abgesehen von Klassenkompositionsmerkmalen (Faber, 2013) – noch unzureichend erforscht. Die bisher vorgelegten Ergebnisse sind zudem abgekoppelt von theoriegeleiteten Systembeschreibungen. Gleichzeitig sind die individuellen Mechanismen sozialer Reproduktion mehrfach untersucht worden und erfreuen sich einer fundierten theoretischen Basis (vgl. z.B. Faber, 2013; Maaz et al., 2011; Stocké, 2010, 2013). Ein Versuch, schulische Faktoren, die zur Minimierung sozialer Ungleichheit beitragen können, anhand von Schuleffektivitätsmodellen zu systematisieren, erscheint vor diesem Hintergrund als gewinnbringend.

In der vorliegenden Arbeit wird der dynamische und umfassende Ansatz zur Analyse von Schuleffektivität nach Cheng (1996, S. 29ff.) aufgegriffen, wobei Schulqualität als eine notwendige Bedingung von Effektivität betrachtet wird. Das Ziel der nachfolgenden Ausführung liegt darin, eine Definition der Schuleffektivität zu erarbeiten sowie in einem ressourcenorientierten Ansatz schulische Bereiche zu beschreiben, die Potenziale der Beeinflussung zur Effektivitätssteigerung im Hinblick auf das Ziel der Ungleichheitsreduzierung enthalten. Unter anderem wird dabei die Rolle des sozialen Umfelds in der Perpetuierung von Chancenungleichheiten als Kompositionseffekt in der ökologischen Perspektive (Bronfenbrenner, 1981) dargestellt. Die Ausarbeitung schulischer Bereiche, die zur Minimierung von Chancenungleichheiten beitragen können, wird in Kapitel 5 und 7 weiter ausdifferenziert. Zuvor erfolgt zwecks Einordnung dieser Arbeit ein historischer Abriss der unterschiedlichen Forschungstraditionen der Schuleffektivitätsforschung (Reynolds, Teddlie, Creemers, Scheerens & Townsend, 2000).

2.2 Entwicklungen der Schuleffektivitätsforschung

In Bezug auf die Schuleffektivitätsforschung ist seit ungefähr zwei Dekaden ein Paradigmenwechsel zu verzeichnen. Die Schwerpunktverlagerung betrifft dabei den Wandel von Input- und Prozesskontrolle hin zur Outputkontrolle (Lange, 1999; Peek, 2001; Rolff, 2001). Während in den Anfängen der Schulqualitätsforschung Rahmenbedingungen auf Organisationsebene im Mittelpunkt der Untersuchungen (*Inputsteuerung*) standen, wurde die Schule in späteren Arbeiten zunehmend als pädagogisches Handlungsfeld beschrieben. Durch die Arbeiten der Konstanzer Schulforschung Mitte und Ende der 1970er Jahre wurden Unterrichtsprozesse und Wirkungszusammenhänge immer stärker fokussiert (vgl. dazu auch Fend, 1982). Die Qualitätssicherung im deutschen Bildungssystem konzentrierte sich hierbei über einen längeren Zeitraum auf Prozessvariablen wie das Schulklima, die Schulzufriedenheit oder die Lehrerkooperation (*Prozesssteuerung*). Spätestens seit der TIMS-Studie Ende der 1990er Jahre stieg das Interesse an den Auswirkungen der bisher untersuchten Prozessvariablen auf die Lernerfolge (*Outputsteuerung*) der Schülerinnen und Schüler sowie an der damit zusammenhängenden Unterrichtsqualität (Steffens, 2007, S. 43). Aus den zahlreichen internationalen Vergleichsuntersuchungen (PISA, TIMSS, IGLU etc.) resultieren in Deutschland gegenwärtig verschiedene schulinterne und -externe Maßnahmen wie Evaluation, Schwachenförderung, Lehrerfortbildung als auch standardisierte Lernstandserhebungen oder das Zentralabitur.

2.2.1 Forschungsphasen

In Rahmen der Schuleffektivitätsforschung (*School Effectiveness Research, SER*) können in Anlehnung an Reynolds et al. (2000, S. 4ff.) durch unterschiedliche Ansätze gekennzeichnete Forschungsphasen ausdifferenziert werden. Im Rahmen der ersten Phase (1960er bis 1970er Jahre) wurden potenzielle Einflüsse der schulischen, menschlichen und materiellen Ressourcen als Inputfaktoren auf die leistungsbezogenen kurzfristigen Outputs mit Hilfe von linearen Input-Output-Modellen betrachtet. In diesem Zusammenhang ist die Studie von Coleman et al. (1966, S. 325) von prominenter Bedeutung, in der die Autoren zeigen konnten, dass der Einfluss familiärer Hintergrundvariablen gegenüber dem schulischen Einfluss deutlich überwiegt. Die Untersuchung rief eine heftige Diskussion hervor und resultierte in einer Fülle an Folgestudien. Bemängelt wurde, dass aufgrund methodischer Herausforderungen und inadäquater Schätzverfahren sowie durch Vernachlässigung von sozialen und psychologischen Klassenvariablen die Schuleffekte in den Studien von Coleman und seinen

Kollegen insgesamt unterschätzt wurden (Reynolds et al., 2000, S. 6; Teddlie, Reynolds & Sammons, 2000, S. 78f.).

Die zweite Forschungsphase (1970er bis 1980er Jahre) umfasste zu Anfang Fallstudien und später auch quantitative Studien zu effektiven Schulen (*Effective Schools Research*), die eine Reihe von schulischen Prozessen und eine breitere Palette an Ergebnissen einbezogen als die früheren Studien im Input-Output-Paradigma, zum Beispiel Einstellungen und Handlungsmuster von Schülerinnen und Schülern. Im Rahmen dieser Forschungsphase sei nach Reynolds et al. (2000, S. 7) die Bedeutung schulischer Faktoren hervorgehoben worden wie zum Beispiel Führungsstil, Erwartungen, Schulklima, sensible Evaluierungsprozesse der Leistungsentwicklung von Schülerinnen und Schülern. Methodologische Fortschritte hätten dabei zum einen die Entwicklung feinerer Messinstrumente zur Erhebung von klassenbezogenen Inputvariablen umfasst, ferner sozialpsychologische Skalen zur Erfassung von schulischen Prozessen sowie eine stärker differierende Ergebniserfassung, wobei Verknüpfungen zwischen unterschiedlichen Ebenen des Schulsystems hergestellt wurden. Im Rahmen dieser Forschungsansätze sei versucht worden, Schülerleistungen auf der Klassenebene anhand spezifischer Lehrereigenschaften sowie anhand von Faktoren auf der Schulebene zu erklären (Reynolds et al., 2000, S. 7).

Die dritte Phase (1980er bis 1990er Jahre) war durch die Bemühungen gekennzeichnet, die korrelativen Befunde zu effektiven Schulen im Rahmen einer Reihe unterschiedlicher Schulentwicklungsprogramme zu integrieren. Schuleffekte seien hierbei im Rahmen der Forschung zu effektiven Schulen (*Effective Schools Research*) in folgenden Faktoren nachgewiesen worden: Führungsfähigkeiten der Schulleitung, dauerhafter und umfassender Fokus auf die Instruktionsqualität, Sicherheit und Ordnung als Klimavariablen, hohe Leistungserwartung von allen Schülerinnen und Schülern sowie Einsatz von Schulleistungstests für die Evaluation und Optimierung. In dieser Phase wurden ebenfalls erste Schulentwicklungsuntersuchungen in Anlehnung an das Paradigma der Chancengleichheit implementiert. Diese basierten zunächst vorrangig auf den korrelativen Zusammenhängen und mündeten später aufgrund methodologischer und inhaltlicher Kritik in fortgeschrittenen Analysen (Reynolds et al., 2000, S. 10f.).

Mit der Berücksichtigung schulischer Kontextfaktoren in Anlehnung an die sozialökologische Perspektive (vgl. Kap. 2.4) wurde seit den späten 1980er Jahren die vierte Phase der Schuleffektivitätsforschung eingeleitet. Dabei wurden Unterschiede in schulischen Effekten unter Berücksichtigung differenzieller Umweltkontexte betrachtet. Nach Reynolds et al. (2000, S. 11ff.) haben die Integration von Umweltfaktoren und der Einsatz fortgeschrittener empirischer Methoden die Forschungsqualität der Schuleffektivitätsforschung positiv beeinflusst.

2.2.2 Forschungsstränge

Bemühungen um theoretische Fundierung der Schuleffektivitätsforschung mündeten in unterschiedlichen Klassifizierungsversuchen. Basierend auf einer breiten Recherche der verschiedenen Entwicklungsstränge der Schuleffektivitätsforschung klassifizieren Reynolds et al. (2000, S. 3) folgende drei Bereiche in Abhängigkeit von den untersuchten Schulbereichen, den Methoden sowie den betrachteten Ebenen:

1. *Forschung zu Schuleffekten* (*School Effects Research*). Dabei werden anhand von Input-Output-Modellen kurzfristige Outputs in Abhängigkeit von Inputs auf Organisationsebene (Schulvariablen) betrachtet.
2. *Forschung zu effektiven Schulen* (*Effective School Research*). Dabei werden Lehr-Lernprozesse in effektiven Schulen (Prozessebene, Interaktion, Lehrervariablen) anhand von Prozess-Output-Modellen betrachtet.
3. *Schulentwicklungsforschung* (*School Improvement Research*). Hierbei erfolgt die Analyse schulischer Prozesse, die Veränderungen in der Schule bedingen.

Dem ersten Forschungsstrang zu Schuleffekten (*School Effects Research,* Input-Output-Strang) werden Untersuchungen zugeordnet, im Rahmen derer Eigenschaften schulischer Effekte auf Organisationsebene betrachtet werden (Reynolds et al., 2000, S. 3f.). Hierbei sind Schuleffekte anhand von Input-Output-Modellen zunächst mit Einebenenmodellen untersucht worden. Dabei wurde angenommen, dass die Erhöhung des Inputs zur Verbesserung des Outputs führe, d.h. eine vorangehende Bedingung (Ressourcen) nach einer Zeit in bestimmten Ergebnissen (Schülerleistungen) resultiere (Bildungsertragsfunktion, *education production functions models* nach Monk, 1992). Bei der Modellierung wurden zu Anfang einfache, direkte Zusammenhänge ermittelt, wobei unterstellt wurde, dass diese einen statischen Charakter hätten. Die Untersuchungen beruhten auf Daten auf Schul- oder Individual- oder gar Stadtteilebene, die ohne Verknüpfung der Ebenen modelliert wurden. Dabei wurden alle Effektivitätskriterien dem Prozess-Produkt-Paradigma entsprechend dem gemeinsamen Hauptkriterium der Produktivität (z.B. hohe Leistungen von Schülerinnen und Schülern) untergeordnet. Die Mehrheit empirischer Studien setzte die nichtmonetären Inputs mit den kurzfristigen Outputs (Leistungen) in Beziehung und betrachtete diese als kontextgebundenen Produktionsprozess (technische Effektivität). Die empirische Modellierung von Schuleffektivität entwickelte sich seit den späten 1980er Jahren von den ökonomischen linearen Input-Output-Modellen, die als eine Art *Blackbox* kritisiert wurden, hin zu komplexen Mehrebenenmodellen, die die Schuleffektivität in Anlehnung an ökologische Ansätze (Bronfenbrenner, 1981) als ein Ergebnis komplexer Wechselwirkungsprozesse zwischen der Institution, den involvierten Akteuren sowie deren Umwelt beschreiben (Cheng, 1996, S. 29ff.; z.B. Scheerens, 1997, S. 15f.). Im Rahmen späterer Forschungsansätze wurden zunehmend Kontextvariablen und Kovariaten sowie emotionale, kognitive und persönlichkeitsbezogene Effektivitätsfaktoren neben den Schülerleistungen berücksichtigt (vgl. Creemers & Kyriakides, 2008b; Kyriakides & Demetriou, 2010; Scheerens & Bosker, 1997; Seidel & Shavelson, 2007).

Forschung zu effektiven Schulen (*Effective School Research,* Prozess-Output-Strang) umfasst Untersuchungen zur Instruktionsqualität auf der Klassenebene mit dem Fokus auf Lehr-Lernprozessen (*Instructional Effectiveness*) effektiver Beschulung. Dieser Forschungsstrang sei zunächst aus qualitativen Fallstudien hervorgegangen und habe sich hin zu Vergleichsuntersuchungen mit qualitativen und quantitativen Methoden mit simultaner Berücksichtigung von Klassen und Schulen entwickelt (Reynolds et al., 2000, S. 7ff.). Dabei standen Variablen des Unterrichts sowie psychologische Faktoren im Vordergrund. Auch hier beschränkte sich die Modellierung zunächst auf statische Einebenenmodelle mit direkten Effekten. Die spätere Berücksichtigung von Kontextvariablen in Anlehnung an die ökologische Perspektive habe in neueren Ansätzen zur Sensibilisierung gegenüber Umwelteinflüssen auf Lehr-Lernprozesse geführt (Reynolds et al., 2000, S. 10f.).

Einem dritten Forschungsstrang ordnen Reynolds et al. (2000, S. 10ff.) Ansätze zur *Schulentwicklung* (*School Improvement Research*) zu, im Rahmen derer Untersuchungen zu schulischen Veränderungsprozessen durchgeführt werden. Der Perspektivwechsel in Anlehnung an die sozialökologischen Theorien habe innerhalb dieses Forschungsstrangs zu weiterführenden Untersuchungen mit Ansätzen zur Betrachtung schulischer Veränderungsprozesse in Abhängigkeit von deren spezifischem Umfeld geführt. Dabei wird zum einen auf Lerntheorien (vgl. Pekrun & Schiefele, 1996; Pleimer & Wimmer, 1994; Steiner, 1996; Weinert, 1996) rekurriert, die auf dem kognitiven Ansatz basieren, wonach das Individuum selbst aktiv an der Konstruktion der eigenen Persönlichkeit beteiligt ist (Bandura, 1986, S. 18, S. 182; Bronfenbrenner, 1981; Schmidt-Denter, 1996, S. 17ff.). In Anlehnung an diese Theorien haben sich zum Beispiel die Ansätze des *selbstregulierten* und *entdeckenden Lernens* etabliert, bei denen die Bedeutung möglichst realitätsnaher oder anregungsreicher Lernsituationen in Lernprozessen hervorgehoben wird sowie die aktive Rolle des Lernenden, der sich das Wissen kontextabhängig und fächerübergreifend erarbeitet (vgl. Creemers & Reezigt, 1996, S. 209, 220ff.; Creemers & Scheerens, 1994, S. 133ff.). Der Lehrende hingegen agiere hierbei nicht wie ein Wissensvermittler, sondern eher wie ein unterstützender Coach oder Moderator, der verschiedene Sichtweisen annimmt und die Schülerinnen und Schüler zur Findung verschiedener Lösungswege durch *aktives und selbstgesteuertes Lernen* und *kognitive Aktivierung* animiert (Bandura, 1986, S. 335ff., S. 462ff.; Schermer, 1998, S. 487; Weinert, 1996, S. 25ff.). Nicht zuletzt wurde diese Entwicklung durch die Bereitstellung von statistischer Software zur Modellierung der Mehrebenenstruktur (vgl. Hartig & Rakoczy, 2008; Hox, 2008; Raudenbush & Bryk, 2002) sowie durch die Entwicklung sozialpsychologischer Indikatoren zur Erfassung von Bildungsprozessen als auch des Schulklimas ermöglicht.

2.2.3 Neuere Entwicklungen

Obwohl diese Forschungsbereiche aus unterschiedlichen Traditionen stammen, weisen aktuelle Ansätze immer stärkere Überlappungen auf und die Übergänge zwischen diesen Bereichen werden teilweise als fließend angesehen (Jäger, 2004, S. 37). Diese Entwicklung ist hauptsächlich auf den Einfluss der ökologischen Theorie zurückzuführen, wonach die Mikroprozesse im Kontext des Meso- und Makrosystems betrachtet werden (Bronfenbrenner, 1978, 1981, vgl. auch Ditton, 2013, S. 185ff.). In der vorliegenden Literatur wird die Schuleffektivitätsforschung deshalb zuweilen auch in zwei Bereiche klassifiziert. Der Input-Output-Ansatz wird zunehmend mit

dem Ansatz zur Instruktionsqualität und mit dem konstruktivistischen Ansatz verknüpft, so dass reine Input-Output-Modelle ohne Berücksichtigung von Umweltfaktoren und zeitlicher Instabilität nicht mehr als Forschungsgrundlage eingesetzt werden,
so Reynolds et al. (2000, S. 11f.). Zudem werde unter Forschung zur Schuleffektivität (*School Effectiveness Research*) die Forschung zu Schuleffekten (*School Effect Research*) und die Schulentwicklungsforschung (*School Improvement Research*) subsu-
miert, wohingegen die Forschung zu effektiven Schulen (*Effective School Research*)
unter Lehr-Lernforschung als getrennter Forschungsbereich dargestellt wird (Reynolds et al., 2000, S. 12; vgl. auch Zedler, 2010, S. 23ff.).

Eine andere Entwicklung in Ansätzen der Schuleffektivitätsforschung erfolgte
durch die Verknüpfung der Forschung zu Schuleffekten (*School Effects Research*) mit
der Forschung zu Lehrereffekten (*Teacher Effectiveness Research, TER*) in einem in-
klusiven Ansatz unter dem Begriff der *Lehr-Lerneffektivitätsforschung* (*Educational
Effectiveness Research, EER*) (Reynolds & Teddlie, 2000b, S. 157f.; Teddlie & Reynolds, 2000, S. 301ff.). Hierbei wird auf Dreiebenenmodelle rekurriert, wobei angenommen wird, dass Schulvariablen, vermittelt durch den Unterricht, die Schülerleistungen indirekt beeinflussen (vgl. z.B. Creemers & Kyriakides, 2008b; Creemers &
Reezigt, 1996; Stringfield & Slavin, 1992). Die empirische Befundlage zeichnet sich
jedoch durch mangelnde Konsistenz aus. Dies könne nach Reynolds et al. (2000b,
S. 157f.) darauf zurückgeführt werden, dass schulische und unterrichtliche Faktoren kumulative Effekte darstellen, welche sich in Untersuchungen mit Einzelfaktoren
nicht beobachten lassen, beziehungsweise unterschätzt oder herauspartialisiert werden. Zudem bleibt bislang einerseits die Frage ungeklärt, inwiefern Schuleffekte direkte Einwirkungen auf Schülerinnen und Schüler haben und andererseits die Frage
nach der Reziprozität dieser Effekte.

Unter dem Einfluss der ökologischen Perspektive wird in aktuellen Forschungsansätzen ferner eine Verknüpfung der drei Ansätze, der Forschung zu Schuleffekten (*School Effects Research)*, zu effektiven Schulen (*Effective School Research*) und
zu Schulentwicklung (*School Improvement Research*) angestrebt (vgl. z.B. Modelle
von Creemers, 1994; Creemers & Kyriakides, 2008b; Scheerens, 2000). Dabei kommen insbesondere der Input-Prozess-Output-Ansatz, der Ansatz zur Instruktionsqualität und der konstruktivistische Ansatz zum Tragen (Bandura, 1986, S. 18; Schermer, 1998, S. 487; Schmidt-Denter, 1996, S. 17ff.; Weinert, 1996, S. 25ff.). Betont
wird die Bedeutung von Lernprozessen unter besonderer Berücksichtigung kognitiver
Komponenten sowie der multiplikativen Abhängigkeit von Faktoren (vgl. Creemers
& Reezigt, 1996, S. 209, 220ff.; Creemers & Scheerens, 1994, S. 133ff.; Helmke &
Schrader, 1998 S. 64). Die Schuleffektivität wird hierbei als ein Zusammenspiel von
individuellen Persönlichkeitsmerkmalen und Umweltfaktoren betrachtet und folglich
unter Berücksichtigung von Abhängigkeiten der Mikro-, Meso- und Makroebene untersucht (Bronfenbrenner, 1981; Ditton, 2013, S. 185ff.; Wolf, 1998). Während frühe-
re lerntheoretische Ansätze die Leistung mit den Personenvariablen einseitig zu erklären versuchten, werden unter dem Einfluss der sozial-kognitiven Theorie (Bandura,
1986, S. 24) die Zusammenhänge zwischen Leistung und Persönlichkeit in aktuellen
Modellen als ein Wechselwirkungsprozess betrachtet. Hierzu sind bisher insgesamt

vorwiegend experimentelle und quasi-experimentelle Studien zur Unterrichtseffektivität vorgelegt worden, wobei im internationalen Kontext das quasi-experimentelle Design nach Seidel und Shavelson (2007, S. 464) überwiege.

Diese Entwicklungen führten zur Schwerpunkteverlagerung in der Betrachtung der Schuleffektivität, die mit einer Begriffsverschiebung von Chancengleichheit hin zur Chancengerechtigkeit in der Diskussion um soziale Reproduktion einherging (Marggraf & Platta, 2010; Roemer, 1998). Anstatt gleiche Ergebnisse für alle Kinder zu erwarten, wurde die Schuleffektivität anhand der Responsivität auf spezifische Bedürfnisse ihrer Klientel beurteilt. Schuleffektivität wurde somit nicht mehr auf der Basis reiner Leistungsvergleiche beurteilt, sondern auf der Basis der sogenannten adjustierten Leistungsergebnisse (Scheerens, 2004). Hiermit wurde eine neue Basis für Vergleiche zwischen Schulen aus unterschiedlichen Kontexten geschaffen, da die Messlatte nun nicht mehr unabhängig von den Umweltbedingungen allen Schulen gleich auferlegt worden war. Vielmehr fanden im Rahmen der sogenannten *value-added-models* Vergleiche zwischen Schulen statt, die ähnlichen Umweltbedingungen ausgesetzt sind (Faire Vergleiche, Arnold, 1999; OECD, 2008, 16ff.). Betrachtet wird hierbei der Grad, in dem es einer Schule gelingt, unter gegebenen Umweltbedingungen ihre differenziellen Ziele (z.B. homogene Leistungen auf hohem Niveau) möglichst effizient zu erreichen. Chancengerechtigkeit bezieht sich in dieser Perspektive auf die Bereitstellung von Ressourcen unter Berücksichtigung der Ausgangslagen und des familiären Lernumfelds von Schülerinnen und Schülern, um hierdurch gerechte Bildungschancen für alle Kinder zu ermöglichen (Marggraf & Platta, 2010; Roemer, 1998).

2.2.4 Implikationen für die vorliegende Untersuchung

Die vorliegende Untersuchung basiert auf dem Input-Output-Paradigma und wäre der Forschung zu Schuleffekten (*School Effects Research)* zuzuordnen. Bei der Betrachtung der Entwicklungen der Schuleffektivitätsforschung wird jedoch deutlich, dass aktuelle theoretische Konzepte unter Berücksichtigung der ökologischen Perspektive starke Überlappungen zur Schulentwicklungsforschung (S*chool Improvement Research*) und zur Forschung zu effektiven Schulen (*Effective School Research*) aufweisen. Die Modellierung läuft dabei auf umfassende Modelle hinaus, anhand derer schulische Prozesse auf der Miko-, Meso- und Makroebene betrachtet werden. Somit lässt sich die Untersuchung am besten in einem ganzheitlichen Ansatz verorten, welcher aus der Verknüpfung der drei genannten Forschungsstränge resultiert. Dabei wird im Folgenden auf die Chancengleichheit im Sinne von Chancengerechtigkeit rekurriert, wobei der Anspruch auf Gerechtigkeit auf alle Kinder bezogen wird, sowohl auf die Schülerinnen und Schüler mit Spitzenleistungen als auch auf die leistungsschwachen. Die nachfolgende Darlegung organisationstheoretischer Ansätze dient der Ausarbeitung einer Definition der Schuleffektivität sowie der Beschreibung schulischer Bereiche, die zur Steigerung von Schuleffektivität beitragen können.

2.3   Organisationstheoretische Ansätze in Schuleffektivitätsmodellen

Der Paradigmenwechsel von der Input- zur Outputsteuerung findet vor dem Hintergrund einer veränderten theoretischen Fundierung der Schule als Organisation statt. Diese fungiert nunmehr als eine Art Unternehmen, die in ihr stattfindenden Prozesse als Produktionsprozesse und das von ihr hervorgebrachte Wissen oder Lernstände der Schülerinnen und Schüler als Endprodukt. In dieser, aus dem ökonomischen Bereich entliehenen Sichtweise des Schulwesens wird die Effektivität von Kostenfragen abgelöst als der Grad der Erreichung eines bestimmten Ergebnisniveaus (Produktivität) definiert, während die Effizienz zusätzlich den Kosten-Nutzen-Faktor im Produktionsprozess einbezieht (Cheng, 1996, S. 13; Scheerens & Bosker, 1997). Dabei wird zwischen kurzfristigen und langfristigen Ergebnissen differenziert. Als *Output* (auch *short-term-output*) werden die Leistungsergebnisse sowie andere Fähigkeiten der Schülerinnen und Schüler am Ende der Schulzeit beschrieben, als *Outcomes* (auch *long-term-output*) dagegen die langfristigen Folgen der Beschulung wie etwa die Platzierung auf dem Stellenmarkt oder der soziale Auf- bzw. Abstieg. Die beiden Ergebnisarten (*outputs* und *outcomes*) werden ebenfalls als fachliche und soziale Effektivität bzw. Effizienz bezeichnet (Cheng, 1993, S. 15f.). Die fachliche Effektivität bzw. Effizienz betrifft dabei während der Schulzeit oder direkt nach dem Schulabschluss relevante Faktoren wie die Lernentwicklung und das Lernverhalten, Fähigkeiten und Einstellungen. Die soziale Effektivität bzw. Effizienz umfasst demnach vor allem die Langzeiteffekte im sozialen Bereich wie die soziale Positionierung des Individuums und seine Produktivität.

Aus den verschiedenen Denkrichtungen der organisationstheoretischen Ansätze resultieren differenzielle Konzepte der Schuleffektivität, welche mit unterschiedlichen Ansätzen der Effektivitätsdefinition einhergehen. Die Wahl des Effektivitätskonzepts sei dabei nach Scheerens und Bosker (1997) zum einen vom Aufbau der Organisation und zum anderen von der Position des Akteurs abhängig, der die Evaluation anstrebt. Dabei werden je nach Perspektive die Interessen verschiedener Personen und Parteien an Evaluationsvorhaben hervorgehoben. Die Autoren fassen die unterschiedlichen Konzeptionen der Beschreibung von Organisationen in einem gemeinsamen Ansatz zusammen, dem *dynamischen Ansatz* nach Cheng (1993).

Im Folgenden werden zunächst in Kürze die unterschiedlichen Konzeptionen der organisationstheoretischen Ansätze umrissen. Dabei wird auf den ökonomischen Ansatz, ferner auf Organisationsmodelle eingegangen, insbesondere auf den dynamischen Ansatz. Auf dieser Basis werden nach Scheerens und Bosker (1997) die Bereiche schulischer Organisationsstruktur zwecks Bestimmung von Faktoren erarbeitet, anhand derer die schulische Effektivität analysiert werden kann. Unter Bezug auf die Kontroll- und Kontingenztheorie werden anschließend potenzielle Einflussvariablen auf die Lern- und Selektionsprozesse auf Schulebene erarbeitet.

2.3.1 Kriterien von Schuleffektivität in den organisationstheoretischen Ansätzen

Der *ökonomische Ansatz* basiert auf der Vorstellung, dass Organisationen rational oder zielgerichtet vorgehen (Wottawa & Thierau, 2003, S. 30) und knüpft somit an die Theorien rationaler Wahlentscheidung (Becker, 1982; Boudon, 1974) an. Die angestrebten Ziele, wie zum Beispiel die Schülerleistungen oder das Wohlbefinden von Schülerinnen und Schülern, können als Outputs definiert werden, und es können Kriterien zusammengestellt werden, nach denen der Grad der Erreichung dieser Ziele evaluiert werden kann. In dieser Perspektive wird die Schulqualität als Effektivität oder Effizienz aufgefasst. Eine derartige Betrachtung des Schulsystems bietet für Evaluationsvorhaben eine greifbare und zugängliche Ausgangsbasis, die sich leicht operationalisieren lässt und damit die Betrachtung des Schulsystems nach standardisierten Kriterien ermöglicht. Nach Scheerens und Bosker (1997) jedoch erscheint es schwierig, einheitliche Outputkriterien zum Beispiel für das gesamte Schulsystem eines Landes zu definieren. Im Angesicht der Komplexität, die sich im Bereich der Lernprozesse, der Wissensvermittlung und der psychischen und sozialen Entwicklung des Kindes eröffnet, erweisen sich daher andere Ansätze zur Analyse von Organisationen als hilfreich. Um den Schulalltag an sich im Angesicht der Abhängigkeit der Schule von ihrer lokalen Umgebung mit der spezifischen sozialökonomischen Struktur sowie von politischen Entscheidungen zu beschreiben, wird die Schule zum Beispiel in Anlehnung an den mikroökonomischen Ansatz als ein *Modell des organischen Systems* beschrieben (Scheerens & Bosker, 1997). Basierend auf der Annahme, dass Organisationen mit ihrer Umgebung interagieren, werden dabei die Flexibilität und Adaption als wesentliche Qualitätsmerkmale hervorgehoben. Für Organisationen des öffentlichen Sektors, denen sich die Schule zuordnen lässt, bedeutet dies die Orientierung an der Maximierung des Budgets statt an den Kriterien der Effektivität und Effizienz. In dieser Sichtweise stellt zum Beispiel die jährliche Erstklässlerquote einen Qualitätsindikator einer Schule dar, wobei davon ausgegangen wird, dass diese zumindest teilweise von entsprechenden Marketingstrategien der Schule abhängt (Scheerens & Bosker, 1997, S. 7f.).

Eine leicht abgewandelte Perspektive bietet nach Scheerens und Bosker (1997) der *Ansatz zu zwischenmenschlichen Beziehungen in Organisationen*. Im Unterschied zum *Modell der organischen Systeme* werden hierbei in Anlehnung an Mintzberg (1979, S. 35ff.) nicht die Interaktion der Organisation mit der Umgebung, sondern die zwischenmenschlichen Interaktionen innerhalb von Organisationen fokussiert, wie das Wohlbefinden der Organisationsmitglieder, der Grad der Identifikation mit der Organisation, die kollegiale Übereinstimmung und die Beziehungen als auch die Motivation und die Entwicklung menschlicher Ressourcen. Eine Reihe weiterer Qualitätskriterien lässt sich nach Scheerens und Bosker (1997) aus dem Ansatz der professionellen Bürokratie ableiten. Diese beziehen sich auf die Organisation von Aufgaben und Rollen, die zur Kontinuität und Stabilität des Systems beitragen, insbesondere in Organisationen, die aus kleinen Untereinheiten zusammengesetzt sind. Schließlich ließe sich die Schule in Anlehnung an das *Politische Modell* nach Pfeffer und Salancik (2003,

S. 24ff.) als ein Schlachtfeld für politische Auseinandersetzungen zur Durchsetzung individueller Interessen des Ministeriums, der Regierenden und anderer politischer und sozialer Akteure beschreiben. Hierbei bestehe nicht etwa das Interesse, die Organisation als Ganzes zu beeinflussen, sondern vielmehr würden einzelne interne Gruppierungen einer Organisation versuchen, die Nachfrage verschiedener externer Parteien zur Durchsetzung eigener Interessen zu nutzen (Scheerens & Bosker, 1997).

Die vermeintlich gegensätzlichen Faktoren der verschiedenen Schuleffektivitätskonzepte werden im Rahmen des *Hauptkriterium-Ansatzes* als multiple Kriterien zusammengefügt und in ein hierarchisches Verhältnis gesetzt (Scheerens, 1992, S. 10). Die Produktivität wird hierbei als ein Hauptkriterium der Effektivität von Organisationen angesehen, während andere Kriterien eine untergeordnete Rolle spielen. Die Evaluation aller Teilaspekte beziehe sich dabei auf deren Beitrag zur effektiven Produktion, so Scheerens und Bosker (1997). Die Zufriedenheit der Mitarbeiter, die Solidarität unter ihnen und eine einheitliche Struktur zum Beispiel könnten hierbei sowohl als Ursache als auch Auswirkung hoher Produktivität angesehen werden. Eine Modifikation des Curriculums könnte sich im Rahmen dieses Ansatzes auf seine Passung zur aktuellen Nachfrage des Marktes beziehen. Bei konkurrierenden Zielen[4] wird im Rahmen des *Hauptkriterium-Ansatzes* angenommen, dass ein optimales Maß an Förderung des Personals und des Arbeitsklimas zu einer hohen Produktivität beiträgt, wohingegen eine zu starke Konzentration auf Teilaspekte wie zum Beispiel auf die Übereinstimmung im Personal eher kontraproduktive Auswirkungen habe.

Einen anderen Ansatz zum Umgang mit konkurrierenden Zielen bietet das dynamische Modell nach Cheng (1993, S. 29ff.). Angenommen wird dabei, dass sich aus dem Spannungsfeld der gesellschaftlichen und pädagogischen Verpflichtungen der Schule unter Umständen konkurrierende Zielsetzungen ergeben können, wie zum Beispiel das Erreichen hoher Leistungsergebnisse bei gleichzeitiger Reduktion von Chancengleichheit. Schuleffektivität wird dabei als der Grad definiert, in dem sich die Schule auf der Basis eines kompetenten Managements beeinflussen lässt, langfristig die externen und internen Gegebenheiten zu integrieren als auch kontinuierlich die konkurrierenden vielschichtigen Ziele miteinander dynamisch zu verknüpfen und dadurch zufriedenstellend und möglichst effizient zu erreichen. Dem dynamischen Ansatz komme nach Chengs (1993) Klassifikation zum einen der Ansatz lernender Organisation am nächsten, wonach Schulen lernen können, auf gegebene Herausforderungen angemessen einzugehen (vgl. auch Senge, 2006). Zum anderen sei durch die Berücksichtigung der dynamischen Perspektive der dynamische Ansatz ebenfalls mit dem des totalen Managements vereinbar, so Cheng (1993, S. 39). Vor dem Hintergrund rasanter gesellschaftlicher und politischer Veränderungen, die mit der Globalisierung einhergehen, wird mit dem dynamischen Ansatz die Anwendung differenzieller Effektivitätskriterien in Abhängigkeit von den gegebenen Umweltbedingungen impliziert.

---

4   Konkurrierende Ziele ergeben sich zum Beispiel, wenn die (Produktions-)Mittel selbst zum Zweck werden (Faerman & Quinn, 1985). Dies könnte ferner bei gleichzeitiger Fokussierung auf konkurrierende externe (Produktivität, Adaption an die Umgebung) und interne Faktoren (Kontinuität, Solidarität) abhängig vom Alter des Unternehmens mit unterschiedlichen Schwerpunkten eintreten (Scheerens & Bosker, 1997).

2.3.2 Bereiche der schulischen Organisationsstruktur

Scheerens und Bosker (1997) arbeiten potenzielle Einflussvariablen der Lernprozesse auf Schulebene anhand der ‚Anatomie' der Schule als Organisation aus. Im Bereich der Schuleffektivitätskonzepte differenzieren die Autoren nach zwei sehr allgemeinen Domänen, zum einen nach Effekten und zum anderen nach Ursachen oder Mitteln. Hiernach erarbeiten sie verschiedene Facetten der Schulwirklichkeit, welche zwecks Erreichung angestrebter Ziele (Wissensvermittlung) beeinflussbar seien. Dabei differenzieren sie zwischen *Zielen, Aufbau, Ablauf* sowie *Kultur* und *Umfeld* der Organisation und ihren *Prozessen*. Diese werden im Folgenden beschrieben, da sie die Struktur für die Analyse der Schuleffektivität in der vorliegenden Arbeit liefern.

Ziele

Die *Ziele* einer Organisation beziehen sich zum einen auf Methoden der Zielerreichung und zum anderen auf die – der instrumentellen Rationalität entsprechende – Zielwahl und Zieldifferenzierung (zum Beispiel im Hinblick auf ihre Entsprechung auf die Nachfrage von externen Sponsoren). Darüber hinaus werden hierbei die Etablierung der Zielsetzungen der Organisation bei den Organisationsmitgliedern und die Zielkoordination bei der Vereinheitlichung der Einzelziele der Untereinheiten einer Organisation als Effektivitätskriterien berücksichtigt.

Die Komplexität der Lehr-Lernprozesse sowie des Schulsystems an sich lässt darauf schließen, dass einfache Zielsetzungen eher seltener vorkommen. Angesichts der steigenden globalen Konkurrenz um prominente Positionen in der Weltarena ist ferner zu erwarten, dass sich Zielsetzungen im Bereich der Schuleffektivität durch ein hohes Ambitionsniveau auszeichnen werden. Durch Prozesse, die als Folge der Globalisierung und Modernisierung auftreten, wie die Mobilität, der soziale Wandel oder die dicht aufeinander folgenden politischen Reformen, wächst gleichzeitig die Unsicherheit der Umgebung (Lang-Wojtasik, 2008). Individualisierung, Konkurrenz um Arbeitsplätze und Veränderungen des Status und der Wahrnehmung des Lehrerberufs sowie die mit der Autonomisierung und Verantwortungsübertragung einhergehende und notwendige Demokratisierung der innerschulischen Entscheidungsprozesse erschweren zunehmend das Management des schon ohnehin nicht einfach zu kontrollierenden Systems Schule. Die Herausforderungen an die Schulleitung erfordern Kompetenzen in vielfältigen Bereichen, angefangen mit fachlichen, sozialen, psychologischen, pädagogischen über organisatorische und Finanzmanagementfähigkeiten bis hin zu Kompetenzen im öffentlichen Sektor (PR), Anwerbung von Mitteln, Marktforschung, Zukunftsorientierung, Pionierfähigkeit, interkulturelle Kompetenzen etc. In Bezug auf die Systemkontrolle ergibt sich hieraus die Situation, dass eine geringe Kontrollierbarkeit des Systems mit einer hohen Unsicherheit des Umfelds einerseits und mit unzureichenden Kompetenzen der Schulleitung im Hinblick auf die beschriebenen neuen Herausforderungen andererseits einhergeht. Die Reformen der Lehrer- und Lehrerinnenausbildung im Hinblick auf diese Herausforderungen bleiben oft noch aus, da das Hochschulsystem als ein ähnlich komplexes System ebenfalls nicht leicht steuerbar ist.

Organisationsaufbau und Abläufe

Der *Organisationsaufbau* betrifft das vollständige Set an statischen Beziehungen zwischen verschiedenen Funktionen und Einheiten auf unterschiedlichen Ebenen. Hierzu gehört die Struktur des Managements, der Mitarbeiter mit besonderen Unterstützungsfunktionen, die ganze Bandbreite von formalen Positionen und Aufgaben wie zum Beispiel die Unterscheidung zwischen Klassenlehrerinnen und -lehrer und Fachlehrerinnen und -lehrer, verschiedene Schüler- und Lehrergruppierungen. Die *Abläufe* in einer Organisation umfassen die gesamten organisatorischen Arrangements, die das langfristige Bestehen und Funktionieren einer Organisation sichern. Betroffen hierbei sind die Entscheidungs- und Planungsprozesse sowie die Umsetzung und Koordination, welche das gesamte Managementpersonal einer Organisation einbeziehen, ferner das Entscheidungs-, Produktions-, Marketingmanagement wie auch personelles und finanzielles Management. Hierbei unterscheiden Scheerens und Bosker (1997) zwischen einer stärker regulierten und formalisierten mechanischen und einer weniger formellen organischen Struktur. Steigende Komplexität und Dynamik im unmittelbaren Umfeld fordere hohe Flexibilität von einer Organisation, da sich starre und undurchlässige Strukturen als nicht tragfähig erwiesen hätten.

Sowohl der Organisationsaufbau als auch die Abläufe im Schulsystem fallen in den Aufgabenbereich leitender Angestellter sowie der Schulbehörde und werden zudem durch schulpolitische Rahmenbedingungen vorgegeben. Für bildungspolitische Steuerungsmaßnahmen auf der nationalen Ebene ergeben sich hierbei Einschränkungen aufgrund bundeslandspezifischer Bildungspolitik und Autonomie. Die Einflussnahme auf den Organisationsaufbau und die Abläufe auf der Ebene der Bundesländer ist im deutschen Bildungssystem im Vergleich zu bundesweiten Maßnahmen relativ unkompliziert, führt jedoch zu bundeslandspezifischen Unterschieden in den Schulsystemen. Aus der Zentralisierung auf Bundeslandebene ergibt sich, insbesondere in Bezug auf den Aufbau (z.B. die Struktur des Managements und der formalen Positionen), eine gewisse Standardisierung der einzelnen Schulen innerhalb der Länder. Obwohl die in den letzten Jahren durchgeführten Maßnahmen der Dezentralisierung und Autonomisierung der Schule einen höheren Grad an Flexibilität zugestehen, als dies bis dato der Fall war, sind Spielräume für die Schule vor Ort dennoch nur bedingt gegeben. Zudem erfordert die Beschaffung einer flexiblen organischen und weniger formalisierten Struktur oft Ressourcen und Kompetenzen (seitens der Leitung und des Kollegiums), die ohne Unterstützung von außen nicht zur Verfügung stehen. Somit erweisen sich die Möglichkeiten der Einflussnahme der Leitung in der Schule als relativ eingeschränkt.

Organisationskultur und Umfeld

Einen weiteren Aspekt der Organisationsstruktur stellt nach Scheerens und Bosker (1997) die *Organisationskultur* dar, die zur Gestaltung informeller und formeller Beziehungen zwischen den Einheiten und Mitgliedern maßgeblich sei (Scheerens & Bosker, 1997, S. 16ff.). Die Organisationskultur sei jedoch gleichzeitig ebenfalls ein Aspekt der Organisationsziele, und zwar nicht nur bezogen auf den Output, sondern ebenfalls bezogen auf die Prozesse und Interaktionen, die mit der Mitgliedschaft in einer Organisation zusammenhängen. Die Organisationskultur setze sich dabei aus einem Set geteilter Meinungen, kollektiver Normen, Einstellungen zu Kooperation und Zusammenarbeit zusammen und stelle damit eine normative Grundlage für den Zusammenhalt einer Organisation dar. Eine Sonderstellung nehmen in dieser Klassifikation *Kommunikationsprozesse* zwischen den Untereinheiten einer Organisation ein, da sie als abhängig sowohl von der Koordination des Managements (*Abläufe*) als auch von der Struktur einer Organisation (*Organisationsaufbau*) angesehen werden. Gleichzeitig werden Kommunikationsprozesse als ein Bestandteil der Organisationskultur angesehen, von der die Kommunikationsprozesse einerseits beeinflusst werden und die sie andererseits maßgeblich prägen. Dabei wird im Hinblick auf die Schule zwischen *formeller* und *informeller* Kommunikation differenziert.

Die Schule steht in mehrfacher Hinsicht in der Interaktion mit ihrem *Umfeld*. Sie wird einerseits von ihm beeinflusst, übt jedoch andererseits einen gewissen Einfluss auf ihr Umfeld aus. Jedes Jahr müsse die Einzelschule neue Schülerinnen und Schüler anwerben und stehe somit meistens in Konkurrenz mit anderen Schulen in der Umgebung, so Scheerens und Bosker (1997). In dem Grade, in dem es der Schule gelingt, ihr ‚Bildungsklientel' zu befriedigen, könne sie mit entsprechenden Anwerbequoten rechnen. Die Schule sehe sich ferner in einer Schutzrolle gegenüber externem Druck in Bezug auf schulische Prozesse. Schließlich könne die Schule auch politische und wirtschaftliche Entscheidungen auf lokaler Ebene beeinflussen, zum Beispiel durch die Nutzung der technischen Ausstattung lokaler Industrie für computergestützten Unterricht.

Die Organisationskultur und die Kommunikationsprozesse stellen Aspekte des schulinternen Lebens dar, die sich sowohl auf den primären Prozess (Unterricht) als auch auf die Umwelt der Schule auswirken und gleichzeitig von der letzteren mitgestaltet werden. Normative Vorgaben und Einstellungen zum Beispiel resultieren aus dem Aufbau und den internen Abläufen innerhalb der Schule, stehen jedoch gleichzeitig unter dem Einfluss gesellschaftlicher Rahmenbedingungen. Umweltbedingungen müssen deshalb bei der Betrachtung der Schulqualität mitbedacht werden. Dabei erweisen sich die wechselseitigen Beeinflussungsprozesse als außerordentlich komplex. Eine Einflussnahme der Öffentlichkeit zum Beispiel auf die Einzelschule kann nur eine gewisse Reichweite annehmen, da der Aktionsspielraum der Einzelschule durch bildungspolitische Rahmenvorgaben eingeschränkt ist. Tiefgreifende Veränderungen der Rahmenbedingungen können wiederum nur unter dem Einfluss einer breiten Öffentlichkeit, die eine hohe Interessenhomogenität aufweist, erreicht werden.

Primärer Prozess

Ein letzter Aspekt der Organisationsstruktur betrifft Prozesse, wobei der *primäre Prozess* als Transformation des Inputs in den Output (Lehrprozesse) definiert wird. Im Schulsystem betrifft der primäre Prozess die Befähigung Jugendlicher zur Partizipation an weiterführenden Bildungszweigen beziehungsweise am Arbeitsleben. Das Hauptinstrument der Planung dieses Prozesses wäre demnach das Curriculum, das sowohl die Fächerwahl eingrenzt als auch fachdidaktische Hinweise und Empfehlungen bereitstellt und dementsprechend nach Scheerens und Bosker (1997) eine Art Edukationstechnologie darstellt. Diese breit gefasste *Technologie des Lehrens* gelte es mit Hilfe von *Unsicherheit*, *Interdependenz* und *Komplexität* weiterzuentwickeln, wobei die Realisierung der drei Komponenten im Unterricht mit dem intendierten Curriculum verknüpft sei. Gleichzeitig dienen diese drei Kriterien als Klassifikationsraster für schulische Prozesse. Die *Unsicherheit* in Lernprozessen im schulischen Bereich könnte dabei abhängig von Aspirationen und der Lernphilosophie einer Schule als mittel bis niedrig eingeschätzt werden, so die Autoren. Sie hänge von der Variation der Inputs, der Häufigkeit von Ausnahmen von Routinehandlungen im Transformationsprozess und erwünschter Vielfalt des Outputs ab. In Bezug auf die Schule stelle sich somit die Frage, bis zu welchem Grad den Schülerinnen und Schülern das Wissen vereinfacht und leicht zugänglich ‚auf dem Teller serviert' wird. Es gehe mit anderen Worten um individualisierte Instruktion und Differenzierung im Unterricht. Viele Aspekte des Schulalltags sprächen dafür, die Unsicherheit in der Technologie des Lehrens zu minimieren, so die Autoren. Im herkömmlichen Unterricht beschränke sich deshalb die Differenzierung meistens auf die Einteilung in gleichaltrige Leistungsgruppen. Die Outputdifferenzierung werde dabei stark durch externe Vorgaben wie die Prüfungsordnung eingeschränkt.

Die *Interdependenz* wird in vereinte, sequenzielle und reziproke unterteilt. Die *vereinte Interdependenz* umfasst dabei nach Scheerens und Bosker (1997) eine gemeinsame Ressourcen- und Einrichtungsnutzung, wodurch quasi als Nebenprodukt zusätzliches kollektives Wissen und gegenseitige Lerneffekte auftreten könnten. In der *sequenziellen Interdependenz* werden feste Sequenzen im Produktionsprozess festgelegt, wie dies zum Beispiel im schulischen Bereich durch Einteilung in Klassenstufen praktiziert wird. Diese Einteilung beeinflusse die curricularen Vorgaben aufgrund der Tatsache, dass vom gegebenen Lernniveau der Schülerinnen und Schüler einer bestimmten Klassenstufe ausgegangen werde. Bei der *reziproken Interdependenz* bestehe eine gegenseitige Abhängigkeit zwischen den aufeinanderfolgenden Lernphasen von Personen, wie dies zum Beispiel bei den Eins-zu-eins-Tutorien für leistungsschwache Kinder regelmäßig der Fall sei.

Schließlich hänge die *Komplexität* als entwicklungstreibende Komponente der Technologie des Lehrens von der Aufgabenvielfalt, den multiplen Rollen und den zur Verfügung stehenden Lernorten ab. Die Aufgabenvielfalt und multiple Rollen seien im schulischen Bereich eher selten vorzufinden, während die verfügbaren Lernorte durch die Anforderungen eines nach Klassenstufen und Fächern geteilten Unterrichts unabdingbar und daher auch geläufig seien.

Unsicherheit, Interdependenz und Komplexität nehmen bei der Steuerung des Schlüsselprozesses durch das Curriculum eine prominente Stellung ein. Als treibende Kräfte tragen sie zur Weiterentwicklung und Optimierung des primären Prozesses bei und stellen damit eine notwendige, aber nicht hinreichende Bedingung des Fortschritts in diesem Bereich dar. Die Unsicherheit beziehen die Autoren auf Individualisierung und Differenzierung im Unterricht, die mit der reziproken Interdependenz der Prozesse einhergehen. In der aktuellen Diskussion wird, insbesondere im Zusammenhang mit Schlüsselkompetenzen, auf die damit zusammenhängende kognitive Aktivierung und Motivierung des einzelnen Schülers, der einzelnen Schülerin hingewiesen

(Ditton, 2002, S. 201; Köller, 2007a, S. 16; Seidel, 2008, S. 351; Seidel & Shavelson, 2007, S. 459ff.). Nach Scheerens und Bosker (1997) ließe sich jedoch annehmen, dass im schulischen Alltag die vereinte und die sequenzielle Interdependenz eine größere Rolle spielen als die reziproke. Durch eingeschränkte Möglichkeiten zur Differenzierung und Individualisierung im Unterricht ließe sich keine strenge Abhängigkeit von aufeinander folgenden Lernphasen für alle Kinder gleichermaßen gewährleisten. Die Komplexität, die mit steigender Vielfalt der Aufgaben und Lernorte sowie mit multiplen Rollen ebenfalls zunähme, werde den Autoren zufolge im schulischen Alltag in unterschiedlichem Maße gewährleistet. Die Aufgabenvielfalt und multiple Rollen hängen dabei mit den Lehrmethoden, dem Individualisierungsgrad und der Differenzierung im Unterricht zusammen.

Potenziale der Beeinflussung schulischer Effektivität

In der Langzeitperspektive ließe sich die Schuleffektivität nach Scheerens und Bosker (1997, S. 34) entsprechend dem dynamischen Ansatz als der Grad beschreiben, bis zu dem sich eine Schule auf der Basis eines kompetenten Managements beeinflussen lässt, durch eigene charakteristische Transformationsprozesse zu bestimmten, unter Beachtung der externen Bedingungen festgelegten, miteinander dynamisch verknüpften Zielen zu gelangen. Potenziale der Beeinflussung schulischer Effektivität ergeben sich aus den Möglichkeiten des Schuldirektors oder einer externen Instanz, die internen und/oder externen Schulbedingungen zu variieren, ferner aus den aktuellen situativen Umständen und schließlich aus dem verfügbaren instrumentellen Wissen über Beziehungen zwischen Faktoren sowie über die möglichen Auswirkungen von Veränderungen (in dessen Bereitstellung die empirische Schulbildungsforschung ihre eigene Herausforderung sieht).

Durch die Betrachtung der Organisation in der Interaktion mit ihrer Umgebung in Anlehnung an die *Kontrolltheorie* ergeben sich für die vorliegende Untersuchung Implikationen für die Wahl von Effektivitätskriterien in Abhängigkeit von Umfeldfaktoren. Durch das Heranziehen der *Kontingenztheorie* zur Beschreibung der aktuellen Situation wird ferner der Komplexität der Organisation Schule und der darin stattfindenden Lehr-Lernprozesse Rechnung getragen (Scheerens & Bosker, 1997). Dabei wird zum einen davon ausgegangen, dass der Führungsstil in einer Organisation auf die Umweltfaktoren abgestimmt sein muss. Effektivitätssteigerung kann nur erreicht werden, wenn die Organisationsstruktur und der Führungsstil mit ihrem Ziel übereinstimmen und auf die Kontingenzfaktoren wie die *Komplexität*, *Vorhersagbarkeit* und *Stabilität* der Umgebung sowie die Eigenschaften der *Technologie* (im Schulbereich der Edukationstechnologie) abgestimmt sind. Andererseits sollte die Konfiguration der Strukturen einer Organisation in sich stimmig sein. Die Kontingenzfaktoren und die Strukturmerkmale sollten demnach konsistent sein, wobei davon ausgegangen wird, dass nicht nur diese die Organisation beeinflussen, sondern dass der umgekehrte Weg ebenfalls möglich sei, wonach die strukturellen Eigenschaften einer Organisation die Kontingenzfaktoren formen und modifizieren könnten. In Anlehnung an die Kontingenztheorie ergeben sich unter Berücksichtigung der Organisationsstruktur für die vorliegende Arbeit potenzielle Bereiche der Beeinflussung der Schuleffektivität, die für das definierte Effektivitätsziel der Reduzierung von Chancenungleichheit relevant sind (vgl. auch Kap. 5.1.3).

2.3.3 Implikationen für die vorliegende Arbeit

In der vorliegenden Arbeit wird die Schule im Spannungsfeld zwischen konkurrierenden Umwelteinflüssen betrachtet, die unterschiedliche Effektivitätsziele implizieren. Hohe Leistungsergebnisse bei gleichzeitiger Reduktion von Chancenungerechtigkeit werden als konkurrierende Ziele aufgefasst. Die Forderung nach Chancengerechtigkeit ergibt sich hierbei zum einen aus der ökonomisch bedingten Überlegung heraus, dass im Sinne der Förderung von Spitzenleistungen keine Begabungspotenziale verausgabt werden sollten und zum anderen aus der pädagogischen Verpflichtung der Schule, möglichst alle Kinder (inklusive der sozial benachteiligten) ihren Bedürfnissen entsprechend zu fördern. Die Einzelschule agiert dabei im Kontext der lokalen und politischen Bedingungen. Die Effektivität wird im Folgenden nach Cheng (1993, S. 27) als der Grad definiert, in dem die Schule im Stande ist, langfristig die externen und internen Gegebenheiten zu integrieren als auch kontinuierlich die konkurrierenden vielschichtigen Ziele zufriedenstellend zu erreichen. Dieser Ansatz bietet die Möglichkeit, die genannten Ziele nicht als Widerspruch, sondern vielmehr als Ergänzung zueinander zu betrachten. Der Anspruch auf Gerechtigkeit wird hierbei auf alle Kinder bezogen, sowohl auf die Schülerinnen und Schüler mit Spitzenleistungen als auch auf die leistungsschwachen.

2.4   Schule in der sozialökologischen Perspektive

In Anlehnung an die Beschreibung der Schule als Organisation wurde im vorangegangen Kapitel 2.3 unter anderem die Bedeutung der Umwelt herausgestellt. Bevor in Anlehnung an die vorgelegte Struktur des Schulsystems Potenziale zum Abbau sozialer Ungleichheit speziell an den Übergängen ausdifferenziert werden, wird die Schule im Folgenden in der sozialökologischen Perspektive (Bandura, 1986; Bronfenbrenner, 1978, 1981) beschrieben. Die Schule wird dabei im gesamtgesellschaftlichen Kontext (Makroebene) betrachtet. Darüber hinaus wird angenommen, dass sie den direkten Einflüssen ihres unmittelbaren Umfelds (Mesoebene) unterliegt. Der Beschreibung schulinterner Prozesse auf der Mikroebene muss daher eine umfassende Perspektive zugrunde liegen. Im Folgenden wird daher ein Bezugsrahmen zur Analyse von Konexteinflüssen auf die innerschulischen Prozesse erarbeitet.

2.4.1 Individuum und Umwelt als ein reziprokes Wechselwirkungssystem

In Anlehnung an die ökologische Perspektive (Bronfenbrenner, 1978) wird die Schule in neueren Ansätzen als eine formal organisierte Institution innerhalb eines sozialen Systems betrachtet (Ditton, 2013, S. 185ff.; Fend, 2006, S. 24ff.). Aus dieser Perspektive werden soziale Beziehungen, ähnlich wie in der ethnologischen Perspektive oder der Theorie der Lebensspanne, unter dem Systemansatz Umwelt-Individuum beschrieben. Die ökologische Betrachtungsweise geht jedoch darüber hinaus, indem sie das Individuum und die Umwelt als ein komplexes Wechselwirkungssystem auffasst, innerhalb dessen Veränderungen eines Bestandteils Auswirkungen auf das ganze System haben (Schmidt-Denter, 1996 S. 17ff.). Der Mensch wird hierbei von seiner Geburt an als ein soziales Wesen angesehen, das nicht in ein Vakuum hineingeboren werde, sondern in ein soziales Netzwerk, welches eine bestimmte personale Struktur habe, eine spezifische Funktionsverteilung beinhalte und in ein noch umfassenderes Umweltsystem eingebettet sei. Die Umwelt wird hierbei als eine Art Netzwerk von unterschiedlichen räumlich und personell abgrenzbaren Mikrosystemen (*settings*) beschrieben, die bestimmte Verhaltensmuster beinhalten, wie zum Beispiel die Schulklasse, Clique und Familie. Zwischen dem Verhalten der Individuen und den Bedingungen des *settings* stelle sich eine wechselseitige Anpassung her, die sich als eine Art Gleichgewicht bezeichnen ließe. Die Persönlichkeitsentwicklung wird in dieser Perspektive als ein lebenslanger gegenseitiger Anpassungsprozess eines sich entwickelnden menschlichen Organismus und der sich verändernden unmittelbaren Umwelten betrachtet, in denen er lebt. Dabei wird angenommen, dass die ökologische Umwelt eine verschachtelte Anordnung von Strukturen darstellt, von denen jede wiederum in der nächsten enthalten sei (Schmidt-Denter, 1996, S. 20). Sowohl die unmittelbare Umwelt eines Individuums als auch sein Entwicklungsprozess seien demnach durch größere soziale Kontexte beeinflusst. Durch die Veränderung schulischer Bedingungen werden demnach zwecks Herstellung eines neuen Gleichgewichts Prozesse ausgelöst, die sich auf die Persönlichkeitsbildung von Schülerinnen und Schülern auswirken und damit weitere soziale Umwelten ebenfalls beeinflussen können, wie zum Beispiel die Bildungsaspirationen der Eltern. Diese Prozesse ließen sich nach Bronfenbrenner (1978) am besten in naturalistischen Kontexten beobachten. Als Untersuchungsgegenstände gelten hierbei einerseits die Umwelteinwirkungen auf das Individuum und andererseits seine Bewältigungsstrategien als funktionale Leistungen (Schmidt-Denter, 1996, S. 12).

Die sozial-kognitive Persönlichkeitstheorie nach Bandura (1986, S. 18ff.) verbindet lerntheoretische Prinzipien mit dem Ansatz, der die Interaktion im sozialen Umfeld einer Person betont. Nach seiner Theorie des sozialen Lernens ist das Individuum niemals seinen Trieben oder der Umwelt ausgeliefert, sondern reflektiert, bewertet und steuert sein Verhalten selbständig. Der Mensch ist fähig zu lernen, mögliche Konsequenzen der eigenen Handlungen anhand seiner eigenen Erfahrungen sowie durch Beobachtung anderer vorherzusehen. Durch Selbstlob oder Selbstkritik anhand persönlicher Maßstäbe kann sich der Mensch demnach selbst steuern, anstatt der automatischen Kontrolle der Umwelt ausgesetzt zu sein (Bandura, 1986, S. 335ff.). Da-

bei sind die individuellen kognitiven Prozesse am Erwerb und an der Aufrechterhaltung von Verhaltensmustern beteiligt, die seine eigene Persönlichkeit formen. In
späteren Ansätzen wurden ferner Emotionen und unbewusste Motivationen als relevant für die kognitiven Prozesse eines Menschen ausdifferenziert (Zimbardo & Gerrig, 1999, S. 545). Nach der sozial-kognitiven Theorie sind Verhalten und Persönlichkeit somit nicht ausschließlich durch innere Anlagen festgelegt, sondern sie verändern
sich im Laufe des Lebens als Ergebnis gemachter Erfahrungen. Die Entstehung perso-
naler Konstrukte und Kompetenzen erklärt sich aus dem Zusammenwirken von Anlage und Umwelt. Angenommen wird, dass Kontingenzen aus der Umwelt das Verhalten und letztlich auch die Persönlichkeit beeinflussen. In einer komplexen Interaktion
von individuellen Faktoren, Verhaltensweisen und Umweltreizen wird die Persönlichkeit geformt. Einerseits unterliegen die kognitiven Prozesse, die an der Persönlich-
keitsformung beteiligt sind, den Umwelteinflüssen. Gleichzeitig beeinflusst und wirkt
die Persönlichkeit eines Menschen auf sein Verhalten und seine Umgebung. Durch
die Rückmeldungen aus der Umwelt werden wiederum die Persönlichkeit und das
Verhalten beeinflusst (Bandura, 1986, S. 18ff.).

2.4.2 Die Rolle des sozialen Umfelds für die Persönlichkeitsbildung

Während der Schulzeit befinden sich die Kinder in festen, meistens über Jahre bestehenden sozialen Umwelten, von denen sie nachhaltig geprägt werden. Der schulische
Kontext schafft nach Fend (1991) zwei bedeutsame Erfahrungsbereiche, die – neben
des familiären Kontexts (Becker & Schulze, 2013, S. 3, 12) – für die Persönlichkeitsentwicklung der Kinder relevant sind. Zum einen sei es nach Fend (1991) der Bereich
der Bewältigung von kognitiven Leistungsansprüchen und die damit verbundenen Erfahrungen der eigenen Fähigkeit, der systematischen Verfolgung von Zielen sowie
der andauernden Lernanstrengung. Zum anderen werde die Persönlichkeitsentwicklung entscheidend durch soziale Kontakte mit den Gleichaltrigen geprägt, für welche der schulische Kontext einen wichtigen Erfahrungsraum bietet. Nach ihm stehen
beide Erfahrungsbereiche in einem reziproken Wechselwirkungsprozess mit der Persönlichkeitsentwicklung: Einerseits beeinflussten schulische Beziehungen mit Gleichaltrigen die kognitive Entwicklung und die Persönlichkeitsentwicklung eines Kindes
durch soziale Vergleiche, Verstärkung, Lob sowie negative Sanktionen, wie Ablehnung und Degradierung. Andererseits seien soziale Interaktionen und Leistungserfah-
rungen immer durch die Persönlichkeit des Kindes bedingt. Sowohl leistungsbezogene Kompetenzerfahrungen, Leistungserbringung und -bewertung im Lernprozess als
auch positive soziale Beziehungserfahrungen wie die Möglichkeit, das Gruppenleben
zu beeinflussen oder Anerkennung zu bekommen, würden demnach zu einer harmoni-
schen Entwicklung der Persönlichkeit gehören (Fend, 1991).

Im Rahmen der Entwicklungsforschung wird davon ausgegangen, dass Beziehungen mit Gleichaltrigen sich auf die Entwicklung sozialer Motivationen und Kompetenzen auswirken sowie beim Aufbau einer positiven Beziehung zu sich selbst eine
unterstützende Funktion erfüllen. Auch am Prozess einer selbständigen Meinungsbil-

dung und an der Erarbeitung der eigenen Identität in der Pubertät seien die Gleichaltrigen beteiligt (Oerter & Dreher, 2002, S. 290ff.). Gleichaltrige können sich jedoch auch potenziell negativ auf die Entwicklung der Persönlichkeit auswirken, etwa wenn Stigmatisierungen, Ablehnung und Degradierungen zu sozialer Isolation führen, welche die psychische Labilität von Kindern verstärken oder gar asoziales Verhalten begünstigen kann (Oerter, 2002, S. 252). Ebenfalls wird im Rahmen lerntheoretischer Ansätze davon ausgegangen, dass das gemeinsame Lernen (z.B. Gruppenarbeit) eine effektivere Methode gegenüber anderen Lernformen (Frontalunterricht) darstellt, weil sie die aktive Beteiligung der Kinder am Lernprozess voraussetzt und fördert. Angenommen wird, dass die Ko-Konstruktion von Lösungen in gemeinsamer Auseinandersetzung über Sachverhalte und Probleme erfolgt (vgl. z.B. Petillon, 2006).

In Anlehnung an pädagogisch-psychologische Ansätze wird der Lernprozess in der Perspektive der gesamten Persönlichkeitsentwicklung gesehen und die Entwicklung von lernrelevanten Bereichen eng mit dem Erwerb von sozialen Schlüsselqualifikationen verknüpft, die als Voraussetzung für gelungene soziale (auch lernbezogene) Interaktionen fungieren (vgl. z.B. Andreas Krapp & Weidenmann, 2006; Perrez, Huber & Geißler, 2006; Schermer, 1998). Es wird davon ausgegangen, dass die Qualität der Bindungserfahrungen mit der primären Bindungsperson in der frühen Kindheit und später mit anderen Personen, wie zum Beispiel den Gleichaltrigen, leistungsrelevante soziale und emotionale Einstellungen von Schulkindern sowie die Selbstkonzeptentwicklung in einem entscheidenden Maße beeinflusst (Buff, 1991). Im Sozialisationsprozess in der Auseinandersetzung mit Gleichaltrigen lernen Kinder aus Familien mit unterschiedlicher Zusammensetzung und Lebensorientierung andere Wertvorstellungen und Verhaltensmuster zu akzeptieren als die eigenen, wodurch sie ferner die unterschiedlichen Dimensionen der sozialen Welt kennen lernen. Dabei wird einerseits von ausgleichenden und andererseits von verstärkenden Prozessen ausgegangen (Ditton, 2013, S. 186; Merton, 1996, S. 113ff.; Oswald & Krappmann, 1991).

Für die Selbstbewertungsprozesse, die im sozialen Vergleich stattfinden, bilden Klassen und Schulen differenzieller Schulformen einen Referenzrahmen auf jeweils unterschiedlichem Niveau (Baumert & Schümer, 2001b S. 454ff.; Baumert et al., 2006, S. 98ff.; Gundel Schümer, 2004, S. 81). Vermittelt über soziale Vergleichsprozesse und bezugsgruppentheoretische Phänomene beeinflussen die schulischen Leistungsdifferenzierungen und Selektionsmaßnahmen die psychischen Merkmale, sozialen Beziehungen sowie die Lernergebnisse der Schulkinder. Dabei wird angenommen, dass soziale Vergleiche zwei entgegengesetzte Kompositionseffekte verursachen, einen negativen Kontrasteffekt (*big-fish-little-pond*, BFLP; Marsh, 1987, 2003; Köller, 2004, S. 1ff., 201ff.) und einen positiven Assimilationseffekt (*basking-in-reflected-glory*, BIRG; Köller, 2004, S. 35ff.; Marsh & Köller, 2003), wobei nach dem gegenwärtigem Forschungsstand dem Kontrasteffekt eine weitaus größere Bedeutung für die Entwicklung des Begabungsselbstkonzepts und der Interessen zukomme als dem Assimilationseffekt. Nach Baumert et al. (2006, S. 102) sollten daher die Effekte der schulformbezogenen Stigmatisierungen für die Selbstbewertungsprozesse demnach nicht überbewertet werden.

2.4.3 Der Beitrag des sozialökologischen Ansatzes zur Schuleffektivitäts- und Ungleichheitsforschung

Im Rahmen der Forschung zu Schuleffektivität und Schulqualität werden in Anlehnung an die sozialökologische Perspektive zwei Arten schulischer Einflussfaktoren auf die Persönlichkeitsentwicklung ausdifferenziert. In Anlehnung an Coleman (1988, S. 113ff.; 1996, S. 100) wird zunächst davon ausgegangen, dass unterschiedliche Lernumwelten durch die spezifische soziale Zusammensetzung der Schülerschaft entstehen und Leistungsergebnisse und Bildungschancen ihrer Schülerinnen und Schüler beeinflussen (*Kompositionseffekte*; Baumert et al., 2006, S. 101ff.; Maaz et al., 2008, S. 102ff.; Wiese, 1986; Ditton, 2013, S. 176ff.). Hiernach stelle die soziale und leistungsbezogene Zusammensetzung einer Schule einen der wichtigsten Einflussfaktoren auf die Leistungsentwicklung von Schülerinnen und Schülern dar. Dabei kann das kumulierte institutionelle Kapital als eine Ressource angesehen werden, die kompensatorisch eigenem Ressourcenmangel entgegenwirken kann. Angenommen wird, dass die Leistungsentwicklung von Schülerinnen und Schülern sowie die Bildungsentscheidungen und -empfehlungen durch das soziale und leistungsbezogene Umfeld differenziell beeinflusst werden (Baumert et al., 2006, S. 105; Coleman, 1996, S. 100; Coleman et al., 1966, S. 22; Ditton, 2013, S. 176; Maaz et al., 2011, S. 30, 2008, S. 103). Die zweite Art schulischer Einflussfaktoren betrifft die für jede Schule spezifischen Bedingungen, die maßgeblich für die Lehr- und Lernprozesse sind und somit wesentliche Aspekte der Schulqualität darstellen. Hierbei wird angenommen, dass Faktoren wie zum Beispiel die räumlichen und Lehrmittelressourcen der Schule, die Lehrerschaft sowie Unterrichtsqualität und Lehrmethoden einerseits im Kontext des Schulsystems als auch der übergeordneten bildungspolitischen Regelungen stehen und andererseits die Schülerleistungen als *Kontexteffekte* beeinflussen (vgl. dazu auch Scheerens, 2000, 2005).

Als zentrale Fragestellung wird das Zusammenspiel zwischen der leistungsmäßigen, sozialen, kulturellen und lernbiographischen Schul- bzw. Klassenzusammensetzung der Schülerschaft, den individuellen Faktoren (vgl. Merton, 1996, S. 160f., 318ff.) sowie schulischen und institutionellen Kontextfaktoren betrachtet (Baumert et al., 2006, S. 105ff.; Ditton, 2013, S. 188ff.). Da die Bedeutung und die Wirkung der schulspezifischen Bedingungsfaktoren in Abhängigkeit vom sozialen Kontext der Schülerschaft variiert, hat die Berücksichtigung von Kompositionseffekten eine unmittelbare Auswirkung auf die Beurteilung schulischer Interventionen. Ressourcen, die in einer Schule angemessen sind, erweisen sich nicht zwangsläufig in anderen Schulen als ausreichend. In Schulen, deren Schülerschaft sich beispielsweise aus Familien mit niedrigem sozioökonomischem Hintergrund zusammensetzt, sind gegebenenfalls höhere Ressourcen und abweichende Regelungen notwendig, um den Kindern entsprechende Entwicklungschancen zu eröffnen. Ähnlich könnten in einer Schule mit hochbegabten Kindern zusätzliche Ressourcen zwecks Bereitstellung von angemessenen Angeboten notwendig sein, soll das Anrecht auf Chancengleichheit allen Kindern zugesprochen werden.

2.4.4 Implikationen für die vorliegende Untersuchung

In der vorliegenden Arbeit werden in Anlehnung an die ökologische Perspektive die Mechanismen der sozialen Ungleichheitsreproduktion im institutionellen und Umweltkontext betrachtet. Es wird davon ausgegangen, dass Schulen im Kontext des unmittelbaren Umfelds der Einzelschule vor Ort agieren, das durch den weiteren gesellschaftlichen Kontext beeinflusst wird. Die soziale Selektion im Schulsystem wird als eine aggregierte Folge individueller Bildungsentscheidungen betrachtet, die im institutionellen Kontext getroffen werden (Becker, 2000, S. 456). Dabei wird angenommen, dass sich die Schulen in Bezug auf die Anpassung der Instrumente und Unterrichtsmethoden an die Lebenswelt von Kindern unterscheiden, ferner in der Zusammensetzung ihrer Schülerschaft und in strukturell-organisatorischen Merkmalen. Dementsprechend entwickeln Schulen in unterschiedlichem Maße Strategien, die zur Reduzierung sozialer Ungleichheit beitragen. Bei der Untersuchung der Effektivitätsfaktoren im Hinblick auf den Abbau sozialer Ungleichheit wird in der vorliegenden Arbeit daher neben den schulischen Faktoren ebenfalls die Zusammensetzung der Schülerschaft als ein Indikator für den soziostrukturellen Umweltkontext der Schule berücksichtigt. Dabei wird auf das Zusammenwirken des familiären und schulischen Kontexts eingegangen, wobei nach ausgleichenden Effekten der Schule einerseits gegenüber ungleichen Ausgangslagen von Schülerinnen und Schülern sowie andererseits gegenüber der während der Schulzeit wirkenden sozialen Selektion gesucht wird.

2.5 Modelle zur Beschreibung schulischer und lehr-lernbezogener Effektivität

Im vorangehenden Kapitel 2.4 wurde die Bedeutung der Umweltfaktoren bei der Analyse der Schuleffektivität herausgestellt. Der nachfolgende Abschnitt dient der Darstellung von entsprechenden Modellen, in denen die sozialökologische Perspektive bereits implementiert ist. Im weiteren Verlauf werden diese Modelle aufgegriffen, um ein Analysemodell zur Beschreibung schulischer Beeinflussungsbereiche in der vorliegenden Untersuchung zu erarbeiten. Dabei wird in Kürze auf die Entwicklungen von statischen Einebenenmodellen hin zu dynamischen Mehrebenenmodellen eingegangen. Speziell wird in Kap. 2.5.2 das dynamische Modell der Lerneffektivität von Creemers und Kyriakides (2008a, S. 9) beschrieben, das insbesondere in Bezug auf die Modellierung von Prozessen im schulischen Bereich elaboriert ist.

2.5.1 Entwicklungen der Modellierung von Instruktionsqualität und Schuleffektivität

Die veränderbaren Input- und Prozessfaktoren werden im Rahmen des Input-Output-Ansatzes unter Berücksichtigung von familiären Hintergründen der Schülerinnen und Schülern betrachtet. In der Regel werden anhand von Regressionsmodellen die Input-

und Prozessfaktoren mit den Outputs (i.d.R. Schülervariablen) in Beziehung gesetzt. Durch die Entwicklung mathematischer Modelle, ferner durch Bereitstellung entsprechender theoretischer Konstrukte zur Erfassung von Ergebnissen und eine genauere Spezifizierung von Input- und Prozessfaktoren sowie durch Berücksichtigung von Umweltfaktoren sind die Input-Output-Ansätze mittlerweile von hoher Qualität und Aussagekraft gekennzeichnet. Schuleffekte können dabei anhand von Zwischen-Klassen-Varianz ermittelt werden. Hierbei wird anhand von Mehrebenenmodellen die Varianz in den Leistungen von Schülerinnen und Schülern in die Varianz innerhalb von Schulen und zwischen den Schulen zerlegt (Muthén, 1994). Der relative Anteil der Zwischen-Schulen-Varianz (ICC)[5] gibt hierbei an, welche Bedeutung die Zugehörigkeit zu einer Schule für die individuelle Leistungserreichung von Schülerinnen und Schülern hat. Ausgegangen wird davon, dass die Varianz zwischen den Schulen Differenzen zwischen diesen abbildet. Der Varianzanteil der Leistungen, der sich durch die Schulzugehörigkeit erklären lässt, beträgt in internationalen Studien zwischen 8 und 15 Prozent (Teddlie et al., 2000, S. 76f.), während er in Deutschland mit ca. 30 Prozent bereits in der Grundschule höher ausfällt (Stancel-Piątak, Mirazchiyski & Desa, 2013). Bezogen auf die Identifizierung schulischer Einflussfaktoren haben sich längsschnittliche Analysen, die im Rahmen neuerer Studien zunehmend implementiert werden, verglichen mit querschnittlichen Analysen als erklärungsstarker erwiesen (Blossfeld, Roßbach & Maurice, 2011). Postuliert wird die Annahme, dass Schuleffektivität sich durch den über die Zeit hinweg gemessenen Leistungszuwachs am zuverlässigsten abbilden lässt (OECD, 2008, S. 35).

Einebenenmodelle

Besonders einflussreich in den Anfängen der Schuleffektivitätsforschung war das von Carroll (1963) vorgelegte Modell zur Erklärung von Schülerleistungen unter Einbezug von *Fähigkeit, Auffassungsgabe, Ausdauer/Motivation, Lerngelegenheiten* und *Instruktionsqualität*. Angenommen wird dabei, dass die Lernergebnisse aus dem Verhältnis der tatsächlich verfügbaren und der benötigten Lernzeit einer Schülerin oder eines Schülers resultieren. Das Modell rekurriert einerseits auf behavioristische Ansätze des strukturellen Lernens sowie andererseits auf die kognitiven Ansätze (Bandura, 1986) und beschreibt Unterrichtsprozesse im Klassenraum. Der Ansatz basiert auf der Prämisse des Input-Output-Ansatzes und bezieht zum einen Daten auf Unterrichtsebene und zum anderen individuelle Persönlichkeitsmerkmale von Schülerinnen und Schülern ein. In Anlehnung daran sind weitere Modelle vorgelegt worden (z.B. Creemers & Kyriakides, 2008b; Creemers, 1994; Slavin, 1996; Stringfield & Slavin, 1992; Walberg, 1984). In Bezug auf erfolgreiche Aufgabenbearbeitung im schulischen Kontext sei nach Creemers et al. (2000) anhand dieser Modelle die *Fähigkeit zum Instruktionsverstehen* (generelle Intelligenz) als ein Einflussfaktor identifiziert worden, der ferner im *Konzept der Metakognition* sowie der *Fähigkeit das Lernen zu erlernen* aufgegriffen worden sei. Hierauf begründeten sich spätere Modelle des *Optima-*

---

5   Mit dem ICC (*Intra-Class-Correlation-Coefficient*) wird in der Mehrebenenmodellierung der Anteil der Zwischen-Cluster-Varianz im Verhältnis zu der Gesamtvarianz angegeben (vgl. Kap. 6.2.3.3).

len Lernens (*mastery learning*) von Bloom (1968) sowie der *Direkten Instruktion* von Rosenshine (vgl. bei Rosenshine & Stevens, 1986), in denen Konzepte der Instruktionsqualität besonders betont wurden. Dabei wurde in den Modellen des optimalen Lernens durch Steigerung der Instruktionsqualität eine Anpassung der durch die Lehrkraft investierten Zeit (auch *Klassenmanagement*) an die aktive Lernzeit angestrebt.

Mehrebenenperspektive

Eine Weiterentwicklung von Carrolls (1963) Ansatz zu Lerngelegenheiten stellt ebenfalls das QAIT-Modell (*Quality, Appropriateness, Incentives, Time*; Abb. A.4 im Anhang) von Slavin (1987, 1996, S. 5ff.) dar, welches später von Stringfield und Slavin (1992) um das MACRO-Modell (*Meaningful Goals, Attention to Daily Functioning, Coordination, Recruitment of Teachers, Organization*) ergänzt wurde. Während Carrolls (1963) Modell des optimalen Lernens ein stabiles Konstrukt der Instruktionsqualität impliziert, das relativ unabhängig von den Fähigkeiten und der Motivation von Schülerinnen und Schülern positive Lernergebnisse hervorbringt, werden im QAIT-Modell die Lernergebnisse als ein Zusammenspiel von individuellen und Unterrichtsmerkmalen beschrieben. Slavin (1996) geht dabei in Anlehnung an das *Konsistenzprinzip* von gegenseitiger Abhängigkeit der Qualitätsindikatoren aus. Optimaler Unterricht sei demnach nur dann möglich, wenn sowohl das Curriculum mit seinen Zielen als auch andere Faktoren des Unterrichts und des Managements konsistent aufeinander abgestimmt sind (Slavin, 1996, S. 6). Das QAIT-MACRO-Modell geht ferner über das Vorgängermodell insofern hinaus, als dass hierbei die Mehrebenenperspektive hineingebracht wird (Stringfield & Slavin, 1992). Eine weitere Ebene in diesem Modell umfasst das gesellschaftspolitische Umfeld wie zum Beispiel die Gemeinde oder das Bundesland.

Lern- und Schuleffektivität unter Berücksichtigung der Umwelt

Unter dem Einfluss der ökologischen Perspektive wurden weitere Modelle vorgelegt, die Umweltfaktoren einbeziehen und somit methodisch zur Mehrebenenmodellierung führten. Obwohl das QAIT-MACRO-Modell in der Mehrebenen-Perspektive angelegt ist, werden die Beziehungen zwischen den Ebenen jedoch nicht genauer spezifiziert. In späteren Modellen erfolgte dagegen eine immer stärkere Fokussierung auf die Wechselwirkungsprozesse zwischen Faktoren auf Individual-, Unterrichts- und Schulebene unter Berücksichtigung des gesellschaftlichen Kontextes. Diese Perspektive kommt in Creemers (1994, S. 119) *Umfassenden Modell der Lerneffektivität* zum Tragen (vgl. auch Creemers & Kyriakides, 2008b, S. 12ff.; Creemers & Reezigt, 1996). Der Autor geht von gegenseitiger Abhängigkeit der Lernbedingungsfaktoren auf verschiedenen Ebenen des Schulsystems aus (vgl. Abb. A.5 im Anhang). In Anlehnung an die Prinzipien der Konsistenz, Kohäsion, Kontrolle und Konstanz beschreibt er Wechselwirkungsprozesse innerhalb von und zwischen den Klassen sowie zwischen der Klassen- und Schulebene. Die curricularen Variablen werden in seinem Modell mit anderen schulischen Faktoren verknüpft, wobei zwei wesentliche Erweiterungen des Modells von Carroll (1963) vorgenommen wurden. Zum einen wurde das Konzept der Lernzeit systematisch um die *Lerngelegenheiten* ergänzt *(opportu-*

nity-to-learn, OTL; vgl. auch McDonell, 1995). Als Qualitätsmerkmal gilt dabei eine hohe Übereinstimmung zwischen den intendierten und den implementierten Lehrinhalten sowie den erreichten Lernleistungen (vgl. dazu auch Baumert, Bos & Lehmann, 2000; Schmidt & Cogan, 1996; Schmidt et al., 1996). Zum anderen wurde das als zentrales Kernstück angesehene Konzept der Instruktionsqualität im Modell von Creemers (1994, S. 47ff.) weiter ausdifferenziert, in Curriculum, Gruppierungsmaßnahmen und Lehrerverhalten (vgl. auch Creemers & Kyriakides, 2008b). Dieser Ansatz impliziert, dass nicht nur allein die eingesetzte Lernzeit für die Lernleistungen maßgeblich ist, sondern ebenfalls die Art und Weise der Nutzung dieser Lernzeit durch die Lehrkraft. Die durch den Unterricht abgedeckten Lehrinhalte stellen somit das tatsächlich implementierte Curriculum dar. Es wird davon ausgegangen, dass die Instruktionsqualität vermittelt durch die gegebenen Lerngelegenheiten (Zeit und Gelegenheit) die Instruktionseffektivität steigert. Das Modell umfasst die Kontrolle von individuellen Faktoren, wie die Fähigkeit, Motivation, aktive Lernzeit sowie die für die Zielerreichung individuell benötigten Lerngelegenheiten. Auf der Schulebene sowie der übergeordneten Kontextebene werden Faktoren hervorgehoben, mit denen die Merkmale auf der Unterrichtsebene (Instruktionsqualität, Lerngelegenheiten, verfügbare Lernzeit) verknüpft sind. Instruktionseffektivität ergibt sich hiernach aus dem Zusammenspiel dieser Faktoren (Creemers, 1994, S. 119ff.).

Während die Prozesse im Klassenraum in dem Modell von Creemers (1994, S. 119) unter Berücksichtigung von Schul- und Kontextfaktoren fokussiert werden, heben Scheerens und Bosker (1997, S. 46) stärker die Schulebene hervor. In ihrem Ansatz verknüpfen die Autoren den Input-Output-Ansatz, die Instruktionsqualität und den konstruktivistischen Ansatz und arbeiten ein *Integriertes Mehrebenenmodell der Schuleffektivität* (*Integrated Multilevel Educational Effectiveness Model*, vgl. Abb. A.6 im Anhang) heraus. Das Modell zeichnet sich erstens durch die Definition der vorangehenden Bedingungen als Input, Prozesse und Bildungskontext in Anlehnung an grundlegende Systemmodelle aus, welche kontextuell eingebundene Produktionsprozesse in Organisationen beschreiben. Dabei werden schulische *Angebots-* (Qualität und Quantität des Unterrichts) und *Nutzungsfaktoren* (individuelle kognitive Fähigkeiten, Motivation etc.) unter Berücksichtigung verschiedener Rahmenbedingungen (*Stützfaktoren*) wie der familiären und der Klassenumwelt miteinander ins Verhältnis gesetzt und deren Einfluss auf die Lernergebnisse bestimmt. Als ein weiteres Merkmal des Modells kann seine Mehrebenenstruktur herausgestellt werden (Schülerinnen und Schüler in Klassen, Klassen in Schulen und Schulen im Kontext des Umfelds). Schließlich ließe sich die dynamische Natur des Modells hervorheben, die auf Wechselwirkungen zwischen den Variablen hindeutet. Hierbei wird ebenso wie in Creemers (1994, S. 119) *Umfassendem Modell der Lerneffektivität* davon ausgegangen, dass die Bedingungen auf höheren Ebenen die Faktoren auf niedrigeren Ebenen beeinflussen (Scheerens, 1992, S. 15, 1997, S. 280f.; Scheerens & Bosker, 1997, S. 46).

Für den deutschsprachigen Raum erfolgte eine Adaption der Modelle zum Beispiel in dem Modell von Helmke und Weinert (1997). Dabei wird in Anlehnung an soziologische Theorien davon ausgegangen, dass das Lernen nicht nur von der Lehrer-Schüler-Interaktion abhängt, sondern auch durch das soziale Umfeld innerhalb und außerhalb der Schule beeinflusst wird, womit das Modell um soziostrukturelle Faktoren ergänzt wird. Darüber hinaus erweiterte zum Beispiel Fend (2008) das Modell um Angebotsfaktoren wie institutionelle Vorgaben und Rahmenbedingungen. Ebenfalls greift Ditton (2000, S. 79) in seinem Modell die Vorarbeiten von Scheerens und Bosker (1997) auf und ergänzt diese, indem er zwischen Bedingungen und Intentionen differenziert sowie die kurzfristigen (*output*) und langfristigen Wirkungen (*outcome*) konkret ausarbeitet. Die Wirkungen der Schule werden im Hinblick auf die Intentionen unter Berücksichtigung der Eingangsbedingungen betrachtet. Das Modell berücksichtigt Prozesse auf beiden Ebenen, der Unterrichts- und Schulebene, wobei Wechselbeziehungen zwischen Unterricht und Schulbetrieb als zentral angesehen werden (Ditton, 2000, S. 80).

2.5.2 Dynamisches Modell der Lerneffektivität

Basierend auf den vorgestellten Modellen erarbeiteten Creemers und Kyriakides (2008a, S. 150) das *Dynamische Modell der Lerneffektivität* (*The Dynamic Model of Educational Effectiveness*, Abbildung 1). Dabei gehen die Autoren auf die Kritik bezüglich der ausschließlichen Leistungsorientierung von Outputkriterien ein, indem sie in ihr Modell neben den kognitiven auch affektive und psychomotorische Variablen sowie Aspekte des Neuen Lernens integrieren. Vor dem Hintergrund einer erweiterten Definition von Bildungszielen und den damit verknüpften Implikationen für Lehr-Lernprozesse erarbeiten die Autoren ferner neue Lehrqualitätsfaktoren. In einem integrativen Ansatz der Lerneffektivität (*educational effectiveness*) werden in dem dynamischen Modell Lehr-Lernprozesse im Klassenraum im Kontext des schulischen und des regionalen Umfelds betrachtet. Das Modell umfasst vier Ebenen, die Schüler-, Klassen-, Schulebene und die übergeordnete Kontextebene. Angenommen wird, dass Schülereigenschaften und Lehrqualität in einer Wechselbeziehung zueinander stehen. Die Lehrqualität unterliegt dem Einfluss schulischer und Kontextvariablen, die sich – vermittelt durch den Unterricht – auf die Ergebnisse auswirken. Über diesen indirekten Einfluss hinaus wird ferner von einem direkten Effekt sowohl der Schulvariablen als auch der Kontextfaktoren wie des Bildungsumfelds auf die Ergebnisse ausgegangen. Ähnlich wie in Creemers (1994, S. 119) *Umfassendem Modell der Lerneffektivität* steht im *Dynamischen Modell der Lerneffektivität* die Lehr-Lernsituation im Klassenraum im Fokus. Jedoch werden im letzteren insbesondere Lehrereigenschaften betrachtet, die für die Bereitstellung von Lerngelegenheiten bedeutsam sind. Die Faktoren auf der Schul- und Kontextebene beziehen die Konzepte der Lehrquantität, Bereitstellung von Lerngelegenheiten sowie Lehrqualität mit ein, welche in den bisherigen Modellen zur Beschreibung der Mechanismen ausschließlich auf der Klassenebene herangezogen wurden (Creemers & Kyriakides, 2008a, S. 150).

Das *Dynamische Modell der Lerneffektivität* hebt sich von den Vorgängermodellen durch eine stärkere Elaboration der Messung der Schul- und Kontextfaktoren ab. Angenommen wird, dass systembezogene Maßnahmen zur Verbesserung der Schul-

qualität über die Zeit hinweg betrachtet und unter Berücksichtigung umweltbezoge-
ner Bedürfnisse evaluiert werden müssen. Diese Perspektive bezieht somit den Kontingenzgedanken ein, indem die Adaption und Responsivität auf externe Faktoren wie
die spezifischen Bedürfnisse der Schulklientel fokussiert werden. Angenommen wird,
dass Evaluationsprozesse eine wichtige Informationsquelle über die Wirksamkeit politischer und struktureller Entscheidungen darstellen und werden daher als zentral angesehen. In Anlehnung an die Kontingenztheorie wird dabei erwartet, dass Maßnahmen, die die Bedürfnisse des Umfelds einbeziehen, die Effektivität verbessern.

Abbildung 1: Dynamisches Modell der Lerneffektivität nach Creemers und Kyriakides (*The
Dynamic Model of Educational Effectiveness*, 2008a, S. 150)

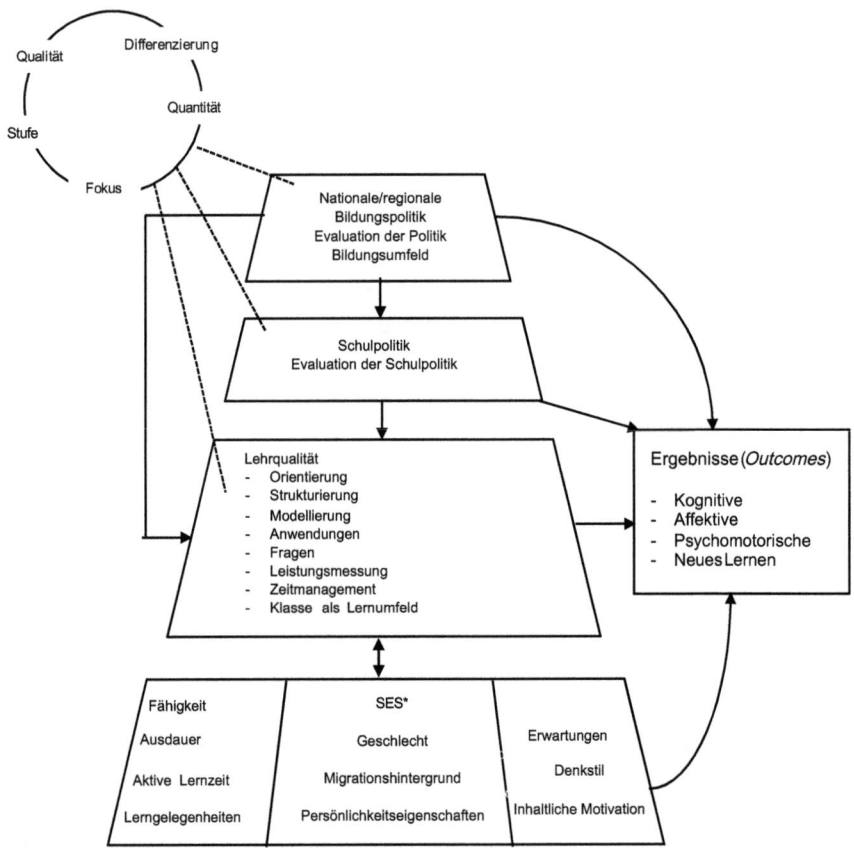

* SES: Sozioökonomischer Status

Ein weiterer Unterschied zu den bereits vorliegenden Modellen der Schuleffektivität
ergibt sich im *Dynamischen Modell der Lerneffektivität* aus der Annahme nichtline-
arer Beziehungen. Creemers und Kyriakides (2008a, S. 79ff.) gehen davon aus, dass
die Beziehungen zwischen den Lehr-Lernfaktoren und den Lernergebnissen meistens
einen u-förmigen Verlauf annehmen. Der positive Einfluss leistungsfördernder Faktoren sei demnach nicht unabhängig von dessen Ausprägungsgrad, sondern fällt nach

Erreichung eines Optimums wieder ins Negative. Andere Arten von Beziehungen zwischen den Lehr-Lernfaktoren und den Lernergebnissen seien nach ihnen ebenfalls möglich. Eine weitere Annahme des dynamischen Modells bezieht sich in Anlehnung an die Kontingenztheorie auf die Tatsache, dass effektivitätssteigernde Maßnahmen möglichst alle Bereiche einer Organisation (einer Schule) umfassen sollten. Folglich müssten qualitätsprüfende Verfahren alle relevanten Bereiche berücksichtigen, was ggf. mit Modellierung mehrerer Faktoren auf einer Ebene einschließlich Interaktionen verknüpft sei.

Ein weiteres Merkmal des Modells betrifft seine Aussagekraft für unterschiedliche Schüler- und Lehrergruppen. Obwohl das *Dynamische Modell der Lerneffektivität* den Autoren zufolge einen allgemeinen Charakter habe, werden hierbei ebenfalls differenzielle Zusammenhänge berücksichtigt. Die Autoren gehen davon aus, dass die meisten Schul- und Klassenfaktoren einerseits einen generellen Effekt auf die Lernergebnisse ausüben, dass sich jedoch andererseits die Stärke dieses Effekts zwischen Schülergruppen unterscheiden kann. Durch Bezug auf mehrere Messdimensionen (Quantität, Fokus, Grad der Implementierung, Qualität, Differenzierung) sollen sowohl allgemeine Effekte als auch deren differenzielle Wirkung erfasst werden. Die *Quantität* bezieht sich dabei auf die Häufigkeit einer Aktivität, die mit einem Effektivitätsfaktor zusammenhängt. Ferner umfasst der *Fokus* die Spezifizität und die Anzahl der mit der Aktivität verfolgten Ziele auf der Klassen-, Schul- und Systemebene. Des Weiteren wird mit dem *Grad* der Implementierung die Zeitspanne erfasst, in der eine Aktivität implementiert wird, mit der *Qualität* die Qualitätseigenschaften eines hiermit einhergehenden Faktors und schließlich mit der *Differenzierung* der Grad der Implementierung für alle Schüler- oder Schulgruppen. Da sich insbesondere systemsteuernde Maßnahmen in ihrer Wirksamkeit abhängig von dem Implementierungsgrad stark voneinander unterscheiden können, fügten Kyriakides und Demetriou (2010; vgl. auch Creemers & Kyriakides, 2012) auf der Ebene der Schulsteuerung die Prozessvariable *Steuerung in Aktion* (*policy in action*) in das Modell ein.

2.5.3 Implikationen für die vorliegende Untersuchung

Die Darstellung ausgewählter Modelle verdeutlicht die Entwicklungen der Schuleffektivitätsforschung von einfachen Einebenenmodellen hin zu komplexen Mehrebenenmodellen, die unter Berücksichtigung von Umweltfaktoren die Lehr-Lernprozesse beschreiben und dementsprechend immer höheren Komplexitätsgrad aufweisen. Fortgeschrittene Modelle wie das *Dynamische Modell der Lerneffektivität* (Creemers & Kyriakides, 2008b, S. 73ff.) weisen einerseits gegenüber einfacheren Modellen klare Vorzüge auf, indem sie die innerschulischen Prozesse angemessener abbilden. Durch die Berücksichtigung des prozesshaften Charakters des Wissenserwerbs kommt dabei die dynamische Dimension zur Geltung. Andererseits jedoch stellen solche Modelle hohe Anforderungen an die Datenbasis und das Studiendesign. Der Verlust der Sparsamkeit und der damit einhergehenden Klarheit und Strukturiertheit muss in komplexen Modellen unter Umständen in Kauf genommen werden. Da die empirische

Überprüfung theoretischer Konstrukte auf modellhaften Darstellungen basiert, ist ein gewisser Grad der Vereinfachung notwendig, um bedeutsame Faktoren herauszuarbeiten. Wie noch zu zeigen sein wird, erweist sich die Modellierung in der vorliegenden Arbeit, trotz modellhafter vereinfachter Darstellung der Realität, als komplex. Der umfassende mehrperspektivische Charakter lässt sich zwar in den nachfolgenden Analysen implementieren, weist jedoch aufgrund der vorliegenden Datenstruktur einige Einschränkungen auf, die im weiteren Verlauf deutlich werden. Die Operationalisierung und die Qualität der Datenbasis gewinnt vor diesem Hintergrund an Bedeutung, da in komplexen Modellen die Qualität der Messmodelle sowie Verletzungen der statistischen Annahmen, wie der Standardnormalverteilung, zu Problemen in der Modellierung führen. In der vorliegenden Arbeit erfolgt daher die Modellierung schrittweise und die Modelle werden anhand von Modellvergleichen auf ihre Qualität hin überprüft.

2.6   Resümee und Forschungsimplikationen für die vorliegende Untersuchung

Die Klassifikation der Forschungsstränge der Schuleffektivitätsforschung *(School Effectiveness Research)* hat gezeigt, dass die vorliegende Untersuchung auf einem ganzheitlichen Ansatz basiert, der sich aus der Verknüpfung der Forschung zu Schuleffekten *(School Effects Research)*, der Schulentwicklungsforschung *(School Improvement Research)* sowie der Forschung zu effektiven Schulen *(Effective School Research)* ergibt. Im Rahmen der Analyse der Schuleffektivität bezüglich der Reduzierung von Chancenungleichheiten wird in Anlehnung an die sozialökologische Theorie davon ausgegangen, dass Schulen sowohl im Kontext des unmittelbaren Umfelds der Einzelschule vor Ort als auch im Kontext des regionalen sozial-gesellschaftlichen Umfelds agieren. Dabei wird angenommen, dass die Schule im Spannungsfeld zwischen konkurrierenden Umwelteinflüssen steht, die unterschiedliche Effektivitätsziele implizieren, wie zum Beispiel das Ziel hoher Leistungserbringung bei gleichzeitiger Reduktion von Chancenungerechtigkeit. Die Effektivität wird in dieser Perspektive nach Cheng (1993, S. 27) als der Grad definiert, in dem die Schule im Stande ist, langfristig die externen und internen Gegebenheiten zu integrieren als auch kontinuierlich die konkurrierenden vielschichtigen Ziele zufriedenstellend zu erreichen. Dieser Ansatz bietet die Möglichkeit, die genannten Ziele nicht als Widerspruch, sondern vielmehr als Ergänzung zueinander zu betrachten.

Die im folgenden Kapitel 3 zu beschreibende soziale Selektion im Schulsystem wird als eine aggregierte Folge individueller Bildungsentscheidungen betrachtet, die im institutionellen Kontext getroffen werden (Becker, 2000, S. 456). Dabei wird angenommen, dass Schulen in unterschiedlichem Maße Strategien entwickeln, die zur Reduzierung sozialer Ungleichheit beitragen. Diese Differenzen resultieren unter anderem daraus, dass sich Schulen im Grad der Anpassung der Instrumente und Unterrichtsmethoden an die Lebenswelt von Kindern, ferner durch die Zusammensetzung ihrer Schülerschaft und in strukturell-organisatorischen Merkmalen voneinander unterscheiden. Bei der Untersuchung der Effektivitätsfaktoren im Hinblick auf den Abbau sozialer Ungleichheit werden daher die Zusammensetzung der Schülerschaft als ein Indikator für den soziostrukturellen Umweltkontext der Schule sowie andere unterrichtsbezogene und schulstrukturelle Merkmale berücksichtigt. Dabei wird auf das Zusammenwirken des familiären und schulischen Kontexts in einer systemischen Perspektive eingegangen, wobei nach ausgleichenden Effekten der Schule einerseits gegenüber ungleichen Ausgangslagen von Schülerinnen und Schülern gesucht wird sowie andererseits gegenüber der während der Schulzeit wirkenden sozialen Selektion.

Die empirische Analyse der beschriebenen Mechanismen der sozialen Ungleichheit an Übergängen erfordert eine komplexe und schrittweise Modellierung. Der umfassende mehrperspektivische Charakter lässt sich zwar in dem Analysemodell umsetzten, weist jedoch aufgrund der vorliegenden Datenstruktur einige Herausforderungen auf, die insbesondere in Kapitel 6 verdeutlicht werden.

3. Analyse von Bildungsungleichheiten

3.1 Theorien sozialer Machtreproduktion

Das Postulat der Chancengleichheit beruht auf einer seit den 1960er Jahren gängigen Auffassung der Gesellschaft als eine stratifikatorische mit entsprechend verteilten sozialen Positionen entlang eines hierarchisch organisierten Kontinuums. In den traditionellen soziologischen Konzeptionen lassen sich die einzelnen sozialen Gruppen oder Schichten anhand deren Codes, Regeln sowie beruflicher und sozialer Stellung deutlich voneinander trennen (vgl. z.B. Bourdieu & Passeron, 1973). In den späten 1960er Jahren wurde jedoch immer wieder auf die Unzulänglichkeit dieser Art von stringenter Klassifikation der Gesellschaft hingewiesen. Daher wurden die Konzepte der sozialen Schichtung, die eine stringente Trennung zwischen hierarchisch organisierten sozialen Klassen postulierten, in der Forschungsliteratur der 1970er Jahre um sozialstrukturelle und sozialökologische Ansätze erweitert (vgl. dazu auch Ditton, 1992). Im Folgenden wird kurz die Theorie sozialer Machtreproduktion dargestellt (Bourdieu, 1992; Bourdieu, Boltanski, De Saint Martin & Maldidier, 1981; Bourdieu & Passeron, 1971). Ferner werden in Anlehnung an Ditton (1992) soziostrukturelle und psychologische Erweiterungen vorgestellt und diskutiert (Hradil, 1987; Konietzka, 1995; Lüdtke, 1990). Hiermit wird die theoretische Basis zur Beschreibung von Reproduktionsmechanismen in der Gesellschaft erarbeitet. Diese wird in dem darauffolgenden Kapitel 3.2 aufgegriffen, um die Reproduktionsmechanismen speziell an den Übergängen im Schulsystem zu beschreiben.

3.1.1 Soziale Machtreproduktion nach Bourdieu

Sozialer Raum

Bourdieu (1982, S. 212ff.) differenziert in seinen Ausführungen zur sozialen Machtreproduktion zwei Bereiche des *sozialen Raums* aus, den *Raum der sozialen Positionen* und den *Raum der Lebensstile*. Der Autor fasst den sozialen Raum als einen Raum von Beziehungen auf, die sich durch *Distinktion* zueinander konstatieren. Der Raum der Lebensstile ergibt sich nach ihm aus der Gesamtheit aller, für die sozialen Praktiken charakteristischen Distinktionszeichen. Dieser ist direkt auf den Raum der sozialen Positionen bezogen, da sich die Lebensstile und die damit verbundenen sozialen Praktiken direkt aus der sozialen Position ergeben. Auf der anderen Seite bedingen die Lebensstile ihrerseits (als ein Teil der *Reproduktionsstrategien*) durch ihre Distinktionsfunktion die *soziale Schließung* auf der Meso- und Makroebene (Bourdieu, 1992; Bourdieu & Passeron, 1973). Deutlich wird, dass der Raum der sozialen Positionen und der Raum der Lebensstile (*soziale Praktiken*) in Bourdieus Theorie nicht unabhängig voneinander variieren können. Im Folgenden wird näher auf seine Überlegungen zum Kapital und seiner Funktion im sozialen Raum eingegangen.

Die Hauptdimensionen des sozialen Raums ergeben sich nach Bourdieu (1992) aus dem Gesamtvolumen des Kapitals eines Individuums. Das Kapital, als die Verfügungsmacht und das Mittel zur Produktion von Gütern, fungiert hierbei als akkumulierte Arbeit zum einen in *inkorporierter* Form und zum anderen in Form von *Material*. Der Besitz von Kapital ist dem Autor zufolge immer mit gesellschaftlicher Stellung und Macht verbunden und vergrößert damit den Handlungsspielraum der Besitzer. Die Aneignung von Kapital dauert sehr lange und ermöglicht die Aneignung *sozialer Energie*[6]. Bezogen auf die sozialen Strukturen betrachtet Bourdieu (1992) das Kapital als die Kraft, die den objektiven und subjektiven Strukturen innewohnt und zugleich ein grundlegendes Prinzip der inneren Regelmäßigkeiten der sozialen Welt ist. Durch Produktion von Profiten, Reproduktion und Wachstumsfähigkeit weist das Kapital eine *Überlebenstendenz* auf. Dabei sei jene, der Objektivität der Dinge innewohnende Kraft ursächlich für das Beharrungsvermögen der Kapitalstrukturen. Durch die Reproduktion der Kapitalstrukturen von Institutionen und Dispositionen (die als deren Produkte auf sie abgestimmt sind) sowie durch das gezielte politische Handeln (Demobilisierung und Depolitisierung) vollziehe sich demnach die Festigung der herrschenden Kapitalstrukturen. Das politische Handeln ziele nach Bourdieu (1992) darauf ab, die unteren Schichten in einem Zustand zu halten, den er als den ‚praktischen Gruppenzustand' beschreibt. Dadurch, dass sie ausschließlich durch das Zusammenspiel von Anordnungen miteinander in Verbindung träten, würden sie auf die immer gleichen isolierten und additiven Praktiken, wie zum Beispiel die Entscheidungen des Marktes oder des Wählens, beschränkt bleiben und würden wie ein Aggregat funktionieren (Bourdieu, 1992). Die Verteilungsstruktur verschiedener Arten von Kapital entspräche der immanenten Struktur der gesellschaftlichen Welt, die der Autor als die Gesamtheit der ihr innewohnenden Zwänge definiert, durch die das Funktionieren der gesellschaftlichen Wirklichkeit bestimmt werde und durch die die Erfolgschancen der Praxis entschieden werden.

Das ökonomische, kulturelle und soziale Kapital

Nach Bourdieu (1992) tritt das Kapital in drei Arten auf: erstens als *ökonomisches Kapital*, welches direkt in Form von Geld auftrete und in Form von Eigentumsrecht institutionalisiert werde; zweitens *als kulturelles Kapital*, das in ökonomisches Kapital konvertierbar sei und in Form von schulischen Titeln institutionalisiert werde; drittens als *soziales Kapital*, welches ebenfalls in ökonomisches Kapital konvertierbar sei und in Form von Adelstiteln institutionalisiert werde. Die Erscheinungsart des Kapitals sei dabei abhängig vom Anwendungsbereich sowie von Transformationskosten. Hohe Transformationskosten stellten eine Voraussetzung für ein wirksames Auftreten dar.

Das kulturelle Kapital dient in Bourdieus (1992) Theorie als ein theoretisches Konstrukt zur Beschreibung der sozialen Ungleichheit, die sich in den schulischen Leistungen von Kindern niederschlägt. Dabei bezieht der Autor den Schulerfolg auf die Verteilung des kulturellen Kapitals zwischen den Klassen und betrachtet ihn als einen spezifischen Profit, den die Kinder aus den verschiedenen sozialen Klassen und Klassenfraktionen auf dem schulischen Markt erlangen können. Das kulturelle Kapital trete dabei zum einen in *inkorporierter Form* (oder Zustand) als dauerhafte Dispo-

---

6 Soziale Energie ist verdinglichte oder lebendige Arbeit.

sitionen des Menschen auf, ferner in *objektivierbarer* und schließlich in *institutiona-lisierter Form*. Das inkorporierte kulturelle Kapital sei körpergebunden und setze die Inkorporation in einem Verinnerlichungsprozess voraus, der Zeit kostet (abhängig von erforderlicher Lernzeit), die vom Investor persönlich investiert werden müsse. Die In-korporation lasse sich nicht durch eine fremde Person vollziehen, womit das *Delega-tionsprinzip* ausgeschlossen sei. Mit anderen Worten werde der Erwerb inkorporier-ten kulturellen Kapitals mit seiner eigenen Person bezahlt. Dies geschehe durch den Einsatz zum einen der eigenen Zeit und zum anderen des sozial konstituierten We-sens (*libido sciendi*), unter Entbehrungen, Versagungen und Opfern. Das kulturelle Kapital könne demnach nicht kurzfristig weitergegeben oder vererbt werden, sondern werde im Prozess der Inkorporation zum *Habitus*, dem festen Bestandteil der Per-son. ‚Haben‘ werde zum ‚Sein‘. Die Inkorporierung könne je nach Epoche, Gesell-schaft und sozialer Klasse unbewusst, ohne geplante erzieherische Maßnahmen erfol-gen und werde durch *soziale Vererbung* weitergegeben. Dementsprechend schwierig gestalte sich für die Eigner des ökonomischen und sozialen Kapitals dessen Nutzung und Ausbeutung. Der dabei auftretende und notwendige *Legitimationseffekt* basiere auf der *Verschleierung* von Abhängigkeiten, die nur dann gelingen könne, wenn die-se, eng an die Person gebundene Kapitalform, gekauft werden kann, ohne dass die Person selbst gekauft wird.

Das kulturelle Kapital werde nach dem Autor anhand der *Dauer des Bildungser-werbs* (nicht begrenzt auf die Dauer des Schulbesuchs) bemessen. Dabei bestehe zwi-schen einem bestimmten kulturellen Kapital und den Gesetzen des schulischen Mark-tes eine Beziehung. Die Primarerziehung in der Familie stelle demnach, abhängig vom Abstand zu den Erfordernissen des schulischen Marktes, entweder – durch die gewonnene Zeit und den Vorsprung – einen positiven oder – durch die verlorene Zeit – einen negativen Wert dar. Im zweiten Falle sei die Zeit doppelt verloren, weil zur Korrektur der negativen Folgen noch mal Zeit eingesetzt werden müsse. Das inkorpo-rierte kulturelle Kapital weist nach Bourdieu (1992) seine eigene symbolische Logik auf: Zum einen bleibe dieses Kapital immer durch die Umstände seiner ersten Aneig-nung geprägt (z.B. die typische Sprechweise einer sozialen Klasse), die den Wert des jeweiligen kulturellen Kapitals bestimmt. Des Weiteren seien die sozialen Bedingun-gen der Weitergabe und des Erwerbs inkorporierten kulturellen Kapitals verborgener als beim ökonomischen Kapital: Die Weitergabe geschehe im Verborgenen und bleibe später unsichtbar. Das kulturelle Kapital werde darüber hinaus leicht als *symbolisches Kapital* aufgefasst. Hierbei werde seine wahre Natur als Kapital verkannt, dafür wer-de eine wahre Fähigkeit oder Autorität der Person anerkannt, die auf Märkten zum Tragen kommt, wo das ökonomische Kapital keine Anerkennung findet (z.B. Heirats-markt). Schließlich werde das kulturelle Kapital zur Basis für weitere materielle und symbolische Profite.

Die Grundlage für die symbolische Wirksamkeit des Kapitals ist nach Bourdieu (1992) sein *Seltenheitswert*, der aus der Struktur des gesamten Feldes resultiere und zu Extraprofiten führe: Nicht alle Individuen einer Gesellschaft verfügten über ökono-mische und materielle Mittel, um die Bildung der Kinder über das Minimum zur Re-produktion der Arbeitskraft mit dem geringsten Marktwert zu verlängern. Die Struktur des Feldes zeichne sich demnach durch eine ungleiche Verteilungsstruktur des kulturellen Kapitals in der Gesellschaft aus und bilde darüber hinaus eine Grundlage für die spezifischen Wirkungen von Kapital, nämlich die Fähigkeit zur Aneignung von Profiten und zur Durchsetzung von – möglichst für das Kapital und seine Reproduktion günstigen – Spielregeln.

Die für die Aneignung des inkorporierten kulturellen Kapitals angewendete *Zeit* bestimmt nach Bourdieu (1992) seinen Wert und fungiert als Bindeglied zwischen ihm und dem ökonomischen Kapital. Dabei seien familiär bedingte Differenzen im Kulturkapital bedeutsam, die sich zum einen auf den Zeitpunkt des Beginns des Übertragungs- und Akkumulationsprozesses und die Länge der von ökonomischen Zwängen freien Zeit auswirken würden, sowie zum anderen Unterschiede in der Fähigkeit zur weiteren Aneignung des kulturellen Kapitals (der Fähigkeit, den damit verbundenen kulturellen Anforderungen gerecht zu werden) hervorrufen würden. In Familien mit einem starken Kulturkapital stelle die gesamte familiäre Sozialisation gleichzeitig die Zeit der Akkumulation dar. Die Akkumulation des kulturellen Kapitals, welches zugleich die Voraussetzung für die mühelose und schnelle Aneignung anderer Fähigkeiten sei, fange dort von frühester Kindheit an. Optimal geschehe die Übertragung in verschleierter Form als erbliche Übertragung von Kapital. Je mehr die offenen Übertragungsformen des Kapitals in einer Gesellschaft kritisiert werden, umso mehr gewinne eine solche Übertragung des kulturellen Kapitals im System der Reproduktionsstrategien an Gewicht, die in verschleierter Form geschieht.

Als eine weitere Erscheinungsform des Kulturkapitals beschreibt Bourdieu (1992) das objektivierte Kulturkapital, das kulturelle Güter, Bilder, Bücher, Lexika, Instrumente oder Maschinen umfasst. Aufgrund seiner Verborgenheit zeichne sich das objektivierte Kulturkapital durch eine – in Form von juristischem Eigentum – noch einfachere Übertragbarkeit aus als das ökonomische Kapital. Dennoch sei jedoch dem Autor zufolge die Verfügung über kulturelle Fähigkeiten, die die Aneignung (den Genuss oder den Nutzen) eines Gegenstands ermöglichen, also das inkorporierte kulturelle Kapital, nicht ohne Zeitaufwand übertragbar.

Schließlich definiert Bourdieu (1992) eine dritte Form des kulturellen Kapitals, das institutionalisierte Kulturkapital. Die allgemein gesellschaftlich anerkannte Gültigkeit, die dem kulturellen Kapital einmalige Eigenschaften verleihe, entstehe durch Objektivierung des inkorporierten Kulturkapitals in Form von (Bildungs-) Titeln. Diese seien von der Person des Trägers formell unabhängig und ein Zeugnis für die kulturelle Kompetenz, das seinem Inhaber dauerhaften und rechtlich garantierten konventionellen Wert überträgt. Ein sanktioniertes und rechtlich garantiertes Kulturkapital stehe nicht mehr unter ständigem Beweiszwang. Die Investition in schulische Titel erweise sich demnach nur dann als sinnvoll, wenn der ökonomische Ertrag rechtlich garantiert ist. Die Besitzer der Titel seien zudem untereinander vergleichbar und austauschbar (Nachfolge). Dabei sei nach Bourdieu (1992) die institutionalisierte Macht darin offensichtlich, dass die Menschen dazu veranlasst werden, etwas anzuerkennen. Zum Beispiel betreffe dies die offizielle Anerkennung und rechtliche Garantie des kulturellen Kapitals eines Menschen als Kompetenz, auch wenn dies auf seinem, zum Teil nur sehr knappen Leistungsvorsprung bei einer Prüfung basiere. Der

Autor kritisiert die Gerechtigkeit des Vorgehens, Menschen durch eine knapp nicht bestandene Prüfung zu differenzieren, wie das bei der Prüfungsform ‚concours'[7] üblich sei, als fragwürdig. Das institutionalisierte Kulturkapital sei ferner relativ unabhängig von der Person seines Trägers und von dem kulturellen Kapital, das er zum gegebenen Zeitpunkt besitzt.

Bourdieu (1992) geht von der Konvertibilität zwischen dem kulturellen und ökonomischen Kapital aus. Ein Titel sei dabei das Produkt einer Umwandlung des ökonomischen in kulturelles Kapital. Im Rahmen der *Rückumwandlungsstrategien* sei die Bestimmung des kulturellen Wertes eines Titelinhabers mit dem Geldwert verbunden, für den er auf dem Arbeitsmarkt getauscht werden kann. Ferner stelle der Geldwert, der für den Erwerb des Titels erforderlich ist, den Wechselkurs des schulischen Titels dar. Die Rückumwandlungsstrategien werden von der Struktur der Profitchancen bestimmt, die für die unterschiedlichen Kapitalformen jeweils gelte. Zum Beispiel könne durch die Bildungsexpansion oder Titelinflation eine Veränderung des *Seltenheitswertes* des Titels eintreten, womit sich die erwarteten Erträge aus investierter Zeit und Anstrengung als weniger rentabel erweisen. Damit einhergehend könne ferner eine Veränderung des *Wechselkurses* eintreten.

Die aus dem Besitz eines Beziehungsnetzes von zum Teil institutionalisierten Beziehungen gegenseitigen Kennens und Anerkennens resultierenden aktuellen und potenziellen Ressourcen beschreibt Bourdieu (1992) als soziales Kapital. Diese Kapitalart beruht auf der Zugehörigkeit zu einer Gruppe. Dabei stelle das Gesamtkapital eines Mitglieds seine Kreditwürdigkeit dar. Die Grundlage hierfür seien symbolische und/oder materielle *Tauschbeziehungen*, welche gesellschaftlich institutionalisiert werden könnten, zum Beispiel durch die Übernahme eines Familiennamens, eines Stamms, einer Klasse, Schule oder Partei. Die gesellschaftliche Institutionalisierung könnte sich jedoch auch durch andere Institutionalisierungsakte vollziehen, die die Betroffenen prägen und über das Vorliegen eines Sozialkapitalverhältnisses informieren würden. Um das Kapital einer Gruppe im Rahmen von Austauschbeziehungen für sich zu mobilisieren, muss nach dem Autor eine Verknüpfung zwischen den materiellen und symbolischen Akten erkennbar sein. Objektive physische oder ökonomische und soziale Nähe allein reiche dabei nicht aus. Das Sozialkapital eines Menschen konstituiert sich demnach zum einen durch die Ausdehnung des Netzes von Beziehungen, die er mobilisieren kann, und zum anderen durch das ökonomische, soziale und kulturelle Kapital der Menschen, die sich in diesem Netz befinden. Dabei setze das gegenseitige Anerkennen in einer Gruppe ein Minimum von ‚objektiver' Homogenität des ökonomischen und kulturellen Kapitals voraus.

Die Reproduktion des Sozialkapitals geschehe Bourdieu zufolge durch die *Beziehungsarbeit* in Form von Austauschakten, in welchen die gegenseitige Anerkennung laufend bestätigt werde. Diese Beziehungsarbeit koste Zeit und Geld und sei an eine besondere Voraussetzung geknüpft, die soziale Kompetenz, welche die Kenntnis genealogischer Zusammenhänge und reeller Beziehungen einschließe, sowie die Fähigkeit, diese Kenntnis zu nutzen. Dabei stelle jene Kompetenz sowie die Bereitschaft zu

---

7 In Frankreich wird die mögliche Anzahl der erfolgreich bestandenen Prüfungen von vornherein festgelegt.

ihrer Aneignung und Bewahrung selbst einen Bestandteil des sozialen Kapitals dar. Der Ertrag der Investition in Akkumulation und Unterhaltung des Sozialkapitals sei umso größer, je größer das Kapital selbst ist. Eine Familie mit einem bekannten Namen zum Beispiel bräuchte demnach keine Beziehungsarbeit zu leisten. Falls sie es dennoch täte, wäre diese Arbeit sehr rentabel.

Das soziale Kapital kann nach Bourdieu (1992) vererbt werden und stellt andererseits einen Multiplikator des kulturellen und ökonomischen Kapitals dar. In exklusiven Clubs zum Beispiel befände sich konzentriertes soziales Kapital mit einem Multiplikationseffekt: z.B. materielle Profite in Form von Gefälligkeiten oder symbolische Profite in Form von Mitgliedschaften zu einer erlesenen Gruppe. Eine solche Konzentration des sozialen Kapitals fände sich ebenfalls in exklusiven Schulen. Hierbei komme das soziale Kapital in erster Linie durch die Gleichaltrigen zur Geltung und wirke sich sowohl auf das Lernumfeld als auch auf spätere Berufschancen aus.

Strategien der sozialen Reproduktion

Die beschriebene Konvertierbarkeit der verschiedenen Kapitalsorten sowie ihre Reproduzierbarkeit (Einfachheit in der Übertragung) stellen nach Bourdieu (1992) den Ausgangspunkt für die soziale Reproduktion dar. Im Rahmen des *Gesetzes der Kapitalerhaltung* geht er davon aus, dass das ökonomische Kapital allen anderen Kapitalarten zugrunde liegt. Laut seiner weiteren Vorannahme könnten die transformierten und dadurch verschleierten Erscheinungsformen des ökonomischen Kapitals jedoch niemals allein auf dieses zurückgeführt werden, weil sie ihre spezifischen Wirkungen nur in dem Maße hervorbringen, wie sie die Tatsache verschleierten (auch und vor allem vor ihrem Besitzer!), dass das ökonomische Kapital ihnen zugrunde liegt und ihre Wirkung bestimmt. Zum Beispiel würden Geschenke durch eine persönliche Gestaltung einen neuen Sinn gewinnen und gleichzeitig ihre monetäre Bedeutung bei der Umwandlung des ökonomischen ins soziale Kapital verlieren. Nach der Logik des sozialen Austausches stellt eine bestimmte Handlung eine sichere Investition dar, obwohl sie im ökonomischen Sinne als verschwenderisch erscheint, so der Autor.

Die Reproduktion des Kapitals und der Position im sozialen Raum ist nach Bourdieu (1992) durch eine bestimmte *Schwundquote* gekennzeichnet, die proportional zum Ausmaß der Verschleierung der Kapitalübertragung steigt. Ebenso proportional hiermit steige auch die Unsicherheit von Transaktionen zwischen Inhabern verschiedener Kapitalsorten wie zum Beispiel das Risiko der ‚Undankbarkeit' bei der Reproduktion des sozialen Kapitals. Die Reproduktionsstrategien seien nach ihm deshalb notwendig, um die Kapitalumwandlungskosten möglichst zu minimieren.

Die Umwandlung des ökonomischen in soziales oder kulturelles Kapital erfordere *Transformationsarbeit* zur Produktion der im jeweiligen Bereich wirksamen Macht. Die Transformationsarbeit in sozialen Beziehungen müsse langfristig und außerhalb ihrer Nutzung investiert werden, als sei sie Selbstzweck. Zum Beispiel hänge die Umwandlung der aus der Beziehungsarbeit entstandenen Schuld in ein allgemeines Schuldanerkenntnis (Anerkennung) von einer Reihe von Faktoren ab, wie zum Beispiel die Dauer der verflossenen Zeit. In der Art und Weise, wie die gegenseitigen Verpflichtungen erlebt werden – nämlich so, als seien sie eine zugleich notwendige und, im Gegensatz zum Kalkül, uneigennützige Verpflichtung – äußere sich nach Bourdieu (1992) die Logik ‚affektiver Investitionen'.

Die Umwandlung des ökonomischen Kapitals in kulturelles bedürfe eines Zeitaufwands, der an das ökonomische Kapital gebunden sei. Über die Bedeutung des in der Familie akkumulierten kulturellen Kapitals hinaus spiele demnach die verfügbare Zeit der Familienmitglieder (bes. der Mutter) für seine Weitergabe eine wichtige Rolle. Ein verspäteter Eintritt in die Arbeitswelt erlaube den Erwerb hoher Bildung, wobei der Ertrag nur auf lange Sicht garantiert sei. Die Transmission des Kulturkapitals sei zusätzlich durch die Institutionalisierung in schulische Titel erschwert, weil hierbei die direkte Vererbung oder Übertragung als auch der Kauf ausgeschlossen seien. Gleichzeitig sei der Grad der Verschleierung in diesem Bereich sehr hoch, jedoch damit einhergehend ebenfalls das Schwundrisiko. Da die Übertragung des kulturellen Kapitals unbewusst geschehe und unkontrollierbar sei, entstehe der Anschein einer natürlichen (angeborenen) Fähigkeit. Auf dem Arbeitsmarkt erhalte das kulturelle Kapital Bestätigung durch schulische Titel, die den Zugang zu herrschenden Positionen regeln, womit das Monopol für die Übertragung von Macht und Privilegien immer mehr von der Schule, statt der Familie eingenommen werde. Bourdieu (2001) spricht in diesem Zusammenhang von einer Verschleierung der familiären Kapitalvererbung durch das Schulsystem, welches diese Funktion für die Familie übernimmt und gleichzeitig strukturell ihre Verschleierung ermögliche (Bourdieu & Passeron, 1971).

Soziale Klassen

Aus dem Umfang, der Zusammensetzung und der zeitlichen Entwicklung des Gesamtkapitals (Dimensionen des Raumes) ergeben sich nach Bourdieu (1982, S. 196) Unterschiede, die die *Hauptklassen der Lebensbedingungen* konstatierten, die herrschende Klasse, die mittlere Klasse und die untere Klasse (Arbeiterklasse). Anhand des unterschiedlichen Umfangs der einzelnen Kapitalsorten könnten weitere Klassenfraktionen innerhalb der einzelnen Klassen ausdifferenziert werden. Dabei konstatierten sich die Klassen im sozialen Raum von Beziehungen durch Distinktion zueinander. Erst durch die Umwandlung der drei Kapitalarten in symbolisches Kapital als eine allgemein anerkannte und wahrgenommene Form (Prestige, Renommee) werde ihre (re-)produktive Wirksamkeit freigesetzt. Die Wirksamkeit der Kapitalstruktur im sozialen Handeln werde dabei durch soziale Wertungen sowie durch die Art und Weise beeinflusst, in der die eigene soziale Position präsentiert wird. Gerade die am stärksten stigmatisierenden Distinktionszeichen würden sich zu einer aktuell gültigen sozialen Identität zusammensetzen, welche einerseits zwischen den Klassen Abgrenzungen schaffe und andererseits den Erhalt und die Präsentation der sozialen Position nach Außen gewährleiste. Eine Klasse definiert sich nach Bourdieu (1982, S. 754) aus der Wahrnehmung ihrer Distinktionszeichen durch die übrigen sozialen Akteure, ferner durch den symbolischen (nicht unbedingt ostentativen) Charakter ihres Konsums sowie durch ihre Stellung innerhalb des Produktionsverhältnisses. Die Gesamtheit aller Distinktionszeichen bilde den Raum der Lebensstile, der hiernach auf den Raum der sozialen Positionen direkt bezogen sei. Die Lebensstile und die damit verbundenen sozialen Praktiken ergeben sich in dieser Perspektive direkt aus der sozialen Position und bedingen ihrerseits durch ihre Distinktionsfunktion als ein Teil der Reproduktionsstrategien die soziale Schließung.

Die Symbole der herrschenden Klasse stellten dabei keine Herrschaftsstrategien für das ‚gesehen von unten' dar, sondern vielmehr großzügige Handlungen, so der Autor. Diese seien jedoch nicht zur Befriedigung des Klassenkonfliktes ‚kalkuliert', sondern werden aus objektivem Eigeninteresse vorgenommen, wobei der Eigennutz und die Berechnung (z.b. bei der kulturellen Produktion) im Verborgenen bleiben würden. Der unmittelbare Konformismus des Investors mit der Investition zeuge dabei von der Aufrichtigkeit und Verbundenheit mit den jeweils geltenden Prinzipien und diene zur Verschleierung des Eigeninteresses. Wandlungen jeder Art (Genres, Schulzugehörigkeit usw.) seien demnach von einem Sinn für Investitionen (Strategien) bestimmt und als Rückumwandlungen zu verstehen. Die Verschleierung falle dabei umso effektiver aus, je schärfer der Sinn für Investitionen entwickelt sei.

Habitus

Zusammenfassend wird deutlich, dass die Wahrnehmung der sozialen Welt nach Bourdieu (1982) in zweifacher Weise gesellschaftlich vorstrukturiert ist. Die objektive Vorstrukturierung sei darin gegeben, dass bestimmte Merkmalskombinationen von Personen oder Institutionen mehr oder weniger wahrscheinlich auftreten, die subjektive dagegen in den Wahrnehmungs- und Bewertungsschemata des Beobachters, welche als ein Produkt vergangener symbolischer Auseinandersetzungen den Stand der symbolischen Kräfteverhältnisse zum Ausdruck bringen. Dennoch verbleibe bei der Transformation der sozialen Position in Praktiken (*Lebensstil*) ein gewisser Spielraum für die subjektive Wahrnehmung, da die Wahrnehmung und Darstellung von Objekten der sozialen Welt bis zu einem bestimmten Grad individuell variieren können (*kognitive Strategien der Sinn-Erfüllung und der Sinnstiftung*). Den hierbei zu vollbringenden Konstruktionsakt betrachtet Bourdieu (1982) jedoch keinesfalls als einen individualistischen. Dieser unterliege, so der Autor, den bereits erwähnten Wahrnehmungskategorien, welche ebenfalls durch Verinnerlichung der objektiven Strukturen des sozialen Raums in symbolischen Auseinandersetzungen gesellschaftlich vorstrukturiert seien und sich aus einem Komplex von erworbenen Zielen, Einstellungen, Erwartungen, Fähigkeiten, Ideologie, Gewohnheiten etc. zusammensetzen. Diese, aus der sozialen Position entstandene und demnach einerseits sozial vorstrukturierte, aber auch andererseits die Wahrnehmung organisierende Struktur, umfasst Bourdieu (1982) mit dem Begriff des *Habitus*. Den rationalen Habitus betrachtet er ferner als eine spezifische Form jener Praxis und der Verfügung über die Instrumente der Reproduktion, die sowohl eine Voraussetzung als auch ein Produkt der ökonomischen Verhältnisse ist. Einerseits stelle der Habitus eine notwendige Vorbedingung einer vollkommen angepassten ökonomischen Praxis dar und sei andererseits selbst das Produkt der ökonomischen Verhältnisse, welche durch den Besitz spezifischer Aneignungsinstrumente dem Individuum gestatten, die Gelegenheiten zur Kapitalaneignung zu nutzen, die offiziell jedem zur Verfügung stehen, faktisch jedoch nur den Besitzern geeigneter Instrumente zugänglich seien. Er fungiert als ein Bindeglied zwischen objektiven Bedingungen und subjektiven Praktiken, die für einen bestimmten Lebensstil kennzeichnend sind. Der Habitus definiert sich somit einerseits aus der sozial vorstrukturierten Wahrnehmung und Differenzierung der Praktiken und andererseits aus der Erzeugung dieser Praxisformen, welche wiederum strukturierend wirken. Beides, die Wahrnehmung und die Erzeugung konstatieren nach Bourdieu (1982) zusammen die repräsentierte soziale Welt, also den Raum der Lebensstile (vgl. auch Hannover, 1997, 2000).

Soziale Reproduktion im Schulsystem

Bourdieu (2001) und Bourdieu und Passeron (1971) gehen davon aus, dass in der Schule, welche hierbei als ein Agent der herrschenden Elite fungiert, die verschleierte Vererbung sozialer Positionen stattfindet. Die Vergabe von Zertifikaten als gesellschaftlich anerkannter ‚Beweis' für die Verfügung über Kapital (insbesondere kulturellem Kapital) ersetze die familiäre Vererbung als Weitergabe des Familienkapitals. Dies führe jedoch keinesfalls zur sozialen Gerechtigkeit, denn die Reproduktion gesellschaftlicher Strukturen sei durch das Bildungssystem weiterhin gewährleistet. Vielmehr trage die vermeintlich leistungsbezogene Vergabe von Zertifikaten zur sozialbedingten Teilhabe an sozialen Positionen bei, da in der Schule eine Selektion in Abhängigkeit von der Verfügung über die Instrumente der Reproduktion stattfände. Die als leistungsbasiert deklarierte Beurteilung diene demnach als die ‚perfekte Verschleierung' der Mechanismen sozialer Ungleichheit. Dabei sei den Kindern unterer Schichten die Möglichkeit, das Wissen zu erlangen, entzogen, indem die eingesetzten Lernwerkzeuge nur der Mittelschicht vertraut seien. Das soziale Umfeld der Schule, das Curriculum, die didaktischen Materialien, Sprache, Abläufe und letztendlich auch die Einstellungen von Lehrkräften seien auf den Habitus der Mittelschichtskinder abgestimmt, welche am stärksten von den verfügbaren Lerngelegenheiten profitieren und folglich die höchsten Leistungen erreichten (*Mittelschichtschule*, Bourdieu, 2001). Über die Berechtigung zur Teilhabe entscheide demnach nicht die Fähigkeit, sondern der sozial vorgeprägte Habitus.

3.1.2 Sozialer Determinismus vs. subjektive Rationalität

Die im Rahmen von Bourdieus (1997) Theorie sozialer Machtreproduktion vorgelegte Beschreibung der Gesellschaftsstruktur als eine streng horizontal hierarchisch-stratifikatorische erscheint vor dem Hintergrund der Vielfalt von Ursachen, Zugangswegen, Erscheinungs-, Verknüpfungs- und Erlebnisformen sozialer Ungleichheit in der modernen Gesellschaft als unangemessen. Nach Ditton (1992, S. 39) ließe sich weder die vielschichtige und mehrdimensionale soziale Struktur einfach anhand zusammengefasster homogener Lebenswelten beschreiben noch könnten hiermit die verschiedenen Sozialisationsbedingungen hinreichend beschrieben und erklärt werden. Die empirische Evidenz der klassischen Schichtungsmodelle sei lange als gegeben angenommen worden, obwohl anhand der vorliegenden Datenbasis zwar Zusammenhänge der Schichtzugehörigkeit mit Sozialisationsweisen und Persönlichkeitsmerkmalen nachgewiesen werden konnten, diese jedoch vergleichsweise gering gewesen seien bzw. niedrige Varianzanteile erklärten. Kritisiert werden im Rahmen empirischer Arbeiten Generalisierungen von Einzelergebnissen sowie die oftmals willkürliche Setzung von einigen einzelnen Schichtungskriterien als auch die Unterstellung, die Schichtungsmerkmale stellten nicht etwa statisch-künstliche Analyseeinheiten dar, sondern markierten deutlich voneinander unterscheidbare Subkulturen oder Lebenswelten (Ditton, 1992).

Die mit dem gestiegenen Wohlstand und dem Ausbau des Wohlfahrtstaates einhergehende Eröffnung von Wahlfreiheiten und Freisetzung von Beschränkungen habe zu diversifizierten gesellschaftlichen Stellungen und individualisierten Lebensläufen (Beck, 1993) sowie zur Pluralisierung von Lebenslagen (Hradil, 1987) geführt. Soziale Position und Lebenslauf wirkten zunehmend weniger sozial determiniert und stärker als Ergebnis individueller Entscheidung. Lang-Wojtasik (2008) spricht in diesem Zusammenhang von Selbstzuordnung zu der (Welt-)Gesellschaft, die er als keine stratifikatorische mehr auffasst, sondern als eine funktional-differenzielle. Trotz der Bildungsexpansion sollte nach Ditton (1992) jedoch keine voreilige Schlussfolgerung abgeleitet werden, die soziale Ungleichheit sei nivelliert worden. Die Erhöhung des Wohlstandsniveaus habe weder zur Auflösung der Sozialstruktur noch zum Abbau sozialer Ungleichheit geführt, sondern zur Stabilisierung der sozialen Ungleichheit auf einem höheren Niveau sowie zur stärkeren Ausdifferenzierung und Pluralisierung innerhalb der sozialen Schichten. Der gesellschaftliche Wandel habe zur Verbesserung der Lebensumstände geführt, womit gar einige Kriterien der sozialen Ungleichheit, wie Arbeitsbedingungen, soziale Sicherheit, Geschlecht, Nationalität, neu bzw. wieder aufgegriffen werden sollten. Askriptive Merkmale, wie Geschlecht, Alter, Gesinnung, Beziehungen, nehmen im Zuge der Bildungsexpansion erneut eine wichtige Funktion bei der Statuszuweisung und beruflichen Positionierung ein (vgl. auch Beck, 1986).

Das „Konzept der eindeutig definierten und abgrenzbaren Schichten oder Klassen, im Sinne einer eindimensional und (ausschließlich) vertikal differenzierten Gesellschaft" (Ditton, 1992, S. 40) ließe sich somit nicht mehr ohne Weiteres auf die gegenwärtige, durch Auflösung subkultureller Identitäten und Pluralisierung von Lebenslagen gekennzeichnete Gesellschaft übertragen. Stattdessen wird in der gegenwärtigen Literatur der soziale Raum durch die Differenzierung in *soziale Milieus* mehrdimensional beschrieben. Hierbei wird eine Sichtweise postuliert, nach der die soziale Positionierung und die damit verbundene Ungleichheit einerseits horizontal entlang der sozialen Klassen und andererseits vertikal innerhalb der Klassen verläuft (Hradil, 1987). Im Rahmen sozialstruktureller Ansätze wurden dabei soziostrukturell bedeutsame Faktoren ausdifferenziert, die differenzierte Konstellationen von Lebenslagen beschreiben, wie zum Beispiel: Beruf des Vaters, Arbeitsbedingungen, Bildungsniveau, materielle Lebensbedingungen und soziale Herkunft, Mitgliedschaft in bürokratischen Organisationen, Wohngebiet (Ditton, 1992).

In diesem Zusammenhang wird in Anlehnung an sozialökologische Ansätze auf die Bedeutung der subjektiven Komponente in Konstruktionsleistungen bei der Wahrnehmung der alltäglichen Umwelt hingewiesen (Bandura, 1986, S. 183; Bronfenbrenner, 1981; Schermer, 1998, S. 484ff.; Schmidt-Denter, 1996, S. 17ff.). Als sozialisationsrelevant gilt hierbei die Wahrnehmung des unmittelbaren Erlebnisraums durch das Individuum. Bezogen auf die Handlungsentscheidungen von Individuen werden in der kognitiven Perspektive *Prozesse sozialer Deutung* hervorgehoben, wonach das Individuum nicht reflektiv angesichts objektiver Gegebenheiten handelt, sondern die Realität in einem Deutungsprozess verarbeitet (vgl. auch Lüdtke, 1989).

Differenzierungsthese

Soziale Ungleichheit in modernen Industrieländern sei nach der Differenzierungsthese von Hradil (1987) in vielerlei Hinsicht neu zu fassen, das heißt bezogen auf: (1.) ihre Dimensionen, wie Arbeits-, Freizeit-, Wohn-, Wohnumfeld-Bedingungen, soziale Sicherheit, Ungleichbehandlung; (2.) ihre Zuweisungsmerkmale, aus denen (neben den vertikalen) horizontale Ungleichheiten resultieren, wie Geschlecht, Religion, Familienverhältnisse, Alter, Geburtszeitraum/Kohortenzugehörigkeit, Nationalität; (3.) ihre Ursachenfelder, wie zum Beispiel gesetzliche Regelungen über Infrastrukturleistungen; (4.) neue Kombinationen und Akkumulationen im Gefüge sozialer Ungleichheit, die einerseits als ein ‚Nebeneinander von Privilegien und Deprivationen‘ zusammengefasst werden können und sich andererseits durch Konzentration von Benachteiligungen auszeichnen; und schließlich (5.) bezogen auf die neuen Lebensstile, die aufgrund komplexer und differenzierter werdender Lebensbedingungen entstehen. Im Angesicht dieser Veränderungen könne die soziale Ungleichheit nicht mehr als ausschließlich gesellschaftlich hervorgebrachte, dauerhafte Lebensbedingungen aufgefasst werden, die sozialspezifische Handlungsmöglichkeiten zur Erreichung gesellschaftlich anerkannter Ziele eröffnen (Hradil, 1987, S. 50).

Vom handlungstheoretischen Ansatz ausgehend differenziert Hradil (1987) zwischen sozialen Lagen und sozialen Milieus. Demnach bestimmen die aus den sozialen Lagen resultierenden objektiv gegebenen Lebens- und Handlungsbedingungen die Chancen der Lebenszielerreichung. Dabei unterscheidet er drei Ungleichheitsdimensionen: ökonomische (Wohlstand, Erfolg, Macht), wohlfahrtsstaatliche (Sicherheit, Entlastung, Gesundheit, Partizipation) und soziale (Integration, Selbstverwirklichung, Emanzipation). Die Betrachtung der Sozialstruktur in der Perspektive dieser Dimensionen führt ihn zu folgenden typischen Kontexten (soziales Umfeld) ungleicher Handlungsbedingungen: Machtelite, Reiche, Bildungselite, Manager, Experten, Studenten, Normalverdiener, Rentner, Arbeitslose, Arme und Randgruppen. Die objektiven sozialen Lagen spiegeln sich nach ihm abhängig vom sozialen Milieu differenziell im Bewusstsein der Akteure wider und führen zu sozial selektiven Handlungen. Aus dem Zusammenkommen von bestimmten äußeren Lebensbedingungen und inneren Haltungen entstehen demnach milieuspezifische, für eine bestimmte Gruppe von Menschen gemeinsame Lebensstile. Horizontale Disparitäten resultierten dabei aus dem Zusammenwirken der sozialspezifischen objektiv intervenierenden Faktoren (z.B. Familienstand, Alter, Wohnort) mit den subjektiv intervenierenden Faktoren (z.B. Interpretationen, Einstellungen, Absichten). Die letzteren seien zwar durch das soziale Milieu vorgeprägt, ließen jedoch einen, als eine Art *Filter* fungierenden, zumindest teilweise individualisierten Umgang mit sozialen Lagen zu und konstituieren vertikale Disparitäten innerhalb sozialer Lagen und quer zu ihnen. Anhand unterschiedlicher Lebensstile differenziert Hradil (1987, S. 169) folgende Milieus aus: konservativ-gehobenes

Milieu, kleinbürgerliches Milieu, traditionelles Arbeitermilieu, aufstiegsorientiertes Milieu, technokratisch-liberales Milieu, hedonistisches und alternativ-linkes Milieu.

Im Hinblick auf den sozialen Determinismus zeige sich nach Ditton (1992) in der Differenzierungsthese von Hradil (1987) eine Lockerung des Zusammenhangs zwischen Lebensstil und Lebenslagen, welche jedoch nicht zu einer vollständigen Abkopplung führe. Während bei Bourdieu (1982) die *Lebensstile* durch den Habitus determiniert seien, betrachte Hradil (1987) die Wahrnehmung der eigenen sozialen Position (*Lebenslage*) zwar als sozialbedingt, aber nicht als determiniert. Bei Bourdieu (1982) werde nach Ditton (1992) der individualisierende Moment von Unbestimmtheit und Unschärfe mit der Annahme der kognitiven Strategien der Sinn-Erfüllung und der Sinnstiftung zwar impliziert, ließe sich jedoch empirisch nicht vom – sozial vorstrukturierten und die Wahrnehmung strukturierenden – Habitus trennen. Der Konstruktionsakt sei durch habituell gefärbte Wahrnehmungen und Einstellungen determiniert. Zudem blieben andere Einflussfaktoren, wie die Lebensorganisation, das Geschlecht, das Alter oder die Haushaltsstruktur, in seiner Theorie unberücksichtigt. Im Gegensatz dazu gehe Hradil (1987) in seiner Differenzierungsthese von einer relativen Autonomie der Lebensstile in Bezug auf soziale Lagen aus. Raum für Individualisierung eröffne sich dabei nach Ditton (1992) durch die Annahme, dass der wachsende Spielraum eine von Lebensstilen unabhängige Variation von Lebenslagen für subjektive Interpretationen ermöglicht.

Subjektive Rationalität als konstruktivistische Erweiterung

Obschon in der Differenzierungsthese eine Abkopplung der sozialen Lagen vom Lebensstil postuliert wird, erscheint diese jedoch nicht konsequent vollzogen und dadurch empirisch nicht eindeutig erfassbar. Zwar fungieren soziale Milieus als eine Art individueller Filter bei der Verarbeitung der objektiven Umstände, jedoch sind sie selbst durch Lebensbedingungen (*soziale Lagen*) determiniert. Die differenzielle Verarbeitung äußerer Gegebenheiten unterliegt dem Einfluss des sozialen Milieus, das selbst durch die soziale Lebenslage mit ihren objektiven Gegebenheiten vorbestimmt ist. Nach Hradil (1987) können somit gemeinsame Lebensstile, ähnlich wie bei Bourdieu (1982), allein aufgrund geteilter äußerer Lebensbedingungen entstehen. Das soziale Milieu bezeichnet dabei eine Gruppe von Menschen, die entweder solche äußeren Lebensbedingungen oder inneren Haltungen oder beides aufweisen, aus denen sich gemeinsame Lebensstile herausbilden (Hradil, 1987, S. 165). Damit wird in seiner Theorie die ausschlaggebende Bedeutung der sozialen Lage für die Herausbildung der Wahrnehmungsschemata deutlich.

Dagegen hebt Lüdtke (1989) in seinem Ansatz die konstruktivistische Leistung des Individuums hervor und postuliert damit die Sichtweise, dass zwischen dem Lebensstil und der sozialen Klasse kein konsistenter Zusammenhang besteht. Die Herausbildung von Lebensstilen erfolge hierbei durch soziale Vergleichsprozesse. Die soziale Schließung resultiere aus den Strategien der Distanzierung bzw. der Distinktion (Maximierung der Distanz zu relativ Unterschiedlichem) und der Affiliation (Minimierung der Distanz zu relativ Ähnlichem). Die Hauptfunktion der Lebensstile beziehe sich dabei auf die Identitätssicherung innerhalb von Milieus, wohingegen die

Distinktionsfunktion der Lebensstile nach Außen in den Hintergrund gerät. Das System der Lebensorganisation umfasse nach Lüdtke (1989) zum einen objektive Ressourcen und Zwänge, die er als sozioökonomische Situation definiert, darüber hinaus die Kompetenz, ferner die Performanz als relevante Handlungs- und Interaktionsäußerungen und ihre Folgen und schließlich die Motivation. Zur Erklärung von individuellen Präferenzen (die sich im Lebensstil äußern) greift er auf konstruktivistische Ansätze zurück, indem er die Lebensstile als Nutzenvertiefung (durch Routinisierung) im Rahmen der subjektiv-rationalen Lebensorganisation definiert (Lüdtke, 1990).

Nach Ditton (1992) stelle die Konzeption der subjektiven Rationalität ein Postulat für eine solche Auffassung dar, nach der die Lebensformen auf der Basis von individuell gefilterten und verarbeiteten Handlungssituationen herausgebildet werden. Seine Hauptkritik bezieht sich auf die Tatsache, dass Lüdtke (1989) die Lebensformen auf die mittleren und oberen Schichten beschränkt, weil er dort die Voraussetzungen in Form von verfügbaren Ressourcen als den Rahmen für mögliche individuelle Interpretationen als gegeben ansieht, welche in den unteren Schichten nach seiner Ansicht nicht vorhanden sind.

3.1.3 Zusammenfassung und Implikationen für die vorliegende Untersuchung

Bourdieus (Bourdieu, 1982, 1992, 2001) Theorie sozialer Machtreproduktion gehört zu traditionellen soziologischen Schichtungsansätzen, die von einer streng hierarchisch organisierten, stratifikatorischen Gesellschaft ausgehen (vgl. auch Bourdieu et al., 1981; Bourdieu & Passeron, 1971). Nach ihm setzt sich der soziale Raum aus dem Raum der Lebensstile und dem darauf bezogenen Raum der sozialen Positionen zusammen. Das (kulturelle, ökonomische und soziale) Kapital fungiert in seiner Theorie als die Kraft der objektiven und subjektiven Strukturen der sozialen Welt und zugleich als ein grundlegendes Prinzip ihrer inneren Regelmäßigkeiten. Aus dem Umfang, der Zusammensetzung und der zeitlichen Entwicklung des Gesamtkapitals (Dimensionen des Raumes) ergeben sich nach Bourdieu (Bourdieu, 1982, 1992) Unterschiede, die die Hauptklassen der Lebensbedingungen sowie Untergruppen im sozialen Raum (Raum von Beziehungen) durch Distinktion zueinander konstatieren. Obwohl die Wahrnehmung und Darstellung von Objekten der sozialen Welt bis zu einem bestimmten Grad individuell variieren können, wie dies mit der Annahme der kognitiven Strategien der Sinn-Erfüllung und der Sinnstiftung impliziert wird, geht er von einem engen Zusammenhang zwischen den Lebensstilen und der sozialen Position aus. Der Habitus, als sozial vorstrukturierte Wahrnehmungs- und Differenzierungsstruktur der Praktiken, erzeuge dabei Praxisformen, welche sich wiederum strukturierend auf jene Wahrnehmungsschemata auswirkten. Die als Raum der Lebensstile repräsentierte soziale Welt werde dabei einerseits durch die Wahrnehmung und andererseits durch die Erzeugung der Praktiken konstatiert (Bourdieu, 1982, S. 196).

In neueren sozialstrukturellen und sozialökologischen Ansätzen werden, bezogen auf die Handlungsentscheidungen von Individuen, Prozesse der sozialen Deutung besonders hervorgehoben. Es wird davon ausgegangen, dass das Individuum nicht etwa reflektiv im Angesicht objektiver Gegebenheiten handelt, sondern die Realität in einem Deutungsprozess verarbeitet. In Anlehnung daran unterscheidet zum Beispiel Hradil (1987) in seiner Differenzierungsthese, vom handlungstheoretischen Ansatz ausgehend, zwischen sozialen Lagen und sozialen Milieus. In diesem Ansatz werde nach Ditton (1992) die Bedeutung sozialer Lagen im Prozess der Herausbildung von Lebensstilen zwar ähnlich wie bei Bourdieu hervorgehoben, jedoch ermögliche die Differenzierungsthese dennoch Individualisierung durch die Annahme, dass der, durch den sozialen Wandel bedingte, wachsende Spielraum für subjektive Interpretationen eine von Lebensstilen unabhängige Variation von Lebenslagen hervorbringe. Während in Bourdieus (1992) Theorie die Wahrnehmung der eigenen sozialen Position durch den sozial determinierten Habitus beeinflusst werde, entstünden gemeinsame Lebensstile bei Hradil (1987) aufgrund geteilter äußerer Lebensbedingungen, die in einem Deutungsprozess verarbeitet werden, welcher wie eine Art Filter wirkt. Dieses führe zur Herausbildung sozialer Milieus. Hierbei postuliert er die Existenz der entlang sozialer Klassen verlaufenden horizontalen und gleichzeitig innerhalb der Klassen verlaufenden vertikalen Ungleichheit. Lüdtke (1989) geht in seinem Ansatz noch weiter und hebt die konstruktivistische Leistung des Individuums hervor. Zwischen dem Lebensstil und der sozialen Klasse bestehe ihm zufolge kein konsistenter Zusammenhang. Die Lebenslagen konstatieren sich zum einen aus den objektiven Lebensbedingungen als auch aus den subjektiven Wahrnehmungen und Bewertungen. Eingeschränkt auf die mittleren und oberen Schichten (deren Ressourcen einen ausreichenden Spielraum zulassen) umfasse seine Konzeption der subjektiven Rationalität die Herausbildung von Lebensformen auf der Basis von individuell gefilterten und verarbeiteten Handlungssituationen. Er beschreibt Lebensstile als ein relativ stabiles Muster der Organisation des Alltags, der durch gegebene Lebenslagen, verfügbare Ressourcen und getroffene Lebensplanung beeinflusst wird.

Obwohl der subjektive Anteil bei der Herausbildung von Lebenslagen sowie der, durch den sozialen Wandel bedingte, wachsende Freiraum zur Pluralisierung von Lebensstilen führt, richtet sich das Forschungsinteresse empirischer Untersuchungen in der Regel auf die Analyse von übergreifenden Ungleichheitsmechanismen sowie auf die gesamtgesellschaftliche Bedeutung von Lebenslagen. In neueren Untersuchungen wird deshalb problematisiert, inwieweit eine immer stärkere Ausdifferenzierung der vielfältigen Lebenslagen im Forschungsinteresse liegt. In diesem Zusammenhang ist ein Gleichgewicht zwischen dem Anspruch einer adäquaten Erfassung der Realität und dem wissenschaftlichen Interesse nach vereinfachter typologisierender Beschreibung der Realität zu Analysezwecken erforderlich. Letztendlich würde man nach Konietzka (1995), bei einer entsprechend differenzierten Erhebung, individuell unverwechselbare Lebensstile identifizieren. Auch unter der Annahme, dass der Einfluss des sozialen Systems auf die individuelle Lebensgestaltung keinen determinierenden Charakter hat und diese folglich nur bis zu einem bestimmten Grad bedingt, kann die gesamtgesellschaftliche Bedeutung von Lebensstilen sowie die soziologische Relevanz des Lebensstilkonzepts zur Analyse von Ungleichheiten nicht vollkommen verworfen werden. Empirische Identifikation verhaltenshomogener Lebensstilaggregate stellte kein geeignetes Kriterium zu ihrer Einschätzung dar, so Konietzka (1995).

Anhand der vorliegenden theoretischen Ansätze wird deutlich, dass die Erfassung der Lebenslagen in Forschungsvorhaben einerseits differenziert erfolgen muss, um die sozialen Strukturen angemessen abzubilden. Da jedoch das Forschungsinteresse der vorliegenden Arbeit auf allgemeingesellschaftlichen Mechanismen liegt, erscheint andererseits eine gewisse Forschungspragmatik im Sinne der Einfachheitsprämisse als angemessen. Deutlich wird ferner, dass eine differenzielle Untersuchung der pluralisierten Lebensstile mit erhebungstechnischen Herausforderungen verknüpft ist. In der vorliegenden Arbeit werden die familiären sozialen Lagen anhand von multiplen Indikatoren erfasst, um die multiplen Facetten des Konstrukts in vereinfachter Weise abzubilden. Das kulturelle und ökonomische Kapital sowie andere individuelle Merkmale werden als getrennte Konstrukte in die Analysen einbezogen, womit deren differenzielle Wirkung analysiert werden kann. Es wird davon ausgegangen, dass diese Merkmale miteinander zwar korreliert sind, jedoch nicht deterministisch voneinander abhängen. Die subjektive Komponente des Individuums steht nicht im Fokus der Analysen, wird jedoch bei der Interpretation der Befunde berücksichtigt.

3.2   Bildungsentscheidungen als rationale Wahlentscheidungen

Die Mechanismen sozialer Reproduktion im Schulsystem werden in dieser Arbeit an den Übergängen im Schulsystem untersucht, wobei die Bildungsentscheidungen in Anlehnung an die Theorie rationaler Wahlentscheidung analysiert werden. Im Folgenden wird hierzu zunächst der auf dem utilitaristischen Prinzip basierende ökonomische Ansatz rationaler Wahlentscheidung kurz geschildert. Ferner werden soziologische Ansätze vorgestellt und diskutiert, wobei insbesondere der Unterschied zu den ökonomischen Modellen herausgestellt wird. Hierbei wird auf die Bedeutung der sozialen Position im rationalen Handeln in Anlehnung an Bourdieu (1982) eingegangen sowie auf die subjektive Rationalität nach Boudon (1974). In einem weiteren Schritt wird speziell die rationale Wahl im Rahmen von Bildungsentscheidungen aufgegriffen. Anhand von Modellen zur Analyse von Bildungsentscheidungen, die je nach Tradition soziologische und/oder psychologische Merkmale berücksichtigen, werden dabei institutionelle sowie individuelle Bedingungsfaktoren verdeutlicht.

3.2.1 Ökonomische Ansätze zur Theorie der rationalen Wahlentscheidung (rational-choice-theory)

Innerhalb der Ökonomie finden sich einige aus dem utilitaristischen Prinzip resultierende und auf dem hedonistischen Kalkül basierende handlungsorientierte Erklärungsmodelle, die Handlungen als Allokation knapper Mittel zur Verfolgung konkurrierender Ziele beschreiben (Becker, 1982). Nach dem utilitaristischen Prinzip der Nutzenmaximierung fungiert jedes wirtschaftende Subjekt als eine Art Unternehmer, der im Rahmen rationaler Handlungsentscheidungen einen möglichst hohen Nutzen aus der Allokation knapper Ressourcen anstrebt (Ditton, 1992). Hierbei werden rationale Begründungen (Rationalitätskriterium) des (moralisch) richtigen Handelns gesucht, wobei vier Elemente des Rationalitätskriteriums differenziert werden. (1.) Erstens bestimmt sich die Richtigkeit einer Handlung nach dem *Konsequenzen-Prinzip* von ihren Folgen her. Das in der Natur des Menschen begründete *hedonistische Prinzip* setzt (2.) zweitens normativ das menschliche Glück, die Erfüllung menschlicher Bedürfnisse und Interessen (Herbeiführung der Lust, Vermeidung der Unlust) als Kriterium für richtiges und moralisch gebotenes Handeln voraus. Das *utilitaristische Prinzip* begründet (3.) drittens den Nutzen von Handlungen für die Erreichung dieses Glücks als Maßstab zur Beurteilung von Handlungskonsequenzen. Der Gratifikationswert einer Handlung ergibt sich dabei aus dem mit ihr verbundenen Maß an Lust abzüglich der durch sie hervorgerufenen Unlust. Für die Beurteilung einer Handlung ist ferner ihr Gratifikationswert nicht allein für das Individuum selbst bedeutsam, sondern (4.) viertens nach dem *universalistischen Prinzip* für alle von der Handlung Betroffenen, die sich zum Beispiel im Falle der Bildungsentscheidungen aus den Familienmitgliedern zusammensetzen. Das menschliche Handeln habe somit in der utilitaristischen Theorie naturgemäß die Vermehrung des eigenen und des kollektiven Glücks zum Ziel, so Ditton (1992, S. 23). Die darin implizierte utilitaristische Ethik begründet normativ dieses Streben nach eigenem Glück sowie nach dem Glück der Gemeinschaft als richtiges und moralisch erwünschtes Handeln. Hierbei sei ein wirksames System von Sanktionen zur langfristigen Sicherung der Interessensharmonie zwischen Individuum und Gemeinschaft notwendig. Diese rationalen und aus dem hedonistischen Prinzip ableitbaren Sanktionen beziehen sich auf Beschränkungen kurzfristig egoistischer Handlungen, wenn diese im Konflikt mit dem Wohlergehen der von der Entscheidung betroffenen Personen stehen. Bezogen auf die Bildungsentscheidungen würden sich Handlungen am Interesse der sozioökonomisch höher gestellten Familien zur Verbesserung oder zumindest zum Erhalt der sozialen Position in der nachfolgenden Generation ausrichten. In Familien mit geringen ökonomischen Ressourcen würde im Falle einer Gymnasialempfehlung das individuelle Interesse des Kindes hinter das kollektiv-familiäre Interesse einer möglichst zügigen Bildungskarriere und finanzieller Unabhängigkeit des Kindes zurücktreten.

Das utilitaristische Prinzip von Knappheit und Wahlzwang kann nicht nur auf marktrelevantes Handeln, sondern auf ‚alles menschliche Handeln‘ bezogen werden (Becker, 1982, S. 7). Im Rahmen des ökonomischen Ansatzes wird zum einen davon ausgegangen, dass Individuen nutzenmaximierend handeln (vgl. auch Wert-Erwartungs-Theorie, Esser, 1999). Des Weiteren wird hierbei die Existenz von Märkten mit den verhaltensregulierenden Marktmechanismen (z.B. durch Preise) vorausgesetzt. Eine weitere Annahme betrifft ferner die Stabilität individueller Präferenzen wie Gesundheit, Prestige, Sinnesfreude, Wohlwollen oder Neid. Im Rahmen dieses Ansatzes wird nach Ditton (1992) davon ausgegangen, dass Individuen zur Befriedigung ihrer Bedürfnisse bestimmte Güter unter Einsatz begrenzter Ressourcen erwerben. Dabei werde die Befriedigung konkurrierender Bedürfnisse gegeneinander abgewogen. Die Wahlentscheidung des Konsumenten falle zu Gunsten jener Güter aus, die er mit seinen Ressourcen erwerben kann und die für ihn einen maximalen Nutzen darstellen, also die maximale Befriedigung eines bedeutsamen Bedürfnisses ermöglichen. Dabei werde von folgenden vier Vorannahmen ausgegangen: Zum einen wird impliziert, dass der Konsument (1.) seine Bedürfnisse kennt und sie (2.) in eine hierarchische Ordnung bringen kann, zum anderen, dass er alle vorhandenen Möglichkeiten zur Befriedigung dieser kennt. Des Weiteren (3.) werden hierbei die Wahlfreiheit und Entscheidungsfreiheit über die Ressourcen des Individuums sowie schließlich (4.) die Stabilität des Konsumverhaltens vorausgesetzt (Mattern & Weisshuhn, 1980). Angenommen werde dabei, dass der Risikograd der Entscheidungssituationen sowie die Anzahl von potenziellen Konsequenzen die Präzision beeinflussen, mit der die Eintrittswahrscheinlichkeit von Ereignissen bestimmt werden kann. Während bei sicheren Situationen nur eine Konsequenz möglich sei, könnten bei riskanten Situationen mehrere Konsequenzen mit einer bestimmten Wahrscheinlichkeit eintreten. In ungewissen Situationen könnten nicht einmal die Eintrittswahrscheinlichkeiten den verschiedenen Konsequenzen zugeordnet werden (Ditton, 1992).

In dieser Perspektive stellen elterliche Bildungsentscheidungen sowie -empfehlungen der Lehrkräfte ungewisse Entscheidungen mit langfristigen Folgen dar, indem sie die zukünftige Bildungskarriere auf der Basis von vielfältigen zeitinstabilen Faktoren vorwegnehmen, wie die Merkmale des Kindes (z.B. Fähigkeiten und Motivation) oder die Marktsituation sowie ökonomische Ressourcen der Familie und der marktwirtschaftliche Wert der Abschlüsse.

3.2.2 Subjektive Rationalität in soziologischen Ansätzen

Ökonomische Theorieansätze zur Erklärung des menschlichen Handelns ließen sich nach Ditton (1992, S. 21ff.) insofern als utilitaristisch bezeichnen, als dass hierbei die Auffassung dominiere, Bildungsentscheidungen würden im Hinblick auf rein rationale Abwägungen in Bezug auf ihre Konsequenzen getroffen werden. In Anlehnung an die Theorie der rationalen Wahlentscheidung werden im Rahmen soziologischer Ansätze Mechanismen der Entstehung und Reproduktion von Bildungsungleichheiten alternativ anhand von Modellen des individuellen Bildungsverhaltens identifiziert und analysiert (vgl. dazu auch Becker & Lauterbach, 2010, S. 15ff.). Bildungsungleichheiten im jungen Erwachsenenalter werden in diesem Zusammenhang als aggregierte Nebenfolge der frühen sozial bedingten Bildungsentscheidungen im Familienkontext aufgefasst. Während im ökonomischen Ansatz der Markt als Verteilungs- und Entscheidungsinstrument fungiert, wird in soziologischen Ansätzen zwar ebenfalls vom nutzenmaximierenden Verhalten der Akteure ausgegangen, jedoch wird das Handeln hierbei im Kontext langfristiger Austauschbeziehungen zwischen Personen mit ihrem historischen und gesellschaftlichen Hintergrund betrachtet und nicht als vom Gesamtkontext abgekoppelte Einzelentscheidungen, wie dies etwa in dem ökonomischen Ansatz impliziert sei, so Ditton (1992). Dabei bezögen sich die Entscheidungen nicht auf einen abstrakten Markt, sondern auf konkrete Interaktionen mit konkreten anderen Handelnden mit zeitlicher Dauer. Zudem werde das Handeln nicht ausschließlich auf einen zukünftigen Nutzen abgestimmt, sondern sei ebenfalls von der Lerngeschichte der Individuen abhängig. Die aktuelle Kosten-Nutzen-Kalkulation stelle sich in dieser Perspektive als ‚ein momentaner Ausschnitt der Sequenz von Austauschbeziehungen in der Lebensgeschichte der Handelnden' dar, wobei ‚Bekräftigungen aus einer Serie von Transaktionen' als Vergleichsmaßstab für aktuelle Handlungsentscheidungen dienen (Ditton, 1992, S. 28). Die Kosten von Informationsbeschaffung sowie andere psychische und monetäre Kosten als auch der Nutzen würden dabei zwischen sozialen Schichten variieren und zu unterschiedlichem Entscheidungs- oder Konsumverhalten der Individuen führen (Boudon, 1974).

Demnach unterscheiden sich soziologische Ansätze vom klassischen ökonomischen Handlungsmodell grundsätzlich dadurch, dass die subjektive Rationalität des Handelnden und die soziale Bedingtheit ihrer spezifischen Rationalität als Kernstück zur Erklärung sozialen Handelns herausgestellt werden (Ditton, 1992, S. 13). Die im Rahmen des ökonomischen Kalküls getroffenen Entscheidungen werden nicht als völlig durch den Markt determiniert angesehen, sondern als abhängig von der Stellung des Individuums im Raum sozialer Ungleichheit und der damit einhergehenden individuellen Verfügungsgewalt über die Instrumente der Produktion und der Reproduktion. Diese ergibt sich nach Bourdieu et al. (1981) zum einen aus dem objektiven Kapital des Individuums sowie zum anderen aus dem Maß, in dem die Zusammensetzung jenes Kapitals den Anforderungen des Marktes entspricht. Die ökonomischen Strategien stellen eine Reaktion des Individuums auf eine einzigartige und sozialspezifische Konstellation von Indizes dar, die sich auf die Merkmale des Marktes und individuelle Merkmale bezieht. Dies führt wiederum zu dem für eine Gesellschaft spezifischen Verhältnis des eigenen Vermögens und der unterschiedlichen Märkte (Bourdieu et al., 1981 S. 175).

Im Rahmen mikrosoziologischer Ansätze zur rationalen Wahlentscheidung (vgl. auch Esser, 1999; Maaz et al., 2006) wurde unter anderem ein theoretisches Modell zur Analyse von Bildungsungleichheiten von Boudon (1974, 1990, 1994) vorgelegt. Hierbei werden zwei bis dahin getrennte soziologische Theoriestränge miteinander verknüpft, der Ansatz zur *Ungleichheit von Bildungsgelegenheiten* (IEO, *Inequality of Educational Opportunity*, im Folgenden: *Bildungsungleichheit*) mit dem Ansatz der *Ungleichheit sozialer Gelegenheiten* (ISO, *Inequality of Social Opportunity*, im Folgenden: *soziale Ungleichheit*). Der Autor geht im Rahmen des ersten Ansatzes davon aus, dass Unterschiede im schulischen Leistungsniveau mit dem sozialen Hintergrund korrespondieren. Bei dem Ansatz der *sozialen Ungleichheit* (ISO) nimmt er Bezug auf die Gelegenheiten sozialen Aufstiegs (*soziale Mobilität*). Hiernach korrespondieren Unterschiede im sozialen Erfolg mit dem sozialen Hintergrund von Personen. Soziale Ungleichheit werde demnach zum einen durch den sozial abhängigen Bildungserfolg (Bildungsungleichheit, IEO) sowie zum anderen durch den darüber hinaus bestehenden sozialen Erfolg (soziale Ungleichheit, ISO) perpetuiert. Eine Gesellschaft sei durch ein bestimmtes Maß an Bildungsungleichheit (IEO) gekennzeichnet, wenn die Wahrscheinlichkeit, ein Gymnasium zu besuchen, für ein Kind unterer sozialer Schichten kleiner ist als für ein Kind aus der oberen sozialen Schicht. Ebenso sei eine Gesellschaft durch ein bestimmtes Maß an sozialer Ungleichheit (ISO) gekennzeichnet, wenn die Wahrscheinlichkeit des späteren beruflichen und damit ein-hergehenden sozialen Erfolgs je nach sozialer Schicht im diskriminierenden Sinne variiert. Dies zeige sich nach Boudon (1974) in empirischen Untersuchungen dar-in, dass zwischen der Bildungsmobilität und der sozialen Mobilität kein determinis-tischer Zusammenhang bestehe. Anhand Hymans (1953) Wertetheorie beschreibt der Autor die Mechanismen der sozialen Perpetuierung bei Bildungsentscheidungen, wo-nach die Bildungsungleichheit aus sozialspezifischen Wertesystemen resultiere.[8] So-wohl die Definition sozialen Erfolgs als auch die Wege der Zielerreichung variieren entlang sozialer Klassen und resultieren nach Boudon (1974, S. 22) in sozialspezifi-schen Bildungsentscheidungen. Im Vergleich zu Bourdieu (2001) betrachtet Boudon (1974) jedoch individuelle Dispositionen als weniger durch soziale Lagen determi-niert, was einen größeren Spielraum für die subjektive Rationalität eröffnet. In An-lehnung an die Theorie sozialer Positionierung (social position theory, Keller & Za-valloni, 1962, 1964) hebt er die subjektive Komponente der Bildungsentscheidung hervor. Im Rahmen der Kapitaltheorie von Bourdieu (1982) wird die subjektive Rati-onalität ebenfalls hervorgehoben, jedoch fällt das Ausmaß individueller Einflussnah-me der sozialen Akteure auf eigene Handlungsentscheidungen anders aus. Die subjek-tive Rationalität ergibt sich vollständig aus dem Zusammenspiel des Marktes und der individuellen sozialen Lage und ist ihnen somit untergeordnet. Eng verknüpft hiermit ist die Idee des – aus der Stellung des Individuums im Raum der sozialen Ungleich-heit resultierenden – Habitus, auf den er die Reproduktionsstrategien zurückführt. Die verfügbare Menge und Zusammensetzung des Kapitals bewirke eine spezifische Pra-xis des Handelns und der Verfügung über die Instrumente der Produktion und Re-produktion. Diesen ‚rationalen Habitus' bezieht der Autor zudem auf die sozial un-gleich verteilten Dispositionen, also auf Fähigkeiten, welche erforderlich sind, um die beste objektive Strategie zu wählen, wie zum Beispiel die Wahl einer Geldan-lage, einer Schule oder einer beruflichen Laufbahn. Die Dispositionen werden nach ihm unter besonderen gesellschaftlichen Verhältnissen erworben und – ebenso wie auch die klassenspezifisch verteilte Macht, von der der Erfolg jener Strategien ab-hängt – durch Kapitalvolumen und dessen Zusammensetzung bestimmt (Bourdieu et al., 1981, S. 174). Mit der sozialen Position im Raum der Ungleichheit würden je-doch nicht nur die Aneignungsinstrumente und Dispositionen und die damit zusam-menhängenden erworbenen Handlungspraxen und Strategien der Individuen variieren, sondern ebenfalls die soziale Macht. Folglich variiere mit der sozialen Position auch die Chance der Wahrung oder Vergrößerung des Kapitals. Demnach würden sich Fa-milien bei den verfolgten Bildungsstrategien an den individuell verfügbaren und sozi-

---

8 Empirische Belege zeigten zum Beispiel, dass die Berufserwartungen von Jugendlichen im Zusammenhang mit deren sozialem Hintergrund variieren. Jugendliche aus privilegierten Famili-
   en erwarten von ihrem zukünftigen Beruf z.B. persönliche Erfüllung, während Jugendliche aus
   niedrigen sozialen Schichten eher an der Gehaltshöhe und Sicherheit interessiert seien. Ferner
   konstatierten Jugendliche aus sozial bevorzugten Familien den Bildungsgrad als die wichtigste Bedingung sozialen Erfolgs, wohingegen Jugendliche mit niedrigem sozialem Hintergrund
   Faktoren wie Glück, eine geeignete Einstellung oder Bekanntschaften mit einflussreichen Menschen als Bedingungen sozialen Erfolgs benennen. Demnach betrachten Jugendliche aus niedrigeren sozialen Schichten Bildung als weniger erstrebenswert, sind sich der mangelnden Oppor-
   tunitäten bewusst und zeigen geringere Erfolgsstrebsamkeit (Boudon, 1974).

alspezifischen Instrumenten, Dispositionen, Strategien und an sozialer Macht orientieren. Mit abnehmendem Kapital der Familie verringere sich die soziale Macht und die Mittel, die Bildungskarriere des Kindes zu unterstützen, während die Folgen bei einer nicht gelungenen Bildungskarriere umso schwerer wiegen würden, die Entscheidung also insgesamt als risikoreicher empfunden werde. Eine fehlende Informationsbasis für die richtige Karrierewahl, mangelndes ökonomisches Kapital, um riskante Investitionen zu tätigen, sowie ein zu geringes soziales Kapital, um, bei Misserfolg, einen neuen Anlauf zu wagen, stellen nach Bourdieu et al. (1981) die hauptsächlichen Risikofaktoren einer solchen Entscheidung dar, insbesondere bei Bevölkerungsschichten mit niedrigem ökonomischen Kapital (Bourdieu & Passeron, 1971).

Boudon (1990, 1994) hingegen geht davon aus, dass Individuen aufgrund von Ideologien und Überzeugungen handeln, welche sowohl auf wissenschaftlich fundiertem Wissen als auch auf Alltagswissen basieren können und dementsprechend nicht immer objektiv wahr seien. Das auf falschen Überzeugungen basierende Handeln erscheine hierbei jedoch nicht als irrational, sondern werde mit dem Konzept der subjektiven Rationalität begründet. Hiernach hätten Individuen oft subjektiv gute Gründe, an falschen Überzeugungen festzuhalten. Dies könnte auf drei Typen von sozialen Wirkungen zurückgeführt werden: Zum einen unterlägen Akteure den (1.) *Positionswirkungen*. Klassenspezifische Dispositionen, die unbewusstes oder teilweise bewusstes Erfahrungswissen darstellen, welches situationsspezifisch mobilisiert wird, steuern demnach die Wahrnehmung im Sinne von *Filtern*. Die soziale Position bewirke mit Hilfe der sozialen Filter eine sozial selektive Wahrnehmung der Wirklichkeit, so der Autor. Des Weiteren unterlägen die sozialen Akteure den (2.) *Kommunikationswirkungen*. Im Zuge der öffentlichen wissenschaftlichen und populistischen Gespräche können manchmal auf der Basis wissenschaftlicher Theorien teilweise zweifelhafte Überzeugungen entstehen und entscheidungswirksam sein, auch wenn sie nicht wissenschaftlich untermauert seien. Objektiv richtiges Handeln erscheine unter diesen Voraussetzungen oft nicht möglich. Der Handelnde müsse sich darauf verlassen, was er für richtig hält. Schließlich beruhten wissenschaftliche Theorien auf Prinzipien und Annahmen, die oft aufgrund (3.) *epistemologischer Überzeugungen* des Autoren und dessen Publikum für wahr gehalten werden, ohne diese zu hinterfragen. Dies bewirke ferner, zuweilen unzulässige, Generalisierungen von Aussagen. Dennoch handelten Akteure nicht etwa irrational, sondern aus den Bedingungen für objektive Rationalität würden sich Einschränkungen ergeben, so der Autor. Anders ausgedrückt werde die Rationalität im objektiven Sinne durch situative und individuelle Bedingungen eingeschränkt (Boudon, 1990, 1994).

Die Kosten-Nutzen-Kalküle beschreibt Boudon (1990, 1994) zwar ähnlich wie Bourdieu et al. (1981) als abhängig von der sozialen Lage und den individuellen Dispositionen, bei der Analyse von Bildungsentscheidungen betrachtet er jedoch den *relativen Abstand* zwischen der sozialen Position eines Jugendlichen und dem sozialen Status eines durch ihn erwünschten Berufs und nicht etwa dessen absolute Stellung im sozialen Raum. Bildungsaspirationen von zwei Jugendlichen mit unterschiedlichen sozialen Hintergründen erweisen sich demnach nicht etwa als gleich hoch, im Falle dass beide Jugendliche den gleichen Bildungsabschluss anstreben, sondern wenn der relative Abstand zwischen der eigenen sozialen Position und dem sozialen Status des Berufs bei beiden Jugendlichen übereinstimmt. Demnach muss ein Kind aus einer sozial privilegierten Familie für den Erhalt der Berechtigung zum Ausüben eines ärztlichen Berufs einen kürzeren sozialen Weg zurücklegen als ein Kind aus einer niedrigen sozialen Schicht. Das unterprivilegierte Kind muss demnach weitaus höhere Bildungsaspirationen zeigen (relativ zu seiner sozialen Stellung) als ein Kind aus einer Familie mit einer hohen sozialen Position, um denselben Bildungstitel zu erreichen. Soziale Differenzen in den Bildungsentscheidungen würden folglich nicht aus schichtspezifischen Unterschieden im Wert des sozialen Erfolgs oder in der Bedeutungszuschreibung höherer Bildung für den sozialen Erfolg resultieren, sondern stellten nach Boudon (1974, S. 23) ein Ergebnis des schichtspezifisch variierenden Kosten-Nutzen-Kalküls dar. Das Erreichen eines bestimmten Bildungsabschlusses oder eines sozialen Status sei dabei mit einem bestimmten sozialspezifischen Aufwand verbunden, der einen (ebenfalls sozialspezifischen) Nutzen hervorbringt.

Autonomie und Selektivität sozialer Systeme

In Zusammenhang mit der Konzeption der subjektiven Rationalität verweist Schulze (1985) in seinem systemtheoretischen Ansatz zu familialer Sozialisation auf die Autonomie und Selektivität sozialer Systeme. In einem Filtermodell werden im Rahmen dieses Ansatzes Beziehungen zwischen Systemen beschrieben. Darin wird den Systemen eine relative Autonomie und Selektivität im Handeln zuerkannt, indem diese als ‚entscheidungsfähig' gegenüber der Umwelt auf der Individual-, Interaktions- oder Gruppenebene betrachtet werden. Personale Systeme seien demnach im Konzept der personalen Differenzierung einerseits mit sozialen Systemen verknüpft (welche wiederum untereinander ebenfalls verknüpft sind), behielten jedoch andererseits, ebenso wie die sozialen Systeme, ihre selektive und damit relative Autonomie (Schulze, 1985, S. 51). Demnach könne die Schule als ein soziales System durch die teilweise sozial und individuell geprägte Wahrnehmung der Realität der Akteure (*mind-filters*) unterschiedlich mit lokalen und politischen Gegebenheiten umgehen. In Anlehnung daran ließe sich nach Ditton (1992) bezogen auf das Schulsystem vermuten, dass die Binnenbeziehungen eines Systems, zum Beispiel einer Schule, nicht deterministisch durch die Umwelt, wie das Schulsystem, das Ministerium oder das politische und gesellschaftliche Umfeld, beeinflusst werden. Politische Maßnahmen haben demnach differenzielle Auswirkungen auf die Schulen, abhängig von den innerschulischen Verarbeitungsprozessen. Aussagen über Umwelteffekte können somit nur unter Berücksichtigung der Filterungs- und Verarbeitungsprozesse innerhalb von Institutionen angemessen vorgenommen werden.

3.2.3 Bildungsentscheidungen im institutionellen Kontext

Durch die Kopplung von Bildungsabschlüssen und sozialen Berechtigungen bedeuten Entscheidungen über Bildungswege die Vorwegnahme entsprechender sozialer Positionen und Normvorstellungen im Lebenslauf. Nach Ditton (1992) erscheine der

Einfluss des Bildungssystems einerseits als deterministisch insofern, als dass durch seine Struktur und seinen Aufbau Bildungsmuster vorgegeben werden, welche wiederum spätere Wahlmöglichkeiten vorstrukturieren. Andererseits jedoch kann in Anlehnung an Boudons (1990, 1994) Ausführungen bezüglich subjektiver Rationalität angenommen werden, dass Entscheidungen keinesfalls völlig determiniert sind, sondern aufgrund von individuellen Dispositionen und epistemologischen Überzeugungen zwischen Individuen innerhalb gleicher soziale Lage variieren können. So wird im Rahmen soziologischer Ansätze davon ausgegangen, dass Individuen nach einer subjektiven Rationalität handeln, die sich teilweise aus den Umwelt- und Kontextbedingungen erklären lässt und teilweise individuellen Verarbeitungsprozessen unterstellt ist (z.B. Esser, 1999; Maaz et al., 2006; Stocké, 2010, 2013 S. 273f.). Bei der Analyse von Bildungsentscheidungen der Eltern sowie der Übergangsempfehlungen der Lehrkräfte anhand der Modelle rationaler Wahlentscheidung werden entsprechend persönlichkeits- und umweltbezogene Bedingungen berücksichtigt. Individuen treffen nach Boudon (1974, S. 39) bei der Wahl der Schullaufbahn zwar eine rationale Entscheidung im ökonomischen Sinne, d.h. zur Nutzenmaximierung, diese Entscheidungen seien jedoch in ein Entscheidungsfeld eingebunden, dessen Parameter er als eine Funktion ihrer Position innerhalb des Systems der sozialen Ungleichheit definiert. Die Bildungsungleichheit (IEO) resultiere dabei aus individuellen Bildungsentscheidungen, die unter gegebenen institutionellen Bedingungen getroffen werden. Im Rahmen des familiären Entscheidungsverhaltens werden demnach das individuelle Leistungsverhalten des Kindes als ein Indikator für die Erfolgsaussichten und Risikofaktoren sowie die Investitionshöhe gegeneinander abgewogen (Stocké, 2013, S. 288ff.). Die Selektionsmechanismen des Bildungssystems betreffen hierbei die Übergangsbestimmungen (z.B. Verbindlichkeit der Grundschulempfehlungen im Deutschen Schulsystem) sowie die institutionelle Struktur. Übergangsbestimmungen, die Aufnahmeprüfungen vorsehen, können zum Beispiel die Bildungsentscheidungen und Bildungsempfehlungen beeinflussen, indem sie sich negativ auf die Erfolgsaussichten und die erwarteten Kosten zur Überwindung dieser zusätzlichen Hürde auswirken (Maaz et al., 2006).

Primäre und sekundäre Ungleichheitseffekte nach Boudon

Nach Boudon (1974) lässt sich die Bildungsungleichheit (IEO) und die soziale Ungleichheit (ISO) durch einen Zwei-Komponenten-Prozess erklären (vgl. Abbildung 2). Die erste Komponente stellt hierbei den *primären Effekt* dar, den der Autor aus der kulturellen Theorie in Anlehnung an Coleman et al. (1966) sowie Bourdieu und Passeron (1964) ableitet (vgl. auch Vygotskij, 1976, 1985). Der primäre Effekt umfasst nach Boudon (1974, S. 29) Vorteile von Kindern mit einem höheren sozialen Hintergrund in Bezug auf leistungsrelevante Persönlichkeitsmerkmale wie Fähigkeiten, Motivation, Einstellungen, aber auch z.B. das Einschulungsalter. Er resultiere aus sozialspezifischen Unterschieden bei der Verfügbarkeit über nichtmonetäre Ressourcen in der Familie. Diese setzen sich einerseits aus deren sozialem und kulturellem Kapital zusammen sowie andererseits aus der Interaktion zwischen der Anlage und der sozialen und materiellen Umwelt. Kindern aus niedrigen Schichten würden demnach weni-

ger Ressourcen zur Verfügung stehen, welche sie ferner aufgrund von Sozialisationsbedingungen nicht optimal nutzen könnten. Diese insofern sozialschichtabhängigen
Ausgangsbedingungen für die schulische Bildung führen dazu, dass Kinder aus hohen sozialen Schichten im Gegensatz zu Kindern aus niedrigen sozialen Schichten
schon vor Schuleintritt Techniken erlernen und Fähigkeiten entwickeln, die sich positiv auf ihre Lernprozesse auswirken. Ein Beispiel stellen nach Maaz et al. (2006)
sozialschichtspezifische Lerngewohnheiten wie zum Beispiel die Sprachkultur, Lern-
und Bildungsmotivation, das selbstregulierte Handeln und Lernen dar. Ebenfalls sei
die schulische Umwelt auf die Lebenswelt von Kindern aus höheren sozialen Schichten stärker abgestimmt, während die Lebenswelt der Kinder aus sozialschwachen Familien stark von der Schulumwelt abweiche. Kinder aus sozialstarken Familien sei-
en demnach gegenüber anderen Kindern im doppelten Sinne im Vorteil: Zum einen
würden sie aufgrund der, vor Schuleintritt erworbenen, Kompetenzen und zum anderen aufgrund der Nähe ihres lebensweltlichen Bezugs in einem höheren Maß von den
schulischen Inputs profitieren (Boudon, 1974).

Abbildung 2:   Das Modell zur Darstellung von primären und sekundären Effekten der sozialen
Herkunft auf Bildungschancen und Bildungserfolge entwickelt von Becker &
Lauterbach (2007, S. 13) in Anlehnung an Boudon (1974)

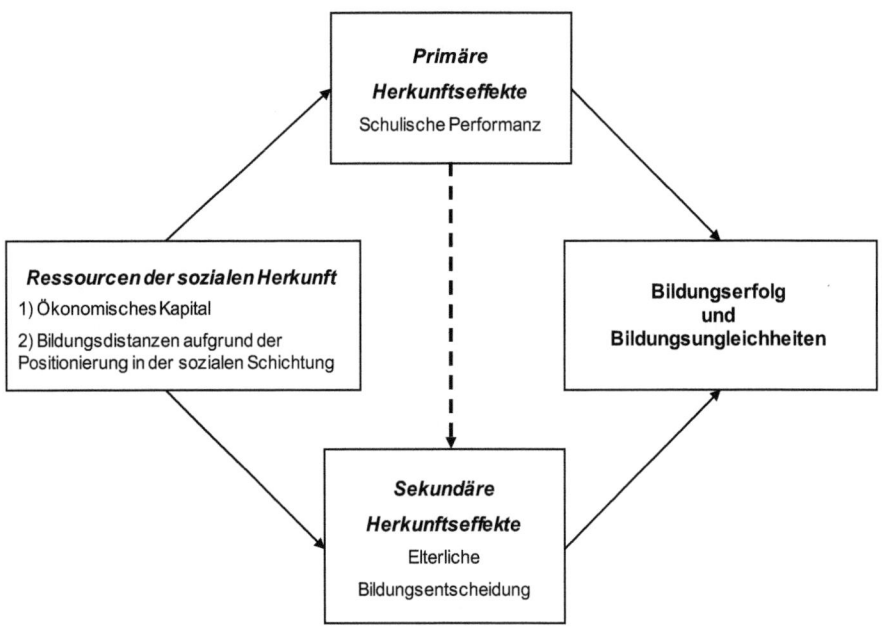

Nach Boudon (1974, S. 29f.) ließe sich mit der Annahme des primären Effekts jedoch
nur ein Teil der Ungleichheit der Bildungschancen erklären. Der *sekundäre Effekt* sei
als zweite Komponente unabhängig vom primären Effekt und über ihn hinaus zum
Beispiel im Rahmen von Bildungsentscheidungen wirksam. Dieser Effekt beschreibt
Unterschiede in der Wahl von Schullaufbahnen, die auch bei gleichen kulturellen Voraussetzungen (z.B. schulische Leistungen des Kindes) bestehen und die auf sozial-

spezifische Differenzen bei den Kosten-Nutzen-Kalkülen zurückzuführen sind, so der Autor. Mit steigender sozialer Schicht erhöhe sich der Nutzen bzw. steige das Risiko des sozialen Abstiegs (Statuserhaltmotiv, Esser, 1999)[9] bei gleichzeitiger Reduzierung der Bildungsdistanzen sowie der monetären und sozialen Bildungskosten. Die sozialen Kosten entstehen für ein Kind aus einer höheren sozialen Schicht bei der Wahl eines niedrigen Bildungsgangs, weil hierdurch der direkte Anschluss an das bislang im schulischen Umfeld aufgebaute soziale Netz verloren geht. Umgekehrt entstehen für ein Kind aus einer sozialschwachen Familie aus dem gleichen Grund soziale Kosten bei der Wahl eines höheren Bildungsgangs (Stocké, 2013, S. 288ff.). Der sekundäre Effekt komme nach Boudon (1974) in der Reproduktion sozialer Ungleichheit (ISO) insofern zum Tragen, als dass er über die Schule hinaus bei Bildungs- und Karriereentscheidungen sozial selektiv wirke. Dies würde nach ihm den schwachen oder fehlenden Zusammenhang zwischen der Reduzierung von Bildungsungleichheit (IEO) und sozialer Ungleichheit (ISO) in empirischen Untersuchungen erklären. Auch wenn die Schule bei der Reduzierung der sozialen Ungleichheit erfolgreich sein sollte, wird sich dies demnach nicht automatisch in geringerer sozialer Ungleichheit (ISO) niederschlagen.

Passiver und aktiver ‚Beitrag' der Schule zur sozialen Reproduktion

Basierend auf der Forschung zur intergenerationalen Vererbung von Bildungsungleichheiten gehen Dravenau und Groh-Samberg (2005) von einem zirkulären Reproduktionsmuster in der Schule, die sie als zentrale Verteilerstelle von Statusoptionen betrachten, aus. Demnach seien Kinder unterer sozialer Schichten aufgrund niedrigerer Bildungsabschlüsse auf untergeordnete Positionen in der beruflichen Klassenstruktur angewiesen. Soziale Ungleichheit werde dabei durch schichtspezifische Notenvergabe bei gleicher Leistung und kognitiven Fähigkeiten hervorgerufen, so die Autoren. Die ungleichheit(re)produzierende Rolle des Schulsystems bestehe hierbei in zweierlei Hinsicht. Zum einen könnte zunächst in Bezug auf den primären Effekt ein *passiver Beitrag* der Schule zur sozialen Ungleichheit konstatiert werden. Dieser resultiere aus einem Mangel an kompensatorischen Wirkungen, die die sozial ungleichen Ausgangsbedingungen von Schülerinnen und Schülern ausgleichen würden. Dies ergäbe sich aus dem mittlerweile gut bekannten Phänomen der *Mittelschichtschule* (Bourdieu, 2001), wonach die geltenden Verhaltensregeln, Materialien und sprachlichen Gewohnheiten einer Schule der Lebenswelt der Kinder aus mittleren sozialen Schichten entsprächen und somit das Beherrschen entsprechender Sprachcodes und Verhaltensregeln voraussetzen, um vom Lernpotenzial zu profitieren (Dravenau & Groh-Samberg, 2005, S. 118). Den passiven Beitrag der Schule zur Perpetuierung des primären Effekts könnte man somit darin sehen, dass Kinder unterer sozialer Schichten keine Hilfestellung erhalten, die es ihnen ermöglichen würde, die Entwicklungsrückstände gegenüber Kindern aus privilegierten Familien nachzuholen.

---

9 Nach dem Statuserhaltmotiv haben Familien aus höheren sozialen Schichten das Bestreben, ihren sozialen Status aufrechtzuerhalten und entwickeln deshalb entsprechende Bildungsaspirationen, die weitgehend unabhängig von den aktuellen schulischen Leistungen des Kindes sind. Der Nutzen eines hohen Bildungsgangs ergibt sich demnach aus dem damit einhergehenden sozialen Status (Esser, 1999).

Zum anderen beschreiben Dravenau und Groh-Samberg (2005, S. 111ff.) den *aktiven Beitrag* der Schule zur sozialen Ungleichheit. Dieser diskriminierende Effekt wird auf die sozial selektiven Reproduktionsstrategien sowie impliziten Begabungstheorien bezogen, die stereotype Erwartungshaltungen verursachen und bestimmte Handlungsmuster hervorrufen, wie zum Beispiel die selbsterfüllende Prophezeiung (*self-fulfilling prophecy*, Merton, 1996) oder den Matthäuseffekt (Merton, 1996, S. 267ff., vgl. auch Baumert et al., 2006). Angenommen wird dabei, dass subjektive Theorien in übergeordneten ‚Leitbildern' verankert sind, die oft ohne kritische Reflexion aus der Familie oder im Verlauf einer Schulerfahrung übernommen werden und im Rahmen der Lehrerausbildung häufig zu wenig reflektiert werden (Dravenau & Groh-Samberg, 2005, S. 114f.). In Untersuchungen manifestieren sich subjektive Theorien nach Perrez et al. (2006) in den von Lehrkräften bevorzugten Metaphern zur Charakterisierung ihres beruflichen Selbstverständnisses (z.B. Vergleiche mit ‚Gärtner', ‚Regisseur', ‚Dompteur'), ferner in den Einschätzungen und Interpretationen von Lehrkräften in problematischen Situationen sowie in den Überzeugungen und Wahrnehmungen von Bedingungen und Effekten von Lernprozessen bei Schülerinnen und Schülern. Mechanismen der selbsterfüllenden Prophezeiung (*self-fulfilling prophecy*, Merton, 1996) werden darin deutlich, dass aufgrund asymmetrischer Machtverhältnisse die Schülerinnen und Schüler ihr Verhalten auf die Erwartungen der Lehrkräfte abstimmen, so Perrez et al. (2006). Den empirischen Befunden nach treffe dies besonders auf schwache Schülerinnen und Schüler sowie auf überreaktive Lehrkräfte mit stabilen, vor allem negativen Erwartungshaltungen zu. Subjektive Theorien und Erwartungen von Lehrkräften beeinflussten die Planung und Entscheidungen vor dem Unterricht, die Steuerung des aktuellen Unterrichtsgeschehens sowie nachträgliche Reflexionen über spezifische Situationen im Unterricht (Perrez et al., 2006, S. 392). In Untersuchungen erweist sich das Wissen um zweckmäßiges Handeln auf der Lehrerseite als nicht deckungsgleich mit dem tatsächlich beobachteten Handeln. Vielmehr seien Routinehandlungen wirksam, die entgegen dem vorhandenen Bewusstsein zur sozialen Reproduktion beitragen. Nach Perrez et al. (2006) treffe das zum Beispiel auf das Unterrichtsmanagement sowie teilweise auf die Vermittlung von Fachwissen und die Bewältigung von schwierigen Situationen zu.

Aufgrund milieuspezifischer Orientierungen der Eltern und Lehrkräfte entstehen Selektionsmechanismen, die in der Wechselwirkung mit schulischen Einflussfaktoren an den Übergängen im Schulsystem wirksam werden. Bezogen auf die Übergangsempfehlung wird angenommen, dass die Erfolgsaussichten des Kindes einbezogen werden mit dem Ziel, dem Kind zukünftige Misserfolge zu ersparen, was letztendlich zu sozial selektiven Empfehlungen führt (Ditton, 2010a; Dravenau & Groh-Samberg, 2005, 2005, S. 110f.; Gomolla & Radtke, 2007; Maaz & Nagy, 2009). Während die Ungleichheitseffekte der Elternentscheidungen als Selektionsmechanismen der familiären sozialen Position beschrieben werden können, die im schulischen Kontext wirksam werden und mit diesem interagieren, können Ungleichheitseffekte im Rahmen von Bildungsempfehlungen als Selektionsmechanismen des Schulsystems dargestellt werden, welche mit der sozialen Position der familiären Herkunft interagieren. Es wird davon ausgegangen, dass diese beiden Effekte in Wechselwirkung stehen. Einerseits stellt die Übergangsempfehlung als Erfolgsindikator eine wichtige Grundlage für die Kosten-Nutzen-Kalküle der Eltern dar und andererseits antizipieren die Lehrkräfte elterliche Aspirationen als einen Indikator für die soziale Position der Familie (Dravenau & Groh-Samberg, 2005).

3.2.4 Erklärungsmodelle zu Bildungsentscheidungen

Psychologische Erweiterungen zur Erklärung von Bildungsentscheidungen

Im Rahmen der psychologischen Werterwartungsmodelle werden individuelle Konstrukte als vermittelnde Variable integriert, wobei die vorgelegte umfassende empirische Überprüfung sowie deren differenzierte Instrumentierung als vorteilhaft gegenüber den soziologischen Modellen angesehen werden (Maaz et al., 2006). In Anlehnung an das Risikowahlmodel von Atkinson (1957) beschreiben Eccles et al. (1983) die Leistungsmotivation und das Leistungsverhalten in einem *Motivationsmodell zur Genese von Intentionen und Verhalten*. Das Verhalten wird hierbei als ein Appetenz-Aversions-Konflikt zwischen den unterschiedlichen Verhaltenstendenzen beschrieben (z.B. die Tendenz, Erfolg zu suchen vs. Misserfolg zu vermeiden), welches zum einen von Situationsmerkmalen abhängig sei, wie Erwartungen (Erfolgs-, Misserfolgswahrscheinlichkeit) oder Anreize (Erfolgs-, Misserfolgsvalenz), sowie zum anderen von Personenmerkmalen, wie Hoffnung auf Erfolg und Furcht vor Misserfolg. Der angenommene Appetenz-Aversions-Konflikt besteht darin, dass die Bewältigung von Aufgaben, deren Lösung unter Schwierigkeiten und Risiken erfolgt, mit einem hohen Nutzen einhergehe, und sich ein einfacher Erfolg und maximaler Nutzen gegenseitig ausschließen würden. Abhängig von der eigenen Leistungsorientierung würden Personen unterschiedliche Aufgaben wählen. Demnach würden erfolgsorientierte Personen leicht erreichbare Ziele meiden, insbesondere wenn diese mit einem hohen Risiko verknüpft sind, da hierbei ein geringer Nutzen erwartet wird. Präferiert werden dagegen mittelschwere Ziele mit mittlerem Nutzen und minimalem Risiko, wobei sich das Misserfolgsmotiv hemmend auswirke (Atkinson, 1957). Die hauptsächliche Erweiterung von Eccles et al. (1983) beziehe sich auf die Wert- und Erwartungskomponente, die hierbei stärker elaboriert werde (Maaz et al., 2006). Dabei werden vier Aspekte ausdifferenziert: (1.) persönliche Bedeutung, d.h. die subjektive Wichtigkeit, eine gegebene Aufgabe zu bewältigen; (2.) emotionales Erleben und Interesse, die einen intrinsischen Wert der Bewältigung von Anforderungen darstellen; (3.) Instrumentalität als Nutzen für die eigenen aktuellen und zukünftigen Ziele und (4.) Opportunitätskosten als Kosten der Bewältigung. Bei der Vorhersage der Erwartung berücksichtigen die Autoren zusätzlich das *Selbstkonzept* als einen Indikator. Die Vorannahme sei, dass Entscheidungen anhand wahrgenommener positiver oder negativer Eigenschaften der Aufgabe (subjektiv relativer Wert) sowie anhand der Entscheidungskosten (Erwartung einer Erfolgswahrscheinlichkeit) getroffen werden, wobei die Erfolgserwartung als Resultat der individuellen Einschätzung der eigenen Möglichkeiten betrachtet werde. Dabei variierten Wert- und Erwartungskomponenten abhängig von verschiedenen psychologischen Merkmalen, wie aufgabenbezogene

Überzeugungen hinsichtlich der eigenen Kompetenz, die Wahrnehmung der Aufgabenschwierigkeit oder individuelle Ziele und Selbst-Schemata. Eine weitere Vorannahme betreffe die herkunftsspezifischen Differenzen in den psychologischen Merkmalen. Demnach seien die psychologischen Merkmale von der Wahrnehmung der Einstellungen und Erwartungen des Umfelds abhängig sowie von kulturellen und geschlechtsrollenspezifischen Stereotypen oder subjektiven Interpretationen eigener früherer Erfahrungen als auch von anderen individuellen Merkmalen. Diese Persönlichkeitsmerkmale werden hierbei im Sozialisationsprozess innerhalb der sozialen Schicht ausgebildet und seien folglich von ihr geprägt (Maaz et al., 2006).

Im Rahmen der Wert-Erwartungs-Theorie legte ferner Esser (1999) ein Modell vor, in dem die Copingstrategien der Kinder und der Eltern sowie die Konsequenzen für das Lern- und Entscheidungsverhalten berücksichtigt werden. Zielgerichtetes Verhalten sei demnach durch Erwartung und Valenz (Zielverlangen) erklärbar. Nach ihm seien sekundäre Ungleichheiten (Boudon, 1974) entscheidend für die Entstehung von Bildungsungleichheiten, wobei für die Entstehung und Persistenz von Bildungsungleichheiten das Motiv des Statuserhalts besonders wichtig sei. Soziale Selektivität im Rahmen von Bildungsentscheidungen komme demnach nicht allein aufgrund von schichtabhängigen Kosten-Nutzen-Kalkülen zu Stande, sondern sei ebenfalls durch Differenzen in der Bildungsmotivation bedingt, die wiederum aus den Unterschieden im Motiv des Statuserhalts resultiere. Als entscheidungsrelevante Faktoren im Rahmen der Kosten-Nutzen-Kalküle wird daher außer den Nutzenerwartungen, den Kosten, dem Investitionsrisiko und dem Statusverlust ebenfalls die Bildungsmotivation (Valenz) berücksichtigt. Bei einem unsicheren Bildungserfolg und dem damit einhergehenden hohen Investitionsrisiko, welches zum Beispiel durch niedrige Leistungen des Kindes oder durch sozialisationsbedingte Misserfolgsängste bedingt wird, werde das Kind demnach nur dann auf eine weiterführende Schule geschickt, wenn die Bildungsmotivation das Investitionsrisiko übersteigt. Nach Esser (1999) werden in Abhängigkeit von dem Motiv des Statuserhalts bei gleichem Kosten-Nutzen-Verhältnis unterschiedliche Entscheidungen getroffen. Insbesondere bei statusniedrigen Kindern kämen dabei die primären Effekte in der geringen Erfolgserwartung zur Geltung, welche wiederum mit einem höheren Investitionsrisiko einhergeht. In statushöheren Familien käme dagegen der sekundäre Effekt insbesondere zur Geltung. Aufgrund eines hohen Statusverlustrisikos sei in diesen Familien auch bei gleicher Leistung des Kindes eine höhere Bildungsmotivation vorzufinden. Eine weiterführende Schule werde demnach gewählt, wenn der Nutzen größer als der Nutzen bei der Wahl einer Hauptschule sei.

Verknüpfung von soziologischen und psychologischen Faktoren zur Erklärung von Bildungsentscheidungen

In ihrem Ansatz zur Erklärung schichtspezifischer Unterschiede verknüpfen Erikson und Jonsson (1996) psychologische Faktoren und Bedingungen des institutionellen Kontextes. Angenommen wird dabei, dass die Bildungserträge das Ergebnis des Zusammenspiels von erwarteten Statusmerkmalen, Einkommen und Prestige, Statusverlustmotiv, indirekten und direkten Kosten, Erfolgswahrscheinlichkeit, Fähigkeiten des Kindes, Ressourcenausstattung der Eltern sowie institutionellen Besonderheiten des Bildungssystems (Rahmenbedingungen) sind (Maaz et al., 2006). Anhand von *Erwartungswerten* für jede Handlungsalternative werde dabei der Zusammenhang zwischen Kosten, Nutzen, Erfolgszuversicht und sozialer Herkunft erfasst. Dabei werde die Entscheidung mit dem größten Erwartungswert getroffen. Als entscheidungsrelevant werde im Rahmen dieses Modells insbesondere der primäre Herkunftseffekt, institutionelle Faktoren (Unterschiede und Dauer der Schullaufbahn), bundeslandspezifische elterliche Gebundenheit an die Grundschulempfehlung, das Bildungsangebot und die geografische Nähe betrachtet.

Eine Verknüpfung psychologischer und institutioneller Faktoren in einem gemeinsamen Modell haben ebenfalls Waterman und Baumert (2006, S. 67) vorgenommen (Abbildung 3). Hierbei werden zum einen sowohl Strukturmerkmale als auch Prozessmerkmale des familiären Hintergrunds berücksichtigt, wodurch einerseits objektive Gegebenheiten der sozialen Lage erfasst werden als auch andererseits kulturelle Praxis. Das Modell beschreibt Prozesse vor und nach der Bildungsentscheidung in die Sekundarstufe I. Die Autoren gehen davon aus, dass der primäre Effekt durch motivationale und metakognitive Merkmale im selektiven Sinne vor dem Übergang wirksam ist. Die dahinterstehende Annahme ist, dass metakognitive Fähigkeiten und Motivation zu den wichtigsten psychologischen Lernbedingungsfaktoren gehören (vgl. dazu auch Jerusalem, 1997; Slavin, 1996; Ulich & Jerusalem, 1996; Zimbardo & Gerrig, 1999). Untersuchungen zeigen zudem, dass diese Faktoren an den Übergängen im Schulsystem sowohl von den Lehrkräften als auch von den Eltern berücksichtigt werden (Maaz et al., 2006). Ferner gehen die Autoren ebenfalls von einem sekundären Effekt aus, welcher durch direkte Pfade von den Herkunftsmerkmalen auf die Bildungsbeteiligung markiert ist. Die korrekte Bestimmung der sekundären Effekte hängt nach ihnen maßgeblich von der adäquaten Spezifikation des psychologischen Mediationsmodells ab. Bei einer Unterspezifikation des Mediationsmodells komme es zu einer Überschätzung des sekundären Effekts (Baumert et al., 2006, S. 117ff.; Watermann & Baumert, 2006, S. 68).

Abbildung 3:   Psychologisches und institutionelles Mediationsmodell zum Zusammenhang zwischen Merkmalen der familiären Herkunft und Kompetenzerwerb nach Watermann und Baumert (2006, S. 67)

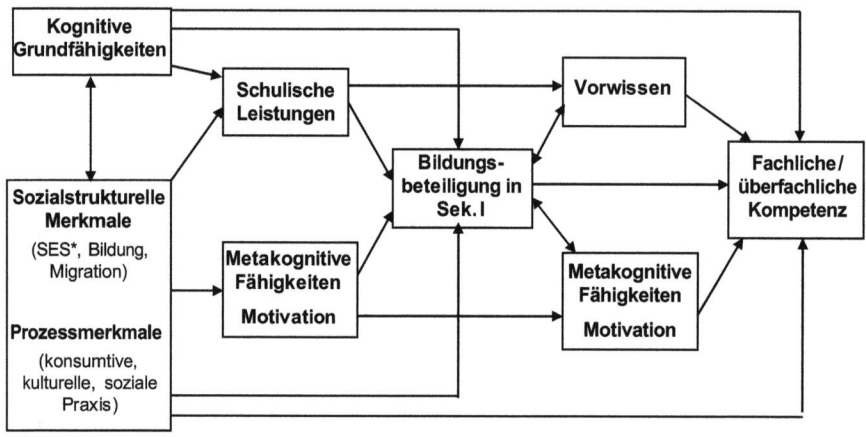

* SES: Sozioökonomischer Status

Das Modell beinhaltet ferner die Schulformzugehörigkeit, die im Sinne differenzieller Entwicklungsumwelten die Leistungsergebnisse von Schülerinnen und Schülern beeinflusst (Baumert, Trautwein & Artelt, 2003; Baumert, Watermann & Schümer, 2003; Maaz et al., 2011; Gundel Schümer, Tillmann & Weiß, 2004). Durch den direkten Pfad von der Bildungsbeteiligung auf erreichte Kompetenzen in Sekundarstufe I wird dieser Einfluss modelliert. Die aus dem Zusammenspiel dieser Faktoren resultierende Bildungsentscheidung am Übergang von der Grundschule in die Sekundarstufe wirkt sich ferner auf spätere Leistungsergebnisse aus, wobei das Vorwissen als auch die metakognitiven Fähigkeiten und die Motivation ebenfalls eine vermittelnde Funktion haben.

3.2.5 Zusammenfassung und Implikationen für die vorliegende Untersuchung

Anhand des ökonomischen Ansatzes sowie seiner Erweiterungen um die subjektive Komponente wurden Mechanismen der Bildungsentscheidung verdeutlicht, die zur Erklärung von elterlichen Entscheidungen, aber auch des Bildungsempfehlungsverhaltens herangezogen werden. Rationale Handlungen werden dabei durch die Verbindung der Theorien sozialer Reproduktion (Bourdieu, 2001; Bourdieu et al., 1981; Bourdieu & Passeron, 1971; Coleman, 1988; Coleman et al., 1966) mit den ökonomischen Handlungstheorien (Becker, 1982) als ein Ergebnis sozialspezifischer, jedoch individuell geprägter Entscheidungsprozesse betrachtet. Bildungsentscheidungen können somit als rationale Handlungen zur Nutzenmaximierung im ökonomischen Sinne beschrieben werden, die in ein Entscheidungsfeld eingebunden sind, dessen Parameter eine Funktion der Position der Individuen innerhalb des Systems der sozialen Ungleichheit darstellen (Boudon, 1974).

Angenommen wird zudem, dass sowohl die Definition des sozialen Erfolgs als auch die Wege der Zielerreichung aus sozialspezifischen jedoch im bestimmten Maße auch individuell bedingten Wertesystemen resultieren, die entlang der sozialen Klassen variieren und die Bildungsungleichheit bedingen. Die subjektive Komponente kommt im Rahmen der vorliegenden Untersuchung von Bildungsentscheidungen in zweifacher Hinsicht zum Tragen. Zum einen findet sie sich in der Betrachtung des relativen, anstelle des absoluten Abstands zwischen der sozialen Position des Individuums und dem sozialen Status eines anvisierten Berufs (Boudon, 1974). Die Bildungsaspiration wird somit nicht durch den objektiven Status des erwünschten Berufs im sozialen Raum gemessen, sondern anhand des sozialen Wegs, den ein Individuum zur Erreichung des erwünschten Berufs zurücklegen muss. Dieser relative Abstand kommt im Rahmen von Kosten-Nutzen-Kalkülen als Bildungsaspiration zum Tragen. Zum anderen wird durch die Berücksichtigung der Persönlichkeitsstrukturen ein individualisierender Zugang zur Analyse von Entscheidungsmechanismen ermöglicht. Die subjektive Rationalität resultiere dabei nach Boudon (1974) aus individuell verankerten Persönlichkeitseigenschaften als auch kognitiven Verarbeitungsprozessen, die je nach persönlicher Vorgeschichte im bestimmten Maß zwischen den Akteuren divergieren können. Angenommen wird, dass Individuen äußere Gegebenheiten differenziell verarbeiten und bei Wahlentscheidungen personenbezogenen und situationsbedingten Begrenzungen unterliegen. Die subjektive Rationalität, nach der Individuen handeln, sei dabei aus deren sozialer Position (Dispositionen), den Kommunikationseinwirkungen des sozialen Umfelds sowie aus den epistemologischen Überzeugungen erklärbar (Ditton, 1992).

Der individualisierende Zugang findet im Ansatz zur Autonomie und Selektivität sozialer Systeme von Schulze (1985) seine Anwendung auf der institutionellen Ebene. Hieraus konstituiert sich die individuelle Rationalität sozialer Systeme und resultiert in spezifischen Umgangsweisen mit der vorgegebenen Realität, was im Schulbereich auf jede beliebige Schule zutreffen kann. Im Rahmen von psychologischen Erweiterungen des Modells Rationaler Wahlentscheidung sind handlungsrelevante Persönlichkeitsfaktoren ausdifferenziert worden, wie die Sensibilität des Individuums gegenüber Nutzenunterschieden, seine Erwartungen, Lernfähigkeit, Valenz (Zielverlangen), persönliche Bedeutung, Interesse (Atkinson, 1957; Eccles et al., 1983; Esser, 1999). Die soziopsychologischen Modelle zur Analyse von Bildungsentscheidungen verknüpfen die psychologischen mit den Umweltfaktoren (Baumert et al., 2006; Erikson & Jonsson, 1996; Watermann & Baumert, 2006).

In Anlehnung an soziopsychologische Modelle wird im Folgenden davon ausgegangen, dass umweltbezogene Rahmenbedingungen bestimmte Selektionsmechanismen bedingen, die etwa durch bestimmte Übergangsbestimmungen (z.B. Verbindlichkeit der Grundschulempfehlungen) oder die institutionelle Struktur hervorgerufen werden und in die Kosten-Nutzen-Kalküle einfließen (Boudon, 1974). Durch die Berücksichtigung von institutionellen Faktoren der Einzelschule sowie des Schulsystems wird in der vorliegenden Analyse der Einfluss der Umweltfaktoren auf die Ergebnisse der Kosten-Nutzen-Kalküle im Rahmen von Übergangsempfehlung und -entscheidung betrachtet. Ferner wird angenommen, dass Persönlichkeitsmerkmale von

Schülerinnern und Schülern, wie die Motivation und das akademische Selbstkonzept, die Bildungsempfehlungen und -entscheidungen beeinflussen. Die Untersuchung der sozialen Reproduktion an Schulübergängen in der vorliegenden Arbeit umfasst dementsprechend institutionelle Kontextfaktoren sowie entscheidungsrelevante Persönlichkeitsmerkmale von Schülerinnen und Schülern. Dabei wird auf die Ausdifferenzierung des primären und sekundären Effekts von Boudon (1974) zurückgegriffen, wonach sich aus dem Mangel an kulturellen Techniken (*primärer Effekt*) und den sozial selektiven Bildungsentscheidungen (*sekundärer Effekt*) die doppelte Benachteiligung von Kindern mit niedrigen sozioökonomischen Hintergrund ergibt. In Anlehnung an Dravenau und Groh-Samberg (2005) wird ferner angenommen, dass sie durch die Diskriminierung im Bildungsprozess unterer Statusgruppen nicht die Bildungsabschlüsse erhalten, die ihnen qua Leistung eigentlich zustehen würden. Dabei implizieren die im Rahmen der Reproduktionsstrategien wirksamen Mechanismen im institutionellen Kontext einerseits die Berücksichtigung der Passung des Kindes auf die Verhaltensregeln der Mittelschicht bei der Beurteilung seitens der Lehrerschaft. Andererseits ließen sich nach Perrez et al. (2006) im Rahmen der rationalen Wahlentscheidung soziale Verzerrungen als selektive Berücksichtigung der Herkunft bei den Übergangsempfehlungen konstatieren, die auf der Einschätzung der elterlichen Aspirationen sowie des erwarteten elterlichen Unterstützungsverhaltens basieren. Nach Gomolla und Radtke (2007) werde somit der bereits am Anfang der Schulzeit bestehende kulturelle Effekt durch mangelnde Kompensation geringer familiärer Ressourcen sowie durch diskriminierende Wirkungen über die Schulzeit hinweg verfestigt.

3.3   Resümee und Forschungsimplikationen für die vorliegende Untersuchung

Die Beschreibung der an den Übergängen im Schulsystem stattfindenden Perpetuierung sozialer Ungleichheit erfolgt in der vorliegenden Arbeit in Anlehnung an die Theorie sozialer Machtreproduktion (Boudon, 1974; Bourdieu, 2001). Angenommen wird, dass im Rahmen von Bildungsentscheidungen sekundäre und primäre Ungleichheitseffekte sozialer Reproduktion im Zusammenspiel von Familie und Schule wirksam sind. In Bezug auf den primären Ungleichheitseffekt ergibt sich der Beitrag der Schule zur sozialen Reproduktion aus der Tatsache, dass im schulischen Lernen grundlegende Qualifikationen vorausgesetzt werden, die durch Regeln und Erwartungen sowie durch die Lernbedingungen impliziert werden (Gomolla & Radtke, 2007; Watermann & Baumert, 2006). In der vorliegenden Arbeit wird angenommen, dass dieser Umstand zu einer systematischen Begünstigung von Kindern aus höheren sozialen Schichten führt, wobei sowohl die Übergangchancen im Schulsystem als auch die Verbleibchancen in höheren Schulen als sozial selektiv angenommen werden (Maaz & Nagy, 2009). Hierbei wird davon ausgegangen, dass Leistungsdifferenzen zwischen den Schülerinnen und Schülern durch unterschiedliche Lernmilieus im Verlauf der Schulzeit erzeugt beziehungsweise verstärkt werden (Baumert et al., 2006; Baumert, Trautwein, et al., 2003; Ditton & Krüsken, 2006a). Ferner wird bei der

Analyse von Bildungsentscheidungen und Empfehlungen angenommen, dass soziale Ungleichheiten als ein Ergebnis sozial selektiver Entscheidungsprozesse entstehen, die aus den situativen Gegebenheiten des institutionellen und gesellschaftlichen Kontextes resultieren. Handlungsentscheidungen werden dabei einerseits durch die soziale Lage (Bourdieu, 1992; Bourdieu & Passeron, 1971) und andererseits durch subjektive Verarbeitungsprozesse und individuell geprägte Handlungsmuster beeinflusst (Dravenau & Groh-Samberg, 2005; Grundmann et al., 2010; Perrez et al., 2006), die zwar mit der sozialen Lage verknüpft, jedoch durch diese nicht determiniert sind (Ditton, 1992).

In Bezug auf den durch Boudon (1974) beschriebenen subjektiven Bildungsabstand ist anzumerken, dass die in den nachfolgenden Analysen berücksichtigten elterlichen Angaben zum geplanten Schulzweig für ihr Kind (Indikator der Bildungsentscheidungen) zur Betrachtung des absoluten anstatt des subjektiven Bildungsabstands eingesetzt werden. Die subjektive Komponente wird jedoch bei der Interpretation der Befunde wieder aufgenommen. Dabei wird zwar berücksichtigt, dass Eltern aus sozial benachteiligten Familien einen längeren sozialen Weg bewältigen müssen, um den Gymnasialzweig zu erreichen, als Eltern aus sozial privilegierten Familien, jedoch liegt der Fokus bei der Interpretation der Befunde nicht vorrangig auf diesem Aspekt. Vielmehr ist es für die Beantwortung der in Kapitel 5 zu präsentierenden Forschungsfragen ausschlaggebend, den absoluten Abstand zu betrachten. Dies begründet sich wie folgt. Aus der systemischen Perspektive wird eine (zumindest partielle) Entkopplung sozialer Lage und Bildung im Schulsystem angestrebt. Schulische Potenziale zur Minimierung von Chancenungleichheiten können dabei anhand des absoluten Maßstabs (d. h. durch die Beantwortung der Frage nach der ,Stärke' des Zusammenhangs zwischen sozialer Lage und Bildung) identifiziert werden. Der subjektive Abstand kommt insofern zum Tragen, als dass bei den Analysen keine eindeutige Messlatte für alle soziale Schichten gesetzt wird, wie dies oftmals in Untersuchungen anhand einer nominal skalierten Variablen: ,Gymnasialzweig vs. ein anderer Schulzweig' vorgenommen wird. In den nachfolgend durchgeführten Analysen wird hingegen auf korrelative, das heißt sukzessiv ansteigende beziehungsweise fallende Zusammenhänge zwischen Sozialschicht und Bildungswahl rekurriert (,je höher x, umso höher/niedriger y'), wobei zusätzlich die Lerndispositionen von Schülerinnen und Schülern direkt berücksichtigt werden. Ein positiver Zusammenhang zwischen sozialer Schicht und Schulwahl impliziert soziale Segregation unabhängig vom Niveau der sozialen Schicht. Falls bestimmte schulische Faktoren oder Variablen des Unterrichts zur Reduzierung des Zusammenhangs beitragen, wird davon ausgegangen, dass sie das Potenzial bergen, ungleichheitsreduzierend auf alle Schülergruppen zu wirken. Differenzielle Analysen zeigen zusätzlich, ob diese ungleichheitsreduzierende Wirkung an sich von der sozialen Schicht abhängt, das heißt, ob bestimmte Faktoren unterschiedlich stark auf Schülerinnen und Schüler wirken und ob diese Differenzen systematisch mit dem familiären Hintergrund kovariieren. Deutlich wird, dass diese Betrachtungsweise möglicherweise unzureichend ist, um dem Anspruch der Chancengerechtigkeit vollständig zu genügen, denn diese impliziert je nach Definition, dass die Unterstützung, welche sozial benachteiligten Kindern zuteilwerden sollte, subjektive Unterschiede zwischen den sozialen Schichten entsprechend adressieren und somit die soziale Abhängigkeit der Bildungswahl möglichst nivellieren sollte.[10]

---

10 Welche Effektivitätskriterien (und welche Messlatte) bei der Evaluation des Schulsystem im Hinblick auf soziale Gerechtigkeit angelegt werden, hängt schlussendlich davon ab, wie Chancengerechtigkeit oder -gleichheit definiert wird und welche Ziele an das Schulsystem seitens der Gesellschaft herangetragen werden. Das Ziel einer völligen Entkopplung sozialer Schicht von Bildung erscheint möglicherweise zunächst als utopisch. Pragmatisch und praxisorientiert könnte eine Schule gegebenenfalls bereits dann schon als erfolgreich anerkannt werden, wenn sie zur Reduzierung des Zusammenhangs beitragen kann. Offen bleibt dabei die Frage nach dem geforderten Grad der Minimierung von Chancenungleichheiten. Diese bedarf wiederum sozial bedingter Normensetzung, die den Ansprüchen der jeweiligen Gesellschaft entspricht.

4. Forschungsergebnisse

Nachdem in Kapitel 2 und 3 die theoretische Fundierung der vorliegenden Arbeit präsentiert wurde, werden im Folgenden relevante Forschungsergebnisse zusammenfassend dargestellt. Dabei wird zunächst auf empirische Befunde aus der Schuleffektivitätsforschung eingegangen, wobei Faktoren des Unterrichts, des schulischen Kontextes und der Schülerkomposition berücksichtigt werden. Anschließend werden Ergebnisse aus der Ungleichheitsforschung dargestellt. Aufbauend darauf werden in Kapitel 5 die Fragestellungen erarbeitet.

4.1 Schulische Kontextfaktoren: Ergebnisse aus Studien zu Schul- und Unterrichtseffekten auf schulische Leistungen

4.1.1 Ergebnisse zu Effektivitätsfaktoren auf der Unterrichtsebene

Anhand einer Meta-Analyse in Anlehnung an das QAIT-Modell konnte Slavin (1996) zeigen, dass die Effekte der *Investierten Lernzeit* (*allocated time*) auf die Lernergebnisse unterschiedlich ausfallen, wenn sie als eine Einzelvariable berücksichtigt werden: Einerseits konnten positive Zusammenhänge bestätigt werden, andererseits fanden sich in vielen Untersuchungen keine Zusammenhänge. Ähnliche Ergebnisse fand er in Bezug auf die *Aktive Lernzeit* (*time on task*), wobei hier häufiger positive als fehlende Zusammenhänge vorlagen. In Anlehnung an das *Konsistenzprinzip* legen die bislang vorgelegten empirischen Ergebnisse Slavin (1996) zufolge die Schlussfolgerung nahe, dass Individual- und Unterrichtsfaktoren in einer multiplikativen Abhängigkeit zueinander stehen: Veränderungen in einem einzigen Faktor bewirken nicht zwangsläufig positive Leistungsergebnisse, wenn andere Faktoren sehr niedrig gehalten werden, sondern erst eine simultane – wenn auch moderate – Steigerung in mehreren oder allen Faktoren bewirke eine Leistungssteigerung (Helmke & Schrader, 1998, S. 64). In neueren Untersuchungen wird in diesem Zusammenhang auf Konzepte umfassender effektiver Management-Strategien mit variierendem Methodeneinsatz im Unterricht hingewiesen (Ditton, 2000, S. 83).

Tabelle 1 enthält veränderbare Faktoren des effektiven Unterrichts, die sich nach Ditton (2000, S. 82) als bedeutsam für die Leistungsergebnisse herausstellen lassen. Demnach erweist sich ein gut strukturierter Unterricht, in dem die Schülerinnen und Schüler Aufgaben mit angemessenem Schwierigkeitsgrad und in angemessenem Zeitumfang unter klaren Anweisungen bearbeiten, als effektiv im Hinblick auf die Lernergebnisse. Abwechselnde Unterrichtsformen sowie motivierende Faktoren und angstreduzierende Maßnahmen (Zielklarheit, geringer Leistungsdruck, positives Sozialklima) tragen ferner zum erfolgreichen Unterricht bei (vgl. dazu auch Eder, 1998; Ellet & Teddlie, 2003). Aufgrund guter Klassenführung wird die Unterrichtszeit optimal genutzt, und dementsprechend ergeben sich Lerngelegenheiten für die Schülerinnen und Schüler.

Tabelle 1:   Bedeutsame Faktoren auf Unterrichtsebene (Ditton, 2000, S. 82)

Qualität der Instruktion (*Quality*)	Motivierung (*Incentives*)
• Struktur und Strukturiertheit des Unterrichts • Klarheit, Verständlichkeit, Prägnanz • Variabilität der Unterrichtsformen • Angemessenheit des Tempos (Pacing) • Angemessenheit des Medieneinsatzes • Übungsintensität • Behandelter Stoffumfang • Leistungserwartungen und Anspruchsniveau	• Bedeutungsvolle Lehrinhalte und Lernziele • Bekannte Erwartungen und Ziele • Vermeidung von Leistungsangst • Interesse und Neugier wecken • Bekräftigung und Verstärkung • Positives Sozialklima in der Klasse
Angemessenheit (*Appropriateness*)	Unterrichtszeit (*Time*)
• Angemessenheit des Schwierigkeitsgrades • Adaptivität • Diagnostische Sensibiltät/Problemsensitivität • Individuelle Unterstützung und Beratung • Differenzierung und Individualisierung • Förderungsorientierung	• Verfügbare Zeit • Lerngelegenheiten • Genutzte Lernzeit • Inhaltsorientierung, Lehrstoffbezogenheit • Klassenmanagement, Klassenführung

Ebenfalls führten Seidel und Shavelson (2007) eine Meta-Analyse von 1.357 Studien zur Unterrichtseffektivität mit dem Ziel durch, bedeutsame Faktoren auf Unterrichtsebene herauszuarbeiten. Die Autoren nehmen eine Klassifikation der vorgelegten Befunde zur Unterrichtseffektivität in Anlehnung an kognitive Lehr-Lernmodelle vor, wobei Lernprozesse, motivationale und kognitive Aspekte sowie fachspezifische Leistungen als Outputfaktoren fungieren. Die Gegenüberstellung der Effektstärken (Fishers-Z) zeigte eine deutliche Überlegenheit von Kriterien, die auf den kognitiven Lehr-Lernmodellen beruhen und die Förderung von Lernaktivitäten betreffen. Insbesondere konnte dort die hervorragende Bedeutung domänenspezifischer Prozesse herausgestellt werden (Effektstärke = .21). Darüber hinaus zeigte die Lernzeit deutliche Effekte auf fachspezifische kognitive und motivationale Ergebnisse. Die Klassifikation in Anlehnung an traditionelle Unterrichtskonzepte ergab insgesamt geringere Effektstärken. Dabei konnten die größten Effekte für kooperatives Lernen auf Lernprozesse und Motivation und Feedback auf Lernprozesse belegt werden. Das Ergebnis kann als ein Hinweis auf die allgemeine Überlegenheit der aus den kognitiven Lerntheorien abgeleiteten Lehrmethoden gedeutet werden. Bezugnehmend jedoch auf die Differenzierungsproblematik (Creemers & Kyriakides, 2008a, S. 10) stellt sich die Frage, inwiefern dieser Effekt für bestimmte Schülergruppen unterschiedlich ausfällt. Aufgrund empirischer Befunde kann davon ausgegangen werden, dass sich die Ansätze der *Direkten Instruktion* und der kognitive Ansatz des *Selbstregulierten Lernens* in der Schulpraxis gegenseitig ergänzen. Die Wahl entsprechender Unterrichtsmethoden hänge dabei nach Ditton (2000, S. 83) von den Merkmalen der Adressatengruppe ab. Ein überwiegend lehrerzentrierter und direkter Unterricht erweise sich für einige Schülergruppen als förderlich für die Leistungsentwicklung. Besonders bei schwachen Lernern sei die direkte Instruktion ein geeignetes Mittel, größere Autonomie und Selbständigkeit beim Lernen zu erlangen. Die Implementierung des *selbstregulierten*

Lernens sollte dagegen in einem zunächst stärker strukturierten Rahmen vorgenommen werden, um im Weiteren mit steigender Autonomie der Lernenden systematisch Räume für individuelle Lernprozesse zu eröffnen. Zu überprüfen wäre zudem, ob die direkte Instruktion in Bezug auf den Erwerb übergreifender Kompetenzen weniger wirksam ist als bei fachbezogenen Leistungen, so der Autor.

In der Meta-Analyse von Hattie (2009, S. 161ff.) zeigten sich folgende Unterrichtsfaktoren als erklärungsstark: Feedback, reziprokes Unterrichten, Klarheit der Instruktion, formative Bewertung. Eine hohe Erklärungsstärke konnte der Autor ebenfalls für regelmäßige Tests mit Feedback, metakognitive Strategien, verteiltes vs. massiertes Lernen aufzeigen. Mittlere Effektstärken konnten für folgende Faktoren nachgewiesen werden: Lehrkraft-Schüler-Verhältnis, Klassenführung (*classroom management*), sowie Beratung durch Fachkolleginnen und Fachkollegen (*peer tutoring*), herausfordernde Ziele setzen, Wissenslandkarten (*concept mapping*), Arbeit mit Lösungsbeispielen, direkte Instruktion. Darüber hinaus zeigten Angstreduktion, kooperatives Lernen, Selbstvertrauen der Schüler, Kleingruppenlernen ebenfalls mittlere Effekte. Als unbedeutsam erwiesen sich dagegen offener Unterricht, jahrgangsübergreifender Unterricht, problembasiertes Lehren, interne Differenzierung, webbasiertes Lernen, kooperatives Lehren (*team teaching*) sowie leistungsbezogene Gruppierung. Die Tatsache, dass mitunter Variablen, die auf aktuelle lerntheoretische Ansätze rekurrieren, keine oder geringe Wirkung zeigten, könnte nach Köller (2012) auf die Beobachtungsebene zurückzuführen sein. Demnach sei die Erfassung bestimmter Lernprozesse, wie zum Beispiel beim problemorientierten oder webbasierten Lernen, anhand von so genannten Oberflächenstrukturen ungeeignet, um Lernerfolge vorauszusagen (Köller, 2012, S. 7).

4.1.2 Ergebnisse zu Effektivitätsfaktoren auf der Schulebene

Entlang des MACRO-Modells arbeitet Ditton (2000) bedeutsame Faktoren der Schuleffektivität auf der Schulebene aus, die in Tabelle 2 wiedergegeben sind. Die Qualitätskriterien auf Schulebene werden dabei in vier Bereiche unterteilt: Schulkultur, Schulmanagement, Kooperation und Koordination sowie Personalpolitik und -entwicklung. Demnach unterscheiden sich erfolgreiche Schulen von nichterfolgreichen insbesondere in der Rekrutierung des Personals und der Aufmerksamkeit für berufliche Sozialisation als auch in Abweisung langfristig erfolgloser Lehrer. Vor allem diese Qualitätsindikatoren seien in der deutschen Qualitätsdiskussion bisher vernachlässigt worden, so der Autor.

Tabelle 2: Bedeutsame Faktoren auf Schulebene nach Ditton (2000, S. 85)

Schulkultur	Schulmanagement
• Gemeinsam akzeptierte, handlungsrelevante und eindeutige Ziele • Einigkeit hinsichtlich der primär zu erfüllenden Aufgabe • Organisatorische und pädagogische Leitung • Geregelte Zuständigkeiten und Verantwortlichkeiten	• Gemeinsam geteiltes Aufgabenverständnis • Eine gemeinsame Vision • Geklärte Entscheidungsbefugnisse und -verfahren • Geregelte Aufgabenverteilungen
Kooperation und Koordination	Personalpolitik und Personalentwicklung
• Koordinierter Schul- und Unterrichtsbetrieb • Kooperation mit Partnern außerhalb der Schule (Eltern, Administration, Berater ...) • Einführung neuer Lehrer • Erfahrungsaustausch / Wissens-Sharing	• Kooperation innerhalb der Schule (Schulleitung-Lehrer-Schüler) • Rekrutierung, Sozialisation und Weiterbildung der Lehrer • Regelungen der Fort- und Weiterbildung

Nach Hatties (2009, S. 72ff.) Meta-Analyse von 800 Meta-Analysen erweisen sich Fördermaßnahmen für leistungsstarke und leistungsschwache Schülerinnen und Schüler wie Leseförderung oder Akzelerationsprogramme als bedeutsame Faktoren auf Schulebene. Mittlere Effekte konnten beim Angstreduktionstraining nachgewiesen werden, bei frühkindlichen Maßnahmen (Förderung, Interventionen) sowie curricularen Vorgaben (z.B. Leseförderung, kreativitätsfördernde Maßnahmen etc.) (Hattie, 2009, S. 129ff.). Niedrige positive Effekte konnte der Autor für externe Differenzierung für Leistungsstarke nachweisen, ferner für unterstützendes Verhalten der Schulleitung im Hinblick auf anspruchsvolle Unterrichtsformen sowie auf die Unterrichtsentwicklung bezogene Kooperation unter den Lehrkräften. Darüber hinaus zeigten Variablen der Schulebene wie die finanzielle Ausstattung, Klassengröße, kirchliche vs. staatliche Schulen, Sommerschulen geringe positive Effekte. Dagegen zeigten Leistungsgruppierungen in differenzierten Schulsystemen keinen Effekt auf die Leistungsergebnisse (2009, S. 72ff.).

Nur wenige Forschungsansätze beziehen sich auf die Effektivitätssteigerung der Schule durch Veränderungen in der Organisationsstruktur (Scheerens & Bosker, 1997, S. 224, S. 311), obwohl dies für die Betrachtung der Dynamik zwischen der Steuerung des Schulsystems und der Schuleffektivität notwendig wäre. Der Erkenntnisbedarf in diesem Bereich sei laut Ditton (2000, S. 74) zum Beispiel in der aktuellen Diskussion um die Steigerung der Schulautonomie deutlich geworden. Die forcierte Entwicklung in Richtung stärkerer Schulautonomie basiert auf der Annahme, dass eine einzelne Einheit ihre eigene Entwicklung effizienter gestalten kann, womit sich eine Verbesserung der Schulqualität erwarten ließe. Ein systematischer Zusammenhang zwischen größerer Autonomie und höherer Qualität sei jedoch – zumindest im internationalen Vergleich – empirisch nicht belegt (Ditton, 2000, S. 74). Kein Konsens bestehe darüber hinaus über den Grad der Autonomie sowie über die Nebenfolgen (z.B. bezüglich der Sicherung eines gleichwertigen Bildungsangebotes). Das Ziel für Forschungsvorhaben sollte hierbei nach ihm nicht nur in der Formulierung von praktikablen Formen der Unterrichts- und Schulorganisation für die Einzelschule liegen, sondern ebenfalls in der Bestimmung der Rolle der Schulorganisation und der Schnittstellen zu externen Kooperationspartnern sowie in der Handlungsabstimmung zwischen den Akteuren auf den jeweiligen Ebenen (Ditton, 2000, S. 73, 84).

Nach Scheerens und Bosker (1997, S. 294) könnte theoretisch erwartet werden, dass Maßnahmen, die zur Stärkung der Schulkultur beitragen, langfristig zur Verbesserung der Schuleffektivität beitragen. Forschung im Bereich der Organisationskultur ließe sich danach in drei Stränge unterteilen. Der erste Strang, der gleichzeitig den Kern der Schulkultur im schulischen Bereich darstellt, beziehe sich auf den leistungsorientierten *Schulethos* einerseits und das geordnet-geschützte *Schulklima* andererseits. Der zweite Aspekt, die *Homogenität* der Kultur, umfasse den Grad des *Zusammenhalts* einer Schule, von ,locker verbunden' über ,professionelle Bürokratie' bis hin zu ,organisierten Anarchien' (Scheerens & Bosker, 1997, S. 17). Als wichtige Faktoren auf der Schulebene werden dabei zum Beispiel die Handlungskonsistenz, ferner der Zusammenhalt und der Konsensus im Kollegium sowie Weiterbildungsmaßnahmen aufgeführt. Schließlich betreffe der dritte Aspekt die *Einflussstärke* der Kultur auf die *Handlungen* und *Einstellungen* der Organisationsmitglieder. Bezüglich der direkten Beeinflussbarkeit der schulischen Kultur herrsche Uneinigkeit, wobei die Autoren folgende Einflussfaktoren auf die schulische Kultur identifizieren: Prioritäten der Organisationsleiter, Reaktionen der Leiter auf kritische Ereignisse, Verfügung über erwünschtes Verhalten, Normen und Standards für Belohnungen und für Statussteigerung, Einstellungs- und Entlassungskriterien. Viele andere Faktoren der Schuleffektivität wie zum Beispiel hohe Leistungserwartungen, Ordnung und Geborgenheit etc. stehen hiernach ebenfalls in Beziehung mit der schulischen Kultur. Veränderungen der schulischen Kultur könnten darüber hinaus als ein Nebenprodukt bei Strukturumwandlungen, aber auch bei Veränderungen der Architektur, der Prinzipien und des Mythos eintreten (Scheerens & Bosker, 1997, S. 294).

In neueren Forschungsansätzen wird die Bedeutung von Prozessvariablen auf der regionalen Ebene hervorgehoben (Watermann & Baumert, 2006). Zum Beispiel erweiterten Kyriakides und Demetriou (2010) das *Dynamische Modell der Lerneffektivität* auf der Ebene der Schulsteuerung um die Prozessvariable Steuerung in Aktion (*policy in action*). Basierend auf den Angaben von 52 Schulen mit 2.385 Schülerinnen und Schülern konnten die Autoren zeigen, dass die Berücksichtigung von Prozessvariablen einen hohen Beitrag zur Aufklärung von Steuerungseffekten im Schulbereich leistet. Schulen, die sowohl in der Steuerung auf der formellen Ebene als auch in der Umsetzung erfolgreich waren, gehörten fast durchgehend zu den leistungsstärksten. Gute Steuerungsregelungen auf der formellen Ebene, die jedoch auf der praktischen Ebene nicht implementiert wurden, gingen in der Untersuchung dagegen mit mittleren oder niedrigen Leistungen von Schülerinnen und Schülern einher.

4.1.3 Distale und proximale Faktoren

Empirische Befunde legen nahe, dass proximale und veränderbare Größen im Unterricht in der Regel höhere Korrelationskoeffizienten erreichen und mehr zur Erklärung der Leistungsvarianz auf Klassen- und Schulebene beitragen (Seidel & Shavelson, 2007, S. 482). Korrelationen variieren dabei in Untersuchungen abhängig vom Fach beziehungsweise Lernbereich zwischen .20 und .90, so Ditton (2000, S. 85f.). Als bedeutsamste Faktoren auf der Unterrichtsebene erweisen sich danach die eingesetzte (*allocated time*) und aktive Lernzeit (*time on task*), die Instruktionsqualität, der Schwierigkeitsgrad, die kognitive Aktivierung und motivierende Anreize.

Bei der Überprüfung ihres Modells der Lehr- und Lernkomponenten fanden Seidel und Shavelson (2007) heraus, dass proximale Faktoren wie soziale Erfahrungen in Lernprozessen und allgemeine Lernprozesse sowie Lernzeit und Lernorganisation im Rahmen von großen testbasierten Schulleistungsstudien im Gegensatz zu den distalen Faktoren höhere Erklärungsstärke ebenfalls für motivational-affektive Wirkungen (*outputs*) bei Schülerinnen und Schülern aufweisen. Distale Faktoren wie die Zielsetzung und Zielorientierung im Unterricht sowie die Regulation und das Monitoring zeigten ebenfalls Auswirkungen auf Lernprozesse, die jedoch geringer ausfielen (Seidel & Shavelson, 2007).

Ebenfalls konnte Hattie (2009) in einer Meta-Analyse zu Schuleffektivitätsfaktoren auf der Schul- sowie Unterrichtsebene zeigen, dass schulische Variablen insgesamt geringere Effektstärken aufweisen als Unterrichtsfaktoren. Anhand seiner Schätzung der Bedeutsamkeit unterschiedlicher Determinanten der Schulleistung erweisen sich individuelle Voraussetzungen mit 50 Prozent sowie die Lehrkraft und der Unterricht mit 30 Prozent als erklärungsstärkste Faktoren. Der Familie und schulischen Faktoren wird mit jeweils 5 bis 10 Prozent erklärten Varianzanteilen ungefähr gleichrangige Bedeutung mit den Gleichaltrigen beigemessen. Laut Köller (2012) ließe sich die größte positive Wirkung auf die Leistungsergebnisse durch einen fachlich orientierten, kognitiv aktivierenden Unterricht aufzeigen, in dem die zur Verfügung stehende Zeit auch für Unterricht genutzt wird, und die Schülerinnen und Schüler unter fachlicher Anleitung anspruchsvolle, aber zu bewältigende Lernaufgaben bearbeiten. Klassische reformpädagogische Konzepte wie offener oder jahrgangsübergreifender Unterricht erwiesen sich dagegen in der Studie von Hattie (2009) als weitgehend unwirksam.

Umfassende Modellierung von Schuleffektivität, wie sie in neueren Untersuchungen umgesetzt wird, berücksichtigt Faktoren auf System- und Umweltebene. Dabei wird in Bezug auf Leistungserbringung sowohl von direkten als auch indirekten Effekten der Schul- und Umweltfaktoren ausgegangen (z.B. Creemers & Kyriakides, 2008b). Anhand bisheriger Befunde zum Beitrag schulischer Faktoren zur Effektivität konnte belegt werden, dass eine unmittelbare Wirkung auf die Lehr-Lernprozesse durch Maßnahmen auf der Schulebene nur bedingt möglich ist (Ditton, 2000, S. 73, 2006b, S. 204f.). Demnach zeigten sich zum Beispiel konsistente und stabile positive Effekte auf die Leistungsergebnisse von Schülerinnen und Schülern in Schulen, in denen ein einheitlicher und dauerhaft guter Unterricht durch alle Lehrkräfte implementiert wurde. Hierzu sei wiederum nach Ditton (2000, S. 89) ein durch die Zusammenarbeit koordinierter und abgestimmter Unterricht notwendig. Förderlich für stabile und konsistente Wirkungen seien ferner auf der Schulebene eine auf die Sicherung von Unterrichtsqualität bezogene Schulleitung sowie intensive Kooperation mit den Eltern. Dabei sollte Klarheit hinsichtlich der Ziele herrschen, und diese sollten sich einerseits im curricularen Design wiederspiegeln und andererseits als ein Aspekt der Schulkultur von den Beteiligten anerkannt sein. Ergänzend dazu sollte die Zielerreichung als ein Aspekt der Kontrolle anhand entsprechender Evaluationen regelmäßig und objektiv überprüft werden (Ditton, 2000, S. 89).

Merkmale der Schule und des regionalen Kontextes haben nach Seidel (2008) als *distale Faktoren* vorrangig eine indirekte Bedeutung für die Lernergebnisse der Schülerinnen und Schüler, indem sie hierbei je nach Qualität der Einrichtung eine unterstützende oder hindernde Wirkung auf den effektiven Unterricht ausüben (Creemers & Kyriakides, 2008b; Creemers & Reezigt, 1996; Creemers, 1994). Hiernach erweisen sich Schulfaktoren als bedeutsam, die vermittelt über das Curriculum und die Unterrichtsqualität auf die Leistungen wirken. Dabei scheinen die Effekte insbesondere für domänenspezifisches Lernen vorrangig durch den Unterricht vermittelt zu werden, so die Autorin. Positive indirekte Effekte auf die Lernergebnisse ergeben sich nach Ditton (2000, S. 86) zum Beispiel durch den positiven Einfluss der als unterstützend erlebten schulischen Situation auf die Selbstwirksamkeit der Lehrer. Direkte Wirkungen konnten nach Seidel (2008) in Bezug auf das Schulklima, Führungsstile und Einstellungen der Lehrkräfte für die Vermittlung demokratischer Werte, die Identitätsbildung von Jugendlichen oder die persönliche Verbundenheit mit der Schule empirisch bestätigt werden. Dagegen erwiesen sich in der Studie von Hattie (2009) schulische Rahmenbedingungen wie zum Beispiel differenziertes vs. nichtdifferenziertes Schulsystem oder die finanzielle Ausstattung der Schule als unbedeutsam.

4.1.4 Die Frage des Outputs

Im Rahmen der Schuleffektivitätsforschung werden in den meisten Untersuchungen Leistungsergebnisse von Schülerinnen und Schülern sowie kognitive Schülermerkmale als der wichtigste Schulqualitäts- bzw. Schuleffektivitätsindikator herangezogen. In einer Meta-Analyse aktueller internationaler Forschungsansätze, die zwischen 1995–2004 durchgeführt wurden, konnten Scheerens et al. (2005) die schon von Scheerens und Bosker (1997) kritisierte Einseitigkeit in der Auswahl von Kriterien bezüglich der Outputvariablen in der Schuleffektivitätsforschung empirisch bestätigen. Die meisten dort analysierten Forschungsansätze, sowohl auf der Schulebene als auch auf der Unterrichtsebene, bezogen als Qualitätskriterien kognitive Fähigkeiten von Schülerinnen und Schülern ein. Auf der Schulebene wurde speziell auf die Leistungen in einzelnen Schulfächern (bes. Mathematik und Lesen bzw. Sprachen), seltener auf allgemeine Schulleistungen und übergreifende Kompetenzen eingegangen (vgl. auch Seidel, 2008 S. 356). Deutlich unterrepräsentiert seien nach ihnen motivational-affektive und verhaltensbezogene Kriterien. Zudem seien diese ausschließlich in Studien mit einem Survey-Design (große vergleichende Untersuchungen) verwendet worden, während metakognitive Kriterien (Problemlösekompetenz, Lernstrategien etc.) weder in Untersuchungen mit einem Survey-Design noch in solchen mit experimentellem oder quasi-experimentellem Design berücksichtigt worden seien. Kognitive Kriterien überwogen ebenfalls auf der Ebene des Unterrichts, wobei sowohl affektiv-motivationale (bes. Interesse und Motivation, Werte und Haltungen gegenüber Unterricht und Lernen), metakognitive (bes. Vermittlung von Lernstrategien) als auch verhaltensbezogene Kriterien (Beteiligung am Unterricht) etwas stärker als auf der Schulebene vertreten und ferner nicht nur in Studien mit einem Survey-Design, sondern auch in Studien (quasi-)experimentellen Designs vorzufinden seien (Scheerens et al., 2005).

In aktuellen Ansätzen werden bei der Beschreibung der Lehr-Lernprozesse neben den kognitiven Komponenten des Lernprozesses ebenfalls affektive und metakognitive Persönlichkeitsmerkmale herausgestellt (Seidel & Shavelson, 2007). Das Lernen wird als ein selbstregulierter und konstruktivistischer Prozess betrachtet, der in soziale Kontexte (Klassen-, Schul- und regionaler Kontext) eingebunden ist. In dieser Perspektive wird das Lernen als mehrdimensional beschrieben. Der Fokus liegt dabei nicht auf dem Leistungsniveau, sondern stärker auf dem (individuellen) Lernfortschritt. Plädiert wird in diesem Zusammenhang einerseits für eine stärkere Schwerpunktsetzung auf nichtkognitive Kriterien wie motivational-affektive und verhaltensbezogene Wirkungen der Schule als auch auf die Herausbildung Curriculum übergreifender Kompetenzen, andererseits wird jedoch der Mangel an Untersuchungen zu langfristigen sozialen und motivationalen Wirkungen von Schule (*outcomes*) kritisiert (Ditton, 2000, S. 75ff.; Seidel, 2008). Die Instruktionsqualität wird in Untersuchungen in konkreten spezifischen Lernszenarien erfasst. Anstatt das Leistungsniveau zu beurteilen, wird in längsschnittlichen Designs auf den (individuellen) Lernfortschritt rekurriert. Das Bestreben hierbei sei nach Seidel (2008) die theoretische Modellierung der Lernprozesse für Erklärungen bezüglich der unterschiedlichen Wirkungen einzelner Unterrichtskomponenten. Als relevant hätten sich dabei zum Beispiel das Setzen von Lehr-Lernzielen sowie die Orientierung des Lernens auf dieses Ziel hin erwiesen, ferner sowohl die Ausführung von Lernaktivitäten als auch die Evaluation der Lernfortschritte und die Regulation und Überwachung des Lernens (Seidel & Shavelson, 2007).

Seidel (2008) differenziert auf der Schul- und Unterrichtsebene *äußere* oder verhaltensbezogene und *innere*, das heißt kognitive, metakognitive und motivational-affektive Facetten der Lernergebnisse von Schülerinnen und Schülern aus. Demnach ließen sich folgende Faktoren als Kriterien der Schul- und Unterrichtsqualität beschreiben:

1. Kognitive Kriterien: allgemeine Leistungen, Leistung in Schulfächern, Übergreifende Kompetenzen;
2. Motivational-affektive Kriterien: Werte/Einstellungen, Selbstkonzept;
3. Metakognitive Kriterien: Lernstrategien, Problemlösen, metakognitives Wissen;
4. Verhaltensbezogene Kriterien: Schülerengagement, Schulabstinenz, drohender Schulabgang.

Auf der Unterrichtsebene fügt die Autorin zusätzlich Interesse und Motivation als motivational-affektives Kriterium sowie Schülerbeteiligung und Aufmerksamkeit als verhaltensbezogene Kriterien hinzu.

4.1.5 Resümee und Forschungsimplikationen für die vorliegende Untersuchung

Untersuchungen im Rahmen der Schuleffektivitäts- und Unterrichtsforschung konzentrieren sich auf die Struktur von Prozessen (*Aufbau und Ablauf*), vor allem auf das *Schulmanagement*, ferner sowohl auf die *Schulkultur* als auch auf *Instruktionsbedingungen* (*primärer Prozess*). Als Outputfaktoren werden dabei überwiegend Effekte auf den Stand und die Entwicklung von Fachleistungen betrachtet, wohingegen der Erwerb übergreifender Kompetenzen wie die Entwicklung von Denkfähigkeit, Problemlösefähigkeit oder sozialen und kommunikativen Kompetenzen seltener berücksichtigt wird (Scheerens et al., 2005; Seidel, 2008). Die Ergebnisse zur Stabilität oder Konstanz schulischer Wirkungen lassen sich dabei insgesamt als inkonsistent bezeichnen. Sichtbar ist eine offensichtliche Divergenz der Schuleffekte in empirischen Studien (Ditton, 2000, S. 85, 87; vgl. dazu auch Hattie, 2009, S. 73ff.; Köller, 2012, S. 75ff.). Der empirische Erkenntnisgewinn im Rahmen der Schuleffektivitäts- und Unterrichtsforschung wird durch die Unklarheit bezüglich geeigneter Methoden und der ökonomischen vs. pädagogischen Bewertungsmaßstäbe erschwert (Ditton, 2000, S. 75). Ebenfalls ist die Befundlage sowie die theoretische Konzeptualisierung der Unterrichtsqualität, trotz der regen Forschungsaktivitäten, inkonsistent (Seidel, 2008 S. 358). Bemängelt wird, dass die bislang vorgelegte theoretische und empirische Fundierung keine ausreichende Basis für eine Definition der Schulqualität im Sinne eines globalen Konstrukts liefert, im Rahmen dessen man allgemeine, einheitliche und zeitlich stabile Effekte nachweisen könnte. Ditton (2000, 2009) hebt dabei hervor, dass nach der aktuellen Forschungslage zwar deutlich werde, dass Schulqualität als ein facettenreiches Konstrukt aufzufassen sei, die Bereitstellung einer übergreifenden Definition sowie die inhaltliche Bestimmung der Qualität im schulischen Kontext jedoch noch ausstehen würden (Ditton, 2000, S. 74, 2009, S. 83). Die Ausarbeitung von Konzeptionen, aus denen sich ein integrativer Rahmen für weitere Forschung und Erkenntnisse über die Wirkungsmechanismen herleiten ließe, seien noch zu liefern (Ditton, 2000, S. 75).

Umfassende Analysen der Kontext- und Kompositionseffekte heben gleichzeitig die prominente Bedeutung des familiären Hintergrunds von Schülerinnen und Schülern hervor, die mit eingeschränkter Wirkungskraft der Schule gegenüber familiären Einflüssen einhergeht. Das hieraus resultierende allgemeine Forschungsdesiderat betrifft den Bedarf weiterer empirischer Überprüfung von Schuleffektivitätsfaktoren unter Berücksichtigung des familiären Kontexts sowie der übergeordneten Kontextebene als auch ihres Zusammenwirkens (Ditton, 2000, S. 86; Reynolds & Teddlie, 2000a, S. 329f.). Wünschenswert sind dabei Studien, die den Kontingenzgedanken berücksichtigen, auch wenn die empirische Umsetzung dieser Art von Fragestellungen aufwendig ist. Spezifisch fehlt es ebenfalls an Befunden zu den Bedingungen der zeitlichen Stabilität von Wirkungen beziehungsweise Ursachen für ihre Instabilität.

In den vorliegenden Analysen wird untersucht, ob und in welchem Maß schulische und Umweltfaktoren, die die Schülerleistungen bedingen, zur Minimierung sozialer Selektivität im Rahmen von Bildungsentscheidungen beitragen können. Eine Erweiterung des Spektrums an Effektivitätskriterien ergibt sich hierbei durch die Betrachtung der Reduktion von Chancenungleichheiten als ein – neben hoher Leistungserbringung – wichtiger Output-Faktor. Insofern wird in der Arbeit durch Berücksichtigung entsprechender Indikatoren (z.B. Angaben über die Kommunikationsprozesse zwischen der Schule und den Eltern) der Kontingenzgedanke aufgegriffen. Die explizite Berücksichtigung der Kontingenzfaktoren ergibt sich ferner daraus, dass die schulischen Faktoren, die zur Reduktion sozialer Selektivität beitragen, selbst als Kontingenzfaktoren aufgefasst werden können, da sie direkt aus den Umweltbedingungen resultieren. Schulische Potenziale zum Abbau sozialer Ungleichheiten werden hierbei in Anlehnung an organisationstheoretische Ansätze systematisiert, womit ein Beitrag zur theoretischen Konzeptualisierung von Schuleffektivität geleistet wird. Angenommen wird dabei, dass Schul- und Unterrichtsmerkmale, die anhand bisheriger Forschungsbefunde zur Schuleffektivität als bedeutsame Faktoren für Schülerleistungen herausgestellt wurden, potenziell ebenfalls bei der Reduktion von Chancenungleichheiten eine Rolle spielen können. Weitere Annahmen bezüglich der Wirksamkeit schulischer Faktoren werden in Anlehnung an die sozialen Reproduktionstheorien abgeleitet. Die komplexe Modellierung ermöglicht dabei die Berücksichtigung von Faktoren auf unterschiedlichen Ebenen, der Schülerebene, der Schulebene und des familiären und Umweltkontexts.

Eine besondere Herausforderung stellt dabei die umfassende Erfassung der Lehr-Lernprozesse. Während Strukturmerkmale mit Hilfe standardisierter Erhebungsmethoden (z.B. Fragebogen) in großangelegten Formaten erfasst werden können, bereitet die Erfassung von Prozessvariablen einige Schwierigkeiten. Das durch Fragebogen erfassbare deklarative Wissen der Lehrkräfte über die Lehr-Lernprozesse weicht vom tatsächlichen Geschehen in Unterrichtssituationen ab, womit die Validität und Reliabilität von Lehrerangaben zu Unterrichtsprozessen hinterfragt werden könnte. Bezogen auf Schülerbefragungen ist davon auszugehen, dass unterschiedliche Wahrnehmungen des Unterrichts und der Schulumwelt durch Schülerinnen und Schüler mit persönlichkeitsbezogenen Differenzen verknüpft sind. In den vorliegenden Analysen wird auf Angaben zu Unterrichtsprozessen zurückgegriffen, die anhand von Schülerfragebögen erfasst wurden. Auch hierbei könnte die Validität und Reliabilität hinterfragt werden, wovon Befragungen von jüngeren Schülerkohorten in besonderer Weise betroffen sein dürften. Da die Untersuchung prozessbezogener Fragestellungen an die Bereitstellung geeigneter Instrumente geknüpft ist, ist die Entwicklung und Validierung von Instrumenten zur standardisierten Erfassung der Prozessfaktoren im schulischen Bereich in zukünftigen Studien notwendig.

4.2 Kompositionseffekte der Schülerzusammensetzung

4.2.1 Soziale und leistungsbezogene Kompositionseffekte

Da die Schule neben der sozialen Umgebung des Elternhauses einen Teil der sozialen Umwelt darstellt, dem der Heranwachsende alltäglich über eine längere Zeitspanne intensiv ausgesetzt ist, sind Erkenntnisse in Bezug auf die Sozialisationseffekte des unmittelbaren Lernumfelds von großer Relevanz (Wiese, 1986). Effekte der leistungsbezogenen und sozialen Zusammensetzung der Schülerschaft sowohl auf psychologische Merkmale wie das Selbstkonzept als auch auf die Fachleistungen sind mehrfach, nicht nur für den US-amerikanischen Raum (Zimmer & Toma, 2000), sondern auch für den deutschsprachigen Raum belegt worden (Baumert et al., 2006; Baumert, Trautwein et al., 2003; Buff, 1991; Köller & Baumert, 2001; Trautwein, Lüdtke, Marsh, Köller & Baumert, 2006). Nach einer Untersuchung von Walter und Stanat (2008) stellt ebenfalls die herkunftsbedingte Zusammensetzung der Schülerschaft einen negativ wirksamen Kompositionseffekt dar, wenn der Anteil von Kindern mit Migrationshintergrund in der Klasse 40 Prozent übersteigt.

Soziale Kompositionseffekte

Eine in diesem Zusammenhang relevante Frage ist die Frage nach den ausschlaggebenden Faktoren der Zusammensetzung der Schülerschaft. Dabei wird zum einen von *sozialen Kompositionseffekten* ausgegangen unter der Annahme, dass soziales, kulturelles und ökonomisches Kapital einer Klasse für die Lernergebnisse relevant ist. Hierbei werden soziale Merkmale der Schülerschaft in Verbindung mit deren Lernergebnissen und psychologischen Merkmalen gebracht. Zum Beispiel konnte nach Baumert et al. (2006) gezeigt werden, dass die fehlende Verfügbarkeit sozialer Netzwerke auch unter Kontrolle der sozialen Herkunft einen eigenen negativen Kompositionseffekt auf die Leistungsentwicklung von Schülerinnen und Schülern hat. Rekompensationsmöglichkeiten für den Mangel an sozialen Netzwerken ergeben sich aus den ökonomischen Ressourcen einer Schule und dem Engagement der Eltern. Zimmer und Toma (2000) konnten dagegen einen positiven Effekt der sozialen Zusammensetzung der Schülerschaft nachweisen, wobei leistungsschwächere Schülerinnen und Schüler stärker von einer sozialstarken Zusammensetzung der Schülerinnen und Schüler profitierten.

Leistungsbezogene Kompositionseffekte

Darüber hinaus wird angenommen, dass ebenfalls das Leistungsniveau einer Klasse in der Wechselwirkung mit den Schul- und Unterrichtsfaktoren für die Bereitstellung von Lerngelegenheiten eine herausragende Rolle spielt. Hierbei werden *fähigkeits-* und *leistungsbezogene Kompositionseffekte* der Schülerzusammensetzung auf die Lernergebnisse und psychologische Merkmale untersucht. Das Fähigkeits- und Leistungsniveau einer Klasse spiele demnach in der Wechselwirkung mit den Schul- und Unterrichtsfaktoren für die Bereitstellung von Lerngelegenheiten eine herausragende Rolle (Baumert, Trautwein et al., 2003). In einer Reanalyse der zweiten Mathematikstudie der IEA (*International Association for the Evaluation of Educational Achievement*) (SIMS, Second International Mathematics Study, Westbury & Travers, 1990) konnten Zimmer und Toma (2000) anhand des internationalen Längsschnittdatensatzes für Belgien, Frankreich, Neuseeland und Kanada (Ontario)[11] zeigen, dass der Anstieg des mittleren Fähigkeitsniveaus der Schule/Klasse unter Kontrolle familiärer Merkmale auf Individualebene einen positiven Einfluss auf die Leistungsentwicklung ausübt. Dabei verlief der Zusammenhang nicht linear, sondern nahm mit steigendem Fähigkeitsniveau der Klasse quadratisch ab. Demnach profitierten schwächere Schüler, ähnlich wie bei dem soziokulturellen Effekt, von einem ansteigenden Fähigkeitsniveau der Klasse am meisten.

Konfundierung

Anhand multivariater Regressionsanalysen konnte im Rahmen des LOGO-Projekts (*Longitudinal Research in Secondary Education*, Opdenakker & Damme, 2001) für die Leistungsentwicklung in Mathematik ein Kompositionseffekt der sozialen Zusammensetzung belegt werden, der allerdings, entgegen den Befunden von Zimmer und Toma (2000), durch die Leistungszusammensetzung der Schule vollständig nivelliert war. Die Konfundierung des sozialen mit dem leistungsbezogenen Kompositionseffekt zeige nach Baumert et al. (2006), dass nicht der soziale Hintergrund an sich, sondern der damit verbundene Leistungsvorteil einen positiven Einfluss auf die Leistungsentwicklung von Schülerinnen und Schülern ausübt. In der Studie von Zimmer und Toma (2000) könnte aufgrund der unberücksichtigten geschachtelten Datenstruktur der Standardfehler unterschätzt worden sein.

Leistungshomogenisierung und -heterogenität

Im Rahmen der Forschung zu Kompositionseffekten konnten ferner differenzielle Effekte für unterschiedliche Schülergruppen herausgestellt werden. Dabei profitieren leistungsstarke Schülerinnen und Schüler am ehesten von der Leistungshomogenisierung, während bei den schwächeren Schülerinnen und Schülern gar negative Effekte auf die Leistungen nachgewiesen werden konnten (Maaz et al., 2008, S. 103). Zimmer und Toma (2000) konnten dagegen zeigen, dass eine zunehmende Leistungsheterogenität der Lerngruppe einen eigenen positiven Effekt auf die Leistungsentwicklung der Schülerinnen und Schüler hat, der auch unter Kontrolle des Fähigkeitsniveaus der Klasse bestehen blieb. Hierbei zeigte sich eine ähnliche Wechselwirkung mit dem individuellen Vorwissen: Schwächere Schülerinnen und Schüler profitierten stärker von der zunehmenden Heterogenität der Leistungen im Klassenverband. Positive Einflüsse heterogener Schulumwelten konnte ebenfalls Lehmann (2006) nachweisen. Dabei zeigte sich, dass die Streuung kognitiver Fähigkeiten in Berliner Schulen mit höheren Lernergebnissen einhergeht. Anhand der Hamburger KESS-Daten konnte der positive Effekt heterogener Leistungsgruppen nicht bestätigt werden (Gröhlich, Scharenberg & Bos, 2009). In einer Mehrebenenanalyse zeigte sich, dass die Heterogenität der Klassenleistungen unter Kontrolle von individuellen Merkmalen (Geschlecht,

---

11 Die Studie SIMS ist zwar als Querschnittstudie angelegt, jedoch haben 8 von 20 teilnehmenden Ländern einen Test vor Schuleintritt vorangeschaltet. Die längsschnittlich angelegte Untersuchung von Zimmer und Toma (2000) bezieht sich auf eine Substichprobe von 5 Ländern.

häusliche Sprachpraxis, kognitive Fähigkeiten, soziale Lage, Vorwissen) und Schüler-kompositionsmerkmalen (Vorwissen, soziale Lage, kognitive Fähigkeiten) weder einen positiven noch einen negativen Einfluss auf die Leistungsergebnisse am Ende der Jahrgangsstufe 8 in der Hauptschule, Realschule und Gymnasium hat. Ein schwacher Effekt von Leistungsstreuung konnten dagegen von Bos und Scharenberg (2010) für die Leistungsstreuung des Vorwissens auf das Leseverständnis und Mathematik am Ende der 6. Jahrgangsstufe nachgewiesen werden. Insgesamt konnten geringe kompensatorische Effekte der leistungsbezogenen Heterogenität der Klasse für die Leistungsentwicklung von Schülerinnen und Schülern konstatiert werden, die sich jedoch nur schulspezifisch nachweisen ließen und mit der sozialen und leistungsbezogenen Zusammensetzung der Klasse konfundiert seien, so Scharenberg (2012). Die Befürchtung um negative Konsequenzen großer Leistungsstreuung innerhalb von Klassen ließe sich ihr zufolge insgesamt nicht bestätigen.

4.2.2 Schulform und Schülerkomposition

Im dreigliedrigen Schulsystem, in dem Schülerinnen und Schüler bereits nach der 4. oder 6. Klasse leistungsbezogener Selektion unterliegen, stellt sich insbesondere die Frage nach dem Zusammenhang zwischen der sozialen sowie leistungsbezogenen Zusammensetzung der Schülerschaft und der Schulform. Im Rahmen der Diskussion um die Rolle des dreigliedrigen Schulsystems in der Vergrößerung der sogenannten Leistungsschere zwischen den Schulformen im Verlauf der Sekundarstufe I wird anhand von quantitativen und qualitativen Untersuchungen der Frage nach den schulformspezifischen Schul- und Unterrichtsmerkmalen nachgegangen, die differenzielle Leistungsentwicklungen von Schülerinnen und Schülern bedingen. Empirische Untersuchungen im Sekundarschulsystem betrachten Systemeffekte und Effekte der Einzelschule sowie Wechselwirkungen zwischen den Kontexteffekten und Kompositionseffekten (Maaz et al., 2008). Anhand varianzanalytischer Mehrebenenmodelle werden dabei Anteile der Schuleffekte untersucht, die auf die Zugehörigkeit zu einer bestimmten Schulform und Schule zurückzuführen sind. Der Effekt der sozialen und leistungsbezogenen Zusammensetzung einer Schule auf die Lernergebnisse und psychologische Merkmale wird hierbei unter Kontrolle der Schulformzugehörigkeit betrachtet. Bezüglich der Wirkung von Kompositions- und Kontexteffekten wird im Kontext des dreigliedrigen Schulsystems ebenfalls der Frage nach der Richtung der Effekte und ihrer Wirkung auf unterschiedliche Schülergruppen nachgegangen. Hierbei werden Zusammenhänge zwischen der Schülerzusammensetzung und den Leistungsergebnissen im Querschnitt beziehungsweise den Leistungsentwicklungen im Längsschnitt unter Kontrolle individueller Variablen untersucht (Ditton, 2013, S. 176).

Querschnittliche Untersuchungen

Im Rahmen der Forschung zu Kompositionseffekten werden Schulformen und Schulen als Elemente eines Systems betrachtet, das in enger Kopplung mit den sozialen und ethnischen Ungleichheiten der Gesellschaft steht (Horstkemper & Tillmann, 2008, S. 296). Angenommen wird, dass Schulformen und Schulen aufgrund ihrer sozialen Zusammensetzung selektionsbedingte Lernmilieus bilden, welche sich durch ein typisches soziales Klientel und durch ihm entsprechende Leistungsansprüche auszeichnen (Baumert & Schümer, 2001b, S. 454; Baumert et al., 2006, S. 98ff.; Gundel Schümer, 2004, S. 81). Dabei wird angenommen, dass die soziale und leistungsbezogene Zusammensetzung der Schülerschaft in Wechselwirkung mit institutionellen Faktoren die Leistungen von Schülerinnen und Schülern beeinflusst. Empirische Belege zeigen entsprechend, dass die Verteilung von Schülerinnen und Schülern auf unterschiedliche Schulformen sowie schulinterne Differenzierungsmaßnahmen zu einer sozialen und leistungsbezogenen Stratifizierung des Bildungssystems führen (vgl. z.B. Baumert et al., 2006). Leistungsunterschiede zwischen den Schulformen zeigen sich dabei in diversen Dimensionen des schulischen Kompetenzerwerbs, in Fachleistungen, motivationalen Orientierungen, Verkehrsformen, sozialen Kompetenzen und in der Selbstregulierungsfähigkeit (2006, S. 99). Im internationalen PISA-2000-Bericht konnten Schulformeffekte und Kompositionseffekte anhand einer Stichprobe von mehr als 31.000 Fünfzehnjährigen mit einer Mehrebenenanalyse nachgewiesen werden (OECD, 2001b). Diese blieben auch bei Kontrolle der individuellen kognitiven Fähigkeiten und des sozialen Hintergrunds bestehen. Der soziale Kompositionseffekt konfundierte erwartungsgemäß mit dem leistungsbezogenen, wobei der letztere größere Varianzaufklärung zeigte. In besonders sozial benachteiligten Schulen blieb jedoch ebenfalls der soziale Effekt auch bei Kontrolle der leistungsbezogener Zusammensetzung signifikant.

Nach Baumert und Schümer (2001b, S. 467) könnte somit angenommen werden, dass soziale Kompositionseffekte zum großen Teil durch fähigkeitsbezogene Merkmale sowie die Schulformzugehörigkeit vermittelt werden. Die Herausbildung verschiedener Lernmilieus im deutschen Schulsystem sei demnach zum größten Teil auf die Schulform und die intellektuelle Zusammensetzung der Schülerschaft zurückzuführen. Gleichzeitig jedoch zeichne sich nach Baumert et al. (2006, S. 96) das deutsche Bildungssystem entgegen der ursprünglichen Idee der Homogenisierung von Leistungen innerhalb von Schulformen zum einen durch eine starke leistungsmäßige Differenzierung zwischen den Schulen innerhalb von Schulformen und zum anderen durch breite Überlappungsbereiche zwischen den Schulformen aus (Baumert et al., 1997; vgl. Baumert & Schümer, 2001b; Lehmann, Peek & Gänsfuß, 1997). Realschulen mit Hauptschul- oder Gymnasialniveau stellten nach Baumert et al. (2006) im deutschen Sekundarsystem keine Seltenheit dar, ebenso wie Gymnasien oder Hauptschulen mit Realschulniveau. Der Verteilungsvorgang scheine damit sein Ziel der optimalen individuellen Förderung in homogenen Lernumwelten zu verfehlen, so die Autoren (Baumert et al., 2006, S. 99).

Längsschnittliche Untersuchungen

Sollte die Zugehörigkeit zu einer bestimmten Schulform mit differenziellen Lern- und Entwicklungsmilieus einhergehen, dann wäre zu erwarten, das Schülerinnen und Schüler innerhalb von Schulformen verschiedene Leistungsentwicklungen durchlaufen, die in qualitativen Unterschieden in den Leistungsergebnissen resultieren. Anhand empirischer Längsschnittanalysen konnte gezeigt werden, dass sich die Leistungen von Kindern zwischen den Schulformen in der Tat auseinanderentwickeln (Baumert et al., 2006, S. 99ff.; Tarelli & Bos, 2013, S. 137), während die Leistung innerhalb der Schulform immer homogener wird (vgl. auch Bos & Scharenberg, 2010; Lehmann, Gänsfuß & Peek, 1999). Empirische Befunde zeigen diesbezüglich, dass die leistungsfähigsten Schülerinnen und Schüler von leistungsstarken homogenen Schulumwelten am meisten profitieren, während für die schwachen Schülerinnen und Schüler keine oder eher negative Effekte der leistungsbezogenen Selektion nachgewiesen werden können (Maaz et al., 2008, S. 103). Dagegen zeigen sich in einigen Studien positive Effekte in heterogenen Leistungsumwelten für schwächere Schülerinnen und Schüler (vgl. z.B. Bos & Scharenberg, 2010; Lehmann, 2006; Zimmer & Toma, 2000), dieser Befund erweist sich jedoch als inkonsistent (Gröhlich et al., 2009). Ferner zeigen Untersuchungen, dass die soziale Zusammensetzung der Schülerschaft ebenfalls die Leistungsentwicklungen von Schülerinnen und Schülern beeinflusst, wenn auch in einem etwas niedrigeren Ausmaß, wobei sie nach Baumert et al. (2006, S. 106, 129ff.) mit dem leistungsbezogenen Kompositionseffekt vollständig konfundiert sei. In sozial benachteiligten Schulumwelten übe jedoch die soziale Zusammensetzung einen statistisch bedeutsamen und zu der Leistungszusammensetzung zusätzlich wirkenden Effekt auf die Leistungsentwicklungen aus (Baumert et al., 2006, S. 143; vgl. auch Maaz et al., 2008, S. 104). Der unabhängige institutionelle Effekt der Schülerkomposition werde dabei insbesondere dann deutlich, so Maaz et al. (2008, S. 104), wenn Leistungsgruppierungen mit intendierten oder nicht intendierten institutionellen Unterschieden im Curriculum, Lehrverhalten und anderen institutionellen Merkmalen einhergehen (vgl. auch Baumert et al., 2006, S. 99). Aufgrund dessen, dass die sozialstarken Schülerinnen und Schüler in höheren Schulzweigen überrepräsentiert seien, so die Erklärung der Autoren, tragen sowohl der Kompositionseffekt als auch der institutionelle Kontexteffekt gemeinsam zur Steigerung des Zusammenhangs zwischen dem sozialen Status und den Leistungen bei (Maaz et al., 2008, S. 104). Schulspezifische Entwicklungsmilieus würden somit zur Verstärkung von Leistungsdifferenzen im Verlauf der Schulbesuchszeit und damit zur Vergrößerung der sogenannten Bildungsschere führen (Baumert et al., 2006, S. 95f.).

4.2.3 Resümee und Forschungsimplikationen für die vorliegende Untersuchung

Die aktuelle Forschungslage bestätige nach Baumert et al. (2006) insgesamt die Annahme, dass die Kompositionseffekte im deutschen Bildungssystem mit der Schulform konfundiert seien und sich demnach zwischen den Schulformen nicht nur Unterschiede in der Zusammensetzung ihrer Schülerschaft (*Kompositionseffekte*), sondern auch in den Schulmerkmalen (*Kontexteffekte*) ergeben (Baumert et al., 2006, S. 103ff.). Leistungsdifferenzierung im Deutschen Schulsystem werde demnach dem Anspruch einer angemessenen Förderung verschiedener Leistungsgruppen nicht gerecht. Vielmehr stellten nach Maaz et al. (2008, S. 104) die Homogenisierung von Leistungen auf der Schulebene und die damit einhergehenden schulformspezifischen Unterschiede in den Lernumwelten ein Fundament für die Vergrößerung der Leistungsschere dar (vgl. auch Köller & Baumert, 2001). Die schulformspezifischen, differenziellen Lern- und Entwicklungsmilieus werden dabei zum einen auf institutionell bedingte Unterschiede in curricularen Vorgaben und Instruktionskulturen und zum anderen auf die soziale Zusammensetzung der Schule zurückgeführt (Baumert et al., 2006, S. 99; Maaz et al., 2008, S. 102ff.). Weitere Schulvariablen, die Kompositionseffekte vermitteln, sind Schulprozessmerkmale wie Lehrerkooperation oder Lernklima, wobei leistungsstärkere Schülerinnen und Schüler aus sozial schwachen Verhältnissen am meisten von gut geführten Schulen profitieren (Zimmer & Toma, 2000).

Selektionsbedingte Leistungshomogenisierung weist zwei Arten von Folgen für leistungsschwache Schülerinnen und Schüler auf der Unterrichtsebene auf: Einerseits wird hierdurch den leistungsschwachen Schülerinnen und Schülern die Gelegenheit entzogen, von dem Leistungsvorsprung ihrer stärkeren Mitschülerinnen und -schüler zu profitieren und andererseits sind sie über mehrere Jahre hinweg einem anspruchslosen und weniger kognitiv aktivierenden Unterricht ausgesetzt. Maaz et al. (2008) weisen darauf hin, dass der Unterricht in leistungsschwächeren Gruppen oft anspruchsloser, stärker fragmentiert und repetitiv, weniger facettenreich sei und die Lehrkräfte weniger fähig, engagiert und motiviert seien (2008, S. 103). Allerdings konnte anhand von Schülereinschätzungen im Rahmen der PISA-Studie (Baumert et al., 2002) dagegen gezeigt werden, dass Lehrkräfte mit dem höchsten Engagement und sozialer Kompetenz in Hauptschulen vorzufinden sind. Die abweichenden Befunde werden jedoch auf die in die Schülerbeurteilungen hineinfließende Sympathiekomponente zurückgeführt (Kunter & Baumert, 2006). In heterogenen Lernumwelten konnten in den vorgelegten Studien geringe kompensatorische Effekte der leistungsbezogenen Heterogenität der Klasse für die Leistungsentwicklung von Schülerinnen und Schülern nachgewiesen werden, die jedoch oft nicht signifikant oder gering ausfallen und zudem mit der sozialen und leistungsbezogenen Zusammensetzung der Klasse konfundiert sind. Die Befürchtung um negative Konsequenzen großer Leistungsstreuung für die Leistungserbringung ließe sich jedoch insgesamt nicht bestätigen (Scharenberg, 2012, S. 257).

In den vorliegenden Analysen wird Untersucht, ob und in welchem Maß dieselben Kompositions- und Kontextfaktoren, die die Schülerleistungen bedingen, ebenfalls den Grad an sozialer Ungleichheit beeinflussen. Anhand umfassender Modelle wird das Zusammenwirken individueller Hintergrundmerkmale im Rahmen von Bildungsentscheidungen unter Berücksichtigung des Klassenkontexts analysiert. Dabei werden zum einen die leistungsbezogene und zum anderen die soziale Zusammensetzung von Schulklassen als Kompositionseffekte modelliert, die sowohl die Leistungsbeurteilung als auch die Übergangsentscheidungen bedingen.

4.3 Empirische Ergebnisse zur sozialen Ungleichheit an den Übergängen im Schulsystem

4.3.1 Forschungsphasen

Aufgrund der seit etwa 20 Jahren erneut aktuellen Thematik um Chancen- und Bildungsungleichheit wurde eine Fülle von Befunden vorgelegt, sowohl allgemein zur Bildungsungleichheit als auch speziell zur sozialen Reproduktion an den Übergängen, sowie einige Systematisierungsvorschläge (vgl. Kristen, 1999; Krüger et al., 2011b; Maaz et al., 2011, 2006; Maaz & Nagy, 2009; Becker & Schulze, 2013; Ditton, 2013; Faber, 2013; Reimer, 2013; Stocké, 2013; Maaz, Baumert & Trautwein, 2009). Zum Beispiel differenzieren Maaz et al. (2009, 2006) drei Forschungsstränge aus, die sie innerhalb von drei zeitlich nacheinander folgenden Forschungsphasen verorten: der explorativen Phase, der Formalisierungs- und der Vertiefungsphase. Der ersten Phase ordnen die Autoren vorrangig Studien zur Beschreibung von Hintergründen der Bildungsentscheidung zu. Anhand vorwiegend bivariater Methoden seien Zusammenhänge zwischen dem Elternhaus und der Schulwahl als auch das Zustandekommen der Grundschulempfehlung der Lehrkräfte untersucht worden (Maaz et al., 2009, S. 16, 2006, S. 316f.). Die Formalisierung und empirische Überprüfung von Modellen ordnen sie der darauffolgenden Formalisierungsphase zu. Hierbei seien Veränderungen in den Übergangschancen als ein Indikator für die Persistenz sozialer Selektivität untersucht worden (Maaz et al., 2009, S. 17, 2006, S. 318ff.). Dabei ermöglichte die Untersuchung der Ungleichheitseffekte an den Gelenkstellen des Bildungssystems eine Trennung des von Boudon (1974, vgl. Kap. 3.2.3) beschriebenen primären und sekundären Ungleichheitseffekts. Basierend auf der Wert-Erwartungs-Theorie (Breen & Goldthorpe, 1997; Erikson & Jonsson, 1996; Esser, 1999) seien Ungleichheitseffekte anhand von Bildungsverläufen, familiärer Herkunft und elterlicher Aspiration analysiert worden. Die Annahme dabei war, dass sich der sekundäre Ungleichheitseffekt unter Kontrolle von Fachleistungen, Noten und kognitivem Vorwissen als ein eigenständiger Effekt des familiären Hintergrunds auf die Bildungsentscheidungen nachweisen lässt (z.B. Baumert & Schümer, 2001a; Ditton, 2010a, 2013; Ditton, Krüsken & Schauenberg, 2005; Lehmann et al., 1997; Maaz et al., 2009; Schauenberg & Ditton, 2005; Stocké, 2010).

Der Vertiefungsphase ordnen die Autoren einerseits die Schulleitungsstudien zu, wie zum Beispiel IGLU/PIRLS (*Internationale Lese-Grundschul-Untersuchung / Progress in International Reading Literacy Study*) (Bos et al., 2003) und PISA (*Programm for International Student Assessment*) (Baumert, Klieme et al., 2001), im Rahmen derer Defizite des deutschen Bildungssystems sowie der Zusammenhang zwischen einem niedrigen Kompetenzstand von Schülerinnen und Schülern und herkunftsspezifischen Merkmalen (sozialer Status und Migrationshintergrund) breitflächig bestätigt worden seien (Maaz et al., 2009, S. 17f., 2006, S. 320ff.). In diesem Zusammenhang sei darauf hingewiesen worden, dass neben den Verbleibchancen in höheren Schulen ebenfalls die Übergänge im weiteren Verlauf der Schulkarriere sozial selektiv sind (vgl. z.B. Hillmert & Jacob, 2003; Maaz & Nagy, 2009; Reimer,

2013; Schnabel & Schwippert, 2000). Im Rahmen der Vertiefungsphase sei andererseits nach Maaz et al. (2009, 2006) in vertiefenden Analysen auf die längerfristigen Konsequenzen eingegangen worden, die mit unterschiedlichem Übergangsempfehlungsverhalten von Lehrkräften und elterlichem Entscheidungsverhalten einhergehen. In diesen vorrangig qualitativ ausgerichteten Längsschnittstudien seien zum Beispiel die biographische Verarbeitung schulischer Selektionsereignisse sowie Entscheidungsprozesse im Rahmen von Bildungsentscheidungen im institutionellen Kontext analysiert worden. Ferner sei ebenfalls auf die Kompetenzentwicklung bei Kindern und deren Abhängigkeit von Schule und familialer Umwelt eingegangen worden (Maaz et al., 2006, S. 320ff.). Im Rahmen neuerer Untersuchungen wird dabei auf Wechselwirkungen familiärer und institutioneller Kontextfaktoren hingewiesen (Baumert, Watermann et al., 2003; Ditton, 2013; Maaz et al., 2009; Merton, 1996, S. 267ff.; Watermann & Baumert, 2006). Qualitative Studien belegen zum Beispiel die ungleichheitsverstärkenden Interaktionen zwischen Merkmalen sozialer Herkunft von Schülerinnen und Schülern und der Erwartungs- und Anerkennungsstruktur der Schule (Gomolla & Radtke, 2007).

4.3.2 Stellenwert der primären und sekundären Effekte

Zum Stellenwert des primären und des sekundären Effekts in sozialer Reproduktion im Schulsystem kann die Forschungslage als nicht eindeutig eingeschätzt werden. In Bezug auf den primären Ungleichheitseffekt lässt sich zusammenfassend konstatieren, dass dieser bereits mehrfach empirisch belegt wurde. Dabei zeigt sich, dass Kinder aus sozial bevorzugten Familien bereits vor Schulbeginn einen Entwicklungsvorsprung gegenüber sozial benachteiligten Kindern haben (z.B. Lee & Burkam, 2002), der sich als Leistungsvorteil über weitere Beschulungsjahre fortsetzt und vergrößert (Baumert et al., 2006; Baumert, Watermann, et al., 2003; Ditton, 2007, 2013; Helmke, 1997; Martin, Mullis, Foy & Stanco, 2012; Mullis, Martin, Foy & Arora, 2012; Mullis, Martin, Foy & Drucker, 2012; Walter & Stanat, 2008). Basierend auf den Forschungsergebnissen wird dem primären Herkunftseffekt (vermittelt über die Leistung) ein höherer Stellenwert bei der Benotung und Übergangsempfehlung beigemessen als dem sekundären (Bos & Pietsch, 2005; Ditton, 1992, 2010b, S. 95; Ditton & Krüsken, 2006a, S. 365; Maaz & Nagy, 2009), während der sekundäre Herkunftseffekt nach einigen Autoren bei den Elternaspirationen sowie bei den von den Empfehlungen abweichenden Schulanmeldungen stärker zum Tragen kommt (Ditton & Krüsken, 2006a, S. 361ff., 369; Stocké, 2010; vgl. dazu auch Müller-Benedict, 2007). Da sich sekundäre Ungleichheitseffekte über die Schulzeit hinweg aufsummieren und in der Verteilung der Zugangschancen zu Bildung eine nicht zu unterschätzende Rolle spielen (Becker, 2009; Becker & Lauterbach, 2010, S. 17; Boudon, 1974; Maaz et al., 2011; Pietsch & Stubbe, 2007; Gundel Schümer, 2004), erscheint die nähere Betrachtung schulischer Bedingungsfaktoren des sekundären Ungleichheitseffekts als bedeutsam.

4.3.3 Ungleichheitseffekte der elterlichen Entscheidungen

Die sekundären Effekte sind anhand quantitativer Untersuchungen nachgewiesen worden, jedoch zunächst ohne Trennung der sekundären Effekte elterlicher Entscheidungen und Übergangsempfehlungen von Lehrkräften. In diesen Untersuchungen sind Chancen für den Übergang an eine höhere Schulform mit Hilfe logistischer Regression ermittelt worden (vgl. z.B. Baumert, Klieme, et al., 2001; Bos et al., 2003, 2007). Insgesamt ergaben die Analysen, dass die Chance von Kindern aus Familien mit höherem sozioökonomischem Hintergrund, auf eine höhere Schulform zu kommen, die Chance eines Arbeiterkindes bei Kontrolle von Leistungen um ein Vielfaches übersteigt. So haben zum Beispiel Baumert und Schümer (2001a) im Rahmen des PISA-Ländervergleichs gezeigt, dass Kinder aus der Arbeiterschicht bei gleichen Testleistungen eine dreifach geringere Chance gegenüber Kindern aus der oberen Dienstklasse haben, ein Gymnasium zu besuchen. Lehmann und Kollegen (Lehmann et al., 1999, 1997) haben ähnliche Ergebnisse in Bezug auf den Abgang vom Gymnasium nach der Beobachtungsstufe vorgelegt. Anhand der TIMS-Studie (*Trends in International Mathematics and Science Study*) konnte zudem bestätigt werden, dass soziale Ungleichheiten an den Übergängen in der Sekundarstufe II sowie in den Beruf auftreten (Baumert, Bos, Brockmann, et al., 2000, S. 261ff.; Schnabel & Schwippert, 2000). Ebenfalls haben sich die Verbleibchancen in der Sekundarstufe als sozial selektiv erwiesen (Schnabel & Schwippert, 2000).

Individuelle Bedingungsfaktoren der Bildungsentscheidung

In aktuellen Forschungsansätzen gelingt zunehmend die Ausdifferenzierung spezifischer Mechanismen sozialer Reproduktion bei den elterlichen Entscheidungen und Übergangsempfehlungen von Lehrkräften. Dabei konnten Herkunftseffekte im Zusammenhang mit elterlichen Aspirationen sowie mit der tatsächlichen Schulwahl nachgewiesen werden (Becker, 2000; Ditton, 2010a; Ditton & Krüsken, 2006a; Paulus & Blossfeld, 2007; Schauenberg, 2007; Schneider, 2004; Stocké, 2013, S. 269f., 278, 289). Untersuchungen haben ergeben, dass Bildungsaspirationen von Eltern aus sozial starken Familien meist über den Bildungsempfehlungen der Lehrkräfte liegen, während die Empfehlungen der Lehrkräfte zugleich einen engeren Zusammenhang mit den Schulleistungen als die Aspirationen der Eltern zeigen und sich als weniger sozial selektiv erweisen (Arnold, Bos, Richter & Stubbe, 2007; Ditton & Krüsken, 2006a S. 361ff., 369; Ditton et al., 2005; Lehmann et al., 1999; Schuchart & Maaz, 2007; Stallmann, 1990; Stamm, 2005).

Im Rahmen der Forschung zur Theorie rationaler Wahlentscheidung wurden unterschiedliche Ursachen der sozial selektiven Elternentscheidungen belegt. Dabei wurde darauf hingewiesen, dass die soziale Herkunft (Berufsstatus), das kulturelle Kapital (Bildungsstatus, Bücheranzahl) und die Muttersprache zu den wichtigsten Einflussfaktoren auf die schulischen Leistungen gehören, über die der familiäre Status indirekt auf die Bildungsentscheidungen wirkt (Esser, 2006; Faber, 2013, S. 326ff.). Die Muttersprache erweist sich zwar in Untersuchungen als bedeutsam (z.B. bei Ditton & Krüsken, 2006a, S. 365; Kristen, 2006), das Geburtsland und das Geschlecht verlieren jedoch unter Kontrolle anderer Merkmale (z.B. Muttersprache, sozialer Status, Buchbestand) an Bedeutung. Zum Beispiel zeigten die im Grundschulbereich vorgelegten Analysen aus IGLU ausgeprägte Leistungsunterschiede von Viertklässlern, deren Eltern beide im Ausland geboren sind, gegenüber denjenigen, deren beide Eltern in Deutschland geboren sind. Diese Unterschiede ließen sich in erheblichen Teilen anhand der sozialen Lage der Familie erklären (Schwippert, Hornberg, Freiberg & Stubbe, 2007; Schwippert, Wendt & Tarelli, 2012; Tarelli & Bos, 2013, S. 137). Uneinheitlich zeigen sich zudem Ergebnisse in Bezug auf den Zusammenhang zwischen dem Migrationshintergrund und den Bildungsaspirationen. In einigen Untersuchungen weisen Familien mit Migrationshintergrund unter Kontrolle von anderen Hintergrund- und Individualmerkmalen hohe Aspirationen auf (Ditton, 2008b; Dollmann, 2010, S. 146), während in anderen Studien gegenteilige Zusammenhänge nachgewiesen wurden (Perrez et al., 2006).

Differenzielle Analysen haben bereits in der Studie von Ditton (1989) gezeigt, dass Kinder aus der Mittel- und Oberschicht doppelt so häufig von den Empfehlungen abweichen wie die Kinder aus den Arbeiterfamilien. Ähnliche Ergebnisse konnten unter anderem auch Perrez et al. (2006) in ihrer Studie präsentieren. Die Erfüllung der Elternaspirationen bei den Schulanmeldungen variierte signifikant mit dem sozioökonomischen Status. Als erklärender Mechanismus ist insbesondere die schichtspezifische Bedeutung des Statuserhaltmotivs im Rahmen elterlicher Kosten-Nutzen-Kalküle herausgestellt worden, das im Zusammenspiel mit dem Bildungsnutzen, der Erfolgserwartung sowie den Kosten in sozial selektiven Bildungsentscheidungen resultiert (Esser, 1999). Dabei betrachten Eltern bei der Wahl der Schulform berufliche Chancen, wobei berufliche Chancen, die sich aus dem Haupt- und Realschulbesuch ergeben, mit steigendem sozioökonomischem Status der Eltern kritischer eingeschätzt werden (Ditton, 1992). Ebenfalls variiere nach Becker und Lauterbach (2010) die subjektive Bedeutung der Bildungsempfehlung für die Übergangsentscheidung schichtspezifisch. Danach erweise sich der sekundäre Effekt im Vergleich zu dem primären bei den Mittel- und Oberschichten in Form von gesteigerter Bildungsmotivation als stärker. Bei den unteren Sozialschichten dagegen falle der primäre Herkunftseffekt in Form von Investitionsrisiken, die sich aus der Leistung des Kindes ergeben, höher aus. Kinder höherer Schichten würden demnach einerseits häufiger eine Gymnasialempfehlung erhalten, andererseits seien Entscheidungen ihrer Eltern stärker durch hohe Bildungsaspiration beeinflusst (2010, S. 22f., 32). Untersuchungen zeigen entsprechend, dass Eltern mit höherem sozioökonomischen Hintergrund auch bei niedrigerer Bildungsempfehlung eher eine höhere Schullaufbahn für ihre Kinder wählen, wohingegen Eltern aus unteren Schichten im Negativfall (keine Gymnasialempfehlung) eher der Empfehlung von Lehrkräften folgen und sich im Positivfall (Empfehlung auf eine höhere Schule) gegen diese entscheiden (vgl. auch Ditton, 2005; Ditton & Krüsken, 2006a; Perrez et al., 2006). Den sozial privilegierten Familien gelingt es somit besser, ihre Aspirationen umzusetzen als den unterprivilegierten Familien. Ebenfalls treffe eine spätere Umschichtung der Kinder von der Realschule auf die Hauptschule eher Kinder aus der Arbeiterschicht. Dagegen ließe sich bei der Umschichtung der Kinder vom Gymnasium auf die Realschule nach Perrez et al. (2006) keine soziale Selektion nachweisen.

Anhand empirischer Ergebnisse konnte die Bedeutung sozial selektiver Einstellungen und Praktiken im Rahmen von Bildungsentscheidungen herausgestellt werden. Unter anderem wurde dabei auf folgende Faktoren hingewiesen: positive Einstellung zur Bildung, Informiertheit über das Bildungssystem, Bildungsmotivation, selbstverwirklichungsorientierte Wertvorstellungen, individualistische Erziehungspraktiken, kulturelles Milieu, aufstrebende Zukunftspläne für das Kind und elterliches Engagement an der Schule (Maaz et al., 2006, S. 317). Untersuchungen von Persönlichkeitsfaktoren, die für die elterliche Schulwahl im institutionellen Kontext relevant sind, stellten nach Maaz et al. (2006, S. 319) folgende Eigenschaften als bedeutsam heraus: Kontrollüberzeugung, dass die Bildungsempfehlung kein endgültiges Ergebnis darstellt, Kompetenzen der Eltern, den Bildungswillen gegen die institutionellen Beschränkungen durchzusetzen. Zudem wurden verminderte Chancenungleichheiten bei den Elternentscheidungen in solchen Familien nachgewiesen, in denen die Kinder weniger Zeit für Hausaufgaben einsetzen müssen und dabei weniger Unterstützung mütterlicherseits benötigen, und in denen die Mütter sich besser über die schulischen Möglichkeiten informiert fühlen und die schulischen Anforderungen für niedriger halten sowie weniger Kritik gegenüber der Notengebung äußern (Ditton, 1989). In Bezug auf schulische Einstellungen der Schülerinnen und Schüler kann nach Ditton (2010a, S. 265) anhand von Ergebnissen angenommen werden, dass das Schülerverhalten (soziales Verhalten, Umgangsformen etc.) in der Einschätzung der Mütter und der Lehrkräfte sowohl vermittelt über die schulischen Einstellungen und Noten als auch direkt auf den Schulwunsch und die Bildungsempfehlung wirken.

Lehrermerkmale, institutionelle Merkmale und umweltbezogene Bedingungsfaktoren der Übergangsentscheidung

Nach den vorliegenden Befunden ließe sich nach Ditton (2007, 2010a, S. 265ff., 2013, S. 193) annehmen, dass ein nicht zu vernachlässigender Anteil an sozialer Ungleichheit durch institutionelle Faktoren bedingt wird. Die zwischen den sozialen Schichten variierende Diskrepanz von Aspiration und Realisation im Rahmen von Bildungsentscheidung wird dabei im Kontext der Interaktion von Umweltfaktoren mit den individuellen Merkmalen betrachtet (Maaz et al., 2006, S. 320f.). Angenommen wird, dass schulische und Umweltfaktoren durch familiäre Belastung und Noten vermittelt auf die elterliche Bildungsentscheidung wirken. So konnten zum Beispiel Ditton und Krüsken (2006a, S. 359ff.) eine Diskrepanz zwischen Bildungsaspiration und Bildungsrealisation nachweisen. Bildungsaspirationen, die die Eltern im vierten Jahr des Grundschulbesuchs ihrer Kinder haben, werden dabei nach ihren längsschnittlichen Analysen bei den Schulanmeldungen nach der vierten Klasse überwiegend nach unten und insgesamt häufiger als die Übergangsempfehlungen korrigiert. Ebenfalls werden bei den Schulanmeldungen die Schülerwünsche nach unten korrigiert, wobei Realschulempfehlungen dabei am häufigsten nicht realisiert werden (2006a, S. 359ff.).

In Bezug auf den Einfluss sozial günstiger schulstruktureller Faktoren auf die soziale Segregation ist die Befundlage keineswegs eindeutig, obwohl sich eine leichte Tendenz zu Gunsten der Kinder aus sozial privilegierten Familien abzeichnet. Die Bildungsnähe des Kontextes führt nach Ditton (1992 S. 189ff.) nicht notwendig zur Reduzierung von Chancenungleichheit. Obwohl die Anteile des Besuchs der höheren Schulen mit der Bildungsnähe des Kontextes ansteigen, wird in solchen Kontexten jedoch der Zusammenhang mit sozialem Status, aufgrund erhöhter impliziter Standards bezüglich der erwarteten Schülerleistungen für den Besuch weiterführender Bildungsgänge sogar noch enger (Ditton, 2010a, S. 266). So konnten Neumann et al. (2010, S. 243ff.) zeigen, dass bei vergleichbaren Leistungen die soziale und leistungsbedingte Zusammensetzung der Klasse (der mittlere Bildungsstatus) einen Effekt auf die Schulwahl hat. Demnach wird mit dem steigenden familiären Bildungsstatus der Klasse häufiger ein höherer Bildungsgang von Schülerinnen und Schülern gewählt, wohingegen in leistungsstarken Schulklassen im Vergleich zu leistungsschwachen die Übergangsentscheidung niedriger ausfällt. Diese Ergebnisse bestätigen die Befunde von Ditton (1992), der zudem zeigen konnte, dass sich mit steigendem Bildungsstatus des Kontextes ebenfalls die soziale Selektivität der Bildungsentscheidungen vergrößert (Ditton, 1992, S. 189ff.).

Empirische Untersuchungen zu sozial-regionaler Ungleichheit belegen, dass die soziale Komposition sowie das Leistungsniveau in den Schulen von Stadtregionen abhängig sind (Ditton & Krüsken, 2007). In Bezug auf die Elternentscheidungen hat sich die Ortsnähe der Schule als relevant erwiesen und die damit verknüpfte Verfügbarkeit des Schulangebots seine Vielfalt und Erreichbarkeit (Baumert et al., 2006, S. 177; Ditton, 1992, S. 165, 2013, S. 192). Zu den erklärenden Mechanismen ließe sich nach Maaz et al. (2006) in Bezug auf den Übergang von Arbeiterkindern der Einfluss wirtschaftlicher Zukunftsperspektive der Bildungsentscheidung (Bildungsrendite) hervorheben (Maaz et al., 2006, S. 317). Zudem nehmen Eltern von Kindern aus allen sozialen Schichten eine Einschätzung der Korrekturmöglichkeiten für Fehlentscheidungen vor, die sich aus der Durchlässigkeit des Bildungssystems und dem Aufwand für das Nachholen eines Abschlusses ergeben, so die Autoren. Darüber hinaus werden elterliche Entscheidungen im unterschiedlichen Maße durch rigide Regelungen wie Aufnahmeprüfungen oder Verpflichtungsgrad der Übergangsempfehlung beeinflusst (Maaz et al., 2006, S. 317). Des Weiteren spiele nach Ditton (2010a, S. 256) das Bild, welches die Eltern von den Anforderungen und dem Profil der weiterführenden Schulen haben, ebenfalls eine Rolle. Als Erklärungsmechanismus wird angenommen, dass milieuspezifische Orientierungen der Eltern in einem Wechselwirkungsprozess mit der Institution und schulischer Umwelt die Bildungsentscheidungen beeinflussen (Ditton, 2013, S. 194ff.; Dravenau & Groh-Samberg, 2005; Gomolla & Radtke, 2007).

4.3.4 Übergangsempfehlung der Lehrkräfte

Prognostische Validität der Übergangsempfehlungen

Die prognostische Validität der Übergangsempfehlungen ist insgesamt umstritten (Ditton, 2010a, S. 257f.). Mangel an prognostischer Validität der Lehrerurteile wird von manchen Autoren als ursächlich für die empirisch nachgewiesenen Schulformabstiege betrachtet (Block, 2006a, S. ff, 12, 2006b, S. 8). Untersuchungen zu Schullaufbahnen nach der Orientierungsstufe zeigen zum Beispiel, dass empfehlungswidrig eingeschulte Kinder zwar insgesamt leistungsschwächer seien als empfehlungskonform eingeschulte, jedoch viele von ihnen dennoch auf höheren Schulformen verbleiben (Ditton, 2005, S. 255f.). Auf sekundäre Effekte der Bildungsempfehlungen wurde zum Beispiel im Rahmen der LAU-Studie (*Aspekte der Lernausgangslage und der Lernentwicklung*) hingewiesen (Lehmann et al., 1997, S. 81f.). Dort konnte gezeigt werden, dass Kinder, deren Eltern höchstens einen Hauptschulabschluss vorweisen können, höhere Leistungen erbringen müssen als Kinder von Eltern mit höheren Bildungsabschlüssen, um eine Gymnasialempfehlung zu bekommen (sekundärer Effekt). Ferner haben Analysen mit den Daten der IGLU-Studie von 2006 (Arnold et al., 2007, S. 287) die zuvor vorgelegten Befunde von Bos, Voss et al. (2004) bestätigt. Dabei konnte gezeigt werden, dass die Schullaufbahnpräferenzen der Lehrkräfte nach sozialer Schicht des Kindes variieren, auch wenn kognitive Fähigkeiten und Leseleistungen des Kindes kontrolliert werden. Schülerinnen und Schüler, die der oberen Dienstklasse angehören, hatten eine 2,64 höhere Chance auf Gymnasial- statt Realschulpräferenzen der Lehrkräfte als Kinder aus der Facharbeiterschicht. Ähnliche Befunde wurden von Stubbe und Bos (2008) in einem Prognosemodell der Herkunftseffekte auf die Noten und die Schullaufbahnempfehlungen der Lehrkräfte vorgelegt. Unter Kontrolle von Leistungen hatten Oberschichtkinder eine höhere Chancen auf eine Realschulempfehlung als auf eine Hauptschulempfehlung als die Arbeiterkinder (Stubbe et al., 2012; vgl. auch Tarelli & Bos, 2013, S. 137). Auch in anderen Untersuchungen sind ähnliche Ergebnisse bereits belegt worden (z.B. Ditton, 2005, 2010a; Maaz et al., 2008; Schuchart & Maaz, 2007).

Individuelle Bedingungsfaktoren der Übergangsempfehlung

Im Rahmen von Benotung und Übergangsempfehlung erweist sich die individuelle Leistung als nur einer unter vielen Faktoren, die berücksichtigt werden. Ergebnisse aus qualitativen Studien zeigen, dass die Lehrkräfte bei ihrer Übergangsempfehlung nach eigenen Angaben neben den Leistungen der Kinder sowie den Noten und dem individuellen Lernfortschritt ebenfalls leistungsbezogene Persönlichkeitsmerkmale berücksichtigen, wie Arbeitsweise, Arbeitsverhalten, Konzentration, Selbständigkeit sowie Motivation, Leistungswille und Interesse, so Schumacher (2002). Zudem würden Sauberkeit, Gepflegtheit, gute Umgangsformen, positives soziales Verhalten sowie gewandter sprachlicher Ausdruck und kritisches Denken einbezogen werden, so der Autor, wobei dieser Aspekt besonders zu Gunsten der Oberschichtkinder ausfalle (vgl. dazu auch Ditton, 2010a, S. 260). Seltener berücksichtigt werden dagegen kognitive

Fähigkeiten. In ihrer Längsschnittstudie konnten zum Beispiel Perrez et al. (2006) die Abhängigkeit der Übergangsempfehlungen von den sozial- und arbeitsstilbezogenen Kompetenzen der Kinder nachweisen. Dabei zeigte sich, dass Lehrkräfte die Empfehlung als besonders schwierig empfanden, wenn es um Grenzfälle zwischen Gymnasium und Realschule geht.

Empirische Untersuchungen ergeben ferner, dass die Lehrkräfte im Rahmen von Bildungsempfehlungen nicht nur die leistungsbezogenen Persönlichkeitsmerkmale der Schülerinnen und Schüler antizipieren, sondern auch andere individuelle Faktoren, wie elterliche Erwartungen an das Kind, das Unterstützungspotenzial der Eltern und ökonomische Ressourcen der Familie (Bos & Pietsch, 2005, S. 273). Ergebnisse aus der LAU-Studie (Lehmann et al., 1999, 1997) zeigen entsprechend, dass die Leistungsbewertung von der Bildung, dem sozioökonomischen Status der Familie, der Familiengröße, dem soziokulturellen Milieu, der Migration abhängig ist. Als relevant für die Übergangsempfehlungen erwiesen sich in der Studie von Perrez et al. (2006) Bildung, sozioökonomischer Status der Familie, Elternaspiration und Lehrereinschätzungen der elterlichen Unterstützung. Danach wirken Eltern mit einem höheren sozioökonomischen Hintergrund engagierter, suchen mehr Kontakt und zeigen Initiative. Ferner wirken sie fokussierter auf Schulübertritte und interessierter als Eltern mit einem niedrigen sozioökonomischen Hintergrund (vgl. dazu auch Preuß, 1972).

Als Erklärungsmuster zum Zusammenspiel von Übergangsempfehlungen der Lehrkräfte und Bildungserwartungen der Eltern wird unter anderem angenommen, dass Lehrkräfte Bildungserwartungen der Eltern antizipieren und sozial selektive Entscheidungen treffen (Ditton, 2010a, S. 249; Dravenau & Groh-Samberg, 2005; Perrez et al., 2006). Für Lehrkräfte, die das Kind entgegen dem Elternwillen auf eine niedrigere Schulform empfehlen, ergeben sich dabei höhere soziale Kosten, wodurch sich die Lehrkräfte nur bei gravierenden Gegenargumenten konträr zu dem Willen der Eltern entscheiden (Ditton, 2010a, S. 256; Dravenau & Groh-Samberg, 2005; Perrez et al., 2006).

Lehrer-, Unterrichtsmerkmale und schulische und regionale Bedingungen der Übergangsempfehlung

Ergebnisse aus der Schuleffektivitätsforschung haben schulische und unterrichtliche Merkmale herausgestellt, die die Lehr-Lernprozesse beeinflussen (vgl. Kap. 4.1 und 4.2 der vorliegenden Arbeit). Wenige Befunde liegen jedoch zu der Frage vor, inwiefern schulische Qualitätsmerkmale zum Abbau von Ungleichheiten beitragen. Unterrichtsmerkmale, die nach bisherigen Untersuchungen mit verringerten sozialen Disparitäten in Schülerleistungen einhergehen sind effiziente Klassenführung, hohe Adaption des Unterrichts, angepasstes Lehr- und Lerntempo und hohe diagnostische Sensibilität der Lehrkräfte (Helmke & Schrader, 1998). Ob der Einsatz neuer Lernmethoden einen Abbau von Ungleichheiten im Rahmen von Schülerleistungen bewirkt, ist wiederum umstritten. Eine positive Wirkung des kognitiv aktivierenden und anspruchsvollen Unterrichts ließe sich in dieser Hinsicht erwarten, wenn alle Schülerinnen und Schüler einbezogen werden (Ditton, 1992, 2010a). Darüber hinaus wurde belegt, dass schichtabhängige Leistungsdifferenzen niedriger in Schulen ausfallen,

in denen basale Fähigkeiten vermittelt, ‚nichtintellektuelle' Lerngegenstände eingesetzt werden, kein Schwerpunkt auf der Einrichtung von Leistungsklassen liegt und in
denen generell versucht wird, den Abstand zwischen der häuslichen und schulischen
Kultur zu überbrücken. Dagegen könnten höhere schichtabhängige Leistungsdifferenzen belegt werden, wenn die Einrichtung von Leistungsklassen im Fokus steht und
keine Minimum-Standards vorgegeben sind (Böttcher, 2005, 2009).

Baumert et al. (2006) konnten zeigen, dass Kompositionseffekte der Schülerzusammensetzung im Rahmen der Bildungsempfehlung wirksam sind. Günstige Lernmilieus mit hohen Anteilen von Schülerinnen und Schülern aus sozial privilegierten
Familien wirken sich zwar positiv auf die Leistungsentwicklung aus, jedoch gleichzeitig kann in leistungsstarken Klassen[12] ein Effekt im Sinne des BFLP-Effekts (*big-
fish-little-pond effect*) (Marsh, 2003) nachgewiesen werden, der die Lehrerbeurteilungen negativ beeinflusst. Obwohl Kinder aus unteren Statusgruppen in Schulen mit
einem hohen sozioökonomischen Hintergrund demnach einen größeren Lernzuwachs
aufweisen, wird bei der Lehrerbeurteilung eine höhere Messlatte angelegt, womit die
soziale Benachteiligung insgesamt nicht reduziert wird (soziale Bezugsnorm, Rheinberg, 2001; vgl. auch Wiese, 1986). Darüber hinaus sollte laut Ditton (1992) von se-
lektionsverstärkender Wirkung leistungsheterogener Umwelten im Rahmen von Unterrichtsführung und Leistungsbeurteilung ausgegangen werden. Demnach wachse
bei großer Leistungsstreuung der Abstand zwischen den sozialen Gruppen und führe zur Überzeichnung der Differenzen in der Notengebung sowie ferner zur Stereoty-
pisierung in Form von sozialspezifischer Attribution von Begabungen durch die Lehrkräfte. Bei großer Leistungsstreuung werde der Unterricht auf obere Sozialgruppen
ausgerichtet, wobei die Wahrnehmung der Schülerfähigkeiten und -leistungen sozi-
alspezifisch stereotypisiert sei, so der Autor. Das Verhalten der Lehrkräfte gegenüber
leistungsschwachen Schülerinnen und Schüler sei durch eine geringere Einschätzung
der Anforderungen dominiert, die zum reduzierten Engagement führt. Im Endeffekt
würde ein weniger gut strukturierter und organisierter Unterricht stattfinden, da die
Lehrkräfte sich nicht in die Pflicht genommen fühlten, auch wenn die Leistungen aus-
einanderlaufen (Ditton, 1992).

In empirischen Untersuchungen zeigen sozialstatistische Merkmale sowie Einstellungen der Lehrkräfte ohne Berücksichtigung von Kontextfaktoren nach Maaz et al.
(2006, S. 317) teilweise keine Effekte. Der Grund dafür liege darin, dass sozial selektive Wahrnehmungsschemata und Orientierungsmuster ihre Wirkung erst in der Wechselwirkung mit institutionellen Sachzwängen entfalten (Dravenau & Groh-Samberg,
2005, S. 112; Gomolla & Radtke, 2007). So zeigen nach Maaz et al. (2006) empirische Studien, dass die Lehrkräfte im Rahmen von Grundschulempfehlungen institutionellen Vorgaben und Zwängen unterliegen. Dabei berücksichtigen sie Faktoren
der schulsystemischen Ebene, die für das Funktionieren des Systems notwendig sind,
wie die Entsprechung von angebotenen und nachgefragten Plätzen an weiterführenden Schulen (vgl. dazu auch Ditton, 2010a). Der Selektionsdruck des Schulsystems
ergibt sich dabei zum Beispiel durch strukturelle Vorgaben bezüglich der prozentua-
len Verhältnisse der Empfehlungen auf verschiedene Schulformen oder durch inner-

---

12 Klassen mit einem hohen Anteil von leistungsstarken Schülerinnen und Schülern

schulische Faktoren wie zum Beispiel das Leistungsprofil der Schule. Angenommen wird ferner, dass auf der gesellschaftlichen Ebene eine Einschätzung der zukünftig zu erwartenden Qualifikationsanforderungen zwecks bedarfsgerechter und hinreichend sozial gerechter Verteilung auf soziale Positionen erfolgt. Entsprechend lassen sich in Untersuchungen regionale Faktoren nachweisen, welche die Übergangsempfehlungen beeinflussen und soziale Differenzen bedingen (Ditton, 2008b; Gresch, Baumert & Maaz, 2010, S. 217ff.). Wenn leistungsrelevante Kriterien keine hinreichende Begründung für die Empfehlung liefern, werden unter institutionellem Druck Kriterien herangezogen, die auf sozial selektive Orientierungsmuster der Lehrkräfte hindeuten (Dravenau & Groh-Samberg, 2005). Diese seien zum Beispiel in mittelschichtspezifischen Beurteilungskriterien sichtbar, die die Lehrkräfte in Befragungen angeben.

4.3.5 Resümee und Forschungsimplikationen für die vorliegende Untersuchung

Insgesamt erweisen sich sekundäre Ungleichheitseffekte im Rahmen der elterlichen Entscheidungen als auch der Übergangsempfehlungen von Lehrkräften zwar als weniger ausgeprägt als die primären, sie sind jedoch dennoch nicht zu vernachlässigen, da sie sich über die Schulzeit hinweg aufsummieren und in der Verteilung der Zugangschancen zur Bildung folglich eine nicht zu unterschätzende Rolle spielen (Becker, 2009; Becker & Lauterbach, 2010, S. 17; Boudon, 1974; Maaz et al., 2011; Pietsch & Stubbe, 2007; Gundel Schümer, 2004). Vor diesem Hintergrund erscheint die nähere Betrachtung schulischer Faktoren, die den sekundären Ungleichheitseffekt bedingen, neben der Analyse der schulischen Bedingungsfaktoren des primären Effekts, als bedeutsam und wird im Folgenden als Schwerpunkt der vorliegenden Arbeit aufgegriffen.

Im Kontext von Untersuchungen zur sozialen Reproduktion an den Übergängen wurde in der Vergangenheit trotz Formalisierungsversuche auf den Mangel an systematischer Verbindung zwischen theoretischer Erklärung und den Erhebungen hingewiesen sowie auf den Mangel längsschnittlich ausgerichteter Studiendesigns (Maaz et al., 2006, S. 320) und fehlende Kontrollgruppen (Kristen, 1999, S. 54). Zudem wurde die ungenügende empirische Überprüfung der sozialen Mechanismen im Rahmen der Kosten-Nutzen-Abwägung bei Bildungsinvestitionen kritisiert, ferner die indirekte anhand von Einzelitems ohne Reliabilitätsprüfung. Dabei seien Struktur- und Prozessmerkmale ('erklärungsnahe' Faktoren), laut Ditton und Krüsken (2006a, S. 350), oft wegen der nichteindeutigen Spezifikation der Kosten- und Nutzenfaktoren erst bei der Operationalisierung erarbeitet worden.

Aktuelle quantitative Untersuchungen zeichnen sich durch komplexe statistische Modellierung der Wirkungsmechanismen am Übergang aus. Die schulischen Effekte werden hierbei unter Kontrolle von psychologischen Lernbedingungsfaktoren sowie anderer Hintergrundvariablen von Schülerinnen und Schülern in einem quasi-experimentellen Design betrachtet (Arnold et al., 2007; Becker, 2009; Paulus & Blossfeld, 2007; Stocké, 2010; Stubbe & Bos, 2008; Stubbe et al., 2012). Immer noch liegen jedoch nur wenige Studien vor, in denen schulische Bedingungsfaktoren identifiziert werden, welche zur Reduzierung der Ungleichheitseffekte beitragen können, insbesondere bezogen auf den sekundären Effekt im Rahmen von Übergangsentscheidungen. In der vorliegenden Arbeit wird daher die Fragestellung nach schulischen Bedingungsfaktoren der sozialen Reproduktion am Übergang von der Grundschule in die Sekundarstufe mit dem Ziel aufgegriffen, schulische Potenziale zur Minimierung sozialer Ungleichheit herauszuarbeiten. Die vorgelegte Kritik der bisherigen Forschungsergebnisse wird hierbei aufgegriffen und obschon nicht allen Forschungsdesideraten vollständig entsprochen werden kann, ermöglicht das gewählte Vorgehen, zumindest einige dieser Kritikpunkte methodisch aufzugreifen. Die Analyse der Erklärungsfaktoren für das Zustandekommen von Bildungsungleichheiten erfolgt anhand umfassender Modelle, in denen die Wirkungsmechanismen und die Entstehung sozialschichtabhängiger Bildungsbeteiligung auf der individuellen und institutionellen Ebene unter Berücksichtigung gesamtgesellschaftlicher Strukturen sowie Persönlichkeitsmerkmale von Schülerinnen und Schülern betrachtet werden. Die Kontrolle von individuellen Faktoren ermöglicht dabei ein quasi-experimentelles Design (OECD, 2008, S. 15). Die theoretische Beschreibung der Schulstruktur wird in Anlehnung an organisationstheoretische Ansätze vorgenommen, wodurch eine systematische Betrachtung schulischer Potenziale zur Minimierung von Chancenungleichheiten ermöglicht wird.

4.4 Resümee und Forschungsimplikationen für die vorliegende Untersuchung

Die aktuelle Forschungslage bestätigt insgesamt die Annahme, dass die Kompositionseffekte im deutschen Bildungssystem mit der Schulform konfundiert sind und sich demnach zwischen den Schulformen nicht nur Unterschiede in der Zusammensetzung ihrer Schülerschaft (Kompositionseffekte), sondern auch in den Schulmerkmalen (Kontexteffekte) ergeben (Baumert et al., 2006, S. 103ff.). Nach vorliegenden Untersuchungen bilden die Homogenisierung von Leistungen auf der Schulebene und die damit einhergehenden schulformspezifischen Unterschiede in den Lernumwelten ein Fundament für die Vergrößerung der Leistungsschere (Maaz et al., 2008, S. 104, vgl. auch Köller & Baumert, 2001). Zudem kann angenommen werden, dass Schulen als differenzielle Umwelten in unterschiedlichem Maße zur sozialen Reproduktion beitragen (z.B. Baumert et al., 2006). Naheliegend ist die Annahme, dass die soziale Selektivität der Elternentscheidungen und Übergangsempfehlungen in den Schulen unterschiedlich stark ausgeprägt ist. Dabei erweisen sich sekundäre Ungleichheitseffekte in den Untersuchungen zwar als weniger ausgeprägt als die primären, sie sind jedoch dennoch nicht zu vernachlässigen, da sie in der Verteilung der Zugangschancen zur Bildung folglich eine nicht zu unterschätzende Rolle spielen (Becker, 2009; Becker & Lauterbach, 2010, S. 17; Boudon, 1974; ; Maaz et al., 2011; Pietsch & Stubbe, 2007; Gundel Schümer, 2004).

Ergebnisse aus Untersuchungen zu schulischen Wirkungen erweisen sich als inkonsistent (Ditton, 2000, S. 85, 87; Hattie, 2009, S. 73ff.; Köller, 2012, S. 75ff.). Analysen legen zudem nahe, dass die Wirkungskraft der Schule gegenüber familiären Einflüssen eingeschränkt ist. Deutlich ist der Bedarf weiterer empirischer Überprüfung von Schuleffektivitätsfaktoren und deren zeitlicher Stabilität unter Einbezug des Kontingenzgedankens und unter Berücksichtigung des Zusammenwirkens schulischer Faktoren mit dem familiären Kontext sowie mit der übergeordneten regionalen Kontextebene. Für weitere Untersuchungen ist eine Ausarbeitung von Konzeptionen erforderlich, aus denen sich ein integrativer Rahmen für weitere Forschung und Erkenntnisse über die Wirkungsmechanismen herleiten ließe (Ditton, 2000, S. 75). Insbesondere liegen insgesamt nur wenige Studien zu schulischen Bedingungsfaktoren vor, die zur Reduzierung des sekundären Ungleichheitseffekts beitragen können. Ebenso fehlt es bislang an diesbezüglichen Systematisierungsvorschlägen.

Vor diesem Hintergrund erscheint die nähere Betrachtung schulischer Faktoren, die den sekundären Ungleichheitseffekt bedingen, als bedeutsam. In der vorliegenden Arbeit wird diese Fragestellung mit dem Ziel aufgegriffen, schulische Potenziale zur Minimierung sozialer Ungleichheit herauszuarbeiten. Die Mechanismen sozialer Reproduktion werden anhand von Theorien sozialer Reproduktion beschrieben. Eine Erweiterung des Spektrums an Effektivitätskriterien ergibt sich hierbei durch die Betrachtung der Reduktion von Chancenungleichheiten als ein – neben Leistungserbringung – wichtiger Output-Faktor. Schulische Potenziale zum Abbau sozialer Ungleichheiten werden in Anlehnung an organisationstheoretische Ansätze systematisiert, womit ein Beitrag zur theoretischen Konzeptualisierung von Schuleffektivität geleistet wird. Angenommen wird dabei, dass Schul- und Unterrichtsmerkmale, die anhand bisheriger Forschungsbefunde zur Schuleffektivität als bedeutsame Faktoren für Schülerleistungen herausgestellt wurden, ebenfalls bei der Reduktion von Chancenungleichheiten eine Rolle spielen.

Die in Kapitel 4.3.5 aufgeführte Kritik in Bezug auf existierende Untersuchungen der Mechanismen sozialer Ungleichheit an den Übergängen wird in der vorliegenden Untersuchung aufgegriffen. Obschon dabei nicht allen Forschungsdesideraten vollständig entsprochen werden kann, ermöglicht das gewählte Vorgehen, zumindest einige dieser Kritikpunkte methodisch aufzugreifen. Die Analyse der Erklärungsfaktoren für das Zustandekommen von Bildungsungleichheiten erfolgt dabei anhand umfassender Modelle, in denen das Zusammenwirken und die Entstehung sozialschichtabhängiger Bildungsbeteiligung auf der individuellen und institutionellen Ebene im gesamtgesellschaftlichen Kontext unter Berücksichtigung der Persönlichkeitsmerkmale von Schülerinnen und Schülern betrachtet werden. Die Kontrolle von individuellen Faktoren ermöglicht ein quasi-experimentelles Design (OECD, 2008, S. 15). Zur Analyse der Lehr-Lernprozesse wird in den vorliegenden Analysen auf Angaben zu Unterrichtsprozessen zurückgegriffen, die anhand von Schülerfragebögen erfasst wurden. Die Entwicklung und Validierung von Instrumenten zur standardisierten Erfassung der Prozessfaktoren im schulischen Bereich ist in zukünftigen Studien notwendig.

5. Entwicklung der Fragestellung

In Anlehnung an die dargestellten theoretischen Ansätze (Kap. 2 und 3) werden im Folgenden Hypothesen zu Mechanismen sozialer Reproduktion an den Übergängen sowie zu schulischen Bereichen präsentiert, die Potenziale zur Reduzierung sozialer Ungleichheit im Schulsystem enthalten. Dabei wird zunächst auf die Differenzierung zwischen dem primären und sekundären Ungleichheitseffekt (Kap. 5.1.1) eingegangen, ferner auf die Kompositionseffekte (Kap. 5.1.2) sowie zuletzt auf Kontexteffekte der schulischen und der Klassenumgebung (Kap. 5.1.3).

5.1 Entwicklung der Hypothesen

5.1.1 Bildungsentscheidung und -empfehlung als rationale Wahlentscheidung

Nach dem ökonomischen Prinzip werden Bildungsentscheidungen als eine Kosten-Nutzen-Kalkulation betrachtet, in der eigene Ressourcen, Leistungen des Kindes und die Marktsituation gegeneinander abgewogen werden (Becker, 1982). Die Bildungsentscheidung lässt sich dabei als rationale Wahlentscheidung beschreiben, die in ein soziales Entscheidungsfeld eingebunden ist, dessen Parameter nach Boudon (1974) als eine Funktion der sozialen Position der Individuen innerhalb des Systems sozialer Ungleichheit beschrieben werden können. Diese Parameter werden zum einen durch kulturelle Effekte der sozialen Schichtung (*primärer Ungleichheitseffekt*) und zum anderen durch die Stellung innerhalb des Schichtungssystems (*sekundärer Ungleichheitseffekt*) definiert. Entscheidungsfindung geschieht in Bezug zu dem subjektiv erwarteten Nutzen (Homans, 1961) und unterliegt situationsbedingten und individuellen Bedingungen, welche aus der sozialen Position des Individuums im sozialen Raum resultieren. Kosten-Nutzen-Kalküle variieren demnach zum einen in Abhängigkeit von den individuellen sozial teilweise vorgeprägten Strukturen und zum anderen von den objektiven Gegebenheiten. Die individuellen Handlungsstrukturen variieren dabei abhängig von Instrumenten, Dispositionen, Strategien und der sozialen Macht (Bourdieu et al., 1981) sowie den Kommunikationseinwirkungen des sozialen Umfelds und den sozialabhängigen epistemologischen Überzeugungen (Boudon, 1974). Bei der Bildungsentscheidung ergeben sich daraus nach Ditton (2010a) Vorteile für die Eltern mit einem höheren sozioökonomischen Kapital vor allem in Bezug auf die zeitliche Perspektive.[13]

Die Anwendung der Theorie rationaler Wahlentscheidung zur Erklärung von bildungsrelevantem Handeln ist dabei mit der Frage nach der subjektiven Bedeutung der rationalen Wahl für Lehrer, Eltern und Kinder verknüpft (vgl. dazu Boudon, 1974;

---

13 Zum einen sei der Belohnungsaufschub für diese Familien weniger problematisch, zum anderen würden Familien mit einem höheren sozioökonomischen Hintergrund aufgrund höherer Einschätzung der beruflichen bildungsbezogenen Vorteile eine höhere Frustrationstoleranz zeigen. Der Entscheidungsprozess werde hierbei ebenfalls durch regionale Unterschiede in der Notwendigkeit eines höheren Abschlusses für bestimmte Berufe beeinflusst (Ditton, 2010a, S. 255f.).

Ditton, 2010a; Homans, 1961). Abhängig von der individuellen Perspektive (Kind, Familie, Schule, Gesellschaft) führt die Kosten-Nutzen-Kalkulation unter Umständen zu anderen Ergebnissen. Während die Eltern aus privilegierten Verhältnissen zum Beispiel am Statuserhalt interessiert sind, wollen Lehrkräfte in der Regel die bestmögliche Entscheidung für das Wohl des Kindes treffen und sind an einer möglichst präzisen Vorhersage interessiert. Dabei werden die schulischen und beruflichen Chancen gegen das Leistungspotenzial und familiäre Ressourcen abgewogen (Dravenau & Groh-Samberg, 2005; Gomolla & Radtke, 2007). Daran anlehnend lässt sich die folgende Hypothese in Bezug auf die Übergangsempfehlung und -entscheidung formulieren:

H. 1: *Häusliche Lernumwelten bedingen sozial selektive Leistungsentwicklungen und resultieren somit in sozial selektiven Schulleistungen (primärer Ungleichheitseffekt). Sozialschichtspezifische Kosten-Nutzen-Kalküle führen ferner zu sozial selektiven Übergangsempfehlungen sowie Elternentscheidungen und verursachen somit sekundäre Ungleichheitseffekte an den Übergängen im Schulsystem. Erwartet wird daher, dass sowohl die Leistungen (primärer Effekt), Noten und Empfehlungen als auch Übergangsentscheidungen in den Analysen schichtspezifisch variieren (sekundärer Effekt).*

5.1.2 Schulklassen als differenzielle Lernumwelten: Kompositions- und Kontexteffekte

Schulen werden in Anlehnung an ökologische Theorien (Bronfenbrenner, 1978) als differenzielle Lernumwelten im Kontext ihres sozialen Umfelds beschrieben, die sich zum einen in ihrer institutionellen Struktur (*Kontexteffekte*) und zum anderen in der Zusammensetzung der Schülerschaft (*Kompositionseffekte*) unterscheiden (Maaz et al., 2011). Nach den empirischen Befunden variiert das kumulierte soziale, kulturelle und ökonomische Kapital erheblich sowohl zwischen den Schulen als auch zwischen den Schulformen. Schul- und Klassenspezifische Lernumwelten beeinflussen die Lernprozesse und damit die Leistungserfolge sowie Bildungsentscheidungen von Schülerinnen und Schülern (Baumert et al., 2006, S. 99ff.). Damit ließe sich die folgende Hypothese formulieren:

H. 2: *Als differenzielle Lernumwelten weisen Schulklassen Unterschiede im Leistungsniveau, dem sozioökonomischen Status und dem Migrationshintergrund der Schülerschaft auf, die sich anhand der Zwischen-Klassen-Varianz der Mittelwerte nachweisen lassen. Bezüglich des Notendurchschnitts sowie der Empfehlungen sollten sich aufgrund der sozialen Vergleichsnorm keine bedeutsamen Differenzen zwischen den Klassen ergeben.*

Nach Wiese (1986) kann angenommen werden, dass die Schule ihre spezifische Wirkung gegenüber Schülerinnen und Schülern mit unterschiedlicher sozialer Positionierung entfaltet. Diese Wirkung ist in zweifacher Hinsicht spezifisch, zum einen für das jeweilige soziale Milieu und zum anderen gegenüber einzelnen Individuen. Das Spezifische, Eigenartige eines sozialen Milieus wird darin deutlich, dass sich ein Individuum mit einer bestimmten sozialen Positionierung in unterschiedlichen sozialen Milieus differenziert entfalten kann, so der Autor. Denkbar wäre demnach zum Beispiel, dass ein begabtes statusniedriges Kind in einem heterogenen Umfeld bessere Entfaltungsmöglichkeiten hat und höhere Bildungsaspirationen entwickelt als in einem homogen-konservativen und stark hierarchisierten Milieu. Das soziale Milieu wirkt sich ferner differenziell auf unterschiedliche Individuen aus. Darin komme nach Wiese (1986) die zweite Art der Wirkung sozialer Milieus zum Ausdruck, nämlich die personenspezifische. Je nach sozialer Position des Individuums innerhalb des Stratifikationssystems sowie dessen Persönlichkeitsstruktur kann sich ein bestimmtes schulisches Umfeld unterschiedlich stark fördernd auf die Leistungsentwicklung, Motivation, Selbstkonzeptentwicklung und Bildungsentscheidungen auswirken. Hieraus lässt sich die folgende Hypothese ableiten:

H. 3: *Als differenzielle Schul- und Entwicklungsumwelten weisen Schulklassen Unterschiede im Grad der Perpetuierung von Chancenungleichheiten auf. Diese lassen sich anhand der Zwischen-Klassen-Varianz der Regressionssteigungen der Hintergrundmerkmale und der Übergangsvariablen nachweisen.*

Mit der Sozialschichtzugehörigkeit variieren auf der Individualebene weitere soziokulturelle und ethnische Merkmale der Schülerinnen und Schüler. Die soziale Zusammensetzung interagiere dabei mit den institutionellen schul(form)spezifischen Arbeits- und Lernbedingungen sowie pädagogisch-didaktischen Traditionen. Das schulische soziale Milieu entwickelt nach Wiese (1986) in der Wechselwirkung mit spezifischen Schulmerkmalen sowie individuellen Faktoren seine eigene Dynamik. Die Kräfte der Reproduktion der sozialen Ungleichheit würden sich ihm zufolge darin verdeutlichen, dass sich qualitativ bessere Schulen durch eine besonders hohe Anzahl an statushohen Schülerinnen und Schülern[14] auszeichnen. Diese beeinflussten ihrerseits die normativen Standards der schulischen Umgebung, wie zum Beispiel die Aspirationen der Mitschüler, die Erfolgsstandards der Lehrerschaft, ferner deren Rekrutierung und die Unterrichtsmethoden, und trügen somit zur Qualitätsverbesserung einer Schule bei. Angesichts dessen wird in der bildungspolitischen Diskussion davon ausgegangen, dass die Kompositionseffekte zu einer ‚kumulativen Privilegierung oder Benachteiligung von Schulen führen‘ können (Baumert et al., 2006, S. 97). Diese Überlegungen führen zunächst zu der folgenden allgemeinen Hypothese, die in Kapitel 7.3 nach leistungsbezogenen, sozioökonomischen sowie migrationsbezogenen Kompositionseffekten weiter ausdifferenziert wird:

H. 4: *Unterschiede zwischen den Schulklassen in den Leistungsbeurteilungen und Übergangsempfehlungen sowie in elterlichen Bildungsentscheidungen lassen sich teilweise durch die leistungsbezogene und sozioökonomische Schülerkomposition erklären.*

---

14 Schulumwelten mit einem hohen Anteil von leistungsstarken und statushohen Schülerinnen und Schülern

In Bezug auf differenzielle Effekte im Rahmen der Leistungsentwicklung (primärer Effekt) implizieren die vorliegenden Forschungsergebnisse, dass eine sozial heterogene Schülerschaft mit lernbezogenen Vorteilen für unterprivilegierte Kinder verknüpft sein kann, ohne dass Kinder aus hohen sozialen Schichten benachteiligt werden (Maaz et al., 2008). Dagegen seien homogene sozial- und leistungsschwache Lernumwelten nachteilig (Baumert et al., 2006; Becker, 2010; Bos & Scharenberg, 2010; Gröhlich et al., 2009; Scharenberg, 2012). In homogenen Kontexten hat zudem die soziale Herkunft nach Wiese (1986) einen gleichbleibenden Einfluss auf den Bildungserfolg. Ebenfalls in Bezug auf Bildungsempfehlungen und -entscheidungen entfalten differenzielle Schulumwelten sozialspezifische Wirkungen. Im Rahmen von Übergangsentscheidungen wird dabei von unterschiedlichen Selektionsmechanismen in homogenen und heterogenen Schulumwelten ausgegangen. Eine statushohe homogene Klassenzusammensetzung würde demnach zur sozialen Selektivität durch erhöhten Selektionsdruck im Rahmen von Bildungsentscheidungen und -empfehlungen beitragen (Dravenau & Groh-Samberg, 2005). Mit steigendem Sozialstatus der Schule nehme ebenfalls die Bedeutung der Begabung für die Leistungserbringung und -bewertung zu. Weniger begabte Schülerinnen und Schüler in statushochrekrutierten Schulen seien dabei am stärksten von der begabungsbezogenen und sozialen Auslese betroffen. Erklärungsansätze in Anlehnung an die *Diskriminierungsthese* implizieren nach Dravenau und Groh-Samberg (2005), dass ein angehobenes Leistungsniveau der Klasse (welches oft mit einer statushochrekrutierten Schülerschaft einhergeht) mit einer erhöhten Messlatte bei der Leistungsbeurteilung und Übergangsempfehlung einhergeht. Dabei kommen durch den erhöhten Selektionsdruck in homogenen statushohen Klassen bei den Übergangsempfehlungen sekundäre Ungleichheiten zum Tragen (Wiese, 1986, S. 191). Die Leistung verliert als Selektionskriterium an Gewicht, wenn sich statusniedrige Kinder in der Minderheit befinden. Stattdessen werden soziale Merkmale als Selektionskriterium herangezogen (Dravenau & Groh-Samberg, 2005). Statushohe Schulumwelten tragen somit zwar zur Verringerung des primären Ungleichheitseffekts bei, jedoch wird der ungleichheitsreduzierende Effekt im Rahmen von sozial selektiven Leistungsbeurteilungen wieder nivelliert.

In heterogenen Lernumwelten dagegen verlieren individuelle Merkmale mit dem steigenden Sozialstatus der Umwelt an Bedeutung, so Wiese (1986). Nach seiner *Kooptationshypothese* wirke sich der positive Einfluss der schulischen Umwelt von statushochrekrutierten Klassen stärker auf statusniedrige Kinder aus, wodurch die soziale Selektivität der Bildungschancen nivelliert werde. Ein heterogenes leistungsförderliches Lernumfeld beeinflusse demnach alle Schülergruppen positiv, insbesondere Schülerinnen und Schüler aus niedrigeren Sozialgruppen, so der Autor. Aufgrund ihres vergleichsweise niedrigen Aspirationsniveaus seien dabei statusniedrige Kinder leichter positiv beeinflussbar. Basierend darauf lässt sich die folgende – in Kapitel 7.5.3 noch auszudifferenzierende – Annahme über den Einfluss schulischen Umfelds auf die Reproduktion sozialer Ungleichheit formulieren:

H. 5: Aufgrund mangelnden kumulierten Kapitals ist die Bedeutung des individuellen Kapitals für die Leistungserbringung und Übergangsentscheidungen höher in Schulen und Klassen, die sich durch eine leistungsschwache und statusniedrige Schülerschaft auszeichnen. Dies führt dazu, dass sich solche Umwelten durch eine höhere soziale Selektivität auszeichnen. In statushohen und leistungsstarken Lernumwelten ergeben sich dagegen ungleichheitsreduzierende Mechanismen in Bezug auf den primären Effekt und ungleichheitsverstärkende in Bezug auf den sekundären Effekt. Der variierende Zusammenhang zwischen den familiären Hintergrundmerkmalen und den Übergangsvariablen wird sich demnach teilweise durch die Klassenkomposition erklären lassen.

5.1.3 Schulische Bereiche, die zum Abbau sozialer Ungleichheit beitragen

Anlehnend an die vorliegenden Befunde ist von differenziellen Effekten schulischer Kontextfaktoren, wie zum Beispiel Instruktionsqualität, Anspruchsniveau, Kontinuität oder Vielfalt, in Wechselwirkung mit der sozialen Zusammensetzung der Schülerschaft auf verschiedene Schülergruppen auszugehen (Baumert et al., 2006; Ditton, 2010a; Maaz et al., 2008). Dabei lassen sich in Anlehnung an organisationstheoretische Ansätze (Scheerens, 2004; Scheerens & Bosker, 1997) schulische Bereiche beschreiben, die Potenziale zum Abbau von Chancenungleichheiten bereitstellen. Zu diesem Zweck werden im Folgenden strukturelle Organisationsmerkmale (Ziele, Organisationsaufbau, Abläufe, Organisationskultur) in Wechselwirkung mit den Prozessmerkmalen (primärer Prozess) im Kontext ihres Umfelds betrachtet. Differenzielle Mechanismen und Einflussfaktoren der Ungleichheitsperpetuierung werden in Anlehnung an sozialökologische Theorien auf verschiedenen Ebenen berücksichtigt (Becker, 2000; Becker & Lauterbach, 2010, S. 28ff.; Becker & Schulze, 2013, S. 10f.; Bronfenbrenner, 1981; Ditton, 2013).

Systemebene: strukturelle Vorgaben

In der Diskussion um Chancengleichheit wird auf der gesellschaftlichen Makroebene die Verantwortung des modernen Wohlfahrtsstaates als korporativer Akteur für dauerhafte Bildungsungleichheiten betont (Becker & Lauterbach, 2010, S. 29f.). In Anlehnung an die vorgelegten Forschungsbefunde kann davon ausgegangen werden, dass Bildungsempfehlungen und -entscheidungen Selektionsmechanismen unterliegen, deren Persistenz durch die Struktur des Bildungssystems und seine Regelungen (wie z.B. die Übergangsbestimmungen) sowie durch andere regionale Kontextfaktoren beeinflusst wird (Baumert et al., 2006; Ditton, 1992, 2010a, 2013; Ditton & Krüsken, 2007; Dravenau & Groh-Samberg, 2005; Gomolla & Radtke, 2007; Maaz et al., 2006). Starre Übergangsbestimmungen oder eingeschränkte Erreichbarkeit von Bildungseinrichtungen tragen dabei zur sozialen Selektivität im Rahmen von Bildungsentscheidungen bei (Ditton, 1992, S. 165, 2010a, S. 267). Ebenso tragen strukturelle Einschränkungen (z. B. Anzahl an verfügbaren Gymnasialplätzen) zur sozialen Selektivität im Rahmen von Bildungsempfehlungen bei (Scheerens & Bosker, 1997). In diesem Kontext wird ferner angenommen, dass die soziale Ungleichheit im Zusammenhang mit regionaler Ungleichheit steht (Ditton, 2013, S. 193f.; Ditton & Krüsken, 2006b, 2007). In Anlehnung an Bourdieu (1982) wird davon ausgegangen, dass die relative Bedeutung des individuellen Kapitals von der geografischen Lage abhängig ist, da diese mit unterschiedlichen Gelegenheiten zur Nutzung des kumulierten und institutionalisierten Kapitals einhergeht. Potenziale der bildungspolitischen Beeinflussung ergeben sich zum Beispiel durch strukturelle und institutionelle Regelungen des Bildungssystems zur Minderung des Selektionsdrucks, zum Beispiel durch flexible Übergangsbestimmungen und Durchlässigkeit des Schulsystems sowie Verbesserung des Bildungsangebots, ferner durch die Reduktion der zu überwindenden Barrieren im Schulsystem sowie durch die Öffnung von Möglichkeiten für weiterführende Bildungswege und das Hinausschieben der Bildungsentscheidung auf einen späteren Zeitpunkt.

Institutionsebene: Kommunikationsprozesse, Evaluation, Bereitstellung von Ressourcen

Auf der Institutionsebene (Mesoebene) werden unter anderem die schulische Organisationskultur und Kommunikationsprozesse sowie das hiervon abhängige Klima als wichtige Bedingungsfaktoren von Lehr-Lernprozessen hervorgehoben (Scheerens & Bosker, 1997). Während bildungspolitische Einflussnahme auf der Systemebene als relativ einfach in der Umsetzung erscheint, erweist sich die gesellschaftliche Einflussnahme auf das innerschulische Geschehen der Einzelschule als stärker eingeschränkt. Der schulische Doppelauftrag, der die Bereitstellung von Entwicklungschancen für alle Schülerinnen und Schüler bei gleichzeitiger marktbezogenen Selektion umfasst, bedingt dabei das Spannungsfeld, in dem schulische Arbeit im Allgemeinen stattfindet. Bezogen auf die Reduzierung der Chancenungleichheit kann angenommen werden, dass die bildungspolitische Einflussnahme hauptsächlich über normative Vorgaben bezüglich gerechter (Leistungs-)Förderung aller Schülerinnen und Schüler, ferner durch systematische externe begleitende Evaluation auf der institutionellen Ebene sowie durch die Bereitstellung von Ressourcen stattfinden könnte. Ebenso könnte ein Beitrag zur Reduktion von Chancenungleichheit etwa durch Mobilisierung von Ressourcen zur Unterstützung von sozial benachteiligten Kindern im Sinne von ‚Nachbarschaftshilfe' gewährleistet werden, in Folge dessen die Bedeutung des individuellen Kapitals bei der Herausbildung von Fähigkeiten (primärer Effekt) sowie im Rahmen der Kosten-Nutzen-Kalküle (sekundärer Effekt) an Gewicht verlieren kann. Bezogen auf die Adaptation und Responsivität auf externe Faktoren (Kontingenz) könnten ferner systematische Anstrengungen zur Verbesserung von Kommunikationsprozessen zwischen der Schule und den Eltern zum Abbau sozialer Ungleichheit im Rahmen von Elternentscheidungen beitragen. Durch die Nähe zum institutionellen Bildungskontext wird den Familien aus unteren sozialen Schichten der Informationszugriff erleichtert, wodurch die soziale Selektivität der Bildungsentscheidungen reduziert werden kann (Scheerens & Bosker, 1997).

Ebene der Einzelschule: Unterrichtsmaterialien, -methoden, Lernorte, Differenzierung und Individualisierung, Kooperation, Koordination

Auf der Mikroebene wird in Bezug auf den Unterrichtsprozess die politische Einflussnahme zum einen über die Lehrer- und Lehrerinnenausbildung und zum anderen über das Curriculum angestrebt. Nach den organisationstheoretischen Ansätzen (Scheerens, 1997; Scheerens & Bosker, 1997) werden die Unsicherheit, Interdependenz und Komplexität als treibende Kräfte in Lehr-Lernprozessen betrachtet. Entlang dieser Kriterien können schulische Bereiche beschrieben werden, die Beeinflussungspotenziale bereitstellen. Steigende Unsicherheit impliziere zum Beispiel eine stärkere Individualisierung und Differenzierung im Unterricht sowie kognitive Aktivierung und Motivation, so Scheerens und Bosker (1997). Potenziale zur Reduzierung von primären Ungleichheitseffekten ergeben sich unter Bezug auf die beschriebenen Ungleichheitsmechanismen etwa durch den Einsatz von Unterrichtsmaterialien, welche die Kinder aus unterschiedlichen sozialen Lagen und Milieus ansprechen und diese dementsprechend motivieren und kognitiv aktivieren. Da die Leistungen und die Motivation als Risikofaktoren im Rahmen der elterlichen Kosten-Nutzen-Kalküle einbezogen werden, kann hierdurch nicht nur der primäre, sondern indirekt ebenfalls der sekundäre Ungleichheitseffekt beeinflusst werden, indem beispielsweise die Herausbildung von Bildungsaspirationen und Selbstwirksamkeit die Einschätzung der Erfolgswahrscheinlichkeit unterer Statusgruppen positiv beeinflusst. Ferner ergibt sich bei den Lehrerbeurteilungen hierdurch eine Reduktion des sekundären Ungleichheitseffekts, der über die Leistung sowie leistungsbezogene Persönlichkeitseigenschaften (Interesse, Motivation, Engagement etc.) vermittelt wird.

Bei der Betrachtung des Schulsystems unter dem Aspekt der Interdependenz wird deutlich, dass im Schulsystem zum einen die vereinte Interdependenz (gemeinsame Ressourcen- und Einrichtungsnutzung, kollektives Wissen und gegenseitige Lerneffekte) dominiert und zum anderen die sequenzielle Interdependenz, die feste Sequenzen im Produktionsprozess und im Curriculum umfasst (z.B. durch Einteilung in Klassenstufen). Reziproke Interdependenz (gegenseitige Abhängigkeit zwischen den aufeinander folgenden Lernphasen, z.B. bei den Eins-zu-eins-Tutorien) lässt sich dagegen aufgrund struktureller Einschränkungen für Differenzierung und Individualisierung im Unterricht nicht für alle Kinder gleicher Maßen gewährleisten. Durch relativ frühe Selektion im deutschen Schulsystem resultieren die vereinte und sequenzielle Interdependenz in schulspezifischen und, in der Sekundarstufe, schulformspezifischen Lernkontexten. Ausgerechnet die reziproke Interdependenz, die bei benachteiligten Schülerinnen und Schülern kompensatorisch wirkt (z.B. durch die Vermittlung von basalen Fähigkeiten) und bei hochbegabten Kindern individuelle Entwicklungsmöglichkeiten eröffnet, wird aus Kostengründen selten umgesetzt. Damit wäre eine Reduzierung des primären Effekts möglich.

Ein weiterer Aspekt ist die Komplexität, die mit steigender Vielfalt der Aufgaben und Lernorte sowie mit multiplen Rollen zunimmt. Die Aufgabenvielfalt und multiple Rollen hängen zudem mit den Lehrmethoden, dem Grad an Individualisierung und Differenzierung im Unterricht zusammen. Der zum Teil curricular bedingte Einsatz neuer Lernmethoden sowie die gesellschaftlich-normative Zielsetzung in Bezug auf die individuelle Förderung und Differenzierung im Unterricht bedingen die Vielfalt von Aufgaben und Lernorten (z.B. durch Kooperationen mit außerschulischen Einrichtungen oder durch Exkursionen) sowie multipler Rollen im Unterricht. In Bezug auf die Reduzierung von Chancenungerechtigkeit ergeben sich hierbei zahlreiche Variationsmöglichkeiten, zum Beispiel durch Anpassung der Lernorte oder der Rollen an die Lebenswelt von Kindern aus benachteiligten Familien. Damit wird wiederum ein Beitrag zum Abbau des primären Effekts erwartet, da die Kinder aus benachteiligten Familien erwartungsgemäß bessere Förderung erhalten können. Ferner kann ebenfalls indirekt ein Abbau des sekundären Effekts bei den Elternentscheidungen als auch bei den Bildungsempfehlungen der Lehrkräfte durch Herausbildung leistungsförderlicher Persönlichkeitsmerkmale sowie positiver schulischer Einstellungen bei Kindern unterer sozialer Schichten bewirkt werden.

Familiäre Ebene: Kommunikation mit den Eltern und Weiterbildungsangebote

Als weitere Faktoren auf der Mikroebene werden die im Rahmen familiärer Sozialisation wirkenden Reproduktionsmechanismen beschrieben (Becker & Lauterbach, 2010, S. 35). Hierbei wird auf die Bedeutung familiärer Ressourcen für die Bildungskarrieren von Kindern eingegangen sowie auf die Bedeutung der Erziehung als Weitergabe von allgemeinen Fähigkeiten, Fertigkeiten und Kenntnissen (Sprachgewandtheit, Allgemeinwissen, soziale Kompetenzen) und von Sekundärtugenden (Pünktlichkeit, Höflichkeit, Leistungsbereitschaft, Fähigkeit zum Belohnungsaufschub). Direkte Einflussnahme seitens der Gesellschaft ist hierbei stark eingeschränkt, da sie in das familiäre Privatleben eingreifen müsste. Auf der Ebene der Einzelschule könnten unterstützendes Verhalten und Weiterbildungsangebote für Eltern langfristig zur Minderung des primären Ungleichheitseffekts beitragen. Intensiver Austausch im Zusammenhang mit Bildungsentscheidungen kann auch kurzfristig ungleichheitsreduzierend im Rahmen von Elternentscheidungen wirken.

Übergreifende Hypothesen zur Beschreibung ungleichheitsreduzierender Potenziale von Schulfaktoren

In Anlehnung an die vorgelegten Überlegungen lässt sich zunächst eine übergreifende Hypothese aufstellen, die in Kapitel 7.4 weiter ausdifferenziert wird:

H. 6:   *Je höher die Beurteilung der schulischen Qualitätsmerkmale ausfällt und je bildungsfreundlicher das regionale Bildungsangebot ist, umso höher fallen insgesamt die Leistungen, Übergangsempfehlungen und -entscheidungen aus. Da die Unterrichts- und Schulvariablen jedoch in Wechselwirkung mit weiteren individuellen Faktoren stehen, fallen die Effekte tendenziell gering aus, wenn sie für alle Schülerinnen und Schüler innerhalb von Klassen gemeinsam analysiert werden.*

Hinsichtlich differenzieller Effekte kann darüber hinaus die folgende allgemeine Hypothese aufgestellt werden, die in Kapitel 7.5.5 weiter ausdifferenziert wird:

H. 7:   *Schulische Kontextfaktoren und das schulische Umfeld haben differenzielle Effekte auf Schülergruppen, die sich in sozialen und leistungsbezogenen*

Merkmalen voneinander unterscheiden. Ungleichheitsreduzierende Potenziale
ergeben sich für Schulen und Klassen, die sich durch Qualitätsmerkmale, ins-
besondere bezogen auf Interdependenz (z.B. vielfältige Unterrichtsmethoden)
und Kontingenz (z.B. externe Kommunikation und Kooperation), auszeichnen.

5.2 Modellierung der Reproduktion sozialer Ungleichheit an den Übergängen

In Anlehnung an das psychologische und institutionelle Mediationsmodell nach Watermann und Baumert (2006, S. 67; vgl. Kap. 3.2.4) wurde das in Abbildung 4 dargestellte Modell zur Analyse der primären und sekundären Ungleichheitseffekte im schulischen Kontext ausgearbeitet. Das Modell beinhaltet Faktoren des familiären Hintergrunds sowie individuelle leistungsrelevante Persönlichkeitsmerkmale. Ausgegangen wird hierbei davon, dass die Eltern bei der Übergangsentscheidung sowohl die Noten und die Bildungsempfehlung von Lehrkräften als auch die Motivation der Kinder berücksichtigen. Inwieweit die individuelle Leistungsfähigkeit über die Noten hinaus einen eigenständigen Effekt aufweist, wird empirisch überprüft. Ferner wird angenommen, dass Motivation als psychologische Mediatorvariable den Einfluss familiärer Hintergrundmerkmale sowohl auf die individuelle Leistungsfähigkeit als auch auf die Noten vermittelt. Zudem wurden kognitive Fähigkeiten als Kontrollvariable der Eingangsselektivität in das Modell aufgenommen (Baumert et al., 2006, S. 117ff.; Ditton, 2013, S. 177).

Abbildung 4: Kontext- und Kompositionseffekte der primären und sekundären Ungleichheitseffekte im Rahmen von Übergangsentscheidungen

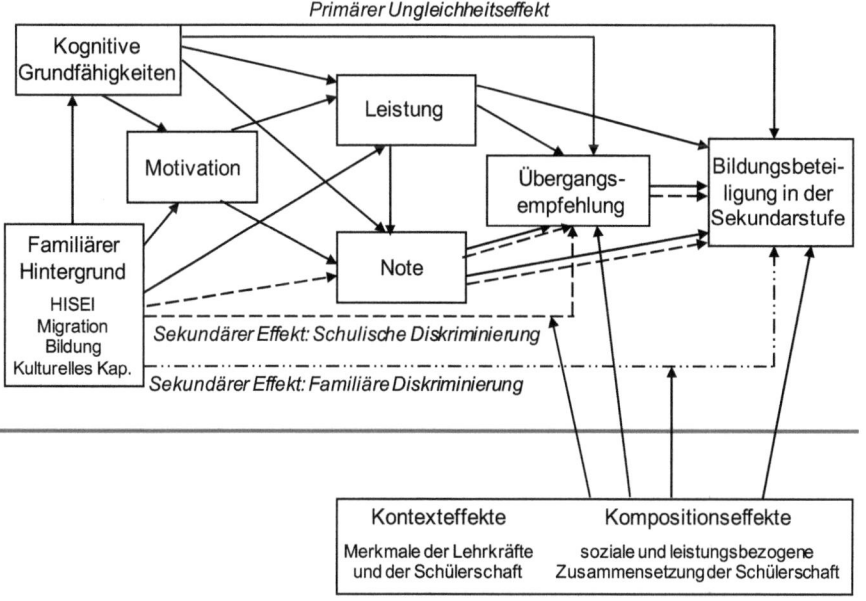

Bei der Modellierung wird somit von zwei Haupteffekten auf die Bildungsentscheidung ausgegangen, von dem über die Leistung vermittelten indirekten Einfluss des primären Ungleichheitseffekts (durchgezogene Pfade in Abbildung 4) sowie von dem direkten Einfluss des sekundären Effekts (gestrichelte Pfade in Abbildung 4). Des Weiteren wird angenommen, dass individuelle leistungsrelevante Merkmale (Leistungen, Motivation) bei der Übergangsempfehlung sowie im Rahmen der elterlichen Kosten-Nutzen-Kalküle zur Einschätzung der Erfolgswahrscheinlichkeit berücksichtigt werden. Damit wird von einem direkten Einfluss des primären Ungleichheitseffekts auf die Leistungserbringung sowie auf die Bildungsentscheidung ausgegangen. Bei dem sekundären Ungleichheitseffekt ergibt sich ferner neben dem direkten auch ein indirekter Einfluss, der über die Noten und Übergangsempfehlungen vermittelt wird.

Auf der institutionellen Ebene fungieren Kontext- und Kompositionseffekte als Moderatoren der Ungleichheitseffekte der Individualebene. Postuliert wird dabei, dass Umweltfaktoren einerseits alle Kinder des jeweiligen sozialen Kontextes (z.B. Klasse) beeinflussen (markiert durch die direkten Pfeile, die von den Schulfaktoren ausgehen und auf die Übergangsvariablen gerichtet sind) als auch andererseits differenzielle Wirkungen auf bestimmte Schülergruppen aufweisen (markiert durch die Pfeile, die von den Schulfaktoren ausgehen und auf die Verbindungspfade zwischen den familiären Hintergrundmerkmalen und den Übergangsvariablen gerichtet sind). Durch die Berücksichtigung familiärer Merkmale von Schülerinnen und Schülern sowie der Unterrichtsfaktoren in den Analysen wird den Kontingenzgedanken Rechnung getragen, da diese nicht nur Indikatoren für die individuellen Voraussetzungen darstellen, sondern darüber hinaus als Kompositionsmerkmale des schulischen Umfelds fungieren.

6. Datengrundlage und eingesetzte Methoden

Die theoretische Rahmung zur Beschreibung schulischer Prozesse impliziert im Rahmen empirischer Analysen einerseits die Berücksichtigung der systemeigenen Mehrebenenstruktur. Andererseits erweist sich die Erfassung und Modellierung psychologischer und soziologischer Konstrukte anhand mehrerer Indikatorvariablen meist als angemessener gegenüber dem Einsatz einzelner Variablen. In der vorliegenden Arbeit erfolgt daher die Modellierung mit dem Ansatz der Mehrebenenmodellierung anhand von Strukturgleichungsmodellen. Damit wird sowohl eine mehrebenenanalytische Betrachtung von Zusammenhängen zwischen latenten Konstrukten als auch die simultane Modellierung von Mediator- und Moderatoreffekten ermöglicht. Dabei werden nicht nur die regressiven Beziehungen zwischen den Variablen überprüft, sondern gleichzeitig ebenfalls die Qualität der Indikatoren in den Messmodellen. Anhand von entsprechenden Modellfitwerten wird die Passung des Gesamtmodells gemeinsam mit dem zugrunde liegenden Messmodell auf die vorliegenden Daten und an die Population überprüft. Dieser Ansatz wird nicht nur der Komplexität der Datenstruktur und der Beziehungen zwischen den Variablen gerecht, sondern ebenfalls der Komplexität der psychologischen Konstrukte an sich. Die Analysen beruhen auf den Datensätzen aus IGLU/PIRLS (*Internationale Grundschul-Lese-Untersuchung/Progress in International Reading Literacy Study*) sowie auf deren Erweiterung (IGLU-E 2006).

Im Folgenden wird zunächst in Kürze auf die Anlage und Durchführung der IGLU/PIRLS-Untersuchung eingegangen (Kap. 6.1). Eine umfassende Beschreibung derselben ist in den regelmäßig erscheinenden Berichten des deutschen IGLU-Konsortiums zugänglich (Bos et al., 2003, 2007, 2008b; Bos, Lankes et al., 2004). In Kapitel 6.2 erfolgt eine Darstellung der eingesetzten Methoden. Ferner wird auf die Vorgehensweise und die Modellierung (Kap. 6.3), die Stichprobe (Kap. 6.4) sowie auf die Operationalisierung der Konstrukte (Kap. 6.5) eingegangen.

6.1 Internationale Grundschul-Lese-Untersuchung

6.1.1 Hintergrund von IGLU/PIRLS

Die Teilnahme an internationalen Untersuchungen stellt aus der Sicht der KMK (2002) eine wichtige Informationsbasis zur Überprüfung der Leistungsfähigkeit des deutschen Bildungssystems im internationalen Vergleich dar sowie für die indikatorbasierte Bildungsberichterstattung im Rahmen des kontinuierlichen Bildungsmonitorings. Bei der systematischen Betrachtung von Bildungsergebnissen mit dem Ziel der Sicherung und Verbesserung von Unterrichtsqualität wird dabei sowohl die Sekundarstufe (z.B. im Rahmen der TIMS- und PISA-Studien) als auch die Grundschule im Rahmen der Internationalen Grundschul-Lese-Untersuchung in den Blick genommen. In den Fokus gerät die Grundschule hierbei zum einen wegen ihrer herausragenden Rolle für die Herausbildung grundlegender Fähigkeiten (Lesen und Schreiben) sowie zum anderen wegen ihrer Verteilungsfunktion auf differenzielle Schulzweige, wodurch die Bildungskarrieren von Kindern und Jugendlichen maßgeblich beeinflusst werden. In der Leseentwicklung von Kindern wird die vierte Klasse als ein wichtiger Übergang vom Lesen-Lernen hin zum Lesen als ein Lerninstrument betrachtet (Mullis & Martin, 2007). Die Bedeutung einer möglichst frühen Evaluation von Lernergebnissen im Schulsystem wird noch deutlicher unter Berücksichtigung der Tatsache, dass Fähigkeiten von Schülerinnen und Schülern auf kumulative Lernprozesse zurückzuführen sind.

In Anlehnung an die vorangegangenen Studien der IEA (*International Association for the Evaluation of Educational Achievement*), der *IEA's Six-Subject Study* aus dem Jahr 1973 (Thorndike, 1973; Walker, 1976) sowie der *Reading Literacy Study,* durchgeführt in den Jahren 1991 (Elley, 1992, 1994) und 2001 (Martin, Mullis, Gonzalez & Kennedy, 2003), wurde im Jahr 2001 IGLU/PIRLS (Internationale Grundschul-Lese-Untersuchung/Progress in International Reading Literacy Study, Mullis, Martin, Gonzalez & Kennedy, 2003) als eine mehrjährige Trendstudie mit einem 5-jährigen Zyklus eingeleitet. Das Ziel der Studie ist es, reliable Messungen von Trends in Lesefähigkeiten bereitzustellen sowie relevante Kontextfaktoren zu beschreiben. Hierzu wurden im Rahmen der jeweiligen PIRLS-Zyklen jeweils einerseits Informationen zum nationalen Kontext und landesspezifischen Schulsystem, dem Curriculum, der Instruktion in den ersten Schuljahren sowie zu den Ansätzen in der Lehrerausbildung bereitgestellt (Kennedy, Mullis, Martin & Trong, 2007; Mullis, Martin, Kennedy & Flaherty, 2002) sowie andererseits erweiterte Fragebögen den Eltern, Lehrern und Schulleitern sowie den Schülerinnen und Schülern vorgelegt (Martin, Mullis & Kennedy, 2007, 2003). Im Rahmen des PIRLS-2006-Zyklus (Mullis et al., 2007) wurden das Leseverständnis von Schülerinnen und Schülern der vierten Jahrgangsstufe international vergleichend getestet sowie Informationen zu den Rahmenbedingungen des Leselernens erfasst. In Deutschland nahmen alle 16 Bundesländer an der Internationalen Grundschul-Lese-Untersuchung (IGLU/PIRLS, Bos et al., 2007, 2010) sowie an der nationalen Erweiterung (Bos et al., 2008b) teil.

6.1.2 Organisation und Durchführung

Die Internationale Grundschul-Lese-Untersuchung 2006 (Bos et al., 2007, 2010) ist bundesweit an deutschen Grundschulen durchgeführt worden. Mit IGLU 2006 beteiligte sich Deutschland zum zweiten Mal an der internationalen Schulleistungsstudie IGLU/PIRLS (*Internationale Grundschul-Lese-Untersuchung/Progress in International Reading Literacy Study*. Auf Beschluss der Ständigen Konferenz der Kultusminister der Länder der Bundesrepublik Deutschland vom 4. März 2004 (KMK, 2004)[15] wird diese angefangen mit dem ersten Zyklus im Jahre 2001 am Ende der vierten Jahrgangsstufe in allen 16 Bundesländern der Bundesrepublik Deutschland in fünfjährigen Abständen regelmäßig durchgeführt (Bos et al., 2003, 2005; Bos, Lankes, et al.,

---

15 Unter http://www.kmk.org/schul/Bildungsstandards/bildungsstandards.htm finden sich Bildungsstandards für die verschiedenen Fächer und Abschlüsse sowie die entsprechenden KMK-Vereinbarungen.

2004). Mit der deutschen Erweiterung der Studie IGLU-E 2006 (Bos et al., 2008a, 2008b) wurde die Stichprobe zum Zweck statistischer Absicherung von Unterschieden zwischen den Bundesländern erweitert. Ferner werden auf nationaler Ebene zusätzliche Fragen erhoben, die von wissenschaftlichem und politischem Interesse sind, wie zum Beispiel die für Übergangsentscheidungen relevanten Angaben der Eltern und der Lehrkräfte.

Die Finanzierung der Studie erfolgt je zur Hälfte durch das Bundesministerium für Bildung und Forschung (BMBF) und durch die Kultusminister der Länder. IGLU-E 2006 wurde anteilsmäßig durch die 16 Länder der Bundesrepublik Deutschland gefördert. Die IEA hat die Gesamtverantwortung für die internationale Organisation von PIRLS 2006 an das Boston College in Chestnut Hill MA in den USA delegiert. Die Aufbereitung des internationalen Datensatzes erfolgte am *IEA Data Processing Center* (DPC) in Hamburg. Die Verantwortung für die Stichprobenziehung und Stichprobengewichte lag bei *Statistics Canada* und *Westat, Inc.* In Deutschland wurden IGLU 2006 und IGLU-E 2006 unter der wissenschaftlichen Leitung von Prof. Dr. Wilfried Bos vom Institut für Schulentwicklungsforschung (IFS) an der Technischen Universität Dortmund durchgeführt (Bos et al., 2007, 2008b).

6.1.3 Rahmenkonzept

Die Grundschule wird – da sie alle schulpflichtigen Kinder aufnehmen muss – mit großer Heterogenität von Lernvoraussetzungen konfrontiert. Dabei sind die Lernergebnisse der Schülerinnen und Schüler nicht allein auf den Unterricht zurückzuführen, sondern sind mitunter an außerschulische Bedingungsfaktoren und individuelle Voraussetzungen (das Lernpotenzial und die schulbezogenen Einstellungen) gebunden. Im Rahmen der Internationalen Grundschul-Lese-Untersuchung wurde diese Mehrebenenstruktur des Schulsystems bei der Betrachtung der Schuleffektivität berücksichtigt. Die Testkonzeption von IGLU 2006 beruht auf dem Rahmenmodell der schulischen und außerschulischen Lernbedingungen (Bos et al., 2003), das an das von Baumert et al. (2001) für PISA 2001 (*Programme for International Student Assessment*) erarbeitete Modell angelehnt ist (vgl. auch Wang, Haertel & Walberg, 1993). Die Rahmenkonzeption von IGLU zur Erklärung von Leistungsergebnissen umfasst die multidimensionalen Verflechtungen von Ursachen und Wirkungen in schulischen Lehr-Lernprozessen (Helmke & Schrader, 1998, S. 64).

Abbildung 5:　Rahmenmodell für den Zusammenhang zwischen Schülerleistungen und deren Bedingungen (Bos et al., 2003, S. 16)

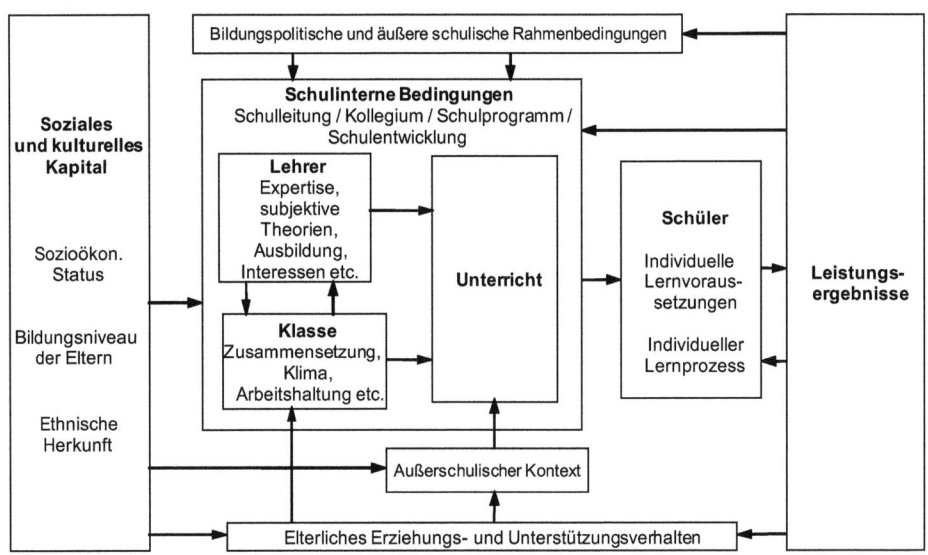

Quelle: IEA: Progress in International Reading Literacy Study

© IGLU-Germany

Das in Abbildung 5 dargestellte Modell beschreibt Kompetenzen von Schülerinnen und Schülern als Ergebnisse komplexer Lernprozesse im Kontext ihrer Bedingungsfaktoren auf systemischer, schulischer und individueller Ebene. Leistungsergebnisse werden als Ergebnisfaktoren (*output*) definiert. Der Transformationsprozess auf der Klassenebene wird unter Berücksichtigung der Eingangsvoraussetzungen von Schülerinnen und Schülern sowie des Einflusses der Schule und ihrer Umwelt beschrieben. Die Modifikationen im Rahmen von IGLU/PIRLS gegenüber dem Modell aus der PISA-Untersuchung betreffen einerseits die stärkere Betonung des Kontingenzgedankens auf der Schulebene (Komplexität, Vorhersagbarkeit und Stabilität der Umgebung, Creemers & Kyriakides, 2008b; Reynolds & Teddlie, 2000b; Scheerens, 1997) insofern, als dass hierbei zusätzlich bildungspolitische und schulische Rahmenbedingungen sowie elterliches Erziehungs- und Unterstützungsverhalten berücksichtigt werden. Andererseits wurde das Modell um proximale Unterrichtsvariablen (Bolhuis, 2003; Seidel & Shavelson, 2007) erweitert und die Studie darauf ausgelegt, diese Faktoren zu erfassen. Die Lehrerbeurteilung und die Übergangsempfehlungen, welche für die vorliegende Studie vom Interesse sind, lassen sich in diesem Modell als Kontext- oder Bedingungsfaktoren einordnen, der Grad sozialer Ungleichheit bei den Bildungsentscheidungen der Eltern am Ende der Grundschulzeit wird dagegen als Ergebnisfaktor (*output*) betrachtet. Dabei kann davon ausgegangen werden, dass der Grad der sozialen Ungleichheit im Rahmen dieser Entscheidungen im weiteren Verlauf der Ausbildung nicht reduziert, sondern an verschiedenen Stellen des Bildungssystems kumuliert wird (Baumert et al., 2006).

6.1.4 Erhebungsinstrumente

Die Leistungsmessung wurde anhand einheitlicher Lesetests durchgeführt, die auf der aus dem angelsächsischen Raum entliehenen Konzeption von Literacy basieren (Baumert, Klieme, et al., 2001; Tenorth, 2000). Hierbei wird auf grundlegende Schlüsselkompetenzen Bezug genommen, die in der Wissensgesellschaft bedeutsam sind und Menschen befähigen, erworbene Kompetenzen wie die Lesefähigkeit (*reading literacy*) in lebenspraktisch bedeutsamen Verwendungssituationen einzusetzen (SABER, 2013; UNESCO, 2013). Das IGLU-Modell der Lesekompetenz umfasst das Verständnis von Informationen eines Textes, ferner die Leseintention, mit der gelesen wird (unterschieden wird zwischen dem Lesen von literarischen und informierenden Texten), sowie die Lesemotivation, das Leseselbstkonzept und das Leseverhalten der Leserinnen und Leser. Anhand standardisierter Tests wurden ferner im Rahmen von IGLU-E kognitive Fähigkeiten der Schülerinnen und Schüler untersucht.

Die Informationen zum familiären Hintergrund wurden anhand von Schüler- und Elternfragebögen erhoben. Darüber hinaus wurden Angaben zum Unterricht anhand von standardisierten Befragungen der Schülerinnen und Schüler sowie der Lehrkräfte erhoben. Kontextfaktoren wurden zudem über Befragungen der Schulleiter und der Lehrkräfte erfasst.

6.1.5 Stichprobendesign

Im Rahmen der Internationalen Grundschul-Lese-Untersuchung wurde ein zweistufig stratifiziertes Clusterdesign durchgeführt (*two-stage stratified cluster design*, Rabe-Hesketh & Skrondal, 2006; Snijders, 2001; Stapleton, 2006). Im ersten Schritt wurden dabei die Schulen innerhalb der Länder entsprechend unterschiedlicher Kriterien wie dem Schultyp, Urbanisierungsgrad und dem Schülergeschlecht in Gruppen unterteilt (*explizite Stratifikation*). Innerhalb dieser Subgruppen wurden die Schulen im zweiten Schritt der Größe nach sortiert (*implizite Stratifikation*) und anschließend mit einer zu deren Größe proportionalen Wahrscheinlichkeit (PPS, *Probability Proportional-to-Size*) ausgelost. Im zweiten Schritt wurden intakte Klassen aus einer Schule in einer Zufallsstichprobenziehung ausgelost. Alle Schülerinnen und Schüler dieser Klassen wurden in die Stichprobe eingeschlossen. Die erste Ebene der Stichprobenziehung (PSU, *Primary Sampling Unit*) umfasst somit die Schulen, die zweite intakte Klassen (Joncas, 2007; Mullis et al., 2007).

Aufgrund der komplexen Stichprobenziehungsprozedur muss davon ausgegangen werden, dass die durch die Stichprobe repräsentierte Populationsvarianz systematisch unterschätzt bzw. überschätzt wird, was zur Verzerrung des Standardfehlers führen kann (Stapleton, 2006). Aus diesem Grund wurde für die Berechnung des Standardfehlers sowie der Stichprobengröße ein Korrekturterm auf der Basis der Intra-Klassen-Korrelation (ICC) eingefügt. Bei der Berechnung der Stichprobengröße mussten sowohl die Klumpungseffekte und die damit einhergehende ungleiche Ziehungswahrscheinlichkeit der Individuen als auch das stratifizierte Stichprobendesign und die damit einhergehende ungleiche Ziehungswahrscheinlichkeit der Schulen berücksichtigt werden. Die Mindestanforderungen der Stichprobengröße wurden somit auf 4.000 Schülerinnen und Schüler festgelegt. Die Stichprobengröße der Schulen wurde auf mindestens 150 Schulen festgesetzt (Joncas, 2007).

6.2   Methodischer Hintergrund

Für die Modellierung mit dem Ansatz der Mehrebenen-Strukturgleichungsmodelle ist eine Reihe an Vorüberlegungen notwendig. Da dieser Ansatz in soziologischen und psychologischen Untersuchungen noch keine breite Implementierung gefunden hat, bleiben einige methodische Fragen offen (z.B. in Bezug auf die Wahl der Fitindizes). Das Ziel der nachfolgenden Darstellung ist daher die Präsentation der methodischen Umgangsweisen sowie der aktuellen Forschungslage im Kontext latenter Mehrebenenmodellierung von soziologischen Fragestellungen. Hieraus werden jeweils Implikationen für die eigene Modellierung abgeleitet.

Da im Rahmen der Strukturgleichungsmodellierung die Frage der Repräsentativität der Modelle für die Population eine herausragende Rolle spielt, wird im Nachfolgenden zunächst näher auf die Anforderungen komplexer Datenstrukturen eingegangen. Danach wird der Ansatz der aggregierten Modellierung dargestellt (*aggregate modeling*) (Stapleton, 2006). Dieser kommt in den nachfolgenden Berechnungen bei der Analyse der sekundären und primären Ungleichheitseffekte anhand eines Einebenen-Strukturgleichungsmodells zum Tragen. Des Weiteren werden in Kapitel 6.2.3 Ansätze zur latenten Modellierung von Mehrebenenmodellen vorgestellt. Dabei wird zunächst auf die Modellierung von Moderator- und Mediatoreffekten eingegangen (Geiser, 2013; Hox & Bechger, 1999). Zentral für die vorliegenden Analysen ist die darauffolgende Darstellung der Mehrebenenmodellierung mit latenten Variablen (Hox, 2008; Raudenbush & Bryk, 2001), da die methodischen Herausforderungen hierbei teilweise nur in Ansätzen gelöst sind. Dabei wird zum einen auf die Besonderheiten der Mehrebenen-Strukturgleichungsmodellierung eingegangen sowie zum anderen auf die Aggregationsarten (formative und reflektierende Aggregation, Kap. 6.2.3). In den weiteren Kapiteln wird auf die Gewichtung und Skalierung der Gewichtungsvariablen im Rahmen von Mehrebenenmodellierung eingegangen (Kap. 6.2.4), ferner auf die Fitindizes (Kap. 6.2.5), fehlende Werte (Kap. 6.2.6) sowie auf die Implementierung der Mehrebenen-Strukturgleichungsmodelle in der vorliegenden Arbeit (Kap. 6.2.7).

6.2.1 Komplexe Datenstrukturen

Der Datensatz der IGLU/PIRLS-Untersuchung ist durch Clusterstruktur, Stratifikation und ungleiche Ziehungswahrscheinlichkeit gekennzeichnet und weist damit Eigenschaften auf, die besondere Umgangsweisen zur Vermeidung von Verzerrungen erfordern. Diese werden im Folgenden vorgestellt. Zuvor wird jedoch auf die Differenzierung zwischen Klumpungs- und Stratifizierungseffekten eingegangen, da diese mit jeweils unterschiedlichen Implikationen verknüpft sind.

Clusterstruktur liegt in Datensätzen vor, wenn eine Zufallsstichprobe von Clustern (z.B. Schulklassen) gezogen wurde und anschließend entweder alle Individuen des Clusters oder nur ein Teil der Individuen in die Analysen eingeschlossen wurden. Im zweiten Fall handelt es sich um ein mehrstufiges Ziehungsverfahren mit Clusterstruktur der Daten, wobei die erstselektierte Clusterebene als *Primary Sampling Unit* (PSU) und die zweitselektierte als *Secondary Sampling Unit* (SSU) bezeichnet wird (Asparouhov & Muthén, 2006a; Stapleton, 2006). Datensätze, die im Rahmen eines solchen Stichprobendesigns generiert wurden, zeichnen sich durch Abhängigkeit der Beobachtungen aus. Dies trifft zum Beispiel im Schulleistungsbereich auf die Schülerinnen und Schüler einer Klasse zu, die sich in ihren Merkmalen einander stärker ähneln im Vergleich zu Schülerinnen und Schülern aus anderen Klassen. Wird bei der Berechnung des Standardfehlers von Unabhängigkeit der Beobachtungen ausgegangen, resultieren daraus Fehler bei der Parameterschätzung (Rabe-Hesketh & Skrondal, 2006; Snijders, 2001). Dabei werden die Stichprobengröße künstlich erhöht, die p-Werte reduziert und die wahre Populationsvarianz unterschätzt, womit die Stichprobenergebnisse auch bei Gültigkeit der Nullhypothese in der Population signifikant werden können (α-Fehler). Bezogen auf die Strukturgleichungsmodelle kann die Unterschätzung des Standardfehlers zur inadäquaten Signifikanzbestimmung im Rahmen der Modellprüfung und im Endeffekt zur Verwerfung von gültigen Modellen führen (β-Fehler) (Hox, 2008; Stapleton, 2006).

Stratifizierte Datensätze entstehen im Zuge der Stichprobengenerierung, wenn vor der Stichprobenziehung eine kriterienorientierte Gruppierung (*explizite Stratifikation*) oder Sortierung (*implizite Stratifikation*) vorgenommen wird (Joncas, 2007). Durch die Kombination der systematischen Stichprobenziehung aus den gebildeten Einheiten mit dem Verfahren der Sortierung von Einheiten entsteht eine Stichprobe, in der Einheiten proportional zu denen in der Population repräsentiert sind. Ziel des Verfahrens ist eine Stichprobenziehung, die die Verteilung in der Population möglichst angemessen abbildet. Im Falle von großangelegten Schulleistungsstudien wird die Stichprobe vor der Stichprobenziehung zum Beispiel nach Schulgröße oder -lage in Einheiten stratifiziert (Joncas, 2007; Martin et al., 2007). Ungleiche Ziehungswahrscheinlichkeit entsteht im Rahmen eines solchen Verfahrens nur bei einer disproportional stratifizierten Stichprobenziehung (*disproportionate stratified sampling*) im Gegensatz zur proportional stratifizierten Stichprobenziehung (*proportionate stratified sampling*) (Stapleton, 2006). Im Rahmen einer geklumpten Stichprobenziehung können zum Beispiel unterschiedliche Clustergrößen zu ungleichen Ziehungswahrscheinlichkeiten führen. Dem kann jedoch durch die Anpassung der Ziehungswahrscheinlichkeit proportional zur Clustergröße (PPS, *Probability Proportional-to-Size*) entgegengewirkt werden. Wenn eine ungleiche Ziehungswahrscheinlichkeit mit dem beobachteten Antwortverhalten einhergeht, kann deren Vernachlässigung zu verzerrten Schätzungen führen.

6.2.2 Aggregierte Modellierung (aggregate modeling)

Die Wahl der geeigneten Methode für die Analyse von geklumpten Datensätzen richtet sich danach, auf welche Analyseeinheit sich die theoretische Fragestellung bezieht. Eine Fragestellung, die sich auf die Beziehungen zwischen Faktoren in der Gesamtpopulation unabhängig von der Ebene bezieht, kann anhand der aggregierten Modellierung (*aggregate modeling*) überprüft werden (Muthén & Satorra, 1995). Demnach werden Beziehungen zwischen individuellen Faktoren mit einem korrigierten Standardfehler berechnet. Die Korrektur des Standardfehlers erfolgt hierbei nicht durch die direkte Modellierung des Stichprobenziehungsdesigns, sondern wird im Rahmen der sogenannten designbasierten Analyse geschätzt (Lee, Forthofer & Lorimor, 1989, S. 27f.). Die aggregierte Modellierung in MPLUS liefert korrigierte Standardfehler und Chi-Quadrat-Statistiken, die die Stratifikationseffekte, die Abhängigkeit von Beobachtungen in geklumpten Stichproben sowie die ungleiche Ziehungswahrscheinlichkeit berücksichtigen.

Basierend auf diesem Ansatz erfolgt in der vorliegenden Arbeit die Betrachtung der primären und sekundären Effekte auf der Individualebene. Das in MPLUS implementierte Varianz-Schätzverfahren (TYPE = COMPLEX in Verbindung mit dem CLUSTER-Befehl, Muthén & Muthén, 2012) beruht auf der Schätzung von sogenannten *Taylor'schen Serien* (Taylors series method, Lee et al., 1989).[16] Auf der Basis der Varianzen und Kovarianzen der PSUs (*Primary Sampling Units*) wird im Rahmen der aggregierten Modellierung eine gewichtete Kovarianzmatrix kreiert, die als Grundlage für weitere Berechnungen dient. Diese Methode hat sich als ein Verfahren zur Schätzung von mathematischen Größen etabliert, deren Berechnung sehr aufwendig ist, und wurde unter anderem im Rahmen der Berechnung von Erwartungswerten bekannt (Stapleton, 2006).

6.2.3 Latente Modellierung von Mediator-Moderatorvariablen in Mehrebenenmodellen

Im Rahmen der aggregierten Modellierung werden zwar korrigierte Standardfehler geliefert und die Abhängigkeit von Variablen angemessen berücksichtigt, jedoch werden hierbei keine Informationen über die, nicht direkt durch die Modellvariablen kontrollierte, Zwischen-Klassen-Varianz zur Verfügung gestellt. Ein hierzu alternativer Ansatz zum Umgang mit geschachtelten Datensätzen ist die Mehrebenenanalyse (Asparouhov & Muthén, 2006a, 2008; Ditton, 2008a; Hartig & Rakoczy, 2008; Hox,

---

16 Basierend auf der ersten und den höheren Ableitungen eines Terms wird dabei eine Serie von Termen gebildet, die eine Annäherung an die gefragte mathematische Größe erlaubt. Auf dieser Basis kann zum Beispiel die Varianz einer nicht linearen Funktion geschätzt werden. Dabei wird durch eine einfache mathematische Transformation ein mehrstufiges Problem in ein univariates umgewandelt. In komplexen Datensätzen wird diese Methode auf die PSU (*primary sampling unit*) angewendet. Die Varianzschätzung erfolgt dabei aus einer Kombination der für die PSUs (*primary sampling units*) innerhalb jeder Stratifikation berechneten Parameter (Lee, Forthofer & Lorimor, 1989, S. 37f.).

2008; Raudenbush & Bryk, 2002). Während demnach mit der aggregierten Modellierung (*aggregate modeling*, vgl. Kap. 6.2.2) Hypothesen analysiert werden, in denen
die Beziehungen zwischen den Analyseeinheiten der ersten Ebene betrachtet werden,
werden im Rahmen des Mehrebenenansatzes Hypothesen betrachtet, die auf beide
Analyseebenen bezogen sind (Hox, 2008; Raudenbush & Bryk, 2002). Beide Ansätze
können mit der Strukturgleichungsmodellierung verknüpft werden (Muthén & Satorra, 1995; Stapleton, 2006). Im Rahmen der Schuleffektivitätsforschung wurde diese
Strategie zum Beispiel in den sogenannten *value-added-models* (Arnold, 1999) sowie
Kontextanalysen (*contextual analysis*) eingesetzt (Marsh et al., 2009a). Die Mehrebenenmodellierung (MLM) ist seit längerem bekannt und im Kontext von psychologischen und soziologischen Untersuchungen bereits breit implementiert (Muthén,
1994). Ebenfalls sind die Ansätze der latenten Modellierung sowie der Modellierung
von Mediator-Moderator-Modellen bereits seit längerem bekannt (Baron & Kenny,
1986). Eine Verknüpfung dieser beiden Ansätze ist jedoch aus verschiedenen methodischen und praktischen Gründen noch nicht breit implementiert.

In Rahmen der Modellierung von Prozessen und Bedingungen anhand von Mediationsmodellen mit latenten Variablen müssen Mediations- und Moderatoreffekte
spezifiziert werden. Obwohl eine Differenzierung dieser beiden Variablentypen mit
methodischen Implikationen für die theoretische Fundierung als auch für die empirische Überprüfung von Fragestellungen verknüpft ist (MacKinnon, Fairchild & Fritz,
2007), werden beide Begriffe in der vorliegenden Literatur oft synonym verwendet
(Baron & Kenny, 1986). Nachfolgend werden daher Mediator-Moderator-Modelle sowie die konventionelle Mehrebenenmodellierung in Kürze vorgestellt, um danach auf
Besonderheiten und Modellspezifikationen im Rahmen der Strukturgleichungsmodellierung mit dem Mehrebenenansatz (MSEM) ausführlicher einzugehen. In Anlehnung
daran wird die Modellspezifikation in der vorliegenden Untersuchung implementiert.

6.2.3.1 Mediator-Moderator-Modelle

Mediator- und Moderatorvariablen

Sowohl die Mediatoren als auch die Moderatoren beeinflussen die Beziehung zwischen X und Y, jedoch auf jeweils unterschiedliche Art und Weise. Ein Moderator
teilt nach Baron und Kenny (1986) eine unabhängige Variable in Subgruppen, die die
Effektivität ihres Wirkungsbereichs in Bezug auf eine bestimmte abhängige Variable maximieren. Ein Mediator dagegen repräsentiert in Mediationsmodellen den generellen Mechanismus, durch den die unabhängige Variable die interessierende abhängige Variable erst beeinflussen kann. Moderatorvariablen beschreiben demnach
Bedingungen des Zustandekommens von bestimmten Effekten, während Mediatorvariablen eher die Wirkungsweise und Wirkungsart oder Ursachen für das Auftreten von
bestimmten Effekten erklären.

Die qualitative oder quantitative Moderatorvariable kann nach Baron und Kenny
(1986) die Richtung und/oder die Stärke des Zusammenhangs zwischen dem Prädiktor (X) und dem Kriterium (Y) beeinflussen. Im Rahmen von Varianzanalysen fungiert

der Moderatoreffekt als eine Interaktion zwischen der unabhängigen Variablen und einem Bedingungsfaktor (MacKinnon et al., 2007). Ein Pfadmodell mit einem Interaktionseffekt (Abbildung 6) ist mit mehreren Vorannahmen verknüpft: a) Der Interaktionseffekt (Prädiktor-Moderator) sollte mit der Prädiktorvariablen und dem Moderator unkorreliert sein; b) Der Interaktionseffekt fungiert ferner in der Kausalkette immer an derselben Position wie die Prädiktorvariable, das heißt, Moderatorvariablen können ausschließlich als exogene unabhängige Variablen modelliert werden, während die Mediatoren sowohl Ursache- als auch Wirkungsvariablen darstellen können.

Abbildung 6:   Schema eines Pfadmodells mit einer Moderatorvariablen

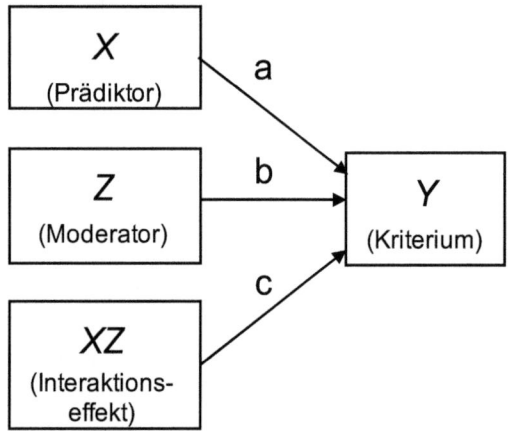

Die kausale Beziehung zwischen zwei Variablen verändert sich als eine Funktion der Moderatorvariable, deshalb muss im Rahmen statistischer Prüfung der Effekt der unabhängigen Variablen auf die abhängige als eine Funktion des Moderators bestimmt werden. In Abhängigkeit von der Art des Zusammenhangs (linear vs. nicht linear) liegen je nach Messniveau der unabhängigen Variablen und des Moderators unterschiedliche statistische Verfahren vor. Zur Modellierung von linearen Zusammenhängen wird das Produkt des Moderators und der unabhängigen Variablen zu der Regressionsgleichung addiert (Baron & Kenny, 1986, S. 1175). Der Moderatoreffekt ergibt sich als ein signifikanter Effekt der Interaktion zwischen der Vorhersage- und der Moderatorvariablen (XZ) auf die Kriteriumsvariable (Y) unter der Kontrolle des einfachen Effekts der beiden unabhängigen Variablen X und Z, wobei X die unabhängige, Z die Moderatorvariable und Y die abhängige Variable ist (Preacher & Hayes, 2007).

Während Moderatorvariablen die Bedingung für bestimmte Effekte spezifizieren, beschreiben oder erklären Mediatoren nach Baron und Kenny (1986) die Art und Weise und die Ursache des Auftretens von bestimmten Effekten. Dementsprechend fungiert ein Mediator (M) in Pfadmodellen als eine *vermittelnde* Variable, die die Beziehung zwischen dem Prädiktor (X) und dem Kriterium (Y) erklärt (Abbildung 7) (Preacher & Hayes, 2007). Hierbei wird davon ausgegangen, dass X einen *indirekten* Effekt auf Y ausübt, der durch die Variable M vermittelt wird. Hierzu müssen folgende Annahmen erfüllt werden: (a) Die Varianz der Prädiktorvariablen erklärt signifikant die Varianz der Mediatorvariablen (Pfad a); (b) Die Varianz der Mediatorvariablen erklärt signifikant die Varianz der Kriteriumsvariablen (Pfad b); (c) durch das Hinzufügen der Mediatorvariablen (Kontrolle der Pfade a und b) verliert die Beziehung zwischen der Prädiktorvariablen und der Kriteriumsvariablen die Signifikanz bzw. wird signifikant reduziert (Baron & Kenny, 1986). Im Rahmen von Schuleffektivitätsforschung wird dieser Ansatz auf die Transformationsprozesse im Schulsystem bezogen, die zwischen dem Input und Output liegen.

Abbildung 7: Schema eines Pfadmodells mit einer Mediatorvariablen

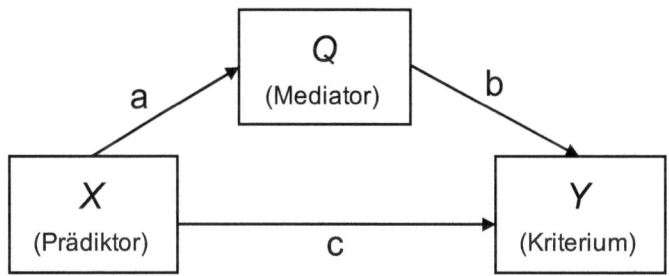

Moderierte Mediation und medierte Moderation

Moderierte Mediation liegt in einem Modell vor, wenn der Mediationseffekt einer Variablen (*Q*) auf eine Kriteriumsvariable (*Y*) dem Einfluss des Moderators (*Z*) unterliegt, das heißt von der Ausprägung des Moderators abhängig ist. In solchen Modellen fällt der Mediationsmechanismus unterschiedlich für Subgruppen oder Individuen aus, wie zum Beispiel für Kohorten oder Geschlechter. Wenn dagegen der Mediator (*Q*) als vermittelnder Faktor in der kausalen Beziehung zwischen dem Interaktionseffekt (*XZ*) und der Kriteriumsvariablen (*Y*) fungiert, liegt nach Baron und Kenny (1986) eine *medierte Moderation* vor. Das Anliegen der *medierten Moderation* bestehe demnach darin, den Mediator festzulegen und die Interaktionseffekte zu erklären (MacKinnon et al., 2007, S. 606). Ein statistisches Verfahren zu Äquivalenzbestimmung von Mediatoreffekten über Gruppen hinweg wurde von MacKinnon (2008) vorgelegt. Die Modellierung der moderierten Mediation könnte jedoch ebenso für die jeweiligen Subgruppen anhand von getrennten einfachen Mediationsmodellen erfolgen, welche anschließend miteinander verglichen werden. Dieses Vorgehen sei insbesondere attraktiv, wenn die Moderatorvariable in dem Modell mit einer *moderierten Mediation* kontinuierlich und somit nur schwer zu interpretieren ist (MacKinnon et al., 2007). Anwendungsbeispiele hierzu finden sich bei Baron und Kenny (1986, S. 1178).

Modellierung der Übergangsentscheidungen in einem Mediator-Moderator-Modell in der vorliegenden Untersuchung

Bei der Untersuchung der primären und sekundären Ungleichheitseffekte im Rahmen von Übergangsentscheidungen werden in der vorliegenden Arbeit, wie in der Abbildung 4 in Kapitel 5.2 dargestellt, die Persönlichkeitsvariablen als Mediatoren sowie schulische Kontext- und Kompositionsfaktoren als Moderatoren modelliert. Während zum Beispiel die Motivation als ein Mediator zwischen den Hintergrundvariablen und den schulischen Leistungen fungiert, indem sie die Wirkungsweise dieser erklärt, erfüllt die Schülerkomposition eine moderierende Funktion, die die Bedingungen des Zustandekommens der Ungleichheitseffekte beschreibt.

6.2.3.2 Mehrebenenmodellierung von Mediator- und Moderatoreffekten mit manifesten Variablen (MLM, multilevel modeling)

In geklumpten Datensätzen finden sich gelegentlich differenzielle clusterspezifische Beziehungen zwischen den Variablen vor. Dabei können einerseits die Regressionsmittelwerte (*random means*) und andererseits die Zusammenhänge (*random slopes*) zwischen den Clustern variieren (Bauer, Preacher & Gil, 2006; Kenny, Bolger & Korchmaros, 2003). Dabei ist die Varianzschätzung bei geschachtelten Datenstrukturen, wie bereits in Kapitel 6.1.5 und 6.2.1 dargestellt, mit einer Reihe von methodischen Herausforderungen verknüpft (Asparouhov & Muthén, 2006a; Lee et al., 1989; Luyten & Veldkamp, 2011; Rabe-Hesketh & Skrondal, 2006). Der schon seit Längerem implementierte und am weitesten verbreitete Ansatz zur Varianzschätzung in Mehrebenenmodellen basiert auf der von Muthén (1994) vorgeschlagenen Mehrebenen-Kovarianz-Strukturanalyse *(multilevel covariance structure analysis)*. Dabei werden die beobachteten Daten in zwei Matrizen zerlegt. Eine Matrix umfasst die Varianz zwischen den Clustern (*between covariance matrix*) und die andere die Varianz innerhalb von Clustern (*pooled within covariance matrix*). Im Rahmen von Mehrebenenmodellierung werden die Analysen auf der Basis beider Matrizen durchgeführt. Das Verfahren bietet gegenüber anderen statistischen Analyseoptionen zum Umgang mit geschachtelten Datenstrukturen zwei wesentliche Vorteile. Zum einen können die Varianz zwischen den Aggregatseinheiten direkt modelliert und die hiermit verknüpften Fragestellungen beantwortet werden. Zum anderen zeichnen sich die Beziehungen innerhalb von Aggregatseinheiten in einem Mehrebenenmodell durch höhere Erklärungsstärke aus als bei einer Analyse, die ausschließlich auf der *polled within covariance matrix* beruht. Der Grund dafür ist, dass die sogenannte *between covariance matrix* zusätzliche Informationen über die Beziehungen innerhalb von Aggregatseinheiten beinhaltet, die im Mehrebenenansatz berücksichtigt werden können (Stapleton, 2006).

Zum Beispiel können in Zweiebenenmodellen auf der Clusterebene (L2) Prädiktoren sowie Kovariaten zur Vorhersage der Unterschiede sowohl zwischen Individuen als auch zwischen den Clustern eingesetzt werden. Dabei kann zum einen die Varianz der Clustermittelwerte und zum anderen die Varianz der Steigungen vorhergesagt werden. Bei Vorhersage freigesetzter Mittelwerte durch die L2-Kovariate wird ein Haupteffekt (*main effect*) modelliert. Bei Vorhersage freigesetzter Steigungen durch die L2-Kovariate handelt es sich um eine Zwischen-Ebenen-Interaktion (*cross-level interaction*). Bei der Modellierung von Interaktionseffekten anhand von Moderatorvariablen müssen die Haupteffekte immer kontrolliert werden (Bauer et al., 2006, S. 154).

Im Rahmen des traditionellen MLM-Ansatzes mit mainfesten Variablen werden die Zwischen-Cluster-Effekte und die Innerhalb-von-Clustern-Effekte von L1-Prädiktoren auf die L1-Kriteriumsvariablen rechnerisch miteinander verknüpft, was als Komponenteneffekt in der Verzerrung aller indirekten Zwischen-Ebenen-Effekte resultiere, wie zum Beispiel der Interaktionseffekt von schulischen Kompositionsfaktoren (Preacher, Zhang & Zyphur, 2011; Preacher, Zyphur & Zhang, 2010). Zur Modellierung von Interaktionseffekten zwischen den Aggregatsebenen (L1 und L2) in geklumpten Datensätzen ist daher der Ansatz des sogenannten *unconflated multilevel modeling* (UMM) vorgeschlagen worden (Raudenbush & Bryk, 2002). Um die Varianzkomponenten in *Varianz zwischen den Clustern* (*between*) und die *Varianz innerhalb von Clustern* (*within*) zu trennen, wird hierbei der L1-Prädiktor um die Gruppenmittelwerte zentriert und die Gruppenmittelwerte als L2-Prädiktor eingefügt. Mit diesem Ansatz werden Effekte innerhalb von Clustern in Mediationsmodellen als getrennte L1-Effekte analysiert.

6.2.3.3 Mehrebenen-Strukturgleichungsmodelle (MSEM, *multilevel structural equation modeling*)

Methodischer und empirischer Stand zur Mehrebenenmodellierung mit latenten Variablen

Obschon mit dem Ansatz des *unconflated multilevel modeling (UMM)* die L1- und L2-Effekte zwischen den Clustern und innerhalb von Clustern im Rahmen der Mehrebenenmodellierung mit manifesten Variablen separat berechnet werden können, können dennoch Verzerrungen auftreten (MacKinnon, 2008). Dies resultiere nach Preacher et al. (2011, 2010) aus der Tatsache, dass X_{ij} durch zwei Prädiktoren ersetzt wird: (1.) Durch die Abweichungen der Individuen zu den Gruppenmittelwerten (*within*) (X_{ij}-$\bar{X}_{\cdot j}$) sowie (2.) durch den Gruppenmittelwert ($\bar{X}_{\cdot j}$). Verzerrungen der Zwischen-Cluster-Effekte (*between*) des Prädiktors würden für Stichproben mit kleineren Clustern und niedrigem ICC besonders hoch ausfallen. Diese Verzerrung ließe sich den Autoren zufolge mit der Verzerrung vergleichen, die bei einer Faktorenanalyse mit wenigen Prädiktoren (bei UMM sind es zwei: X_{ij}-$\bar{X}_{\cdot j}$ sowie $\bar{X}_{\cdot j}$) mit niedrigen Kommunalitäten (die in UMM dem ICC entsprechen) gebildet wird. Mit dem Ansatz der Mehrebenen-Strukturgleichungsmodelle (MSEM) lassen sich die Zwischen-Cluster-Effekte und die Innerhalb-von-Clustern-Effekte ebenfalls voneinander trennen. Direkte und indirekte Effekte können dabei auf jeder Ebene, ebenso wie Kontext- und Kompositionseffekte zwischen den Ebenen, ohne Verzerrungen berechnet werden (Bauer, 2003; Bauer et al., 2006; Preacher et al., 2010).

Die Modellierung der Parametervarianz (Mittelwerte und Steigungen) als eine abhängige Variable ist zwar sowohl in dem MLM- als auch in dem MSEM-Ansatz möglich, jedoch besteht im Rahmen von Strukturgleichungsmodellen darüber hinaus die Möglichkeit, Zufallseffekte als einen Mediator oder eine Erklärungsvariable in das Modell zu integrieren (Cheong, MacKinnon & Khoo, 2003; Muthén & Muthén, 2012; Preacher et al., 2010). Dabei können hierbei sowohl Mediator- als auch Moderatorvariablen simultan integriert werden sowie darüber hinaus Rückwirkungseffekte von der Kriteriumsvariablen auf den Moderator und vom Moderator auf die Prädiktorvariable direkt untersucht werden (Baron & Kenny, 1986). Zudem sei die Handhabung von Modellen mit multiplen Mediatoren mit Hilfe der Strukturgleichungsmodelle wesentlich ökonomischer als mit dem Ansatz der multiplen Regression, so Preacher und Hayes (2007).

In multiplen Regressionsmodellen mit Mediatorvariablen führt der Messfehler, der bei psychologischen Mediatoren besonders ausgeprägt sein kann, zur Unterschätzung des Einflusses der Mediatorvariablen und gleichzeitig zur Überschätzung des Einflusses des Prädiktors auf das Kriterium (Preacher et al., 2011). Die direkte Modellierung von latenten Konstrukten mit dem SEM-Ansatz ermöglicht dagegen den Einschluss von mehreren manifesten Variablen für jedes Konstrukt ohne Fixierung der Faktorladungen, wie dies üblicherweise im Rahmen von Mehrebenenmodellierung anhand multipler Regression notwendig ist (Christ & Schlüter, 2012; Marsh et al., 2009a; Muthén & Asparouhov, 2011). Durch die Modellierung latenter Konstrukte erfolgt dabei eine Korrektur des Stichprobenfehlers und des Messfehlers, wodurch eine erhebliche Reduktion von Verzerrungen ermöglicht wird (Marsh et al., 2009a). Anhand von Fitindizes lassen sich darüber hinaus die Güte des Gesamtmodells beurteilen sowie Modellvergleiche durchführen (Preacher et al., 2010).

Obwohl der Ansatz der Mehrebenenmodellierung mit Strukturgleichungsmodellen (MSEM) in der sozialwissenschaftlichen und psychologischen Forschung seit Längerem bekannt und der Mehrebenenanalyse mit Regressionsmodellen (MLM) in methodischer Hinsicht überlegen ist, wurde er jedoch in der Vergangenheit nur selten implementiert (Hox, 1998, 2008; Marsh et al., 2009a). Dies lag an einigen methodischen Herausforderungen, die mit der Implementierung von MSEM verknüpft sind. Zum Beispiel standen bislang bei der Modellierung von Steigungen, die über die Cluster hinweg variieren (*random slopes*), keine angemessenen Fitindizes zur Verfügung (Bauer, 2003; Curran, 2003; Mehta & Neale, 2005). Schwierigkeiten bei den Fitindizes bereitete ebenfalls die Berücksichtigung von fehlenden Werten sowie von nicht ausbalancierten Clustergrößen (Muthén, 1994; Muthén & Satorra, 1995). Des Weiteren lagen bis vor einigen Jahren nur wenige Untersuchungen mit Mehrebenen-Mediationsanalysen vor, im Rahmen derer indirekte Effekte direkt modelliert werden (Bauer, 2003).

In neueren Ansätzen wurden Vorschläge zur Standardisierung von Quer-Ebenen-Interaktionseffekten (Marsh et al., 2009a; Tymms, 2004) und zur Modellbeurteilung vorgelegt wie zum Beispiel das Monte-Carlo basierte Verfahren (MacKinnon et al., 2007; Preacher & Hayes, 2007) oder Anwendungen der *Information-Criteria*-Ansätze (AIC, DIC, BIC) für die Mehrebenenmodellierung (Hamaker, Hattum, Kuiper & Hoijtink, 2011). Ferner wurden alternative Schätzmethoden vorgelegt, die einen angemessenen Umgang mit nicht ausbalancierten Datensätzen (unterschiedliche Personenanzahl pro Cluster), asymptotischen Verteilungen, clusterspezifischen Parametern sowie mit fehlenden Werten ermöglichen (Muthén & Asparouhov, 2008; Preacher et al., 2011) Anhand von Simulationsstudien wurde die Zuverlässigkeit der latenten Mediationsmodelle unter verschiedenen Bedingungen geprüft sowie mit den Ergebnissen der MLM verglichen (Lüdtke et al., 2008). In neueren Ansätzen wurden darüber hinaus Erweiterungen zur Modellierung von hierarchischen Daten vorgelegt, die zum Beispiel latente Klassen einbeziehen (Bauer, 2003; Cheong et al., 2003). Dabei kann die latente Klassenzugehörigkeit entweder explorativ ermittelt werden oder als bekannte Größe in das Modell aufgenommen werden (Muthén & Muthén, 2012). Die aktuell vorgelegten Anwendungen und Simulationen lassen nach Preacher et al. (2010) jedoch keine Generalisierungen über die variierenden Steigungen zu. Auch die Implementierung aller notwendigen Mehrebenen-Mediationsmodelle sowie weitere Vergleiche mit den Ergebnissen des MLM stehen noch aus.

Modellspezifikation im Rahmen von MSEM

Bei der Formalisierung der Mehrebenen-Strukturgleichungsmodelle wird angenommen, dass sowohl die abhängige als auch die unabhängige Variable anhand multipler Indikatoren gemessen wird. Demnach repräsentiert $k = 1, ...K$ die unabhängige Variable und $l = 1, ...L$ die abhängige. Die Kovariate $\overline{X}_{\bullet ij}$ der Individualebene (L1) wird nach folgender Gleichung berechnet:

$$\overline{X}_{\bullet ij} = \frac{1}{K} * \Sigma_{k=1}^{K} * X_{kij} \qquad \qquad \textit{Formel 1}$$

Dabei wird der Mittelwert aus K Items für jedes Individuum i im Cluster j kalkuliert (symbolisiert durch den Punkt). Auf Schulebene (L2) wird die Kovariate $\overline{X}_{\bullet\bullet j}$ nach folgender Gleichung errechnet:

$$\overline{X}_{\bullet\bullet j} = \frac{1}{K*n_j} * \Sigma_{i=1}^{n_j} * \Sigma_{k=1}^{K} * X_{kij} \qquad \qquad \textit{Formel 2}$$

Dabei werden K Items und n_j Individuen entlang jeder Gruppe j aufsummiert. Ebenfalls wird die abhängige Variable $\overline{Y}_{\bullet ij}$ nach der folgenden Gleichung berechnet:

$$\overline{Y}_{\bullet ij} = \frac{1}{L} * \Sigma_{l=1}^{L} * Y_{lij} \qquad \qquad \textit{Formel 3}$$

Dabei wird ein Mittelwert aus L Items für jedes Individuum i im Cluster j kalkuliert. Ein einfaches Mehrebenenmodell lässt demnach sich als *mixed-effect-model* wie folgt darstellen (Marsh et al., 2009a):

$$\overline{Y}_{\bullet ij} = \beta_0 + \beta_1 \left(\overline{X}_{\bullet ij} - \overline{X}_{\bullet\bullet j}\right) + \beta_2 \overline{X}_{\bullet\bullet j} + \delta_{0j} + \delta_{1j} + \varepsilon_{ij} \qquad \text{\textit{Formel 4}}$$

$\overline{Y}_{\bullet ij}$ = Mittelwert aus L Items für jedes Individuum i im Cluster j
$\overline{X}_{\bullet ij}$ = Mittelwert aus K Items für jedes Individuum i im Cluster j
$\overline{X}_{\bullet\bullet j}$ = Mittelwert aus der Summe von K Items und n_j Individuen pro Cluster j
β_0 = Mittelwert der Mittelwerte (*grand-mean intercept*)
β_1 = Regressionskoeffizient innerhalb von Gruppen (*within*)
β_2 = Regressionskoeffizient zwischen den Gruppen (*between*)
δ_{0j} = L2-Residuum der Mittelwerte
δ_{1j} = L2-Residuum der Steigungen
ε_{ij} = L1-Residuum der Kriteriumsvariablen

Der Regressionskoeffizient innerhalb von Gruppen (β_1) beschreibt die Beziehungen innerhalb von Clustern und der Regressionskoeffizient zwischen den Gruppen (β_2) zwischen den Clustern. Angenommen wird dabei, dass δ_{0j} und ε_{ij} multivariat normalverteilt (mit einem Erwartungswert gleich Null) und nicht korreliert sind. Von Kontexteffekten wird ausgegangen, wenn β_2 signifikant von β_1 unterschiedlich ist. Die Formel für die Individualebene lautet:

$$\overline{Y}_{\bullet ij} = \beta_{0j} + \beta_{1j} \left(\overline{X}_{\bullet ij} - \overline{X}_{\bullet\bullet j}\right) + \varepsilon_{ij} \qquad \text{\textit{Formel 5}}$$

Entsprechend können auf der Kontextebene die beiden Koeffizienten β_{0j} und β_{1j} modelliert werden:

$$\beta_{0j} = \beta_0 + \beta_2 \overline{X}_{\bullet\bullet j} + \delta_{0j} \qquad \text{\textit{Formel 6}}$$

$$\beta_{1j} = \beta_1 + \delta_{1j} \qquad \text{\textit{Formel 7}}$$

Modellierung von Kontext- und Kompositionseffekten

In der vorliegenden Arbeit wurden die Angaben bezüglich der Kontexteinheiten anhand von Befragungen der in ihr agierenden Individuen erhoben (Schülerinnen und Schüler in Klassen). Das Ziel eines solchen Verfahrens ist es, valide Informationen über den institutionellen Kontext, wie zum Beispiel über die Lernbedingungen oder die Schüler- und Schülerinnenzusammensetzung zu sammeln. Wenn über den individuellen Effekt hinaus signifikante Einflüsse der Kontextebene nachgewiesen werden können, wird von Kontexteffekten ausgegangen (Hox, 2008; Raudenbush & Bryk, 2002). Diese lassen sich mit der Folgenden Formel beschreiben:

$$\beta_c = \beta_2 - \beta_1 \qquad \text{\textit{Formel 8}}$$

Ein Kontext- oder Kompositionseffekt β_c liegt demnach vor, wenn die Abweichung zwischen β_2 und β_1 in *Formel 8* in einer gruppenzentrierten Analyse signifikant ist (Christ & Schlüter, 2012).

6.2.3.4 Aggregationstypen, -arten und *sampling ratio*

Aggregationstypen: formative und reflektierende Aggregation

In Abhängigkeit vom Referenzobjekt werden im Rahmen von Mehrebenenmodellierung mit latenten Variablen *formative* und *reflektierende Aggregatsvariablen* ausdifferenziert (formative and reflective L2 aggregation; Lüdtke et al., 2008; Marsh et al., 2009a). Diese konzeptuelle Trennung ist mit methodischen Implikationen verknüpft, die für die nachfolgenden Analysen von Bedeutung sind. Abhängig vom *sampling ratio*[17] empfehlen Lüdtke et al. (2008) einen unterschiedlichen methodischen Umgang mit den zu aggregierenden Variablen. Sie beschreiben die Aggregation von Angaben, die die L1-Einheiten über sich selbst liefern, als formative Aggregation. Diese Art von Angaben wird zumeist eingesetzt, um die Kompositionseffekte der Schülerzusammensetzung zu untersuchen. Dies trifft in der nachfolgenden Arbeit auf die Angaben von Schülerinnen und Schülern über deren familiären sozioökonomischen Hintergrund zu, die in aggregierter Form das durchschnittliche soziale und ökonomische Kapital der Schülerschaft einer Klasse oder Schule abbilden und als Kompositionseffekt das Lernen beeinflussen. Dieser Kategorie kann ferner die durchschnittliche Leistungsfähigkeit der Schülerschaft einer Schule zugeordnet werden (2009a). Nach der Klassifikation von Lüdtke et al. (2008) stellt bei den *reflektierenden* Aggregatsvariablen dagegen die Gruppe das Referenzobjekt dar, das heißt, jede L1-Einheit liefert Informationen über die übergeordnete L2-Einheit. Die Individuen werden als unabhängige Beobachter betrachtet, wobei angenommen wird, dass ein durchschnittlicher Wert aus einer solchen Befragung zuverlässiger ist als die Angabe eines einzelnen Beobachters (Lüdtke et al., 2008). Die aggregierte Information über das L2-Konstrukt stellt demnach eine reflektierende Messung dar. Diese Art von Angaben wird zur Untersuchung der schulischen Kontexteffekte verwendet. In der vorliegenden Arbeit werden zum Beispiel die Lehrmethoden im Unterricht oder das Klassenklima anhand der reflektierenden Aggregation modelliert.

Die Rationale der reflektierenden Aggregation stammt aus der klassischen Testtheorie. Angenommen wird, dass Gruppencharakteristika (z.B. das Klassenklima) unbeobachtete Größen sind, die anhand multipler Indikatoren ermittelt werden können. Demnach existiert ein einziger wahrer Wert für ein bestimmtes Gruppencharakteristikum, und die Heterogenität der Angaben wird als Stichprobenfehler betrachtet. Ähnlich wie bei der klassischen Testkonstruktion wird davon ausgegangen, dass die Indikatoren eine Zufallsauswahl aus dem ‚Universum an möglichen Indikatoren' darstellen, mit dem Unterschied jedoch, dass hierbei die Individuen anstatt der Items als ‚Indikatoren' fungieren. Damit wird vorausgesetzt, dass die Angaben jedes Individuums innerhalb derselben Gruppe dasselbe L2-Konstrukt abbilden (reflektieren). Diese Annahme entspricht in der klassischen Testtheorie der Annahme, dass jedes Item

---

17 *Sampling ratio* ergibt sich aus dem Verhältnis der Stichprobe zu der Population. Bei der Berechnung des sampling ratio für geklumpte Datensätze wird die Stichprobengröße pro Kontexteinheit im Verhältnis zu der Anzahl der Individuen gesetzt, die sich in dieser Einheit befinden, z.B. Stichprobe an Schülerinnen und Schüler aus einer Klasse zu der Gesamtanzahl der Schülerinnen und Schüler, die diese Klasse besuchen (Lüdtke et al., 2008).

einer Domäne ein und dasselbe Konstrukt dieser Domäne abbildet (Bortz & Döring, 1995). Die Individuen einer Gruppe (die Messungen der L1-Einheiten) sind, ebenso wie die Items in einem Test, austauschbar. Bei reflektierenden Messmodellen beruhen die L2-Konstrukte auf aggregierten Angaben von L1-Einheiten, wobei latente Modellierung eine Kontrolle des Stichprobenfehlers ermöglicht (Lüdtke et al., 2008; Marsh et al., 2009a). Dagegen könne im Rahmen der formativen Aggregation nicht von der Austauschbarkeit der Messungen der L1-Einheit ausgegangen werden, so Lüdtke et al. (2008). Die Heterogenität der Gruppe bilde hier nicht den Stichprobenfehler ab, sondern die Vielzahl der einzelnen wahren L1-Werte.

Latente und manifeste Aggregationsarten

In der Forschungspraxis erfolgt jedoch die Überprüfung theoretischer Fragestellungen oft anhand von Modellen, die sowohl manifeste als auch latente Regressionsvariablen enthalten, wodurch die Fehlermodellierung nur bedingt implementiert werden kann. In diesem Zusammenhang differenzieren Marsh et al. (2009a) in Abhängigkeit von der Fehlerart, für die im Modell kontrolliert wird, vier Arten von Modellen (Abbildung 8). Die Typologie richtet sich nach den zwei Fehlerarten, dem Stichproben- und dem Messfehler. Da diese Typologie für die Einschätzung der Tragweite sowie der Verzerrungen hilfreich ist und somit auch für die vorliegende Untersuchung von Relevanz ist, wird im Folgenden auf die Modelle eingegangen.

Abbildung 8: Typologie von Modellen in Abhängigkeit von der zu kontrollierenden Fehlerart nach Marsh et al. (2009a)

Kontrolle der Fehlerart		Stichprobenfehler: Stichprobe von Personen	
		NEIN	**JA**
Messfehler: Stichprobe von Items	**NEIN**	*M1: doubly-manifest-model*	*M2: manifest-latent-model*
		Faktorbildung	
		manifeste Indikatoren (ein Score pro Faktor)	manifeste Indikatoren (ein Score pro Faktor)
		Aggregation der L1-Konstrukte zur Bildung der L2-Konstrukte	
		manifeste Aggregation (manifeste Konstrukte in Bezug auf die Personen)	latente Aggregation (latente Konstrukte in Bezug auf die Personen)
	JA	*M3: latent-manifest-model*	*M4: doubly-latent-model*
		Faktorbildung	
		multiple Indikatoren (latente Konstrukte in Bezug auf die Items)	multiple Indikatoren (latente Konstrukte in Bezug auf die Items)
		Aggregation der L1-Konstrukte zur Bildung der L2-Konstrukte	
		manifeste Aggregation (manifeste Konstrukte in Bezug auf die Personen)*	latente Aggregation (latente Konstrukte in Bezug auf die Personen)

*Änderung durch die Autorin dieser Arbeit

Abbildung 9a-d: Graphische Darstellung der Typologie von Modellen in Abhängigkeit von der zu kontrollierenden Fehlerart (Marsh et al., 2009a)

Abbildung 9a: M1, *doubly-manifest-model*   Abbildung 9b: M2, *manifest-latent-model*

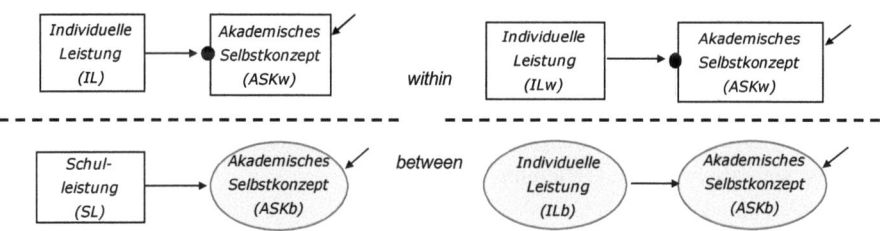

Abbildung 9c: M3, *latent-manifest-model*

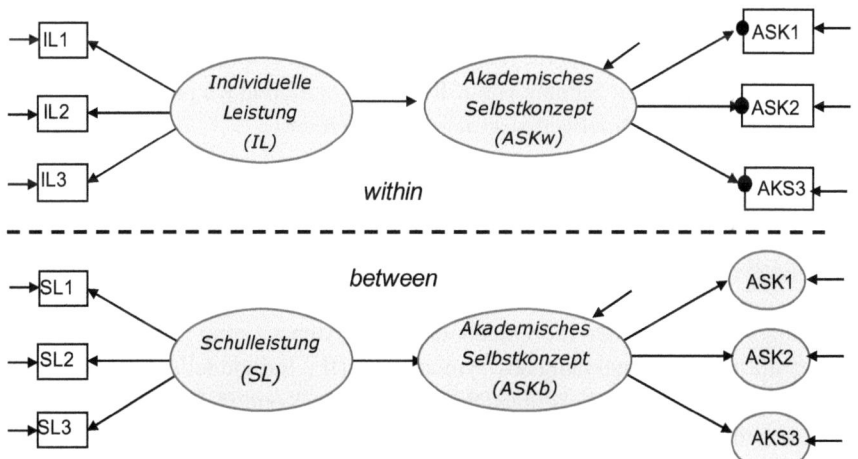

Abbildung 9d: M4, *doubly-latent-model*

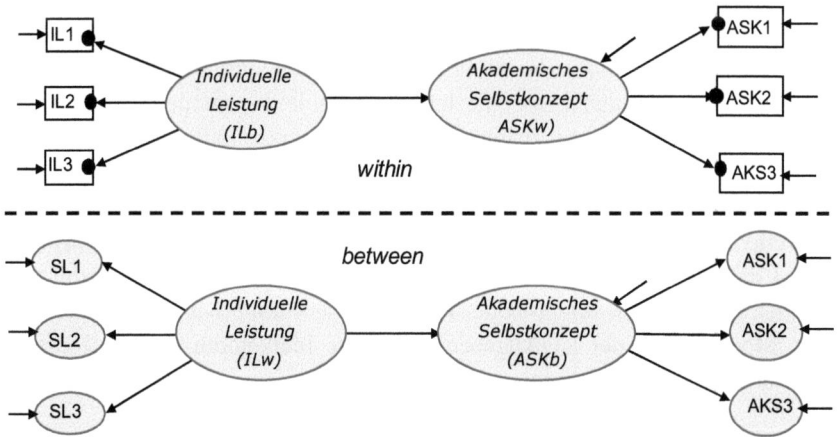

Legende
within: erste Modellebene (Individualebene)
between: zweite Modellebene (Schulebene)

In Abbildung 9a-d sind in Anlehnung an Marsh et al. (2009a) vier verschiedene Modellarten dargestellt: M1: *doubly-manifest-model*; M2: *manifest-latent-model*; M3: *latent-manifest-model*; M4: *doubly-latent-model*.

Das erste Modell M1 (*doubly-manifest-model*) ist im doppelten Sinne manifest. Sowohl die Konstrukte der ersten als auch der zweiten Ebene fungieren als einfache manifeste Variablen im Modell und enthalten sowohl den Stichproben- als auch den Messfehler. Dieses Modell entspricht der konventionellen Mehrebenenmodellierung und lässt sich als folgende Gleichung formulieren:

$$\overline{Y}_{\bullet ij} = \beta_0 + \beta_1 \left(\overline{X}_{\bullet ij} - \overline{X}_{\bullet\bullet j} \right) + \beta_2 \overline{X}_{\bullet\bullet j} + \delta_{0j} + \varepsilon_{ij} \qquad \textit{Formel 9}$$

$\overline{Y}_{\bullet ij}$	=	Mittelwert aus L Items für jedes Individuum i im Cluster j
$\overline{X}_{\bullet ij}$	=	Mittelwert aus K Items für jedes Individuum i im Cluster j
$\overline{X}_{\bullet\bullet j}$	=	Mittelwert aus der Summe von K Items und n_j Individuen pro Cluster j
β_0	=	Mittelwert der Mittelwerte (*grand-mean intercept*)
β_1	=	Regressionskoeffizient innerhalb von Gruppen (*within*)
β_2	=	Regressionskoeffizient zwischen den Gruppen (*between*)
δ_{0j}	=	L2-Residuum der Mittelwerte
ε_{ij}	=	L1-Residuum der Kriteriumsvariablen

In Abbildung 9a wird auf der Individual- und Kontextebene eine manifeste Variable dargestellt, die die Leistungsfähigkeit symbolisiert (IL, Individuelle Leistungsfähigkeit). Die Modellierung der Leistungsfähigkeit auf der Kontextebene wird ebenfalls anhand einer manifesten Variablen (SL, Schulleistung) dargestellt, die den durchschnittlichen Leistungsstand der Schule repräsentiert.

Nach Marsh et al. (2009a) stellt der beobachtete Clusterdurchschnitt $\overline{X}_{\bullet\bullet j}$ im *doubly-manifest-model* unter Umständen aufgrund des Stichprobenfehlers ein höchst unreliables Maß dar. Anhand latenter Modellierung von L1-Indikatoren wird daher der Stichprobenfehler im *manifest-latent-model* (M2, Abbildung 9b) kontrolliert. Der Gruppenmittelwert wird dabei als eine latente Variable U_{xj} modelliert, welche mit einem bestimmten Grad an Präzision den wahren Gruppenmittelwert misst (Asparouhov & Muthén, 2007a; Lüdtke et al., 2008). Bei der Berechnung dieser latenten Variablen wird die Zwischen-Gruppen-Varianz in Relation zu der Gesamtvarianz unter Berücksichtigung der Clusteranzahl gesetzt. Die Reliabilität des Gruppenmittelwerts wird dabei in Beziehung zu dem Stichprobenfehler betrachtet. Somit unterscheidet sich das *manifest-latent-model* (M2) von dem *doubly-manifest-model* (M1) durch die Modellierung der L1-Angaben als latente Indikatoren der L2-Konstrukte. Die Gleichung wird hierzu wie folgt abgewandelt:

$$\overline{Y}_{\bullet ij} = \beta_0 + \beta_1 \left(U_{\bullet ij} - U_{\bullet\bullet j} \right) + \beta_2 U_{xj} + \delta_{0j} + \varepsilon_{ij} \qquad \textit{Formel 10}$$

$\overline{Y}_{\bullet ij}$ = Mittelwert aus L Items für jedes Individuum i im Cluster j

$U_{\bullet ij}$ = latenter Clustermittelwert des Prädiktors (äquivalent zu $\overline{X}_{\bullet ij}$ in Formel 9)

$U_{\bullet\bullet j}$ = latente Abweichungen der Individuen zum Clustermittelwert des Prädiktors (äquivalent zu $\overline{X}_{\bullet\bullet j}$ in Formel 9)

U_{xj} = latenter stichprobenkorrigierter Mittelwert des Prädiktors

In diesem Modell wird die individuelle Leistung durch eine einzelne manifeste Variable repräsentiert (Abbildung 9b), jedoch erfolgt die Modellierung des Effekts auf der Kontextebene mit Hilfe von latenter Modellierung. Hierbei wird auf der Individualebene (ILw, Individuelle Leistung, *within*) die Varianz zwischen den Individuen und auf der Kontextebene (ILb, Individuelle Leistung, *between*) die Varianz zwischen den Kontexteinheiten betrachtet. Da die Aggregationen auf einem L1-Indikator pro Messmodell basieren, ist das Modell manifest in Bezug auf die Items und latent in Bezug auf die Personenstichprobe, womit zwar der Stichprobenfehler kontrolliert wird, nicht jedoch der Messfehler.

Im dritten Modell (*latent-manifest-model*, Abbildung 9c) werden multiple Indikatoren für die Modellierung der Messmodelle eingesetzt. Die Modellierung latenter Konstrukte auf der zweiten Ebene basiert hierbei zwar auf multiplen Indikatoren, die jedoch bereits vorher als durchschnittlicher Wert des Clusters aggregiert wurden. Dabei wird davon ausgegangen, dass die Prädiktorvariablen des Modells keinen Messfehler enthalten, jedoch den Stichprobenfehler. Die Gleichung für das entsprechende Strukturmodell wird wie folgt abgewandelt:

$$U_{yij} = \beta_0 + \beta_1 U_{xij} + \beta_2 U_{xj} + \delta_{0j} + \varepsilon_{ij} \qquad \textit{Formel 11}$$

U_{yij} = latente Variable für den individuellen Wert in der Kriteriumsvariablen für eine Person i im Cluster j

U_{xij} = messfehlerkorrigierte latente Variable für den individuellen Wert in der Prädiktorvariable x für eine Person i im Cluster j

U_{xj} = messfehlerkorrigierte latente Variable für den aggregierten Wert in der Prädiktorvariablen x für Cluster j

In der Abbildung 9c wird die latente Modellierung der individuellen Leistungsfähigkeit (IL) und der mittleren Schulleistung (SL) in Bezug auf die Items durch Ovale symbolisiert. Die Leistungsfähigkeit wird hierbei auf der Kontextebene anhand von schulbezogenen Durchschnittswerten modelliert und ist insofern in Bezug auf die Personen manifest.

Im vierten Modell (*doubly-latent-model*, Abbildung 9d) werden schließlich sowohl der Messfehler als auch der Stichprobenfehler kontrolliert. Dabei werden zum einen multiple Indikatoren für die Messmodelle (d.h. mehrere manifeste Variablen zur Konstruktion der Leistungsskala) eingesetzt und zum anderen erfolgt die latente Aggregation in Bezug auf die Personen, das heißt die multiplen manifesten L1-Indikatoren werden zur Bildung der L2-Konstrukte direkt im Modell aggregiert. Das Modell ist insofern sowohl in Bezug auf die Items als auch auf die Personen latent. Die Gleichung für das Strukturmodell ist dieselbe wie im Modell 3. Der Unterschied liegt jedoch in der Bestimmung der Indikatoren der Prädiktorvariablen, die eine Aggregation von L1-Variablen darstellen und insofern in Bezug auf die Personenstichprobe latent sind. U_{xj} ist daher im Modell M4 sowohl eine messfehler- als auch stichprobenkorrigierte latente Variable für den aggregierten Wert in der Prädiktorvariablen.

In der Abbildung 9d wird die latente Modellierung in Bezug auf die Items durch die ovalen Symbole gekennzeichnet. Die latente Modellierung in Bezug auf die Personen erfolgt durch die Aufteilung der Leistungsvarianz in die Varianz innerhalb von Clustern (ILw) und zwischen den Clustern (ILb). Die schwarzen Kreise, die an den manifesten Variablen in der Abbildung angebracht sind, symbolisieren variable Clustermittelwerte, die auf der Kontextebene als Zwischen-Klassen-Varianz modelliert werden.

Die bis dahin vorgestellten Modelle zeichnen sich dadurch aus, dass die L2-Varianz der Mittelwerte als variabler Koeffizient modelliert wird. Im Rahmen von Strukturgleichungsmodellierung können jedoch auch die Steigungen als freie Effekte modelliert werden. Dabei wird die Varianz des β_1-Koeffizienten (Steigung innerhalb von Gruppen) zugelassen (*random-slope-model, random-coefficient-model*). Die Gleichung wird wie folgt um den Term $\delta_{1j}U_{xij}$ ergänzt:

$$U_{yij} = \beta_0 + \beta_1 U_{xij} + \beta_2 U_{xj} + \delta_{0j} + \delta_{1j}U_{xij} + \varepsilon_{ij} \qquad \text{Formel 12}$$

U_{yij} = latente Variable für den individuellen Wert in der Kriteriumsvariablen für eine Person i im Cluster j

U_{xij} = messfehlerkorrigierte latente Variable für den individuellen Wert in der Prädiktorvariable x für eine Person i im Cluster j

U_{xj} = messfehler- und stichprobenkorrigierte latente Variable für den aggregierten Wert in der Prädiktorvariablen x für Cluster j

Dabei repräsentiert δ_{1j} normalverteilte Abweichungen von der Gesamtsteigung β_1 mit dem Erwartungswert Null. Die Kovarianz von δ_{0j} und δ_{1j} innerhalb von Schulen ist ebenfalls zugelassen. Beim Hinzufügen des Interaktionseffekts ($U_{xij} * U_{xj}$) zwischen der individuellen Variablen U_{xij} und der Gruppenvariablen U_{xj} zur Erklärung der Zwischen-Klassen-Varianz der Steigungen wird folgende Gleichung formuliert:

$$\beta_0 + \beta_1 U_{xij} + \beta_2 U_{xj} + \beta_3 U_{xij}U_{xj} + \delta_{0j} + \delta_{1j}U_{xij} + \varepsilon_{ij} \qquad \text{Formel 13}$$

Aus der vorgestellten Typologie ergeben sich differenzielle Implikationen für die Reliabilität und Interpretation der Modelle. Latente Modellierung, wie sie im *doubly-latent-model* implementiert ist, stellt nach Marsh et al. (2009a) einen Ansatz dar, in dem die Verzerrungen am geringsten sind. Gleichzeitig sei jedoch das Modell nach

Lüdtke et al. (2008) weniger robust insbesondere bei hoher Komplexität. Empfehlenswert sei daher die Implementierung aller vier Modelle, um die Robustheit der Ergebnisse zu überprüfen.

Abhängigkeit der Aggregationsart vom Sampling Ratio

Lüdtke et al. (2008) konnten anhand einer Simulationsstudie zeigen, dass die Zuverlässigkeit der MLC-Aggregation (*multilevel latent covariate*, Lüdtke et al., 2008; entspricht dem M2 und M4 von Marsh et al., 2009a) gegenüber der MMC-Aggregation (*multilevel manifest covariate*; entspricht dem M1 und M3 von Marsh et al., 2009a) in Abhängigkeit vom *sampling ratio* unterschiedlich ist. In den Modellierungsempfehlungen berücksichtigen sie neben dem *sampling ratio* beide Aggregationstypen, den formativen und reflektierenden. Für die formative Aggregation ist bei einem niedrigen *sampling ratio* ihnen zufolge die MLC-Aggregation unabhängig von der Stichprobengröße von Vorteil, da hiermit der relativ hohe Stichprobenfehler kontrolliert wird. Bei Stichproben mit einem sehr niedrigen *sampling ratio* würden MMC-Aggregationen, insbesondere bei kleinen Clustern (jedoch nicht ausschließlich), zur Überschätzung des Stichprobenfehlers führen, der basierend auf der Kovarianzmatrix innerhalb von Gruppen (*within covariance matrix*) berechnet wird. Dies wiederum resultiere in einer Inflation der Schätzer der Kompositionseffekte. Für die formative Aggregation empfehlen Lüdtke et al. (2008) bei einem hohen *sampling ratio* die manifeste Modellierung, da die latente Aggregation nach ihnen zur Unterschätzung der Varianz und zum positiven Bias führt (Überschätzung der Kontexteffekte). Dies sei darauf zurückzuführen, dass der latente Ansatz auf der Annahme beruht, die Stichprobe stamme aus einer unendlichen Population, womit der empirische Wert mit einem Stichprobenfehler behaftet sei.

Die gleiche Argumentation führt die Autoren im Falle der reflektierenden Aggregation zur gegensätzlichen Empfehlung. Die MLC-Modellierung sei hierbei auch bei einem hohen *sampling ratio* vorzuziehen. Dahinter steht die Annahme, dass potenziell eine unendliche Anzahl von L1-Indikatoren existiert und ein Stichprobenfehler auch bei einem *sampling ratio* von 1 vorhanden ist. Der MLC-Ansatz erweise sich nach ihnen jedoch als weniger präzise als der MMC-Ansatz bei einer kleinen bis moderaten Cluster- und Personenstichprobe und niedrigen ICCs. Da die MMC-Schätzungen dagegen zum negativen Bias (Unterschätzung der Kontexteffekte) sowie zur Unterschätzung der Standardfehler neigen, könne jedoch keine endgültige Empfehlung bezüglich des latenten vs. manifesten Aggregationstyps ausgesprochen werden. Die Autoren empfehlen daher die MMC- und MLC-Ansätze gegenüberzustellen (Lüdtke et al., 2008; vgl. dazu auch Marsh et al., 2009a)

6.2.3.5 Implikationen für die vorliegende Arbeit

In den vorliegenden Berechnungen werden schulische Kontext- und Kompositionseffekte anhand von Modellen mit variablen Steigungen modelliert (*random-coefficient-model*). Dabei werden schulische Faktoren als Moderatorvariablen und die individuellen Persönlichkeitsmerkmale als Mediatoren eingefügt. Aufgrund der bislang unzureichenden Validierung mit geeigneten Simulationsstudien wird in der vorliegenden Arbeit die Überprüfung verschiedener Aggregationsarten vor der eigentlichen Analyse implementiert. Als methodische Grundlage dient hierbei zum einen die Klassifikation der Aggregationstypen in reflektierende und formative nach Lüdtke et al. (2008) und zum anderen die Unterteilung der Modelle in Abhängigkeit von der latenten vs. manifesten Aggregationsart der L1-Angaben von Marsh et al. (2009a).

Im Rahmen der formativen Aggregation zur Analyse der Kompositionseffekte werden die Mehrebenenmodelle sowohl mit latenten als auch mit manifesten L2-Konstrukten entsprechend dem M3 und M4 von Marsh et al. (2009a, 2009b) miteinander verglichen. Dabei werden die Befunde in Anlehnung an Lüdtke et al. (2008) in Abhängigkeit vom *sampling ratio* interpretiert. In der IGLU/PIRLS-Untersuchung liegen die Teilnahmequoten in den meisten Klassen nahe an 100 Prozent (Joncas, 2007), jedoch ist die Rate der fehlenden Werte unterschiedlich hoch für die Variablen (vgl. Anhang A.4), so dass effektives *sampling ratio* für einige Variablen niedriger ausfällt. Ausgegangen wird im Folgenden nach Lüdtke et al. (2008) davon, dass die MMC-Modellierung bei hohem *sampling ratio* zuverlässiger ist, da bei der MLC-Modellierung die Fehlervarianz über- und die Koeffizienten daher unterschätzt werden. Die MLC-Modellierung sollte sich dagegen bei einem niedrigen *sampling ratio* erwartungsgemäß als zuverlässiger erweisen, da hierbei der Stichprobenfehler angemessen kontrolliert wird, während die MMC-Modellierung zum negativen Bias sowie zur Unterschätzung der Standardfehler neigt. Die Ergebnisse der unterschiedlichen Modelle (latente vs. manifeste Aggregation) werden in der vorliegenden Arbeit im Hinblick auf ihre Konsistenz mit den Befunden von Lüdtke et al. (2008) überprüft und entsprechend in den endgültigen Analysen verwendet.

Entsprechend der Bedeutung von reflektierender Aggregation sollten – unabhängig vom *sampling ratio* – die L1-Angaben anhand des MLC-Ansatzes modelliert werden. Obwohl die Cluster- und Personenstichprobe der verwendeten Daten hoch sind, können dennoch aufgrund niedriger ICCs und der Komplexität der Modelle Verzerrungen oder Instabilität auftreten (Lüdtke et al., 2008). Entsprechend werden auch für die reflektierende Aggregation beide Ansätze (MLC und MMC) überprüft.

6.2.4 Gewichtung und Skalierung

6.2.4.1 Gewichtung

Die IGLU/PIRLS-Datensätze sind durch eine stratifizierte zweifach geklumpte Struktur gekennzeichnet, wobei die Schulen die erstselektierte Clusterebene darstellen (PSU, *Primary Sampling Unit*) und die Klassen die zweitselektierte (SSU, *Secondary Sampling Unit*). Die explizite Stratifizierung ergab sich durch die kriterienorientierte Unterteilung der anvisierten Population in kleine Subpopulationen, aus denen Stichproben von Schulen und Klassen generiert wurden. Innerhalb der expliziten Stratifizierung ist ferner die implizite Stratifikation genestet, die sich durch die zunächst durchgeführte Sortierung der Schulen entsprechend ihrer Größe ergab (Martin et al., 2007). Im Mehrebenenansatz werden zwar die Klumpungseffekte von Schülerinnen und Schülern in Klassen direkt modelliert, jedoch bleiben die ungleichen Ziehungswahrscheinlichkeiten der Schulen unberücksichtigt (Carle, 2009). Während die Mehrebenenmodellierung mit dem Ansatz der pseudomaximalen Wahrscheinlichkeit (PML, *pseudo maximum likelihood*) für geklumpte Stichproben mit gleicher Ziehungswahrscheinlichkeit angemessen durchgeführt wird, können ungleiche Ziehungswahrscheinlichkeiten ohne Einbezug von Gewichtungsvariablen zu verzerrten Parameter- und Varianzschätzungen führen. Da die PML-Schätzung einen nur annäherungsweise unverzerrten Schätzer darstellt, dessen Präzision von der Anzahl der Cluster und der Clustergröße als auch -homogenität abhängig ist, könnten bei kleinen Clusterstichproben oder bei heterogenen Clustergrößen Verzerrungen auftreten (Hox, 2008, S. 230).

Der für die Analysen verwendete IGLU/PIRLS-Datensatz verfügt über eine ausreichend große Clusterstichprobe, jedoch sind die Clustergrößen heterogen, womit der Einsatz von Gewichtungsvariablen zwecks Generalisierbarkeit der Befunde notwendig ist. In dem IGLU/PIRLS-Datensatz sind sowohl getrennte Gewichte für jede Aggregatsebene (Klassen und Schulen) mit den jeweiligen Adjustierungsfaktoren für die Nichtteilnahme verfügbar als auch ein Gewicht (*basic sampling weight*, HOUWGT), welches ungleiche Ziehungswahrscheinlichkeiten sowie Nicht-Teilnahme aller drei Ebenen berücksichtigt (Joncas, 2007, vgl. Kap. 6.1.5). Die Berechnung der Gewichte im Rahmen von IGLU/PIRLS umfasste drei Schritte, die sich auf Ziehungswahrscheinlichkeiten sowie die Nicht-Teilnahme von Schulen, Klassen und Schülerinnen und Schüler bezogen (Joncas, 2007). Hierbei wurden im ersten Schritt die Schulgewichte (SCHWGT) berechnet, die zusätzliche Gewichtungsfaktoren aus den anfänglichen Etappen der Stichprobenziehung vollständig umfassten, wie zum Beispiel die regionale Zugehörigkeit. Im zweiten Schritt wurden Klassengewichte generiert. Diese entsprechen der Ziehungswahrscheinlichkeit einer Klasse aus allen Klassen eines Jahrgangs einer Schule. Das Klassengewicht wurde unabhängig für jede einzelne Schule berechnet. Ein dritter und letzter Schritt umfasste die Berechnung der Schülergewichte. Aus der Tatsache, dass intakte Klassen gewählt wurden, ergab sich für die meisten an IGLU/PIRLS teilnehmenden Länder eine 100-prozentige Ziehungswahrscheinlichkeit und damit das Schülergewicht gleich eins. Das grundlegende Schülerstichprobengewicht (*basic sampling weight*, HOUWGT) stellt das Produkt aus den genannten drei Gewichten dar: dem Schulgewicht, dem Klassengewicht und dem individuellen Schülergewicht (Joncas, 2007; Martin et al., 2007).

6.2.4.2 Skalierung

Die Implementierung der sogenannten *design weights* im Rahmen der Modellschätzung mit dem Ansatz der pseudomaximalen Wahrscheinlichkeit (PML) in Mehrebenenmodellen erfordert eine entsprechende Skalierung von Gewichten (Asparouhov, 2006; Carle, 2009). In Einebenenmodellen umfasst die Skalierung gewöhnlich die

Multiplikation der Gewichte durch eine Skalierungskonstante, so dass die Summe der Gewichte bestimmten Charakteristiken der Stichprobe entspricht, zum Beispiel der totalen Stichprobengröße. In Mehrebenenmodellen werden die Gewichte clusterspezifisch modifiziert, so dass die Summe der Gewichte innerhalb eines Clusters bestimmten Clustercharakteristika (z.B. der Clusterstichprobengröße) entspricht. Die Gewichte der ersten und der zweiten Ebene werden getrennt in die Wahrscheinlichkeitsfunktion integriert, wobei das Produkt der beiden Gewichte unbekannt bleibt (Asparouhov, 2004b; Asparouhov & Muthén, 2006a). Während nach Asparouhov (2006) die Skalierung bei Einebenenmodellen keinen Einfluss auf den PML-Schätzer hat, erweise sich in Mehrebenenmodellen das Verhältnis zwischen der wahren Größe der Clusterstichprobe und dem totalen Gewicht innerhalb der Cluster als eine wichtige Größe, da hierdurch zum Beispiel die Posteriori-Verteilung der variablen L2-Effekte beeinflusst wird.

Anhand vorliegender Simulationsstudien bezüglich unterschiedlicher Skalierungsmethoden lässt sich nach Carle (2009) konstatieren, dass die meisten Skalierungsmethoden zuverlässigere Ergebnisse hervorbringen als Analysen ohne Skalierung oder gar ohne Gewichtung. Als ein weiteres Ergebnis dieser Studien habe sich herauskristallisiert, dass die beiden von Asparouhov (2004b, 2006) entwickelten Skalierungsmethoden (A und B) am meisten zuverlässige Schätzungen hervorbringen. Nach der ersten Methode (A) werden die Gewichte so skaliert, dass die Summe der skalierten Gewichte innerhalb von Clustern der Stichprobengröße entspricht und diese wiederum auf der Kontextebene der Größe der Clusterstichprobe. Nach der zweiten Methode (B) werden die Gewichte so skaliert, dass die Gewichte innerhalb eines Clusters in Summe der effektiven Stichprobengröße entsprechen und diese wiederum in Summe auf der Kontextebene der effektiven Clusterstichprobe. Nach Einschätzung des Autors ließe sich jedoch keine Methode als der ‚goldene Standard' angeben, weil die Schätzgenauigkeit bei Verwendung der verschiedenen Skalierungsmethoden zusätzlich von Aspekten des Datendesigns abhängig ist. Zum Beispiel werde bei steigender Clustergröße und -anzahl die Verzerrung einer ungewichteten Analyse gegenüber einer skalierten und gewichteten generell reduziert, wodurch die Gewichtung bei großer Stichprobe nicht mehr unabdingbar sei. Die Parameterschätzungen werden dabei als *annähernd unverzerrt* (*approximately unbiased*) beschrieben. Asparouhov (2006, S. 440) weist jedoch in diesem Zusammenhang darauf hin, dass dieser Befund bislang noch nicht umfassend, sondern lediglich anhand von Simulationsstudien unter bestimmten Bedingungen überprüft wurde. Empfehlenswert sei daher, bei der Wahl der Skalierungsmethode verschiedene Einflussgrößen auf die Schätzgenauigkeit zu beachten. Diese seien zum einen die schon erwähnte Anzahl und Größe der Cluster, das Skalenniveau der abhängigen Variablen (kategorial vs. kontinuierlich), die Höhe der Korrelationen zwischen den abhängigen Variablen und den Stichprobengewichten sowie der Informationsgehalte der Gewichte (Carle, 2009). Zudem können Skalierungsmethoden abhängig von den eingesetzten Schätzmethoden und Konvergenzkriterien unterschiedliche Ergebnisse hervorbringen. Die Notwendigkeit von Skalierung hat sich insbesondere bei kleinen Clustergrößen als außerordentlich wichtig herausgestellt. Bei mangelnder Skalierung der Gewichte auf der Individualebene (L1) steigt mit sinkender Clustergröße der Grad der Verzerrung an. Wenn keine Skalierung durchgeführt werden kann, erweisen sich nach Carle (2009) Berechnungen ohne Gewichtung gegenüber dem Einsatz von ‚rohen' Gewichten insbesondere bei kleinen Clustergrößen als eine bessere Alternative (vgl. auch Asparouhov, 2004b, 2006; Rabe-Hesketh & Skrondal, 2006). Auf der Aggregatsebene (L2) beeinflusst die Entscheidung für oder gegen den Einsatz von Skalierung sowie die Wahl der Skalierungsmethode weder die Parameterschätzungen noch die Standardfehler, wenn diese die höchste Modellebene darstellt und alle Aggregatseinheiten mit derselben Methode skaliert werden (Asparouhov, 2006; Carle, 2009).

In der Praxis ist es kaum möglich, alle potenziellen Effekte des Stichprobendesigns sowie die daraus resultierenden Beziehungen zwischen den Daten erschöpfend zu kontrollieren (Carle, 2009). Zudem ist der Einsatz von unterschiedlichen Skalierungsmethoden im Rahmen der Mehrebenenmodellierung noch nicht weit implementiert, da für die hiermit verknüpften methodischen Herausforderungen bislang trotz einiger Vorarbeiten (Asparouhov, 2004a; Asparouhov & Muthén, 2007b; Chantala, Blanchette & Suchindran, 2006; Jenkins, 2008; Stapleton, 2006; Zaccarin & Donati, 2008) zum Teil noch keine ausreichenden Lösungsvorschläge erarbeitet wurden (Asparouhov, 2006; Carle, 2009). Teilweise sind keine handhabbaren Lösungen für die technische Umsetzung zur Verfügung gestellt worden, und zu einer Reihe von Fragen existieren keine oder nur wenige systematische und umfassende Simulationsstudien, zum Beispiel in Bezug auf die Zuverlässigkeit verschiedener Skalierungsmethoden bei verschiedenen Stichproben- und/ oder Clustergrößen (Asparouhov, 2004b; Rabe-Hesketh & Skrondal, 2006).

6.2.4.3 Umgang mit der komplexen Datenstruktur in der vorliegenden Arbeit

Im Folgenden werden die Klumpungseffekte von Schülerinnen und Schülern in Schulen in Klassen in den Einebenenmodellen anhand der aggregierten Modellierung (MPLUS: TYPE = COMPLEX; Muthén & Muthén, 2012) kontrolliert (Kap. 6.2.2). Dabei können jedoch nur die Klumpungseffekte innerhalb von Klassen modelliert werden. Durch die direkte Modellierung anhand von Zweiebenenanalysen (MPLUS: TYPE = TWOLEVEL) können darüber hinaus in Verbindung mit einem zusätzlichen Befehl (MPLUS: TYPE = COMPLEX) die Schulen als die PSU angegeben werden, womit eine Adjustierung des Standardfehlers für die Klumpungseffekte sowohl der Klassen als auch der Schulen erfolgt. In der vorliegenden Arbeit werden die im IGLU/PIRLS-Datensatz zur Verfügung gestellten Individualgewichte eingesetzt. Für die Mehrebenenanalysen werden die Gewichte so skaliert, dass die Summe der neuen Gewichte innerhalb von Clustern der Stichprobengröße entspricht (MPLUS: WTSCALE = CLUSTER) (Method A nach Asparouhov, 2006; vgl. Kap. 6.2.3). Die Aggregatsgewichte (*between*) werden so skaliert, dass das Produkt der L1- und L2-Gewichte der Stichprobengröße entspricht (MPLUS: BWTSCALE = SAMPLE). Die Stratifizierungseffekte können im Rahmen der Modellierung in der vorliegenden Arbeit nicht berücksichtigt werden, da die Stratifizierungsinformation für Deutschland im IGLU/PIRLS-2006-Datensatz nicht vorliegt und der Einsatz der im Datensatz zur Verfügung stehenden Gewichtungsvariablen (*Replicate Weights*) in Mehrebenenmodellen nicht möglich ist.

Wenn die Gewichte für die Population errechnet wurden und im Rahmen von Berechnungen für eine Teilstichprobe eingesetzt werden, kann im Rahmen von Modellierungen mit MPLUS eine Subpopulation für die Analysen definiert werden. Dabei werden alle Fälle in die Analysen eingeschlossen, jedoch werden Individuen, die nicht zu der Subpopulation gehören, mit Null gewichtet (Asparouhov & Muthén, 2006a). Da die vorliegenden Analysen auf einer Teilstichprobe beruhen (Schülerinnen und Schüler aus Bundesländern mit unverbindlichen Übergangsempfehlungen), wurden die Berechnungen entsprechend mit Hilfe der Option SUBPOPULATION in Verknüpfung mit dem TYPE = COMPLEX-Befehl implementiert (Muthén & Muthén, 2012). Obwohl die Modelle für eine Teilstichprobe spezifiziert werden, wird dabei die Gesamtstichprobe für die Gewichtung einbezogen. Da dieser Ansatz nur in Verknüpfung mit gruppenzentrierten Variablen implementiert werden kann, wurden die Modelle mit den gesamtmittelwertzentrierten Variablen anhand einer zuvor selektierten Teilstichprobe berechnet. Da diese Berechnungen mit den gleichen Variablen gewichtet sind wie die Analysen mit den gruppenzentrierten Variablen, müssen die Befunde unter Bezug auf die Generierung der Gewichtungsvariablen anhand der Gesamtstichprobe vorsichtig interpretiert werden.

6.2.5 Fitindizes

Im Rahmen der Modellierung mit MPLUS werden für die Modellevaluation der SL-SEM-Modelle (*Single Level SEM*) folgende Fitindizes eingesetzt: Chi-Quadrat, CFI (*Comparative Fit Index*), TLI (*Tucker-Luis-Index*), RMSEA (*Root Mean Square Error of Approximation*), SRMR (*Standardized Root Mean Square Residual*). Für die MSEM-Modelle wird der Chi-Quadrat-Test mit einem Skalierungsfaktor (*scaling correction factor*) durchgeführt. Ferner stehen für Modellvergleiche der Chi-Quadrat-Differenztest sowie der AIC (*Akaike's Information Criterion*) und BIC (*Bayesian Information Criterion*) zur Verfügung. In der nachfolgenden Darstellung wird in Kürze auf diese Fitindizes und deren ‚Cut-off'-Werte eingegangen. Ferner erfolgen Hinweise auf die Implementierung in der Anwendungssoftware MPLUS (Muthén & Muthén, 2012). Eine ausführliche Beschreibung der Fitindizes findet sich zum Beispiel bei Schermelleh-Engel et al. (2003).

6.2.5.1 Modellevaluation

Der traditionelle Chi-Quadrat-Test erweist sich für Modellevaluation aufgrund seiner Stränge und Stichprobensensibilität als nicht geeignet (Christ & Schlüter, 2012). Dabei wird die Kovarianzmatrix des spezifizierten Modells mit der geschätzten Populationskovarianzmatrix verglichen. Die Nullhypothese besagt in diesem Fall, dass die beiden Kovarianzmatrizen miteinander exakt übereinstimmen.[18] Bei der Modellprüfung mit dem Chi-Quadrat-Test gegen das voll saturierte Modell[19] wird das postulierte Modell auch bei geringfügigen Abweichungen der beiden Matrizen verworfen. Das postulierte Modell kann auch gegen ein Nullmodell[20] getestet werden. Die Neigung des Chi-Quadrats zur Signifikanz führt jedoch hierbei zu einer liberalen Modellbeurteilung, da die Abweichung des postulierten Modells von dem Nullmodell fast immer gegeben ist. Aus diesem Grund sowie aufgrund der Sensitivität des Chi-Quadrats gegenüber Stichprobenumfängen gewannen im Rahmen von Strukturgleichungsmodellen in den letzten Jahren deskriptive Fitindizes an Bedeutung, die die Modellgüte anhand des Informationsgehalts in Anlehnung an die Sparsamkeitsprämisse beurteilen. Die praktische Evidenz der Fitindizes zur Beurteilung der Modellgüte im Rahmen von konventionellen Strukturgleichungsmodellen (SL-SEM) wurde bereits mit Hilfe von Simulationsstudien mehrfach überprüft (Christ & Schlüter, 2012; Hu & Bentler, 1995; Schermelleh-Engel et al., 2003). Die Anwendung der Gütekriterien im Kontext von Mehrebenen-Strukturgleichungsmodellen (MSEM) ist jedoch aufgrund verschiedener Herausforderungen noch nicht sehr breit implementiert. Dabei mangelt es an geeigneten Gütekriterien für die Modellbeurteilung, die an die Mehrebenenstruktur der Daten angepasst und überprüft worden wären, sowie an einer geeigneten Softwareimplementierung (MacKinnon et al., 2007; Mehta & Neale, 2005; Preacher et al., 2011).

Im Folgenden wird für die Evaluation der Einebenen- sowie für Mehrebenenmodelle (*random-intercepts-models*) in Anlehnung an die gängige Literatur der CFI, TLI, RMSEA, SRMR berichtet (Schermelleh-Engel et al., 2003). Der RMSEA bezieht sich auf die Annäherung zwischen der Populationskovarianzmatrix und der Matrix, die zur Populationskovarianzmatrix am besten angepasst ist. Dabei wird die geschätzte Abweichung der Annäherungsfunktion per Freiheitsgrad berechnet. Er kann Werte von 0 bis 1 annehmen. Wert 0 wird erreicht, wenn keine Diskrepanz zwischen den beiden Matrizen besteht. Die Nullhypothese der *exakten Modellpassung* (*exact fit*) wird dabei durch die Nullhypothese einer *annäherungsweisen Anpassung* (*close fit*) ersetzt. Da der RMSEA den Fehler repräsentiert, der bei der Anpassung des postulierten Modells an die Populationskovarianzmatrix entsteht (*error of approximation*), wird er gelegentlich als ein *badness-of-fit index* bezeichnet. Werte ≤ 0.05 werden als eine gute Modellpassung angesehen, Werte zwischen 0.05 und 0.08 als eine angemessene Modellpassung, Werte von 0.08 bis 0.10 als zufriedenstellend und Werte ≥ 0.10 als inakzeptable Modellpassung (Schermelleh-Engel et al., 2003). In MPLUS wird zusätzlich das 90%-Konfidenzintervall (CI) angegeben, das den Bereich anzeigt, in dem der RMSEA der Population mit einer 90%igen Wahrscheinlichkeit liegt. Ferner wird in MPLUS auch ein *test of close fit* angegeben, der die Nullhypothese prüft,

---

18 In MPLUS wird zusätzlich ebenfalls der Chi-Quadrat-Wert für das Nullmodel angegeben, in dem keine Zusammenhänge zwischen den manifesten Variablen angenommen werden (*chi-square test of model fit for the baseline model*).

19 Im voll saturierten Modell werden alle möglichen Parameter aus den Daten berechnet. Dabei wird von Zusammenhängen zwischen allen Modellvariablen ausgegangen.

20 Im Nullmodell werden keine Zusammenhänge im Modell angenommen.

dass der RMSEA der Population ≤ 0.05 ist. Hier liegt der akzeptable Wert bei maximal 0.06 (Christ & Schlüter, 2012).

Der SRMR (*Standardized Root Mean Square Residual*) entspricht approximativ dem mittleren absoluten Residuum der Residualkorrelationen der Stichprobenmatrix und der geschätzten Populationsmatrix (*fitted residuals*). Die hierbei implementierte Standardisierung nivelliert Skalenunterschiede von Variablen. Der SRMR liegt im Wertebereich von 0 bis 1. Werte nahe 0 zeigen auf sehr geringe Abweichungen zwischen den beiden Matrizen. Werte ≤ 0.05 deuten auf eine gute Modellpassung hin, Werte zwischen 0.05 und 0.10 auf eine akzeptable Modellpassung, während Werte $\geq$ 0.10 einen inakzeptablen Modellfit bedeuten (Hu & Bentler, 1995).

Der CFI sowie der TLI stellen inkrementelle Fitindizes dar, die die Modellpassung des postulierten Modells im Verhältnis zu einem Nullmodell angeben. Unter Berücksichtigung der Stichprobengröße wird bei beiden Modellen ein Anpassungswert an die empirische Kovarianzmatrix berechnet. Die Werte der Fitindizes liegen zwischen 0 und 1. Werte nahe 0 deuten darauf hin, dass zwischen dem Nullmodell und dem postulierten Modell keine Unterschiede in der Passung auf die empirische Kovarianzmatrix nachzuweisen sind und die Spezifikation von Zusammenhängen keinen Informationsgehalt gegenüber einem Nullmodell aufweist. Werte nahe 1 deuten dagegen auf eine bedeutsame Modellverbesserung gegenüber dem Referenzmodell hin. Anhand von Simulationsstudien konnte gezeigt werden, dass bei einem Wert $\geq .95$ Fehlspezifikationen vermieden werden. Dieser Wert wird daher als das ,Grenzwert für einen guten Modellfit angegeben (Christ & Schlüter, 2012; Hooper, Coughlan & Mullen, 2008). Werte zwischen .95 und .90 weisen dagegen auf eine akzeptable Modellpassung hin (Browne & Cudeck, 1992; MacCallum, Browne & Sugawara, 1996).

Grenzwerte in der vorliegenden Arbeit:
- Grenzwerte für einen guten/angemessenen Modellfit: CFI, TLI $\geq .95$, RMSEA $\leq.08$, SRMR (*within, between*) $\leq.05$
- Grenzwerte für einen akzeptablen Modellfit: CFI, TLI $\geq .90$, RMSEA $\leq.10$, SRMR (*within, between*) $\leq.10$, 90% C.I. RMSEA $\leq.05$, Prob. RMSEA $\leq.06$

6.2.5.2 Modellvergleiche im Kontext der Mehrebenenmodellierung

Die Auswahl geeigneter Fitindizes für Modellvergleiche erfolgt in der vorliegenden Arbeit danach, ob die Modelle ineinander genestet sind oder nicht. Der Chi-Quadrat-Differenztest eignet sich für Vergleiche von genesteten Modellen. Für Modellvergleiche bei nicht genesteten Modellen kann der AIC und BIC eingesetzt werden, da diese Fitindizes die Anzahl der Modellparameter einbeziehen (Schermelleh-Engel et al., 2003).

Chi-Quadrat-Differenztest

Im Rahmen des Chi-Quadrat-Differenztests wird die Passung auf die Daten eines postulierten restriktiven Modells mit der eines nicht restriktiven Modells verglichen.

Wenn die Passung des postulierten restriktiven Modells von der Passung des nicht restriktiven nicht signifikant abweicht, wird nach der Sparsamkeitsprämisse das restriktive Modell angenommen (Schermelleh-Engel et al., 2003). Dabei wird davon ausgegangen, dass das restriktive Modell A (H0) in dem nicht restriktiven Modell B (H1) genestet ist. Beide Modelle unterscheiden sich nur durch zusätzliche Restriktionen im A Modell, in welchem die freien Parameter eine Teilmenge der freien Parameter des nicht restriktiven Modells darstellen. Das genestete Modell geht somit aus dem Hauptmodell durch Vereinfachung (durch Fixierung der Parameter) hervor. Aus einer Serie von Modellen, die bis auf Differenzen in der Anzahl der fixierten Parameter identisch sind, stellt das sogenannte Nullmodell immer das Modell mit mehr fixierten Parametern dar. Das weniger restriktive Modell wird hierbei auch als Alternativmodell bezeichnet.

Im Rahmen der Chi-Quadrat-Differenztestung wird angenommen, dass sowohl die Chi-Quadrat-Werte der genesteten Modelle als auch ihre Differenz einer Chi-Quadrat-Verteilung folgen (Schermelleh-Engel et al., 2003). Unter diesen Vorannahmen kann nach dem Chi-Quadrat-Differenztest nach folgender Formel berechnet werden:

$$\chi^2_{diff}(df_{diff}) = \chi^2_A(df_A) - \chi^2_B(df_B) \qquad \text{\textit{Formel 14}}$$

wobei χ^2 Chi-Quadrat ist, *df* die Freiheitsgrade (*degrees of freedom*) und A und B die beiden getesteten Modelle A und B sind. Das Modell A ist in dem Modell B genestet, das heißt, dass die Anzahl der freien Parameter niedriger ist und die Anzahl der Freiheitsgrade höher als bei dem nicht restriktiven Modell B. Die Anzahl der Freiheitsgrade der Differenz entspricht hierbei dem Unterschied zwischen der Anzahl der Freiheitsgrade der beiden Modelle und wird wie folgt bestimmt:

$$df_{diff} = df_A - df_B \qquad \text{\textit{Formel 15}}$$

Bei Signifikanz des Chi-Quadrat-Tests wird die Nullhypothese, dass die beiden Modelle A und B gleich gut auf die Daten passen, verworfen. Das weniger restriktive und gleichzeitig nicht sparsame Modell B wird in diesem Fall angenommen. Wenn der Test keine Signifikanz erreicht, muss davon ausgegangen werden, dass die Passung des restriktiven Modells A nicht signifikant schlechter ist als die Passung des nicht restriktiven Modells B. Hierbei kann die Nullhypothese (gleiche Passung der beiden Modelle) nicht verworfen werden, und das postulierte Modell A sollte in Anlehnung an die Sparsamkeitsprämisse beibehalten werden.

Der Chi-Quadrat-Differenztest kann auch für Vergleiche zwischen einem Nullmodell (*baseline model*) und dem postulierten Modell als inkrementeller Fitwert eingesetzt werden. Dabei ist das Nullmodell restringiert und das postulierte Alternativmodell weniger restringiert, womit das Nullmodell in dem Alternativmodell genestet ist. Hierbei wird bei signifikanter Abweichung zwischen den beiden Modellen davon ausgegangen, dass das weniger restringierte Modell signifikant besser auf die Daten passt als das Nullmodell. Andererseits wird bei mangelnder Signifikanz das postulierte Modell verworfen, da die Spezifikation von Zusammenhängen keine Erklärungskraft gegenüber einem Nullmodell zeigt.

Die Nachteile der Chi-Quadrat-Differenztestung ergeben sich aus seiner Abhängigkeit von der Stichprobengröße. Dies führt dazu, dass bei großen Stichproben auch zufällige Differenzen Signifikanz erreichen können und somit Modelle abgelehnt werden, auch wenn die Abweichung der Modell- und der Stichprobenkovarianzmatrix geringfügig sind. Umgekehrt besteht bei kleinen Stichproben die Gefahr, dass Modelle trotz mangelnder Passung auf die Daten angenommen werden. Für einen validen Chi-Quadrat-Differenztest wird daher als Mindestvoraussetzung angeführt, dass die Passung des weniger restringierten Modells B auf die Daten aus einer Reihe von Modellen gegeben sein muss (Schermelleh-Engel et al., 2003). Eine andere Möglichkeit besteht darin, den Chi-Quadrat-Test als einen deskriptiven Modellgüteindex einzusetzen. Dabei wird der Chi-Quadrat-Wert mit dem Erwartungswert (*E*) der Stichprobenverteilung wie zum Beispiel der Anzahl der Freiheitsgrade ins Verhältnis gesetzt.

$$E\left(\chi^2\right) = df \qquad\qquad\qquad \textit{Formel 16}$$

Der Quotient des Quadrats und der Freiheitsgrade sollte hiernach möglichst klein sein. Als ein akzeptabler oder guter Modellfitwert wird zum Beispiel das Verhältnis zwischen 2 und 3 angegeben. Das deskriptive Maß gilt als weniger sensitiv gegenüber Stichprobengrößen, jedoch nicht gänzlich unabhängig davon (Schermelleh-Engel et al., 2003).

Scaling correction factor

Bei Analysen mit dem robusten Satorra-Bentler-Schätzalgorithmus (MLR), welcher für die Mehrebenenanalysen in MPLUS eingesetzt wird, ist die Differenz zwischen den beiden skalierten Chi-Quadrat-Werten für genestete Modelle nicht Chi-Quadrat verteilt (Satorra, 2000). Daher muss im Rahmen des Chi-Quadrat-Differenztests ein Korrekturterm eingefügt werden. Diese Korrektur wird für kontinuierliche nicht normalverteilte Variablen nach dem von Satorra und Bentler (2001) vorgelegtem *scaling correction factor* durchgeführt. Asparouhov und Muthén (2006b, 2010b) konnten anhand von Simulationsstudien zeigen, dass der korrigierte Chi-Quadrat-Differenztest ebenfalls für WLS (*Weighted Least Squares Estimator*) und ULS (*Unweighted Least Squares Parameter Estimates*) basierte Schätzverfahren geeignet ist. Ferner wurde von Satorra und Bentler (2010) ein Verfahren vorgelegt, anhand dessen der adjustierte Chi-Quadrat-Differenztest immer in einem positiven Wert resultiert. Dieses Verfahren wurde in MPLUS implementiert (Asparouhov & Muthén, 2010a; Bryant & Satorra, 2011).

Der adjustierte Chi-Quadrat-Differenztest kann entweder auf der Basis der Chi-Quadrat-Statistik oder der logarithmierten Wahrscheinlichkeit (*Log Likelihood*) berechnet werden. Im Folgenden wird in Anlehnung an Asparouhov und Muthén (2006b, 2010a, 2010b) die Durchführung anhand der logarithmierten Wahrscheinlichkeit angegeben.[21] Dabei wird die Differenz zwischen der logarithmierten Wahrscheinlichkeit des Nullmodells und des postulierten Modells anhand eines Korrekturterms (*cd*) adjustiert. Der skalierte Chi-Quadrat-Differenztest wird mit folgender Formel berechnet:

$$T^* = -2 * \frac{L0 - L1}{cd}$$ *Formel 17*

mit $\quad df = p1 - p0 \quad$ Freiheitsgraden. *Formel 18*

T* = skalierter Chi-Quadrat Differenztest
L0 = log likelihood des genesteten Modells (Nullmodell)
L1 = log likelihood des postulierten Modells (Alternativmodell)[22]
cd = Korrekturterm (*scaling correction factor*)

Der Korrekturterm (*scaling correction factor*) wird nach folgender Formel berechnet:

$$cd = \frac{(p0 * c0 - p1 * c1)}{p0 - p1}$$ *Formel 19*

c0 = Korrekturterm (*scaling correction factor*) des genesteten Modells (Nullmodell)
c1 = Korrekturterm (*scaling correction factor*) des postulierten Modells (Alternativmodell)
p0 = Anzahl der geschätzten Parameter des genesteten Modells (Nullmodell)
p1 = Anzahl der geschätzten Parameter des postulierten Modells (Alternativmodell)

AIC (Akaike's Information Criterion) und BIC (Bayesian Information Criterion)

Da für die Modellevaluation von MSEM mit variablen Steigungen die kovarianzbasierten Fitindizes nicht geeignet sind, erfolgt die Beurteilung der Modellgüte dieser Modelle in der Regel auf der Basis des AIC- und BIC-Werts. Besonderer Vorteil hierbei ist die Berücksichtigung der Anzahl von Parametern bei der Berechnung des AIC und BIC, wodurch auch Vergleiche von nicht genesteten Modellen ermöglicht werden (Schermelleh-Engel et al., 2003).

Der AIC und BIC basieren auf dem parameteradjustierten Chi-Quadrat-Wert. Der AIC-Wert wird wie folgt berechnet:

$$AIC = -2 \log L + 2n_p$$ *Formel 20*

---

21 Weiterführende Informationen zur Implementierung des Tests anhand von Chi-Quadrat-Statistiken sowie Beispiele hierzu befinden sich ferner auf der MPLUS-Homepage (http://www.statmodel.com/chidiff.shtml).

22 Im MPLUS-Output werden die *log likelihoods* für beide Modelle jeweils unter H0 ausgegeben. Als Nullmodell wird immer das genestete restriktive Modell betrachtet.

wobei log L der maximierte Wert der Wahrscheinlichkeitsfunktion (*Log Likelihood Function*) und n_p die Anzahl der freien Parameter des spezifizierten Modells ist. Der BIC wird zusätzlich für die Stichprobengröße (n) adjustiert.

$$BIC = -2\,log\,L + ln * n * n_p \qquad\qquad Formel\ 21$$

Da bei der Berechnung des BIC-Wertes die Stichprobengröße berücksichtigt wird, ist im Rahmen von Mehrebenenanalysen die Frage nach der geeigneten Stichprobe (Individual- vs. Clusterstichprobe) von Relevanz. Mehta und Neale (2005) schlagen die Anwendung der Clusterstichprobengröße für die Bestimmung des BIC-Wertes vor. Dabei wird das Mehrebenen-SEM als ein restringiertes CFA-Modell (konfirmatorische Faktorenanalyse) betrachtet, das an die Kovarianzmatrizen der Klassenebene angepasst wird, anstatt an die Kovarianzmatrizen der Individualebene, wie dies bei den Einebenen-SEM der Fall ist. Die Gesamtstichprobe der Cluster ist nach ihnen mit der Individualstichprobe in Einebenen-SEM vergleichbar. Eine hiermit verknüpfte und noch ungelöste Herausforderung bei likelihood-basierten Modellvergleichen sowie beim Chi-Quadrat-Differenztest für genestete Modelle ist dabei die Trennung der Modellfitwerte für die beiden Ebenen innerhalb und zwischen den Clustern (Ryu & West, 2009).

In MPLUS wird zusätzlich der von Scolve (1987) vorgeschlagene BIC ausgegeben, in dem die Stichprobe zwecks Repräsentativität an die Population adjustiert wird. Dabei wird der Stichprobenumfang n durch n^* wie folgt ersetzt (Muthén, 1998):

$$n^* = (n + 2)\,/24 \qquad\qquad Formel\ 22$$

Sowohl mit dem AIC als auch dem BIC wird das sparsame Modell bevorzugt. Je niedriger der Wert, umso besser ist dabei die Modellpassung. Mit steigender Anzahl der Parameter wächst auch der Wert des Fitindexes, jedoch wird dieser gleichzeitig nach unten korrigiert, wenn die (negative) logarithmierte Wahrscheinlichkeit (*log likelihood*) niedriger wird. Da diese bei steigender Parameteranzahl kleiner wird, wird beim Vergleich von zwei Modellen das Modell mit mehr Parametern einen niedrigeren *log likelihood*-Wert aufweisen. Jedoch wird das weniger restriktive Modell gleichzeitig für die Anzahl der zu schätzenden Parameter ‚bestraft', so dass eine wesentliche Modellverbesserung notwendig ist, damit der AIC- und BIC-Wert kleiner wird. Andererseits kann nach der Sparsamkeitsprämisse ein Modell mit einem leicht höheren Wert der logarithmierten Wahrscheinlichkeit als besser eingestuft werden, wenn die Parameterzahl gering ist (Mehta & Neale, 2005; Muthén & Asparouhov, 2008).

Bei Modellvergleichen wird das Modell gesucht, welches die beste Annäherung an die Realität darstellt. Die Fitindizes basieren dabei grundsätzlich auf 3 Kovarianzmatrizen: auf der Populationskovarianzmatrix, der Kovarianzmatrix, die am besten an die Populationsmatrix angepasst ist, sowie auf der Kovarianzmatrix, die am besten an die Stichprobenmatrix angepasst ist. Nach Reinecke (2005) resultieren hieraus drei unterschiedliche Diskrepanztypen und Fehlerarten. Der erste Diskrepanztyp bezieht sich auf die Annäherung (*error of approximation*). Die Fehlerfunktion beschreibt hierbei die Differenz zwischen der Populationskovarianzmatrix und der an die Population am besten angepassten Matrix und wird kleiner bei Hinzunahme weiterer freier Parameter. Der zweite Diskrepanztyp bezieht sich auf die Schätzung (*error of estimation*). Der Erwartungswert beschreibt die Differenz zwischen der an die Populationsmatrix am besten angepassten und der an die Stichprobenmatrix am besten angepassten Kovarianzmatrix und wird größer bei Hinzunahme weiterer freier Parameter. Der dritte Diskrepanztyp bezieht sich auf den Gesamtfehler und stellt eine Mischung aus den beiden ersten dar. Er beschreibt die Differenz zwischen der Populationskovarianzmatrix und der an die Stichprobe am besten angepassten Matrix. Der Erwartungswert stellt die Summe der ersten und zweiten Diskrepanz dar (Reinecke, 2005).

Anders ausgedrückt beschreibt der auf die Annäherung bezogene Fehler (*error of approximation*) die systematische Diskrepanz im Rahmen der Schätzung des Populationsmodells, der auf die Schätzung bezogene Fehler (*error of estimation*) dagegen die zufällige Diskrepanz, die durch den Einsatz von Stichprobendaten entstehen kann. Der AIC reflektiert die Suche nach einem Kompromiss zwischen dem Approximationsfehler und dem Schätzfehler, welcher in der Summe zur Reduktion des Gesamtfehlers führt. Im Gegensatz zum RMSEA, der auf das Populationsmodell bezogen ist und die Parameterschätzung ignoriert, impliziert der AIC, dass das geschätzte Modell zur Vorhersage weiterer Beobachtungen eingesetzt werden sollte. Mit dem RMSEA wäre grundsätzlich eine Modellannahme auch bei extrem unpräzisen Parametern möglich. Mit dem AIC wird dagegen angenommen, dass ein vereinfachtes Modell gelten kann, wenn die Vereinfachung durch eine Reduktion der Stichprobenfluktuationen und somit durch die Präzision der Parameter ausgewogen wird. So gesehen werden mit dem AIC sparsame Modelle bevorzugt (Schermelleh-Engel et al., 2003).

6.2.5.3 Implementation in der vorliegenden Arbeit

Im Rahmen der vorliegenden Analysen werden für die Modellevaluation (vgl. Kap. 6.2.5.1) der SL-SEM-Modelle folgende Fitindizes eingesetzt: Chi-Quadrat, CFI (*Comparative Fit Index*), TLI (*Tucker-Luis-Index*), RMSEA (*Root Mean Square Error of Approximation*), SRMR (*Standardized Root Mean Square Residual*). Für die MSEM-Modelle wird der Chi-Quadrat-Test mit einem Skalierungsfaktor (*scaling correction factor*) durchgeführt. Ferner werden Modellvergleiche anhand des skalierten Chi-Quadrat-Differenztests sowie der AIC (*Akaike's Information Criterion*) und des BIC (*Bayesian Information Criterion*) vorgenommen. Da die Problematik der geeigneten Stichprobe bei der Berechnung des BIC im Kontext von Mehrebenenmodellierung nicht geklärt ist (Schermelleh-Engel et al., 2003), werden in den nachfolgenden Analysen drei verschiedene BIC-Werte berechnet. Dabei basiert BIC1 auf der Individualstichprobe, BIC2 auf der korrigierten Individualstichprobe und BIC3 auf der Clusterstichprobe. Hierbei haben sich nur geringe Abweichungen in den durchgeführten Berechnungen gezeigt.

6.2.6 Fehlende Werte

Die Datensätze, auf denen die vorliegenden Analysen basieren, enthalten fehlende Werte. In Anlehnung an Lüdtke und Robitzsch (2010) lassen sich drei Gruppen von Verfahren zum Umgang mit fehlenden Werten unterscheiden: klassische Verfahren (z.B. *fallweiser Ausschluss*), imputationsbasierte Verfahren zur Ersetzung von fehlenden Werten (z.B. Imputation mit NORM; Darmawan, 2002; Schafer & Graham, 2002; Schafer & Olsen, 1998) und schließlich modellbasierte Verfahren, die eine simultane Modellschätzung und Behandlung von fehlenden Werten ermöglichen wie zum Beispiel im Rahmen von ML (*maximum likelihood*) basierten Verfahren. Sowohl imputationsbasierte als auch modellbasierte Verfahren bieten im Gegenteil zu den traditionellen Techniken (*fallweiser Ausschluss, paarweiser Ausschluss, Ersatz durch Mittelwerte*) den Vorteil, dass alle vorliegenden Informationen einbezogen werden. Zudem wird hiermit bei Verletzung der MAR-Annahme (*Missing at Random*) ein wesentlich geringeres Bias hervorgebracht als bei traditionellen Verfahren (Baraldi & Enders, 2009). Eine umfassende Übersicht vorliegender klassischer Ansätze und neuerer Entwicklungen als auch Anwendungsbeispiele findet sich zum Beispiel bei Graham (2009) sowie bei Lüdtke, Robitsch, Trautwein und Köller (2007) und Baraldi und Enders (2009). Auf spezielle Herausforderungen wie die Mehrebenenstruktur der Daten oder der Umgang mit fehlenden Werten bei der Modellierung von latenten Variablen gehen zum Beispiel Lüdtke und Robitzsch (2010) in ihrem Aufsatz ein.

In der vorliegenden Arbeit wird zum Umgang mit fehlenden Werten die in MPLUS implementierte FIML-Funktion (*Full Information Maximum Likelihood*) eingesetzt, da sich die Parameterschätzungen bei Verletzung der MAR-Annahme und/ oder der Annahme der Normalverteilung im Rahmen der FIML-Methode als erheblich besser erweisen als klassische Verfahren zur Behandlung fehlender Werte wie zum Beispiel *listwise delition, parwise delition* oder *Ersatz durch Mittelwerte* (Lüdtke, Robitzsch, Trautwein & Köller, 2007). Diese Methode gehört zu den modellbasierten Verfahren und ist dadurch charakterisiert, dass hierbei für jede einzelne Person eine Antwortwahrscheinlichkeit berechnet wird. Aus dem Produkt dieser Antwortwahrscheinlichkeiten ergibt sich die Wahrscheinlichkeit des Gesamtmodells. Wie Lüdtke und Robitsch (2010) an einem Beispiel illustrieren, fließen die fehlenden Werte in die Berechnung der Modellparameter nicht ein. Demnach beziehe die Berechnung einer Regression von X auf Y alle Werte aus X ein, auch wenn diese auf der Y-Variablen fehlende Werte beinhaltet. Der Zusammenhang zwischen diesen beiden Variablen dient dazu, die Schätzung des Mittelwerts von Y zu adjustieren. Demnach wird im Rahmen des FIML-Ansatzes keine Imputation fehlender Werte vorgenommen, sondern eine Schätzung der Populationsparameter und ihrer Standardfehler auf der Basis der beobachteten Daten unter der Annahme MAR (Lüdtke & Robitzsch, 2010, S. 27). Nach Lütke und Robitzsch (2010) ließe sich das FIML-Verfahren mit Hilfe der zugänglichen Software zwar leicht umsetzen, nachteilig sei jedoch der unflexible Umgang mit großen Mengen an Hilfsvariablen, dessen Einsatz bei Verletzung der MAR-Annahme empfehlenswert sei. Kritisch diskutiert wird darüber hinaus die Frage der Anpassungsgüte der Strukturgleichungsmodelle. Dabei sinke die Sensitivität der gängigen inkrementellen Fitstatistiken (CFI, TLI) gegenüber einer Fehlanpassung des Modells, da sich diese bei großen Mengen fehlender Daten augenscheinlich verbessern (McElvany, 2010). Dagegen würden sich der RMSEA und Chi-Quadrat basierte Fitindizes als robuste Schätzer erweisen. Ein weiterer Kritikpunkt ist nach Lütke und Robitzsch (2010) die Tatsache, dass abhängig von den Modellvariablen unterschiedliche Annahmen über den Ausfallprozess implizit getroffen werden und Modellvergleiche insofern als problematisch erscheinen. Diese Problematik wurde in der Idee des *saturated-correlatesmodel* aufgegriffen. Dabei werden Hilfsvariablen in einem Strukturgleichungsmodell mit allen Variablen im Analysemodell sowie mit dem Residuum *e* der abhängigen Variablen korreliert (Baraldi & Enders, 2009).

6.2.7 Implementierung der SL-SEM- und MSEM-Modelle in Mplus

In MPLUS stehen grundsätzlich zwei allgemeine Ansätze zur Analyse von komplexen Datenstrukturen zur Verfügung, die aggregierte Modellierung sowie die Mehrebenenmodellierung (Stapleton, 2006). Die aggregierte Modellierung ist für Analysen der Individualebene angebracht und liefert korrigierte Standardfehler und Chi-Quadrat-Statistiken, die die Stratifikationseffekte, die Abhängigkeit von Beobachtungen in geklumpten Stichproben sowie ungleiche Ziehungswahrscheinlichkeit berücksichtigen. Basierend auf diesem Ansatz erfolgt in der vorliegenden Arbeit die Zerlegung der primären und sekundären Effekte auf der Individualebene.

Da im Rahmen der aggregierten Modellierung keine Varianzzerlegung vorgenommen wird, ist diese Methode nicht zur Betrachtung der Effekte auf der Kontextebene (*between*) oder zwischen der Individual- und der Kontextebene geeignet. Hierfür steht in MPLUS der Mehrebenenansatz zur Verfügung, im Rahmen dessen die Varianzzerlegung in Anlehnung an Muthén (1994) vorgenommen wird. Dabei erfolgt eine Modellspezifikation für jede Ebene, womit die Abhängigkeit von Beobachtungen in geklumpten Datensätzen direkt kontrolliert wird. Entsprechend werden im Folgenden Kompositions- und Kontexteffekte anhand von Mehrebenen-Strukturmodellierung analysiert. Zur Kontrolle von Stichprobeneffekten können hierbei Gewichte auf Individual- und Clusterebene eingesetzt werden. Im Rahmen der Mehrebenenmodellierung mit latenten Konstrukten können ferner variable Mittelwerte sowie Steigungen spezifiziert werden. Obwohl MPLUS grundsätzlich auf Zweiebenenmodelle eingeschränkt ist, können Klumpungseffekte durch Verknüpfung des TYPE = MULTILEVEL-Befehls mit dem COMPLEX[23]-Befehl zusätzlich auf einer weiteren Ebene kontrolliert werden. Die Standardfehler sowie der Chi-Quadrat-Test für den Modellfit werden unter Berücksichtigung der Abhängigkeit von Variablen und ungleicher Ziehungswahrscheinlichkeit berechnet. Im Folgenden wird auf die methodische Umsetzung der Modellierung in MPLUS eingegangen.

---

23 TYPE = MULTILEVEL COMPLEX; Klumpungseffekte der PSU werden mit dem COMPLEX-Befehl angegeben (z.B. Schulen); Klumpungseffekte der SSU werden mit dem TWOLEVEL-Befehl angegeben (z.B. Klassen).

6.2.7.1 Parameterschätzung und Teststatistiken

MLR-Schätzer in MPLUS

Die ML Parameter zeigen sich bei nicht gegebener Normalverteilung der Daten zwar als konsistent, jedoch nicht bei asymptotischer Verteilung der Standardfehler (Asparouhov & Muthén, 2007a, S. 3). Das Auftreten von verzerrten Standardfehlern bei nicht normal verteilten Variablen führt zu verzerrten Parametern, die bei Strukturgleichungsmodellen in einem β-Fehler resultieren (Hox, 2008). Da bei Mehrebenen-Mediationsanalysen die Clustereffekte immer asymptotisch verteilt sind (Preacher et al., 2011), wird in den nachfolgenden Analysen auf varianz- und mittelwertadjustierte Schätzverfahren wie das in MPLUS implementierte MLR-Schätzverfahren *(maximum likelihood parameter estimates with robust standard errors and a chi-square test statistic)* zurückgegriffen (Asparouhov & Muthén, 2007a, S. 3; Muthén & Muthén, 2012, S. 533) In Verknüpfung mit dem TYPE = COMPLEX-Befehl ist der MLR-Schätzer robust gegenüber Verletzungen von Annahmen der Normalverteilung und der Unabhängigkeit von Beobachtungen. Dabei wird ein robuster Schätzer der Standardfehler sowie ein mittelwert- und varianzadjustierter Chi-Quadrat-Test eingesetzt, der dem Yuan-Bentler-T2*-Schätzer entspricht (Bryant & Satorra, 2011; Carroll, Wang, Simpson, Stromberg & Ruppert, 1998; Satorra & Bentler, 2001; Yuan & Bentler, 2000; Zeileis, 2006).

Der MLR-Schätzer ist ein, wegen seiner rechnerisch einfachen Handhabung, in der Praxis oft implementiertes Schätzverfahren zur Modellierung komplexer Modelle (Preacher et al., 2010). Dabei wird auf einen ML-Schätzer zurückgegriffen, der mit Hilfe eines beschleunigten EMA-Algorithmus berechnet wird (EMA, *Accelerated Expectation Maximization*, Asparouhov & Muthén, 2007a, S. 2532, 2008; Bock & Aitkin, 1981; Carle, 2009; B. O. Muthén & Asparouhov, 2008; Verbeek, Nunnink & Vlassis, 2006). Während andere Schätzmethoden wie zum Beispiel die Bayesian'sche Methode nach Preacher et al. (2010) teilweise rechenintensiver, aufwendig in der Implementierung und in methodischer Hinsicht mit Einschränkungen verknüpft sind (z.B. keine Möglichkeit zur Modellierung von variablen Steigungen für latente Covariate), ermöglicht der in MPLUS (5 und spätere Versionen) als robuster Schätzer der maximalen Wahrscheinlichkeit implementierte beschleunigte EM-Algorithmus (EMA) die Handhabung sowohl von variablen Steigungen als auch von nicht balancierten Datensätzen und liefert darüber hinaus Anpassungswerte, die fehlende Werte einbeziehen. Da hierbei keine Annahme der Normalverteilung erforderlich ist, werden robuste Schätzungen für asymptotische Kovarianzen der geschätzten Parameter und für den Chi-Quadrat-Wert produziert. Dabei sei die Umsetzung rechentechnisch effizienter als vorherige Schätzmethoden (Preacher et al., 2010).

Numerische Integration

Im Rahmen von ML basierter Modellschätzung von variablen Steigungen wird in MPLUS die numerische Integration eingesetzt, wenn die Modelle kategoriale endogene Variablen beziehungsweise kontinuierliche latente Variablen beinhalten oder wenn fehlende Werte in der abhängigen Variablen auftreten. In den vorliegenden Berechnungen wird die numerische Integration, obwohl rechenintensiv, zur Spezifikation der Modelle mit variablen Steigungen eingesetzt. Bei der Spezifikation ALGORITHM = INTEGRATION ist der MLR-Schätzer die Standardeinstellung. Die Integrationspunkte sind per Voreinstellung auf 15 Integrationspunkte pro Dimension eingestellt. Mit steigender Anzahl der Zufallseffekte steigt die Anzahl der Dimensionen im Modell, für die jeweils numerische Integrationen vorgenommen werden. Die Anzahl der numerischen Integrationen steigt dabei quadratisch an und beansprucht in komplexen Modellen hohe Rechenkapazität. Deshalb kann in komplexen Modellen die Notwendigkeit auftreten, die Anzahl der Integrationspunkte pro Dimension auf 10 zu verringern.

Parametrisierung

Die Berechnung von Parametern erfolgt im Rahmen der Modellschätzung mit MPLUS anhand der Delta-Parametrisierung, die sich anhand von Simulationsstudien als vorteilhaft für viele Anwendungen erwiesen hat (Muthén & Muthén, 2012, S. 611). Dabei werden Faktorladungen von latenten kontinuierlichen Variablen auf die entsprechenden beobachteten kategorialen endogenen Variablen berücksichtigt, jedoch nicht die Residualvarianzen der kontinuierlichen latenten Faktoren. Dabei werden die Faktorindikatoren latenter Konstrukte auf Eins fixiert und können somit nicht als Modellparameter fungieren. Dies steht im Gegensatz zu der Theta Parametrisierung, in der die Residualvarianzen der kontinuierlichen latenten Faktorvariablen der beobachteten kategorialen endogenen Variablen im Modell berücksichtigt werden, deren Faktorladungen jedoch nicht. Dabei werden die Varianzen und Residualvarianzen der latenten Konstrukte auf Eins fixiert. In den vorliegenden Modellen wird die Delta-Parametrisierung eingesetzt.

6.2.7.2 Zentrierung von Variablen in Mehrebenenmodellen

Die Zentrierung von Variablen im Rahmen von Mehrebenenanalysen ist eine wichtige Voraussetzung für eine angemessene Interpretation der Ergebnisse (Enders & Tofighi, 2007). Die Entscheidung für eine bestimmte Zentrierungsmethode (Zentrierung am Gruppen- vs. Gesamtmittelwert) sollte abhängig davon getroffen werden, auf welche Ebene sich die Fragestellung bezieht. Wenn der Analysefokus auf der Individualebene liegt, sollten die L2-Prädiktoren um den Gruppenmittelwert zentriert werden (*unconflated multilevel modeling*, UMM, Raudenbush & Bryk, 2002) Hierdurch wird die gesamte L2-Varianz des Prädiktors nivelliert, womit die ermittelten Effekte ‚reine' Effekte der jeweiligen Ebene darstellen und entsprechend interpretiert werden können (Enders & Tofighi, 2007). Impliziert wird hiermit, dass die relative Position eines Individuums innerhalb des Kontextes (z.B. der Schülerin und des Schülers innerhalb der Klasse) zur Vorhersage der Kriteriumsvariablen bedeutsam ist. Bei Fragestellungen, die sich auf die Clusterebene beziehen (z.B. Schulen), sollten dagegen die L1-Variablen um den Gesamtmittelwert zentriert werden, um bereinigte L2-Effekte zu erhalten. Im Folgenden wird die Zentrierung in den vorliegenden Modellen dargestellt.

Intercept-as-outcomes-models – Überprüfung des Einflusses der Kompositionseffekte auf Lernergebnisse und die Übergangsentscheidung

In Modellen, in denen der Einfluss eines Prädiktors auf zwei Ebenen simultan überprüft werden soll, können sowohl gruppenzentrierte als auch gesamtmittelwertzentrierte Prädiktorvariablen eingesetzt werden. Bei gruppenzentrierten Analysen wird geprüft, ob der L2-Prädiktor einen zu dem L1-Effekt zusätzlichen Einfluss auf die Kriteriumsvariable hat. Dabei wird der Unterschied zwischen den beiden Regressionskoeffizienten betrachtet. Im Rahmen der gesamtmittelwertzentrierten Analysen wird überprüft, ob sich der Einfluss des L2-Prädiktors unter Kontrolle des L1-Effekts nachweisen lässt. Dabei wird geprüft, ob der L2-Regressionskoeffizient von Null unterschiedlich ist. Beide Zentrierungsarten führten zu korrekten Ergebnissen (Enders & Tofighi, 2007). Nach Algina und Swaminathan (2011) sind gesamtmittelwertzentrierte Analysen leichter zu interpretieren, da sie direkt die H_0-Hypothese überprüfen. Bei gruppenzentrierten Analysen muss dagegen die H_0-Hypothese als Differenz zwischen der *between*-Varianz und der *within*-Varianz geprüft werden. In jedem Fall wird empfohlen, in Modellen, in denen der Effekt von aggregierten L2-Prädiktoren auf die individuellen L1-Kriteriumsvariablen überprüft werden soll, die Angaben auf der Individualebene zu kontrollieren (Algina & Swaminathan, 2011).

In der vorliegenden Literatur erfolgt die Überprüfung von Effekten der Schülerkomposition in der Regel anhand von gruppenzentrierten Variablen (*contextual/compositional models*, Raudenbush & Bryk, 2002). Der Analysefokus liegt dabei sowohl auf der Individual- als auch auf der Kontextebene. In den nachfolgenden Analysen erfolgt die Überprüfung der kumulierten Effekte der familiären Hintergrundmerkmale auf die Übergangsvariablen anhand von gruppenzentrierten Prädiktorvariablen. Ferner werden nachfolgend die Unterrichtsmerkmale anhand von aggregierten Angaben von Schülerinnen und Schülern als Kontexteffekte modelliert. Dabei werden die L2-Effekte, ebenso wie bei der Modellierung der Kompositionseffekte, als die Differenz zwischen dem individuellen und Kontexteffekt in einem gruppenzentrierten Ansatz berechnet.

Intercept-as-outcomes-models – Überprüfung des Einflusses der Kontextfaktoren auf Lernergebnisse und die Übergangsentscheidung

Variablen, die bereits auf der Kontextebene erhoben wurden, können entweder um den Gesamtmittelwert zentriert oder unzentriert modelliert werden. Die Zentrierung um den Gesamtmittelwert wird bei Berechnungen höherer Ordnung empfohlen, wie dies zum Beispiel für die Quer-Ebenen-Interaktionseffekte zutrifft (Enders & Tofighi, 2007). Daher werden in den nachfolgenden Analysen die L2-Prädiktoren (Schul- und Umfeldfaktoren) in den Modellen mit variablen Mittelwerten um den Gesamtmittelwert zentriert.

Random-regression-coefficients-models – Überprüfung der Unterschiede zwischen den Klassen in den Zusammenhängen

Nach Raudenbush und Bryk (2002) erweist sich die Schätzung der Steigungsvarianz über Cluster hinweg mit gruppenzentrierten Variablen als präziser als die mit gesamtmittelwertzentrierten Variablen. Für den Fall, dass der Analysefokus auf dem Effekt innerhalb von Gruppen liegt, sollten nach Algina und Saminathan (2011) in *random-regression-coefficients*-Modellen gruppenzentrierte Variablen eingesetzt werden (Enders & Tofighi, 2007). Die Varianzanalysen der Steigungskoeffizienten werden daher in den nachfolgenden Modellen mit gruppenzentrierten Variablen durchgeführt.

Intercepts-and-slopes-as-outcomes-models: Überprüfung des Einflusses von Kompositions- und Kontextfaktoren auf die Stärke der Zusammenhänge. Modelle mit Quer-Ebenen-Interaktionseffekten (cross-level interactions).

Bei der Modellierung von Interaktionseffekten wird eine Zentrierung um den Gesamt-mittelwert ausdrücklich empfohlen, da die Interaktionskoeffizienten unabhängig voneinander berechnet werden und die Ergebnisse leichter zu interpretieren sind (Enders & Tofighi, 2007). In gruppenzentrierten Modellen werden einerseits Effekte innerhalb von Gruppen (*within*) und andererseits Effekte zwischen den Gruppen (*between*) betrachtet. Dabei werden die L1-Modellvariablen (*within*) sowohl mit den Variablen der Individualebene (L1) als auch mit den Variablen der Gruppenebene (L2, *between*) korreliert, während in gesamtmittelwertzentrierten Modellen die L1-Variablen mit den L2-Variablen nicht korreliert sind. Damit werden im gesamtmittelwertzentrierten Modell die Quer-Ebenen-Interaktionseffekte sowie die L2-Interaktionseffekte unabhängig voneinander geschätzt. Simulationsstudien zeigen, dass obwohl die Koeffizienten der gruppenzentrierten Variablen als partielle Korrelationen bereinigte Schätzungen der Quer-Ebenen-Interaktionseffekte darstellen, die mit L2-Interaktionseffekten nicht konfundiert sein sollten, die Gruppenzentrierung zu einer Überschätzung der Quer-Ebenen-Interaktionseffekte führt, während die mittelwertzentrierten Analysen korrekte Ergebnisse produzieren (Enders & Tofighi, 2007). Daher seien gruppenzentrierte Modelle lediglich für die Analyse der L2-Interaktionseffekte geeignet, nicht jedoch der Quer-Ebenen-Interaktionseffekte. In Modellen, in denen die Steigungsvarianz durch L2-Prädiktorvariablen erklärt wird, sollte demnach der L1-Prädiktor unzentriert oder am Gesamtmittelwert zentriert werden (Aiken & West, 1991). Der Fokus liegt in solchen Analysen auf dem Effekt innerhalb von Gruppen sowie auf dem Kontexteffekt. In den nachfolgenden Modellen werden die Quer-Ebenen-Interaktionseffekte anhand von gesamtmittelwertzentrierten Variablen berechnet.

6.2.7.3 Standardisierung von Variablen

Für die Modellierung von Strukturgleichungsmodellen werden in den nachfolgenden Berechnungen alle Variablen z-Standardisiert (Lüdtke et al., 2008). MPLUS liefert darüber hinaus für die MSEM-Modelle mit variablen Mittelwerten ebenso wie für SL-SEM-Modelle unstandardisierte sowie standardisierte Ergebnisse. Bei der aggregierten Modellierung der SL-SEM-Modelle ist diese Standardisierung angemessen und wird zur Interpretation der Koeffizienten eingesetzt. Die Standardisierung in den Mehrebenenmodellen erfolgt getrennt für jede Ebene, die wie multiple, separate Gruppen behandelt werden. Sinnvoll ist dies jedoch nur, wenn die Effekte innerhalb von Gruppen (*within*) und zwischen den Gruppen (*between*) unabhängig voneinander betrachtet werden. Dagegen sind bei Bestimmung der aggregierten Kompositions- und Kontexteffekte, die auf Vergleichen von Koeffizienten zwischen beiden Ebenen beruhen, andere Standardisierungen erforderlich. Marsh et al. (2009a) empfehlen für die kontinuierlichen L2-Prädiktoren im Rahmen von Kompositions- und Kontextanalysen mit dem Mehrebenenansatz den Koeffizienten nach Tymms (2004), der sich ähnlich wie die Effektstärke[24] (Bortz, 2005) interpretieren lässt.

$$ES1 = \frac{(2*B*SD_p)}{\sigma_e} \qquad\qquad \textit{Formel 23}$$

$ES1$	=	Effektstärke 1 (*effect size*)
B	=	unstandardisierter Regressionskoeffizient
SD_p	=	Standardabweichung des Prädiktors auf L2
σ_e	=	Standardabweichung des Residuums auf L1

Die daraus resultierende Effektstärke beschreibt nach Marsh et al. (2009a) Differenzen in der abhängigen Variablen als die durchschnittliche Abweichung zwischen zwei L2-Gruppen, die sich um zwei Standardabweichungen in der Prädiktorvariablen unterscheiden. Der Nachteil des ES1-Koeffizienten liege darin, dass dieser in Relation zu der Residualvarianz des L1-Prädiktors bestimmt wird, die in Abhängigkeit von anderen Prädiktoren im Modell stark differieren kann, so die Autoren. In Anlehnung an ES1 berechnen sie zwei weitere Maße für die Bestimmung der Effektstärken. Demnach wird ES2 auf der Basis der L1-Gesamtvarianz anstatt des Residuums σ_e errechnet. Bei der ES3 wird der Kontexteffekt in Relation zu der L1- und L2-Gesamtvarianz der Kriteriumsvariablen und der L2-Varianz des Prädiktors bestimmt. Dieser Koeffizient sei der am meisten konservative von allen drei Koeffizienten (Marsh et al., 2009a).

In den vorliegenden Analysen wird für die SL-SEM-Modelle die Standardisierung aus MPLUS (*stdyx*) und für die Kontextanalysen werden die Standardisierungen nach Marsh et al. (2009a) implementiert. Für Berechnungen von variablen Steigungen werden unstandardisierte Koeffizienten angegeben, da hierbei bislang keine etablierten Standardisierungsvorschläge vorliegen (Kenny et al., 2003; Marsh et al., 2009a; Mehta & Neale, 2005).

---

24 Die *Effektstärke* oder *Effektgröße* wird anhand des Cohens *d* in folgender Weise eingeschätzt: Effekte bis .20 werden als klein, bis .50 als mittel stark und bis .80 als stark interpretiert. Cohens *d* kann annähernd mit folgender Formel eingeschätzt werden: *d* = 2*r* (Korrelationskoeffizient = *r*) (Bortz, 2005).

6.2.8 Die Kausalitätsfrage

Da die in der vorliegenden Arbeit implementierten Modelle von kausalen Beziehungen ausgehen, wird im Folgenden in Kürze auf die Kausalitätsfrage eingegangen. Nach Preacher und Hayes (2007) lassen sich als Bedingungen zur kausalen Interpretation folgende Punkte benennen: Erstens muss die Ursache zeitlich vor dem interessierenden Effekt liegen *(temporal precedence)*, ferner müssen sich erwartete Kovarianzmuster in den Daten wiederfinden lassen *(concomitant variation)* und schließlich sollten sonstige potenzielle Kovariaten eliminiert werden (elimination of spurious covariation, Preacher & Hayes, 2007). Nach Preacher und Hayes (2007) führe die gemeinsame Varianz, die aus der Tatsache resultiert, dass Individuen gemeinsam bestimmten Bedingungen ausgesetzt sind, ohne Kontrolle von Kovariaten zur Überschätzung der Regressionsgewichte, die zur Berechnung der Mediation eingesetzt werden. Kausale Einwirkungen ließen sich zudem zuverlässiger analysieren, wenn die Erhebung der Bedingungen (Moderatoren) vor der Untersuchung der Effekte stattfindet. Cole und Maxwell (2003) argumentieren jedoch, dass eine Erhebung in zeitlich adäquater Abfolge keine Garantie dafür darstellt, dass die Ereignisse in der angenommenen Reihenfolge in der Realität auftreten. Die zeitlich vorangeschaltete Erhebung von Bedingungen und Ursachen garantiert nur, dass die theoretisch angenommene Ereignisreihenfolge angemessen anhand der vorliegenden Daten repräsentiert wird.

Deutlich wird, dass Voraussetzungen zur Untersuchung von Kausalität zum großen Teil an das Studiendesign gebunden sind. In Mediationsmodellen, die (wie in der nachfolgenden Untersuchung) auf Querschnittdaten beruhen, werden kausale Zusammenhänge quasi a priori geltend gemacht und können strenggenommen nicht empirisch geklärt werden, da die für die Modellierung von kausaler Inferenz spezifischen Voraussetzungen nicht erfüllt werden (Seibel & Nygreen, 1972). In solchen Fällen sollte nach Preacher and Hayes (2007) einerseits eine elaborierte theoretische Fundierung vorliegen und andererseits sollte als Mindestanforderung darauf geachtet werden, dass die Annahmen von Mediationsmodellierung nicht verletzt werden.[25] In vorliegenden Analysen wird daher besonders darauf geachtet, dass kausale Interpretationen der Ergebnisse einen stringenten Bezug zur theoretisch abgeleiteten Hypothesen aufweisen. Daneben wird auf Konsistenz der Befunde in den unterschiedlichen Modellen, die für die vorliegenden Analysen berechnet werden, geachtet (vgl. hierzu auch die Diskussion zur Kausalität in Kap. 8.2.2).

---

25 Demnach wird erstens angenommen, dass zwischen dem Prädiktor und dem Mediator eine Beziehung besteht und die Varianz der Prädiktorvariablen die Varianz der Mediatorvariablen signifikant erklären sollte. Zweitens wird angenommen, dass zwischen dem Mediator und dem Kriterium ebenfalls eine Beziehung besteht, die sich darin verdeutlicht, dass die Varianz der Mediatorvariablen die Varianz der Kriteriumsvariablen signifikant erklärt. Drittens wird davon ausgegangen, dass die direkte Beziehung zwischen dem Prädiktor und dem Kriterium durch das Hinzufügen des Mediators reduziert wird. Damit sollte nach Kontrolle von einer oder mehreren Mediatorvariablen die zuvor signifikante Beziehung zwischen dem Prädiktor und dem Kriterium die Signifikanz verlieren, bzw. der Zusammenhang sollte bedeutsam geringer werden (Seibel & Nygreen, 1972).

6.3   Vorgehensweise und Modellierung

6.3.1 Modellierungsschritte

In den nachfolgenden Analysen werden schulische Bereiche überprüft, die die Perpetuierung von Chancenungleichheit im Schulsystem bedingen. Auf dieser Basis werden Potenziale zur Reduzierung der Chancenungleichheit aufgezeigt. Dabei wird in Anlehnung an Theorien sozialer Ungleichheit (Bourdieu & Passeron, 1973) angenommen, dass im Rahmen von Bildungsempfehlungen der Lehrkräfte sowie von Übergangsentscheidungen der Eltern primäre und sekundäre Ungleichheitseffekte auftreten (Boudon, 1974). Angenommen wird, dass sich die primären Effekte in der Abhängigkeit der individuellen Leistungsperformanz von den Hintergrundmerkmalen in dem Analysemodell zeigen, die sekundären in der Abhängigkeit der Bildungsentscheidungen von den Hintergrundmerkmalen. Die schulischen Potenziale zur Minimierung von Chancenungleichheiten wurden in Anlehnung an die Forschung zu schulischen Bedingungen der sozialen Reproduktion herausgearbeitet und in Anlehnung an organisationstheoretische Ansätze systematisiert (Scheerens & Bosker, 1997) (vgl. Kap. 5.1.3, 7.4, 7.3, 7.5).

Nachdem in Kapitel 5.2 das theoretische Analysemodell bereits vorgestellt wurde, sollen im Folgenden die methodischen Schritte im Rahmen der Modellierung erläutert werden. Die methodische Handhabung der Klumpungseffekte (Schülerinnen und Schüler in Klassen) erfolgt in allen durchgeführten Analysen durch die direkte Mehrebenenmodellierung. Eine Ausnahme stellt die im ersten Schritt durchgeführte Modellierung der primären und sekundären Ungleichheitseffekte anhand des Einebenen-Strukturgleichungsmodells (SL-SEM) dar. Hierbei werden die Klumpungseffekte durch den Ansatz der aggregierten Modellierung (*aggregate modeling*) kontrolliert. Ferner wird das im Datensatz zur Verfügung gestellte individuelle Schülergewicht zur korrekten Varianzschätzung eingesetzt. Die Stratifikationseffekte bleiben aufgrund fehlender Information im Datensatz in allen Modellen unberücksichtigt. Eine Übersicht der Modelle findet sich im Anhang (A.2).

*Schritt 1: Überprüfung der primären und sekundären Ungleichheitseffekte
          (Einebenen-Strukturgleichungsmodell, SL-SEM, vgl. Tabelle 2
          im Anhang A.2)*

Unter Kontrolle von Leistungen und vorschulischer Voraussetzungen der Schülerinnen und Schüler werden im ersten Schritt primäre und sekundäre Effekte des familiären Hintergrunds auf die Übergangsempfehlungen von Lehrkräften und geplante Elternentscheidung auf der Individualebene analysiert (Kap. 7.1). Klumpungseffekte werden anhand der aggregierten Modellierung (Kap. 6.2.2) mit Gewichten implementiert. Die Stratifikationseffekte werden dabei anhand der individuellen Gewichtungsvariablen modelliert (HOUWGT, vgl. auch Kap. 6.2.4.1). Anhand des SUBPOPU-LATION-Befehls (Muthén & Muthén, 2012) wird die Teilstichprobe von Eltern und Kindern aus Bundesländern mit unverbindlicher Übergangsempfehlung ausselektiert, während die Gewichtung auf der Basis der ganzen Stichprobe vorgenommen wird.

Dadurch wird für die Analysen zwar nur auf eine Teilpopulation zurückgegriffen, für die Gewichtung wird jedoch die ganze Stichprobe einbezogen. Das Vorgehen bietet den optimalen Umgang für Teilstichprobenanalysen von repräsentativen Datensätzen und ermöglicht die Generalisierung der Befunde (vgl. auch Kap. 6.2.4.3). Die Variablen werden nicht zentriert.

Schritt 2:   Überprüfung der Unterschiede zwischen den Schulklassen anhand der Zwischen-Klassen-Varianz der Mittelwerte (Konfirmatorische Mehrebenen-Faktorenanalyse, Multilevel Confirmatory Analysis, MCFA, random-intercepts-model, vgl. Tabelle 2 im Anhang A.2)

Bei der als nächstes durchgeführten Überprüfung der Unterschiede zwischen den Schulklassen werden Differenzen im Niveau der abhängigen Variablen anhand des ICC betrachtet (Kap. 7.2). Sollten signifikante Unterschiede zwischen den Klassen nachgewiesen werden, können ferner hierfür Kompositions- und Kontexteffekte als Moderatoren eingefügt werden. Die Gewichtung der Individualebene erfolgt wie im ersten Schritt. Die Variablen werden um den Gruppenmittelwert zentriert.

Schritt 3:   Modellierung der Kompositionseffekte des Schülerhintergrunds und der Kontexteffekte des schulischen und regionalen Umfelds auf die Übergangsentscheidungen (MSEM, intercepts-as-outcomes-model, vgl. Tabelle 2 im Anhang A.2)

Im dritten Schritt werden die schulischen Kompositions- (Kap. 7.3) und Kontextfaktoren analysiert (Kap. 7.4). Dabei werden zum einen die Individualmerkmale auf der Kontextebene modelliert, um Informationen über den Einfluss der Klassenzusammensetzung auf die individuellen Variablen zu gewinnen. Zum anderen erfolgt eine Überprüfung der Bedeutung des institutionellen und regionalen Kontextes für die soziale Reproduktion am Übergang von der Primär- in die Sekundarstufe. Sollte sich zum Beispiel herausstellen, dass bestimmte Klassen- oder Schulkontexte generell mit höheren Bildungsentscheidungen einhergehen, können hieraus Merkmale abgeleitet werden, die Potenziale zur Reduzierung von Chancenungleichheit bieten. Analysiert wird somit, ob schulische Umweltfaktoren die Chancenungleichheit moderieren. Auf die Interaktionseffekte wird in den hierauf folgenden Modellen eingegangen. Die Kompositionseffekte der Klassenzusammensetzung sowie die unterrichtlichen Kontextfaktoren werden um den Gruppenmittelwert zentriert. Die auf der Aggregatsebene erhobenen schulischen Kontexteffekte werden dagegen um den Gesamtmittelwert zentriert. Damit ist der Einsatz des Unterbefehls SUBPOPULATION in MPLUS (Muthén & Muthén, 2012) für die Analysen der Kontextfaktoren nicht möglich, wodurch sowohl die Analysen als auch die Gewichtung auf der Basis einer Teilstichprobe vorgenommen werden müssen. Das Vorgehen ist mit Einschränkungen der Datengeneralisierbarkeit verknüpft (vgl. Kap. 6.2.4.3, 8.2.2).

Schritt 4: Überprüfung der Unterschiede zwischen den Schulklassen in dem Grad
der Perpetuierung von Chancenungleichheit anhand der Variabilität von
Regressionssteigungen der Hintergrundmerkmale auf die Übergangs-
variablen (MSEM, random-slopes-model, vgl. Tabelle 2 im Anhang A.2)

Da der ICC lediglich die Auskunft über die Varianz im Niveau der abhängigen Variablen auf Gruppenebene liefert (Hartig & Rakoczy, 2008), jedoch nicht über die Unterschiede in den Zusammenhängen, wird im vierten Schritt die Varianz der Effekte der L1-Prädiktoren in den Modellen freigesetzt (Kap. 7.5.3). Die Zwischen-Klassen-Varianz der Steigungen deutet auf Unterschiede in dem Grad, in welchem die primären und sekundären Effekte in den untersuchten Klassen zum Tragen kommen. Die Variablen werden um den Gruppenmittelwert zentriert. Klumpungseffekte werden wie in den Modellen mit variablen Mittelwerten (*random-intercepts-models*, Schritt 2 und 3) anhand des Mehrebenenansatzes sowie mit Gewichtung modelliert.

Schritt 5: Modellierung der ungleichheitsreduzierenden Faktoren der
Klassenkomposition und des Schulkontextes (MSEM, intercepts-and-
slopes-as-outcomes-model, vgl. Tabelle 2 im Anhang A.2)

In einem letzten Schritt werden Variablen der Klassenebene (Kompositions- und Kontexteffekte) als Quer-Ebenen-Interaktionseffekte (*cross-level-interaction*) in das Modell eingefügt (Kap. 7.5.4 und 7.5.5). Die aufgeklärten Anteile der Steigungsvarianz liefern hierbei Erkenntnisse darüber, welche schulischen Bereiche zur Reduzierung von Chancenungleichheit innerhalb von Klassen beitragen können. Die Variablen werden gewichtet und um den Gesamtmittelwert zentriert.

6.3.2 Vorbereitende Arbeiten

Vorbereitende Analyse der Individualvariablen (1): Überprüfung der Faktoren-
struktur der latenten Individualvariablen (Quer-Ebenen-Invarianz, random-inter-
cepts-model, vgl. Tabelle 2 im Anhang A.2 und Anhang A.7.1.1)

Zur Vorbereitung der Mehrebenenmodellierung erfolgte zum einen die Überprüfung der Faktorenstruktur der Individualvariablen im Hinblick auf ihre Quer-Ebenen-Messinvarianz (MSEM, random-intercepts-model) in einem Mehrebenenmodell. Die Restvarianz der manifesten Variablen kann dabei berechnet und in weiteren Modellen fixiert werden, wenn diese nicht bedeutsam ist (Christ & Schlüter, 2012; Hox, 2008). Die Klumpungseffekte wurden hierbei direkt in einem Mehrebenenansatz modelliert. Hierbei erfolgte die Gewichtung der Individualebene wie im ersten Schritt anhand der individuellen Gewichtungsvariablen in Verbindung mit dem SUBPOPULATION-Befehl (vgl. auch Kap. 6.2.4). Die Variablen, die auf der Kontextebene modelliert werden, wurden um den Gruppenmittelwert zentriert. Die detaillierte Darstellung der Vorgehensweise und der Ergebnisse findet sich im Anhang A.7.1.

Die vorgestellten Modellvergleiche zeigen, dass das Modell mit teilweise fixierten L2-Residuen die Daten besser beschreibt als das Modell mit vollständig fixierten

L2-Residuen. Das Modell mit teilweise fixierten L2-Residuen unterscheidet sich nicht signifikant von dem nichtrestriktiven Modell A mit variablen Residuen. Für nachfolgende Analysen werden die Residualvarianzen der Faktorindikatoren bis auf den Faktor ‚Motivation zur Mitarbeit im Deutschunterricht' als messinvariant in Bezug auf die beiden Modellebenen modelliert (Mehta & Neale, 2005) und somit auf der Kontextebene auf den Wert Null fixiert. Angenommen wird dabei, dass die L2-Varianz der Faktorindikatoren vollständig durch das latente Konstrukt auf der Kontextebene erklärt wird.

Vorbereitende Analyse 2: Wahl der Aggregationsart der Kompositions- und Unterrichtsfaktoren (random-intercepts-model, vgl. Tabelle 2 im Anhang A.2 und Anhang A.7.2.1 und A.7.3.1)

Im Rahmen latenter Aggregation werden die L2-Konstrukte sowohl in Bezug auf die Itemstichprobe als auch in Bezug auf die Personenstichprobe latent modelliert (*doubly-latent-model*, M4 Marsh et al. (2009a, vgl. auch Kap. 6.2.3.4). Damit wird angenommen, dass die latente Aggregationsart der L1-Angaben für die Bestimmung der Effekte am besten geeignet ist. Diese Annahme wurde im Voraus überprüft, indem verschiedene Aggregationsarten (*multilevel latent covariate*, MLC vs. *multilevel manifest covariate*, MMC, Lüdtke et al., 2008; M4 vs. M3 Aggregation nach Marsh et al., 2009a) der Kompositions- sowie der Unterrichtsvariablen miteinander verglichen wurden. Dabei wurde überprüft, ob die Ergebnisse aus der Simulationsstudie von Lüdtke et al. (2008) anhand der vorliegenden Daten nachvollzogen werden können. Genaues Vorgehen und Ergebnisse sind im Anhang A.7.2.1 und A.7.3.1 dargestellt.

Bei der formativen Aggregation (betrifft hier die Kompositionsmerkmale) sollte die Entscheidung zwischen den beiden Aggregationsarten (M3 vs. M4) grundsätzlich in Abhängigkeit vom *sampling ratio* vorgenommen werden. Da jedoch zur L2-Aggregationsart in Bezug auf die Personenstichprobe insgesamt noch wenig fundierte und umfassende Simulationsstudien vorliegen (Lüdtke et al., 2008), wurden in der vorliegenden Arbeit zusätzlich die Ergebnisse aus der manifesten und latenten Aggregation (*multilevel latent covariate*, MLC vs. *multilevel manifest covariate*, MMC, Lüdtke et al., 2008; M4 vs. M3 Aggregation nach Marsh et al., 2009a) miteinander verglichen und unter Berücksichtigung des *sampling ratio* interpretiert. Die methodische Handhabung der Klumpungseffekte sowie der Zentrierungsansatz waren identisch mit der Handhabung in den vorangegangenen Modellen zur Überprüfung der Faktorenstruktur (gruppenzentrierte Mehrebenenmodellierung mit Gewichtung). Insgesamt lassen Modellvergleiche der latenten vs. manifesten Aggregation – mit Ausnahme der heimischen Sprachpraxis – ähnliche Rückschlüsse zu wie in der Simulationsstudie von Lüdtke et al. (2008). Anhand der Gegenüberstellung der Kompositionseffekte aus unterschiedlichen Aggregationsarten wurde in Verknüpfung mit dem *sampling ratio* für die Modellierung des SES, des kulturellen Kapitals und der heimischen Sprachpraxis die MLC-Modellierung und für die kognitiven Fähigkeiten und die Lesefähigkeit die MMC-Modellierung ausgewählt (Lüdtke et al., 2008; Marsh et al., 2009a).

Die Analysen der beiden Aggregationsarten zeigten, dass die latente Aggregation im Rahmen der vorgelegten Modelle zu Schätzproblemen führt. Daher wird die L2-

Aggregation der Schülereinschätzungen des unterrichtlichen Kontextes äquivalent zu dem *latent-manifest-model* M3 von Marsh et al. (2009a, vgl. Kap. 6.2.3.4) gehandhabt, das heißt die L2-Angaben werden manifest in Bezug auf die Personenstichprobe und latent in Bezug auf die Items modelliert (MMC nach O. Lüdtke et al., 2008). Für das im Folgenden gewählte Vorgehen spricht ferner das hohe *sampling ratio* in Bezug auf die Anzahl gültiger Antworten (vgl. Anhang A.4).

Vorbereitende Analyse 3: Faktorenstruktur der Kompositions- und Unterrichtsfaktoren (Quer-Ebenen-Invarianz, random-intercepts-model, vgl. Tabelle 2 im Anhang A.2 und Anhang A.7.2.2 und A.7.3.2)

Nachdem die Wahl der Aggregationsart für die jeweiligen latenten Konstrukte der Kompositions- und Kontextfaktoren erfolgt ist, wurde ferner die Quer-Ebenen-Invarianz der Messkonstrukte der Kompositions- und Unterrichtsfaktoren überprüft (Mehta & Neale, 2005), indem die Modelle mit unterschiedlicher Handhabung der Faktorindikatoren sowie der L2-Residualvarianzen anhand der Modellgütefitindizes miteinander verglichen wurden. Die Ergebnisse und Vorgehensweise wurden im Anhang A.7.2.2 und A.7.3.2 präsentiert.

Bei den Analysen der Kompositionsfaktoren zeigte das Modell mit fixierten L2-Residualvarianzen im Rahmen der MLC-Modellierung im Gegensatz zu dem Modell mit äquivalenten Faktorladungen keine Probleme bei der Schätzung. Bei der MMC-Modellierung zeigte dagegen das Modell mit auf null fixierten L2-Residuen der Faktorindikatoren eine sehr schlechte Modellpassung. Hierbei erwies sich somit die Modellierung mit äquivalenten Faktorladungen als am besten geeignet. Damit werden die MLC-Aggregationen der Kompositionsmerkmale in den nachfolgenden Analysen mit fixierten Faktorladungen, die MMC-Aggregationen mit äquivalenten Faktorladungen durchgeführt.

Die Überprüfung der Struktur der Unterrichts- und Lehrermerkmale hat ergeben, dass neun von elf Konstrukten eine ähnliche Struktur auf der Aggregatsebene wie auf der Individualebene aufweisen. Damit kann bei diesen Skalen angenommen werden, dass die Fixierung der L2-Residualvarianzen gerechtfertigt ist, wodurch die Varianz innerhalb von Klassen direkt mit der Varianz zwischen den Klassen vergleichbar wird (Bauer, 2003; Curran, 2003; Mehta & Neale, 2005, S. 273). Die beiden Skalen ‚Hilfsbereitschaft und soziales Verhalten der Mitschüler‘ sowie ‚Mediennutzung im Unterricht‘, bei denen die Struktur des Messmodells auf der Aggregatsebene am stärksten von der Struktur auf der Individualebene abweicht, werden entsprechend in weiteren Analysen mit teilweise fixierten L2-Residualvarianzen modelliert.

6.4   Beschreibung der Substichprobe für die vorliegenden Analysen

Die vorliegenden Analysen beruhen auf einer Substichprobe aus dem IGLU-E-Datensatz. Die geplante Elternentscheidung fungiert in den implizierten Modellen als ein Indikator für die tatsächliche Übergangsentscheidung. Diese Angaben liegen im Datensatz nur für die Bundesländer vor, in denen die Übergangsempfehlung der Lehrkräfte unverbindlich ist.[26] Die Substichprobe beläuft sich somit auf 6.448 Schülerinnen und Schüler, die in 330 Klassen/Schulen untergebracht sind. Da im Zuge der Stichprobenauswahl für IGLU/PIRLS meistens jeweils nur eine Klasse pro Schule gezogen wurde, ist die Anzahl der Schulen identisch mit der Anzahl der Klassen. Die Gewichtung konnte in den meisten Modellen auf der Basis der Gesamtstichprobe (n = 7.899 aus 405 Klassen/Schulen) implementiert werden (zu Gewichtung vgl. Kap. 6.2.4 und 6.3). Die Anteile fehlender Werte schwanken für die eingesetzten Variablen zwischen 2 und 31 Prozent (vgl. Anhang A.4). Die höchsten Quoten sind in den Einkommens- und Ausbildungsangaben der Eltern zu verzeichnen (siehe Anhang A.4 und A.5).

Die Stichprobenziehung im Rahmen von IGLU/PIRLS ist in Kapitel 6.1.5 beschrieben. Zu Teilnahmequoten sowie zu weiteren Merkmalen der Stichprobe liegen detaillierte Informationen in den nationalen sowie internationalen IGLU/PIRLS-Berichten vor (Bos et al., 2007; Joncas, 2007; Martin et al., 2007). Für die nachfolgenden Analysen ist es wichtig zu erwähnen, dass aufgrund des Stichprobendesigns von Repräsentativität der IGLU/PIRLS-Daten für die Schülerinnen und Schüler des deutschen Schulsystems ausgegangen werden kann. In Bezug auf die selektierte Stichprobe, die für die nachfolgenden Analysen eingesetzt wird, kann von Repräsentativität der Befunde für Schülerinnen und Schüler aus den Bundesländern ausgegangen werden, in denen die Übergangsempfehlung unverbindlich ist.

6.5 Operationalisierung der Konstrukte und Skalenbildung

Die Operationalisierung soziologischer und psychologischer Konstrukte in den nachfolgenden Analysen erfolgt auf der Basis der im ersten Kapitel vorgestellten theoretischen Ansätze sowie der bislang im Rahmen quantitativer Untersuchungen etablierter Verfahren. Eine der Herausforderungen quantitativer Analysen, die zudem sekundäre sind, besteht in der eingeschränkten Verfügbarkeit qualitativ hochwertiger und den theoretischen Konzeptionen entsprechender Indikatoren. Obschon die nachfolgende Untersuchung davon nicht gänzlich unbeeinflusst bleibt, bietet sie eine solide und nach den Prinzipien quantitativer Forschung fundierte Basis für empirisch basierte Schlussfolgerungen. Zum einen beruhen die eingesetzten Skalen auf etablierten und in zahlreichen Untersuchungen bewährten Messkonstrukten (wie zum Beispiel die Anzahl der Bücher als einer der Indikatoren des kulturellen Kapitals) und weisen zum anderen eine insgesamt hohe Reliabilität und inhaltliche Validität auf. Das Letztere wurde sowohl in den hier nicht berichteten Voranalysen als auch an den hohen Faktorladungen (vgl. Anhang A.6) und den in den einzelnen Ergebniskapiteln berichteten Modellfitindizes deutlich. Vorarbeiten zu den nachfolgend vorgestellten Modellen haben ebenfalls gezeigt, dass die Variablen in den komplexen Modellen miteinander konfundiert sind. Demzufolge wurden die familiären Hintergrundmerkmale nach der

---

26 Zum Erhebungszeitpunkt (24. April bis 2. Juni 2006, http://www.ifs-dortmund.de/279.html) galt in folgenden Bundesländern eine verbindliche Schullaufbahnempfehlung: Baden-Württemberg, Bayern, Brandenburg, Bremen, Sachsen, Sachsen-Anhalt, Thüringen.

Sparsamkeitsprämisse modelliert. Dabei wurden für die berücksichtigten Konstrukte jeweils die erklärungsstärksten Variablen in das Modell integriert. Im Folgenden wird näher auf die Skalenkonstruktion und Operationalisierung eingegangen. Die Skalengüte wurde in den nachfolgenden Analysen anhand der Modellfitindizes der Gesamtmodelle sowie der Faktorladungen beurteilt. Die Modellfitindizes werden jeweils für die implementierten Modelle im Ergebnisteil der Arbeit angegeben, die Faktorladungen dagegen sind im Anhang der Arbeit aufgeführt (A.6). Ebenfalls sind die Antwortkategorien sowie deskriptive Statistiken im Anhang vorzufinden (A.3 und A.4).

6.5.1 Hintergrundmerkmale der Schülerinnen und Schüler

Bourdieus Konzeption des Kapitals (1982, 1983; Bourdieu & Passeron, 1973) ermöglicht die empirische Erfassung der Machtverteilung in der Gesellschaft anhand von Indikatoren. Die Operationalisierung des familiären sozioökonomischen Hintergrunds erfolgt in soziologischen Modellen über die kulturellen Besitztümer und Praktiken der Familie, ferner über die Bildung als auch den beruflichen und sozioökonomischen Status der Eltern. Dabei lassen sich Strukturmerkmale des ökonomischen und kulturellen Kapitals anhand von Fragebögen relativ mühelos erfassen. Dagegen ist die Erfassung des sozialen Kapitals, welches ein Netzwerk aus Beziehungen darstellt, im Rahmen großangelegter Untersuchungen wesentlich schwieriger. Im Rahmen der vorliegenden Untersuchungen werden das kulturelle Kapital sowie der sozioökonomische Status der Familie als Hintergrundmerkmale in die Analysen einbezogen. Dabei wird davon ausgegangen, dass diese familiären Merkmale mit der elterlichen Bildung sowie dem sozialen Kapital einhergehen, die im Folgenden somit unberücksichtigt bleiben. Diese Annahme ist sowohl theoretisch (Boudon, 1974; Lüdtke, 1990) als auch empirisch (Wolf, 1995) vertretbar.

Zudem kann davon ausgegangen werden, dass alle drei Kapitalarten durch Prozessfaktoren vermittelt werden, deren Erfassung in quantitativen Studien indirekt anhand von Fragen zu familiären Aktivitäten zwar möglich, jedoch unbefriedigend ist. Dies hängt damit zusammen, dass das verbalisierte Verhalten nicht direkt mit dem tatsächlich gezeigten Verhalten einhergeht. Dabei muss davon ausgegangen werden, dass die Reliabilität bei der Erfassung von Prozessen und Handlungsabläufen anhand von Selbstauskunft in Form von standardisierten Fragebögen durch soziale Erwünschtheit sowie den verschleierten Charakter des sozialen Kapitals nur bedingt gegeben ist. Die Voranalysen haben dementsprechend gezeigt, dass die integrierten Prozessmerkmale (z.B. kulturelle Aktivitäten) geringere Erklärungskraft hatten und zur Verschlechterung des Gesamtfitwertes des Modells geführt haben. Somit wurden ausschließlich Strukturmerkmale in den Modellen implementiert.

Sozioökonomischer Status

Als Indikatoren für den sozioökonomischen Status werden die Angaben der Eltern zur beruflichen Stellung auf dem Arbeitsmarkt und zum Einkommen eingesetzt (Baumert, Bos & Lehmann, 2000; Baumert, Stanat & Demmrich, 2001; Bos et al., 2003;

Fend, 1982; Lehmann et al., 1997). Die Klassifikation der Berufe erfolgt dabei in Anlehnung an die EGP-Klassifikation (Erikson, Goldthorpe & Portocarero, 1979). Im
Rahmen des EGP-Modells werden Berufe nach vier Kriterien geordnet. Hierbei wird
zunächst die Art der Tätigkeit (manuell vs. nicht manuell, landwirtschaftlich) berücksichtigt, ferner die Stellung im Beruf (selbständig vs. abhängig beschäftigt), des Weiteren die Weisungsbefugnisse sowie die zur Berufsausübung erforderlichen Qualifikationen. Der EGP-Index wird auf der Basis des ISCO-68 oder des ISCO-88-Codes
(International Standard Classification of Occupations; International Labour Office,
1990) unter Einbezug von Zusatzangaben zur beruflichen Stellung gebildet. Sowohl
der ISCO-Code als auch das EGP-Modell wurden in internationalen Vergleichsuntersuchungen überprüft und gelten als international valide. Das EGP-Modell wurde nach
Baumert et al. (2001) im Rahmen des CASMIN-Projekts (*Comparative Analysis of
Social Mobility in Industrial Nations*) international erstmalig validiert.

Zur Bildung des EGP-Indexes werden keine Bildungs- und Einkommensmaße einbezogen, woraus ein methodischer Vorteil für die Modellierung resultiert. Damit lässt
sich im Rahmen von multivariaten Analysen das kulturelle Kapital getrennt modellie-
ren. Ein weiterer Vorteil des EGP-Indexes liegt darin, dass hierbei außer den quantitativen Differenzen zwischen den sozialen Positionen in der Machtverteilung ebenfalls qualitative Unterschiede innerhalb sozialer Lagen angenommen werden. Dabei
wird angenommen, dass die Machtverteilung durch den klassenspezifischen Zugang
zu Einkommen, Macht, Bildung und gesellschaftlicher Anerkennung geregelt wird,
die mit ungleichen Entwicklungschancen der nachkommenden Generationen einhergehen. Die EGP-Klassen sind als Kategorien zu verstehen, die sich sowohl quantitativ als auch qualitativ voneinander unterscheiden und damit die Lebenschancen
von Individuen abbilden. Die Annahmen im Rahmen dieses Indexes lassen sich mit
den milieutheoretischen Ansätzen individueller Lebensstile (Lüdtke, 1990) vereinbaren. Aufgrund seiner breiten theoretischen Fundierung erweist sich der EGP-Index als
vorteilhaft gegenüber den Berufsprestigeskalen, in denen die Berufe auf einer eindi-
mensionalen kontinuierlichen Skala mit relativ feinen Abstufungen abgebildet werden. Der konzeptionelle Vorteil ist allerdings in methodischer Hinsicht mit Herausforderungen verknüpft. Aufgrund dessen, dass keine streng hierarchische Abstufung
der Klassen angenommen wird, ist der EGP-Status als nominalskaliertes Maß besser
für logistische Regression geeignet (zur Validierung der Skalen vgl. Baumert, Klieme, et al., 2001). Ein alternatives Maß des sozioökonomischen Status ist der ISEI
(*International Socio-Economic Index of Occupational Status, Internationales Sozioökonomisches Maß des Beruflichen Status*) (Ganzeboom & Treiman, 1996), der auf
internationalen Daten zum Einkommen und Bildungsniveau der Angehörigen unterschiedlicher Berufe basiert. Diese Klassifikation ist hierarchisch und basiert auf Angaben von Männern im Alter zwischen 21 und 64 Jahren zu Einkommen, Bildung
und Beruf (Wolf, 1995). Der ISEI ist ordinalskaliert und enthält mehr Informationen
als der EGP-Index. Für die vorliegenden Analysen erweist sich der ISEI jedoch als
ungeeignet, da hiermit die Trennung des Effekts des kulturellen von dem sozioökonomischen Kapital nicht möglich ist. Im Rahmen der Voranalysen hat sich entsprechend gezeigt, dass der ISEI mit der zusätzlich kontrollierten Variablen des kulturel-

len Kapitals konfundiert ist. Deshalb wird im Folgenden der EGP-Index der Mutter und des Vaters um das familiäre Einkommen ergänzt und zu einer Skala zusammengefasst. Durch die Berücksichtigung des Einkommens ergibt sich eine stärkere quantitative Hierarchisierung im Rahmen dieser Skala (Tabelle 3).

Kulturelles Kapital

Als Indikatoren für das kulturelle Kapital dient die geschätzte Anzahl der Bücher im Haushalt sowie der Kinderbücher (Tabelle 3). Zum einen hat sich diese Variable auf der Basis zahlreicher empirischer Befunde als Standard zur Erfassung des sozioökonomischen Status durchgesetzt (Baumert, Klieme, et al., 2001, S. 333f.; Baumert, Bos & Lehmann, 2000, S. 269f., 290). Zum anderen haben Voranalysen für die vorliegende Arbeit ebenfalls gezeigt, dass dies Variablen mit der höchsten Erklärungskraft sind.

Tabelle 3:   Eingesetzte Skalen des familiären Hintergrunds

Skala	Frage	Quelle
Kulturelles Kapital	Anzahl der Bücher zu Hause	Schülerfragebogen
	Anzahl der Kinderbücher zu Hause	Schülerfragebogen
Heimische Sprachpraxis	Muttersprache des Kindes ist Deutsch	Schülerfragebogen
	Wie häufig sprichst du mit deiner Mutter Deutsch?	Schülerfragebogen
	Wie häufig sprichst du mit deinem Vater Deutsch?	Schülerfragebogen
Sozio-ökonomischer Status	Einkommen der Eltern	Elternfragebogen
	Vater: EGP-Klasse (6 Klassen)	Schülerfragebogen
	Mutter: EGP-Klasse (6 Klassen)	Schülerfragebogen

Antwortkategorien, deskriptive Statistiken und Faktorladungen sind in den Anhängen A.3, A.4 und A.6 vorzufinden.

Migrationsstatus

Im Kontext schulischer Reproduktion von Chancenungleichheit stellt der Migrationshintergrund nach wie vor eine empirisch nachgewiesene Einflussgröße auf den Schulerfolg dar (Baumert & Schümer, 2001a; Faber, 2013, S. 327; Schnabel & Schwippert, 2000; Schwippert et al., 2012; Stanat, 2006, S. 104). Die Zugehörigkeit zu anderen Kulturkreisen sowie Mangel an sozialer Integration gehen dabei mit niedrigem sozialem und ökonomischem Kapital einher. Für die vorliegenden Analysen wird die heimische Sprachpraxis als Indikator für den Migrationshintergrund eingesetzt (Tabelle 3). Angenommen wird dabei, dass mit diesem Indikator eine Facette des Migrationshintergrunds erfasst wird, die im Bereich des schulischen Lernens, insbesondere in Bezug auf den Erwerb der Lesekompetenz von einer besonderen Relevanz ist (Esser, 2006). Auf der Basis bisheriger Forschung wird angenommen, dass die familiäre Sprachpraxis einen eigenständigen Effekt auf die Bildungsverläufe ausübt (Alba, Handl & Müller, 1994; Baumert, Bos & Lehmann, 2000, S. 298f.; Kristen,

2002, 2006), wobei dieser Effekt mit weiteren sozioökonomischen Merkmalen konfundiert ist (Billmann-Mahecha & Tiedemann, 2006; Faber, 2013, S. 327; Schwippert et al., 2007, 2012; Tarelli & Bos, 2013, S. 137). In den Voranalysen zeigte das Geburtsland nach der Kontrolle der heimischen Sprachpraxis ebenfalls in der vorliegenden Arbeit keine eigenständigen Effekte mehr. Bei allen weiteren Analysen wurde das Geburtsland entsprechend der Sparsamkeitsprämisse ausgeschlossen (Schermelleh-Engel et al., 2003).

6.5.2 Persönlichkeitsmerkmale

Anhand von psychologischen Erweiterungen des Modells rationaler Wahlentscheidung (Kap. 3.2.4) wurde insbesondere die Schülermotivation als eines der wichtigsten leistungsbezogenen Persönlichkeitsmerkmale im Rahmen von Übergangsentscheidungen herausgestellt (Eccles et al., 1983; Maaz et al., 2006). Im Rahmen der nachfolgenden Analysen wird die Motivation zur Mitarbeit im Deutschunterricht in das Modell integriert. Zudem erfolgt die Kontrolle individueller Eingangsvoraussetzungen anhand kognitiver Fähigkeiten (Tabelle 4). Da die Untersuchung im Rahmen von IGLU/PIRLS nach vierjähriger Beschulung stattfand, ist dieser Indikator mit den Schuleffekten konfundiert, wodurch die schulischen Einflussfaktoren im Modell eher unterschätzt werden. Zudem ist insgesamt das Modell in Bezug auf die psychologischen Merkmale eher unterspezifiziert, was zur Überschätzung des sekundären Effekts führen kann (Baumert et al., 2006, S. 117ff.; Watermann & Baumert, 2006, S. 68).

Tabelle 4: Eingesetzte Skalen der leistungsbezogenen Individualmerkmale von Schülerinnen und Schülern

Skala	Frage	Quelle
Motivation zur Mitarbeit im Deutschunterricht	Häufig habe ich keine Lust, im Deutschunterricht richtig mitzuarbeiten.	Schülerfragebogen
	Ich sage in Deutsch eigentlich nur dann etwas, wenn mich die Lehrerin/ der Lehrer aufruft.	Schülerfragebogen
	In Deutsch sage ich oft nichts, weil andere viel besser sind als ich.	Schülerfragebogen
	Bevor ich in Deutsch etwas Falsches sage, halte ich lieber den Mund.	Schülerfragebogen
	In Deutsch sind so viele besser als ich, dass ich mich lieber nicht oft melde.	Schülerfragebogen
Lesefähigkeit	Plausible Value 01 – 05 Lesescore	Schülertest
Kognitive Fähigkeiten	Kognitive Grundfähigkeiten + Subtest: Figurale Analogien des Kognitiven Fähigkeitstests für 4. bis 12. Klassen (KFT 4 R)*	Schülertest

* Kognitiver Fähigkeitstest für 4. Klassen von Heller und Perleth (2000)
Antwortkategorien, deskriptive Statistiken und Faktorladungen sind in den Anhängen A.3, A.4 und A.6 vorzufinden.

Als Indikator für die Schülerleistung werden die in IGLU 2006 über einen standardisierten Test ermittelten Lesekompetenzen herangezogen (Bos et al., 2003, 2007). Hierbei wird angenommen, dass die Lesefähigkeit als einer der wichtigsten Leistungsindikatoren im Rahmen der Bildungsempfehlung fungiert (Schumacher, 2002). Im Rahmen der Modellierung wurden alle fünf *plausible values* der allgemeinen Lesefähigkeit berücksichtigt (Martin et al., 2007).

6.5.3 Übergangsempfehlungen und -entscheidungen

Die Übergangsempfehlungen der Lehrkräfte wurden direkt im Rahmen der deutschen Erweiterung von IGLU 2006 (IGLU-E) erfasst. Da die Leistungen insbesondere im Fach Deutsch eine wichtige Entscheidungsbasis für Eltern und Lehrkräfte in Bezug auf die Schulwahl darstellen, werden die Deutschnoten ebenfalls in das Modell aufgenommen.

Als Indikator für elterliche Übergangsentscheidungen werden Angaben der Eltern zur beabsichtigten Schulwahl für ihr Kind herangezogen. Da die IGLU/PIRLS-Erhebung bereits nach der Bekanntgabe der Übergangsempfehlungen durchgeführt wurde, wird davon ausgegangen, dass die am Ende der Grundschulzeit erfassten Bildungsabsichten der Eltern einen validen Indikator für die Wahlentscheidungen darstellen (Ditton & Krüsken, 2006a, S. 351). Hierbei wurde eine fünfstufige Variable erstellt mit der Hauptschule als niedrigstem Zweig des Sekundarbereichs und dem Gymnasium als höchstem Zweig (vgl. Anhang A.3).

6.5.4 Schulische Einflussfaktoren

Die in der vorliegenden Arbeit betrachteten schulischen Faktoren sowie die Merkmale der Lehrkräfte werden im Folgenden übersichtsartig beschrieben. Genaue Item- und Skalenbeschreibung findet sich im Anhang A.3.

Faktoren des Unterrichts und Klassenraums

In der vorliegenden Untersuchung werden Schul- und Unterrichts- sowie Lehrermerkmale betrachtet, von denen in Anlehnung an die theoretischen Ausführungen angenommen wird, dass sie Potenziale zur Reduktion von Chancenungleichheit bereitstellen. Die Einschränkung ergibt sich aus dem sekundären Charakter der implementierten Untersuchung, da hierbei ausschließlich auf die bereits erfassten Items zurückgegriffen werden kann. In Tabelle 5 sind zunächst die unterrichts- und lehrerbezogenen Merkmale in der Einschätzung der Schülerinnen und Schüler dargestellt. Bei diesem Vorgehen wird in Anlehnung an die sozialkognitiven Theorien (Bandura, 1986) angenommen, dass subjektive Schülerwahrnehmungen entscheidend für deren Lernerfolg und für die Zielerreichung im Unterricht sind und somit dem Urteil durch Fremdbeobachter vorzuziehen sind. Hinzu kommt, dass die Beurteilung durch Fremdgutachter nicht weniger in Abhängigkeit von individuellen Persönlichkeitsmerkmalen und subjektiver Wahrnehmung differiert als die Schülerbeurteilung. In den nachfolgenden Analysen werden deshalb die Angaben von Schülerinnen und Schülern zu Unterrichtsablauf und Lehrmethoden betrachtet.

Tabelle 5: Übersicht über die eingesetzten Skalen des Klassenkontextes und der Lehrermerkmale. Alle Variablen entstammen dem Schülerfragebogen.

Klassenklima	
Hilfsbereitschaft und soziales Verhalten der Mitschüler	*Skala*
Sicherheits- und Geborgenheitsgefühl	*Skala*
Schüler-Schüler-Beziehung	
Beliebtheit unter Gleichaltrigen	*Skala*
Lehrer-Schüler-Beziehung	
Vertrauen zur Lehrkraft und deren Durchsetzungsfähigkeit	*Skala*
Unterrichtsführung und Methoden	
Angemessenes Unterrichtsniveau und -tempo	*Skala*
Erklärungsfähigkeit der Deutschlehrkraft	*Skala*
Desorganisiertes Vorgehen im Unterricht / Strukturierung	*Skala*
Mediennutzung im Unterricht	*Skala*
Ordnung und Disziplin	*Skala*
Kognitive Aktivierung	*Skala*
Variationsreiche Arbeitsweisen im Unterricht	*Skala*

Antwortkategorien, deskriptive Statistiken und Faktorladungen sind in den Anhängen A.3, A.4 und A.6 vorzufinden.

Die Skalen des Klassenklimas (,Hilfsbereitschaft und soziales Verhalten der Mitschüler', ,Sicherheits- und Geborgenheitsgefühl') sowie der ,Lehrer-Schüler-Beziehung' und ,Schüler-Schüler-Beziehung' werden als Indikatoren für die Organisationskultur eingesetzt. Angenommen wird dabei, dass hohe Hilfsbereitschaft und soziales Verhalten sowie Sicherheits- und Geborgenheitsgefühl und die Qualität der Lehrer-Schüler- und Schüler-Schüler-Beziehung Merkmale eines günstigen schulischen Umfelds sind und mit geringem Leistungsdruck und Konkurrenz einhergehen, womit der institutionelle Selektionsdruck reduziert wird. Die Selbsteinschätzung der eigenen Beliebtheit (,Beliebtheit unter Gleichaltrigen') wird ebenfalls als ein Faktor des Klassenklimas betrachtet.

Als Indikatoren für die Professionalität der Lehrkräfte wird die Unterrichtsführung betrachtet. Dabei wird zum einen davon ausgegangen, dass Lehrerinnen und Lehrer, die sich durch hohe unterrichtsbezogene Kompetenzen auszeichnen, ebenfalls im Rahmen von Übergangsempfehlungen hohe diagnostische Kompetenz zeigen und somit weniger sozial selektive Beurteilungen abgeben. Andererseits werden die Skalen, die die kognitive Aktivierung und Individualisierung im Unterricht beschreiben (,Angemessenes Unterrichtsniveau und Hausaufgaben', ,Mediennutzung im Unterricht',

Tabelle 6:   Übersicht über die eingesetzten Skalen des schulischen und regionalen Kontextes

Größe und Infrastruktur der Ortschaft im Schulumfeld (Bildungsangebote im Umfeld)	
Anzahl der Einwohner	*Item*
Anzahl der Einschätzung der Infrastruktur im Schulumfeld: urbane vs. dörfliche	*Item*
Schulgröße	
Anzahl der Schülerinnen und Schüler in der Schule	*Item*
Anzahl der Viertklässler in der Schule	*Item*
Schulische Ressourcen	
Anzahl der Buchtitel in der Schulbibliothek	*Item*
Anzahl der Zeitschriftentitel in der Schulbibliothek	*Item*
Anzahl det Computer, die für den Unterricht in der vierten Klasse zur Verfügung stehen	*Item*
Beeinträchtigung des Unterrichts durch Ressourcenknappheit in folgenden Bereichen:	
Ausstattung Medien	*Skala*
Räumliche Ressourcen und Materialien	*Skala*
Qualifizierte Lehrkräfte	*Skala*
Elterninformation und Engagement (Kontingenzfaktor: Kommunikationsprozesse)	
Elterninformationen und Veranstaltungen	*Skala*
Elterninformation (Summenscore)	*Item*
Elternengagement	
Im curricularem Bereich	*Skala*
Freizeit und Hausaufgabenbetreuung	*Skala*
Qualitätsentwicklung (Abläufe)	
Qualitätsentwicklung	*Skala*
Entwicklungsschwerpunkte (Summenscore)	*Item*
Kooperation mit außerschulischen Einrichtungen (Kontingenzfaktor: Kommunikationsprozesse)	
Kooperation mit...	
KiTa's, Grund-, Haupt-, Realschulen, Gymnasien	*Skala*
sozialen und staatlichen Einrichtungen und Betrieben	*Skala*
außerschulischen kulturellen u. kirchlichen Einrichtungen	*Skala*
Hoch-, Gesamtschulen, Kultureinrichtungen	*Skala*
Medieneinrichtungen	*Skala*
Musik- und Sportvereinen	*Skala*

Antwortkategorien, deskriptive Statistiken und Faktorladungen sind in den Anhängen A.3, A.4 und A.6 vorzufinden.

‚Variationsreiche Arbeitsweisen im Unterricht') als Indikatoren für sozialspezifische Orientierungen der Lehrkräfte betrachtet. Dabei wird davon ausgegangen, dass die Unterrichtsführung von Lehrerinnen und Lehrern, die im Sinne der *Mittelschichtschule* sozial selektive Orientierungsmuster aufweisen, weniger kognitiv aktivierend, individualisierend und variationsreich ist, da sie auf eine homogene Mittelschichtsgruppe abzielt.

Organisationsstruktur des Schulsystems und Umweltfaktoren

Weitere Merkmale der Schule und des Schulumfelds wurden durch standardisierte Schulleiterbefragungen erhoben. Hieraus ergeben sich Skalen und Items, die in Tabelle 6 dargestellt sind. Die Ortsgröße und die ‚Einschätzung der Infrastruktur' des Schulumfelds werden im Folgenden als Indikatoren des Bildungsangebots im Schulumfeld eingesetzt. Ein weiterer Indikator für schulische Merkmale ist die Schulgröße, die einerseits mit strukturellen Belastungsfaktoren einhergehen kann und andererseits Ressourcen zum Beispiel für Zusatzförderung bereitstellen kann. Darüber hinaus werden schulische Ressourcen über die Anzahl der Buch- und Zeitungstitel in der Schulbibliothek, die Anzahl der Computer sowie über die Einschätzung der Beeinträchtigung des Unterrichts durch Ressourcenmangel direkt erfasst.

Skalen zu Elterninformation und zum Engagement sowie zu Kooperationen mit außerschulischen Einrichtungen werden als Indikatoren für außerinstitutionelle Kommunikationsprozesse betrachtet, die vom Grad der Abstimmung mit den Kontingenzfaktoren (Komplexität, Vorhersagbarkeit und Stabilität der Umgebung) interagieren. Ferner werden Qualitäts- und Entwicklungsmaßnahmen als ein Merkmal der schulischen Abläufe betrachtet, die Indikatoren eines kompetenten Managements darstellen.

7. Ergebnisse

Im Folgenden werden schulische Bereiche betrachtet, die die Perpetuierung von Chancenungleichheit im Schulsystem bedingen. Auf dieser Basis werden Potenziale zur Reduzierung der Chancenungleichheit aufgezeigt. Dabei wird in Anlehnung an Theorien sozialer Ungleichheit (Boudon, 1974; Bourdieu & Passeron, 1973) zunächst auf die primären und sekundären Ungleichheitseffekte eingegangen, die im Rahmen von Übergangsempfehlungen und -entscheidungen auftreten (Kap. 7.1). Im zweiten Schritt werden Schulklassen als differenzielle Umwelten analysiert. Dabei wird einerseits angenommen, dass sich die Schulklassen zum einen in Bezug auf deren leistungsbezogene, sozioökonomische und migrationsbezogene Zusammensetzung voneinander unterscheiden (Kap. 7.2). Zum anderen wird angenommen, dass Schulklassen als differenzielle Schulumwelten in unterschiedlichem Maße zur Minimierung der sozialen Reproduktion beitragen können (Kap. 7.5.3). Um schulische Potenziale herauszuarbeiten, die zur Reduzierung von Chancenungleichheiten beitragen können, wird ferner der Beitrag spezifischer Merkmale der Schülerzusammensetzung (Kompositionsmerkmale, Kap. 7.3) und der schulstrukturellen Faktoren (Kontextmerkmale, Kap. 7.4) zur Leistungsbewertung, den Übergangsempfehlungen und -entscheidungen betrachtet. Damit werden Erkenntnisse über ungleichheitsminimierende Faktoren auf der Systemebene bereitgestellt. Differenzielle Analysen in Kapitel 7.5.4 und 7.5.5 liefern ferner Erkenntnisse über die Wirkung der Kompositions- und Kontextfaktoren auf unterschiedliche Schülergruppen innerhalb von Schulklassen. Insbesondere die letzteren Analysen ermöglichen die Identifikation von Faktoren, die auf der Klassenebene ungleichheitsreduzierende Potenziale bereitstellen.

7.1 Ungleichheitseffekte am Übergang

7.1.1 Vorannahmen

Im ersten Schritt werden die bereits im Rahmen verschiedener Untersuchungen dargelegten Befunde zu den Ungleichheiten am Übergang repliziert (*Schritt 1: Überprüfung der primären und sekundären Ungleichheitseffekte: SL-SEM*, vgl. Kap. 6.3.1 und Tabelle 2 im Anhang A.2). In Anlehnung an die vorgelegten Modelle rationaler Wahlentscheidung (Boudon, 1974, vgl. Kap. 3.2) werden die primären und sekundären Chancenungleichheiten in einem Mediatormodell betrachtet, womit auf die folgende Hypothese eingegangen wird:

H. 1:   *Häusliche Lernumwelten bedingen sozial selektive Leistungsentwicklungen und resultieren somit in sozial selektiven Schulleistungen (primärer Ungleichheitseffekt). Sozialschichtspezifische Kosten-Nutzen-Kalküle führen ferner zu sozial selektiven Übergangsempfehlungen sowie Elternentscheidungen und verursachen somit sekundäre Ungleichheitseffekte an den Übergängen im Schulsystem. Erwartet wird daher, dass sowohl die Leistungen (primärer Ef-*

fekt), Noten und Empfehlungen als auch Übergangsentscheidungen in den Analysen schichtspezifisch variieren (sekundärer Effekt).

In Abbildung 10 wird ein Strukturgleichungsmodell dargestellt, welches die Annahmen zu den Kontext- und Kompositionseffekten der primären und sekundären Ungleichheitseffekte am Übergang von der Grundschule in die Sekundarstufe beschreibt. Durchgezogene Pfade markieren Zusammenhänge, bei denen signifikante Korrelationen angenommen werden. Die schmalen durchgezogenen Pfade markieren die primären Effekte, die breiten durchgezogenen Pfade dagegen die sekundären. Dort, wo gemischte Pfade vorzufinden sind, handelt es sich um einen gemischten primären und sekundären Effekt, der im Rahmen dieser Analysen nicht getrennt betrachtet werden kann. Bei den gestrichelten Pfaden werden keine Zusammenhänge angenommen.

Im gesamten Modell wird beinahe von ausschließlich positiven Zusammenhängen ausgegangen. Lediglich bei der heimischen Sprachpraxis wird erwartet, dass diese bei Kontrolle von Leistungen und anderen Hintergrundfaktoren keinen direkten Effekt auf die Motivation und die Noten zeigt. Dabei wird davon ausgegangen, dass der Einfluss der heimischen Sprachpraxis durch die Leseleistung vermittelt wird. Im Rahmen der Übergangsentscheidung können dagegen Ungleichheitseffekte der heimischen Sprachpraxis auftreten, da hierbei wiederum unter Selektionsdruck des Schulsystems sozial selektive Wahrnehmungsschemata und Deutungsmuster wirksam werden (Dravenau & Groh-Samberg, 2005, S. 112). Bei den geplanten Elternentscheidungen wird ein schwacher negativer Effekt der heimischen Sprachpraxis erwartet.

Abbildung 10: Annahmen über die Kontext- und Kompositionseffekte der primären und sekundären Ungleichheitseffekte im Rahmen von Übergangsentscheidungen

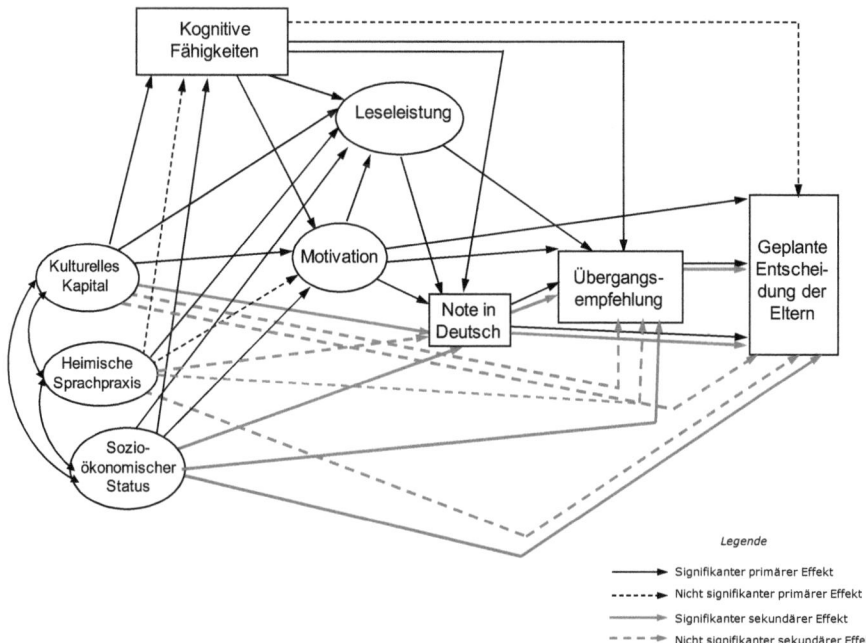

Die heimische Sprachpraxis ist so kodiert, dass hohe Werte mit der häufigeren familiären Kommunikation in Deutsch einhergehen. Hierbei wird demnach angenommen, dass Eltern aus Familien mit Migrationshintergrund bei Kontrolle aller übrigen Variablen im Modell zu höheren Übergangsentscheidungen neigen.

7.1.2 Befunde

Modellpassung und aufgeklärte Varianz

Für die Überprüfung der vorgelegten Hypothese wurde ein SL-SEM-Modell berechnet. Die Kontrolle des Stichprobendesigns erfolgte hierbei mit dem Ansatz des *aggregate modeling* (vgl. Kap. 6.2.2). Das Modell zeigt insgesamt gute Anpassung (*CFI .992, TLI .990, RMSEA .019, SRMR .043, 90% C.I. RMSEA .017 .021*)[27] mit Ausnahme der Wahrscheinlichkeit, dass der RMSEA der Population ≤ 0.05 ist (*Prob. RMSEA $\leq .05$ = 1.00*). Da die übrigen Fitindizes auf eine gute Modellpassung hinweisen, wird das Modell als gültig angenommen, jedoch wird bei der Interpretation des Modells auf diese Einschränkung bezüglich der Generalisierung der Befunde geachtet. Die Ergebnisse der Modellierung sind in Abbildung 11 angegeben. Dabei wurden zum einen die standardisierten Koeffizienten (β) und zum anderen die Anteile der nicht erklärten Varianz (kursiv) angegeben. Die primären und sekundären Effekte der Hintergrundmerkmale werden im Folgenden in zwei getrennten Schritten beschrieben.

Direkter Einfluss der familiären Hintergrundmerkmale auf Leseleistung und Motivation

Bei der Betrachtung des Modells in Abbildung 11 wird deutlich, dass die Hintergrundmerkmale einen signifikanten direkten Einfluss sowohl auf die Eingangsvoraussetzungen von Schülerinnen und Schülern haben, die im Modell mit der KFT-Variablen kontrolliert werden, ferner auf die Motivation zur Mitarbeit im Deutschunterricht als auch auf die Leseleistung selbst. Unter Kontrolle der kognitiven Fähigkeiten beeinflusst sowohl das kulturelle Kapital (β = .26) als auch der sozioökonomische Status (β = .12) die Leseleistung direkt. Ferner ist ebenfalls ein direkter Einfluss des sozioökonomischen Status auf die Motivation mit β = .20 signifikant. Da die Leseleistung zu β = .30 mit den kognitiven Fähigkeiten und zu β = .24 mit der Motivation signifikant korreliert, kann davon ausgegangen werden, dass die Hintergrundmerkmale vermittelt über diese beiden Variablen die Leseleistung zusätzlich indirekt beeinflussen. Die heimische Sprachpraxis hat unter Kontrolle anderer Hintergrundfaktoren keinen bedeutsamen Einfluss mehr auf die kognitiven Fähigkeiten und die Motivation. Der direkte Einfluss des Migrationsindikators auf die Leseleistung fällt mit β = .08 ebenfalls gering aus. Die Anteile der jeweils erklärten Varianz betragen: 13

---

27 Grenzwerte für einen guten/angemessenen Modellfit: CFI, TLI $\geq$ .95, RMSEA $\leq$.08, SRMR (*within, between*) $\leq$.05
Grenzwerte für einen akzeptablen Modellfit: CFI, TLI $\geq$ .90, RMSEA $\leq$.10, SRMR (*within, between*) $\leq$.10, 90% C.I. RMSEA $\leq$.05, Prob. RMSEA $\leq$.06

Abbildung 11: Kontext- und Kompositionseffekte der primären und sekundären Ungleichheitseffekte im Rahmen von Übergangsentscheidungen

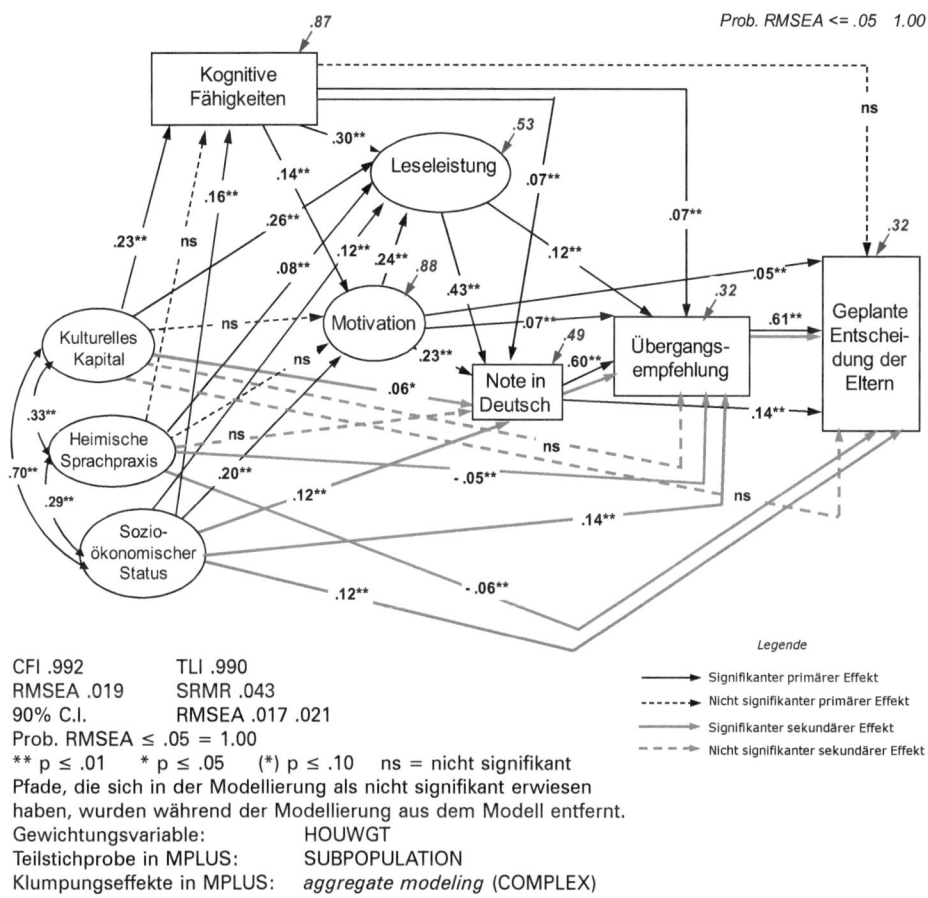

CFI .992   TLI .990
RMSEA .019   SRMR .043
90% C.I.   RMSEA .017 .021
Prob. RMSEA ≤ .05 = 1.00
** p ≤ .01   * p ≤ .05   (*) p ≤ .10   ns = nicht signifikant
Pfade, die sich in der Modellierung als nicht signifikant erwiesen
haben, wurden während der Modellierung aus dem Modell entfernt.
Gewichtungsvariable: HOUWGT
Teilstichprobe in MPLUS: SUBPOPULATION
Klumpungseffekte in MPLUS: *aggregate modeling* (COMPLEX)

Prozent für die kognitiven Fähigkeiten, 12 Prozent für die Motivation sowie 47 Prozent für die Leseleistung.

Indirekter Einfluss der familiären Hintergrundmerkmale auf die Deutschnote, Übergangsempfehlung und geplante Elternentscheidung

Die primären Effekte der Hintergrundmerkmale auf die Note im Fach Deutsch werden im Wesentlichen durch die Lesefähigkeit sowie durch die Motivation vermittelt, die jeweils zu β = .43 (Lesefähigkeit) und zu β = .23 (Motivation zur Mitarbeit
im Deutschunterricht) mit dieser korreliert sind, während kognitive Fähigkeiten die
Deutschnote nur sehr geringfügig direkt beeinflussen (β = .07). Der Einfluss der kognitiven Fähigkeiten auf die Deutschnote wird vermutlich größtenteils über die Lesefähigkeit und Motivation vermittelt, mit denen die kognitiven Fähigkeiten je zu β = .30
(Lesefähigkeit) und β = .14 (Motivation zur Mitarbeit im Deutschunterricht) korre-
lieren. Die Übergangsempfehlung basiert größtenteils auf der Deutschnote (β = .60)
sowie darüber hinaus auf der Leseleistung, wobei dieser Effekt mit einer Korrelati-

on von $\beta = .12$ niedrig ausgeprägt ist. In einem sehr geringen Maße werden bei den Empfehlungen die Motivation und die kognitiven Fähigkeiten berücksichtigt (jeweils $\beta = .07$).

Bei der Betrachtung der für die Übergangsentscheidung relevanten Faktoren wird deutlich, dass die Empfehlung von Lehrkräften mit $\beta = .61$ den größten direkten Effekt darstellt. In Bundesländern, in denen die Übergangsempfehlung unverbindlich ist, erweist sich diese dennoch als ein ausschlaggebender Entscheidungsfaktor für die Schulwahl am Ende der Grundschulzeit. Trotzdem verbleibt auch bei Kontrolle der Empfehlung noch ein signifikanter Effekt der Deutschnote ($\beta = .14$) sowie ein sehr niedrig ausgeprägter Effekt der Motivation auf die geplante Elternentscheidung ($\beta = .05$). Bei der Deutschnote kann ferner von einem indirekten über die Übergangsempfehlung vermittelten Effekt auf die geplante Elternentscheidung ausgegangen werden. Ebenfalls wird bei der Motivation ein indirekter über die Leseleistung sowie die Note im Fach Deutsch vermittelter Effekt auf die Empfehlung von Lehrkräften und die geplante Elternentscheidung angenommen. Die Modellvariablen erklären 51 Prozent der Varianz der Deutschnote sowie jeweils 68 Prozent der Übergangsempfehlung und der geplanten Elternentscheidung.

Sekundäre Effekte

Bei der Betrachtung der sekundären Effekte fällt auf, dass diese relativ zu den primären Effekten wesentlich niedriger ausgeprägt sind. Zudem erweisen sich bei Kontrolle der primären Effekte einige der sekundären Pfade als nicht signifikant. Besonders auffällig ist, dass das kulturelle Kapital der Familie keine signifikanten Pfade, weder zur Übergangsempfehlung noch zur geplanten Elternentscheidung aufweist, und der Effekt auf die Deutschnote mit .06 gering ist. Der sozioökonomische Status dagegen weist signifikante Pfade zu der Deutschnote ($\beta = .12$), der Übergangsempfehlung ($\beta = .14$) sowie zur geplanten Elternentscheidung ($\beta = .12$) auf.

Der negative Effekt der heimischen Sprachpraxis auf die Übergangsempfehlung ($\beta = -.05$) scheint sich selektiv zu Gunsten der Kinder auszuwirken, die zu Hause weniger Deutsch sprechen. Anscheinend tendieren die Lehrkräfte dazu, diese Gruppe von Kindern im Rahmen von Übergangsempfehlungen leicht zu bevorzugen. Ähnlich fällt der signifikante, jedoch ebenfalls niedrige Effekt auf die geplante Elternentscheidung aus ($\beta = -.06$).

7.1.3 Zusammenfassung und Interpretation

Im Rahmen der Analyse von Ungleichheitseffekten am Übergang können die Annahmen über das Auftreten dieser Effekte erneut bestätigt werden. Dabei werden primäre Ungleichheiten sowie die darüber hinaus wirkenden sekundären Ungleichheiten im Schulsystem nachgewiesen. Die Annahme der subjektiven Rationalität im Rahmen von Übergangsentscheidungen kann hierbei zwar nicht direkt überprüft werden, jedoch deutet die unerklärte Restvarianz der abhängigen Übergangsvariablen im Modell darauf hin, dass diese von anderen Faktoren abhängig sind, als die im Modell kontrollierten, womit ein subjektiver Anteil bei den Handlungen von Personen nicht ausgeschlossen werden kann.

In dem vorgelegten Modell wirkt sich das kulturelle Kapital am stärksten auf die kognitiven Fähigkeiten sowie auf die Leseleistung aus und beeinflusst diese signifikant. Diese Befunde deuten auf die durch Bourdieu (1992), Bourdieu und Passeron (1971) sowie Bourdieu et al. (1981) beschriebenen Mechanismen der Vererbung des kulturellen Kapitals hin. Der (möglicherweise etwas verzerrte) primäre Effekt[28] zeigt sich in der Abhängigkeit der kognitiven Fähigkeiten vom kulturellen Kapital der Familie. Dagegen übt das kulturelle Kapital keinen zusätzlichen direkten Einfluss auf die Motivation aus. Der Einfluss des ökonomischen Status verteilt sich relativ gleichmäßig auf die kognitiven Fähigkeiten, die Leseleistung und die Motivation zur Mitarbeit im Deutschunterricht, wobei er überraschend bei der letzteren mit r = .20 am höchsten ausgeprägt ist.

Bei der Betrachtung der Deutschnote ist auffällig, dass diese am stärksten sowohl durch die Lesefähigkeit als auch durch die Motivation zur Mitarbeit im Deutschunterricht beeinflusst wird. Dies deutet darauf hin, dass Lehrkräfte bei der Benotung sowohl die Leistung an sich als auch leistungsrelevante Persönlichkeitsmerkmale wie die Motivation berücksichtigen. Dieser Befund ist konform mit den bereits vorgelegten Untersuchungen in diesem Bereich (vgl. Kapitel 4.3.4). Interessant ist dagegen bei der Übergangsempfehlung, dass der durchschlagende Effekt zwar erwartungskonform die Deutschnote ist, jedoch die Leistungsfähigkeit ebenfalls einen selbständigen, wenn auch niedrigen Effekt aufweist. Dagegen besteht zwischen der Leseleistung und den Übergangsempfehlungen kein eigenständiger Zusammenhang. Dieses deutet auf Unterschiede in den Kriterien hin, die bei der Vergabe der Deutschnote im Verhältnis zu den Empfehlungen für die Sekundarstufe angelegt werden. In Bezug auf Elternentscheidungen scheint die Empfehlung der Lehrkräfte von primärer Bedeutung zu sein, obwohl die Deutschnote ebenfalls einen selbständigen, wenn auch deutlich geringeren, Effekt aufweist.

Die sekundären Effekte fallen im Rahmen der Übergangsempfehlung und -entscheidung unterschiedlich für die Hintergrundmerkmale aus. Das kulturelle Kapital hat zwar für den Erwerb kognitiver Fähigkeiten als auch für die Lesefähigkeit eine hohe Bedeutung, jedoch weist es zusätzlich keine bedeutsamen sekundären Effekte auf. Dagegen erweist sich das sozioökonomische Kapital der Familie sowohl bei der Benotung als auch im Rahmen der Kosten-Nutzen-Kalküle an den Übergängen als bedeutsam. Dies spricht dafür, dass das kulturelle Kapital der Familie weniger ausschlaggebend ist für die Bildungsentscheidungen als das ökonomische. Diese Ergebnisse sind konform mit den von Bourdieu herausgestellten Mechanismen der kulturellen Vererbung (Bourdieu, 1983; Bourdieu et al., 1981; Bourdieu & Passeron, 1971) als auch mit den Annahmen im Rahmen der Wert-Erwartungs-Theorie (Esser, 1999), nach der Eltern sowie Lehrkräfte im Rahmen von Bildungsentscheidungen und -empfehlungen die familiären Ressourcen der Schülerinnen und Schüler berücksichtigen.

---

28 Die Verzerrung des primären Effekts des kulturellen Kapitals auf die kognitiven Fähigkeiten resultiert aus der Tatsache, dass die kognitiven Fähigkeiten durch die vierjährige Beschulung zum Erhebungszeitpunkt mit den Schuleffekten konfundiert sein können.

Eine direkte Überprüfung Boudons (1974) Annahmen bezüglich der sozialschichtab-hängigen Bedeutung des Bildungsabstands ist anhand des Modells nicht möglich.[29] Eine leichte Benachteiligung der Kinder mit Migrationshintergrund in dem Lesefähig-keitsscore (primärer Effekt) wird dabei durch deren Bevormundung im Rahmen von Übergangsempfehlungen und der geplanten Elternentscheidung (sekundäre Effekte) wieder ausgeglichen.

Bei der Interpretation der Befunde sollte beachtet werden, dass die primären und die sekundären Ungleichheitseffekte am Ende der Grundschulzeit kumulierte Effekte darstellen. In Bezug auf den sozioökonomischen Status bedeutet dies, dass bei Kon-trolle von Leistungen, Motivation und kognitiver Fähigkeiten der sozioökonomische Hintergrund von Schülerinnen und Schülern bei der Vergabe der Deutschnote berück-sichtigt wird, ferner zusätzlich im Rahmen von Übergangsempfehlungen wirksam ist als auch zuletzt auf die geplante Elternentscheidung einen zusätzlichen Effekt ausübt. Die elterlichen Bildungsentscheidungen am Ende der Grundschulzeit werden unter Berücksichtigung der tatsächlichen Kompetenzen der Kinder, des hierzu abgegebe-nen Lehrerurteils sowie der eigenen sozioökonomischen Lage getroffen. Dabei erwei-sen sich die sekundären Effekte der Übergangsempfehlung und -entscheidung in etwa gleich stark ausgeprägt. Aufgrund der Tatsache, dass der sekundäre Effekt im Rah-men der Notenvergabe sowie zusätzlich bei den Übergangsempfehlungen von Lehr-kräften auftritt, scheint dieser Effekt seitens der Lehrerschaft kumuliert letztendlich ausschlaggebender zu sein als bei den Elternentscheidungen.

7.2 Schulklassen als differenzielle Umwelten

7.2.1 Annahmen

In Anlehnung an den ökologischen Ansatz (Bandura, 1986; Bronfenbrenner, 1981) kann davon ausgegangen werden, dass sich Schulen in ihren institutionellen Kontext-bedingungen, sozialer Zusammensetzung der Schülerschaft sowie in Abhängigkeit von regionalen Umweltfaktoren voneinander unterscheiden. Im Folgenden wird daher zunächst der Frage nachgegangen, ob sich Unterschiede zwischen den Klassen in der geplanten Elternentscheidung oder anderen, für die Übergangsentscheidung relevan-ten Faktoren nachweisen lassen (*Schritt 2: Überprüfung der Unterschiede zwischen den Schulklassen anhand der Zwischen-Klassen-Varianz der Mittelwerte, MSEM, ran-dom-intercepts-models*, vgl. Kap. 6.3.1 und Tabelle 2 im Anhang A.2). In Kapitel 7.3, 7.4 und 7.5 wird ferner der Beitrag der Klassenkompositionsmerkmale zur sozialen Reproduktion an den Übergängen betrachtet.

---

29 Der subjektive Abstand kommt jedoch insofern indirekt zum Tragen, als dass bei den Ana-lysen keine eindeutige Messlatte für alle soziale Schichten gesetzt wird, wie dies oftmals in Untersuchungen anhand einer nominal skalierten Variablen: „Gymnasialzweig vs. ein anderer Schulzweig" vorgenommen wird (vgl. Erläuterungen im Kap. 3.3).

In diesem Kapitel wird die folgende Hypothese überprüft:

H. 2: *Als differenzielle Lernumwelten weisen Schulklassen Unterschiede im Leistungsniveau, dem sozioökonomischen Status und dem Migrationshintergrund der Schülerschaft auf, die sich anhand der Zwischen-Klassen-Varianz der Mittelwerte nachweisen lassen. Bezüglich des Notendurchschnitts sowie der Empfehlungen sollten sich aufgrund der sozialen Vergleichsnorm keine bedeutsamen Differenzen zwischen den Klassen ergeben.*

Unterschiede zwischen den Kontexteinheiten werden anhand der Varianzzerlegung analysiert. Dabei erfolgt zunächst eine Varianzzerlegung der latenten Faktoren[30] anhand einzelner Modelle (MCFA, Tabelle 7)[31] und danach der manifesten abhängigen Variablen im Modell (Tabelle 8). Anhand dieses Verhältnisses der Zwischen-Klassen-Varianz zu der Gesamtvarianz lassen sich für latente Faktoren ähnlich wie für manifeste Variablen die Intraklassenkorrelationen berechnen, die den Varianzanteil der Clusterebene an der Gesamtvarianz wiedergeben (Hartig & Rakoczy, 2008; Raudenbush & Bryk, 2002). In einem weiteren Schritt werden Kontext- sowie Kompositionsvariablen zur Erklärung dieser Unterschiede in das Modell aufgenommen (Kap. 7.3 und 7.4).

7.2.2 Befunde

Die in Tabelle 7 dargestellten L2-Residualvarianzen der Mittelwerte erweisen sich auf der Kontextebene für alle latenten Faktoren als signifikant. Für die Motivation zur Mitarbeit im Deutschunterricht und die heimische Sprachpraxis fallen diese jedoch sehr gering aus, und entsprechend sind auch die ICCs niedrig. Dagegen sind die Anteile der Zwischen-Klassen-Varianz an der Gesamtvarianz für den sozioökonomischen Status, das kulturelle Kapital und die Lesefähigkeit mit jeweils 21, 20 und 33 Prozent in dem CFA-Modell (Confirmatory Factor Analysis) substanziell. Die Fitindizes der einzelnen Messmodelle weisen auf eine beinahe perfekte Passung des Modells hin, da hierbei zum größten Teil sehr wenige Freiheitsgrade zur Modellschätzung zur Verfügung stehen, womit das Modell direkt aus den Daten berechnet wird. Lediglich zeigt der SRMRb-Wert bei den Messmodellen mit einer geringen Intraklassenkorrelation einen etwas schlechteren Fitwert für die Kontextebene.

---

30 In den vorbereitenden Analysen wurde die Struktur der Messmodelle auf den beiden Ebenen innerhalb und zwischen den Klassen überprüft (vgl. Kap. 6.3.2 und Anhang A.7).

31 Die Ergebnisse der MCFA wurden anhand eines umfassenden MSEM-Modells überprüft. Die gemeinsame Modellierung führt zu ähnlichen Ergebnissen.

Tabelle 7:   Varianzzerlegung der latenten Faktoren

	MCFA	Fitindizes MCFA*	
Sozioökonomischer Status			
		CFI	.994
within	.448	TLI	.988
between	.122	RMSEA	.027
Gesamtvarianz	.570	SRMRw	.004
ICC	.214	SRMRb	.042
Kulturelles Kapital			
		CFI	1.000
within	.542	TLI	1.000
between	.135	RMSEA	.000
Gesamtvarianz	.677	SRMRw	.001
ICC	.199	SRMRb	.005
Heimische Sprachpraxis			
		CFI	.989
within	.451	TLI	.977
between	.034	RMSEA	.031
Gesamtvarianz	.485	SRMRw	.003
ICC	.070	SRMRb	.075
Lesefähigkeit			
		CFI	1.000
within	.597	TLI	1.000
between	.291	RMSEA	.000
Gesamtvarianz	.888	SRMRw	.001
ICC	.327	SRMRb	.001
Motivation zur Mitarbeit im Deutschunterricht			
		CFI	.979
within	.690	TLI	.972
between	.003	RMSEA	.044
Gesamtvarianz	.693	SRMRw	.024
ICC	.004	SRMRb	.308

MCFA: *multilevel confirmatory factor analysis*
In den hier dargestellten Ergebnissen sind die L2-Residuen der Faktorladungen auf den Wert Null fixiert. Im MCFA-Modell mit variablen L2-Residuen der drei Faktorindikatoren der Skala ‚Motivation zur Mitarbeit im Deutschunterricht' beträgt der ICC .01 (CFI .985, TLI .975, RMSEA .041, SRMRw .023, SRMRb .103)
Gewichtungsvariable: HOUWGT
Teilstichprobe in MPLUS: SUBPOPULATION
Klumpungseffekte in MPLUS: Mehrebenenmodellierung
Zentrierung der L1-Prädiktoren: Gruppenmittelwert

Da die Überprüfung der Faktorenstruktur auf der Kontextebene gezeigt hat, dass drei Items des Faktors ‚Motivation zur Mitarbeit im Deutschunterricht' bedeutsame Restvarianz auf der *between*-Ebene aufweisen, wurden die *within*- und *between*-Varianzanteile für diesen Faktor zusätzlich mit einem Modell berechnet, in dem diese drei Items auf L2 frei variieren durften. Es hat sich gezeigt, dass die Varianzanteile sehr geringfügige Abweichungen vom Modell mit fixierten Residuen der Faktorindikatoren aufweisen.

Die in Tabelle 8 dargestellten Intraklassenkorrelationen (ICC) für die manifesten abhängigen Modellvariablen wurden anhand einer Varianzzerlegung mit dem ANOVA-Modell (*analysis of variance*) berechnet. Durch die z-Standardisierung ist die L2-Varianz identisch mit dem ICC. Die Intraklassenkorrelationen der beiden Variablen, die sich kausal am Ende eines langjährigen Lern- und Entscheidungsprozesses befinden, der Lehrerentscheidung und der geplanten Elternentscheidung, fallen etwas geringer aus als bei den Hintergrundmerkmalen, sind jedoch immer noch substanziell. Noch niedriger ist der Anteil der Zwischen-Klassen-Varianz an der Gesamtvarianz für die kognitiven Fähigkeiten und die Deutschnote.

Tabelle 8: Die ICCs der abhängigen manifesten Variablen im Modell (*univariate random-intercepts-models*)

Varianz	Kognitive Fähigkeiten	Übergangs-empfehlung	gepl. Eltern-entscheidung	Note in Deutsch
within	.913	.899	.891	.894
between	.072	.134	.110	.080
Gesamtvarianz	.985	1.033	1.001	.974
ICC	.073	.130	.110	.082

Gewichtungsvariable:	HOUWGT
Teilstichprobe in MPLUS:	SUBPOPULATION
Klumpungseffekte in MPLUS:	Mehrebenenmodellierung
Zentrierung der L1-Prädiktoren:	Gruppenmittelwert

7.2.3 Interpretation

Nach den Analysen der Intraklassenkorrelationen stellen die Grundschulklassen unterschiedliche Umwelten in Bezug auf die Schülerhintergrundmerkmale (SES und kulturelles Kapital) sowie die Lesefähigkeit dar. Dagegen sind Unterschiede zwischen den Klassen hinsichtlich der Motivation ihrer Schülerinnen und Schüler sowie der heimischen Sprachpraxis kaum zu verzeichnen. Dieser Befund ist insbesondere in Bezug auf weitere Analysen relevant, in denen zusätzliche Moderatorvariablen in das Modell eingefügt werden und somit die Veränderungen in den Restvarianzen sowie den aufgeklärten Varianzen aus unterschiedlichen Modellen ins Verhältnis gesetzt werden können. Bei den Varianzanalysen der manifesten abhängigen Modellvariablen fällt der relativ stabile Notendurchschnitt über die Klassen hinweg auf, der jedoch mit der Forschung zur Bezugsnormorientierung im Rahmen der Beurteilung im schulischen Kontext durchaus konform ist. Die Lehrerurteile ergeben sich demnach in der Regel nicht ausschließlich aus der *objektiven Bezugsnorm,* sondern orientieren sich ebenfalls an dem jeweiligen Klassenkontext (soziale Bezugsnorm, Rheinberg, 2001).

Insgesamt kann davon ausgegangen werden, dass die Zwischen-Klassen-Varianzen der Modellvariablen, bis auf Motivation zur Mitarbeit im Deutschunterricht, substanziell sind, obschon unterschiedlich stark ausgeprägt. In weiteren Analysen wird somit zum einen angenommen, dass sich die Schulklassen in Bezug auf die Übergangsvariablen unterscheiden und zum anderen, dass die Klassenfaktoren als Kompositionseffekte diese Differenzen bedingen.

7.3   Kompositionseffekte

Die Analysen in Kapitel 7.2 haben gezeigt, dass Mittelwertunterschiede zwischen den Schulklassen sowohl in den individuellen Merkmalen der Schülerinnen und Schüler vorliegen, womit Klassen als differenzielle Umwelten beschrieben werden können. Für nachfolgende Analysen stellt sich die Frage, welche Faktoren der Schulumwelt einerseits mit dem Niveau der Übergangsentscheidungen und andererseits mit dem Grad sozialer Ungleichheit innerhalb von Klassen im Rahmen von Übergängen kovariieren. Die erste Fragestellung bezieht sich technisch auf direkte Effekte der Kompositions- und Kontextmerkmale und die zweite auf Interaktionseffekte der L2-Variablen mit den Zusammenhängen zwischen den Hintergrundmerkmalen und den Übergangsvariablen auf der Individualebene. In diesem und im darauffolgenden Kapitel 7.4 wird zunächst auf die direkten Kompositions- und Kontexteffekte für alle Schülerinnen und Schüler innerhalb von Klassen eingegangen, ohne eine differenzielle Betrachtung von bestimmten Statusgruppen (*Schritt 3: Modellierung der Kompositionseffekte des Schülerhintergrunds und der Kontexteffekte des schulischen und regionalen Umfelds auf die Übergangsentscheidungen, MSEM, intercepts-as-outcomes-model, vgl. Kap. 6.3.1 und Tabelle 2 im Anhang A.2*). Damit können Aussagen über den Einfluss von Klassen- und Schulfaktoren auf das Niveau der Übergangsempfehlungen und -entscheidungen für die gesamten Klassen getroffen werden. Dementsprechend wird zunächst in diesem Kapitel folgende Hypothese zur allgemeinen Wirkungen von Variablen des Klassen- und Schulkontextes analysiert:

H. 4:   Unterschiede zwischen den Schulklassen in Leistungsbeurteilungen und Übergangsempfehlungen sowie in elterlichen Bildungsentscheidungen lassen sich teilweise durch die leistungsbezogene und sozioökonomische Schülerkomposition erklären.

Anschließend werden in Kapitel 7.5 differenzielle Wirkungen des Klassen- und Schulkontextes auf Subgruppen in Form von *Quer-Ebenen-Interaktionseffekten* betrachtet (*Schritt 5: Modellierung der ungleichheitsreduzierenden Faktoren der Klassenkomposition und des Schulkontextes, MSEM, intercepts-and-slopes-as-outcomes-model, vgl. Kap. 6.3.1 und Tabelle 2 im Anhang A.2*). Diese schrittweise Überprüfung von Hypothesen wurde aus methodischen Gründen gewählt. Im Rahmen von Moderatoreffekten können sowohl direkte Effekte auf die abhängige Variable als auch Interaktionseffekte des Moderatoren mit der Regressionssteigung auftreten. Bei der Überprüfung solcher Effekte muss beides berücksichtigt werden (Baron & Kenny, 1986; MacKinnon et al., 2007 vgl. dazu Kap. 6.2.3).

7.3.1 Annahmen

Im Folgenden werden die Kompositionseffekte des familiären Hintergrunds von Schülerinnen und Schülern (SES, KK, Sprachpraxis) sowie der beiden leistungsbezogenen Merkmale (Lesefähigkeit, kognitive Fähigkeiten) bezogen auf die Leistungsbeurteilung (Deutschnote) und Übergangsentscheidung (Elternentscheidung, Übergangsempfehlung von Lehrkräften) überprüft. Die Schülerzusammensetzung wird dabei als ein Moderator des Einflusses der individuellen Schülermerkmale auf die Deutschnote sowie die Übergangsentscheidung und -empfehlung modelliert.

Leistungsbezogener Kompositionseffekt

In der Annahme, dass Lehrkräfte in leistungsstarken Klassen eine höhere Messlatte bei der Benotung und bei der Gymnasialempfehlung anlegen, wird erwartet, dass sich bei der leistungsbezogenen Klassenzusammensetzung ein negativer Kompositionseffekt auf die Noten sowie die Übergangsempfehlungen nachweisen lässt. Bei den Elternentscheidungen wird ferner angenommen, dass diese durch die durchschnittliche Klassenleistung aufgrund sozialer Aufwärtsvergleiche im Sinne des BFLP-Effekts (*big-fish-little-pond*) negativ beeinflusst werden (Köller, 2007b; Marsh, 1987, 2003), woraus sich ebenfalls ein negativer Kompositionseffekt ergibt.

H. 4.1: Je höher die durchschnittliche Klassenleistung ausfällt, umso schlechtere Noten und niedrigere Empfehlungen werden bei – verglichen mit der Gesamtstichprobe – gleicher Leistung durch die Lehrkräfte vergeben (negativer Kompositionseffekt).

H. 4.2: Die geplanten Übergangsentscheidungen fallen bei gleichen individuellen Leistungen umso niedriger aus, je höher die durchschnittliche Klassenleistung ist (negativer Kompositionseffekt).

Kompositionseffekt des sozioökonomischen Status der Schülerschaft

Eine weitere Annahme ist, dass eine statushohe Schülerschaft einer Klasse insgesamt mit höheren Übergangsempfehlungen einhergeht (positiver Kompositionseffekt), da die Lehrkräfte durch die erhöhten elterlichen Aspirationen beeinflusst werden. Zudem wird im Rahmen von Übergangsempfehlungen das familiäre Unterstützungspotenzial berücksichtigt, welches in statushohen Klassen in größerem Maße verfügbar ist als in statusniedrigen. Dagegen sollte sich bei den Noten unter Kontrolle von Leistung kein zusätzlicher Effekt nachweisen lassen, da die Leistungsbeurteilung weniger vom sozioökonomischen Kapital der Schulklasse abhängig ist. Im Rahmen von Elternentscheidungen wird davon ausgegangen, dass ein hoher sozioökonomischer Status einer Klasse sich insgesamt bildungsfördernd auf alle Statusgruppen auswirkt. Angenommen wird, dass diese Wirkung auf das kumulierte Kapital sowie auf die sozialen Kosten einer zu den Klassenkameraden konträren Bildungsentscheidung zurückgeführt werden kann und sich für alle Kinder des gegebenen Klassenkontexts nachweisen lässt.

H. 4.3: Zwischen dem mittleren sozioökonomischen Status einer Klasse und den Noten besteht kein Zusammenhang (kein Kompositionseffekt).

H. 4.4: Mit einem höheren sozioökonomischen Status steigt insgesamt das Niveau der Übergangsempfehlungen (positiver Kompositionseffekt).

H. 4.5: Je höher der sozioökonomische Status der Klasse, umso höher fallen die geplanten Elternentscheidungen aus (positiver Kompositionseffekt).

Kompositionseffekt des Migrationshintergrunds

Angenommen wird hierbei, dass ein möglicher negativer Kompositionseffekt des Migrationshintergrunds (indiziert durch die heimische Sprachpraxis) durch die individuellen Leistungen vollständig vermittelt wird und somit bei Kontrolle der leistungsbezogenen Individualvariablen kein zusätzlicher direkter Kompositionseffekt des Migrationshintergrunds bei der Notenvergabe und den Übergangsempfehlungen zu erwarten ist.

H. 4.6: Die durchschnittliche heimische Sprachpraxis der Klasse steht mit der Benotung und Übergangsempfehlung in keinem Zusammenhang (kein Kompositionseffekt).

Im Rahmen von elterlichen Entscheidungen können gegensätzliche Effekte des Migrationshintergrunds der Klassengemeinschaft (indiziert durch die heimische Sprachpraxis) auftreten. Zum einen kann ein hoher Migrantenanteil mit einem niedrigen kulturellen Kapital verknüpft sein und somit das Aspirationsniveau allgemein senken. Zum anderen wurde jedoch auf überhöhte Aspirationen der Eltern von Kindern mit Migrationshintergrund aufmerksam gemacht, die zum Teil auf die Unkenntnis des deutschen Schulsystems und zum Teil auf unrealistische Vorstellungen über die Leistungen des Kindes zurückgehen (Ditton, 2008b). Damit würde ein hoher Anteil von Kindern mit Migrationshintergrund bei Kontrolle von Leistungen mit höheren Elternentscheidungen einhergehen. Bei der Überprüfung von Zusammenhängen können diese beiden Effekte nicht getrennt untersucht werden, womit angenommen wird, dass sie – falls sie vorhanden sind – sich möglicherweise rechnerisch gegenseitig aufheben und der Zusammenhang insgesamt nicht signifikant wird. Hierbei wird ähnlich wie bei den Übergangsempfehlungen davon ausgegangen, dass der Effekt (insofern ein solcher vorhanden sei) zumindest teilweise mit dem sozioökomischen Status konfundiert ist.

H. 4.7: Die durchschnittliche heimische Sprachpraxis der Klasse steht mit der Elternentscheidung in keinem Zusammenhang (kein Kompositionseffekt).

Kompositionseffekte des kulturellen Kapitals der Schülerschaft

Angenommen wird hierbei, dass das kulturelle Kapital der Klasse sich vorrangig als Lerngelegenheiten auf das schulische Lernen in Form des primären Effekts auswirkt. Im Rahmen von Empfehlungen sowie Benotung wird davon ausgegangen, dass das kumulierte kulturelle und soziale Kapital keinen zusätzlichen Effekt hat. Bezogen auf die Elternentscheidung wird in Anlehnung an Bourdieu (1982) davon ausgegangen, dass die soziale Ungleichheit im Zusammenhang mit der geografischen Ungleichheit steht. Angenommen wird dabei, dass das individuelle kulturelle Kapital in Abhängigkeit vom kumulierten Kapital unterschiedliche Bedeutung hat. Dabei reduziert das kumulierte kulturelle Kapital die eigenen Bildungsausgaben und wirkt sich somit insbesondere auf statusniedrige Familien aspirationsfördernd aus. Da dieser Effekt nicht für alle Statusgruppen gleichermaßen angenommen wird, wird der Kompositionseffekt entweder nicht nachweisbar sein oder sehr niedrig ausfallen.

H. 4.8: Das kumulierte kulturelle Kapital der Klasse zeigt keine direkten Wirkungen auf die Note und die Übergangsempfehlung (kein Kompositionseffekt).

H. 4.9: Das kumulierte kulturelle Kapital der Klasse beeinflusst positiv die Elternentscheidung. Je höher das Kapital der Klasse, umso eher entscheiden sich die Eltern bei gleichen Leistungen des Kindes für höhere Bildungsgänge. Der Effekt wirkt sich insbesondere auf niedrige Statusgruppen aus und fällt deshalb insgesamt niedrig aus (schwacher positiver Kompositionseffekt).

7.3.2 Befunde

Modellpassung und aufgeklärte Varianz

Anhand der vorangehenden Modellauswahl[32] werden im Folgenden die Kompositionseffekte in einem gemeinsamen Modell berechnet. Die Aggregation des sozioökonomischen Status, des kulturellen Kapitals sowie der heimischen Sprachpraxis wird anhand der MLC-Modellierung mit fixierten L2-Residuen der Faktorindikatoren durchgeführt (Lüdtke et al., 2008). Die Aggregation der Lesefähigkeit erfolgt mit dem MMC-Ansatz mit äquivalenten Faktorindikatoren für beide Ebenen. Die Modellierung wird schrittweise durchgeführt, indem die nicht signifikanten Effekte sukzessiv entfernt werden. Der Kompositionseffekt der kognitiven Fähigkeiten zeigte zwar in der Einzelmodellierung der Mehrebenenmodelle noch signifikante Effekte, wurde jedoch bei Kontrolle des leistungsbezogenen Kompositionseffekts in der gemeinsamen Modellierung nicht signifikant und wurde daher aus dem Modell ausgeschlossen. Das Modell zeigt insgesamt eine gute bis akzeptable Modellpassung (RMSEA .021, CFI .991, TLI .988). Die ebenenspezifischen Gütekriterien zeigen einen guten Modellfit für die Individualebene (SRMRw .032) und verpassen auf der Kontextebene mit .115 nur knapp den SRMRb-Wert von .10 für einen akzeptablen Modellfit.

---

32 Da die Variablen fehlende Werte aufweisen, wurde zum einen die L2-Aggregationsart der Individualangaben (latent vs. manifest) (Lüdtke et al., 2008) sowie die Quer-Ebenen-Invarianz der Messkonstrukte (Mehta & Neale, 2005) in vorbereitenden Analysen überprüft (Kap. 6.3.2, Anhang A.7.2).

Tabelle 9:   Anteile der aufgeklärten Varianz im Modell (p ≤ .01): Kompositionseffekte auf die
             Übergangsempfehlung der Lehrkräfte und die geplante Elternentscheidung

Abhängige Variable	Modellierung der Kompositionseffekte
Within Level	
Übergangsempfehlung	.700
Elternentscheidung	.638
Deutschnote	.567
Between Level	
Übergangsempfehlung	.325
Elternentscheidung	.514
Deutschnote	.399

RMSEA .021, CFI .991, TLI .988, SRMRw .032, SRMRb .115
Gewichtungsvariable: HOUWGT
Teilstichprobe in MPLUS: SUBPOPULATION
Klumpungseffekte in MPLUS: Mehrebenenmodellierung
Zentrierung der L1-Prädiktoren: Gruppenmittelwert

In Tabelle 9 sind die Anteile der aufgeklärten Varianz der abhängigen Variablen auf
der Individual- (*within*) und Kontextebene (*between*) dargestellt. Diese sind auf beiden Ebenen substanziell. Demnach kann anhand der individuellen Merkmale von
Schülerinnen und Schülern 70 Prozent der Varianz der Übergangsempfehlung von
Lehrkräften, 64 Prozent der Elternentscheidung und 57 Prozent der Deutschnote auf
der Individualebene (*within*) aufgeklärt werden. Anhand der Kompositionseffekte
wird jeweils 33 Prozent der L2-Varianz der Übergangsempfehlung, 51 Prozent der Elternentscheidung und 40 Prozent bei der Deutschnote erklärt.

Tabelle 10 zeigt die Zusammenhänge zwischen den latenten Konstrukten der
Klassenkomposition auf der Klassenebene. Deutlich wird, dass die Korrelationen für
alle Konstrukte zwar substanziell, jedoch bis auf die Korrelation des SES mit dem
kulturellen Kapital schwach oder mittelstark ausgeprägt sind und damit die Annahme
bestätigen, dass die erfassten Hintergrundmerkmale unterschiedliche Konstrukte darstellen, womit erwartet werden kann, dass sie unterschiedliche Effekte auf die Übergangsvariablen ausüben.

Tabelle 10: Korrelationen der latenten Faktoren auf der Klassenebene (p ≤ .01)

	SES	Heimische Sprachpraxis	Kulturelles Kapital
Heimische Sprachpraxis	.210		
Kulturelles Kapital	.824	.389	
Lesefähigkeit	.305	.568	.295

RMSEA .021, CFI .991, TLI .988, SRMRw .032, SRMRb .115

Gewichtungsvariable:	HOUWGT
Teilstichprobe in MPLUS:	SUBPOPULATION
Klumpungseffekte in MPLUS:	Mehrebenenmodellierung
Zentrierung der L1-Prädiktoren:	Gruppenmittelwert

Deutschnote und Übergangsempfehlung

In Tabelle 11a und Tabelle 11b sind die Ergebnisse einer gemeinsamen Modellierung der Kompositionseffekte aufgeführt. Zum Vergleich wurden ferner die Effekte aus der Einzelmodellierung angegeben. Bei der Interpretation des Modells wird in Anlehnung an die Empfehlung von Marsh et al. (2009a) in MLC-Modellen insbesondere auf die ES2- und ES3-Standardisierungen[33] eingegangen (Kap. 6.2.7.3).

Anhand der in Tabelle 11a und Tabelle 11b dargestellten Befunde wird deutlich, dass die Deutschnote den Kompositionseffekten der familiären Hintergrundfaktoren von Schülerinnen und Schülern unterliegt. Der erwartungswidrige negative Kompositionseffekt der sozioökonomischen Schülerzusammensetzung auf die Deutschnote (*H. 4.3*) kann mit ES3 = -.515 in Anlehnung an Cohens *d* als ein mittelstarker Effekt interpretiert werden. Die durchschnittliche Differenz in der Benotung zwischen zwei Klassen, die in der sozioökonomischen Zusammensetzung um zwei Standardabweichungen auseinander liegen, beträgt demnach .515. Das negative Vorzeichen impliziert, dass in statushohen Klassen bei gleicher Leistung niedrigere Noten vergeben werden. Hinzuweisen ist darauf, dass dieser Effekt unter Kontrolle von Leistungen, kognitiver Fähigkeit und Motivation bestehen bleibt.

Der angenommene positive Kompositionseffekt der statushohen Schülerschaft der Klasse auf die Übergangsempfehlungen (*H. 4.4*) lässt sich anhand der Befunde ebenfalls nicht bestätigen. Auffällig ist dabei, dass der durchschnittliche sozioökonomische Status der Klasse in der gemeinsamen Modellierung zwar keinen direkten Einfluss auf die Übergangsempfehlungen hat, jedoch in getrennten Modellen erwartungswidrig ein signifikanter (p ≤ .05) negativer schwacher Kompositionseffekt (ES3 = -.144) auftritt (jeweils die linke Spalte in Tabelle 11a und Tabelle 11b, vgl. auch Tabelle 38 im Anhang A.7.2.1).

---

33 Die daraus resultierende *Effektstärke* beschreibt die Differenzen in der abhängigen Variablen als die durchschnittliche Abweichung zwischen zwei L2-Gruppen, die sich um zwei Standardabweichungen in der Prädiktorvariablen unterscheiden. Die *Effektstärke* wird in Anlehnung an Cohens *d* in folgender Weise eingeschätzt: Effekte bis .20 werden als klein, bis .50 als mittelstark und bis .80 als stark interpretiert. Cohens *d* kann annähernd mit folgender Formel eingeschätzt werden: *d* = 2r (Korrelationskoeffizient *r*) (Bortz, 2005; Marsh et al., 2009a).

Tabelle 11a: Gemeinsame Modellierung der Kompositionseffekte der Hintergrundmerkmale von Schülerinnen und Schülern auf die Deutschnote, die Übergangsempfehlung der Lehrkräfte und die geplante Elternentscheidung (*random-intercepts-model*)

Kriterium	Prädiktor	Standardisierung	Sozioökonomischer Status (MLC) Einzeleffekt	Simultan	Heimische Sprachpraxis (MLC) Einzeleffekt	Simultan	KK (MLC) Einzeleffekt	Simultan
Deutschnote	ßc	-.792 **	-.609 **	ns	ns	ns	.391 **	
	sßc	-.210 **	-.241 **	ns	ns	ns	.145 **	
	ES1	-.455 **	-.534 **	ns	ns	ns	.317 **	
	ES2	-.443 **	-.523 **	ns	ns	ns	.316 **	
	ES3	-.437 **	-.515 **	ns	ns	ns	.311 **	
Übergangs-empfehlung	ßc	-.218 *	ns	ns	ns	ns	ns	
	sßc	-.068 *	ns	ns	ns	ns	ns	
	ES1	-.149 *	ns	ns	ns	ns	ns	
	ES2	-.144 *	ns	ns	ns	ns	ns	
	ES3	-.144 *	ns	ns	ns	ns	ns	
Geplante Elternent-scheidung	ßc	.301 **	.432 **	-.843 **	-.798 **	ns	ns	
	sßc	.097 **	.184 **	-.166 **	-.163 **	ns	ns	
	ES1	.212 **	.419 **	-.357 **	-.358 **	ns	ns	
	ES2	.208 **	.410 **	-.355 **	-.356 **	ns	ns	
	ES3	.205 **	.394 **	-.349 **	-.350 **	ns	ns	

** p ≤ .01   * p ≤ .05
RMSEA .021, CFI .991, TLI .988, SRMRw .032, SRMRb .115 ßC = unstandardisierter Koeffizient
sßC = an der Gesamtvarianz des Prädiktors und der Kriteriumsvariablen standardisierter Koeffizient
MLC – *multilevel latent covariate modeling* (Lüdtke et al., 2008; *doubly-latent-model*, M4; Marsh et al., 2009a)
ES1 bis ES3 – standardisierte Koeffizienten nach Marsh et al. (2009a)
Einzeleffekte wurden in getrennten Modellen ermittelt. Simultane Modellierung umfasst die Modellierung aller Kompositionseffekte in einem gemeinsamen Modell.

Gewichtungsvariable:	HOUWGT
Teilstichprobe in MPLUS:	SUBPOPULATION
Klumpungseffekte in MPLUS:	Mehrebenenmodellierung
Zentrierung der L1-Prädiktoren:	Gruppenmittelwert

Ebenfalls erwartungswidrig konnte ein positiver Kompositionseffekt des kulturellen Kapitals auf die Deutschnote mit ES3 = .311 nachgewiesen werden (*H. 4.8*). Demnach werden Leistungen von Schülerinnen und Schülern in Klassen mit höherem kulturellen Kapital positiver benotet. Dieser Effekt verpasste zwar in der Einzelmodellierung mit einem p-Wert von .09 knapp das Signifikanzniveau (jeweils die linke Spalte in Tabelle 11a und Tabelle 11b, vgl. auch Tabelle 38 im Anhang A.7.2.1), erwies sich jedoch im gemeinsamen Modell unter Kontrolle der durchschnittlichen Leistung und des mittleren sozioökonomischen Hintergrunds der Klasse als bedeutsam. Für die Übergangsempfehlung ist die kulturelle Zusammensetzung der Schülerschaft erwartungsgemäß nicht relevant (*H. 4.8*). Auch die mittlere heimische Sprachpraxis zeigt erwartungsgemäß weder in der Einzelmodellierung noch in der gemeinsamen Modellierung Kompositionseffekte auf die Noten und die Empfehlung (*H. 4.6*).

Tabelle 11b: Gemeinsame Modellierung der Kompositionseffekte der Lesefähigkeit und der kognitiven Fähigkeiten auf die Deutschnote, die Übergangsempfehlung der Lehrkräfte und die geplante Elternentscheidung (*random-intercepts-model*)

		Kompositionseffekte			
	Prädiktor	Lesefähigkeit (MMC)		KFT (MMC)	
Kriterium	Standardisierung	Einzel-effekt	Simultan	Einzel-effekt	Simultan
Deutschnote	ßc	-.703 **	-.886 **	-.129 **	ns
	sßc	-.517 **	-.636 **	-.173 **	ns
	ES1			-.369 **	ns
	ES2			-.367 **	ns
	ES3			-.366 **	ns
Übergangs-empfehlung	ßc	-.273 **	-.542 **	-.114 **	ns
	sßc	-.266 **	-.481 **	-.185 **	ns
	ES1			-.397 **	ns
	ES2			-.394 **	ns
	ES3			-.393 **	ns
Geplante Elternent-scheidung	ßc	-.108 *	-.252 **	ns	ns
	sßc	-.101 *	-.227 **	ns	ns
	ES1			ns	ns
	ES2			ns	ns
	ES3			ns	ns

** p ≤ 0.01   * p ≤ 0.05
RMSEA .021, CFI .991, TLI .988, SRMRw .032, SRMRb .115 $ß_c$ unstandardisierter Koeffizient
$sß_c$ = an der Gesamtvarianz des Prädiktors und der Kriteriumsvariablen standardisierter Koeffizient
MMC – *multilevel manifest covariate modeling* (*latent-manifest-model*, M3; Marsh et al., 2009a)
ES1 bis ES3 – standardisierte Koeffizienten nach Marsh et al. (2009a)
Für den Kompositionseffekt der Lesefähigkeit wurde die Standardisierung an der Gesamtvarianz angegeben.
Einzeleffekte wurden in getrennten Modellen ermittelt. Simultane Modellierung umfasst die Modellierung aller Kompositionseffekte in einem gemeinsamen Modell.
Gewichtungsvariable: HOUWGT
Teilstichprobe in MPLUS: SUBPOPULATION
Klumpungseffekte in MPLUS: Mehrebenenmodellierung
Zentrierung der L1-Prädiktoren: Gruppenmittelwert

Für die Deutschnote und die Übergangsempfehlung konnte, wie in Tabelle 11b darge-stellt, erwartungsgemäß ein negativer Kompositionseffekt der mittleren Lesefähigkeit nachgewiesen werden. Hierbei wurde der an der Gesamtvarianz standardisierte $s\beta_c$-Koeffizient angegeben. Dieser ist mit $s\beta_c = -.636$ für die Deutschnote und $s\beta_c = -.481$ für die Empfehlung gegenüber den Kompositionseffekten des sozioökonomischen Status ($s\beta_c = -.241$) und des kulturellen Kapitals auf die Deutschnote ($s\beta_c = .145$) we-sentlich stärker ausgeprägt. Demnach werden sowohl die individuelle Note als auch die Übergangsempfehlung durch die mittlere Lesefähigkeit der Klasse substanziell negativ beeinflusst (*H. 4.1*). Da die Deutschnoten von Schülerinnen und Schülern für die Empfehlungen relevant sind ($\beta = .61$, Abbildung 11), kann davon ausgegangen werden, dass die letzteren zusätzlich zu dem direkten Kompositionseffekt der Lese-fähigkeit indirekten Effekten unterliegen, die über die Deutschnoten vermittelt wer-den. Der Kompositionseffekt hoher Leistungsergebnisse wirkt im Sinne des BFLP-Effekts (*big-fish-little-pond*) (Marsh, 1987, 2003; Köller, 2004) auf die Benotung und die Übergangsempfehlung.

Insgesamt zeigt sich demnach, dass in leistungsstarken Klassen durchschnittlich höhere Leistungen erwartet werden, um dieselbe Note und Bildungsempfehlung zu erhalten. Bei der Leistungsbeurteilung wird diese Tendenz durch die sozioökonomi-sche Zusammensetzung der Schülerschaft verschärft, jedoch durch ein hohes kumu-liertes kulturelles Kapital geringfügig gemildert.

Geplante Elternentscheidung

Für die geplante Elternentscheidung lassen sich nach Tabelle 11a und Tabelle 11b Kompositionseffekte der Hintergrundmerkmale (SES, heimische Sprachpraxis) so-wie des mittleren Leistungsniveaus der Klasse nachweisen. Der positive signifikan-te Kompositionseffekt des durchschnittlichen SES der Klasse beträgt ES3 = .394 und ist damit mittelstark und erwartungsgemäß positiv ausgeprägt (*H. 4.5*). Demnach tref-fen Eltern von Kindern aus Klassen mit einem gegebenen SES im Durschnitt um .394 höhere Übergangsentscheidungen im Vergleich zu den Eltern, deren Kinder Klassen mit einem um zwei Standardabweichungen niedrigerem SES besuchen.

Entgegengesetzt wirkt sich der mittelstarke negative Effekt der heimischen Sprachpraxis der Schülerschaft auf die geplante Elternentscheidung (ES3 = -.350) aus. Entgegen der Annahme (*H. 4.7*) erweist sich demnach der Kompositionseffekt der heimischen Sprachpraxis mit einer mittleren Effektstärke als bedeutsam für die elterlichen Entscheidungen. Die elterlichen Übergangsentscheidungen von Kindern aus Klassen, die um zwei Standardabweichungen in der Sprachpraxisvariablen aus-einander liegen, weichen demnach im Durchschnitt um .350 Skalenpunkte voneinan-der ab. Da die Sprachpraxis aufsteigend kodiert ist (je höher der Wert, umso häufiger wird zu Hause Deutsch gesprochen), bedeutet der negative Koeffizient, dass die ge-planten Elternentscheidungen umso niedriger ausfallen, je höher der Anteil von Kin-dern in der Klasse ist, die angeben, zu Hause häufig Deutsch zu sprechen. Ebenfalls erweist sich die durchschnittliche Lesefähigkeit der Klasse mit $s\beta_c = -.227$ erwar-tungsgemäß als ein negativer Bedingungsfaktor der geplanten Elternentscheidung (*H. 4.2*), der (verglichen anhand des an der Gesamtvarianz standardisierten Koeffizienten $s\beta_{c)}$ in derselben Größenordnung liegt wie der positive Kompositionseffekt des SES ($s\beta_c = .184$) und der negative Kompositionseffekt der heimischen Sprachpraxis ($s\beta_c = -.163$). Entgegen der Annahme (*II. 4.9*) erweist sich ferner das kulturelle Kapital der Klasse als nicht signifikant für die geplanten Elternentscheidungen.

Insgesamt zeigt sich, dass die geplanten Übergangsentscheidungen bildungsfreundlicher in Klassen mit einem hohen Anteil von statushohen Kindern mit Migrationshintergrund und niedrigeren Leistungen ausfallen und vom kulturellen Kapital der Klasse weitgehend unabhängig sind.

7.3.3 Interpretation

Insgesamt wird deutlich, dass sowohl die Notenvergabe und die Übergangsempfehlungen der Lehrkräfte als auch die Bildungsentscheidungen der Eltern den Effekten des Klassenkontextes unterliegen. Im gemeinsamen Modell (Tabelle 11a und Tabelle 11b) zeigen sich Kompositionseffekte der mittleren Lesefähigkeit auf alle drei Kriteriumsvariablen, ferner des sozioökomischen Status und der heimischen Sprachpraxis auf die geplante Elternscheidung sowie des sozioökomischen Status und des kulturellen Kapitals auf die Deutschnote. Die kognitiven Fähigkeiten zeigen in der gemeinsamen Modellierung keine zusätzlichen Effekte auf die abhängigen Variablen. Durch die Kompositionseffekte werden substanzielle Anteile der L2-Varianz der Übergangsvariablen erklärt (vgl. Tabelle 9).

Nach den Analysen lässt sich annehmen, dass die Kinder in leistungsstarken Klassen bei der Notenvergabe und Bildungsempfehlung tendenziell strenger beurteilt werden (Bezugsgruppeneffekte, Merton & Kitt, 1950; Rheinberg, 2001). Ferner scheinen sich die Beurteilungskriterien für Leistungen bei der Benotung in statushohen Klassen zusätzlich zu verschärfen, anstatt wie angenommen zu mildern. Obwohl bekannt ist, dass die Kinder mit einem niedrigen sozioökonomischen Hintergrund in statushohen Klassen von Lerngelegenheiten profitieren und somit höhere Leistungen erbringen, zeigt sich bei der Betrachtung der Beurteilungspraxis, dass die Lehrkräfte eine höhere Messlatte in solchen Klassen anlegen. Dementgegen wirkt lediglich ein schwacher positiver Effekt des kulturellen Kapitals auf die Benotung. Die Zusammenhänge wurden hierbei zunächst für alle Schülerinnen und Schüler nachgewiesen, die sich in gegebenen Klassenkontexten befinden. Eine differenzielle Untersuchung dieser Mechanismen erfolgt in Kapitel 7.5.4 anhand der Analyse von Interaktionseffekten.

Der Migrationshintergrund erweist sich nach Kontrolle der Kompositionseffekte des sozioökonomischen Status und des kulturellen Kapitals als nicht relevant für die Lehrerbeurteilung. In Bezug auf differenzielle Effekte auf verschiedene Schülergruppen kann davon ausgegangen werden, dass die verschärfte Auslese die Kinder aus unteren Statusgruppen besonders trifft, da diese Kinder sich in den unteren Leistungsgruppen innerhalb von Schulklassen befinden. Ob diese Mechanismen zusätzlich selektiv wirken, wird anhand der in Kapitel 7.5.4 durchgeführten Analysen der Interaktionseffekte geprüft.

Für die geplante Elternentscheidung ist der Kompositionseffekt des SES erwartungskonform positiv, während die durchschnittliche heimische Sprachpraxis und Lesefähigkeit einen schwachen negativen Effekt aufweisen. Demnach tendieren Eltern zu höheren Bildungsentscheidungen, wenn sich ihre Kinder in Klassen mit einem hohen SES, niedrigen Leseleistungen und einem höheren Anteil an Kindern befinden, die zu Hause weniger Deutsch sprechen. Naheliegend ist die Annahme, dass Eltern und deren Kinder die sozialen Kosten einer Bildungsentscheidung einkalkulieren und somit dazu tendieren, dem Entscheidungstrend des unmittelbaren Klassenumfelds zu folgen (Stocké, 2013, S. 288ff.), jedoch wird durch den Leistungsvergleich mit der Bezugsgruppe die Leistungsfähigkeit des Kindes im negativen Sinne relativiert. Dieser Effekt kann als ein BFLP-Effekt (*big-fish-little-pond*) der durchschnittlichen Klassenleistung auf die geplante Elternentscheidung gedeutet werden (Köller, 2004; Marsh, 1987, 2003). Da nach der Theorie rationaler Wahlentscheidung die Individualleistung im Rahmen des Kosten-Nutzen-Kalküls bei der Bildungsentscheidung als Risikofaktor berücksichtigt wird (Boudon, 1974; Ditton, 1992), fallen die Übergangsentscheidungen von Eltern, deren Kinder leistungsstarke Klassen besuchen, gegenüber denen, deren Kinder Klassen mit schwächeren Leistungen besuchen, niedriger aus. Der soziale Vergleich führt in diesem Falle zu einer subjektiv höheren Einschätzung des Scheiterns-Risikos. Zudem fallen Übergangsentscheidungen entsprechend dem negativen Kompositionseffekt der heimischen Sprachpraxis in Klassen mit einem hohen Anteil von Kindern mit Migrationshintergrund bildungsfreundlicher aus, womit die Annahme überhöhter Bildungsaspirationen von Eltern mit Migrationshintergrund bestätigt werden kann. Aufgrund dessen, dass die elterlichen Entscheidungen wiederum mit den Übergangsempfehlungen von Lehrkräften stark zusammenhängen (β = .61, Abbildung 11), kann davon ausgegangen werden, dass die Klassenkomposition, zusätzlich zu dem direkten ebenfalls einen indirekten Effekt auf die geplante Elternentscheidung ausübt, der über die Deutschnote und Übergangsempfehlung vermittelt wird.

Das kulturelle Kapital der Klasse zeigt keine direkten Effekte auf die Elternentscheidung, weder in der Einzelmodellierung noch im gemeinsamen Modell. Damit fand die Annahme, dass das individuelle Kapital in Abhängigkeit vom kumulierten Kapital unterschiedliche Bedeutung im Rahmen der Kosten-Nutzen-Kalküle (Bourdieu, 1982) hat, keine Bestätigung. Da dieser Effekt jedoch insbesondere für statusniedrige Familien angenommen wird, ist durchaus zu vermuten, dass sich dennoch ein Interaktionseffekt zwischen dem kulturellen Kapital und den Zusammenhängen zwischen den Hintergrundmerkmalen und den abhängigen Variablen nachweisen lässt (vgl. Kap. 7.5.4).

7.4   Kontextfaktoren: schulstrukturelle Faktoren

Die vorangehenden Analysen (Kap. 7.3) haben gezeigt, dass Lehrerbeurteilungen und Übergangsempfehlungen und -entscheidungen Kompositionseffekten unterliegen. Im Folgenden wird überprüft, ob darüber hinaus Unterrichtsfaktoren sowie schulische und regionale Kontextfaktoren einen Einfluss auf die übergangsrelevanten Variablen haben (*Schritt 3: Modellierung der Kompositionseffekte des Schülerhintergrunds und der Kontexteffekte des schulischen und regionalen Umfelds auf die Übergangsent-scheidungen, MSEM, intercepts-as-outcomes-model, vgl. Kap. 6.3.1 und Tabelle 2 im Anhang A.2*). Damit wird Bezug auf die folgende Hypothese genommen:

H. 6:   *Je höher die Beurteilung der schulischen Qualitätsmerkmale ausfällt und je bildungsfreundlicher das regionale Bildungsangebot ist, umso höher fallen insgesamt die Leistungen, Übergangsempfehlungen und -entscheidungen aus. Da die Unterrichts- und Schulvariablen jedoch in Wechselwirkung mit weite-ren individuellen Faktoren stehen, fallen die Effekte tendenziell gering aus, wenn sie für alle Schülerinnen und Schüler innerhalb von Klassen gemein-sam analysiert werden.*

Die strukturellen Merkmale umfassen die Schulgröße, schulische Ressourcen sowie die Erreichbarkeit des Bildungsangebots im Umfeld. Darüber hinaus wird die Quali-tätsentwicklung als ein Merkmal von Organisationsabläufen, ferner das Klassenklima als ein Merkmal der Organisationskultur, Merkmale des Unterrichtsprozesses sowie Kommunikationsprozesse und Kontingenzfaktoren betrachtet. Dabei wird der Fra-ge nachgegangen, welche Merkmale des schulischen Umfelds mit bildungsfreundli-cheren Beurteilungen und Empfehlungen für alle Schülerinnen und Schüler innerhalb von bestimmten Klassenkontexten einhergehen. Erwartet wird in Bezug auf Kontext-effekte des schulischen Umfelds, dass direkte Wirkungen der Unterrichts- und Schul-faktoren auf die Übergangsvariablen niedriger ausgeprägt sind als die Wirkungen der Schülerkomposition. Der Grund dafür liegt einerseits darin, dass Unterrichts- und Schulfaktoren sich vorrangig auf den primären Prozess zum Beispiel in Form von Lerngelegenheiten auswirken. Andererseits ist davon auszugehen, dass die Wirkungen der schulischen und Klassenfaktoren auf den Übergang differenziell für Schülergrup-pen sind und sich somit nur geringe Effekte nachweisen lassen, wenn alle Schülerin-nen und Schüler insgesamt betrachtet werden. Daher wird anschließend in Kapitel 7.5.5 eine differenzielle Betrachtungsweise der Selektionseffekte für unterschiedliche Schülergruppen innerhalb von Klassen anhand von Quer-Ebenen-Interaktionseffekten vorgenommen.

7.4.1 Annahmen

Strukturelle Merkmale

Strukturelle Merkmale stellen die Basis für das reibungslose Funktionieren einer Or-ganisation dar und werden daher anhand der Schulgröße, der schulischen Ressour-cen sowie des vorhandenen Bildungsangebots im Umfeld betrachtet. Bezogen auf die Schulgröße (indiziert durch die Anzahl von Schülerinnen und Schülern) lässt sich annehmen, dass diese an sich kein Qualitätsmerkmal darstellt und sich folglich kei-ne eigenständigen und systematischen Effekte weder auf das Niveau der Übergangsentscheidungen noch auf deren Zusammenhänge mit den Hintergrundvariablen nachweisen lassen.

H. 6.1: Die Schulgröße steht bei Kontrolle der Schülerzusammensetzung und anderer Schulqualitätsmerkmale in keinem Zusammenhang mit den Übergangsvariablen (kein Kontexteffekt).

In Bezug auf schulische Ressourcen (indiziert durch die Beeinträchtigungen aufgrund mangelnder Ressourcen sowie die Anzahl von Computern als auch von Büchern und Zeitschriften in der Schulbibliothek) wird erwartet, dass diese sich als Lerngelegenheiten auf schulische Leistungen auswirken und keine zusätzlichen Effekte auf die Benotung und Übergangsempfehlung haben. Dagegen können sich vorhandene schulische Ressourcen auf die Bildungsfreundlichkeit von Eltern auswirken, indem der Mangel an eigenem kulturellen und sozialen Kapital im Rahmen von Kosten-Nutzen-Kalkülen an Bedeutung verliert. Dabei wird angenommen, dass die Wahrnehmung des aktuellen schulischen Umfelds (u.a. der Ausstattung) als ein Indikator des zukünftig erwarteten schulischen Umfelds fungiert und insofern in die Kosten-Nutzen-Kalküle einfließt.

H. 6.2: Schulische Ressourcen stehen in keinem Zusammenhang mit der Benotung und der Übergangsempfehlung (kein Kontexteffekt).

H. 6.3: Schulische Ressourcen beeinflussen die Elternentscheidungen positiv. Je höher die schulischen Ressourcen, umso höher fällt die Elternentscheidung aus. Da jedoch dieser Effekt insbesondere bei statusniedrigen Familien auftritt, ist der Zusammenhang niedrig (schwacher positiver Kontexteffekt).

Eine weitere Annahme ist, dass vorhandenes Bildungsangebot (indiziert durch die Einwohnerzahl sowie die Einschätzung des Urbanisierungsgrades im schulischen Umfeld) den Selektionsdruck reduziert und somit das Empfehlungsniveau der Lehrkräfte positiv beeinflusst. Dagegen sollten sich bei der Benotung keine Effekte des Bildungsangebots zeigen. Anzunehmen ist ferner, dass sich die Erreichbarkeit des Bildungsangebots im Umfeld positiv auf die Elternentscheidungen aller Statusgruppen auswirkt, diese Wirkung jedoch insbesondere für untere Statusgruppen nachzuweisen sein wird (Quer-Ebenen-Interaktionseffekte, vgl. Kap. 7.5.5).

H. 6.4: Erreichbarkeit des Bildungsangebots im Umfeld steht in keinem Zusammenhang mit der Benotung (kein Kontexteffekt).

H. 6.5: Erreichbarkeit des Bildungsangebots im Umfeld führt zu höheren Übergangsempfehlungen. Dieser Effekt tritt besonders für untere Statusgruppen auf und ist daher insgesamt niedrig ausgeprägt (schwacher positiver Kontexteffekt).

H. 6.6: Erreichbarkeit des Bildungsangebots im Umfeld führt zu höheren Bildungsentscheidungen. Dieser Effekt tritt besonders für untere Statusgruppen auf und ist daher insgesamt niedrig ausgeprägt (schwacher positiver Kontexteffekt).

Abläufe

Einen weiteren Bereich der schulischen Effektivitätssteigerung stellen reibungslose Abläufe dar, die durch wachsende Schulgrößen immer stärker ins Blickfeld der Schuleffektivitätsforschung rücken (Scheerens & Bosker, 1997). Nachfolgend werden schulische Abläufe anhand des Stellenwerts der Qualitätsentwicklung sowie anhand von Entwicklungsschwerpunkten betrachtet. Hierbei wird erwartet, dass der Stellenwert der Qualitätsentwicklung (indiziert durch die wahrgenommene Bedeutsamkeit der Qualitätsentwicklung durch den Lehrer, die Lehrerin) und schulische Entwicklungsschwerpunkte (indiziert durch die Anzahl der Entwicklungsschwerpunkte) als Aspekte der schulischen Abläufe auf verschiedene Schülergruppen differenzielle Effekte ausüben (vgl. Kap. 7.5.5) und die Kontexteffekte für alle Schülerinnen und Schüler entweder nicht nachweisbar oder sehr schwach ausgeprägt sind.

H. 6.7: *Es besteht kein oder ein sehr schwacher Zusammenhang zwischen der Qualitätsentwicklung und den Übergangsvariablen sowie zwischen den Entwicklungsschwerpunkten und den Übergangsvariablen unter Kontrolle anderer Merkmale der Schülerschaft (kein oder sehr schwacher Kontexteffekt).*

Kultur

Die Organisationskultur und die Kommunikationsprozesse stellen Aspekte des schulinternen Lebens dar, die sich sowohl auf den primären Prozess (Unterricht) als auch auf die Umwelt der Schule auswirken. Zu erwarten ist dabei, dass sich eine Optimierung der Kommunikationsprozesse mit den beteiligten Akteuren (indiziert durch die Häufigkeit und Art der Elterninformation und Kooperation) auf die Bildungsbeteiligung positiv auswirken könnte. Dabei können insbesondere Effekte für untere Statusgruppen erwartet werden, für die der hieraus resultierende Informationszugriff (sowohl in Bezug auf die Leistungsfähigkeit der Schülerinnen und Schüler als auch auf das existierende Bildungsangebot) von größerer Bedeutung für die Übergangsentscheidung sein kann. Bei der Benotung und Übergangsempfehlung sollten keine Kontexteffekte bei Kontrolle anderer Merkmale des Schülerhintergrunds auftreten. Positive Wirkungen können dort zwar erwartet werden, jedoch sollten sie sich nicht für alle Schülerinnen und Schüler nachweisen lassen, sondern treten in Form eines Interaktionseffekts auf (vgl. Kap. 7.5.5).

H. 6.8: *Die Kommunikationsprozesse stehen in keinem Zusammenhang mit der Benotung und den Empfehlungen der Lehrkräfte (kein Kontexteffekt).*

H. 6.9: *Je häufiger und vielfältiger die Kommunikationsprozesse sind, umso höher fallen die Bildungsentscheidungen der Eltern aus (positiver Kontexteffekt).*

Ein weiterer Aspekt der Organisationskultur wird anhand des Klassenklimas betrachtet. Angenommen wird, dass das Klassenklima (indiziert durch zwei Skalen des Klassenklimas sowie Selbsteinschätzung der eigenen Beliebtheit) zu bildungsfreundlicheren Entscheidungen von Eltern führt, insbesondere in Bezug auf untere Statusgruppen. Auf Noten und Übergangsempfehlungen werden bei Kontrolle anderer Merkmale keine direkten Effekte erwartet (vgl. Kap. 7.5.5).

H. 6.10: Das Klassenklima zeigt keinen Zusammenhang mit der Benotung und den Übergangsempfehlungen bei Kontrolle anderer Merkmale (kein Kontexteffekt).

H. 6.11: Je besser das Klassenklima, umso höher fallen die geplanten Übergangsentscheidungen der Eltern aus, insbesondere bei statusniedrigen Eltern (schwacher positiver Kontexteffekt).

Kontingenzfaktoren

Vor dem Hintergrund der, teilweise mit marktbezogener Politik verknüpften, demographischen Tendenzen, die zu stärkerer Konkurrenz zwischen den Schulen um die Schülerinnen und Schüler bei der Einschulung führen, sind neben den Marketingstrategien Effektivitätskriterien wie Adaptation und Responsivität auf externe Faktoren (Kontingenzfaktoren) als wichtige Schulmodi hervorzuheben (Scheerens & Bosker, 1997). Dabei ist davon auszugehen, dass sich die institutionellen Kontingenzfaktoren[34] (indiziert durch Kooperationen mit außerschulischen Einrichtungen) differenziell auf unterschiedliche Statusgruppen auswirken (vgl. Kap. 7.5.5). Insbesondere bei Familien unterer Statusgruppen kann erwartet werden, dass die Responsivität der Schule auf externe Faktoren für die Bildungsempfehlungen und -entscheidungen bedeutsam ist. Daher werden niedrige bildungsverstärkende Effekte auf die Übergangsempfehlungen und -entscheidungen von Eltern aller Statusgruppen angenommen. Bei der Benotung werden keine Zusammenhänge erwartet.

H. 6.12: Kontingenzfaktoren hängen mit der Benotung nicht zusammen (kein Kontexteffekt).

H. 6.13: Kontingenzfaktoren gehen mit bildungsfreundlicheren Übergangsempfehlungen von Lehrkräften und Übergangsentscheidungen der Eltern einher (schwacher positiver Kontexteffekt).

Primärer Prozess

Durch die Modifizierung der Informationstechnologie, zum Beispiel in Form von Standardisierung der Instruktion und Koordination zwischen den Lehrkräften und Klassen, könnte die Effektivität des primären Bildungsprozesses gesteigert werden (Scheerens & Bosker, 1997). Diese Maßnahmen könnten jedoch darüber hinaus eine Reduzierung sozialer Ungleichheit bewirken, da Standardisierung und Koordination dem Beitrag subjektiver Orientierungsmuster und Alltagstheorien in Lernprozessen entgegenwirkt, wodurch eine Reduktion der Ungleichheitseffekte der Leistungsbenotung und Bildungsempfehlung erreicht werden kann. Einige Autoren betonen ferner im Hinblick auf den primären Prozess die konstruktivistische Neuorientierung der Philosophie des Lernens und der Instruktion (hin zur kognitiven Aktivierung, generellen kognitiven Fähigkeiten sowie dem eigenständigen Lernen), die mit Veränderungen sowohl der Instruktionsstrategien als auch im Management einhergeht (Scheerens, 2000, S. 52ff.). Der Umgang mit Heterogenität, Individualisierung sowie Differenzierung stellen in diesem Zusammenhang ungleichheitsreduzierende Faktoren dar.

---

34 Adaptation und Responsivität auf externe Faktoren

Im Folgenden wird die Unterrichtsqualität anhand der Entsprechung der Unterrichtsmerkmale der Unsicherheit, der reziproken Interdependenz und der Komplexität der Umgebung (Kontingenzfaktoren) betrachtet. Unterrichtsfaktoren, die hierdurch impliziert werden, sind Individualisierung und Differenzierung im Unterricht sowie kognitive Aktivierung und die Motivierung. Diese Faktoren werden durch variationsreiche Methoden und ein angemessenes Anspruchsniveau indiziert. Angenommen wird, dass Unterrichtsführung einen Lernbedingungsfaktor darstellt und mit höheren Lernergebnissen einhergeht. Bei Kontrolle der Leistung sollten sich in den vorliegenden Modellen keine zusätzlichen Auswirkungen der Unterrichtsprozesse (primärer Effekt) weder auf die Noten und Übergangsempfehlungen noch auf die geplanten Elternentscheidungen zeigen. Dagegen können hierbei differenzielle Effekte für verschiedene Statusgruppen auftreten (Kap. 7.5.5).

H. 6.14: Unterrichtsqualitätsvariablen zeigen bei Kontrolle weiterer Variablen im Modell keine oder schwache Zusammenhänge mit den Übergangsvariablen (kein Kontexteffekt).

7.4.2 Befunde

Die Modellierung der Wirkungen von Kontexteffekten auf die Übergangsempfehlungen und Elternentscheidungen erfolgt in zwei Schritten. Im ersten Schritt werden direkte Wirkungen der Unterrichtsfaktoren auf die Übergangsvariablen anhand der *intercept-as-outcomes*-Modelle überprüft. Auf dieser Basis können Hinweise auf Schul- und Unterrichtsfaktoren, die mit bildungsfreundlichen Entscheidungen von Schülerinnen und Schülern innerhalb von Klassen einhergehen, geliefert werden. Im zweiten Schritt erfolgt die Überprüfung der differenziellen Effekte auf unterschiedliche Schüler- und Schülerinnengruppen anhand von Modellen mit variablen Regressionssteigungen (*intercepts-and-slopes-as-outcomes-models*, vgl. Kap. 7.5.5).[35] Darüber hinaus wurde die gemeinsame Modellierung der direkten Effekte der schulischen Kontextfaktoren durch eine Einzelmodellierung vorbereitet (vgl. Anhang A.9).

Die im Folgenden eingesetzten Angaben zu den schulischen und regionalen Kontextfaktoren stammen aus dem Schulleiterfragebogen und können dementsprechend als L2-Variablen in die Modelle direkt aufgenommen werden. Eine Aggregation ist nicht notwendig. Die Unterrichtsvariablen sind dem Schülerfragebogen entnommen und stellen somit Einschätzungen der Schülerinnen und Schüler zu deren Lehrerinnen und Lehrern, zum Unterricht sowie zu den sozialen Beziehungen im Klassenraum dar. Die Unterrichtsvariablen wurden entsprechend als L2-Variablen aggregiert. Die Aggregation erfolgte anhand der manifesten Aggregation der L1-Variablen (M3, *latent-manifest-model*, Marsh et al., 2009a, vgl. Kap. 6.2.3.4). Da die Unterrichtsfaktoren anhand latenter Skalen erfasst sind, stellen sie zwar in Bezug auf die Personen

---

35 Diese schrittweise Überprüfung von Hypothesen wurde aus methodischen Gründen gewählt. Im Rahmen von Moderatoreffekten können sowohl direkte Effekte auf die abhängige Variable als auch Interaktionseffekte des Moderatoren mit der Regressionssteigung auftreten. Bei der Überprüfung solcher Effekte muss beides berücksichtigt werden (Baron & Kenny, 1986; MacKinnon, Fairchild & Fritz, 2007).

manifeste Aggregationen dar, jedoch in Bezug auf die Items sind sie latent. Kontexteffekte für die Unterrichtsfaktoren werden genauso wie Kompositionseffekte β_C des Schülerhintergrunds als die Differenz zwischen dem individuellen und dem clusterbezogenen Steigungskoeffizienten berechnet.

Nachfolgend werden Ergebnisse aus der Analyse der Kontexteffekte des Unterrichts und des Schulumfelds dargestellt. Die nicht signifikanten Schul- und Unterrichtsfaktoren wurden aus dem Modell ausgeschlossen und werden in Tabelle 13 nicht aufgeführt. Die in Kapitel 7.3.2 dargestellten Kompositionseffekte wurden im Modell kontrolliert. Für die geplanten Elternentscheidungen wurde der Kompositionseffekt des SES, der heimischen Sprachpraxis und der Lesefähigkeit kontrolliert, für die Benotung wurde der Kompositionseffekt des SES, des kulturellen Kapitals und der Lesefähigkeit kontrolliert und für die Übergangsempfehlung wurde der Kompositionseffekt der Lesefähigkeit kontrolliert. Die in Tabelle 13 angegebenen Koeffizienten sind standardisiert und können daher wie herkömmliche Korrelationskoeffizienten interpretiert werden. Zusätzlich wurden für die Deutschnote sowie die geplante Elternentscheidung die ES1- bis ES3-Standardisierungen nach Marsh et al. (2009a, vgl. Kap. 6.2.7.3) als Effektstärken angegeben.

Modellpassung und aufgeklärte Varianz

Die Modellierung wurde schrittweise durchgeführt. Im ersten Schritt wurden die Unterrichtsfaktoren unter Kontrolle aller bislang ermittelten Effekte analysiert (Modell 1 in Tabelle 13). Die Berechnung der Kontexteffekte des Unterrichts erfolgte wie in den Voranalysen anhand von gruppenmittelwertzentrierter L1-Indikatoren mit Hilfe der latent-manifesten M3-Aggregation nach Marsh et al. (2009a). Das Modell zeigt gute Modellpassung (Modell 1: RMSEA .023, CFI .969, TLI .965, SRMRw .031, SRMRb .059). Im zweiten Schritt wurden die Kontexteffekte des schulischen Umfelds hinzugefügt (Modell 2 in Tabelle 13). Die Variablen wurden um den Gesamtmittelwert zentriert. Das Modell zeigt eine insgesamt gute bis akzeptable Modellpassung (Modell 2: RMSEA .018, CFI .970, TLI .966, SRMRw .031, SRMRb .088). Die Analyse der Kontexteffekte im Modell 2 erfolgt somit unter Kontrolle der Kompositionseffekte sowie der Unterrichtsfaktoren.

Bevor die Ergebnisse der Modellierung näher betrachtet werden, werden die in Tabelle 12 aufgeführten Anteile der erklärten Varianz aus dem Modell mit Kompositions- und Kontexteffekten (Modell 2 in Tabelle 13) im Verhältnis zu dem Modell mit Kompositionseffekten (vgl. Tabelle 11a, b) dargestellt. Deutlich wird, dass die Anteile erklärter Varianz beim Hinzufügen der schulischen Kontexteffekte insbesondere auf L2 substanziell ansteigen. Insgesamt wird zwischen 62 und 70 Prozent der Varianz der abhängigen Variablen durch die Prädiktoren auf der Kontextebene erklärt.

Tabelle 12: Anteile der aufgeklärten Varianz (p ≤ .01): Gegenüberstellung des Modells mit Kompositionseffekten (vgl. Tabelle 11a,b) und des Modells mit Kompositions- und Kontexteffekten (Modell 2, vgl. Tabelle 13)

Abhängige Variable	Modellierung der Kompositionseffekte	Modellierung der Komposi-tions- und Kontexteffekte
Within Level		
Übergangsempfehlung	.700	.724
Elternentscheidung	.638	.736
Deutschnote	.567	.586
Between Level		
Übergangsempfehlung	.325	.623
Elternentscheidung	.514	.656
Deutschnote	.399	.695

Modellierung der Kompositionseffekte: RMSEA .021, CFI .991, TLI .988, SRMRw .032, SRMRb .115
Modellierung der Kompositions- und Kontexteffekte (Modell 2): RMSEA .018, CFI .970, TLI .966, SRMRw .031, SRMRb .088
Gewichtungsvariable: HOUWGT
Teilstichprobe in MPLUS: --- (SUBPOPULATION nicht verfügbar)
Klumpungseffekte in MPLUS: Mehrebenenmodellierung
L1-Prädiktoren sind gruppenzentriert; L2-Prädiktoren sind zentriert am Gesamtmittelwert.

Unterrichtsfaktoren

Anhand der in Tabelle 13 aufgeführten Ergebnisse zeigt sich im Vergleich zu der Einzelmodellierung (vgl. Anhang A.9), dass die meisten Unterrichtsqualitätsfaktoren für die Übergänge nicht signifikant sind (*H. 6.14*). Faktoren des Klassenklimas ‚Sicherheits- und Geborgenheitsgefühl' und ‚Beliebtheit unter Gleichaltrigen', die zuvor jeweils einzeln Effekte auf die Deutschnote ausübten, verlieren in der gemeinsamen Modellierung ihre Erklärungskraft. Ähnlich verhält es sich mit der Unterrichtsvariablen ‚Kognitive Aktivierung'. Dagegen zeigt sich bei der Skala ‚Mediennutzung im Unterricht' erwartungswidrig ein mittelstarker positiver Kompositionseffekt auf die Deutschnote von ES3 = .286. Demnach geht höhere Mediennutzung mit besseren Noten einher. Die für die Übergangsempfehlung bedeutsamen Variablen der Unterrichtsführung ‚Desorganisiertes Vorgehen im Unterricht' sowie ‚Ordnung und Disziplin' zeigen in der gemeinsamen Modellierung keine Signifikanz mehr. Für die elterlichen Entscheidungen erweist sich von den beiden Faktoren der Unterrichtsführung die Skala ‚Desorganisiertes Vorgehen im Unterricht' mit ES3 = -.183 als signifikant. Demnach treffen Eltern umso niedrigere Bildungsentscheidungen, je weniger gut organisiert der Unterricht ist. Die Skala ‚Mediennutzung im Unterricht' ist auf der Kontextebene mit der ‚Selbsteinschätzung der eigenen Beliebtheit' und mit der Skala ‚Desorganisiertes Vorgehen im Unterricht' zu jeweils r = .18 positiv korreliert (p ≤ .01; nicht dargestellt in Tab. 13).

Tabelle 13: Gemeinsame Modellierung der institutionellen Kontextbedingungen

Ebene	Prädiktor	*Modell 1: Kontexteffekte der Klasse und des Unterrichts*			*Modell 2: Kontexteffekte der schulischen und Umweltfaktoren (unter Kontrolle von Kontexteffekten der Klasse und des Unterrichts)*			
		Desorganisiertes Vorgehen	Mediennutzung im Unterricht	Beliebtheit unter Gleichaltrigen	Anzahl der Schüler/Innen	Anzahl der Einwohner	Qualitätsentwickl.	Entwicklungsschwerpunkte
	Standardisierung	*Kriterium: Deutschnote*						
within	stdyx	ns	-.068 **	.078 **	ns	ns	ns	ns
between	ßc	ns	.170 **	-.149 (*)				
	sßc	ns	.133 **	-.049 (*)				
	ES1	ns	.288 **	-.107 (*)				
	ES2	ns	.286 **	-.106 (*)				
	ES3	ns	.286 **	-.106 (*)				
	Standardisierung	*Kriterium: Übergangsempfehlung*						
within	stdyx	ns	ns	ns	ns	.271 **	ns	.131 **
between	ßc	ns	ns	ns				
	sßc	ns	ns	ns				
	Standardisierung	*Kriterium: Geplante Elternentscheidung*						
within	stdyx	.104 **	ns	ns	-.101 *	.331 **	.177 *	ns
between	ßc	-.191 *	ns	ns				
	sßc	-.084 *	ns	ns				
	ES1	-.186 *	ns	ns				
	ES2	-.183 *	ns	ns				
	ES3	-.183 *	ns	ns				

** p ≤ .01   * p ≤ .05   (*) p ≤ .10
Modell 1: RMSEA .023, CFI .969, TLI .965, SRMRw .031, SRMRb .059
Modell 2: RMSEA .018, CFI .970, TLI .966, SRMRw .031, SRMRb .088
ß$_c$ = unstandardisierter Koeffizient
sß$_c$ =an der Gesamtvarianz des Prädiktors und der Kriteriumsvariablen standardisierter Koeffizient
ES1 bis ES3 — standardisierte Koeffizienten nach Marsh et al. (2009a).
Im Modell berücksichtigte Kompositionseffekte:
 - der geplanten Elternentscheidungen: SES, heimische Sprachpraxis, Lesefähigkeit
 - der Benotung: SES, kulturelles Kapital, Lesefähigkeit
 - der Übergangsempfehlung: Lesefähigkeit
Gewichtungsvariable: HOUWGT
Teilstichprobe in MPLUS: --- (SUBPOPULATION nicht verfügbar)
Klumpungseffekte in MPLUS: Mehrebenenmodellierung
L1-Prädiktoren sind gruppenzentriert; L2-Prädiktoren sind zentriert am Gesamtmittelwert.

Schul- und regionale Faktoren

Die überprüften Schulvariablen zeigen in dem Gesamtmodell größtenteils keine Signifikanz. Die Kontexteffekte der Deutschnote sind in der gemeinsamen Modellierung für keine der abhängigen Variablen signifikant[36]. Der Faktor ‚Urbane vs. dörfliche Infrastruktur' verliert für alle abhängigen Variablen erwartungsgemäß an Erklärungsstärke, wenn gleichzeitig die Einwohnerzahl kontrolliert wird.

Vier von den überprüften Kontexteffekten der Schule und der Umgebung erweisen sich für die Übergangsempfehlung von Lehrkräften sowie die Elternentscheidung als bedeutsam. Zum einen beeinflusst die Anzahl der Entwicklungsschwerpunkte erwartungsgemäß mit einem schwachen Effekt von β_{stdyx} = .131 die Übergangsempfehlung, die Qualitätsentwicklung beeinflusst dagegen ebenfalls mit einem schwachen Effekt von β_{stdyx} = .177 die Elternentscheidung (*H. 6.7*). Als erklärungsstärkste regionale Faktoren für die Übergangsvariablen erweist sich die Schul- und Ortsgröße als bedeutsam (indiziert jeweils durch die Anzahl der Schülerinnen und Schüler bzw. der Einwohner). Dabei stellt die Schulgröße mit β_{stdyx} = -.101 einen negativen und die Ortsgröße mit β_{stdyx} = .331 einen positiven Kontexteffekt für die Elternentscheidung dar (*H. 6.1* und *H. 6.6*). Die Ortsgröße beeinflusst darüber hinaus die Übergangsempfehlung mit β_{stdyx} = .271 positiv (*H. 6.5*). Die Korrelationen der L2-Konstrukte der schulischen und unterrichtlichen Faktoren untereinander sind nicht signifikant (p ≤ .05).

Erwartungsgemäß zeigen ferner schulische Ressourcen (Anzahl von Büchern und Zeitschriften in der Schulbibliothek, Beeinträchtigung durch mangelnde Ressourcen, *H. 6.2*), Kommunikationsprozesse (Häufigkeit und Art der Elterninformation und -engagements, *H. 6.8*) sowie die Organisationskultur (Klassenklima, *H. 6.10*) keine Effekte auf die Übergangsempfehlungen. Ebenfalls ließen sich entgegen der Annahme bei den geplanten Elternentscheidungen keine direkten Kontexteffekte schulischer Ressourcen (*H. 6.3*) und der Kommunikationsprozesse (Elterninformation und -engagement, *H. 6.9*) nachweisen.

Bei den Kooperationen mit außerschulischen Einrichtungen zeigte sich zwar in der Einzelmodellierung ein positiver Kontexteffekt der Skala ‚Kooperation mit Gesamtschulen, Hochschulen und ausländischen Kultureinrichtungen' für die Deutschnote und Übergangsempfehlung, der jedoch in dem Gesamtmodell erwartungskonform nicht signifikant wurde (*H. 6.12*). Da die beiden Schulfaktoren ‚Kooperation mit Hochschulen und Gesamtschulen, ausländischen Kultureinrichtungen' und ‚Qualitätsentwicklung' mit r = .54 (p ≤ .01; nicht dargestellt in Tab. 13) miteinander korreliert, verliert die Skala ‚Kooperation mit Hochschulen und Gesamtschulen, ausländischen Kultureinrichtungen' im gemeinsamen Modell an Erklärungskraft.

Darüber hinaus konnte kein Effekt der Kontingenzfaktoren (Kooperationen mit außerschulischen Einrichtungen) für die Elternentscheidung, weder in der Einzelmodellierung noch im gemeinsamen Modell nachgewiesen werden, obschon hierbei zumindest schwache Wirkungen angenommen wurden (*H. 6.13*).

---

36 *H. 6.1, H. 6.2, H. 6.4, H. 6.7, H. 6.8, H. 6.10, H. 6.12, H. 6.14*

7.4.3 Interpretation

Die Analysen der Kontexteffekte haben gezeigt, dass nur einige Unterrichts- und
Schulfaktoren die Übergangsvariablen beeinflussen. Sowohl bei den regionalen Faktoren als auch bei den Schul- und Unterrichtsfaktoren wird deutlich, dass sich die in
den Einzelmodellen gezeigten Kontexteffekte im gemeinsamen Modell größtenteils
nicht replizieren lassen.

Note

Bei der Deutschnote ließen sich in einem umfassenden Modell erwartungsgemäß
keine Kontexteffekte der Schulmerkmale nachweisen. Dagegen erwies sich die Mediennutzung im Unterricht (Faktor des Unterrichtsprozesses) bedeutsam für die
Deutschnote. Der schwache erwartungswidrige positive Zusammenhang deutet darauf
hin, dass in Schulklassen, in denen die Lehrkräfte eine niedrigere Messlatte für die
Beurteilung anlegen (denn so muss die Deutschnote bei Kontrolle der Leistung interpretiert werden), tendenziell öfters Medien im Unterricht eingesetzt werden. Bei der
Interpretation dieses Effekts ist jedoch Vorsicht geboten, da die Variable in den Voranalysen der Invarianz auf den beiden Modellebenen den Kriterien nicht vollständig
standhalten konnte (vgl. 3.4.2 der vorliegenden Arbeit) und somit nur mit Einschränkungen für weitere Analysen übernommen wurde.

Übergangsempfehlungen von Lehrkräften

Bei den Übergangsempfehlungen zeigen die Unterrichtsfaktoren erwartungsgemäß
keine Wirkung. Dagegen zeigt das Empfehlungsniveau entsprechend den Annahmen
einen positiven Zusammenhang mit der Erreichbarkeit von Bildungseinrichtungen,
die mit der Ortsgröße einhergehen. Erwartungsgemäß erweist sich ferner der positive Effekt der Anzahl von Entwicklungsschwerpunkten (Abläufe) auf die Übergangsempfehlung als ein schwacher positiver Effekt. Das Empfehlungsniveau steigt demnach mit der Ortsgröße und mit der Anzahl von Entwicklungsschwerpunkten an einer
Schule. Die Skala zur Qualitätsentwicklung, als weiteres Merkmal schulischer Abläufe, zeigte dagegen auch in der Einzelmodellierung keinen Effekt auf die Epfehlung.
Keine Effekte treten ferner erwartungsgemäß bei schulischen Ressourcen, Kommunikationsprozessen, Organisationskultur und Kooperationen auf.

Elterliche Übergangsentscheidungen

Für die Elternentscheidung lassen sich die vorgelegten Annahmen nur teilweise bestätigen. In dem Gesamtmodell zeigten sich erwartungsgemäß keine Wirkungen der
meisten Lernbedingungsfaktoren auf die geplanten Elternentscheidungen. Als nicht
signifikant erwiesen sich jedoch erwartungswidrig ebenfalls die Klassenklimafaktoren. Die Skala ‚Desorganisiertes Vorgehen im Unterricht' zeigte als einzige einen
schwachen negativen Effekt auf die Elternentscheidung. Positiv ausgedrückt kann
hierbei angenommen werden, dass elterliche Entscheidungen bildungsfreundlicher
in Schulklassen ausfallen, in denen sich die Lehrkräfte durch höhere professionel-
le Kompetenzen auszeichnen. Die Tatsache, dass die Mediennutzung mit besserem
Klassenklima, weniger effizienter Organisation und weniger bildungsfreundlichen

Übergangsentscheidungen korreliert, könnte auf spezifische Lernumwelten hindeuten, in denen leistungsschwächere Schülerinnen und Schüler mit mehr Verhaltensproblemen vorzufinden sind, wo die Lehrkräfte stimulierende Lernmethoden einsetzen.

Von den Schulfaktoren konnte ein schwacher negativer Kontexteffekt der Schulgröße erwartungswidrig trotz Kontrolle anderer Hintergrundmerkmale der Schülerschaft im Modell nachgewiesen werden. Die Elternentscheidung fällt somit in größeren Schulen bildungsferner aus, was darauf hindeutet, dass mit der Schulgröße systematische Effekte verknüpft sind. Dagegen erweist sich die Einwohnerzahl als ein Indikator für die Erreichbarkeit des Bildungsangebots mit einem mittelstarken Effekt erwartungsgemäß als begünstigender Faktor für bildungsfreundliche Elternentscheidungen. Ferner zeigte die Qualitätsentwicklung als ein Indikator für schulische Abläufe ebenfalls einen schwachen positiven Effekt auf die geplanten Übergangsentscheidungen. Als unbedeutsam für die Elternentscheidung erweisen sich entgegen der Annahmen die Anzahl der Entwicklungsschwerpunkte, schulische Ressourcen sowie die durch Elterninformation und -engagement indizierten Kommunikationsprozesse. Ebenfalls erwartungswidrig konnte kein Effekt der Kontingenzfaktoren, indiziert durch Kooperationen nachgewiesen werden, weder in der Einzelmodellierung noch im gemeinsamen Modell. Somit fällt die Elternentscheidung am höchsten in kleineren Schulen aus, in denen Qualitätsentwicklung stattfindet, die ferner in größeren Ortschaften gelegen sind, wodurch angenommen werden kann, dass das Bildungsangebot gut erreichbar ist. Jedoch können, außer der Qualitätsentwicklung keine positiven Effekte der schulischen Abläufe und der Organisationskultur auf die Elternentscheidung belegt werden.

Von allen untersuchten Unterrichts, Klassen- und Schulfaktoren, scheint die Ortsgröße als Indikator für die Verfügbarkeit des Bildungsangebots tatsächlich den durchschlagenden Effekt sowohl für die Übergangsempfehlung als auch die Elternentscheidung darzustellen. Daneben zeigen Qualitätsentwicklung und Entwicklungsschwerpunkte positive Effekte auf die Übergänge, während sich die Schulgröße als ein negativer Kontexteffekt erweist.

7.5 Differenzieller Einfluss der Klassenkomposition und schulischer Umweltfaktoren

7.5.1 Annahmen

Die vorangehenden Analysen haben gezeigt, dass Klassen als differenzielle Schulumwelten die Schülerinnen und Schüler beeinflussen. Dabei konnten einige Merkmale des Schülerhintergrunds sowie Unterrichts- und Schulmerkmale als auch regionale Kontextfaktoren identifiziert werden, die sich auf Schülerinnen und Schüler in gegebenem Klassenumfeld auswirken. Damit wird verdeutlicht, dass die Hintergrundmerkmale sowie die Klassenmerkmale als Kompositions- und Kontextfaktoren der Übergangsentscheidungen fungieren, indem sie die gesamte Schülerschaft einer Klasse beeinflussen. Betrachtet wurden hierbei solche Faktoren, die als wesentliche Merkmale der schulischen Umwelt auf alle Schülerinnen und Schüler innerhalb von Klassen einwirken und somit die Reproduktion von Chancenungleichheiten über die Klassen hinweg bedingen. Im Folgenden soll überprüft werden, ob diese Kompositions- und Kontextfaktoren differenzielle Wirkungen auf verschiedene Schülergruppen innerhalb von Klassen zeigen. Betrachtet wird dabei, ob Schul- und Klassenmerkale in Abhängigkeit vom individuellen Hintergrund unterschiedliche Einflüsse auf die Schülerinnen und Schüler haben. Hieraus können Potenziale herausgearbeitet werden, die zur Reduzierung von Chancenungleichheiten innerhalb von Klassenkontexten beitragen können.

Nachfolgend werden zunächst Unterschiede zwischen den Klassen in dem *Grad der Perpetuierung von Chancenungleichheiten* überprüft, die sich als Variabilität des Zusammenhangs zwischen den Hintergrundmerkmalen und den übergangsrelevanten Kriteriumsvariablen im Modell identifizieren lässt. Die Analyse bezieht sich auf *Schritt 4: Überprüfung der Unterschiede zwischen den Schulklassen in dem Grad der Perpetuierung von Chancenungleichheit anhand der Variabilität von Regressionssteigungen der Hintergrundmerkmale auf die Übergangsvariablen (MSEM, random-slopes-model, vgl. Kap. Kap. 6.3.1 und Tabelle 2 im Anhang A.2).* Wenn sich Zwischen-Klassen-Varianzen in den Steigungen als substanziell erweisen, kann von differenziellen Ungleichheitseffekten auf verschiedene Schülergruppen innerhalb der untersuchten Klassen ausgegangen werden. Demnach lässt sich hierfür folgende Hypothese formulieren:

H. 3:   *Als differenzielle Schul- und Entwicklungsumwelten weisen Schulklassen Unterschiede im Grad der Perpetuierung von Chancenungleichheiten auf. Diese lassen sich anhand der Zwischen-Klassen-Varianz der Regressionssteigungen der Hintergrundmerkmale und der Übergangsvariablen nachweisen.*

Anschließend werden die Merkmale der Klassenkomposition sowie des Schul- und Klassenkontextes zur Vorhersage der Unterschiede zwischen den Klassen eingesetzt (Quer-Ebenen-Interaktion). Diese Analyse bezieht sich auf *Schritt 5: Modellierung der ungleichheitsreduzierenden Faktoren der Klassenkomposition und des Schulkontextes (MSEM, intercepts-and-slopes-as-outcomes-model, vgl. Kap. 6.3.1 und Modelle 8 und 9 in Tabelle 2 im Anhang A.2).* Damit wird geprüft, ob Klassen- und Schulmerkmale zur Reduzierung von Ungleichheitseffekten beitragen können. Die Hypothesen hierzu finden sich jeweils am Anfang der entsprechenden Abschnitte (Kap. 7.5.4 und 7.5.5).

7.5.2 Vorgehen

Kompositions- und Kontexteffekte können sich einerseits auf die Kriteriumsvariablen selbst auswirken, womit ein direkter Effekt impliziert wird, und andererseits auf den Zusammenhang zwischen dem Prädiktor und dem Kriterium, womit ein *Interaktionseffekt* impliziert wird. Anhand der Modelle mit variablen Mittelwerten (*random-intercepts-models*) wurden in den vorangehenden Analysen Unterschiede im Niveau der

Variablen auf der Gruppenebene mit Hilfe des ICC untersucht (L2-Varianz der Mittelwerte). Die L2-Varianz der L1-Effekte (der Regressionssteigungen) wurde dabei zunächst außer Acht gelassen (d.h. im Modell auf den Wert Null fixiert). Durch das Hinzufügen von Klassenmerkmalen als Prädiktoren für die variablen Mittelwerte auf der Kontextebene wurden deren direkte Effekte überprüft, jedoch nicht die *Interaktion* der Klassenkomposition mit den L1-Effekten der Individualebene. In den vorliegenden Modellen werden Interaktionseffekte der Kompositionsvariablen anhand von Modellen mit variablen Steigungen (*random-slopes-models*) überprüft. Dabei werden einerseits die Prädiktorvariablen berücksichtigt, deren Zwischen-Klassen-Varianz sich als substanziell erwiesen hat und die sich ferner als vorhersagerelevante Moderatorvariablen erwiesen hatten. Dies betrifft die Lesefähigkeit, den SES, das kulturelle Kapital sowie die heimische Sprachpraxis. Die Analysen der variablen Steigungen umfassen jedoch auch Prädiktoren, deren L2-Varianz der Mittelwerte sehr niedrig war, wie die kognitive Fähigkeiten und die Motivation zur Mitarbeit im Deutschunterricht. Dies ist angebracht, da die Zwischen-Klassen-Varianz der Mittelwerte keine Informationen über die Steigungsvarianz liefert (Hartig & Rakoczy, 2008). Da die Signifikanzprüfung für variable Steigungen nach LaHuis und Ferguson (2009) unzuverlässig ist, wird im Folgenden das Kriterium der Höhe der Koeffizienten herangezogen, um Variablen zu identifizieren, in denen sich die Klassen voneinander unterscheiden (Marsh et al., 2009a).

Durch die simultane Modellierung des Einflusses der individuellen Merkmale auf die Übergangsvariablen und der als signifikant identifizierten Kontext- und Kompositionseffekte wird in den vorliegenden Analysen die in Schuleffektivitätsmodellen beschriebene multiple Abhängigkeit von Faktoren (vgl. Kap. 2) berücksichtigt. Dagegen ist aufgrund des eingesetzten Schätzverfahrens eine gemeinsame Modellierung variabler Steigungen für die betreffenden Zusammenhänge nicht möglich.[37] Im Rahmen der Modellierung der Modelle mit variablen Steigungen (*random-intercepts-and-slopes-model*) und der Modelle mit Quer-Ebenen-Interaktionseffekten (*intercept-and-slopes-as-outcomes*) wurden alle Individualeffekte sowie die als signifikant für die jeweilige abhängige Variable identifizierten Kompositions- und Kontexteffekte kontrolliert, jedoch wurden weitere Kompositions- und Kontexteffekte aus dem Modell entfernt, das heißt Effekte für die Kriteriumsvariablen, die in den Modellen jeweils nicht betrachtet werden. Somit werden zum Beispiel bei der Analyse der Interaktionseffekte der Unterrichtsfaktoren auf die Elternentscheidung die Kompositions- und Kontexteffekte der Übergangsempfehlung nicht kontrolliert. Die jeweils kontrollierten Effekte sind in den Tabellenlegenden angegeben.

---

37 Bei der Berechnung der Steigungsvarianzen sowie der Interaktionseffekte wird in MPLUS die numerische Integration verwendet. Die Anzahl der numerischen Integrationen steigt dabei quadratisch an und beansprucht in komplexen Modellen hohe Rechenkapazität. Damit können variable Steigungen jeweils nur einzeln betrachtet werden.

Tabelle 14: Unterschiede zwischen den Klassen in den Zusammenhängen zwischen den Hintergrundmerkmalen von Schülerinnen und Schülern und den übergangsrelevanten Ergebnisvariablen (random-effects-models)

Modelle C1 – C9 MSEM (random-intercepts-and-slopes-models)

Prädiktor	Sozioökonomischer Status (SES)			Kulturelles Kapital (KK)		
Kriterium	Eltern-entscheidung (1)	Übergangs-empfehlung	Deutsch-note	Eltern-entscheidung	Übergangs-empfehlung	Deutsch-note
	Modell C1	Modell C2	Modell C3	Modell C4	Modell C5	Modell C6
Regression within (ßw)	.206 (.031) **	.177 (.019) **	.206 (.022) **	.034 (.021) ns	-.012 (.016) ns	.076 (.001) **
L1 Restvarianz des Kriteriums (εij)	.341 (0.12) **	.299 (.007) **	.440 (.010) **	.344 (.012) **	.304 (.007) **	.445 (.010) **
Regression between (ßb)	.515 (.085) **	.296 (.107) **	-.635 (.146) **	.184 (.125) ns	-.055 (.138) ns	-.063 (.181) ns
L2 Restvarianz des Kriteriums (δ0j)	.043 (.006) **	.063 (.007) **	.087 (.012) **	.048 (.006) **	.065 (.065) **	.105 (.014) **
L2 Varianz der Steigungen (δ1j)	.045 (.009) **	.024 (.005) **	.008 (.001) **	.028 (.005) **	.007 (.001) **	.000 (.000) **

Prädiktor	Heimische Sprachpraxis (Spr)		
Kriterium	Eltern-entscheidung (1)	Übergangs-empfehlung	Deutsch-note
	Modell C7	Modell C8	Modell C9
Regression within (ßw)	-.075 (.010) **	-.032 (.002) **	.020 (.003) **
L1 Restvarianz des Kriteriums (εij)	.360 (.011) **	.309 (.007) **	.445 (.010) **
Regression between (ßb)	-1.01 (.194) **	-.627 (.180) **	-.503 (.278) ns
L2 Restvarianz des Kriteriums (δ0j)	.036 (.005) **	.061 (.007) **	.103 (.015) **
L2 Varianz der Steigungen (δ1j)	.001 (.000) **	.000 (.000) **	.000 (.000) **

** p ≤ .01 * p ≤ .05
(1) Kompositionseffekt liegt vor (Tabelle 13)
Alle Koeffizienten sind unstandardisiert.
Grau hinterlegt sind die variablen Steigungen
In Klammern: Standardfehler (SE)

Gewichtungsvariable: HOUWGT
Teilstichprobe in MPLUS: SUBPOPULATION
Klumpungseffekte in MPLUS: Mehrebenenmodellierung
Zentrierung: Gruppenmittelwert
L1 Prädiktoren – Gruppenzentriert; L2 Prädiktoren – zentriert am Gesamtmittelwert

Tabelle 14: Unterschiede zwischen den Klassen in den Zusammenhängen zwischen den Hintergrundmerkmalen von Schülerinnen und Schülern und den übergangsrelevanten Ergebnisvariablen (*random-effects-models*) (Fortsetzung)

Modelle C10 – C18 MSEM (*random-intercepts-and-slopes-models*)

Prädiktor	Lesefähigkeit (Le)			Kognitive Fähigkeiten (KFT)		
Kriterium	Eltern-entscheidung (1)	Übergangs-empfehlung (1)	Deutsch-note (1)	Eltern-entscheidung	Übergangs-empfehlung	Deutsch-note
	Modell C10	Modell C11	Modell C12	Modell C13	Modell C14	Modell C15
Regression within (ßw)	.021 (.018) ns	.189 (.015) **	.564 (.016) **	.025 (.010) *	.081 (.012) **	.083 (.009) **
L1 Restvarianz des Kriteriums (εij)	.339 (.011) **	.299 (.007) **	.441 (.010) **	.353 (.011) **	.306 (.007) **	.446 (.010) **
Regression between (ßb)	-.067 (.037) ns	-.144 (.043) **	-.381 (.045) **	-.046 (.045) ns	-.155 (.053) **	-.327 (.052) **
L2 Restvarianz des Kriteriums (δ0j)	.048 (.006) **	.062 (.007) **	.077 (.010) **	.049 (.006) **	.064 (.007) **	.085 (.010) **
L2 Varianz der Steigungen (δ1j)	.035 (.006) **	.017 (.004) **	.006 (.003) ns	.008 (.002) **	.003 (.003) ns	.002 (.001) *

Prädiktor	Motivation zur Mitarbeit im Deutschunterricht (Mot)		
Kriteriumvariable	Eltern-entscheidung	Übergangs-empfehlung	Deutsch-note
	Modell C16	Modell C17	Modell C18
Regression within (ßw)	.045 (.018)	.086 (.012) **	.241 (.013) **
L1 Restvarianz des Kriteriums (εij)	.337 (.011) **	.304 (.007) **	.441 (.010) **
Regression between (ßb)	.603 (.23) **	-.011 (.303) ns	.388 (.428) ns
L2 Restvarianz des Kriteriums (δ0j)	.047 (.006) **	.065 (.007) **	.105 (.014) **
L2 Varianz der Steigungen (δ1j)	.036 (.007) **	.007 (.001) **	.006 (.001) **

** p ≤ .01 * p ≤ .05
(1) Kompositionseffekt liegt vor (Tabelle 13)
Alle Koeffizienten sind unstandardisiert.
Grau hinterlegt sind die variablen Steigungen
In Klammern: Standardfehler (SE)

Gewichtungsvariable: HOUWGT
Teilstichprobe in MPLUS: SUBPOPULATION
Klumpungseffekte in MPLUS: Mehrebenenmodellierung
Zentrierung: Gruppenmittelwert
L1 Prädiktoren – Gruppenzentriert; L2 Prädiktoren – zentriert am Gesamtmittelwert

7.5.3 Befunde: Unterschiede zwischen den Klassen in den Ungleichheitseffekten

In Tabelle 14 wurden Modelle mit variablen Mittelwerten und Steigungen dargestellt (*Schritt 4: Überprüfung der Unterschiede zwischen den Schulklassen in dem Grad der Perpetuierung von Chancenungleichheit anhand der Variabilität von Regressionssteigungen der Hintergrundmerkmale auf die Übergangsvariablen, MSEM, randomslopes-model, vgl. Kap. 6.3.1 und Tabelle 2 im Anhang A.2*). In den Modellen C1 bis C9 wurden Unterschiede zwischen den Klassen in den Zusammenhängen zwischen den Hintergrundmerkmalen von Schülerinnen und Schülern (SES, kulturelles Kapital, heimische Sprachpraxis) und den Deutschnoten, Übergangsempfehlungen sowie der geplanten Elternentscheidungen überprüft. In den Modellen C10 bis C18 wurden Unterschiede zwischen den Klassen in den Zusammenhängen zwischen leistungsrelevanten Merkmalen (Leseleistung, kognitive Fähigkeiten, Motivation zur Mitarbeit im Deutschunterricht) und der Deutschnote, den Übergangsempfehlungen sowie der geplanten Elternentscheidungen überprüft. Die Variablen in diesen Modellen wurden am Gruppenmittelwert zentriert (vgl. Kap. 6.2.7.2). Die Aggregation der L1-Variablen wurde analog zu den Analysen der Kompositions- und Kontexteffekte durchgeführt (Kap. 7.3 und 7.4). Demnach fungieren die Hintergrundmerkmale und die Motivation zur Mitarbeit im Deutschunterricht als latente L1-Aggregationen mit fixierten L2-Residuen der Faktorindikatoren in den Modellen (*doubly-latent-model*, M4; Marsh et al., 2009a). Die Fixierung der Faktorindikatoren für die Motivation wird nur für zwei von fünf Items vorgenommen, da die vorbereitenden Analysen (Kap. 6.3.2, Anhang A.7.1) gezeigt haben, dass die Items des Faktors ‚Motivation zur Mitarbeit im Deutschunterricht' unterschiedliche Faktorenstruktur auf der Individual- und Kontextebene aufweisen. Eine Berechnung desselben Modells mit fixierten Faktorladungen führt jedoch zu identischen Ergebnissen. Da sich die kognitiven Fähigkeiten durch ein hohes *sampling ratio* charakterisieren (Lüdtke et al., 2008), wurden diese in das Modell als eine manifeste Variable eingefügt, die den jeweiligen Klassendurchschnitt abbildet (M1, *Doulby Manifest Model*). Die Lesefähigkeit zeichnet sich ebenfalls durch ein hohes *sampling ratio* aus und fungiert daher im Modell als ein bezogen auf die Personenstichprobe manifestes, jedoch bezogen auf die Items latentes L2-Konstrukt (M3, *latent-manifest-model*), das auf den fünf aggregierten *plausible values* des Lesescore beruht (Martin et al., 2007; Mullis, Kennedy, Martin & Sainsbury, 2006), wobei die Faktorladungen als äquivalent über beide Ebenen modelliert wurden. Alle Koeffizienten sind unstandardisiert.

Befunde

Bei der Betrachtung der Ergebnisse in Tabelle 14 wird zunächst deutlich, dass die L2-Varianzanteile in Bezug auf die Steigungen generell niedrig ausfallen (ähnlich wie in den Analysen der Mittelwert-Varianzen auf der Aggregatsebene im Verhältnis zu den Varianzanteilen auf der Individualebene), was für Zwischen-Klassen-Varianzen der Regressionssteigungen nicht ungewöhnlich ist. Dennoch sind Unterschiede zwischen den einzelnen Effekten erkennbar. Die L2-Varianz der Steigungen des sozioökonomischen Status fällt für die Steigung SES – Elternentscheidung mit $\delta_{1j} = .045$

am höchsten aus. Auch bei den Steigungen SES – Übergangsempfehlung und KK – Elternentscheidung lassen sich mit je δ_{1j} = .024 und δ_{1j} = .028 Unterschiede zwischen den Klassen feststellen. Ebenfalls liegen Unterschiede zwischen den Klassen in den Zusammenhängen Lesefähigkeit – Elternentscheidung und Motivation – Elternentscheidung mit jeweils δ_{1j} = .035 und δ_{1j} = .036 vor. Die Varianzen der Regressionssteigungen der Hintergrundmerkmale mit der Deutschnote fallen in den Analysen am geringsten aus, was darauf hindeutet, dass sich die Schulklassen in Bezug auf die Effekte der Hintergrundmerkmale auf die Deutschnote praktisch nicht voneinander unterscheiden. Ebenfalls erweisen sich die Zwischen-Klassen-Varianzen für die Zusammenhänge der kognitiven Fähigkeiten, der heimischen Sprachpraxis und der Motivation zur Mitarbeit im Deutschunterricht mit den Übergangsvariablen (bis auf den Einfluss der Motivation zur Mitarbeit im Deutschunterricht auf die Elternentscheidung) als sehr niedrig. Daher werden bei der nachfolgenden Überprüfung der Interaktionseffekte diese Zusammenhänge vernachlässigt.

Interpretation

Anhand der Kompositions- und Kontexteffekte konnte in den vorangehenden Analysen (Kap. 7.3 und 7.4) gezeigt werden, dass Merkmale des individuellen familiären Kontextes in Abhängigkeit vom Klassen- und Schulkontext unterschiedliche Bedeutung haben. Die Varianzanalysen der Regressionssteigungen deuten dabei darauf hin, dass die Klassen- und Schulmerkmale differenzielle Wirkungen auf Subgruppen innerhalb von Klassen haben. Für die Elternentscheidung erweisen sich die Einflüsse der sozioökonomischen Stellung, des kulturellen Kapitals, der Lesefähigkeit und der Motivation als unterschiedlich zwischen den Schulklassen. Für die Übergangsempfehlung variiert der Einfluss der sozioökonomischen Stellung zwischen den Klassen. Bei der Deutschnote lassen sich keine differenziellen Einflüsse der Hintergrund- und Leistungsmerkmale nachweisen.

7.5.4 Befunde: differenzielle Effekte der sozialen und leistungsbezogenen Klassenzusammensetzung

Deutlich wurde in den vorangegangen Analysen (Kap. 7.5.3), dass sich die Schulklassen voneinander in Bezug darauf unterscheiden, inwiefern die Hintergrundmerkmale die Übergansempfehlungen und -entscheidungen beeinflussen. Damit ließe sich die Annahme differenzieller Wirkung von Schulumwelten auf unterschiedliche Schülergruppen innerhalb von Klassenkontexten bestätigen. Dieses Ergebnis bietet die Basis für die Analysen von schulischen Umweltfaktoren, die potenziell zum Abbau sozialer Ungleichheit auf der Ebene der Einzelinstitution beitragen könnten. Anhand der Varianzanalysen der Regressionssteigungen wurde deutlich, dass es offensichtlich Differenzen in dieser Hinsicht zwischen den Schulklassen gibt, wenn auch nicht stark ausgeprägte. Im Folgenden soll nun überprüft werden, ob sich die Unterschiede in den Zusammenhängen durch die Schülerkomposition oder Schulfaktoren erklären lassen. Mit anderen Worten wird nach Faktoren des Klassen- und Schulkontextes gesucht, die diese differenziellen Effekte der individuellen sozialen Stellung und der Leistung auf die Übergänge erklären (*Schritt 5: Ungleichheitsreduzierende Faktoren der Klassenkomposition und des Schulkontextes (MSEM, intercepts-and-slopes-as-outcomes-model, vgl. Kap. 6.3.1 und Tabelle 2 im Anhang A.2*). Dabei wird Bezug auf die nachfolgende Hypothese genommen:

H. 5:   Aufgrund mangelnden kumulierten Kapitals ist die Bedeutung des individuellen Kapitals für die Leistungserbringung und Übergangsentscheidungen höher in Schulen und Klassen, die sich durch eine leistungsschwache und statusniedrige Schülerschaft auszeichnen. Dies führt dazu, dass sich solche Umwelten durch eine höhere soziale Selektivität auszeichnen. In statushohen und leistungsstarken Lernumwelten ergeben sich dagegen ungleichheitsreduzierende Mechanismen in Bezug auf den primären Effekt und ungleichheitsverstärkende in Bezug auf den sekundären Effekt. Der variierende Zusammenhang zwischen den familiären Hintergrundmerkmalen und den Übergangsvariablen wird sich demnach teilweise durch die Klassenkomposition erklären lassen.

Nachdem anhand der Varianzanalyse der Regressionssteigungen Differenzen zwischen den Klassen in dem Grad der sozialen Selektivität im Rahmen von Übergangsempfehlungen und -entscheidungen (*sekundäre Effekte*) nachgewiesen wurden, erfolgt somit im Folgenden eine Analyse der Bedeutung von leistungsbezogener und sozialer Klassenkomposition für diese Unterschiede anhand von Quer-Ebenen-Interaktionseffekten. Dabei werden nur die L1-Effekte berücksichtigt, bei denen L2-Varianzen in den Steigungen zwischen den Klassen nachgewiesen werden konnten. Bei positiven Interaktionseffekten (positiver Koeffizient: λ, Formel A.6 im Anhang) wird von ungleichheitsverstärkenden Mechanismen ausgegangen, bei negativen (negativer Koeffizient: λ, Formel A.6 im Anhang) dagegen von ungleichheitsreduzierenden. Zunächst wird dabei die unterschiedliche Bedeutung der individuellen Leistung für die Kosten-Nutzen-Kalküle der Elternentscheidungen in Abhängigkeit vom Leistungsniveau der Klasse betrachtet (Interaktionseffekt der mittleren Leseleistung der Klasse mit dem Effekt der individuellen Leistung auf die Übergangsentscheidung). Danach wird die Bedeutung der sozioökonomischen Stellung für die Übergänge in Abhängigkeit vom sozialen Status der Klasse betrachtet (Interaktionseffekt des mittleren SES der Klasse mit dem Effekt des individuellen SES auf die Übergangsentscheidung). Darüber hinaus wird ebenfalls der Einfluss des individuellen Kulturkapitals auf die Elternentscheidung in Abhängigkeit vom kumulierten Kapital in der Klasse ermittelt (Interaktionseffekt des mittleren kulturellen Kapitals der Klasse mit dem Effekt des individuellen kulturellen Kapitals auf die Übergangsentscheidung). Im Weiteren werden anschließend Einflüsse anderer Klassen- und Schulmerkmale auf den Grad des sekundären Ungleichheitseffekts betrachtet (Kap. 7.5.5).

Leistungs- und motivationsbezogene Zusammensetzung der Schülerschaft und die Übergangsentscheidung

In den vorangehenden Analysen konnte gezeigt werden, dass die Elternentscheidung durch die durchschnittliche Klassenleistung aufgrund sozialer Aufwärtsvergleiche im Sinne des BFLP-Effekts (*big-fish-little-pond*) (Marsh, 1987, 2003; Köller, 2004) negativ beeinflusst wird (Kap. 7.3, *H. 4.2*). Da sich hierbei darüber hinaus Unterschiede zwischen den Klassen in den Zusammenhängen zwischen der individuellen Leistungsfähigkeit und der Elternentscheidung nachweisen lassen, wird davon ausgegangen, dass die individuelle Leistung in Abhängigkeit vom Klassenkontext unterschiedliche Bedeutung für die Elternentscheidung hat. Dabei wird angenommen, dass aus dem Zusammenspiel der individuellen und der Klassenleistung ungleichheitsverstärkende Mechanismen resultieren, die darauf zurückzuführen sind, dass in statushohen Familien im Vergleich zu statusniedrigen einerseits das Statuserhaltmotiv als zusätzlicher Faktor im Rahmen von Kosten-Nutzen-Kalkülen bildungsmotivierend wirkt und andererseits das Risiko des Scheiterns als weniger ausschlaggebend empfunden wird. In leistungsstarken Klassen gewinnt die individuelle Leistung insbesondere bei leistungsschwachen Schülerinnen und Schüler an Bedeutung für die Bildungsentscheidungen, da hierbei die leistungsbezogenen Aufwärtsvergleiche ungünstiger ausfallen, wodurch das Risiko des Scheiterns als höher empfunden wird. Die durchschnittliche Lernmotivation der Klasse zeigt als psychischer Lernbedingungsfaktor ähnliche Effekte auf die Bildungsentscheidung wie die leistungsbezogene Zusammensetzung.

H. 5.1: Je höher die leistungs- und motivationsbezogene Zusammensetzung der Klasse, umso eher entscheiden sich Eltern von leistungsschwachen Kindern für einen niedrigeren Bildungsgang, wodurch die soziale Selektivität verstärkt wird (positiver Interaktionseffekt).

Sozioökonomische Zusammensetzung der Schülerschaft und die Übergangsempfehlung

Der Kompositionseffekt der sozioökonomischen Stellung auf die Übergangsempfehlung erwies sich in vorangehenden Analysen unter Kontrolle der leistungsbezogenen Zusammensetzung der Schülerschaft als nicht signifikant (Kap. 7.3, *H. 4.4*). Die Analysen der Steigungsvarianz haben jedoch gezeigt, dass die Bedeutung der individuellen sozioökonomischen Stellung für die Übergangsempfehlung über die Klassen hinweg variiert (Tabelle 14). Ob sich diese Unterschiede in der Bedeutung der individuellen sozioökonomischen Stellung für die Übergangsempfehlung durch die soziale Zusammensetzung der Schülerschaft erklären lassen, wird anhand eines Interaktionseffekts des durchschnittlichen SES der Klasse mit dem individuellen SES überprüft. Dabei wird angenommen, dass die Lehrkräfte durch das Zusammenspiel des institutionellen Selektionsdrucks mit den antizipierten Bildungserwartungen höherer Schichten in statushohen Klassen zu stärker sozial selektiven Empfehlungen neigen. Das führt dazu, dass in statusstarken Klassen die Bedeutung der familiären Merkmale für die Übergangsempfehlung für statusniedrige Kinder ansteigt.

H. 5.2: Je höher die soziale Zusammensetzung der Klasse, umso stärker sozial selektiv sind die Übergangsempfehlungen (positiver Interaktionseffekt).

Sozioökonomische Zusammensetzung der Schülerschaft und die Übergangsentscheidung

In Kapitel 7.3 wurde im Rahmen von Elternentscheidungen ein positiver Kompositionseffekt des sozioökonomischen Status einer Klasse auf die elterlichen Übergangsentscheidungen gezeigt, der unabhängig von der individuellen sozialen Stellung wirkt (*H. 4.5*). Ferner wurden anhand der Steigungsvarianz Unterschiede zwischen den Klassen in der Bedeutung des individuellen sozioökomischen Status für die Elternentscheidung nachgewiesen. Angenommen wird, dass sich diese Unterschiede durch die durchschnittliche soziale Stellung der Klasse teilweise erklären lassen. Dabei wird erwartet, dass die Bedeutung des individuellen sozioökonomischen Kapitals in statushohen Klassen insbesondere für statusniedrige Familien reduziert wird. Zum einen geschieht das aufgrund gesteigerter Bildungsmotivation in statushohen Klassen, die sich zum Beispiel aus den sozialen Kosten einer nicht klassenkonformen Bildungsentscheidung bei den statusniedrigen Eltern und deren Kindern ergibt und zum anderen aufgrund des erleichterten Zugangs zu Informationen dank der Bildungsnähe des sozialen Umfelds sowie aufgrund von zusätzlichen Ressourcen, die aus dem kumulierten Kapital resultieren.

H. 5.3: Je höher die sozioökonomische Zusammensetzung der Klasse, umso weniger bedeutsam ist die eigene sozioökonomische Stellung für die geplante Elternentscheidung (negativer Interaktionseffekt).

Kulturelle Zusammensetzung der Schülerschaft und die Übergangsentscheidung

Die Analysen der Kompositionseffekte ergaben, dass das durchschnittliche kulturelle Kapital keine Bedeutung für die Elternentscheidung bei Kontrolle übriger Kompositionseffekte hat (*H. 4.9*). Die Varianzanalysen ergaben jedoch, dass die Bedeutung des individuellen Kulturkapitals für die Elternentscheidungen zwischen den Klassen variiert. Im Folgenden wird angenommen, dass in Klassen mit einem hohen kumulierten Kapital individuelles Kulturkapital für die Übergangsentscheidung weniger bedeutsam ist. Im Rahmen der Elternentscheidungen reduziert das kumulierte Kapital die eigenen Bildungsausgaben und wirkt sich somit insbesondere auf statusniedrige Familien bildungsfördernd aus, womit reduzierende Effekte auf die sekundären Ungleichheiten erwartet werden.

H. 5.4: Je höher das durchschnittliche kulturelle Kapital einer Klasse ist, umso geringere Bedeutung hat das individuelle Kulturkapital für die Übergangsentscheidung, womit diese weniger sozial selektiv ausfällt (negativer Kompositionseffekt).

Befunde: differenzieller Einfluss der leistungsbezogenen und sozialen Klassen-komposition

Bei der Berechnung der Interaktionseffekte anhand von *intercepts-and-slopes-as-out-comes*-Modellen wurden die Interaktionseffekte der sozioökonomischen und kultu-rellen sowie der leistungsbezogenen Zusammensetzung der Schülerschaft jeweils mit dem individuellen SES, kulturellen Kapital und der Leistungsfähigkeit für die Eltern-entscheidung berechnet. Für die Übergangsempfehlung wurde der Interaktionseffekt des mittleren SES der Klasse mit dem individuellen SES ermittelt. Von den überprüf-ten Effekten erwies sich nur der Interaktionseffekt des mittleren SES der Klasse mit dem individuellen SES für die Elternentscheidung als bedeutsam.

In Tabelle 15 sind drei Modelle dargestellt. Die Modelle A und B unterscheiden sich voneinander nur durch die Zentrierungsart. Zur Überprüfung der Zwischen-Klas-sen-Varianz der Regressionssteigungen wurden die L1-Variablen um den Gruppen-mittelwert zentriert (Modell A, vgl. auch Tabelle 14). Da bei der Bestimmung von Interaktionseffekten eine Zentrierung um den Gesamtmittelwert vorgenommen wird, wurde zuvor das Modell ohne den Interaktionseffekt, aber mit gesamtmittelwertzen-trierten L1-Variablen berechnet (Modell B), damit die durch den Interaktionseffekt aufgeklärte Varianz ermittelt werden kann. Schließlich wird im Modell C der Inter-aktionseffekt bestimmt. Mit λ = -.443 (Formel A.7, Anhang, Kap. A.8.2) zeigt sich demnach ein bedeutsamer negativer Interaktionseffekt des durchschnittlichen sozio-ökonomischen Status der Klasse mit dem individuellen. Damit können ungleichheits-reduzierende Effekte der sozioökonomischen Zusammensetzung der Klasse nachge-wiesen werden, wie in Hypothese *H. 5.3* angenommen.

Tabelle 15: Interaktionseffekt der sozioökonomischen Klassenkomposition (in Klammern: Standardfehler)

		intercepts-and-slopes-as-outcomes		
Prädiktor		*Sozioökonomischer Status (SES)*		
Kriterium		*Geplante Elternentscheidung*		
		Modell A	*Modell B*	*Modell C* Interaktion mit mSES
Regression (ß) SL-SEM	unstd.	.170 (.033)**		
Regression (ß) SL-SEM	stdyx	.119 (.022)**		
Regression within (ßw)	unstd.	.206 (.031)**	.151 (.031)**	.149 (.031)**
L1 Residualvarianz des Kriteriums (εij)	unstd.	.341 (0.12)**	.319 (.017)**	.319 (.017)**
Rgression between (ßb)	unstd.	.515 (.085)**	.604 (.118)**	.723 (.157)**
L2 Restvarianz des Kriteriums ($\delta 0j$)	unstd.	.043 (.006)**	.025 (.005)**	.023 (.006)**
*L2 Varianz der Steigungen ($\delta 1j$ *Ux1ij)*	unstd.	.045 (.009)**	.032 (.008)**	.025 (.007)**
Kompositionseffekt (ßc)	unstd.		.454 (.000)**	.574 (.000)**
Kompositionseffekt (ßc)	ES3		.300 (.000)**	.370 (.000)**
Interaktionseffekt (λ)	unstd.			-.443 (.227)**

** p ≤ .01   * p ≤ .05
Im Modell berücksichtigten Kompositionseffekte:
- der geplanten Elternentscheidungen: SES, heimische Sprachpraxis, Lesefähigkeit
- der Benotung: SES, kulturelles Kapital, Lesefähigkeit
- der Übergangsempfehlung: Lesefähigkeit
Im Modell berücksichtigten Kontexteffekte:
- der geplanten Elternentscheidungen: desorganisiertes Vorgehen im Unterricht, Schulgröße, Ortsgröße, Qualitätsentwicklung
- der Benotung: Mediennutzung im Unterricht
- der Übergangsempfehlung: Ortsgröße, Entwicklungsschwerpunkte
Gewichtungsvariable: SCHWGT
Teilstichprobe in MPLUS: --- (SUBPOPULATION nicht verfügbar)
Klumpungseffekte in MPLUS: Mehrebenenmodellierung
Modell A: Gruppenzentrierung
Modell B und C: Zentrierung um den Gesamtmittelwert
In Klammern: Standardfehler (*SE*)
SL-SEM: Einebenen-Strukturgleichungsmodell (*Single Level SEM*)

Die Varianz der Steigungen ist in dem Modell mit dem Interaktionseffekt (C) gegenüber dem Modell mit gesamtmittelwertzentrierten L1-Prädiktoren (B) geringfügig zurückgegangen (von δ_{1j} = .032 auf δ_{1j} = .025), was darauf hindeutet, dass mit dem Interaktionseffekt Anteile der Steigungsvarianz erklärt werden. Der Kompositionseffekt fällt mit ES3 = .300 in dem Modell B und mit ES3 = .370 nur geringfügig niedriger aus als in dem Modell mit fixierten Steigungen (ES3 = .394, Tabelle 11a). Insgesamt erweisen sich die Werte der übrigen Koeffizienten im Vergleich zu den vorangehenden Modellen als konsistent, was darauf hindeutet, dass die ermittelten Effekte zuverlässig geschätzt wurden. Das Modell wurde ohne Schätzprobleme ausiteriert.

Interpretation

Nach den vorliegenden Analysen zeigen die soziale, migrations- und leistungsbezogene Zusammensetzung der Klasse zwar Kompositionseffekte auf alle Schülerinnen und Schüler innerhalb von Klassen, jedoch ergeben sich, außer bei der sozioökonomischen Zusammensetzung, keine differenziellen Effekte auf unterschiedliche Schülergruppen. Die sozioökonomische Zusammensetzung der Klasse wirkt ungleichheitsreduzierend, indem die Bedeutung der individuellen sozioökonomischen Stellung für die Übergangsentscheidung in statushohen Klassenumwelten weniger ausschlaggebend ist (der Zusammenhang zwischen dem individuellen SES und der Übergangsentscheidung wird mit steigendem SES schwächer). Insgesamt zeigt sich somit für die sozioökonomische Stellung, dass diese einerseits die Elternentscheidungen positiv mit β_{stdyx} = .119 beeinflusst (individueller Effekt des SES aus dem SL-SES Modell, vgl. Abbildung 11). Zudem wirkt ein günstiges sozioökonomisches Klassenumfeld mit ES3 = .370 bildungsfördernd (Tabelle 15). Der Interaktionseffekt von λ = -.443 zeigt dabei, dass der positive soziale Kompositionseffekt insbesondere für statusniedrige Kinder besonders ausschlaggebend ist, das heißt, der positive Kompositionseffekt verringert sich mit steigendem individuellen sozioökonomischen Status.

7.5.5 Befunde: differenzielle Kontexteffekte

Nachdem im vorangehenden Kapitel der differenzielle Einfluss der Schülerzusammensetzung auf die sekundären Ungleichheitseffekte an den Übergängen ermittelt wurde, wird im Folgenden der Frage nachgegangen, ob Merkmale des Kontexts hierauf einen Einfluss haben (*Schritt 5: Ungleichheitsreduzierende Faktoren der Klassenkomposition und des Schulkontextes (MSEM, intercepts-and-slopes-as-outcomes-model, vgl. Kap. 6.3.1 und Tabelle 2 im Anhang A.2*). Die Analysen beziehen sich auf die folgende Hypothese:

H. 6:   Schulische Kontextfaktoren und das schulische Umfeld haben differenzielle Effekte auf Schülergruppen, die sich in sozialen und leistungsbezogenen Merkmalen voneinander unterscheiden. Ungleichheitsreduzierende Potenziale ergeben sich für Schulen und Klassen, die sich durch Qualitätsmerkmale insbesondere bezogen auf Interdependenz (z.B. vielfältige Unterrichtsmethoden) und Kontingenz (z.B. externe Kommunikation und Kooperation) auszeichnen.

Dabei werden wiederum die Effekte betrachtet, bei denen in Kapitel 7.5.3 Unterschiede zwischen den Klassen nachgewiesen werden konnten. Die Klassen- und Umweltfaktoren werden analog zu den Analysen der Kontexteffekte in Kapitel 7.4 modelliert. Dabei wird auf die Organisationsstruktur des Schulsystems, auf Faktoren des Umfelds, schulische Abläufe, Kommunikationsprozesse, die Organisationskultur, den Unterrichtsprozess und Kontingenzfaktoren eingegangen. Bei positiven Interaktionseffekten (positiver Koeffizient: φ, Formel A.7 im Anhang) wird von ungleichheitsverstärkenden Mechanismen ausgegangen, bei negativen (negativer Koeffizient: φ, Formel A.7 im Anhang) dagegen von ungleichheitsreduzierenden.

Die Organisationsstruktur des Schulsystems wird anhand der Schulgröße, schulischer Ressourcen sowie des vorhandenen Bildungsangebots im Umfeld betrachtet. Da die Schulgröße (indiziert durch die Anzahl von Schülerinnen und Schülern) in vorangehenden Analysen in Kapitel 7.4 bei Kontrolle der Ortsgröße einen negativen Einfluss auf die Elternentscheidung hatte (Tabelle 13), wird davon ausgegangen, dass hiermit systematische Qualitätsverluste einhergehen. Im Folgenden wird überprüft, ob die Schulgröße den Einfluss von Hintergrundmerkmalen (SES, kulturelles Kapital) sowie leistungsbezogenen Merkmalen auf die Übergänge moderiert. Dabei wird in Anlehnung an die vorangehenden Analysen angenommen, dass in großen Schulen das individuelle Kapital an Bedeutung gewinnt, da das Schulumfeld sich sozial selektiv auf die Übergänge auswirkt, woraus insbesondere bei leistungsniedrigen Schülerinnen und Schülern weniger bildungsfreundliche Übergangsentscheidungen resultieren.

H. 6.1: Je größer die Schule, umso bedeutsamer das individuelle sozioökonomische und kulturelle Kapital für die Übergangsempfehlung und die geplante Elternentscheidung (positiver Interaktionseffekt).

In Bezug auf schulische Ressourcen (indiziert durch die Beeinträchtigungen aufgrund mangelnder Ressourcen sowie die Anzahl von Computern als auch von Büchern und Zeitschriften in der Schulbibliothek) wurde in Kapitel 7.4 gezeigt, dass diese keinen Einfluss auf die Übergangsentscheidungen haben. Dagegen wird davon ausgegangen, dass schulische Ressourcen sich auf die Bildungsfreundlichkeit der Übergangsempfehlungen und -entscheidungen auswirken, indem der Mangel des individuellen Kapitals an Bedeutung verliert, und dass dieser Effekt insbesondere auf untere Statusgruppen wirkt.

H. 6.2: Mit steigenden Ressourcen der Schule verliert das individuelle sozioökonomische und kulturelle Kapital für die Übergangsempfehlung und die geplante Elternentscheidung an Bedeutung (negativer Interaktionseffekt).

Die Analysen der Kontexteffekte in Kapitel 7.4 ergaben ferner, dass sowohl Lehrerinnen und Lehrer als auch Eltern im Rahmen von Kosten-Nutzen-Kalkülen die Erreichbarkeit des Bildungsangebots (indiziert durch die Ortsgröße sowie die Einschätzung des Urbanisierungsgrades im schulischen Umfeld) berücksichtigen (Tabelle 13). Im Folgenden wird geprüft, ob die Erreichbarkeit des Bildungsangebots im Umfeld die Bedeutung des individuellen Kapitals bei den Übergangsempfehlungen und -entscheidungen reduziert.

H. 6.3: Je besser das Bildungsangebot erreichbar ist, umso weniger bedeutsam ist die individuelle soziale Stellung für die Übergangsempfehlung und die geplante Elternentscheidung (negativer Interaktionseffekt).

Ebenfalls haben die Analysen der Kontexteffekte in Kapitel 7.4 gezeigt, dass die Qualitätsentwicklung einen positiven Kontextfaktor für die Elternentscheidung und die Entwicklungsschwerpunkte für die Übergangsempfehlungen darstellt (Tabelle 13). Im Folgenden wird überprüft, ob diese beiden Qualitätsmerkmale als Faktoren schulischer Abläufe ebenfalls zur Reduzierung des sekundären Effekts beitragen. Dabei wird davon ausgegangen, dass in Schulen mit optimierten Abläufen die Bedeutung des individuellen Kapitals für die Übergangsempfehlungen und -entscheidungen niedriger ausfällt, womit ungleichheitsreduzierende Effekte verknüpft sind.

H. 6.4: Wenn in der Schule Qualitätsentwicklung stattfindet sowie an mehreren Entwicklungsschwerpunkten gearbeitet wird, reduziert sich die Bedeutung des individuellen Kapitals für die Übergangsempfehlung von Lehrkräften und die elterliche Übergangsentscheidung, womit der sekundäre Effekt abgebaut werden (negativer Interaktionseffekt).

Kommunikationsprozesse zeigten in den vorangehenden Analysen in Kapitel 7.4 keinen Kontexteffekt auf die Übergänge. Im Folgenden wird geprüft, ob die Bedeutung des individuellen Kapitals für den Übergang von den Kommunikationsprozessen abhängig ist. Dabei kann davon ausgegangen werden, dass insbesondere statusniedrige Eltern von optimierten Kommunikationsprozessen profitieren und sich somit ungleichheitsreduzierende Effekte ergeben.

H. 6.5: Je optimaler in der Schule die Kommunikationsprozesse sind, umso weniger bedeutsam ist das individuelle Kapital für die Übergangsempfehlung von Lehrkräften und die elterliche Übergangsentscheidung (negativer Interaktionseffekt).

Die Organisationskultur wurde in den Analysen der Kontexteffekte in Kapitel 7.4 anhand des Klassenklimas betrachtet. Bei den Klassenklimafaktoren (indiziert durch zwei Skalen des Klassenklimas sowie Selbsteinschätzung der eigenen Beliebtheit) zeigten sich keine Kontexteffekte auf die Übergänge. Geprüft wird im Folgenden, ob diese Faktoren den sekundären Effekt reduzieren. Angenommen wird, dass besseres Klassenklima als Indikator für die Organisationskultur zum Abbau sozialer Ungleichheit bei den Übergängen beiträgt.

H. 6.6: Je besser das Klassenklima, umso weniger sozial selektiv sind die Übergangsempfehlungen und Übergangsentscheidungen (negativer Interaktionseffekt).

Die institutionellen Kontingenzfaktoren (indiziert durch Kooperationen mit außerschulischen Einrichtungen) zeigten keine Kontexteffekte auf die Übergänge in dem gemeinsamen Modell in Kapitel 7.4. Jedoch könnten sich diese Faktoren auf die Reduzierung des sekundären Ungleichheitseffekts auswirken, da sie einen Indikator für die Responsivität der Schule auf die Herausforderungen der Umwelt (z.B. Heterogenität) darstellen.

H. 6.7: Wenn Schulen mit außerschulischen Einrichtungen kooperieren, zeigen sich geringere Ungleichheitseffekte bei den Übergängen (negativer Interaktionseffekt).

Im Rahmen der Unterrichtsprozesse werden vorrangig primäre Effekte reduziert. Angenommen wird ferner, dass sie als ein Indikator für die Lehrerprofessionalität gelten und somit mit reduzierten sekundären Effekten einhergehen können. Die Unterrichtsqualität wird im Folgenden anhand der Entsprechung der Unterrichtsmerkmale mit der Unsicherheit, der reziproken Interdependenz und der Komplexität der Umgebung (Kontingenzfaktoren) betrachtet. Unterrichtsfaktoren, die hierdurch impliziert werden, sind Individualisierung und Differenzierung im Unterricht sowie kognitive Aktivierung und die Motivierung. Die Analysen der Kontexteffekte in Kapitel 7.4 haben gezeigt, dass diese Unterrichtsfaktoren keinen direkten Effekt auf die Übergangsempfehlungen ausüben. Für die Elternentscheidungen zeigte sich nur die Skala ‚Desorganisiertes Vorgehen im Unterricht' als signifikant. Im Folgenden wird angenommen, dass eine Reduzierung des sekundären Effekts mit hoher Unterrichtsqualität einhergeht.

H. 6.8: Wenn der Unterricht durch hohe Qualität und Methodenvielfalt gekennzeichnet ist, dann treten geringere sekundäre Effekte im Rahmen von Übergängen auf (negativer Interaktionseffekt).

Einzelne Modellierung der Interaktionseffekte

In Tabelle 16 sind die Interaktionseffekte der Unterrichts- und Klassenmerkmale mit den individuellen sekundären Ungleichheitseffekten in der Einzelmodellierung dargestellt. Da hierbei die multiplikative Abhängigkeit der Klassen- und Schulfaktoren noch nicht berücksichtigt wird, sind die Befunde zunächst als einzelne Effekte zu interpretieren. Negative Interaktionseffekte implizieren, dass Unterrichtsfaktoren überwiegend ungleichheitsreduzierende Wirkungen auf die sekundären Ungleichheiten haben. Für die Regression Motivation – Elternentscheidung wurde kein Kontexteffekt nachgewiesen. Dieser Zusammenhang ist daher in Tabelle 16 nicht dargestellt. Tabelle 16 und Tabelle 17 enthalten unstandardisierte Koeffizienten. Dies führt dazu, dass die Höhe der Koeffizienten nicht direkt in Beziehung gesetzt werden kann. Die Bedeutsamkeit der Interaktionseffekte wird daher vorrangig anhand der Signifikanz und der Ausprägung beurteilt, jedoch lassen sich die Einflussstärken nicht untereinander vergleichen.

Einzelne Modellierung der Interaktionseffekte der Unterrichts- und Klassenmerkmale: SES – Übergangsentscheidung

Als signifikant negativ für die Regressionssteigung SES – Elternentscheidung erweisen sich die Interaktionseffekte des Sicherheits- und Geborgenheitsgefühls mit $\varphi = -.218$ (*H. 6.6*), ferner des angemessenen Unterrichtsniveous und -tempos mit $\varphi = -.144$ als auch der Mediennutzung im Unterricht mit einem sehr geringen Interaktionseffekt von $\varphi = -.088$ (*H. 6.8*). Damit zeigt sich dieser sekundäre Ungleichheitseffekt als niedriger in Klassen mit einem guten Klassenklima, in denen mediengestützter Unterricht im angemessenen Unterrichtstempo stattfindet. Ebenfalls erweist sich der sekundäre Ungleichheitseffekt des kulturellen Kapitals in solchen Klassenräumen als niedriger, in denen sich die Unterrichtsmerkmale durch hohe Qualität auszeichnen

(,Sicherheits- und Geborgenheitsgefühl', ,Mediennutzung im Unterricht', ,Kognitive Aktivierung', ,Vertrauen zur Lehrkraft und deren Durchsetzungsfähigkeit', *H. 6.8*).

Tabelle 16: Interaktionseffekte der Unterrichts- und Klassenmerkmale mit den sekundären Ungleichheitseffekten (*intercepts-and-slopes-as-outcomes-models*)

Unterrichtsfaktoren	Prädiktor der Steigungsvarianz	Variable Steigung			
		SES-Elternentscheidung	KK-Elternentscheidung	Le-Elternentscheidung	SES-Übergangsempfehlung
Klassenklima	Hilfsbereitschaft und soziales Verhalten der Mitschüler	ns	ns	-.108 (.059) (*)	ns
	Sicherheits- und Geborgenheitsgefühl	-.218 (.073) **	-.258 (.134) *	-.278 (.123) *	ns
	Beliebtheit unter Gleichaltrigen	ns	ns		.227 (.137) (*)
Unterrichtsmethoden	Mediennutzung im Unterricht	-.088 (.036) **	-.236 (.104) *	ns	ns
	Kognitive Aktivierung	ns	-.168 (.078) *	ns	ns
Unterrichtsführung	Angemessenes Unterrichtsniveau und -tempo	-.144 (.082) (*)	ns	ns	ns
	Vertrauen zur Lehrkraft und deren Durchsetzungsfähigkeit	ns	-.132 (.068) *	ns	ns
	Ordnung und Disziplin	.128 (.055) *	ns	ns	-.087 .053 (*)

Für die Regression Motivation-Elternentscheidung zeigen sich keine Unterrichtsfaktoren als signifikant

** p ≤ .01   * p ≤ .05   (*) p ≤ .10
Im Modell berücksichtigten Kompositionseffekte:
- der geplanten Elternentscheidungen: SES, heimische Sprachpraxis, Lesefähigkeit
- der Benotung: SES, kulturelles Kapital, Lesefähigkeit
- der Übergangsempfehlung: Lesefähigkeit
Im Modell berücksichtigten Kontexteffekte:
- der geplanten Elternentscheidungen: desorganisiertes Vorgehen im Unterricht, Schulgröße, Ortsgröße, Qualitätsentwicklung
- der Benotung: Mediennutzung im Unterricht
- der Übergangsempfehlung: Ortsgröße, Entwicklungsschwerpunkte
Interaktionseffekt: SES – geplante Elternentscheidung
Gewichtungsvariable: SCHWGT
Teilstichprobe in MPLUS: --- (SUBPOPULATION nicht verfügbar)
Klumpungseffekte in MPLUS: Mehrebenenmodellierung
In Klammern: Standardfehler (*SE*)

Tabelle 17: Interaktionseffekte der Schul- und Umweltmerkmale mit den sekundären Ungleichheitseffekten (*intercepts-and-slopes-as-outcomes-models*)

Schulbereich	Prädiktor der Steigungsvarianz	Variable Steigung				
		SES-Eltern-entscheidung	KK-Eltern-entscheidung	Le-Eltern-entscheidung	Mo-Eltern-entscheidung	SES-Übergangs-empfehlung
Schulgröße	Anzahl der Schülerinnen und Schüler in der Schule	ns	ns	ns	ns	.056 (.020)**
	Anzahl der Viertklässler in der Schule	ns	ns	ns	ns	.051 (.021)*
Bildungsangebote im Umfeld	Einwohnerzahl	-.107 (.026)**	-.078 (.022)**	-.061 (.022)**	-.048 (.022)*	ns
	Urbane vs. dörfliche Infrastruktur	-.073 (.022)**	-.050 (.015)**	-.062 (.020)**	-.036 (.021)(*)	ns
Qualitäts- und Schulentwicklung	Qualitätsentwicklung	-.121 (.052)*	ns	-.096 (.034)**	-.113 (.045)**	-.065 (.036)(*)
	Entwicklungsschwerpunkte	ns	ns	ns	-.043 (.015)**	ns
Schulische Ressourcen	Medienausstattung	ns	ns	-.078 (.044)(*)	ns	ns
	Räumliche Ressourcen	ns	ns	ns	ns	-.082 (.040)*
	Lehrkräftemangel	ns	ns	ns	-.070 (.041)(*)	ns
Kommunikations-prozesse	Elterninformation und Veranstaltungen	ns	ns	-.114 (.057)*	-.135 (.063)*	ns
	Elternengagement im curricularen Bereich	ns	ns	ns	-.091 (.055)(*)	-.100 (.035)**
Kontingenzfaktoren	Kooperation mit außerschulischen kulturellen u. kirchlichen Einrichtungen	ns	ns	ns	-.070 (.042)(*)	ns
	Kooperation mit Hochschulen und Gesamtschulen, ausländischen Kultureinrichtungen	ns	-.140 (.064)*	ns	-.225 (.101)*	ns
	Kooperation mit Musik- und Sportvereinen	ns	ns	.054 (.033)(*)	ns	-.075 (.040)*

** p ≤ .01   * p ≤ .05   (*)p ≤ .10

Im Modell berücksichtigten Kompositionseffekte:
- der geplanten Elternentscheidungen: SES, heimische Sprachpraxis, Lesefähigkeit
- der Benotung: SES, kulturelles Kapital, Lesefähigkeit
- der Übergangsempfehlung: Lesefähigkeit

Im Modell berücksichtigten Kontexteffekte:
- der geplanten Elternentscheidungen: desorganisiertes Vorgehen im Unterricht, Schulgröße, Ortsgröße, Qualitätsentwicklung
- der Benotung: Mediennutzung im Unterricht
- der Übergangsempfehlung: Ortsgröße, Entwicklungsschwerpunkte

Interaktionseffekt: SES – geplante Elternentscheidung

Gewichtungsvariable: SCHWGT
Teilstichprobe in MPLUS: -- (SUBPOPULATION nicht verfügbar)
Klumpungseffekte in MPLUS: Mehrebenenmodellierung
In Klammern: Standardfehler (*SE*)

Einzelne Modellierung der Interaktionseffekte der Unterrichts- und Klassenmerkmale: Leistungsfähigkeit – Übergangsentscheidung

Weiterhin zeigen die Ergebnisse in Tabelle 16, dass Eltern die individuelle Leistungs-fähigkeit bei der Übergangsentscheidung in solchen Klassen weniger berücksichtigen, die sich durch ein günstiges Klassenklima (,Sicherheits- und Geborgenheitsgefühl', ,Hilfsbereitschaft und soziales Verhalten der Mitschüler') auszeichnen (*H. 6.6*).

Einzelne Modellierung der Interaktionseffekte der Unterrichts- und Klassenmerkmale: SES – Übergangsempfehlung

Der sekundäre Effekt des individuellen SES auf die Übergangsempfehlung wird durch eine hohe Anzahl von Kindern, die sich selbst als beliebt einschätzen (,Beliebt-heit unter Gleichaltrigen') erwartungswidrig verstärkt (*H. 6.6*). Ebenfalls erwartungs-widrig erweist sich die Skala ,Ordnung und Disziplin' mit $\varphi = .128$ als ungleichheits-verstärkend bei den Elternentscheidungen (*H. 6.8*).

Einzelne Modellierung der Interaktionseffekte der Schul- und Umweltmerkmale

In Tabelle 17 sind Interaktionseffekte weiterer Schul- und Umweltmerkmale mit den sekundären Ungleichheitseffekten in Einzelmodellierung dargestellt. Dabei wird deutlich, dass eine Reihe von Schulmerkmalen ungleichheitsreduzierende Wirkun-gen haben, die Koeffizienten jedoch in der Regel niedrig ausgeprägt sind. Nach den Ergebnissen erweisen sich die Bildungsangebote in der Umgebung als ungleichheits-reduzierend auf die sekundären Effekte der Elternentscheidungen (*H. 6.3*). Darüber hinaus zeigt die Qualitätsentwicklung ungleichheitsreduzierende Effekte für den Ein-fluss des individuellen SES auf die Elternentscheidung (*H. 6.4*). Der selektive Ein-fluss des kulturellen Kapitals wird zusätzlich zu den Bildungsangeboten durch die Skala ,Kooperation mit Hochschulen, Gesamtschulen und ausländischen Kulturein-richtungen' reduziert (*H. 6.7*). Qualitätsentwicklung und Elterninformation haben da-rüber hinaus einen reduzierenden Einfluss auf die leistungs- und motivationsbezoge-ne Selektivität der Elternentscheidungen (*H. 6.4*). Die letztere wird ferner durch die Skala ,Kooperation mit Hochschulen, Gesamtschulen und ausländischen Kulturein-richtungen' ebenfalls reduziert (*H. 6.7*). Bei dem Ungleichheitseffekt des SES auf die Übergangsempfehlung erweisen sich die Schulgröße, räumliche Ressourcen (*H. 6.2*), das elterliche Engagement im curricularen Bereich (*H. 6.5*) sowie Kooperation mit Musik- und Sportvereinen (*H. 6.7*) als bedeutsam.

Tabelle 18: In der Einzelmodellierung nicht signifikante Variablen

Unterrichtsmethoden	Variationsreiche Arbeitsweisen im Unterricht
Unterrichtsführung	Erklärungsfähigkeit der Deutschlehrkraft
	Desorganisiertes Vorgehen im Unterricht
Schulische Ressourcen	Anzahl von Buchtiteln in der Schulbibliothek
	Anzahl von Zeitschriftentiteln in der Schulbibliothek
	Anzahl von Computern, die für den Unterricht in der vierten Klasse zur Verfügung stehen
Kommunikations-prozesse	Elternengagement im Freizeitbereich und bei der Hausaufgabenbetreuung
	Anzahl von Elterninformationen
Kontingenzfaktor	Kooperation mit KiTas, Grund-, Haupt-, Realschulen, Gymnasien
	Kooperation mit sozialen und staatlichen Einrichtungen und Betrieben
	Kooperation mit Medieneinrichtungen

Tabelle 18 enthält schließlich die Schul- und Klassenmerkmale, die in der Einzelmodellierung keinen signifikanten Interaktionseffekt aufweisen. Dabei zeigt sich, dass einige der Unterrichtsmerkmale, die quantitativen Angaben zu schulischen Ressourcen, Elternengagement im Freizeitbereich sowie die Anzahl von Elterninformationen als auch drei von sechs Kooperationsskalen keinen ungleichheitsreduzierenden Einfluss auf den sekundären Effekt zeigen.

Gemeinsame Modellierung der Interaktionseffekte der Unterrichtsmerkmale

Tabelle 19 zeigt schließlich die Interaktionseffekte der Unterrichtsmerkmale aus der gemeinsamen Modellierung, in der die multiplikative Abhängigkeit von schulischen Faktoren berücksichtigt wird. Dabei wurden die Unterrichtsmerkmale und Schulmerkmale getrennt für die jeweiligen Steigungsvarianzen berechnet. Die zusätzlich kontrollierten Kompositions- und Kontexteffekte sind in der Tabellenlegende aufgeführt.

In der gemeinsamen Modellierung erweisen sich nur einige der in der Einzelmodellierung gezeigten Interaktionseffekte als signifikant. Dabei zeigt sich, dass der Zusammenhang zwischen dem SES und den elterlichen Entscheidungen durch die Skala ‚Sicherheits- und Geborgenheitsgefühl' (*H. 6.6*) sowie durch ‚Ordnung und Disziplin' (*H. 6.8*) beeinflusst wird. ‚Sicherheits- und Geborgenheitsgefühl' wirkt sich demnach ungleichheitsreduzierend auf den Zusammenhang SES – Elternentscheidung aus ($\varphi = -.451$, $p \leq .05$, *H. 6.6*), während die Skala ‚Ordnung und Disziplin' erwartungswidrig ungleichheitsverstärkende Effekte ($\varphi = .282$, $p \leq .01$) zeigt (*H. 6.8*). Der Zusammenhang zwischen dem kulturellen Kapital der Familie und der Elternentscheidung wird durch ‚Mediennutzung im Unterricht' reduziert ($\varphi = -.179$, $p \leq .10$, *H. 6.8*); ebenso der Zusammenhang zwischen dem SES und der Übergangsempfehlung durch die Skala ‚Ordnung und Disziplin im Unterricht' ($\varphi = -.104$, $p \leq .05$, *H. 6.8*).

Tabelle 19: Gemeinsame Modellierung der Interaktionseffekte der Unterrichtsmerkmale

Unterrichts-faktor	Prädiktor der Steigungsvarianz	*Variable Steigung*		
		SES-Elternentsch.	KK-Elternentsch.	SES-Übergangs-empfehlung
Klassenklima	Sicherheits- und Geborgenheits-gefühl	-.451 (.192) *		
Unterrichts-führung und Methoden	Mediennutzung im Unterricht		-.179 (.102) (*)	
	Ordnung und Dis-ziplin im Unterricht	.282 (.073) **		-.104 (.052) *

** p ≤ .01   * p ≤ .05   (*) p ≤ .10

Im Modell berücksichtigten Kompositionseffekte:
- der geplanten Elternscheidungen: SES, heimische Sprachpraxis, Lesefähigkeit
- der Benotung: SES, kulturelles Kapital, Lesefähigkeit
- der Übergangsempfehlung: Lesefähigkeit

Im Modell berücksichtigten Kontexteffekte:
- der geplanten Elternscheidungen: desorganisiertes Vorgehen im Unterricht, Schulgröße, Ortsgröße, Qualitätsentwicklung
- der Benotung: Mediennutzung im Unterricht
- der Übergangsempfehlung: Ortsgröße, Entwicklungsschwerpunkte

Interaktionseffekt: SES – geplante Elternscheidung

Gewichtungsvariable: SCHWGT
Teilstichprobe in MPLUS: --- (SUBPOPULATION nicht verfügbar)
Klumpungseffekte in MPLUS: Mehrebenenmodellierung

In Klammern: Standardfehler (*SE*)

Nach Tabelle 20 zeigen nur wenige der schulischen und der Umweltmerkmale ungleichheitsreduzierende Wirkungen, die zudem niedrige Ausprägungen aufweisen. Dabei erweisen sich das Bildungsangebot im Umfeld (indiziert durch die Einwohnerzahl) mit $\varphi = -.102$ (p ≤ .01, *H. 6.3*) und die ‚Qualitätsentwicklung' mit $\varphi = -.101$ (p ≤ .05, *H. 6.4*) als bedeutsam für den sekundären Effekt des SES auf die Elternentscheidung. Die Einwohnerzahl zeigt darüber hinaus ungleichheitsreduzierende Wirkung auf den sekundären Effekt des kulturellen Kapitals auf die Elternentscheidung ($\varphi = -.069$, p ≤ .05, *H. 6.3*). Ferner wird der Effekt der Lesefähigkeit auf die elterliche Entscheidung durch die ‚Qualitätsentwicklung' mit $\varphi = -.109$ (p ≤ .01) nivelliert (*H. 6.4*). Dagegen wird dieser Effekt erwartungswidrig durch die ‚Kooperation mit Musik- und Sporteinrichtungen' verstärkt ($\varphi = .072$, p ≤ .05, *H. 6.7*). Bei dem Einfluss des SES auf die Übergangsempfehlung konnte ein schwacher ungleichheitsreduzierender Effekt des elterlichen Engagements im curricularen Bereich mit $\varphi = -.087$ (p ≤ .05) nachgewiesen werden (*H. 6.5*).

Tabelle 20: Gemeinsame Modellierung der Interaktionseffekte der Schul- und Umweltmerkmale

Schulbe-reich	Prädiktor der Steigungsvarianz	Variable Steigung			
		SES-Elternentsch.	KK-Elternentsch.	Le-Elternentsch.	SES-Über-gangsempf.
Bildungs-angebote im Umfeld	Einwohnerzahl	-.102 (.034) **	-.069 (.033) *		
Qualitäts- und Schul-entwicklung	Qualitäts-entwicklung	-.101 (.047) *		-.109 (.035) **	
Kommuni-kations-prozesse	Elternengage-ment im curricu-larem Bereich				-.087 (.044) *
Kontingez-faktoren	Kooperation mit Musik- und Sportvereinen			.072 (.033) *	

** p ≤ .01   * p ≤ .05
Im Modell berücksichtigten Kompositionseffekte:
  - der geplanten Elternentscheidungen: SES, heimische Sprachpraxis, Lesefähigkeit
  - der Benotung: SES, kulturelles Kapital, Lesefähigkeit
  - der Übergangsempfehlung: Lesefähigkeit
Im Modell berücksichtigten Kontexteffekte:
  - der geplanten Elternentscheidungen: desorganisiertes Vorgehen im Unterricht, Schulgröße, Orts-
    größe, Qualitätsentwicklung
  - der Benotung: Mediennutzung im Unterricht
  - der Übergangsempfehlung: Ortsgröße, Entwicklungsschwerpunkte
Interaktionseffekt: SES – geplante Elternentscheidung
Gewichtungsvariable: SCHWGT
Teilstichprobe in MPLUS: --- (SUBPOPULATION nicht verfügbar)
Klumpungseffekte in MPLUS: Mehrebenenmodellierung
In Klammern: Standardfehler (SE)

Im Gegensatz zu der Einzelmodellierung konnten keine Interaktionseffekte für schu-lische Ressourcen (*H. 6.2*), Klassenklima (*H. 6.6*) sowie ‚Kooperationen mit außer-schulischen Einrichtungen' (*H. 6.7*) nachgewiesen werden.

Interpretation

Im Rahmen von Elternentscheidungen erweist sich nach den vorliegenden Analy-sen der schulischen Umweltfaktoren ein *günstiges Klassenklima* als ungleichheitsre-duzierend für den sekundären Effekt des SES und die *Mediennutzung im Unterricht* für den Ungleichheitseffekt des kulturellen Kapitals. Somit kann davon ausgegangen werden, dass die Organisationskultur sowie variationsreiche Methoden im Unterricht Potenziale zum Abbau von Chancenungleichheiten bieten. Dagegen zeigen sich in Klassen, in denen größere *Ordnung und Disziplin* herrscht, verstärkte Ungleichheits-effekte des sekundären Effekts auf die Elternentscheidung, während diese Skala un-gleichheitsreduzierende Effekte im Rahmen von Übergangsempfehlungen impliziert.

Vor diesem Hintergrund kann angenommen werden, dass sich Bildungsempfehlungen als weniger sozial selektiv erweisen, wenn sich die Lehrkräfte durch Professionalität in Unterrichtsführung (indiziert durch Ordnung und Disziplin) auszeichnen. Dieser ungleichheitsreduzierende Effekt wird jedoch erwartungswidrig durch den ungleichheitsverstärkenden Effekt im Rahmen der Elternentscheidung teilweise nivelliert. Damit kann die Annahme, dass Unterrichtqualität als ein Merkmal einer allgemeinen Lehrerprofessionalität mit reduzierten sekundären Effekten einhergeht, für die Übergangsempfehlung bestätigt werden. Dagegen zeigt sich, dass Eltern von Kindern aus Klassen mit hoher Disziplin zu sozial selektiven Übergangsentscheidungen neigen.

Ungleichheitseffekte des SES auf die Elternentscheidungen werden darüber hinaus durch das *Bildungsangebot im Umfeld* (indiziert durch die Einwohnerzahl) und die *Qualitätsentwicklung* reduziert. Die Ortsgröße vermindert auch den sekundären Ungleichheitseffekt des kulturellen Kapitals auf die Elternentscheidung. Damit kann angenommen werden, dass die Erreichbarkeit des Bildungsangebots zum einen die Bildungsentscheidungen und -empfehlungen für alle Schülerinnen und Schüler der Klasse positiv beeinflusst (Tabelle 13) sowie zum anderen dieser Effekt insbesondere für statusniedrige Schülergruppen bedeutsam ist.

Der Effekt der Lesefähigkeit auf die elterliche Entscheidung wird durch die ‚*Qualitätsentwicklung*‘ reduziert, durch die ‚*Kooperation mit Musik- und Sporteinrichtungen*‘ dagegen verstärkt. Bei dem ersten Effekt wird deutlich, dass niedrige Leistungen in Schulen, in denen Qualitätsentwicklung stattfindet, in einem geringeren Maße als Risikofaktor im Rahmen von Kosten-Nutzen-Kalkülen empfunden werden. Aufgrund dessen, dass das subjektive Risiko bei den Übergangsentscheidungen von statusniedrigen Familien stärker ins Gewicht fällt, kann hierbei ein indirekter ungleichheitsreduzierender Effekt vermutet werden. Bei der Kooperationsskala zeigt sich ein gegenteiliger Effekt. Hingegen haben beide Merkmale keine Bedeutung für die Stärke der sekundären Effekte im Rahmen von Übergangsempfehlungen.

Bei dem Einfluss des SES auf die Übergangsempfehlung konnte ein schwacher ungleichheitsreduzierender Effekt des *elterlichen Engagements im curricularen Bereich* nachgewiesen werden. Demnach zeigt sich, dass Kommunikationsprozesse mit den Eltern zum Abbau des sekundären Effekts bei der Bildungsempfehlung beitragen, wenn diese sich auf curriculare Inhalte beziehen.

Keine ungleichheitsreduzierenden Wirkungen auf die sekundären Effekte bei den Übergängen von der vierten Grundschulklasse in die Sekundarstufe haben entgegen der Annahmen einige der Unterrichtsmerkmale, schulische Ressourcen, Elternengagement im Freizeitbereich, Elterninformationen als auch drei von sechs Kooperationsskalen und einige Skalen des Klassenklimas.

8. Zusammenfassung, praktische Implikationen und Grenzen der vorliegenden Arbeit

8.1 Zusammenfassung, Interpretation und praktische Implikationen

In den vorliegenden Analysen wurden, orientiert an theoretischen Modellen der Schuleffektivitätsforschung (Creemers & Kyriakides, 2008b; Reynolds & Teddlie, 2000b; Scheerens & Bosker, 1997; Seidel & Shavelson, 2007) und der Ungleichheitsforschung (Boudon, 1974; Bourdieu, 2001; Ditton, 1992; Dravenau & Groh-Samberg, 2005), Zusammenhänge zwischen schulischen Faktoren und der Übergangsentscheidung untersucht. Der Grad der sozialen Selektivität im Rahmen von Bildungsentscheidungen gilt hierbei als Effektivitätskriterium des Schulsystems. In Anlehnung an die bisherige Forschung wird zur Reduktion sozialer Ungleichheiten vorrangig der Abbau des Leistungsgefälles (primärer Effekt) als erstrebenswert beschrieben (Perrez et al., 2006), jedoch konnte anhand der vorliegenden Befunde verdeutlicht werden, dass das Schulsystem ebenfalls zur Reduzierung des sekundären Effekts beitragen kann, der insbesondere an den Übergängen wirksam wird. Die Annahme, dass der sekundäre Effekt im Rahmen von Elternentscheidungen stärker ausgeprägt ist als bei den Übergangsempfehlungen, konnte hierbei nicht bestätigt werden. Die Varianzanalysen zeigen Differenzen zwischen den Schulklassen im Grad der Perpetuierung sozialer Ungleichheit, insbesondere im Rahmen von elterlichen Entscheidungen. Ungleichheitsreduzierende Wirkungen auf die Übergangsempfehlungen sowie auf die elterlichen Entscheidungen konnten bei einigen Merkmalen des Unterrichts und des Schulkontextes aufgezeigt werden.

8.1.1 Sekundäre Ungleichheitseffekte an den Übergängen

Anhand der empirischen Analysen wurde das Auftreten von primären und sekundären Ungleichheiten im Deutschen Schulsystem erneut bestätigt. Neben primären Effekten der Hintergrundmerkmale wurden dabei ebenfalls sekundäre Ungleichheitseffekte des sozioökonomischen Status auf die Deutschnote, die Übergangsempfehlung und auf die geplante Elternentscheidung belegt. Der Zusammenhang zwischen dem sozioökomischen Hintergrund und der Übergangsentscheidung und -empfehlung erwies sich als unterschiedlich stark ausgeprägt über die Schulklassen hinweg (variable Steigungen). Obwohl sich der sekundäre Ungleichheitseffekt des kulturellen Kapitals insgesamt als nicht signifikant erwies, konnte anhand der Modelle mit variablen Steigungen belegt werden, dass dieser Effekt in den Klassen in Bezug auf die Übergangsentscheidung unterschiedlich stark ausgeprägt ist, womit anzunehmen ist, dass in bestimmten Klassenkontexten der sekundäre Effekt des kutlurellen Kapitals stärker zum Tragen kommt als in anderen. Der Migrationshintergrund zeigt weder bedeutsame primäre noch sekundäre Ungleichheitseffekte.

8.1.2 Kompositionseffekte: Einfluss sozialer und leistungsbezogener Klassenzusammensetzung auf die Übergangsempfehlung und Elternentscheidung

Bei der Betrachtung der Unterschiede zwischen den Schulklassen fällt auf, dass von den überprüften Faktoren das Leistungsniveau sowie die soziale und kulturelle Zusammensetzung der Schülerschaft am stärksten zwischen den Schulklassen differieren. Aufgrund der Tatsache, dass laut den Befunden das familiäre sozioökonomische und kulturelle Kapital abhängig vom Klassen- und Umweltkontext in unterschiedlicher Weise bei den Kosten-Nutzen-Kalkülen der Eltern (SES, kulturelles Kapital) und der Lehrkräfte (SES) an den Übergängen zum Tragen kommt (variable Steigungen), lassen sich differenzielle Wirkungen von Klassen- und Schulumwelten im Hinblick auf den sekundären Effekt konstatieren (Baumert, Trautwein, et al., 2003; Jerusalem, 1997). Unterschiede zwischen den Klassen zeigen sich ebenfalls im Einfluss der Lesefähigkeit und der Motivation auf die Elternentscheidung. Dagegen stellen die vierten Grundschulklassen in Deutschland relativ homogene Schulumwelten bezogen auf das durchschnittliche Notenniveau dar, was darauf hindeutet, dass die Lehrerurteile in der Regel nicht ausschließlich aus der *objektiven Bezugsnorm* resultieren, sondern sich vorrangig an dem jeweiligen Klassenkontext orientieren und somit hierbei eher die *soziale Bezugsnorm* zum Tragen kommt (Rheinberg, 2001). Dennoch zeigt sich in dieser Untersuchung anhand von Kompositionseffekten, dass die Lehrkräfte in leistungsstarken Klassen im Vergleich zu leistungsschwachen insgesamt zu strengeren Beurteilungskriterien bei der Notenvergabe und ihren Übergangsempfehlungen tendieren. Dieser Effekt betrifft alle Kinder innerhalb von gegebenen Klassenkontexten in gleicher Weise, das heißt er ist unabhängig von der individuellen leistungsbezogenen Stellung (kein Interaktionseffekt). Bei der Notenvergabe scheinen sich die Beurteilungsmaßstäbe zusätzlich durch eine statushohe Schülerschaft zu verschärfen. Dieser Effekt tritt für alle Schülerinnen und Schülern innerhalb von Klassen unabhängig von deren individueller Herkunft auf (kein Interaktionseffekt). Dabei implizieren die Befunde, dass Lehrkräfte für die Notenvergabe in Deutsch die Leistungsmerkmale und den sozioökonomischen Hintergrund in gleicher Art und Weise, das heißt unabhängig von der sozialen und leistungsbezogenen Stellung innerhalb des Klassenverbands, heranziehen. Bei der Übergangsempfehlung zeigt sich dagegen, dass der Zusammenhang zwischen dem sozioökonomischen Hintergrund von Schülerinnen und Schülern und der Empfehlung unterschiedlich für unterschiedliche soziale Gruppen innerhalb von Schulklassen ausfällt (variable Steigungen). Abgesehen davon sind die ohnehin schwachen oder nicht signifikanten Kompositionseffekte des kulturellen Kapitals und der heimischen Sprachpraxis auf die Übergangsempfehlung über die Klassen hinweg homogen, ebenso wie die höher ausgeprägten Effekte der leistungsbezogenen Persönlichkeitsmerkmale.

Die Eltern tendieren zu höheren Bildungsentscheidungen, wenn sich ihre Kinder in Klassen mit einem hohen sozioökonomischen Status befinden, die sich zugleich durch relativ niedrige durchschnittliche Leseleistungen auszeichnen (Kompositionseffekte). Naheliegend ist die Annahme, dass Eltern und Kinder die sozialen Kosten einer Bildungsentscheidung einkalkulieren und dem Entscheidungstrend des unmittelbaren Klassenumfelds folgen (Stocké, 2013, S. 288ff.), jedoch der Leistungsvergleich mit der Bezugsgruppe die Leistungsfähigkeit des Kindes im negativen Sinne relativiert und eine Abwärtskorrektur der geplanten Elternentscheidung in leistungsstarken Klassen bewirkt (Big-Fish-Little-Pond, BFLP; Köller, 2004; Marsh, 1987). Da die Individualleistung im Rahmen des Kosten-Nutzen-Kalküls bei der Bildungsentscheidung als Risikofaktor berücksichtigt wird (Boudon, 1974; Ditton, 1992), fallen die Übergangsentscheidungen von Eltern aus leistungsstarken Klassen gegenüber Klassen mit schwächeren Leistungen entsprechend niedriger aus. Die kompensatorische Wirkung eines hohen sozioökonomischen Status der Klasse ist insbesondere für Kinder aus statusniedrigen Familien festzustellen (Interaktionseffekt), wodurch sich ungleichheitsreduzierende Effekte ergeben. In Bezug auf die Verteilung der Kinder mit Migrationshintergrund auf die vierten Grundschulklassen zeigen sich nur geringe Differenzen zwischen den Schulklassen (variable Mittelwerte). Dabei fallen die Übergangsentscheidungen in Klassen mit einem höheren Anteil von Kindern mit Migrationshintergrund für alle Kinder innerhalb dieser Klassen (kein Interaktionseffekt) geringfügig bildungsfreundlicher aus (Kompositionseffekt).

Insgesamt wird deutlich, dass rationale Überlegungen der Lehrkräfte sowie der Eltern an den Übergängen durch den jeweiligen Klassenkontext beeinflusst werden, jedoch die Effekte hierbei teilweise entgegengesetzt verlaufen. Schulumwelten, die zu bildungsfreundlichen Elternentscheidungen führen, zeichnen sich zwar insgesamt durch eine statushohe Schülerschaft aus, jedoch nicht durch homogene Spitzenleistungen. Ein weiterer Faktor der Schulumwelt, der zu bildungsfreundlichen Elternentscheidunge beiträgt, ist ein hoher Anteil an Kindern mit Migrationshintergrund. Ungleichheitsreduzierende Kompositionseffekte im Rahmen von Übergangsentscheidungen lassen sich dabei lediglich in Bezug auf die sozioökonomische Schülerkomposition konstatieren, wobei laut den Befunden angenommen werden kann, dass statusniedrige Kinder vom sozioökonomischen Kapital der Klasse in besonderer Weise profitieren. Homogene Leistungen auf hohem Niveau führen dagegen im Rahmen von Leistungsbeurteilung und Übergangsempfehlungen zu strengeren Beurteilungsmaßstäben in Bezug auf alle Schülerinnen und Schüler innerhalb von gegebenen Klassenkontexten. Nach diesen Ergebnissen lässt sich konstatieren, dass homogene statushohe und leistungsstarke Schulumwelten[38] im Rahmen von Übergängen eher ungleichheitsverstärkend als -reduzierend wirken, da die soziale Selektion in solchen Umwelten besonders zum Tragen kommt.

Vor diesem Hintergrund wäre zunächst eine gleichmäßige Verteilung von Schülerinnen und Schülern verschiedener Status- und Leistungsgruppen auf die deutschen Grundschulen notwendig. Da dies aufgrund sozialräumlicher Segregation nicht realistisch ist, müssten pädagogische Konzepte erarbeitet und implementiert werden, die zur Reduzierung sozialer Ungleichheiten in benachteiligten Klassen- und Schulumwelten beitragen. Aufgrund dessen, dass der sekundäre Ungleichheitseffekt an verschiedenen Stellen des Bildungssystems wirksam ist sowie aufgrund der Tatsache,

---

38 Schulumwelten mit einem hohen Anteil von leistungsstarken und – bezogen auf den sozialen Status – statushohen Schülerinnen und Schülern.

dass dabei jeweils unterschiedliche Mechanismen auftreten und sich dementsprechend differenzielle Bereiche der Schule als effektiv im Hinblick auf den Abbau sozialer Ungleichheit erweisen, erscheint es sinnvoll, Maßnahmen zur Reduktion sozialer Ungleichheit umfassend auf allen Ebenen des Schulsystems und zugleich in mehreren Bereichen der Schule über einen längeren Zeitraum anzugehen, anstatt Interventionen in einzelnen Bereichen und in einem begrenzten Zeitraum durchzuführen, wie dies zum Beispiel bei Zusatzmaßnahmen zur Sprachförderung häufig der Fall ist.

8.1.3 Kontexteffekte: schulische Potenziale zum Abbau sozialer Selektivität

Unterrichtsbezogene Faktoren

Bei der Überprüfung der Wirkung von Unterrichtsqualität auf das Niveau der Übergangsempfehlungen und der Noten zeigten sich, abgesehen von einem schwachen positiven Effekt der *‚Mediennutzung im Unterricht'* auf die Deutschnote keine weiteren Effekte. Dieser Effekt ließe sich einerseits als ein positiver Einfluss von Lerngelegenheiten deuten, die mit variationsreichen Methoden einhergehen, oder andererseits als eine positive Benotungstendenz jener Lehrerinnen und Lehrer, die variationsreiche Methoden einsetzen. In Bezug auf die Elternentscheidungen zeigten die meisten Unterrichtsfaktoren im Gesamtmodell keine Wirkungen. Elterliche Entscheidungen werden lediglich durch Lehrkräfte mit niedrigen professionellen Unterrichtsführungskompetenzen negativ beeinflusst (negativer Interaktionseffekt der Skala *‚Desorganisiertes Vorgehen im Unterricht'*). Zudem konnte gezeigt werden, dass in Klassen, in denen ein *günstiges Klassenklima* herrscht, der Mangel an individuellem sozioökonomischem Kapital bei der Übergangsentscheidung weniger ins Gewicht fällt (negativer Interaktionseffekt). In ähnlicher Weise wird der Effekt des individuellen Kulturkapitals auf die Entscheidungen durch *variationsreiche Unterrichtsmethoden* (indiziert durch Mediennutzung) reduziert (negativer Interaktionseffekt). Ein niedriger sozialer Status kommt dagegen bei den Übergangsentscheidungen in solchen Schulklassen stärker zur Geltung, in denen hohe *Disziplin und Ordnung* herrschen. Bei den Übergangsempfehlungen zeigt sich dagegen ein geringer ungleichheitsreduzierender Effekt dieser Skala. Damit ist davon auszugehen, dass ein günstiges Klassenklima und variationsreiche Unterrichtsmethoden ungleichheitsreduzierendes Potenzial beinhalten, während hohe Disziplin und Ordnung ungleichheitsverstärkend bei den Übergangsentscheidungen und ungleichheitsmindernd bei den Empfehlungen wirken.

Schul- und Umweltfaktoren

Kontexteffekte der Schul- und Umweltfaktoren wurden für die Notenvergabe nicht belegt. Dagegen zeigte sich, dass die *Erreichbarkeit von Bildungseinrichtungen* und die *Anzahl der Entwicklungsschwerpunkte* an einer Schule mit bildungsfreundlicheren Übergangsempfehlungen einhergehen. Zudem fallen diese weniger sozial selektiv aus, wenn *Eltern im curricularen Bereich* in das Schulleben involviert sind (negativer Interaktionseffekt). Die Elternentscheidung fällt in größeren Schulen niedriger aus, was darauf hindeutet, dass mit der *Schulgröße* systematische Effekte verknüpft sind. In Schulen, die mit *Musik- und Sportvereinen kooperieren,* indiziert der erwartungswidrige positive Interaktionseffekt, dass die Bedeutung der individuellen Leistung als ein Risikofaktor in die Kosten-Nutzen-Kalküle der Eltern in einem stärkeren Maße einfließt als in anderen Schulen. Die *Erreichbarkeit des Bildungsangebots* sowie die *Qualitätsentwicklung* erweisen sich erwartungsgemäß als begünstigende Faktoren für bildungsfreundliche Elternentscheidungen, insbesondere bei statusniedrigen Schülerinnen und Schülern, womit ungleichheitsreduzierende Effekte angenommen werden können (negativer Interaktionseffekt).

Die sozial selektiven Effekte der *Schulgröße* im Rahmen von Übergangsempfehlungen sollten in zukünftigen Forschungsansätzen näher betrachtet werden. Zu vermuten wäre, dass die Schulgröße mit besonderen Herausforderungen einhergeht, deren Bewältigung entsprechender Professionalität und Ressourcen verlangt, welche den Schulen nicht immer zur Verfügung stehen.

8.1.4 Resümee

Obwohl sich die Problematik der Erreichbarkeit von Bildungsangeboten sowie der sozialen Segregation durch entsprechende Infrastruktur (z.B. Schulbusse) strukturell zumindest theoretisch relativ einfach bewältigen lassen müsste, ist zu erwarten, dass die Effekte der sozialräumlichen Segregation hierdurch nicht vollständig oder nur geringfügig nivelliert werden (Huster, Boeckh & Mogge-Grotjahn, 2008). Einerseits können politisch eingeleitete strukturelle Veränderungen zur Minderung sozialer Segregation gegebenenfalls auf Wiederstand stoßen und unter Umständen in Bezug auf die Minderung des primären Effekts wirkungslos sein (Coleman, Kelly & Moore, 1975, S. 27ff., 78). Andererseits beeinflussen solche Maßnahmen die Kosten-Nutzen-Kalküle im Rahmen von Übergangsempfehlungen nur bedingt und sind somit ebenfalls in Bezug auf den sekundären Effekt nur begrenzt wirksam. Rationale Überlegungen der Lährkräfte können dabei, trotz der neu geschaffenen Infrastruktur, zur Benachteiligung von Kindern aus statusniedrigen Familien führen. Dies ist darauf zurückzuführen, dass die Lehrkräfte neben der infrastrukturellen Anbindung (und der Leistungsfähigkeit des Kindes) ebenfalls elterliche Unterstützungsmöglichkeiten und die daraus resultierenden Erfolgschancen berücksichtigen. Es wird versucht, Enttäuschungen und Fehlinvestitionen vorzubeugen. Ergebnisse dieser Arbeit haben allerdings gezeigt, dass dieser Effekt in Schulen, in denen die Eltern im curricularen Bereich (Fachkonferenzen, Erstellung des Schulprogramms, Förderunterricht) involviert sind, weniger ungünstig für statusniedrige Kinder aus.

Eine Reduzierung des sekundären Effekts konnte ebenfalls in Schulen nachgewiesen werden, in denen Qualitätsentwicklung stattfindet (Interaktionseffekt). Die Lehrerkompetenz trägt nur bedingt zum Ausgleich von Selektionseffekten im Rahmen von Bildungsentscheidungen bei. Die Ergebnisse zeigen, dass diese insgesamt umso positiver ausfallen, je weniger desorganisiert der Unterricht ist. Der sekundäre Effekt der Elternentscheidung wird ferner durch ein günstiges Klassenklima und variationsreiche Unterrichtsmethoden (Mediennutzung) reduziert. In Klassen, in denen die Schülerinnen und Schüler Ordnung und Disziplin als hoch einschätzen, zeigen sich dagegen ungleichheitsverstärkende Effekte auf Elternentscheidungen und gleichzeitig ungleichheitsreduzierende im Rahmen von Übergangsempfehlungen.

Bildungspolitische Investitionen zum Abbau des sekundären Ungleichheitseffekts sollten demnach neben der Verbesserung des Bildungsangebots ebenfalls die Qualitätsmaßnahmen an den Schulen unterstützen, ferner zur Lehrerprofessionalisierung sowie zur Verbesserung des Klimas und des Austausches zwischen der Lehrerschaft und den Eltern beitragen. Bezogen auf die Organisationsstruktur wird damit die Herausbildung einer organischen Struktur, die sich flexibel auf die sich stetig verändernde Umgebung einstellen kann, impliziert, womit zur Abstimmung auf die Kontingenzfaktoren beigetragen wird (Komplexität, Vorhersagbarkeit und Stabilität der Umgebung sowie Eigenschaften der Lehrmethoden). Steuerungspolitische Maßnahmen zur Reduzierung des sekundären Ungleichheitseffekts an den Übergängen im deutschen Schulsystem könnten durch gezielte Bereitstellung von Ressourcen und Bildungsangeboten für die Lehrerschaft sowie durch entsprechende curriculare Vorgaben erfolgen. Vor dem Hintergrund mangelnder Erfahrungen in Bezug auf Maßnahmen zur Reduzierung des sekundären Ungleichheitseffets sowie deren empirische Überprüfung wäre eine begleitende Evaluation besonders empfehlenswert.

8.2 Ausblick und kritischer Rückblick

8.2.1 Der wissenschaftliche und methodische Beitrag der Studie

Während die Mechanismen der elterlichen Wahlentscheidung sowohl theoretisch ausgearbeitet als auch mehrfach empirisch überprüft wurden, liegen zu den Wechselwirkungen der Individualvariablen mit den Faktoren des Schulsystems und des Umfelds wenige Ergebnisse vor. An dieser Stelle setzt die vorliegende Studie an, indem das schulische Potenzial für den Beitrag zum Abbau sekundärer Ungleichheitseffekte an den Übergängen untersucht wird. Die Chancengerechtigkeit im Schulsystem und die Erreichung eines hohen Leistungsniveaus wurden angelehnt an das Modell der dynamischen Verknüpfung von Effektivitätszielen in Ergänzung zueinander betrachtet (Cheng, 1996, S. 29ff.). Die schulischen Potenziale der Beeinflussung wurden entlang der organisationstheoretischen Effektivitätsmodelle systematisiert. Derartige systematische Ausarbeitungen der potenziellen Beeinflussungsbereiche liegen für das Kriterium der Chancengerechtigkeit bislang nicht vor, da die Schuleffektivität vorrangig an den Leistungen sowie an den leistungsbezogenen Persönlichkeitsmerkmalen von Schülerinnen und Schülern gemessen wird.

Da die Reproduktionsmechanismen des Schulsystems komplex und mehrschichtig sind (Individual-, Klassen-, Schul- und Umweltebene), lassen sich in den bislang vorgelegten Untersuchungen anhand einzelner Variablen oftmals keine oder nur geringe Effekte nachweisen. In dieser Arbeit wurde durch die gemeinsame Modellierung von Effekten in einem Mehrebenen-Strukturgleichungsmodell eine integrative Perspektive gewählt, die es ermöglicht, die Schuleffektivität unter Berücksichtigung von Abhängigkeiten der Mikro-, Meso- und Makroebene zu betrachten. Dabei wurden die Lehr-

Lernprozesse, zwecks angemessener Berücksichtigung der strukturellen Dimension, als ein Ergebnis eines komplexen Zusammenspiels von unterschiedlichen Faktoren auf der Individualebene sowie der Klassen- und Schulebene im Kontext des Umfelds anhand von Mehrebenenmodellen analysiert. Die betrachteten Schul- und Kontextfaktoren, die für die Erreichung des Effektivitätsziels, der Reduktion von Chancenungleichheit bei gleichzeitig hohem Leistungsniveau, ausschlaggebend sind, wurden nach inhaltlichen Schwerpunkten auf der Basis des verfügbaren Pools an Variablen im IGLU/PIRLS-2006-Datensatz ausgewählt.

Die empirische Überprüfung erfolgte anhand entsprechender methodisch anspruchsvoller Verfahren, womit zur Weiterentwicklung der methodischen Herangehensweisen beigetragen wurde. Besonderes Augenmerk lag dabei auf einem angemessenen Umgang mit der Konfundierung der Zwischen-Cluster-Effekte mit den Effekten innerhalb von Clustern[39], ferner auf dem Umgang mit der Ungenauigkeit von aggregierten Individualdaten als L2-Variablen sowie mit den Verzerrungen der Standardfehler bei geklumptem Stichprobendesign, der Stratifikation und auf dem Umgang mit fehlenden Werten (vgl. Kap. 6). Da im Rahmen einer empirischen Modellprüfung die kausale Abfolge quasi a priori als geltend angenommen wird, lag in den hier durchgeführten Analysen ein besonderer Schwerpunkt ebenfalls auf der theoretischen Fundierung der kausalen Annahmen (vgl. Kap. 6.2.8).

8.2.2 Grenzen der eingesetzten Methode und methodische Empfehlungen

Neben den Vorzügen der soziologischen Modelle, die aufgrund der Sparsamkeit der theoretischen Annahmen in ihrer empirischen Umsetzung liegen, sollen im Folgenden die mit der Modellierung verknüpften Herausforderungen beachtet werden. Die Datenstruktur sowie die eingesetzte Methode der Strukturgleichungsmodellierung sind mit Einschränkungen in Bezug auf die Frage der Kausalität, die Operationalisierung sowie die Generalisierbarkeit der Befunde verknüpft. Diese drei Aspekte werden im Folgenden kurz diskutiert.

Kausalität

Einen vielfach kritisierten Punkt im Rahmen von Querschnittsuntersuchungen stellt die Kausalitätsfrage dar. Aufgrund des querschnittlichen Designs kann die zeitliche Abfolge von Ereignissen zwar nicht mit den Daten direkt abgebildet werden, jedoch kann unter Berücksichtigung der zeitlichen Stabilität der erfassten Konstrukte die Zuverlässigkeit der kausalen Aussagen eingeschätzt werden. Demnach wäre davon auszugehen, dass Faktoren des familiären Hintergrunds zeitlich relativ stabile Konstrukte

---

39 Die Konfundierung der Zwischen-Cluster-Effekte mit den Effekten innerhalb von Clustern ist umso höher, je kleiner die Cluster und je niedriger die ICCs sind. Dies wird darauf zurückgeführt, dass im Rahmen des traditionellen MLM-Ansatzes die Zwischen-Cluster-Effekte und die Innerhalb-von-Clustern-Effekte von L1-Prädiktoren auf L1-Kriteriumsvariablen miteinander verknüpft werden. Diese Verknüpfung führt als Komponenteneffekt zur Verzerrung aller indirekten Zwischen-Ebenen-Effekte, auch bei dem *unconflated multilevel modeling* (Preacher, Zhang & Zyphur, 2011).

darstellen, so dass sie die familiären Merkmale vor dem Erhebungszeitpunt angemessen abbilden. Ähnliches ließe sich für einige Schulvariablen (z.B. Schulgröße) sowie Merkmale des Umfelds (z.B. Einwohnerzahl, urbane vs. dörfliche Umgebung) annehmen. Dagegen lässt sich die zeitliche Abfolge anhand von querschnittlich erfassten lernbezogenen psychologischen Merkmalen von Schülerinnen und Schülern, welche kontinuierlichen Entwicklungsprozessen unterliegen, weniger gut mit dem querschnittlichen Datensatz abbilden. Dies ist jedoch nicht gravierend, da die psychologischen Konstrukte in den vorliegenden Analysen lediglich als Kontrollvariablen fungieren. Es ist daher nicht notwendig, den Anspruch kausaler Inferenz bezogen auf die Mediationsfunktion der psychologischen Merkmale zu erheben.

Im Rahmen der Unterrichtsforschung wird in Anlehnung an die sozial-kognitive Theorie (Bandura, 1986) davon ausgegangen, dass die Zusammenhänge zwischen Leistung und der Persönlichkeit einen Wechselwirkungsprozess darstellen. Die Erfassung solcher Prozesse impliziert ein längsschnittliches Studiendesign. Anzunehmen ist daher, dass kausale Interpretationen der Lernprozesse in der vorliegenden Studie mit Einschränkungen verknüpft sind. Erstens unterliegen Lernkontexte in Klassenräumen häufigeren Veränderungen, die auch relativ kurzfristig (z.B. durch Lehrerwechsel) eintreten können, und stellen zweitens reziproke Prozesse dar, deren Kausalität relativ schwer anhand standardisierter Verfahren zu erfassen ist. Durch die Kontrolle von Kovariaten wurde daher in der vorliegenden Arbeit ein theoriegeleitetes Verfahren zur Reduktion von konfundierten Variablen angestrebt (Elwert, 2013; Imai, Keele Tingley & Yamamoto, 2011; Imai & Yamamoto, 2013; OECD, 2008, S. 15; Pearl, 2012). Dabei wurde die Gültigkeit theoretisch abgeleiteter Annahmen in der Population unter Kontrolle von Kovariaten anhand von statistischen Kriterien überprüft, die in Strukturgleichungsmodellen gegenüber anderen Verfahren strenger sind. Obwohl die Methode der Strukturgleichungsmodellierung anderen statistischen Verfahren wie zum Beispiel der multiplen Regression in dieser Hinsicht vorzuziehen ist, weist sie dennoch die für querschnittliche Modellierung üblichen Grenzen auf. Die zeitliche Rangfolge der überprüften Prozesse kann anhand querschnittlicher Datenstruktur nicht adäquat abgebildet werden. Bei der Untersuchung von Kontexteffekten des schulischen Umfelds ist daher die Berücksichtigung der leistungsbezogenen Eingangsselektivität von herausragender Bedeutung. Dies wurde in der vorliegenden Arbeit einerseits durch die Kontrolle des Eingangswissens anhand von kognitiven Grundfähigkeiten umgesetzt. Nach einigen Jahren der Beschulung sind kognitive Fähigkeiten jedoch zumindest zu einem gewissen Anteil mit den Beschulungseffekten konfundiert, zumal sie keine zeitstabile Personeneigenschaft darstellen. Daher wurde die eingangsbezogene Selektivität andererseits anhand von sozialen Hintergrundmerkmalen kontrolliert. Hierbei kann die Unabhängigkeit von dem durch das Kind erlangten schulischen Wissen sowie eine gewisse Zeitstabilität vorausgesetzt werden (Baumert et al., 2006). Da die Eingangsvoraussetzungen von Schülerinnen und Schülern jedoch nicht vollständig durch die familiären Hintergrundmerkmale determiniert werden, würde deren Erfassung vor dem Schuleintritt ein Vorgehen darstellen, welches sich durch höhere Validität auszeichnen würde. Längsschnittlich ausgerichtete Forschungsvorhaben ermöglichen somit die Modellierung von Wechselwirkungen und eine noch schärfere Trennung von schulischen und außerschulischen Effekten, da sie den Prozesscharakter angemessener abbilden. Optimal sind hierfür Erhebungen mit mindestens drei Zeitpunkten, anhand derer erste Hinweise auf mögliche Trendverläufe gewonnen werden können.

Operationalisierung und Modellierung

Aufgrund des sekundären und quantitativen Charakters der Studie zeigen die eingesetzten Skalen typische Einschränkungen im Hinblick auf die inhaltliche Validität. Obschon die nachfolgende Untersuchung eine solide und nach den Prinzipien quantitativer Forschung fundierte Basis für empirisch basierte Schlussfolgerungen bietet (vgl. Kap.6.3), bleibt eine umfassende und stärker elaborierte Erfassung der psychologischen als auch soziologischen Konstrukte sicherlich ein bestehendes Forschungsdesiderat. Damit verknüpft ergeben sich aufgrund der methodologischen Handhabung einige weitere verbesserungswürdige Aspekte.

Bei der Modellierung mit Strukturgleichungsmodellen spielt die Einfachheitsprämisse eine herausragende Rolle. Die Tatsache, dass die Anzahl der Parameter bei der Berechnung der Modellgütekriterien berücksichtigt wird, führt bei Modellvergleichen dazu, dass komplexere Modelle gegenüber einfachen häufiger abgelehnt werden. Zudem tritt bei komplexen Modellen die Gefahr der Konfundierung von Variablen auf. Daher müssen die Messemodelle oftmals sparsam sein. Dies führte in der vorliegenden Untersuchung dazu, dass aufgrund der Komplexität von Skalen (z.B. bei den kognitiven Fähigkeiten oder dem Leistungsscore) oder aufgrund mangelnder Verfügbarkeit von entsprechenden Variablen nicht bei allen Faktoren eine latente Modellierung in Bezug auf die Items vorgenommen wurde, womit die Kontrolle des Messfehlers im Rahmen der Modellierung nicht immer realisiert wurde. Aufgrund der Komplexität des Gesamtmodells blieben ferner die Prozessvariablen der sozialen Mechanismen als auch wichtige leistungs- und lernbezogene Persönlichkeitsmerkmale von Schülerinnen und Schülern (z.B. Selbstkonzept) im Modell unberücksichtigt. Eine solche Unterspezifizierung des Modells in Bezug auf psychologische Merkmale kann ggf. zur Überschätzung der sekundären Effekte führen (Baumert et al., 2006, S. 117ff.; Watermann & Baumert, 2006, S. 68). Die Berücksichtigung von Individualvariablen verringert, insbesondere bei weit gefassten und vielfältigen Kontextfaktoren, die Gefahr des kontextuellen Fehlschlusses[40] (Wiese, 1986). Bei weiterer Überprüfung der vorliegenden Befunde anhand quantitativer Methoden sollte demnach erstens die Kontrolle des Messfehlers für alle Konstrukte gewährleistet werden. Dies impliziert in Bezug auf die Erfassung von Merkmalen den Einsatz von überprüften Skalen. Zweitens ist hierbei der Einsatz von Prozessvariablen zur direkten Modellierung der Effekte (Watermann & Baumert, 2006) empfehlenswert sowie drittens die Berücksichtigung weiterer leistungsbezogener Persönlichkeitsmerkmale, beispielsweise des akademischen Selbstkonzepts, Kontrollüberzeugungen oder der Leistungsangst (Maaz et al., 2006).

---

40 Der *kontextuelle Fehlschluss* bezieht sich auf die irrtümliche Interpretation von beobachteten Wirkungen als Kontextwirkungen, obwohl diese auf Individualvariablen zurückzuführen sind (Wiese, 1986).

Unterrichtsprozesse wurden in der vorliegenden Untersuchung anhand von Schülereinschätzungen erfasst. Dieses Vorgehen findet seine Berechtigung in Anlehnung an den kognitivistisch untermauerten Ansatz, nach dem die subjektive Wahrnehmung der Realität handlungsrelevant ist und zur entsprechenden Persönlichkeitsbildung beiträgt. Für weitere Forschungsvorhaben wäre eine Validierung oder Ergänzung dieser Angaben zum Beispiel anhand von Beobachtungen angebracht.

Da die untersuchten Unterrichts- und Lehrermerkmale anhand indirekter Indikatoren erhoben wurden (insbesondere in Bezug auf die Lehrerprofessionalität), können auf dieser Basis lediglich vorsichtige Empfehlungen ausgesprochen werden. Weitere Untersuchungen sind notwendig, in denen Lehrer- und Unterrichtsmerkmale, die mit sozialer Ungleichheit einhergehen, wie zum Beispiel soziale Deutungs- und Orientierungsmuster (Dravenau & Groh-Samberg, 2005; Gomolla & Radtke, 2007) oder Mechanismen der selbsterfüllenden Prophezeiung (Merton, 1996), anhand geeigneter Indikatoren betrachtet werden.

Die im Rahmen internationaler Schulleistungsstudien konzipierten Leistungsmessungen erfassen meistens nur einen Ausschnitt der für die Noten und Bildungsempfehlungen relevanten fachbezogenen Fähigkeiten und sind an übergreifenden Standards ausgerichtet, die oftmals keine Nähe zu den nationalen Curricula aufweisen. Dadurch ist zwar die internationale Vergleichbarkeit gewährleistet, jedoch ergeben sich bei Analysen von Schuleffekten unter Umständen niedrige Korrelationen mit den jeweiligen lokalen Bedingungsfaktoren (vgl. Reynolds & Teddlie, 2000b, S. 10). Anzunehmen ist, dass eine Analyse der Schuleffekte mit Hilfe von curriculumnahen und umfassenden Leistungstests zu klareren Erkenntnissen führen kann.

Hierzu ist ferner zu erwähnen, dass in der vorliegenden Arbeit die fünf *plausiblen values* der Lesefähigkeit zwecks Minimierung des Messfehlers als eine latente Variable modelliert wurden. Da diese Variablen bereits latente Konstrukte darstellen, wäre eine Überprüfung der Ergebnisse anhand der Modellierung mit dem TYPE = IMPUTATION Befehl in MPLUS empfehlenswert. Dabei werden die Analysen auf der Basis von fünf unabhängigen Datensätzen durchgeführt und gemittelt (von Davier, Gonzalez & Mislevy, 2009).

Aussagekraft der Ergebnisse und Generalisierbarkeit

Schulleistungsstudien werden in der Regel mit dem Ziel konzipiert, populationsrelevante Aussagen auf der Individualebene unter Kontrolle von Kontextfaktoren zu liefern. Die Datenbasis, wie sie in IGLU zur Verfügung gestellt wird, liefert repräsentative Stichproben von Schülerinnen und Schülern sowie von Schulen auf Landesebene. Aufgrund des Studiendesigns ist jedoch die Aussagekraft der Befunde auf der Klassenebene eingeschränkt. Dies resultiert aus der Tatsache, dass Klassen aus der Stichprobe der Schulen gezogen werden, ohne dass die Gesamtanzahl der Klassen in den an IGLU teilnehmenden Ländern berücksichtigt worden wäre, womit die Klassenstichprobe nicht als eine repräsentative gelten kann.

Ein weiteres Problem resultiert aus der Tatsache, dass die meisten Schulen mit jeweils nur einer Klasse pro Schule an der Erhebung partizipieren. Im Rahmen von Zweiebenenmodellierung von Schul-, Klassen- und Individualeffekten mit Schülerinnen und Schülern auf Level 1 und Klassen/Schulen auf Level 2 wird die Datenstruktur nicht korrekt abgebildet, da diese eigentlich einen Drei-Ebenen-Charakter hat. Eine Dreiebenenmodellierung stellt jedoch ebenfalls keine angemessene Lösung dar, denn hierfür ist die Stichprobengröße der Klassen mit einer Klasse pro Schule zu niedrig. In der vorliegenden Arbeit wurden die Klassen- und Schuleffekte gemeinsam auf der Kontextebene (L2) modelliert. Damit können die Effekte innerhalb von Schulen von den Effekten innerhalb von Klassen nicht voneinander getrennt werden, womit die Aussagen hierzu letztendlich von eingeschränkter Tragekraft sind.

Aus der Datenstruktur resultiert ferner eine weitere Einschränkung, die sich auf die Gewichtung bezieht.[41] In der vorliegenden Arbeit wurde das Individualgewicht für die Modellierung eingesetzt, das jedoch sowohl die Individual-, Klassen- als auch die Schulgewichte beinhaltet. In weiteren Forschungsvorhaben wäre eine Gewichtung mit separaten Gewichten für die Individual- und Kontextebene empfehlenswert (Jenkins, 2008; Rutkowski, Gonzalez, Joncas & von Davier, 2010; Stancel-Piątak & Desa, 2014). Ferner wäre in zukünftigen Analysen angebracht, außer den Klumpungseffekten ebenfalls die Stratifizierungseffekte zu berücksichtigen (Muthén & Satorra, 1995, vgl. Kap. 6.1.5, 6.2.1 und 6.2.4 der vorliegenden Arbeit).

Bezüglich der Aussagekraft der Befunde ist es schließlich wichtig zu erwähnen, dass die Analyse der Kompositions- und Kontexteffekte nicht alle Bundesländer einbezieht, sondern ausschließlich die Bundesländer, in denen die Übergangsempfehlung zum Erhebungszeitpunkt nicht obligatorisch war.[42]

8.2.3 Forschungsdesiderate

Obwohl die vorliegende Untersuchung einen Beitrag zur Spezifikation schulischer Bereiche liefert, die Potenziale zur Reduzierung des sekundären Ungleichheitseffekts bereitstellen, bleiben viele Fragen noch offen, die insbesondere aufgrund des querschnittlichen Studiendesigns und fehlender Unterrichtsvariablen nicht beantwortet werden konnten. In dem vorliegenden Modell wurden die Schul- und Unterrichtsfaktoren in einem umfassenden Ansatz simultan modelliert. Dies konnte jedoch für die differenziellen Effekte der Klassen- und Schulfaktoren aufgrund hoher Rechenkapazitäten der Modelle mit variablen Steigungen bei den Analysen der Quer-Ebenen-Interaktionseffekte nur teilweise gewährleistet werden. Zudem konnten die Wechselwirkungen zwischen den Klassen- und Schulfaktoren aufgrund der Datenstruktur nicht angemessen abgebildet werden. Somit wurde die theoretisch implizierte ganz-

---

41 Im Rahmen großangelegter Untersuchungen mit geklumpter Datenstruktur werden in der Regel Stichprobengewichte (design weights oder sampling weights) zur Verfügung gestellt, mit denen ungleiche Ziehungswahrscheinlichkeiten von Individuen kontrolliert werden können. Dabei sind die Gewichte meistens nicht an Mehrebenenmodelle angepasst, da die allgemeinen Gewichte auf der Individualebene (L1) die Designeffekte der Aggregatebene (L2) enthalten. Diese Konfundierung der Stichprobendesigneffekte der beiden Ebenen in einem einzigen Gewicht kann in Mehrebenenanalysen zu verzerrten Parameterschätzungen führen (Carle, 2009).

42 Zum Erhebungszeitpunkt (24. April bis 2. Juni 2006, http://www.ifs-dortmund.de/279.html) galt in folgenden Bundesländern eine verbindliche Schullaufbahnempfehlung: Baden-Württemberg, Bayern, Brandenburg, Bremen, Sachsen, Sachsen-Anhalt, Thüringen.

heitliche Sichtweise auf das Schulsystem zwar in großen Teilen empirisch umgesetzt, jedoch nicht vollständig. Für weitere Forschungsvorhaben empfiehlt es sich, die Unterrichtsprozesse und Schulmerkmale anstatt durch einzelne Skalen beispielsweise anhand von Schulprofilen/Lehrertypen zu erfassen, im Rahmen dessen die Struktur, die Bedingungen und die Ergebnisse auf die Schulklasse bezogen werden. Die Untersuchung der Bedingungen und Prozesse im Unterricht sollte dabei die zeitliche Perspektive berücksichtigen (Längsschnitt) und schulisch-strukturell relevante Faktoren einschließen (z.B. Adaption und Strukturierung des Unterrichts, Instruktionsintensität, diagnostische Sensibilität des Lehrers). Zu prüfen wäre zudem, welche Mechanismen an weiteren Übergängen im Schulsystem wirksam sind (z.B. von der Sekundarstufe in die weiterbildenden Schulen) und welche schulischen Faktoren hierbei eine Rolle spielen.

In Bezug auf Strukturmerkmale des Schulsystems sind ungleichheitsreduzierende Effekte flexibler Übergangsbestimmungen und der Durchlässigkeit des Schulsystems bisher sowohl in Bezug auf Elternentscheidungen als auch auf Bildungsempfehlungen im Rahmen bisheriger Untersuchungen belegt worden (Ditton, 2008b; Dravenau & Groh-Samberg, 2005; Gomolla & Radtke, 2007). Ebenfalls haben die vorliegenden Analysen bestätigt, dass strukturelle Einschränkungen wie zum Beispiel das Bildungsangebot im Umfeld Ungleichheitseffekte bedingen. Als Erklärungsansatz wird in der Literatur postuliert, dass im Rahmen von Bildungsempfehlungen und -entscheidungen milieuspezifische Orientierungen unter dem strukturell bedingten Selektionsdruck zum Tragen kommen (Dravenau & Groh-Samberg, 2005). Hierbei fehlt es an Erkenntnissen, wie die Prozesse der Beeinflussung seitens des Schulsystems auf die Einstellungen und Orientierungen von Lehrerinnen und Lehrern sowie von Eltern verlaufen. Ferner fehlt es an Studien, die die Kriterien, Zielsetzung und Entscheidungsstrategien bei der Bildungsempfehlung und Leistungsbeurteilung umfassend untersuchen würden.

Aus der systematischen Darstellung der schulischen Bereiche in Kapitel 2.3.2 ergibt sich in Bezug auf die Schule eine Reihe an Annahmen, die sich auf die Reduzierung der primären Effekte im Schulsystem beziehen. Im Rahmen der empirischen Analysen wurden diese Annahmen nicht untersucht, da im Fokus der vorliegenden Arbeit sekundäre Ungleichheitseffekte liegen. Während ungleichheitsreduzierende Kompositionseffekte des Leistungsniveaus und des sozioökonomischen Hintergrunds der Klasse bislang mehrfach bestätigt wurden (z.B. Maaz et al., 2008), sind Erkenntnisse in Bezug auf die Bedeutung der schulischen und der Unterrichtsmerkmale für die Reduzierung des primären Effekts weniger elaboriert. Untersuchungen zeigen, dass die vereinte und sequenzielle Interdependenz[43] im Schulsystem durch leistungsbezogene Selektion zur Herausbildung von schulspezifischen und, in der Sekundarstufe, schulformspezifischen Lernkontexten führt (Maaz et al., 2011). Jedoch wurde der Einfluss der reziproken Interdependenz auf die primären Effekte bislang noch nicht

---

43 Die vereinte Interdependenz umfasst dabei gemeinsame Ressourcen- und Einrichtungsnutzung, kollektives Wissen und gegenseitige Lerneffekte. Die sequenzielle Interdependenz umfasst feste Sequenzen im Produktionsprozess und im Curriculum (z.B. durch Einteilung in Klassenstufen) (Scheerens & Bosker, 1997).

genügend untersucht. Dies ist zum einen darauf zurückzuführen, dass sich diese aufgrund eingeschränkter Möglichkeiten für Differenzierung und Individualisierung im Unterricht (gegenseitige Abhängigkeit zwischen den aufeinander folgenden Lernphasen, z.b. bei den Eins-zu-eins-Tutorien) nicht für alle Kinder gleichermaßen gewährleisten lässt und sich der Erfassung im Rahmen von standardisierten Untersuchungen entzieht. Ausgerechnet die reziproke Interdependenz wirkt jedoch bei benachteiligten Schülerinnen und Schülern kompensatorisch (z.b. durch die Vermittlung von basalen Fähigkeiten) und eröffnet wiederum bei hochbegabten Kindern individuelle Entwicklungsmöglichkeiten.

Neben der Validierung der vorliegenden Befunde zur Wirksamkeit schulischer Bereiche auf die Reduzierung des sekundären Effekts wäre wünschenswert, die Ergebnisse schließlich auf ihre internationale Gültigkeit zu überprüfen. Da die leistungsabhängige Segregation, wenn auch in unterschiedlichen Variationen, in vielen Ländern vorzufinden ist, liefert die Arbeit für die nachfolgenden Analysen theoretische und methodische Bausteine.

8.3   Abbau sozialer Ungleichheit im gesellschaftlichen Kontext: Is it really the teacher that makes the school?

> *‚It is, after all, the teacher that makes the school'*
> (Rice, 1893, S. 18)

Gesellschaftliche und kulturelle Reproduktion demokratischer Gesellschaften wird durch Breitenbildung gewährleistet. Dabei wird die Funktion der Schule in modernen Gesellschaften nicht ausschließlich auf die Reproduktion bezogen, sondern ebenfalls auf Allokation und Selektion (Lang-Wojtasik, 2008). Durch Vergabe von Zertifikaten erfolgt dabei einerseits leistungsbezogene Homogenisierung und andererseits werden Differenzen hervorgebracht. Im Kontext von Chancengerechtigkeit wird in Bezug auf die gesellschaftliche Funktion des Bildungssystems eine gerechte und rein leistungsbezogene Selektion gefordert. Ferner wird – bezogen auf dessen individuelle Funktion – die Bereitstellung von möglichst passenden Bildungsangeboten zur individuellen Entwicklung von Schülerinnen und Schülern erwartet. Dies bedarf einer optimalen Differenzierung und Individualisierung in Lehr-Lernprozessen, aber auch im Rahmen der Selektion (Fend & Fend, 2006; Lang-Wojtasik, 2008). Rekurriert wird dabei in der aktuellen Diskussion auf die Chancengerechtigkeit, statt wie bisher auf Chancengleichheit. Damit solle nicht etwa ‚das ‚was ungleich ist' gleicher Behandlung unterzogen werden, sondern auf ungleiche Ausgangslagen soll mit ungleich, doch ‚gerecht' verteilten Ressourcen und Bemühungen eingegangen werden (Roemer, 1998, S. 1f., 2002, S. 456f.; Schwippert, 2009, S. 88).

Fördermaßnahmen und Evaluationsvorhaben im schulischen Kontext konzentrieren sich auf die Minderung der ungleichen Eingangsvoraussetzungen, womit die Schule auf die herkunftsbedingten ungleichen Ausgangslagen von Schülerinnen und Schülern einzugehen versucht und somit dem primären Herkunftseffekt entgegen-

wirkt. Veränderungen der sozialen Selektivität im Rahmen schulischer Auslese sollten jedoch ebenfalls durch Beeinflussung der individuellen Entscheidungswege erfolgen. Eine effektive Reduzierung von Chancenungleichheiten seitens der Schule
müsste sich demnach nicht nur auf die Bereitstellung entsprechender Rahmenbedingungen, sondern ebenfalls auf das sozial determinierte Verhalten bei Bildungsentscheidungen beziehen. Sozial selektive Beurteilungen resultieren dabei aus der Funktionsweise des schulischen und gesellschaftlichen Systems. Aus der Lehrerperspektive
ist zum Beispiel die Einbeziehung höherer individueller Ressourcen der Oberschichtkinder in die Empfehlungsentscheidung nach Perrez, Huber und Geißler (2006) rational und sogar mit den KMK-Empfehlungen übereinstimmend (KMK, 2002, 2004).
Die Passung des Kindes zu einem bestimmten Schulzweig stellt dabei die grundlegende Entscheidungsbasis dar, da diese ebenfalls die Wahrscheinlichkeit eines erfolgreichen Schulabschlusses erhöht, was mit dem Wohl des Kindes einhergeht. Aus der
Elternperspektive dagegen wird eine solche Handlungsentscheidung gesucht, die dem
Kind möglichst hohe Qualifikationsperspektiven eröffnet und sich gleichzeitig mit der
eigenen subjektiven Situation optimal vereinbaren lässt.

Die Lehrkräfte sind widersprüchlichen Erwartungen ausgesetzt, da von ihnen seitens der Gesellschaft eine objektive und gerechte Entscheidung erwartet wird, sie jedoch gleichzeitig mit den individuellen Erwartungen der Eltern und Kinder konfrontiert werden. Zudem müssen sie die Vorgaben des Schulsystems vertreten, obwohl sie
zum Teil unpräzise formuliert sind, wie nicht zu Unrecht in Bezug auf die Empfehlungen der KMK (2004) mehrfach kritisiert wurde (z.B. Ditton, 2010a, S. 257; Perrez et al., 2006). Aufgrund der mangelnden Transparenz der Kriterien bei der Beurteilung werden unterschiedliche Bezugsnormen in Abhängigkeit vom Selektionsdruck
individuell angewendet. Unbewusste Einstellungen und antizipierte Erwartungen von
Lehrkräften führen dabei unter dem Selektionsdruck des Bildungssystems zu sekundären Ungleichheitseffekten, auch wenn die Lehrpersonen sozial sensibel sind und
Vorurteile vermeiden wollen. Deutlich werden dabei die zum Beispiel von Ditton und
Krüsken (2006a, S. 369) bemängelten Unzulänglichkeiten einer punktuellen Auslese, die unter dem Mangel an klaren Standards und transparenter Offenlegung der Er-
folgsbedingungen in den unterschiedlichen Schullaufbahnen keine rein leistungsbezogene Funktion erfüllt. Eine mögliche Lösung sei nach Perrez et al. (2006) zum einen
die möglichst lange Offenhaltung von Bildungslaufbahnen, ferner Revidierbarkeit von
Entscheidungen sowie anschlussfähige Bildungswege. Jedoch wird durch die Verschiebung der leistungsbezogenen Selektion auf spätere Jahrgänge das Problem nicht
vollständig gelöst, sondern zeitlich verschoben. Daher empfielt es sich, an der Optimierung der Selektionsprozesse am Übergang zur Reduzierung der Kopplung zwischen sozialem Hintergrund und Leistungen zu arbeiten. Wie die vorliegende Arbeit
gezeigt hat, ergeben sich schulische Potenziale zum Abbau von Chancenungleichheit
(oder -ungerechtigkeit) nicht ausschließlich auf der Lehrer- und Unterrichtsebene, so
dass das angeführte Zitat von Rice (1893, S. 18) ‚It is, after all, the teacher that ma-
kes the school‘ nicht ganz zutreffend und womöglich sogar provozierend erscheint.

Zu bedenken ist dabei, dass (nicht zuletzt verursacht durch bilungspolitische Maßnahmen) der Leistungsdruck im Schulsystem, eine möglichst hohe Ausbildung inner-

halb einer kürzeren Zeitspanne zu erlangen, kontinuierlich gesteigert wird, wodurch der primäre Herkunftseffekt wiederum verstärkt wird. Als Folge der gesellschaftlichen Veränderungen, die mit der Globalisierung einhergehen, sowie aufgrund von Kürzungen der öffentlichen Bildungsausgaben kommt es nach Ditton (1992, S. 62) zu verkürzten Lernzeiten (z.B. durch Reduzierung der Gymnasialzeit von 9 auf 8 Jahre), ferner zur Änderung des Steuerungssystems im Bildungssektor von Input- zu Outputsteuerung als auch zur stärkeren Ausrichtung der Schulen an den Anforderungen des wirtschaftlichen Sektors. Zudem ließe sich ihm zufolge eine Tendenz zur Höherqualifizierung von Erwerbstätigen verzeichnen, die zum einen durch die Verlagerung des Arbeitskräftebedarfs vom Produktions- in den Dienstleistungssektor verursacht ist und zum anderen durch kontinuierliche Erhöhung von Qualifikationsanforderungen als Reaktion auf die Bildungsexpansion und dem damit einhergehenden ‚Überschuss' an höher qualifizierten Arbeitskräften bedingt wird (Ditton, 1992, S. 65). Kindern aus sozioökonomisch schwachen Familien sowie Kindern mit mangelnden Deutschkenntnissen, die ohnehin unter permanentem ‚Nachholdruck' leiden, stehe damit noch weniger Zeit zur Verfügung, um die herkunftsbedingten Rückstände nachzuholen, so der Autor. Entsprechend weisen Forschungsergebnisse darauf hin, dass an den Übergängen des deutschen Schulsystems zwar eine Abnahme der sekundären Effekte auf die Bildungsbeteiligung zu beobachten ist, der primäre Effekt jedoch eine zunehmende Tendenz aufweist und die soziale Selektivität insgesamt nicht abnimmt (Arnold et al., 2007). Dies kann als Verschiebung und Verschleierung der herkunftsbedingten Disparitäten in Bourdieus (2001) Sinne gedeutet werden, die sich darin ausdrückt, dass Kinder, die aufgrund ihrer häuslichen Bedingungen über schlechtere Lernvoraussetzungen verfügen, geringere Leistungen zeigen, wodurch die Ungleichheitseffekte bei der Beurteilung egalisiert werden.

Bildungspolitische Steuerungsmaßnahmen zum Abbau sozialer Ungleichheit im Schulsystem sind zumindest aufgrund von zwei Herausforderungen nicht einfach zu implementieren. Die erste Herausforderung betrifft das Schulsystem selbst und die zweite die Rolle und die Stellung der Schule im gesellschaftlichen Kontext. Aufgrund gesellschaftspolitischer Umwandlungsprozesse findet sich im Schulsystem oft die Situation vor, dass eine geringe Kontrollierbarkeit des Systems mit einer höheren Unsicherheit des Umfelds einerseits und mit unzureichenden Kompetenzen der Schulleitung im Hinblick auf neue Herausforderungen (Kontrollpotenzial) andererseits einhergeht. Die Bereitstellung angemessener Lehr-Lernmodelle, die Erarbeitung von adäquaten Messmethoden sowie die Informationsbeschaffung über die Prozesskapazität (z.B. Beschreibung von Wirkungsmechanismen und Bedingungen von Lehr-Lernprozessen) steht seit mehreren Jahren im Fokus der Schulleistungsforschung, wozu ebenfalls in der vorliegenden Untersuchung ein Beitrag geleistet wurde. Die Implementierung dieses Wissens in den schulischen Alltag und damit ebenfalls in Effektivitätsmaßnahmen wie auch die Aneignung von entsprechenden Fähigkeiten durch die sozialen Akteure gestaltet sich jedoch zäh. Die relative Resistenz des Schulsystems gegenüber Steuerungsmaßnahmen hat zum einen historisch-gesellschaftliche Gründe, wie zum Beispiel die traditionelle Gutachter- und Prüferrolle der Lehrerin und des Lehrers und die damit einhergehende Scheu vor Beurteilungen der eigenen fachlichen und pädagogischen Arbeit (Scheerens & Bosker, 1997). Zum anderen ist sie mit der Trägheit des Systems als Ganzes verknüpft, die sich aus dessen Größe und Strukturen sowie dessen Position im gesellschaftlichen System ergibt.

Da die Schule als Institution in der Gesellschaft fest verankert ist, sollten Veränderungen des Systems stets in dessen gesamtgesellschaftlichen Kontext betrachtet werden. Die Reproduktionsmechanismen der sozialen Ungleichheit zeigen auch in modernen industrialisierten marktwirtschaftlichen Gesellschaften eine erstaunliche Stabilität. Vor dem Hintergrund, dass die steigende Bildungserwartung in der meritokratischen Gesellschaft nicht mit der Entkopplung von Bildung und sozialem Status einhergeht, erscheint die Verantwortungsverschiebung für soziale Ungleichheit auf die Schule nur allzu verlockend. Dabei können auf dieser Ebene einzelne schulische Reformen von eingeschränkter Tragweite nur bis zu einem gewissen Grad extern eingeleitet und gesteuert werden. Umfassende und übergreifende Maßnahmen, die politische und gesellschaftliche Prioritätensetzung sowie strukturelle Veränderungen umfassen, sind notwendig, um den Mechanismen sozialer Vererbung entgegenzuwirken und zur Entkopplung von Herkunft und Schulerfolg beizutragen (Becker, 2009; Becker & Schuchart, 2010, S. 430; Böttcher, 2009; Boudon, 1974; Ditton, 2010a). Der Handlungsbedarf ist aufgezeigt, und die Handlungswege werden kontinuierlich in empirischen qualitativ und quantitativ angelegten Untersuchungen offengelegt. Es bleibt zu wünschen, dass die hieraus abgeleiteten Erkenntnisse in angemessener Weise im Rahmen politischer Entscheidungen berücksichtigt werden.

Literatur

Ackeren, I. van & Klemm, K. (2011). *Entstehung, Struktur und Steuerung des deutschen Schulsystems: eine Einführung* (2., aktualisierte und überarb. Aufl). Wiesbaden: VS, Verl. für Sozialwiss.

Aiken, L. S. & West, S. G. (1991). *Multiple Regression: Testing and Interpreting Interactions*. Newbury Park: Sage.

Alba, R. D., Handl, J. & Müller, W. (1994). Ethnische Ungleichheit im deutschen Bildungssystem. *Kölner Zeitschrift Für Soziologie Und Sozialpsychologie, 46*, 209–237.

Algina, J. & Swaminathan, H. (2011). Centering in two-level nested designs. In J. J. Hox & J. K. Roberts (Eds.), *Handbook of advanced multilevel analysis* (pp. 285–312). New York: Taylor and Francis Group, LLC.

Arnold, K.-H. (1999). *Fairneß bei Schulsystemvergleichen; Diagnostische Konsequenzen von Schulleistungsstudien für die unterrichtliche Leistungsbewertung und binnenschulische Evaluation*. Münster: Waxmann.

Arnold, K.-H., Bos, W., Richter, R. & Stubbe, T. C. (2007). Schullaufbahnpräferenzen am Ende der vierten Klassenstufe. In W. Bos, S. Hornberg, K.-H. Arnold, G. Faust, L. Fried, E.-M. Lankes, … R. Valtin (Eds.), *IGLU 2006. Lesekompetenzen von Grundschulkindern in Deutschland im internationalen Vergleich* (pp. 271–297). Münster: Waxmann.

Asparouhov, T. (2004a). Stratification in multivariate modeling. Retrieved January 1, 1922, from http://www.statmodel.com/download/webnotes/MplusNote921.pdf

Asparouhov, T. (2004b). Weighting for unequal probability of selection in multilevel modeling. *Mplus Web Notes: No. 8*.

Asparouhov, T. (2006). General Multi-Level Modeling with Sampling Weights. *Communications in Statistics – Theory and Methods, 35*(3), 439–460. http://doi.org/10.1080/03610920500476598

Asparouhov, T. & Muthén, B. O. (2006a). Multilevel modeling of complex survey data. Retrieved January 1, 1917, from http://www.statmodel.com/download/SurveyJSM1.pdf

Asparouhov, T. & Muthén, B. O. (2006b). Robust chi square difference testing with mean and variance adjusted test statistics. Muthén & Muthén.

Asparouhov, T. & Muthén, B. O. (2007a). Constructing covariates in multilevel regression. *Mplus Web Notes: No. 11*.

Asparouhov, T. & Muthén, B. O. (2007b). Testing for informative weights and weights trimming in multivariate modeling with survey data. Retrieved January 1, 1917, from http://www.statmodel.com/download/JSM2007000745.pdf

Asparouhov, T. & Muthén, B. O. (2008). Multilevel mixture models. In G. R. Hancock & K. M. Samuelson (Eds.), *Advances in latent variable mixture models* (pp. 27–51). Charlotte, NC: Information Age Publishing.

Asparouhov, T. & Muthén, B. O. (2010a). Computing the strictly positive Satorra-Bentler chi-square test in Mplus. *Mplus Web Notes: No. 12*. Retrieved from http://www.statmodel.com/examples/webnotes/webnote12.pdf

Asparouhov, T. & Muthén, B. O. (2010b). Simple second order chi-square correction. Retrieved January 1, 1925, from http://www.statmodel.com/download/WLSMV_new_chi21.pdf

Atkinson, J. W. (1957). Motivational determinants of risk-taking behaviour. *Psychological Review, 64*, 359–372.

Bandura, A. (1986). *Social foundations of thought and action: A social cognitive theory.* New Jersey: Prentice Hall.

Baraldi, A. N. & Enders, C. K. (2009). An introduction to modern missing data analyses. *Journal of School Psychology, 48*, 5–37.

Baron, R. M. & Kenny, D. A. (1986). The moderator-mediator variable distinction in social psychological research: Conceptual, strategic, and statistical considerations. *Journal of Personality and Social Psychology, 51,* 1173–1183.

Bauer, D. J. (2003). Estimating multilevel linear modeling as structural equation models. *Journal of Educational and Behavioral Statistics, 28,* 135–167.

Bauer, D. J., Preacher, K. J. & Gil, K. M. (2006). Conceptualizing and testing random indirect effects and moderated mediation in multilevel models: New procedures and recommendations. *Psychological Methods, 11,* 142–163.

Baumert, J., Artelt, C., Klieme, E., Neubrand, M., Prenzel, M., Schiefele, U., ... Weiß, M. (2002). *PISA 2000 – Die Länder der Bundesrepublik Deutschland im Vergleich.* Opladen: Leske + Budrich.

Baumert, J., Bos, W., Brockmann, J., Gruehn, S., Klieme, E., Köller, O., ... Watermann, R. (2000). TIMSS/III-Deutschland. Der Abschlussbericht. Zusammenfassung ausgewählter Ergebnisse der Dritten Internationalen Mathematik- und Naturwissenschaftsstudie zur mathematischen und naturwissenschaftlichen Bildung am Ende der Schullaufbahn. Retrieved January 1, 1925, from http://www.timss.mpg.de/TIMSS_im_Ueberblick/TIMSSIII-Broschuere.pdf

Baumert, J., Bos, W. & Lehmann, R. H. (2000). *TIMSS III – Dritte Internationale Mathematik- und Naturwissenschaftsstudie – Mathematische und naturwissenschaftliche Bildung am Ende der Schullaufbahn* (Vol. 1 und 2). Opladen: Leske + Budrich.

Baumert, J., Klieme, E., Neubrand, M., Prenzel, M., Schiefele, U., Schneider, W., ... Weiß, M. (2001). *PISA 2000. Basiskompetenzen von Schülerinnen und Schülern im internationalen Vergleich.* Opladen: Leske + Budrich.

Baumert, J., Lehmann, R. H., Lehrke, M., Schmitz, B., Clausen, M., Hosenfeld, I., ... Neubrand, J. (1997). *TIMSS – Mathematisch-naturwissenschaftlicher Unterricht im internationalen Vergleich. Deskriptive Befunde.* Opladen: Leske + Budrich.

Baumert, J. & Schümer, G. (2001a). Familiäre Lebensverhältnisse, Bildungsbeteiligung und Kompetenzerwerb. In J. Baumert, E. Klieme, M. Neubrand, M. Prenzel, U. Schiefele, W. Schneider, ... M. Weiß (Eds.), *PISA 2000. Basiskompetenzen von Schülerinnen und Schülern im internationalen Vergleich* (pp. 323–407). Opladen: Leske + Budrich.

Baumert, J. & Schümer, G. (2001b). Schulformen als selektionsbedingte Lernmilieus. In J. Baumert, E. Klieme, M. Neubrand, M. Prenzel, U. Schiefele, W. Schneider, ... M. Weiß (Eds.), *PISA 2000. Basiskompetenzen von Schülerinnen und Schülern im internationalen Vergleich* (pp. 454–467). Opladen: Leske + Budrich.

Baumert, J., Stanat, P. & Demmrich, A. (2001). Theoretische Grundlagen. In J. Baumert, E. Klieme, M. Neubrand, M. Prenzel, U. Schiefele, W. Schneider, ... M. Weiß (Eds.), *PISA 2000. Basiskompetenzen von Schülerinnen und Schülern im internationalen Vergleich* (pp. 18–33). Opladen: Leske + Budrich.

Baumert, J., Stanat, P. & Watermann, R. (2006). Schulstruktur und die Entstehung differenzieller Lern- und Entwicklungsmilieus. In J. Baumert, P. Stanat & R. Watermann (Eds.), *Herkunftsbedingte Disparitäten im Bildungswesen: differenzielle Bildungsprozesse und Probleme der Verteilungsgerechtigkeit: vertiefende Analysen im Rahmen von PISA 2000* (pp. 95–132). Wiesbaden: VS Verlag für Sozialwissenschaften.

Baumert, J., Trautwein, U. & Artelt, C. (2003). Schulumwelten – institutionelle Bedingungen des Lehrens und Lernens. In J. Baumert, C. Artelt, E. Klieme, M. Neubrand, M. Prenzel, U. Schiefele, ... M. Weiß (Eds.), *PISA 2000 – Ein differenzierter Blick auf die Länder der Bundesrepublik Deutschland* (pp. 261–333). Opladen: Leske + Budrich.

Baumert, J., Watermann, R. & Schümer, G. (2003). Disparitäten der Bildungsbeteiligung und des Kompetenzerwerbs. Ein institutionelles und individuelles Mediationsmodell. *Zeitschrift Für Erziehungswissenschaft, 6,* 46–71.

Beck, G. (1993). Lektion XI: Dualität von Handlung und Struktur. In A. Treibel (Ed.), *Einführung in soziologische Theorien der Gegenwart* (pp. 227–252). Opladen: Leske + Budrich.

Beck, U. (1986). *Risikogesellschaft. Auf dem Weg in eine andere Moderne.* Frankfurt a. M.: Suhrkamp.

Becker, G. (1982). *Der ökonomische Ansatz zur Erklärung menschlichen Verhaltens.* Tübingen: Mohr.

Becker, R. (2000). Klassenlage und Bildungsentscheidungen. Eine empirische Anwendung der Wert-Erwartungstheorie. *Kölner Zeitschrift Für Soziologie Und Sozialpsychologie, 52,* 450–474.

Becker, R. (2009). Wie können „bildungsferne" Gruppen für ein Hochschulstudium gewonnen werden? Eine empirische Simulation mit Implikationen für die Steuerung des Bildungswesens. *Kölner Zeitschrift Für Soziologie Und Sozialpsychologie,* (61), 563–593.

Becker, R. (2010). Soziale Ungleichheit von Bildungschancen und Chancengerechtigkeit. In R. Becker & W. Lauterbach (Eds.), *Bildung als Privileg. Erklärungen und Befunde zu den Ursachen der Bildungsungleichheit* (4th ed., pp. 161–190). Wiesbaden: VS Verlag für Sozialwissenschaften.

Becker, R. & Lauterbach, W. (2007). Bildung als Privileg – Ursachen, Mechanismen, Prozesse und Wirkungen. In R. Becker & W. Lauterbach (Eds.), *Bildung als Privileg. Erklärungen und Befunde zu den Ursachen der Bildungsungleichheit* (pp. 9–42). Wiesbaden: VS Verlag für Sozialwissenschaften.

Becker, R. & Lauterbach, W. (2010). Bildung als Privileg – Ursachen, Mechanismen, Prozesse und Wirkungen. In R. Becker & W. Lauterbach (Eds.), *Bildung als Privileg. Erklärungen und Befunde zu den Ursachen der Bildungsungleichheit* (4th ed., pp. 11–50). Wiesbaden: VS Verlag für Sozialwissenschaften.

Becker, R. & Schuchart, C. (2010). Verringerung sozialer Ungleichheiten von Bildungschancen durch Chancenausgleich? Ergebnisse einer Simulation bildungspolitischer Maßnahmen. In *Bildung als Privileg. Erklärungen und Befunde zu den Ursachen der Bildungsungleichheit.* (4. Auflage, pp. 413–436). Wiesbaden: VS Verlag für Sozialwissenschaften in GWV Fachverlage GmbH.

Becker, R. & Schulze, A. (2013). Kontextuelle Perspektiven ungleicher Bildungschancen – eine Einführung. In R. Becker & A. Schulze (Eds.), *Bildungskontexte. Strukturelle Voraussetzungen und Ursachen ungleicher Bildungschancen* (pp. 1–30). Wiesbaden: Springer VS.

Billmann-Mahecha, E. & Tiedemann, J. (2006). Übergangsempfehlungen als kritisches Lebensereignis. Migration, Übergangsempfehlungen und Fähigkeitsselbstkonzept. In A. Schründer-Lenzen (Ed.), *Risikofaktoren kindlicher Entwicklung* (pp. 193–207). Wiesbaden: VS.

Block, R. (2006a). Grundschulempfehlung, elterliche Bildungsaspiration und Schullaufbahn. Analysen zu Rückstufungen im Schulformbesuch anhand der repräsentativen PISA 2000-Daten. *Die Deutsche Schule, 98,* 149–161.

Block, R. (2006b). *Schulrecht vor Elternrecht? Neue empirische Befunde zur Zuverlässigkeit von Übergangsempfehlungen der Grundschulen.* Essen: Universität Duisburg-Essen.

Bloom, B. S. (1968). *Learning for mastery.* Washington: Eric.

Blossfeld, H.-P., Roßbach, H.-G. & Maurice, J. von. (2011). *Education as a lifelong process. The German National Education Panel Study (NEPS).* Wiesbaden: VS Verlag für Sozialwissenschaften.

BMBF. (2003). *Zur Entwicklung nationaler Bildungsstandards. Eine Expertise.* Bonn: Bundesministerium für Bildung und Forschung (BMBF).

Bock, R. D. & Aitkin, M. (1981). Marginal maximum likelihood estimation of item parameters: Application of an EM algorithm. *Psychometrika, 46*(4), 443–459. http://doi.org/10.1007/BF02293801

Bolhuis, S. (2003). Towards process-oriented teaching for self-directed lifelong learning. A multidimensional perspective. *Learning and Instruction, 13,* 327–347.

Bortz, J. (2005). *Statistik für Human- und Sozialwissenschaftler* (6th ed.). Berlin: Springer.

Bortz, J. & Döring, N. (1995). Klassische Testtheorie. In J. Bortz & N. Döring (Eds.), *Forschungsmethoden und Evaluation* (pp. 187–191). Berlin: Springer.

Bos, W., Hornberg, S., Arnold, K.-H., Faust, G., Fried, L., Lankes, E.-M., … Valtin, R. (2007). *IGLU 2006. Lesekompetenzen von Grundschulkindern in Deutschland im internationalen Vergleich.* Münster: Waxmann.

Bos, W., Hornberg, S., Arnold, K.-H., Faust, G., Fried, L., Lankes, E.-M., … Valtin, R. (2008a). IGLU-E 2006. Die Länder der Bundesrepublik Deutschland im nationalen und internationalen Vergleich. Berlin.

Bos, W., Hornberg, S., Arnold, K.-H., Faust, G., Fried, L., Lankes, E.-M., … Valtin, R. (2008b). IGLU-E 2006. Die Länder der Bundesrepublik Deutschland im nationalen und internationalen Vergleich. Handout zur Pressekonferenz.

Bos, W., Hornberg, S., Arnold, K.-H., Faust, G., Fried, L., Lankes, E.-M., … Valtin, R. (2010). *IGLU 2006 – die Grundschule auf dem Prüfstand. Vertiefende Analysen zu Rahmenbedingungen schulischen Lernens.* Münster: Waxmann.

Bos, W., Lankes, E.-M., Prenzel, M., Schwippert, K., Valtin, R. & Walther, G. (2004). *IGLU. Einige Länder der Bundesrepublik Deutschland im nationalen und internationalen Vergleich.* Münster: Waxmann.

Bos, W., Lankes, E.-M., Prenzel, M., Schwippert, K., Valtin, R. & Walther, G. (2005). *IGLU. Vertiefende Analysen zu Leseverständnis, Rahmenbedingungen und Zusatzstudien.* Münster: Waxmann.

Bos, W., Lankes, E.-M., Prenzel, M., Schwippert, K., Walther, G. & Valtin, R. (2003). *Erste Ergebnisse aus IGLU. Schülerleistungen am Ende der vierten Jahrgangsstufe im internationalen Vergleich.* Münster: Waxmann.

Bos, W. & Pietsch, M. (2005). *KESS 4: Kompetenzen und Einstellungen von Schülerinnen und Schülern Jahrgangsstufe 4.* Hamburg: Behörde für Bildung und Sport.

Bos, W. & Scharenberg, K. (2010). Lernentwicklung in leistungshomogenen und -heterogenen Schulklassen. In W. Bos, E. Klieme & O. Köller (Eds.), *Schulische Lerngelegenheiten.* Münster: Waxmann.

Bos, W. & Schwippert, K. (2003). The Use and Abuse of International Comparative Research on Student Achievement. *European Educational Research Journal, 2,* 559–573.

Bos, W., Voss, A., Lankes, E.-M., Schwippert, K., Thiel, O. & Valtin, R. (2004). Schullaufbahnempfehlungen von Lehrkräften für Kinder am Ende der vierten Jahrgangsstufe. In W. Bos, E.-M. Lankes, M. Prenzel, K. Schwippert, R. Valtin & G. Walther (Eds.), *IGLU. Einige Länder der Bundesrepublik Deutschland im nationalen und internationalen Vergleich* (pp. 191–228). Münster: Waxmann.

Böttcher, W. (2005). Soziale Auslese und Bildungsreform. *Aus Politik Und Zeitgeschichte, 55,* 7–13.

Böttcher, W. (2009). Der staatliche Bildungsauftrag: Chancen zur Neuverteilung von Bildungschancen? In I. Sylvester, I. Sieh, M. Menz, H.-W. Fuchs & J. Behrendt (Eds.), *Bildung – Recht – Chancen. Rahmenbedingungen, empirische Analysen und internationale Perspektiven zum Recht auf chancengleiche Bildung* (pp. 61–77). Münster: Waxmann.

Boudon, R. (1974). *Education, opportunity, and social inequality. Changing prospects in western society.* New York: Wiley & Sons.

Boudon, R. (1990). *L'Art de se persuader des idées douteuses, fragiles ou fausses* (2nd ed.). Paris: Editions du Seuil.

Boudon, R. (1994). *The art of self-persuasion: The social explanation of false beliefs.* (M. D. Slater, Trans.). Cambridge: Polity.

Bourdieu, P. (1982). *Die feinen Unterschiede. Kritik der gesellschaftlichen Urteilskraft.* Frankfurt a. M.: Suhrkamp.

Bourdieu, P. (1983). Ökonomisches Kapital, kulturelles Kapital, soziales Kapital. In R. Kreckel (Ed.), *Soziale Ungleichheiten* (pp. 183–198). Göttingen: Soziale Welt.

Bourdieu, P. (1992). Ökonomisches, kulturelles und soziales Kapital. In P. Bourdieu (Ed.), *Die verborgenen Mechanismen der Macht* (pp. 49–59). Retrieved from file:///G:/A_ArbeitDPC/Library/PDF%20A-Z/B/Bourdieu%201983%20Forms%20of%20Capital.htm

Bourdieu, P. (1997). Ökonomisches, kulturelles und soziales Kapital. In F. Baumgart (Ed.), *Theorien der Sozialisation* (pp. 217–231). Bad Heilbrunn: Klinkhardt.

Bourdieu, P. (2001). *Wie die Kultur zum Bauern kommt. Über Bildung, Schule und Politik* (Vol. 4). Hamburg: VSA.

Bourdieu, P., Boltanski, L., De Saint Martin, M. & Maldidier, P. (1981). *Titel und Stelle. Über die Reproduktion sozialer Macht.* Frankfurt a. M.: Europäische Verlagsanstalt.

Bourdieu, P. & Passeron, J.-C. (1964). *Les Héritiers. Les étudiants et la culture.* Paris: Minuit.

Bourdieu, P. & Passeron, J.-C. (1971). *Die Illusion der Chancengleichheit. Untersuchungen zur Soziologie des Bildungswesens am Beispiel Frankreichs.* Stuttgart: Ernst Klett.

Bourdieu, P. & Passeron, J.-C. (1973). Kulturelle Reproduktion und soziale Reproduktion. In P. Bourdieu & J.-C. Passeron (Eds.), *Grundlage einer Theorie der Symbolischen Gewalt* (pp. 91–139). Frankfurt a. M.: Suhrkamp.

Breen, R. & Goldthorpe, J. H. (1997). Explaining educational differentials: Towards a formal rational action theory. *Rationality and Society, 9,* 275–305.

Bronfenbrenner, U. (1978). Ansätze zu einer experimentellen Ökologie menschlicher Entwicklung. In R. Oerter (Ed.), *Entwicklung als lebenslanger Prozeß* (pp. 33–65). Hamburg: Hoffman und Campe.

Bronfenbrenner, U. (1981). *Die Ökologie der menschlichen Entwicklung. Natürliche und geplante Experimente.* Stuttgart: Klett-Cotta.

Browne, M. W. & Cudeck, R. (1992). Alternative ways of assessing model fit. *Sociological Methods & Research, 21*(2), 230–258.

Bryant, F. B. & Satorra, A. (2011). Practice of scaled difference chi-square testing. *Structural Equation Modeling, 66,* 507–514.

Buff, A. (1991). Schulische Selektion und Selbstkonzeptentwicklung. In R. Pekrun & H. Fend (Eds.), *Schule und Persönlichkeitsentwicklung. Ein Resümee der Längsschnittforschung* (pp. 100–114). Stuttgart: Enke.

Carle, A. C. (2009). Fitting multilevel models in complex survey data with design weights: Recommendations. *BMC Medical Research Methodology, 9*(1), 49. http://doi.org/10.1186/1471-2288-9-49

Carroll, J. B. (1963). A model of school learning. *Teachers College Record, 64,* 722–733.

Carroll, J. B., Wang, S., Simpson, D. G., Stromberg, A. J. & Ruppert, D. (1998). The sandwich (robust covariance matrix) estimator. Retrieved from http://www.stat.tamu.edu/~carroll/ftp/sandwich.pdf [26.07.2012].

Chantala, K., Blanchette, D. & Suchindran, C. M. (2006). Software to compute sampling weights for multilevel analysis. Retrieved January 1, 1927, from http://www.cpc.unc.edu/research/tools/data_analysis/ml_sampling_weights

Cheng, Y. C. (1993). The conceptualization and measurement of school effectiveness. Presented at the American Educational Research Association Annual Conference in USA.

Cheng, Y. C. (1996). *School effectiveness and school-based management a mechanism for development.* London; Washington, D.C.: Falmer Press. Retrieved from http://search.ebscohost.com/login.aspx?direct=true&scope=site&db=nlebk&db=nlabk&AN=526154

Cheong, J., MacKinnon, D. P. & Khoo, S. T. (2003). Investigation of Mediational Processes Using Parallel Process Latent Growth Curve Modeling. *Structural Equation Modeling: A Multidisciplinary Journal, 10*(2), 238. http://doi.org/10.1207/S15328007SEM1002_5

Christ, O. & Schlüter, E. (2012). *Strukturgleichungsmodelle mit Mplus. Eine praktische Einführung.* München: Oldenbourg Verlag.

Cole, D. A. & Maxwell, S. E. (2003). Testing mediational models with longitudinal data: Questions and tips in the use of structural equation modeling. *Journal of Abnormal Psychology, 112*, 558–577.

Coleman, J. S. (1988). Social Capital in the Creation of Human Capital. *American Journal of Sociology, 94 Supplement*, S95–S120.

Coleman, J. S. (1996). Der Verlust sozialen Kapitals und seine Auswirkungen auf die Schule. *Zeitschrift Für Pädagogik, 34*, 99–105.

Coleman, J. S., Campbell, E. Q., Hobson, C. J., McPartland, J., Mood, A. M., Weinfeld, F. D. & York, R. L. (1966). *Equality of Educational Opportunity.* Washington: U.S. Government Printing Office.

Coleman, J. S., Kelly, S. D. & Moore, J. A. (1975). *Trends in School Segregation, 1968-73.* Washington, D.C.: The Urban Institute, 2100 M Street.

Creemers, B. P. M. (1994). *The effective classroom.* London: Cassell.

Creemers, B. P. M. & Kyriakides, L. (2008a). A theoretical based approach to educational improvement: Establishing links between educational effectiveness research and school improvement. In W. Bos, H. Pfeiffer & H.-G. Rolff (Eds.), *Yearbook on School Improvement* (pp. 41–61). Weinheim/München: Juventa. Retrieved from http://www.rug.nl/staff/b.p.m.creemers/a_theoretical_based_approach_to_educational_improvement.pdf

Creemers, B. P. M. & Kyriakides, L. (2008b). *The dynamics of educational effectiveness. A contribution to policy, practice and theory in contemporary schools.* New York: Routledge.

Creemers, B. P. M. & Kyriakides, L. (2012). *Improving quality in education: dynamic approaches to school improvement.* Abingdon, Oxon; New York: Routledge.

Creemers, B. P. M. & Reezigt, G. J. (1996). School level conditions affecting the effectiveness of instruction. *School Effectiveness and School Improvement, 7*, 197–228.

Creemers, B. P. M. & Scheerens, J. (1994). Developments in the educational effectiveness research programme. *International Journal of Educational Research, 21*(2), 125–140.

Creemers, B. P. M., Sheerens, J. & Reynolds, D. (2000). Theory Development in School Effectiveness Research. In C. Teddlie & D. Reynolds (Eds.), *The international handbook of school effectiveness* (pp. 283–300). London: Falmer Press.

Curran, P. J. (2003). Have multilevel models been structural equation models all along? *Multivariate Behavioral Research, 38*, 529–569.

Dahrendorf, R. (1972). *Bildung ist Bürgerrecht. Plädoyer für eine aktive Bildungspolitik.* Hamburg: Nannen-Verlag.

Darmawan, I. G. N. (2002). NORM software review: handling missing values with multiple imputation methods. *The Australasian Evaluation Society, 2*, 51–57.

Ditton, H. (1989). Determinanten für elterliche Bildungsaspirationen und für Bildungsempfehlungen des Lehrers. *Empirische Pädagogik, 3*, 215–231.

Ditton, H. (1992). *Ungleichheit und Mobilität durch Bildung. Theorie und empirische Untersuchung über sozialräumliche Aspekte von Bildungsentscheidungen.* Weinheim: Juventa.

Ditton, H. (2000). Qualitätskontrolle und Qualitätssicherung in Schule und Unterricht. Ein Überblick zum Stand der empirischen Forschung. *Zeitschrift Für Pädagogik, 41*, 73–92.

Ditton, H. (2002). Unterrichtsqualität – Konzeptionen, methodische Überlegungen und Perspektiven. *Unterrichtswissenschaft, 30*, 197–212.

Ditton, H. (2004). Schule und sozial-regionale Ungleichheit. In W. Helsper & J. Böhme (Eds.), *Handbuch der Schulforschung* (pp. 605–624). Opladen: Leske + Budrich.

Ditton, H. (2005). Der Beitrag von Familie und Schule zur Reproduktion von Bildungsungleichheit. In H. G. Holtappels & K. Höhmann (Eds.), *Schulentwicklung und Schulwirksamkeit* (pp. 121–130). Weinheim: Juventa.

Ditton, H. (2006a). Der Beitrag Urie Bronfenbrenners für die Erziehungswissenschaft. *Zeitschrift Für Soziologie Der Erziehung Und Sozialisation, 26,* 268–281 (besorg.).

Ditton, H. (2006b). Unterrichtsqualität. In K.-H. Arnold, U. Sandfuchs & J. Weichmann (Eds.), *Handbuch Unterricht* (pp. 235–243). Bad Heilbrunn: Klinkhardt.

Ditton, H. (Ed.). (2007). *Kompetenzaufbau und Laufbahnen im Schulsystem: Ergebnisse einer Längsschnittuntersuchung an Grundschulen.* Münster: Waxmann.

Ditton, H. (2008a). Einführung in Mehrebenenanalysen. Vortrag im Rahmen der Summer Academy, 28.07.

Ditton, H. (2008b). Schule und sozial-regionale Ungleichheit. In W. Helsper & J. Böhme (Eds.), *Handbuch der Schulforschung* (pp. 631–649). Wiesbaden: VS Verlag für Sozialwissenschaften.

Ditton, H. (2009). Schulqualität – Modelle zwischen Konstruktion, empirischen Befunden und Implementierung [School Quality – Modells between Construction, Empirical Results and Implementation]. In J. van Buer & C. Wagner (Eds.), *Qualität von Schule. Ein kritisches Handbuch. [The Quality of School. A critical Handbook].* (2nd ed., pp. 83–92). Frankfurt a. M.: Lang.

Ditton, H. (2010a). Der Beitrag von Schule und Lehrern zur Reproduktion von Bildungsungleichheit. In R. Becker & W. Lauterbach (Eds.), *Bildung als Privileg. Erklärungen und Befunde zu den Ursachen der Bildungsungleichheit* (pp. 247–276). Wiesbaden: VS Verlag für Sozialwissenschaften.

Ditton, H. (2010b). Schullaufbahnen und soziale Herkunft – eine Frage von Leistung oder Diskriminierung? In S. Aufenanger, F. Hamburger, L. Ludwig & R. Tippelt (Eds.), *Bildung in der Demokratie. Beiträge zum 22. Kongress der Deutschen Gesellschaft für Erziehungswissenschaft* (pp. 79–99). Opladen: Budrich.

Ditton, H. (2013). Kontexteffekte und Bildungsungleichheit: Mechanismen und Erklärungsmuster. In R. Becker & A. Schulze (Eds.), *Bildungskontexte. Strukturelle Voraussetzungen und Ursachen ungleicher Bildungschancen* (pp. 173–206). Wiesbaden: Springer VS.

Ditton, H. & Krüsken, J. (2006a). Der Übergang von der Grundschule in die Sekundarstufe I. *Zeitschrift Für Erziehungswissenschaft, 9,* 348–372.

Ditton, H. & Krüsken, J. (2006b). Sozialer Kontext und schulische Leistungen. Zur Bildungsrelevanz segregierter Armut. *ZSE: Zeitschrift Für Soziologie Der Erziehung Und Sozialisation, 26*(2), 135–157.

Ditton, H. & Krüsken, J. (2007). Sozialräumliche Segregation und schulische Entwicklung. *Diskurs Kindheits- Und Jugendforschung, 2,* 23–38.

Ditton, H., Krüsken, J. & Schauenberg, M. (2005). Bildungsungleichheit – der Beitrag von Familie und Schule. *Zeitschrift Für Erziehungswissenschaft, 8,* 285–304.

Dollmann, J. (2010). *Türkischstämmige Kinder am ersten Bildungsübergang: primäre und sekundäre Herkunftseffekte* (1. Aufl.). Wiesbaden: VS, Verl. für Sozialwiss.

Dravenau, D. & Groh-Samberg, O. (2005). Bildungsbenachteiligung als Institutionseffekt. Zur Verschränkung kultureller und institutioneller Diskriminierung. In P. A. Berger & H. Kahlert (Eds.), *Institutionalisierte Ungleichheiten. Wie das Bildungswesen Chancen blockiert* (pp. 103–129). Weinheim: Juventa.

Eccles, J. S., Adler, T. F., Futterman, R., Goff, S. B., Kaczala, C. M. & Meece, J. (1983). Expectancies, values and academic behaviours. In J. T. Spence (Ed.), *Achievement and achievement motives* (pp. 75–146). San Francisco: Freeman.

Eder, F. (1998). Schul- und Klassenklima. In D. H. Rost (Ed.), *Handwörterbuch Pädagogische Psychologie* (pp. 424–430). Weinheim: Beltz.

Ellet, C. D. & Teddlie, C. (2003). Teacher evaluation, teacher effectiveness and school effectiveness: Perspectives from the USA. *Journal of Personnel Evaluation in Education, 17*, 101–128.

Elley, W. B. (1992). *How in the world do students read? IEA Study of Reading Literacy.* The Hague: IEA. Retrieved from http://www.eric.ed.gov/ERICWebPortal/search/de tailmini.jsp?_nfpb=true&_&ERICExtSearch_SearchValue_0=ED360613&ERICExtSea rch_SearchType_0=no&accno=ED360613

Elley, W. B. (1994). *The IEA study of reading literacy: Achievement and instruction in thirty-two school systems.* Oxford: Elsevier Science, Ltd.

Elwert, F. (2013). Graphical Causal Models. In S. L. Morgan (Ed.), *Handbook of causal analysis for social research* (pp. 245–273). Dordrecht: Springer. Retrieved from http://dx.doi.org/10.1007/978-94-007-6094-3

Enders, C. K. & Tofighi, D. (2007). Centering predictor variables in cross-sectional multilevel models: a new look at an old issue. *Psychological Methods, 12*, 121–138.

Erikson, R., Goldthorpe, J. H. & Portocarero, L. (1979). Intergenerational class mobility in three Western European societies: England, France and Sweden. *British Journal of Sociology, 30*, 341–415.

Erikson, R. & Jonsson, J. O. (1996). Explaining class inequality in education: The Swedish test case. In R. Erikson & J. O. Jonsson (Eds.), *Can education be equalized? The Swedish case in comparative perspective* (pp. 1–63). Boulder: Westview Press.

Esser, H. (1999). *Soziologie. Spezielle Grundlagen* (Vol. 1: Situationslogik und Handeln). Frankfurt a. M.: Campus.

Esser, H. (2000). Strategien und Spiele. In H. Esser (Ed.), *Soziales Handeln* (pp. 25–54). Frankfurt a. M.: Campus-Verl.

Esser, H. (2006). *Migration, Sprache und Integration.* Berlin: AKI.

Faber, G. (2013). Klassenzusammensetzung als Kontextfaktor für die Leistungs- und Selbstkonzeptentwicklung. In A. Schulze & R. Becker (Eds.), *Bildungskontexte. Struturelle Voraussetzungen und Ursachen ungleicher Bildungschancen* (pp. 325–351). Wiesbaden: Springer VS.

Faerman, S. R. & Quinn, R. E. (1985). Effectiveness. The perspective from organization theory. *Review of Higher Education, 9*, 83–100.

Fend, H. (1982). *Gesamtschule im Vergleich. Bilanz der Ergebnisse des Gesamtschulversuchs.* Weinheim: Beltz.

Fend, H. (1991). "Soziale Erfolge" im Bildungswesen – die Bedeutung der sozialen Stellung in der Schulklasse. In R. Pekrun & H. Fend (Eds.), *Schule und Persönlichkeitsentwicklung. Ein Resümee der Längsschnittforschung* (pp. 217–240). Stuttgart: Enke.

Fend, H. (2006). *Neue Theorie der Schule: Einführung in das Verstehen von Bildungssystemen.* Wiesbaden: VS Verlag für Sozialwissenschaften.

Fend, H. (2008). Dimensionen von Qualität im Bildungswesen. Von Produktindikatoren zu Prozessindikatoren am Beispiel der Schule. *Zeitschrift Für Pädagogik, 54*, 190–209.

Fend, H. & Fend, H. (2006). Grundzüge der erweiterten Neuen Theorie der Schule: Das Bildungswesen als institutioneller Akteur der Menschenbildung. In *Neue Theorie der Schule: Einführung in das Verstehen von Bildungssystemen* (pp. 169–184). Wiesbaden: VS Verlag für Sozialwissenschaften.

Ganzeboom, H. B. G. & Treiman, D. J. (1996). Internationally Comparable Measures of Occupational Status for the 1988 International Standard Classification of Occupations. *Social Science Research, 25*, 201–239.

Geiser, C. (2013). *Data analysis with Mplus.* Guilford Press.

Gomolla, M. & Radtke, F.-O. (2007). *Institutionelle Diskriminierung. Die Herstellung ethnischer Differenz in der Schule* (2nd ed.). Wiesbaden: VS Verlag für Sozialwissenschaften.

Graham, J. W. (2009). Missing Data Analysis: Making It Work in the Real World. *Annual Review of Psychology*, *60*, 549–576.

Gresch, C., Baumert, J. & Maaz, K. (2010). Empfehlungsstatus, Übergangsempfehlung und der Wechsel in die Sekundarstufe I: Bildungsentscheidungen und soziale Ungleichheit. In K. Maaz, J. Baumert, C. Gresch & N. McElvany (Eds.), *Der Übergang von der Grundschule in die weiterführende Schule: Leistungsgerechtigkeit und regionale, soziale und ethnisch-kulturelle Disparitäten* (pp. 201–228). Bonn: Bundesministerium für Bildung und Forschung (BMBF), Referat Bildungsforschung.

Gröhlich, C., Scharenberg, K. & Bos, W. (2009). Wirkt sich Leistungsheterogenität in Schulklassen auf den individuellen Lernerfolg aus? *JERO*, *1*, 86–105.

Grundmann, M., Bittlingmayer, U. H., Dravenau, D. & Groh-Samberg, O. (2010). Bildung als Privileg und Fluch – zum Zusammenhang zwischen lebensweltlichen und institutionalisierten Bildungsprozessen. In R. Becker & W. Lauterbach (Eds.), *Bildung als Privileg. Erklärungen und Befunde zu den Ursachen der Bildungsungleichheit* (Vols. 1–4, pp. 51–78). Wiesbaden: VS Verlag für Sozialwissenschaften. Retrieved from http://emedien.sub.uni-hamburg.de/han/SpringerEbooks/www.springerlink.com/content/w3800m/

Hamaker, E. L., Hattum, P. van, Kuiper, R. M. & Hoijtink, H. (2011). Model selection based on information criteria in multilevel modeling. In J. J. Hox & J. K. Roberts (Eds.), *Handbook of advanced multilevel analysis* (pp. 231–256). New York: Taylor and Francis Group, LLC.

Hannover, B. (1997). *Das dynamische Selbst: die Kontextabhängigkeit selbstbezogenen Wissens*. Bern: Verlag Hans Huber.

Hannover, B. (2000). Das kontextabhängige Selbst oder warum sich unser Selbst mit dem sozialen Kontext verändert. In W. Greve (Ed.), *Psychologie des Selbst* (pp. 227–238). Weinheim: Beltz.

Hartig, J. & Rakoczy, K. (2008). Mehrebenenanalyse. In H. Holling & B. Schmitz (Eds.), *Handbuch der Psychologischen Methoden und Evaluation*. Göttingen: Hogrefe.

Hattie, J. A. C. (2009). *Visible learning. A synthesis of over 800 meta-analyses relating to achievement*. Oxon: Routledge.

Heid, H. (1988). Zur Paradoxie der bildungspolitischen Forderung nach Chancengleichheit. *Zeitschrift Für Pädagogik*, *34*, 1–17.

Heinrich, M. (2010). Bildungsgerechtigkeit durch Evidence-based-Policy? Governanceanalysen zu einem bildungspolitischen Programm. In W. Böttcher, J. N. Dicke & N. Hogrebe (Eds.), *Evaluation, Bildung und Gesellschaft* (pp. 47–68). Münster: Waxmann.

Heller, K. A. & Perleth, C. (2000). *Kognitiver Fähigkeits-Test (Rev.) für 4. Klassen (KFT 4 R)*. Göttingen: Beltz-Testgesellschaft.

Helmke, A. (1997). Individuelle Bedingungsfaktoren der Schulleistung: Ergebnisse aus dem SCHOLASTIK-Projekt. In F. E. Weinert & A. Helmke (Eds.), *Entwicklung im Grundschulalter* (pp. 204–215). Weinheim: Beltz. (n.g.).

Helmke, A. & Schrader, F.-W. (1998). Determinanten der Schulleistung. In D. H. Rost (Ed.), *Handwörterbuch Pädagogische Psychologie* (pp. 60–67). Weinheim: Beltz.

Helmke, A. & Weinert, F. E. (1997). Bedingungsfaktoren schulischer Leistungen. In F. E. Weinert (Ed.), *Enzyklopädie der Psychologie. Psychologie des Unterrichts und der Schule* (Vol. 3, pp. 71–176). Göttingen: Hogrefe.

Hillmert, S. & Jacob, M. (2003). Social Inequality in Higher Education: Is Vocational Training a Pathway Leading to or Away from University? *European Sociological Review*, *19*(3), 319–334.

Homans, G. C. (1961). *Social behavior: Its elementary forms*. London: Routledge & Kegan Paul.

Hooper, D., Coughlan, J. & Mullen, M. R. (2008). Structural equation modeling: Guidelines for determining model fit. *The Electronic Journal of Business Research Methods*, *6*(1), 53–60.

Hopf, W. (2000). Chancengleichheit und Individualisierung. Zur Revision eines bildungspolitischen Ziels. In J. Schlömerkemper (Ed.), *Differenzen* (pp. 93–112). Weinheim: Juventa.

Horstkemper, M. & Tillmann, K. J. (2008). Schulformvergleiche und Studien zu Einzelschulen. In W. Helsper & J. Böhme (Eds.), *Handbuch der Schulforschung.* (pp. 285–320). Wiesbaden: GWV Fachverlage GmbH.

Hox, J. J. (1998). Multilevel modeling: When and why. In I. Balderjahn, R. Mathar & M. Schader (Eds.), *Classification, data analysis, and data highways* (pp. 147–154). Berlin: Springer.

Hox, J. J. (2008). *Multilevel analysis. Technics and applications.* New York: Psychology Press.

Hox, J. J. & Bechger, T. M. (1999). An introduction to structural equation modeling. *Family Science Review*, *11*, 354–373.

Hradil, S. (1987). *Sozialstrukturanalyse in einer fortgeschrittenen Gesellschaft.* Opladen: Leske + Budrich.

Hu, L.-T. & Bentler, P. M. (1995). Evluating model fit. In R. H. Hoyle (Ed.), *Structural equation modeling: concepts, issues, and applications*. Thousand Oaks, California: Sage Publications, Inc.

Huster, E.-U., Boeckh, J. & Mogge-Grotjahn, H. (Eds.). (2008). *Handbuch Armut und soziale Ausgrenzung* (1. Aufl). Wiesbaden: VS Verlag für Sozialwissenschaften.

Hyman, H. H. (1953). The value systems of the different classes. A social psychological contribution to the analysis of stratification. In R. Bendix & S. M. Lipset (Eds.), *Class, Status, and Power* (pp. 488–499). New York: Free Press.

Imai, K., Keele, L., Tingley, D. & Yamamoto, T. (2011). Unpacking the Black Box of Causality: Learning about Causal Mechanisms from Experimental and Observational Studies. *American Political Science Review*, *105*(04), 765–789. http://doi.org/10.1017/S0003055411000414

Imai, K. & Yamamoto, T. (2013). Identification and Sensitivity Analysis for Multiple Causal Mechanisms: Revisiting Evidence from Framing Experiments. *Political Analysis*, 1–31. http://doi.org/10.1093/pan/mps040

International Labour Office. (1990). *International standard classification of occupations – ISO-88. Deutsche Übersetzung des Statistischen Bundesamtes*. Beneva: Statistisches Bundesamt.

Jäger, M. (2004). *Transfer in Schulentwicklungsprojekten*. Wiesbaden: VS Verlag für Sozialwissenschaften.

Jenkins, F. (2008). Multilevel analysis with informative weights. Retrieved from http://www.amstat.org/sections/srms/proceedings/y2008/Files/301419.pdf [26.07.2012].

Jerusalem, M. (1997). Schulklasseneffekte. In F. E. Weinert (Ed.), *Psychologie des Unterrichts und der Schule. Enzyklopädie der Psychologie* (pp. 253–278). Göttingen: Hogrefe, Verlag für Psychologie.

Joncas, M. (2007). PIRLS 2006 Sample design. In M. O. Martin, I. V. S. Mullis & A. M. Kennedy (Eds.), *PIRLS 2006 Technical Report* (pp. 35–48). Chestnut Hill, MA: Boston College.

Keller, S. & Zavalloni, M. (1962). Classe sociale, ambition et réussite. *Sociologie Du Travail*, *4*, 1–14.

Keller, S. & Zavalloni, M. (1964). Ambition and social class: A reconsideration. *Social Forces*, *43*, 58–70.

Kennedy, A. M., Mullis, I. V. S., Martin, M. O. & Trong, K. L. (2007). *PIRLS 2006 encyclopedia: A guide to reading education in the forty PIRLS 2006 countries*. Chestnut Hill, MA: Boston College.

Kenny, D. A., Bolger, N. & Korchmaros, J. D. (2003). Lower level mediation in multilevel models. *Psychological Methods, 8*, 15–28.

Klemm, K. (2000). Large scale assessment in einem modernisierten Bildungssystem. *Die Deutsche Schule, 92*, 329–338.

KMK. (2002). Künftige Entwicklung der länder- und hochschulübergreifenden Qualitätssicherung in Deutschland. Beschluss der Kultusministerkonferenz vom 01.03.2002. Retrieved January 1, 2012, from http://www.kmk.org/fileadmin/veroeffentlichungen_beschluesse/2002/2002_03_01-Qualitaetssicherung-laender-hochschuluebergreifend.pdf

KMK. (2004). Bildungsstandards der Kulturministerkonferenz. Erläuterungen zur Konzeption und Entwicklung. Retrieved January 1, 2012, from http://www.kmk.org/schul/Bildungsstandards/Argumentationspapier308KMK.pdf

Köller, O. (2004). *Konsequenzen von Leistungsgruppierungen.* Münster: Waxmann.

Köller, O. (2007a). Bildungsstandards, Einheitliche Prüfungsanforderungen und Qualitätssicherung in der Sekundarstufe II. In D. Benner (Ed.), *Bildungsstandards. Kontroversen – Beispiele und Perspektiven* (pp. 13–28). Paderborn: Schöningh.

Köller, O. (2007b). Heterogenität von Lerngruppen. *Schulmanagement, 5*, 11–12.

Köller, O. (2010). Bildungsstandards. In R. Tippelt (Ed.), *Handbuch Bildungsforschung* (3rd ed.). Wiesbaden: VS Verlag für Sozialwissenschaften.

Köller, O. (2012). What works best in school? Hatties Befunde zu Effekten von Schul- und Unterrichtsvariablen auf Schulleistungen. *Psychologie in Erziehung Und Unterricht, 59*, 72–78.

Köller, O. & Baumert, J. (2001). Leistungsgruppierungen in der Sekundarstufe I. Ihre Konsequenzen für die Mathematikleistung und das mathematische Selbstkonzept der Begabung. *Zeitschrift Für Pädagogische Psychologie, 15*, 99–110.

Konietzka, D. (1995). *Lebensstile im sozialstrukturellen Kontext. Ein theoretischer und empirischer Beitrag zur Analyse soziokultureller Ungleichheiten.* Opladen: Westdeutscher Verlag.

Krapp, A. & Weidenmann, B. (2006). *Pädagogische Psychologie: ein Lehrbuch.* Weinheim: Beltz.

Kristen, C. (1999). Bildungsentscheidungen und Bildungsungleichheit – ein Überblick über den Forschungsstand. *Arbeitspapiere – Mannheimer Zentrum Für Europäische Sozialforschung, 5*.

Kristen, C. (2002). Hauptschule, Realschule oder Gymnasium? Ethnische Unterschiede am ersten Bildungsübergang. *Kölner Zeitschrift Für Soziologie Und Sozialpsychologie, 54*, 534–552.

Kristen, C. (2006). Ethnische Diskriminierung in der Grundschule? Die Vergabe von Noten und Bildungsempfehlungen. *Kölner Zeitschrift Für Soziologie Und Sozialpsychologie, 58*, 79–97.

Krüger, H.-H., Rabe-Kleberg, U., Kramer, R.-T. & Budde, J. (Eds.). (2011a). *Bildungsungleichheit revisited. Bildung und soziale Ungleichheit vom Kindergarten bis zur Hochschule* (2nd ed., Vol. 1). Wiesbaden: VS Verlag für Sozialwissenschaften.

Krüger, H.-H., Rabe-Kleberg, U., Kramer, R.-T. & Budde, J. (2011b). Bildungsungleichheit revisisted? – eine Einleitung. In H.-H. Krüger, U. Rabe-Kleberg, R.-T. Kramer & J. Budde (Eds.), *Bildungsungleichheit revisited. Bildung und soziale Ungleichheit vom Kindergarten bis zur Hochschule* (2nd ed., Vol. 1, pp. 7–21). Wiesbaden: VS Verlag für Sozialwissenschaften.

Kunter, M. & Baumert, J. (2006). Who is the expert? Construct and criteria validity of student and teacher ratings of instruction. *Learning Environ Res, 9*, 231–251.

Kyriakides, L. & Demetriou, D. (2010). Investigating the Impact of School Policy in Action Upon Student Achievement. Extending the Dynamic Model of Educational Effectiveness. Presented at the Second Biennial Meeting of the EARLI Special Interest Group 18.

LaHuis, D. & Ferguson, M. W. (2009). The accuracy of significance tests for slope variance components in multilevel random coefficient models. *Organizational Research Methods, 12*, 418–443.

Lange, H. (1999). Qualitätssicherung in Schulen. *Die Deutsche Schule, 91*(2), 144–159.

Lang-Wojtasik, G. (2008). *Schule in der Weltgesellschaft. Herausforderungen und Perspektiven einer Schultheorie jenseits der Moderne.* Weinheim: Juventa.

Lee, E. S., Forthofer, R. N. & Lorimor, R. J. (1989). *Analyzing complex survey data.* Newbury Prak, CA: Sage.

Lee, V. E. & Burkam, D. T. (2007). *Inequality at the starting gate: social background differences in achievement as children begin school* (3. print). Washington, DC: Economic Policy Institute. Retrieved from http://mpower.mosaicprint.com/EPI/showproduct.aspx?ProductID=58&SEName=inequality-at-the-starting-gate-social-background-differences-in-achievement-as-children-

Lehmann, R. H. (2006). Zur Bedeutung der kognitiven Heterogenität von Schulklassen für den Lernstand am Ende der Klassenstufe 4. In A. Schründer-Lenzen (Ed.), *Risikofaktoren kindlicher Entwicklung. Migration, Leistungsangst und Schulübergang* (pp. 109–121). Wiesbaden: VS Verlag für Sozialwissenschaften.

Lehmann, R. H., Gänsfuß, R. & Peek, R. (1999). *Aspekte der Lernausgangslage und der Lernentwicklung von Schülerinnen und Schülern an Hamburger Schulen: Klassenstufe 7. Bericht über die Untersuchung im September 1998.* Hamburg: Behörde für Schule, Jugend und Berufsausbildung, Amt für Schule.

Lehmann, R. H., Peek, R. & Gänsfuß, R. (1997). *Aspekte der Lernausgangslage von Schülerinnen und Schülern der 5. Klassen an Hamburger Schulen.* Hamburg: Behörde für Schule, Jugend und Berufsausbildung, Amt für Schule.

Lüdtke, H. (1989). *Expressive Ungleichheit. Zur Soziologie der Lebensstile.* Opladen: Leske + Budrich.

Lüdtke, H. (1990). Lebensstile als Dimension handlungsproduzierter Ungleichheit. Eine Anwendung des Rational-Choice-Ansatzes. In P. A. Berger & S. Hradil (Eds.), *Lebenslagen, Lebensläufe, Lebensstile. Sonderband 7 der Sozialen Welt* (pp. 433–453). Göttingen: Verlag Otto Schwartz & Co.

Lüdtke, O., Marsh, H. W., Robitzsch, A., Trautwein, U., Asparouhov, T. & Muthén, B. (2008). The multilevel latent covariate model: A new, more reliable approach to group-level effects in contextual studies. *Psychological Methods, 13*(3), 203–229. http://doi.org/10.1037/a0012869

Lüdtke, O. & Robitzsch, A. (2010). Umgang mit fehlenden Daten in der empirischen Bildungsforschung. In S. Maschke & L. Stecher (Eds.), *Enzyklopädie Erziehungswissenschaft Online (EEO)* (pp. 1–42). Weinheim: Juventa.

Lüdtke, O., Robitzsch, A., Trautwein, U. & Köller, O. (2007). Umgang mit fehlenden Werten. *Psychologische Rundschau, 58*, 103–117.

Luyten, H. & Veldkamp, B. (2011). Assessing effects of schooling with cross-sectional data. Between-grades differences addressed as a selection-bias problem. *Journal of Research on Educational Effectiveness, 4*, 264–288.

Maaz, K. (2006). *Soziale Herkunft und Hochschulzugang. Effekte institutioneller Öffnung im Bildungssystem.* Wiesbaden: VS Verlag für Sozialwissenschaften.

Maaz, K., Baumert, J., Gresch, C. & McElvany, N. (Eds.). (2010). *Der Übergang von der Grundschule in die weiterführende Schule: Leistungsgerechtigkeit und regionale, soziale und ethnisch-kulturelle Disparitäten.* Bonn: Bundesministerium für Bildung und Forschung (BMBF), Referat Bildungsforschung.

Maaz, K., Baumert, J. & Trautwein, U. (2009). Genese sozialer Ungleichheit im institutionellen Kontext der Schule: Wo entsteht und vergrößert sich soziale Ungleichheit? *Zeitschrift Für Erziehungswissenschaft, 12*, 11–46.

Maaz, K., Baumert, J. & Trautwein, U. (2011). Genese sozialer Ungleichheit im institutionellen Kontext der Schule: Wo entsteht und vergrößert sich soziale Ungleichheit? In

H.-H. Krüger, U. Rabe-Kleberg, R.-T. Kramer & J. Budde (Eds.), *Bildungsungleichheit revisited. Bildung und soziale Ungleichheit vom Kindergarten bis zur Hochschule* (2nd ed., pp. 69–102). Wiesbaden: Springer Fachmedien.

Maaz, K., Hausen, C., McElvany, N. & Baumert, J. (2006). Stichwort: Übergänge im Bildungssystem. Theoretische Konzepte und ihre Anwendung in der empirischen Forschung beim Übergang in die Sekundarstufe. *Zeitschrift Für Erziehungswissenschaft, 9*, 299–327.

Maaz, K. & Nagy, G. (2009). Der Übergang von der Grundschule in die weiterführenden Schulen des Sekundarschulsystems: Definition, Spezifikation und Quantifizierung primärer und sekundärer Herkunftseffekte. *Zeitschrift Für Erziehungswissenschaft, 12*, 1–30.

Maaz, K., Trautwein, U., Lüdtke, O. & Baumert, J. (2008). Educational Transitions and Differential Learning Environments: How Explicit Between-School Tracking Contributes to Social Inequality in Educational Outcomes. *Child Development Perspectives, 2*, 87–94.

MacCallum, R. C., Browne, M. W. & Sugawara, H. M. (1996). Power Analysis and Determination of Sample Size for Covariance Structure Modeling. *Psychological Methods, 1*(2), 130–149.

MacKinnon, D. P. (2008). *Introduction to statistical mediation analysis*. Mahwah, NJ: Lawrence Erlbaum Assiciates, Inc.

MacKinnon, D. P., Fairchild, A. J. & Fritz, M. S. (2007). Mediation analysis. *Annual Review of Psychology, 58*, 593–614.

Marggraf, S. & Platta, H. (2010). Neoliberale Propaganda – Teil I. Der heimtückische Begriff der „Chancengerechtigkeit" von Joachim Gauck. *Neue Rheinische Zeitung*. Retrieved from http://www.nrhz.de/flyer/beitrag.php?id=15355&css=print

Marsh, H. W. (1987). The big-fish-little-pond effect on academic self-concept. *Journal of Educational Psychology, 79*, 280–295.

Marsh, H. W. (2003). Big-fish-little-pond effect on academic self-concept. A cross-cultural (26-country) test of the negative effects of academically selective schools. *American Psychologist, 58*, 364–376.

Marsh, H. W. & Köller, O. (2003). Bringing together two theoretical models of relations between academic self-concept and achievement. In H. W. Marsh, R. G. Craven & D. M. McInerney (Eds.), *International Advances in Self Research* (pp. 17–47). Greenwich: Information Age.

Marsh, H. W., Lüdtke, O., Robitzsch, A., Trautwein, U., Asparouhov, T., Muthén, B. O. & Nagengast, B. (2009a). Doubly-latent models of school contextual effects: Integrating multilevel and structural equation approaches to control measurement and sampling errors. *Multivariate Behavioral Research, 44*, 764–802.

Marsh, H. W., Lüdtke, O., Robitzsch, A., Trautwein, U., Asparouhov, T., Muthén, B. O. & Nagengast, B. (2009b). MPLUS setup files for models in the present investigation. Doubly-latent models of school contextual effects: Integrating multilevel and structural equation approaches to control measurement and sampling errors. Appendix. *Multivariate Behavioral Research, 44*, 764–802.

Martin, M. O., Mullis, I. V. S., Foy, P. & Stanco, G. M. (2012). *TIMSS 2011 International Results in Science*. Chestnut Hill, MA: Lynch School of Education, Boston College.

Martin, M. O., Mullis, I. V. S., Gonzalez, E. & Kennedy, A. M. (2003). *Trends in children's reading literacy achievement 1991–2001: IEA's repeat in nine countries of the 1991 Reading Literacy Study*. Chestnut Hill, MA: Boston College.

Martin, M. O., Mullis, I. V. S. & Kennedy, A. M. (2003). *PIRLS 2001 technical report*. Chestnut Hill, MA: Boston College.

Martin, M. O., Mullis, I. V. S. & Kennedy, A. M. (2007). *PIRLS 2006 technical report*. Chestnut Hill, MA: Boston College.

Mattern, C. & Weisshuhn, G. (1980). *Einführung in die ökonomische Theorie von Bildung, Arbeit und Produktion. Studienbücher Sozialwissenschaften.* Frankfurt a. M.: Diesterweg.

McDonell. (1995). Opportunity to learn as a research concept and a policy instrument. *Educational Evaluation and Policy Analysis, 17,* 305–322.

McElvany, N. (2010). Die Übergangsempfehlung von der Grundschule auf die weiterführende Schule im Erleben der Lehrkräfte. In K. Maaz, J. Baumert, C. Gresch & N. McElvany (Eds.), *Der Übergang von der Grundschule in die weiterführende Schule. Leistungsgerechtigkeit und regionale, soziale und ethnisch-kulturelle Disparitäten* (pp. 295–312). Bonn: Bundesministerium für Bildung und Forschung (BMBF).

Mehta, P. D. & Neale, M. C. (2005). People are variables too: Multilevel structural equations modeling. *Psychological Methods, 10,* 259–284.

Merton, R. K. (1996). *On Social Structure and Science.* Chicago: The University of Chicago Press.

Merton, R. K. & Kitt, A. S. (1950). Contributions to the theory of reference group behaviour. In R. K. Merton & P. F. Lazarsfeld (Eds.), *Continuities in social research: Studies in the scope and method of "The American soldier."* Glencoe, Ill: Free Press.

Mintzberg, H. (1979). *The structuring of organizations. A synthesis of the research.* Englewood Cliffs: Prentice-Hall. Retrieved from http://pbadupws.nrc.gov/docs/ML0907/ML090710600.pdf

Monk, D. H. (1992). Microeconomics of school productions. Presented at the Economics of Education Section of the International Encyclopedia of Education.

Müller-Benedict, V. (2007). Wodurch kann die soziale Ungleichheit des Schulerfolgs am stärksten verringert werden? *Kölner Zeitschrift Für Soziologie Und Sozialpsychologie, 59,* 615–639.

Mullis, I. V. S., Kennedy, A. M., Martin, M. O. & Sainsbury, M. (2006). *PIRLS 2006 assessment framework and specifications: Progress in international reading literacy study* (2nd ed.). Chestnunt Hill, MA: Boston College.

Mullis, I. V. S. & Martin, M. O. (2007). Overview of PIRLS 2006. In M. O. Martin, I. V. S. Mullis & A. M. Kennedy (Eds.), *PIRLS 2006 Technical Report.* Chestnut Hill, MA: Boston College.

Mullis, I. V. S., Martin, M. O., Foy, P. & Arora, A. (2012). *TIMSS 2011 International Results in Mathematics.* Chestnut Hill, MA: Lynch School of Education, Boston College.

Mullis, I. V. S., Martin, M. O., Foy, P. & Drucker, K. T. (2012). *PIRLS 2011 International Results in Reading.* Chestnut Hill, M.A.: TIMSS & PIRLS International Study Center, Boston College.

Mullis, I. V. S., Martin, M. O., Gonzalez, E. J. & Kennedy, A. M. (2003). *PIRLS 2001 international report: IEA's study of reading literacy achievement in primary schools in 35 countries.* Chestnut Hill, MA: Boston College.

Mullis, I. V. S., Martin, M. O., Kennedy, A. M. & Flaherty, C. L. (2002). *PIRLS 2001 encyclopedia: A reference guide to reading education in the countries participating in IEA's Progress in International Reading Literacy Study (PIRLS).* Chestnut Hill, MA: Boston College.

Mullis, I. V. S., Martin, M. O., Kennedy, A. M. & Foy, P. (2007). *PIRLS 2006 international report: IEA's Progress in International Reading Literacy Study in primary schools in 40 countries.* Chestnut Hill, MA: Boston College.

Muthén, B. O. (1994). Multilevel covariance structure analysis. *Sociological Methods & Research, 22,* 376–398.

Muthén, B. O. (1998). *Mplus technical appendices.* Los Angeles, CA: Muthén & Muthén. Retrieved from http://www.statmodel.com/download/techappen.pdf

Muthén, B. O. & Asparouhov, T. (2008). Growth mixture modeling: Analysis with non-Gaussian random effects. In G. Fitzmaurice, M. Davidian, G. Verbeke & G.

Molenberghs (Eds.), *Longitudinal data analysis* (pp. 143–165). Boca Raton, FL: Chapman & Hall/CRC.

Muthén, B. O. & Asparouhov, T. (2011). Beyond multilevel regression modelling: Multilevel analysis in a general latent variable framework. In J. J. Hox & J. K. Roberts (Eds.), *Handbook of advanced multilevel analysis* (pp. 15–40). New York: Routledge.

Muthén, B. O. & Satorra, A. (1995). Complex sample data in structural equation modeling. In P. V. Marsden (Ed.), *Sociological methodology* (pp. 267–316). Washington, DC: American Sociological Association.

Muthén, L. K. & Muthén, B. O. (2012). *Mplus User's Guide. Statistical Analysis with Latent Variables. Version 7*. Los Angeles, CA: Muthén & Muthén. Retrieved from http://statmodel.com/ugexcerpts.shtml

Neumann, M., Milek, A., Maaz, K. & Gresch, C. (2010). Zum Einfluss der Klassenzusammensetzung auf den Übergang von der Grundschule in die weiterführenden Schulen. In K. Maaz, J. Baumert, C. Gresch & N. McElvany (Eds.), *Der Übergang von der Grundschule in die weiterführende Schule: Leistungsgerechtigkeit und regionale, soziale und ethnisch-kulturelle Disparitäten* (pp. 229–251). Bonn: Bundesministerium für Bildung und Forschung (BMBF), Referat Bildungsforschung.

OECD. (2001a). *Bildung auf einen Blick. OECD-Indikatoren 2001*. Paris: OECD.

OECD. (2001b). *Lernen für das Leben. Erste Ergebnisse der internationalen Schulleistungsstudie PISA 2000*. Paris: OECD.

OECD. (2008). *Measuring improvements in learning outcomes: best practices to assess the value-added of schools*. Paris: OECD.

Oerter, R. (2002). Kindheit. In R. Oerter & L. Montada (Eds.), *Entwicklungspsychologie* (5th ed., pp. 209–257). Weinheim: Beltz.

Oerter, R. & Dreher, E. (2002). Jugendalter. In R. Oerter & L. Montada (Eds.), *Entwicklungspsychologie* (5th ed., pp. 258–318). Weinheim: Beltz.

Opdenakker, M.-C. & Damme, J. van. (2001). Relationship between school composition and characteristics of school process and their effect on mathematics achievement. *British Educational Research Journal, 27*, 407–432.

Oswald, H. & Krappmann, L. (1991). Der Beitrag der Gleichaltrigen zur sozialen Entwicklung von Kindern in der Grundschule. In R. Pekrun & H. Fend (Eds.), *Schule und Persönlichkeitsentwicklung. Ein Resümee der Längsschnittforschung* (pp. 201–216). Stuttgart: Enke.

Paulus, W. & Blossfeld, H.-P. (2007). Schichtspezifische Präferenzen oder sozioökonomisches Entscheidungskalkül? Zur Rolle elterlicher Bildungsaspirationen im Entscheidungsprozess beim Übergang von der Grundschule in die Sekundarstufe. *Zeitschrift für Pädagogik, 53*, 491–508.

Pearl, J. (2012). The Causal Foundations of Structural Equation Modeling. In R. H. Hoyle (Ed.), *Handbook of Structural Equation Modeling*. Guilford Pubn.

Peek, R. (2001). Die Bedeutung vergleichender Schulleistungsmessungen für die Qualitätskontrolle und Qualitätsentwicklung von Schulen und Schulsystemen. In F. E. Weinert (Ed.), *Leistungsmessungen in Schulen* (pp. 323–335). Weinheim: Beltz.

Pekrun, R. & Schiefele, U. (1996). Emotions- und motivationspsychologische Bedingungen der Lernleistung. In F. E. Weinert (Ed.), *Psychologie des Lernens und der Instruktion* (pp. 154–180). Göttingen: Hogrefe.

Perrez, M., Huber, G. L. & Geißler, K. A. (2006). Psychologie der pädagogischen Interaktion. In A. Krapp & B. Weidenmann (Eds.), *Pädagogische Psychologie* (5th ed., pp. 359–425). Weinheim: Beltz.

Petillon, H. (2006). Soziale Beziehungen. In D. H. Rost (Ed.), *Handwörterbuch Pädagogische Psychologie* (3rd ed., pp. 717–724). Weinheim: Beltz.

Pfeffer, J. & Salancik, G. R. (2003). *The external control of organizations: a resource dependence perspective* (Nachdr.). Stanford, Calif: Stanford Business Books.

Picht, G. (1964). *Die deutsche Bildungskatastrophe. Analyse und Dokumentation.* Olten: Walter-Verlag.

Pietsch, M. & Stubbe, T. C. (2007). Inequality in the transition from primary to secondary school: School choices and educational disparities in Germany. *European Educational Research Journal, 6,* 424–445.

Pleimer, A. & Wimmer, F. (1994). *Ganzheitliche Bildung in Theorie und Praxis. Ein Modell für selbstorganisierte Lernprozesse.* Linz: BBRZ.

Preacher, K. J. & Hayes, A. F. (2007). Contemporary approaches to assessing mediation in communication research. In A. F. Hayes, M. D. Slater & L. B. Snyder (Eds.), *The sage sourcebook of advanced data analysis methods for communication research* (pp. 13–54). Thousand Oaks, CA: Sage.

Preacher, K. J., Zhang, Z. & Zyphur, M. J. (2011). Alternative methods for assessing mediation in multilevel data: The advantages of multilevel SEM. *Structural Equation Modeling, 18,* 161–182.

Preacher, K. J., Zyphur, M. J. & Zhang, Z. (2010). A general multilevel SEM framework for assessing multilevel mediation. *Psychological Methods, 15,* 209–233.

Preuß, O. (1972). *Soziale Herkunft und die Ungleichheit der Bildungschancen. Eine Untersuchung über das Eignungsurteil des Grundschullehrers.* Weinheim: Beltz.

Rabe-Hesketh, S. & Skrondal, A. (2006). Multilevel modelling of complex survey data. *Royal Statistical Society, 169,* 805–827.

Raudenbush, S. W. & Bryk, A. S. (2001). *Hierarchical Linear Models: Applications and Data Analysis Methods* (2nd edition). Thousand Oaks (Calif.): SAGE Publications, Inc.

Raudenbush, S. W. & Bryk, A. S. (2002). *Hierarchical linear models. Applications and data analysis methods.* Thousand Oaks: Sage.

Reimer, D. (2013). Kontexteffekte und soziale Ungleichheit beim Übergang von der Schule zur Hochschule. In R. Becker & A. Schulze (Eds.), *Bildungskontexte. Strukturelle Voraussetzungen und Ursachen ungleicher Bildungschancen* (pp. 405–430). Wiesbaden: Springer VS.

Reinecke, J. (2005). *Strukturgleichungsmodelle in den Sozialwissenschaften.* München: Oldenbourg.

Reynolds, D. & Teddlie, C. (2000a). The Future Agenda for School Effectiveness Research. In C. Teddlie & D. Reynolds (Eds.), *The international handbook of school effectiveness* (pp. 322–343). London: Falmer Press.

Reynolds, D. & Teddlie, C. (2000b). The Processes of School Effectiveness. In C. Teddlie & D. Reynolds (Eds.), *The international handbook of school effectiveness* (pp. 134–159). London: Falmer Press.

Reynolds, D., Teddlie, C., Creemers, B. P. M., Scheerens, J. & Townsend, T. (2000). An Introduction to School Effectiveness Research. In C. Teddlie & D. Reynolds (Eds.), *The international handbook of school effectiveness* (pp. 3–25). London: Falmer Press.

Rheinberg, F. (2001). Bezugsnormen und schulische Leistungsbeurteilung. In F. E. Weinert (Ed.), *Leistungsmessungen in Schulen* (pp. 59–71). Weinheim: Beltz.

Rice, J. M. (1893). *The public-school system of the United States.* New York: The Century Co.

Roemer, J. E. (1998). *Equality of Opportunity.* Cambridge; London: Harvard University Press.

Roemer, J. E. (2002). Equality of opportunity: A progress report. *Social Choice and Welfare, 19,* 455–471.

Rolff, H.-G. (2001). Was bringt die vergleichende Leistungsmessung für die pädagogische Arbeit in Schulen? In F. E. Weinert (Ed.), *Leistungsmessungen in Schulen* (pp. 337–352). Weinheim: Beltz.

Rosenshine, B. & Stevens, R. (1986). Teaching functions. Zusammenfassung. In M. C. Wittrock (Ed.), *Handbook of Research on Teaching* (3rd ed.). New York: Macmillan.

Retrieved from http://www.kangaroosoft.ch/Data/Files/BE130/be130_rosenshine_ste vens.pdf

Rutkowski, L., Gonzalez, E., Joncas, M. & von Davier, M. (2010). International Large-Scale Assessment Data: Issues in Secondary Analysis and Reporting. *Educational Researcher, 39*(2), 142–151. http://doi.org/10.3102/0013189X10363170

Ryu, E. & West, S. G. (2009). Level specific evaluation of model fit in multilevel structural equation modeling. *Structural Equation Modeling, 16*, 583–601.

SABER. (2013). *What Matters Most for Early Childhood Development: A Framework Paper*. World Bank.

Satorra, A. (2000). Scaled and adjusted restricted tests in multi-sample analysis of moment structures. In R. D. H. Heijmans, D. S. G. Pollock & A. Satorra (Eds.), *Innovations in multivariate statistical analysis. A Festschrift for Heinz Neudecker* (pp. 233–247). London: Kluwer Academic Publishers.

Satorra, A. & Bentler, P. M. (2001). A scaled difference chi-square test statistic for moment structure analysis. *Psychometrika, 66*, 507–514.

Satorra, A. & Bentler, P. M. (2010). Ensuring positiveness of the scaled difference chi-square test statistic. *Psychometrika, 75*, 243–248.

Schafer, J. L. & Graham, J. W. (2002). Missing data: Our view of the state of the art. *Psychological Methods, 7*, 147–177.

Schafer, J. L. & Olsen, M. K. (1998). Multiple imputation for multivariate missing-data problems: A data analyst's perspective. *Multivariate Behavioral Research, 33*, 545–571.

Scharenberg, K. (2012). *Leistungsheterogenität und Kompetenzentwicklung. Zur Relevanz klassenbezogener Kompositionsmerkmale im Rahmen der KESS-Studie* (Vol. 36).

Schauenberg, M. (2007). *Übertrittsentscheidungen nach der Grundschule: Empirische Analysen zu familialen Lebensbedingungen und Rational-Choice*. München: Utz.

Schauenberg, M. & Ditton, H. (2005). Zur Reproduktion von Bildungsungleichheit beim Übertritt auf weiterführende Schulen. In K.-S. Rehberg (Ed.), *Soziale Ungleichheit – Kulturelle Unterschiede. Verhandlungen des 32. Kongresses der Deutschen Gesellschaft für Soziologie in München 2004*. Frankfrut a.M.: Campus. (besorg.).

Scheerens, J. (1992). *Effective schooling. Research, theory and practice*. New York: Cassell.

Scheerens, J. (1997). Conceptual models and theory-embedded principles on effective schooling. *School Effectiveness and School Improvement, 8*, 269–310.

Scheerens, J. (2000). *Improving school effectiveness*. Paris: UNESCO: International Institute for Educational Planning. Retrieved from http://unesdoc.unesco.org/images/0012/001224/122424E.pdf

Scheerens, J. (2004). *Review of school and instructional effectiveness research*. Paper commissioned for the EFA Global Monitoring Report 2005, The Quality Imperative.

Scheerens, J. (2005). *Review and meta-analyses of school and teaching effectiveness*. The Netherlands: Department of Educational Organization and Management University of Twente.

Scheerens, J. & Bosker, R. J. (1997). *The foundations of educational effectiveness*. Oxford: Elsevier Science.

Scheerens, J., Seidel, T., Witziers, B., Hendriks, M. & Doornekamp, G. (2005). *Dutch educational inspectorate in current educational discourse and validating core indicators against the knowledge base of educational effectiveness research*. Kiel: University of Twente IPN.

Schermelleh-Engel, K., Moosbrugger, H. & Müller, H. (2003). Evaluating the fit of structural equation models: Test of significance and descriptive goodness-of-fit measures. *Methods of Psychological Research – Online, 8*, 23–74.

Schermer, F. J. (1998). Soziales Lernen. In D. H. Rost (Ed.), *Handwörterbuch Pädagogische Psychologie* (pp. 484–487). Weinheim: Beltz.

Schmidt, W. H. & Cogan, L. S. (1996). Development of the TIMSS context questionnaires. In M. O. Martin & D. L. Kelly (Eds.), *Third International Mathematics and Science Study (TIMSS). Technical Report* (Vol. I, pp. 5–1–5–22). Chestnut Hill, M.A.: Boston Collage.

Schmidt, W. H., Jorde, D., Cogan, L. S., Barrier, E., Gonzalo, I., Moser, U., … Wolfe, R. G. (1996). *Characterizing pedagogical flow. An investigation of mathematics and science teaching in six countries.* Dordrecht: Kluwer Academic Publishers.

Schmidt-Denter, U. (1996). *Soziale Entwicklung. Ein Lehrbuch über soziale Beziehungen im Laufe des menschlichen Lebens* (4th ed.). München: Psychologie Verlags Union.

Schnabel, K. U. & Schwippert, K. (2000). Einflüsse sozialer und ethnischer Herkunft beim Übergang in die Sekundarstufe II und den Beruf. In J. Baumert, W. Bos & R. H. Lehmann (Eds.), *TIMSS/III. Dritte Internationale Mathematik- und Naturwissenschaftsstudie – Mathematische und naturwissenschaftliche Bildung am Ende der Schullaufbahn: Bd. 1 Mathematische und naturwissenschaftliche Grundbildung am Ende der Pflichtschulzeit* (pp. 261–281). Opladen: Leske + Budrich.

Schneider, T. (2004). Hauptschule, Realschule oder Gymnasium? Soziale Herkunft als Determinante der Schulwahl. In M. Szydlik (Ed.), *Generation und Ungleichheit* (pp. 77–103). Wiesbaden: VS Verlag für Sozialwissenschaften.

Schuchart, C. & Maaz, K. (2007). Bildungsverhalten in institutionellen Kontexten: Schulbesuch und elterliche Bildungsaspiration am Ende der Sekundarstufe I. *Kölner Zeitschrift Für Soziologie Und Sozialpsychologie, 59*, 640–666.

Schulze, H.-J. (1985). *Autonomiepotentiale familialer Sozialisation.* Stuttgart: Enke.

Schumacher, E. (2002). Die soziale Ungleichheit der Lehrer/innen – oder: Gibt es eine Milieuspezifität pädagogischen Handelns? In J. Mägdefrau & E. Schumacher (Eds.), *Pädagogik und soziale Ungleichheit. Aktuelle Beiträge – Neue Herausforderungen* (pp. 253–270). Bad Heilbrunn: Klinkhardt.

Schümer, G. (2004). Zur doppelten Benachteiligung von Schülern aus unterprivilegierten Gesellschaftsschichten im deutschen Schulwesen. In G. Schümer, K. J. Tillmann & M. Weiß (Eds.), *Die Institution Schule und die Lebenswelt der Schüler – vertiefende Analysen der PISA 2000-Daten zum Kontext von Schülerleistungen* (pp. 73–114). Wiesbaden: VS Verlag für Sozialwissenschaften.

Schümer, G., Tillmann, K. J. & Weiß, M. (Eds.). (2004). *Die Institution Schule und die Lebenswelt der Schüler – vertiefende Analysen der PISA 2000 – Daten zum Kontext von Schülerleistungen.* Wiesbaden: VS Verlag für Sozialwissenschaften.

Schwippert, K. (2009). Gibt es Chancengleichheit in einer heterogenen Gesellschaft? Gedanken eines Empirikers. In I. Sylvester, I. Sieh, M. Menz, H.-W. Fuchs & J. Behrendt (Eds.), *Bildung Recht Chancen. Rahmenbedingungen, empirische Analysen und internationale Perspektiven zum Recht auf chancengleiche Bildung* (pp. 83–96). Münster: Waxmann.

Schwippert, K., Hornberg, S., Freiberg, M. & Stubbe, T. C. (2007). Kontextanalyse und empirische Bildungsforschung mit IGLU. In W. Bos, S. Hornberg, K.-H. Arnold, G. Faust, L. Fried, E.-M. Lankes, … R. Valtin (Eds.), *Lesekompetenzen von Kindern mit Migrationshintergrund im internationalen Vergleich.* (pp. 249–269). Münster: Waxmann.

Schwippert, K., Wendt, H. & Tarelli, I. (2012). Lesekompetenzen von Schülerinnen und Schülern mit Migrationshintergrund. In W. Bos, I. Tarelli, A. Bremerich-Vos & K. Schwippert (Eds.), *IGLU 2011. Lesekompetenzen von Grundschulkindern in Deutschland im internationalen Vergleich* (pp. 209–226). Münster: Waxman.

Scolve, L. S. (1987). Application of model-selection criteria to some problems in multivariate analysis. *Psychometrika, 52*, 333–343.

Seibel, H. D. & Nygreen, G. T. (1972). Pfadanalyse. Ein statistisches Verfahren zur Untersuchung linearer Kausalmodelle. *Zeitschrift Für Sozialpsychologie, Sonderband 3*, 5–12.

Seidel, T. (2008). Stichwort: Schuleffektivitätskriterien in der internationalen empirischen Forschung. *Zeitschrift für Erziehungswissenschaft, 11*, 348–367.

Seidel, T. & Shavelson, R. J. (2007). Teaching effectiveness research in the past decade: the role of theory and research design in disentangling meta-analysis results. *Review of Educational Research, 77*, 454–499.

Senge, P. M. (2006). *The fifth discipline the art and practice of the learning organization.* New York: Broadway Books.

Simon, H. A. (1978). Rational decision-making in business organizations. Presented at the Nobel Memorial Lecture, Pittsburgh, Pennsylvania, USA: Carnegie-Mellon University.

Slavin, R. E. (1987). A Theory of School and Classroom Organization. *Educational Psychologist, 22*, 89–108.

Slavin, R. E. (1996). *Education for all.* Lisse: Swets & Zeitlinger.

Snijders, T. A. B. (2001). Sampling. In A. Leyland & H. Goldstein (Eds.), *Multilevel modelling of health statistics* (pp. 159–174). Chichester: Wiley. Retrieved from http://stat.gamma.rug.nl/sampling.pdf

Stallmann, M. (1990). Soziale Herkunft und Oberschulübergang in einer Berliner Schülergeneration. *Zeitschrift Für Pädagogik, 36*, 259–273.

Stamm, M. (2005). Bildungsaspiration, Begabung und Schullaufbahn: Eltern als Erfolgspromotoren? *Schweizerische Zeitschrift Für Bildungswissenschaften, 27*, 277–295.

Stanat, P. (2006). Disparitäten im schulischen Erfolg: Forschungsstand zur Rolle des Migrationshintergrunds. *Unterrichtswissenschaft, 34*, 98–124.

Stancel-Piątak, A. & Desa, D. (2014). Methodological Implementation of Multi Group Multilevel SEM with PIRLS 2011: Improving Reading Achievement. In R. Strietholt, W. Bos, J.-E. Gustafsson & M. Rosén (Eds.), *Educational Policy Evaluation through International Comparative Assessments* (pp. 75–93). Münster: Waxmann.

Stancel-Piątak, A., Mirazchiyski, P. & Desa, D. (2013). Promotion of Reading and Early Literacy Skills in Schools: a comparison of three European countries. *European Journal of Education, 48*(4), 498–510. http://doi.org/10.1111/ejed.12050

Stapleton, L. M. (2006). Using multilevel structural equation modeling techniques with complex sample data. In G. R. Hancock & R. O. Mueller (Eds.), *Structural equation modeling: a second course* (pp. 345–383). Greenwood: IAP.

Steffens, G. (2007). *Politische und ökonomische Bildung in Zeiten der Globalisierung. Eine kritische Einführung.* Münster: Verlag Westfälisches Dampfboot.

Steiner, G. (1996). Lernverhalten, Lernleistung und Instruktionsmethoden. In F. E. Weinert (Ed.), *Psychologie des Lernens und der Instruktion* (pp. 279–317). Göttingen: Hogrefe.

Stocké, V. (2010). Der Beitrag der Theorie rationaler Entscheidung zur Erklärung von Bildungsungleichheit. In *Bildungsverlierer. Neue Ungleichheiten* (pp. 73–94). Wiesbaden: VS Verlag für Sozialwissenschaften.

Stocké, V. (2013). Bildungsaspirationen, soziale Netzwerke und Rationalität. In A. Schulze & R. Becker (Eds.), *Bildungskontexte. Strukturelle Voraussetzungen und Ursachen ungleicher Bildungschancen* (pp. 269–298). Wiesbaden: Springer VS.

Stringfield, S. & Slavin, R. E. (1992). A hierarchical longitudinal model for elementary school effects. In B. P. M. Creemers & G. J. Reezigt (Eds.), *Evaluation of Educational Effectiveness* (pp. 35–69). Groningen: ICO.

Stubbe, T. C. & Bos, W. (2008). Schullaufbahnempfehlungen von Lerhkräften und Schullaufbahnentscheidungen von Eltern am Ende der vierten Jahrgangsstufe. *Empirische Pädagogik, 22*, 49–63.

Stubbe, T. C., Bos, W. & Euen, B. (2012). Der Übergang von der Primar- in die Sekundarstufe. In W. Bos, I. Tarelli, A. Bremerich-Vos & K. Schwippert (Eds.), *IGLU 2011. Lesekompetenzen von Grundschulkindern in Deutschland im internationalen Vergleich* (pp. 209–226). Münster: Waxman.

Tarelli, I. & Bos, W. (2013). Kontextanalyse und empirische Bildungsforschung mit IGLU. In A. Schulze & R. Becker (Eds.), *Bildungskontexte. Struturelle Voraussetzungen und Ursachen ungleicher Bildungschancen* (pp. 117–144). Wiesbaden: Springer VS.

Teddlie, C. & Reynolds, D. (2000). School Effectiveness Research and the Social and Behavioural Sciences. In C. Teddlie & D. Reynolds (Eds.), *The international handbook of school effectiveness* (pp. 301–321). London: Falmer Press.

Teddlie, C., Reynolds, D. & Sammons, P. (2000). The Methodology and Scientific Properties of School Effectiveness Research. In C. Teddlie & D. Reynolds (Eds.), *The international handbook of school effectiveness* (pp. 55–133). London: Falmer Press.

Tenorth, H.-E. (2000). Erziehungswissenschaftliche Forschung im 20. Jahrhundert und ihre Methoden. In D. Benner & H.-E. Tenorth (Eds.), *Bildungsprozesse und Erziehungsverhältnisse im 20. Jahrhundert: Praktische Entwicklungen und Formen der Reflexion im historischen Kontext* (pp. 264–293). Weinheim: Beltz.

Thorndike, R. L. (1973). *Reading comprehension education in fifteen countries. International studies in evaluation III.* Stockholm: Almqvist and Wiksell.

Tippelt, R. (2008). Qualitätsstandards und Forschungsevaluationen in der Erziehungswissenschaft. *Zeitschrift Für Pädagogik, 54,* 171–187.

Trautwein, U., Köller, O., Lehmann, R. H. & Lüdtke, O. (2007). *Schulleistungen von Abiturienten. Regionale, schulformbezogene und soziale Disparitäten.* Münster: Waxmann.

Trautwein, U., Lüdtke, O., Marsh, H. W., Köller, O. & Baumert, J. (2006). Tracking, grading, and student motivation: using group composition and status to predict self-concept and interest in ninth-grade mathematics. *Journal of Educational Psychology, 98,* 788–806.

Tymms, P. (2004). Effect sizes in multilevel models. In I. Schagen & K. Elliot (Eds.), *But what does it mean? The use of effect sizes in educational research* (pp. 55–66). London: National Foundation for Educational Research.

Ulich, D. & Jerusalem, M. (1996). Interpersonale Einflüsse auf die Lernleistung. In F. E. Weinert (Ed.), *Psychologie des Lernens und der Instruktion. Enzyklopädie der Psychologie* (pp. 181–208). Göttingen: Hogrefe.

UNESCO. (2013). *Toward Universal Learning. Recommendations from the Learning Metrics Task Force.* UNESCO Institute for Statistics and the Center for Universal Education at the Brookings Institution.

Verbeek, J. J., Nunnink, J. R. J. & Vlassis, N. (2006). Accelerated EM-based clustering of large data sets. *Data Mining and Knowledge Discovery, 13,* 291–307.

Vester, M. (2004). Die Illusion der Bildungsexpansion. Bildungsöffnungen und soziale Segregation in der Bundesrepublik Deutschland. In S. Engler & B. Krais (Eds.), *Das kulturelle Kapital und die Macht der Klassenstrukturen* (pp. 13–53). Weinheim: Juventa.

von Davier, M., Gonzalez, E. & Mislevy, R. J. (2009). *What are plausible values and why are they useful?* (Vol. 2). Princeton: IEA-ETS Research Institute.

Vygotskij, L. S. (1976). *Psychologie der Kunst.* Dresden: VEB.

Vygotskij, L. S. (1985). Die instrumentelle Methode in der Psychologie. In J. von Lompscher (Ed.), *Ausgewählte Schriften. Lew Wygotski* (pp. 309–317). Berlin: Volk und Wissen.

Walberg, H. J. (1984). Improving the productivity of American schools. *Educational Leadership, 41,* 19–27.

Walker, D. A. (1976). *The IEA six subject survey: An empirical study of education in twenty-one countries.* New York: John Wiley & Sons Inc.

Walter, O. & Stanat, P. (2008). Der Zusammenhang des Migrantenanteils in Schulen mit der Lesekompetenz: Differenzierte Analysen der erweiterten Migrantenstichprobe von PISA 2003. *Zeitschrift Für Erziehungswissenschaft, 11,* 84–105.

Wang, M. C., Haertel, G. D. & Walberg, H. J. (1993). Toward a knowledge base for school learning. *Review of Educational Research, 63*, 249–294.

Watermann, R. & Baumert, J. (2006). Entwicklung eines Strukturmodells zum Zusammenhang zwischen sozialer Herkunft und fachlichen und überfachlichen Kompetenzen: Befunde national und international vergleichender Analysen. In J. Baumert, P. Stanat & R. Watermann (Eds.), *Herkunftsbedingte Disparitäten im Bildungswesen. Vertiefende Analysen im Rahmen von PISA 2000* (pp. 61–94). Wiesbaden: VS Verlag für Sozialwissenschaften.

Weinert, F. E. (1996). Lerntheorien und Instruktionsmodelle. In F. E. Weinert (Ed.), *Enzyklopädie der Psychologie, Bd.2, Psychologie des Lernens und der Instruktion* (Vol. 2, pp. 1–48). Göttingen: Hogrefe.

Westbury, I. & Travers, K. (1990). *Second International Mathematics Study: Studies.* Urbana, IL: University of Illinois.

Wiese, W. (1986). Schulische Umwelt und Chancenverteilung. Eine Kontextanalyse schulischer Umwelteinflüsse auf die statusspezifischen Erfolgsquoten in der Klasse 10 und der Oberstufe des Gymnasiums. *Zeitschrift Für Soziologie, 15*, 188–209.

Wolf, B. (1998). Lernumwelt/Ökologische Psychologie. In D. H. Rost (Ed.), *Handwörterbuch Pädagogische Psychologie* (pp. 318–321). Weinheim: Beltz.

Wolf, C. (1995). Sozio-ökonomischer Status und berufliches Prestige. *ZUMA-Nachrichten, 37*, 103–136.

Wottawa, H. & Thierau, H. (2003). Grundlagen sozialwissenschaftlich gestützter Evaluation. In H. Wottawa & H. Thierau (Eds.), *Lehrbuch Evaluation* (pp. 23–54). Bern: Huber.

Yuan, K.-H. & Bentler, P. M. (2000). Three likelihood-based methods for mean and covariance structure analysis. *Sociological Methodology, 30*, 165–200.

Zaccarin, S. & Donati, C. (2008). *The effects of sampling weights in multilevel analysis of PISA data.* Trieste: University of Trieste, Department of Economics and Statistics.

Zedler, P. (2010). Erziehungswissenschaftliche Bildungsforschung. In R. Tippelt (Ed.), *Handbuch Bildungsforschung* (3rd ed., pp. 23–45). Wiesbaden: VS Verlag für Sozialwissenschaften.

Zeileis, A. (2006). Object-oriented computation of sandwich estimators. *Journal of Statistical Software, 16*, verfügbar unter: http://www.jstatsoft.org/v16/i09/paper [25.07.2012].

Zimbardo, P. G. & Gerrig, R. J. (1999). *Psychologie.* Springer Verlag.

Zimmer, R. W. & Toma, E. F. (2000). Peer effects in private and public schools across countries. *Journal of Policy Analysis and Management, 19*, 75–92.

Abbildungsverzeichnis

Tabellenverzeichnis

Anhang

Effektivität des Schulsystems
beim Abbau sozialer Ungleichheit

Latentes Mehrebenenmodell individueller
und institutioneller Faktoren der
sozialen Reproduktion (PIRLS)

Anhang

A.1   Abkürzungsverzeichnis

Tabelle A. 1:   Verzeichnis der Abkürzungen

Abkürzung	Bedeutung
AIC	Akaike's Information Criterion
BIC	Bayesian Information Criterion
CFI	Comparative Fit Index
EMA	Accelerated Expectation Maximization
ES1 - ES3	standardisierte Effektstärken nach Marsh et al. (2009)
FIML	Full Information Maximum Likelihood
ICC	Intra-Class-Correlation-Coefficient
IGLU	Internationale Grundschul-Lese-Untersuchung
IGLU-E	Internationale Grundschul-Lese-Untersuchung: Erweiterungsstudie
ML	Maximum Likelihood
MLC	Multilevel Latent Covariate
MLM	Multilevel Modeling
MLR	Muthéns quasi-likelihood estimator mit robusten Standardfehlern und mittel-wert- und varianzadjustierten Chi-Quadrat-Statistiken
MMC	Multilevel Manifest Covariate
MSEM	Multilevel Structural Equation Model
SL-SEM	Single Level Structural Equation Model
PIRLS	Progress in International Reading Literacy Study
PISA	Programm for International Student Assessment
PML	Pseudo Maximum Likelihood
PSU	Primary Sampling Unit
RMSEA	Root Mean Square Error of Approximation
SES	Socio Economic Status (sozioökonomischer Status)
SRMR	Standardized Root Mean Square Residual
SSU	Secondary Sampling Unit
TLI	Tucker-Luis-Index

A.2   Implementierte Modelle

Tabelle A. 2a: Übersicht über die implementierten Modelle in der vorliegenden Arbeit

Modell	Kapitel	Modellart	Analyse	Schätz-methode	Algo-rithmus	Fitindizes Modell-evaluation	Modell-vergleiche
Schritt 1	*Überprüfung der primären und sekundären Ungleichheitseffekte (Einebenen-SEM)*						
1. SL-SEM	7.1	fixed effect	Ungleichheits-mechanismen am Übergang	MLR	EMA	RMSEA, CFI, TIL, SRMR	Nicht relevant
Schritt 2	*Überprüfung der Unterschiede zwischen den Schulklassen anhand der Zwischen-Klassen-Varianz der Mittelwerte (Zwischen-Klassen-Varianz; MCFA; random-intercept-model)*						
2. MCFA	7.2	random intercepts	Zwischen-Klassen-Varianz der Prädik-tor- und Krieriums-variablen	MLR	EMA	RMSEA, CFI, TIL, SRMRw, SRMRb	Nicht relevant
Schritt 3	*Modellierung der Kompositionseffekte des Schülerhintergrunds und der Kontexteffekte des schulischen und regionalen Umfelds auf die Übergangsentscheidungen (Moderatoreffekte der Klassenkomposition und des Kontextes; MSEM; intercepts-as-outcomes-model)*						
3.1 MSEM	7.3	random intercepts	Klassenkomposition - Moderatoreffekte	MLR	EMA	RMSEA, CFI, TIL, SRMRw, SRMRb	Nicht relevant
3.2 MSEM	7.4	random intercepts	Kontexteffekte - Mo-deratoreffekte	MLR	EMA	RMSEA, CFI, TIL, SRMRw, SRMRb	Nicht relevant
Schritt 4	*Überprüfung der Unterschiede zwischen den Schulklassen in dem Grad der Perpetuierung von Chancenungleichheit anhand der Variabilität von Regressionssteigungen der Hinter-grundmerkmale auf die Übergangsvariablen (Steigungsvarianz; MSEM; random-slopes-model)*						
4. MSEM	7.5.3	random coefficient	MSEM-L2-Varianz der Steigungen	MLR	Integra-tion	RMSEA, CFI, TIL, SRMRw, SRMRb	Nicht relevant
Schritt 5	*Modellierung der ungleichheitsreduzierenden Faktoren der Klassenkomposition und des Schulkontextes (Interaktionseffekte; MSEM; intercepts-and-slopes-as-outcomes-model)*						
5.1 MSEM	7.5.4	intercepts and slopes as outcomes	Klassen-komposition - Inter-aktionseffekte	MLR	Integra-tion	RMSEA, CFI, TIL, SRMRw, SRMRb	Nicht relevant
5.2 MSEM	7.5.5	intercepts and slopes as outcomes	Kontexteffekte - In-teraktionseffekte	MLR	Integra-tion	RMSEA, CFI, TIL, SRMRw, SRMRb	Nicht relevant
Vorbereitende Analysen 1 und 3	*Überprüfung der Faktorenstruktur der latenten Individualvariablen und der Kompositions- und Kontextfaktoren (Quer-Ebenen-Invarianz: MCFA; random-intercepts-model)*						
VA1VA3 MCFA	A.7.1.1 A.7.2.2 A.7.3.2	random intercepts	L1- und L2-Struktur der latenten Faktoren	MLR	EMA	RMSEA, CFI, TIL, SRMRw, SRMRb	AIC, BIC, Chi-qua-drat
Vorbereitende Analysen 2	*Wahl der Aggregationsart der Kompositions- und Kontextfaktoren (MSEM; intercepts-as-outcomes-model)*						
VA2 MSEM	A.7.2.1 A.7.3.1	random intercepts	Modellauswahl: Manifest vs. latent	MLR	EMA	RMSEA, CFI, TIL, SRMRw, SRMRb	Inhaltliche Über-legung

Tabelle A. 2b: Übersicht über die implementierten Modelle in der vorliegenden Arbeit
(Fortsetzung)

Modell	Scaling correction factor	Gewichtung			Fehlende Werte	Standardisierung von Variablen	Zentrierung der L1 Prädiktoren
		Ebene	Subpopulation	Skalierung			
Schritt 1		*Überprüfung der primären und Sekundären Ungleichheitseffekte (Einebenen-SEM)*					
1. SL-SEM	nein	L1 HOUWGT	ja	keine	FIML	stdyx	keine
Schritt 2		*Überprüfung der Unterschiede zwischen den Schulklassen anhand der zwischen-Klassen-Varianz der Mittelwerte (zwischen-Klassen-Varianz; MCFA; random-intercept-model)*					
2. MCFA	Nicht relevant	L1 HOUWGT	ja	WTSCALE = CLUSTER	FIML	stdyx	Gruppenzentrierung
Schritt 3		*Modellierung der Kompositionseffekte des Schülerhintergrunds und der Kontexteffekte des schulischen und regionalen Umfelds auf die Übergangsentscheidungen (Moderatoreffekte der Klassenkomposition und des Kontextes; MSEM; intercepts-as-outcomes-model)*					
3.1 MSEM	Nicht relevant	L1 HOUWGT	ja	WTSCALE = CLUSTER	FIML	βc, sβc, ES1-ES3	Gruppenzentrierung
3.2 MSEM	Nicht relevant	L1 HOUWGT	ja	WTSCALE = CLUSTER	FIML	stdyx	Gruppenzentrierung
Schritt 4		*Überprüfung der Unterschiede zwischen den Schulklassen in dem Grad der Perpetuierung von Chancenungleichheit anhand der Variabilität von Regressionssteigungen der Hintergrundmerkmale auf die Übergangsvariablen (Steigungsvarianz; MSEM; random-slopes-model)*					
4. MSEM	Nicht relevant	L1 HOUWGT	ja	WTSCALE = CLUSTER	FIML	keine	Gruppenzentrierung
Schritt 5		*Modellierung der ungleichheitsreduzierenden Faktoren der Klassenkomposition und des Schulkontextes (Interaktionseffekte; MSEM; intercepts-and-slopes-as-outcomes-model)*					
5.1 MSEM	Nicht relevant	L2 SCHWGT	nein	BWTSCALE = SAMPLE	FIML	keine	Gesamtmittelwert
5.2 MSEM	Nicht relevant	L2 SCHWGT	nein	BWTSCALE = SAMPLE	FIML	keine	Gesamtmittelwert
Vorbereitende Analysen 1 und 3		*Überprüfung der Faktorenstruktur der latenten Individualvariablen und der Kompositions- und Kontextfaktoren (quer-Ebenen-Invarianz: MCFA; random-intercepts-model)*					
VA1VA3 MCFA	ja	L1 HOUWGT	ja	WTSCALE = CLUSTER	FIML	keine	Gruppenzentrierung
Vorbereitende Analysen 2		*Wahl der Aggregationsart der Kompositions- und Kontextfaktoren (MSEM; intercepts-as-outcomes-model)*					
VA2 MSEM	Nicht relevant	L1 HOUWGT	ja	WTSCALE = CLUSTER	FIML	βc, sβc, ES1-ES3	Gruppenzentrierung

Tabelle A. 2c: Übersicht über die implementierten Modelle in der vorliegenden Arbeit –
Legende

	LEGENDE
SL-SEM	Single Level Structural Equation Model
MSEM	Multilevel Structural Equation Model
MCFA	Multilevel Confirmatory Factor Analysis
MLR	Muthéns quasi-likelihood estimator mit robusten Standardfehlern und mittelwert- und varianzadjustierten Chi-Quadrat-Statistiken
EMA	Accelerated Expectation Maximization
CFI	Comparative Fit Index
TLI	Tucker-Luis-Index
RMSEA	Root Mean Square Error of Approximation
SRMR	Standardized Root Mean Square Residual
SRMRw	Standardized Root Mean Square Residual innerhalb von Clustern (within)
SRMRb	Standardized Root Mean Square Residual zwischen den Clustern (between)
AIC	Akaike's Information Criterion
BIC	Bayesian Information Criterion
HOUWGT**	L1 individuelles Schülergewicht
SCHWGT**	L2 Schulgewicht
FIML	Full Information Maximum Likelihood
βc	unstandardisierter Koeffizient
$s\beta c$	an der Gesamtvarianz des Prädiktors und der Kriteriumsvariablen standardisierter Koeffizient
ES1 bis ES3	standardisierte Effektstärken*
ES1	L1-Varianz des Residuums des Prädiktors
ES2	L1- und L2-Gesamtvarianz des Prädiktors (Residuum und Varianz)
ES3	L1-Gesamtvarianz des Kriteriums (Residuum und Varianz) und L2-Varianz des Prädiktors
stdyx	Standardisierung um die x- und y-Achse in MPLUS

* Standardisierung nach Marsh et al. ist auch in Kap. 6.2.7.3 aufgeführt.
** vgl. Kap. 6.2.4.1 der Arbeit

A.3   Eingesetzte Skalen und Items

A.3.1   Hintergrundmerkmale der Schülerinnen und Schüler

Tabelle A. 3:   Sozioökonomischer Status

Skala: Sozioökonomischer Status	
Kurzbezeichnung	SES
Instrument	Elternfragebogen (national)
Frage	Wie hoch ist das jährliche Brutto-Einkommen aller Mitglieder in Ihrem Haushalt pro Jahr zusammen?
Antwortkategorien	(1) Unter 10.000 Euro
	(2) 10.000 bis 19.999 Euro
	(3) 20.000 bis 29.999 Euro
	(4) 30.000 bis 39.999 Euro
	(5) 40.000 bis 49.999 Euro
	(6) 50.000 bis 59.999 Euro
	(7) 60.000 bis 69.999 Euro
	(8) 70.000 Euro oder mehr
Variablenname	EF36
Rekodierung	--
Frage	In welchem Beruf sind Sie tätig?
Frage (Forts.)	Vater
Antwortkategorien	EGP Klassifikation*
Variablenname	v_EGP6
Rekodierung	v_EGP6
Frage	In welchem Beruf sind Sie tätig?
Frage (Forts.)	Mutter
Antwortkategorien	EGP Klassifikation*
Variablenname	m_EGP6
Rekodierung	m_EGP6

* Nach Erikson, Goldthorpe und Portocarero (1979)

Tabelle A. 4: Kulturelles Kapital

Skala: Kulturelles Kapital	
Kurzbezeichnung	KK
Instrument	Elternfragebogen
Antwortkategorien	0-10 (1); 11-25 (2); 26-50 (3); 51-100 (4); über 100 (5)
Rekodierung	---
Variablenname	*Frage*
ASBHBOOK	Wie viele Bücher gibt es in Ihrem Haushalt ungefähr? *(Ohne Zeitschriften, Zeitungen oder Kinderbücher.)*
ASBHCHBK	Wie viele Kinderbücher gibt es in Ihrem Haushalt ungefähr? *(Ohne Kinderzeitschriften oder Schulbücher.)*

Tabelle A. 5: Migrationsstatus: Häusliche Sprachpraxis

Skala: Häusliche Sprachpraxis	
Kurzbezeichnung	Spr
Instrument	Schülerfragebogen
Frage	Deutsch als Muttersprache /erlernt vor oder nach Schuleintritt.
Antwortkategorien	Deutsch ist Muttersprache des Kindes (1); Deutsch ist nicht Muttersprache des Kindes / vor der Schule gelernt (2); Deutsch ist nicht Muttersprache des Kindes / in der Schule gelernt (3)
Variablenname	SFP23
Rekodierung	SFP23
Frage	Wie häufig sprichst du mit den folgenden Personen Deutsch?
Frage (Forts.)	Mit Deiner Mutter
Antwortkategorien	immer oder fast immer (1); meistens (2); seltener (3); nie oder fast nie (4); trifft nicht zu (5)
Variablenname	SFP2401
Rekodierung	SFP2401
Frage	Wie häufig sprichst du mit den folgenden Personen Deutsch?
Frage (Forts.)	Mit Deinem Vater
Antwortkategorien	immer oder fast immer (1); meistens (2); seltener (3); nie oder fast nie (4); trifft nicht zu (5)
Variablenname	*SFP2403*
Rekodierung	SFP2403

A.3.2   Leistungsbezogene Persönlichkeitsmerkmale

Tabelle A. 6: Kognitive Fähigkeiten

Item: Kognitive Fähigkeiten	
Kurzbezeichnung	KFT
Instrument	Schülertest
Antwortkategorien	--
Rekodierung	--
Variablenname	kft_fa
Frage	Kognitive Grundfähigkeiten + Subtest: Figurale Analogien des Kognitiven Fähigkeitstests für 4. bis 12. Klassen (KFT 4 R)*

*Heller & Perleth (2000)

Tabelle A. 7:   Lesefähigkeit

Skala: Lesefähigkeit	
Kurzbezeichnung	Lese
Instrument	Schülertest
Antwortkategorien	--
Rekodierung	--
Frage	Lesfähigkeitstest
Variablenname	ASRREA01-05 (Plausible Value 01 – 05 Lesescore)

Tabelle A. 8: Motivation

Skala: Motivation zur Mitarbeit im Deutschunterricht	
Kurzbezeichnung	Mot
Instrument	Schulfragebogen
Antwortkategorien	trifft voll zu (1); trifft eher zu (2); trifft eher nicht zu (3); trifft überhaupt nicht zu (4)
Rekodierung	--
Frage	Wie stark treffen folgende Aussagen zum Fach Deutsch auf dich zu?
Variablenname	*Frage (Forts.)*
SFP122	Häufig habe ich keine Lust, im Deutschunterricht richtig mitzuarbeiten.
SFP123	Ich sage in Deutsch eigentlich nur dann etwas, wenn mich die Lehrerin / der Lehrer aufruft.
SFP126	In Deutsch sage ich oft nichts, weil andere viel besser sind als ich.
SFP127	Bevor ich in Deutsch etwas Falsches sage, halte ich lieber den Mund.
SFP128	In Deutsch sind so viele besser als ich, dass ich mich lieber nicht oft melde.

A.3.3 Deutschnote und Übergangsvariablen

Tabelle A. 9: Deutschnote

Item: Deutschnote	
Kurzbezeichnung	Dnot
Instrument	Angaben der Lehrkräfte (Schülerteilnahmeliste IGLU 2006)
Antwortkategorien	1 (1); 2 (2); 3 (3); 4 und schlechter (4)
Variablenname	deu_note
Rekodierung	deu_note
Frage	Letzte Halbjahreszensuren (Schuljahr 2005/2006)

Tabelle A. 10: Übergangsempfehlungen der Lehrkräfte

Item: Übergangsempfehlung	
Kurzbezeichnung	Lehrpr
Instrument	Angaben der Lehrkräfte (Schülerteilnahmeliste IGLU 2006)
Variablenname	lehr_pr2
Rekodierung	lehr_pr2
Frage	Welche der folgenden Schullaufbahnen/Schulabschlüsse würden Sie für den Schüler/die Schülerin empfehlen?
Antwortkategorien	*Vor Rekodierung*
	(1) Haupt- / Volksschulabschluss in BB: EBR
	(2) Realschulabschluss / Mittlere Reife in BB: FOR
	(3) Hochschulreife / Abitur in BB: AHR
	(4) Sonstiges (Bitte spezifizieren.)
Antwortkategorien	*Nach Rekodierung*
	(1) Haupt- / Volksschulabschluss in BB: EBR
	(2) Realschulabschluss / Mittlere Reife in BB: FOR
	(3) Hochschulreife / Abitur in BB: AHR

Tabelle A. 11: Geplante Übergangsentscheidungen der Eltern

Item: Geplante Elternentscheidung

Kurzbezeichnung	Eltpr
Instrument	Elternfragebogen
Variablenname	r6elt_pr2
Rekodierung	r6elt_pr2
Frage	Welche Schule wird Ihr Kind im nächsten Schuljahr voraussichtlich besuchen?

Antwortkategorien *Vor Rekodierung*

(0) Grundschule

(1) Hauptschule

(2) Realschule

(3) Gymnasium

(4) Integrierte Gesamtschule

(5) Kooperative Gesamtschule / Schulzentrum: Hauptschulzweig

(6) Kooperative Gesamtschule / Schulzentrum: Realschulzweig

(7) Kooperative Gesamtschule / Schulzentrum: Gymnasialzweig

(8) Schule mit mehreren Bildungsgängen (z. B. Haupt- und Realschule, Mittelschule, Regelschule, Regionalschule, Sekundarschule): integrierte Klasse

(9) Schule mit mehreren Bildungsgängen (z. B. Haupt- und Realschule, Mittelschule, Regelschule, Regionalschule, Sekundarschule): Hauptschulklasse

(10) Schule mit mehreren Bildungsgängen (z. B. Haupt- und Realschule, Mittelschule, Regelschule, Regionalschule, Sekundarschule): Realschulklasse

Antwortkategorien *Nach Rekodierung*

(1) Hauptschule

(2) Haupt- und Realschule

(3) Realschule

(4) Integrierte Gesamtschule/Klasse

(5) Gymnasium

A.3.4 Unterrichtliche und schulische Kontextfaktoren

Tabelle A. 12: Skalen des Klassenklimas

Skala: Hilfsbereitschaft und soziales Verhalten der Mitschüler	
Kurzbezeichnung	Gebor1
Instrument	Schülerfragebogen
Antwortkategorien	stimme stark zu (1); stimme einigermaßen zu (2); stimme wenig zu (3); stimme überhaupt nicht zu (4)
Rekodierung	alle
Frage	Wie denkst du über deine Schule? Gib an, wie sehr du jeder der folgenden Aussagen zustimmst.
Variablenname	*Frage (Forts.)*
	Die Schüler meiner Schule haben ...
ASBGCT4	... Respekt voreinander.
ASBGCT5	... kümmern sich umeinander.
ASBGCT6	... helfen sich gegenseitig bei ihrer Arbeit.
Skala: Sicherheits- und Geborgenheitsgefühl	
Kurzbezeichnung	Gebor2
Instrument	Schülerfragebogen
Antwortkategorien	stimme stark zu (1); stimme einigermaßen zu (2); stimme wenig zu (3); stimme überhaupt nicht zu (4)
Rekodierung	alle
Frage	Wie denkst du über deine Schule? Gib an, wie sehr du jeder der folgenden Aussagen zustimmst.
Variablenname	*Frage (Forts.)*
ASBGCT1	Ich gehe gern zur Schule.
ASBGCT2	Ich finde, dass sich die Lehrer an meiner Schule um mich kümmern.
ASBGCT3	Ich fühle mich sicher, wenn ich in der Schule bin.

Tabelle A. 13: Skalen zu der Schüler-Schüler- und Lehrer-Schüler-Beziehung

Skala: Beliebtheit unter Gleichaltrigen	
Kurzbezeichnung	WohlB1
Instrument	Schülerfragebogen
Antwortkategorien	stimmt genau (1); stimmt fast (2); stimmt ein wenig (3); stimmt gar nicht (4)
Rekodierung	alle
Frage	Wie wohl fühlst du dich mit deinen Mitschülern?

Variablenname	*Frage (Forts.)*
SFP052	Ich bin beliebt.
SFP053	Andere kommen mit ihren Problemen zu mir.
SFP054	Mir wird in der Schule das Gefühl gegeben, wichtig zu sein.
SFP056	Meine Mitschülerinnen und Mitschüler halten viel von mir.
SFP058	Die anderen arbeiten gern mit mir in Arbeitsgruppen zusammen.

Skala: Vertrauen zur Lehrkraft und deren Durchsetzungsfähigkeit	
Kurzbezeichnung	Lehr4
Instrument	Schülerfragebogen
Antwortkategorien	stimmt genau (1); stimmt fast (2); stimmt ein wenig (3); stimmt gar nicht (4)
Rekodierung	alle
Frage	Wie weit stimmst du folgenden Aussagen über deine Deutschlehrerin / deinen Deutschlehrer zu?

Variablenname	*Frage (Forts.)*
SFP151	Wenn uns etwas nicht gefällt, können wir offen mit unserer Deutschlehrerln darüber reden.
SFP152	Wir haben großes Vertrauen zu unserer Deutschlehrerln.
	Unsere Deutschlehrerin/unser Deutschlehrer ...
SFP153	... nimmt unsere Probleme ernst.
SFP154	... bemüht sich, auf unsere Wünsche einzugehen.
SFP156	... kümmert sich um jede einzelne Schülerin/um jeden einzelnen Schüler.
SFP157	... hat die Klasse im Griff.
SFP159	... kann sich in unserer Klasse durchsetzen.

Tabelle A. 14: Skalen zur Unterrichtsführung und Arbeitsmethoden

Skala: Angemessenes Unterrichtsniveau und -tempo	
Kurzbezeichnung	Lehr1
Instrument	Schülerfragebogen
Antwortkategorien	stimmt genau (1); stimmt fast (2); stimmt ein wenig (3); stimmt gar nicht (4)
Rekodierung	alle
Frage	Wie weit stimmst du folgenden Aussagen über deine Deutschlehrerin / deinen Deutschlehrer zu?
Variablenname	*Frage (Forts.)*
	Unsere Deutschlehrerin/unser Deutschlehrer ...
SFP1403	... merkt sofort, wenn jemand nicht mehr mitkommnt.
SFP1404	... weiß, wie sie / er mit jedem von uns umzugehen hat.
SFP1405	... erklärt den Stoff so oft, bis es alle verstanden haben.
SFP1406	... kann sich auf unsere Klasse gut einstellen.
SFP1407	... gibt einzelnen SchülerInnen Tipps, wie sie besser lernen können.
SFP1408	... merkt, wenn es Probleme in der Klasse gibt.
SFP1409	... merkt, wenn wir uns langweilen.
SFP1410	... merkt, wenn der Unterricht zu schwer ist.
SFP1401	... nimmt sich Zeit, um einzelnen Schülerinnen und Schülern Dinge zu erklären, die sie nicht verstanden haben.
SFP1412	... kennt die Stärken und Schwächen der einzelnen Schülerinnen und Schüler.

Skala: Erklärungsfähigkeit der Deutschlehrkraft	
Kurzbezeichnung	Lehr2
Instrument	Schülerfragebogen
Antwortkategorien	stimmt genau (1); stimmt fast (2); stimmt ein wenig (3); stimmt gar nicht (4)
Rekodierung	alle
Frage	Wie weit stimmst du folgenden Aussagen über deine Deutschlehrerin / deinen Deutschlehrer zu?
Variablenname	*Frage (Forts.)*
	Unsere Deutschlehrerin/unser Deutschlehrer ...
SFP133	... erklärt gut.
SFP134	... erklärt an schwierigen Stellen ausführlich.
SFP135	... weist darauf hin, wenn etwas besonders zu beachten ist.
SFP1402	... bemüht sich, dass alle im Unterricht mitkommen.

Tabelle A. 14: Skalen zur Unterrichtsführung und Arbeitsmethoden (Fortsetzung)

Skala: Desorganisiertes Vorgehen im Unterricht / Strukturierung	
Kurzbezeichnung	Lehr3
Instrument	Schülerfragebogen
Antwortkategorien	stimmt genau (1); stimmt fast (2); stimmt ein wenig (3); stimmt gar nicht (4)
Rekodierung	alle
Frage	Wie weit stimmst du folgenden Aussagen über deine Deutschlehrerin / deinen Deutschlehrer zu?

Variablenname	*Frage (Forts.)*
	Unsere Deutschlehrerin/unser Deutschlehrer ...
SFP136	... lässt sich leicht ablenken.
SFP137	... fängt mitten in der Einzelarbeit oder Gruppenarbeit an, an der Tafel etwas zu erklären.
SFP132	... kommt schnell vom Thema ab.
SFP1411	... geht im Unterrichtsstoff weiter voran, auch wenn keiner mehr mitkommt.

Skala: Mediennutzung im Unterricht	
Kurzbezeichnung	UMeth1
Instrument	Schülerfragebogen
Antwortkategorien	mehrmals pro Woche (1); etwa einmal pro Woche (2); etwa einmal pro Monat (3); seltener (4); nie (5)
Rekodierung	alle
Frage	Wie häufig macht deine Deutschlehrerin/ dein Deutschlehrer Folgendes?

Variablenname	*Frage (Forts.)*
	Im Deutschunterricht ...
SFP1606	... schauen wir Videos und Filme.
SFP1607	... arbeiten wir an Computern.
SFP1608	... nutzen wir das Internet, um Informationen zu suchen.
SFP1614	... präsentieren wir Arbeitsergebnisse mit Hilfe des Computers vor der Klasse.
SFP1616	... nutzen wir Computer für Lese- und Rechtschreibübungen.

Tabelle A. 14: Skalen zur Unterrichtsführung und Arbeitsmethoden (Fortsetzung)

Skala: Ordnung und Disziplin

Kurzbezeichnung	UMeth2
Instrument	Schülerfragebogen
Antwortkategorien	in jeder Stunde (1); in den meisten Stunden (2); in einigen Stunden (3); nie (4)
Rekodierung	--
Frage	Wie oft kommt bei euch im Deutschunterricht Folgendes vor?

Variablenname	*Frage (Forts.)*
	Unsere Deutschlehrerin/unser Deutschlehrer ...
SFP173	... muss lange warten, bis Ruhe eintritt.
	Wir Schülerinnen und Schüler ...
SFP174	... können nicht ungestört arbeiten.
SFP175	... hören nicht auf das, was die Deutschlehrerin/der Deutschlehrer sagt.
SFP176	Es ist laut und alles geht durcheinander.
SFP177	Zu Beginn der Stunde vergehen mehr als 5 Minuten, in denen gar nichts passiert.

Skala: Kognitive Aktivierung

Kurzbezeichnung	UMeth3
Instrument	Schülerfragebogen
Antwortkategorien	mehrmals pro Woche (1); etwa einmal pro Woche (2); etwa einmal pro Monat (3); seltener (4); nie (5)
Rekodierung	alle
Frage	Wie häufig macht deine Deutschlehrerin/ dein Deutschlehrer Folgendes?

Variablenname	*Frage (Forts.)*
	Im Deutschunterricht ...
SFP1609	... arbeiten wir über mehrere Tage an Projekten oder Aufgaben (entweder allein oder in Gruppen).
SFP1610	... arbeiten wir in Gruppen zusammen.
SFP1611	... diskutieren wir miteinander.
SFP1613	... präsentieren wir Arbeitsergebnisse vor der Klasse.

Tabelle A. 14: Skalen zur Unterrichtsführung und Arbeitsmethoden (Fortsetzung)

Skala: Variationsreiche Arbeitsweisen im Unterricht	
Kurzbezeichnung	UMeth4
Instrument	Schülerfragebogen
Antwortkategorien	mehrmals pro Woche (1); etwa einmal pro Woche (2); etwa einmal pro Monat (3); seltener (4); nie (5)
Rekodierung	alle
Frage	Wie häufig macht deine Deutschlehrerin/ dein Deutschlehrer Folgendes?
Variablenname	*Frage (Forts.)*
	Im Deutschunterricht ...
SFP1601	... erklärt die Lehrerin / der Lehrer der ganzen Klasse etwas und die Schülerinnen und Schüler beantworten Fragen
SFP1602	... schreiben wir Notizen von der Tafel ab.
SFP1603	... benutzen wir Arbeitsblätter.
SFP1604	... lösen wir Aufgaben aus einem Buch.
SFP1605	... finden wir selbst Lösungen für Probleme/ Aufgabenstellungen.
SFP1612	... bekommen wir regelmäßig Hausaufgaben auf.

Tabelle A. 15: Schulgröße

Item: Schülerinnen und Schüler in der Schule	
Kurzbezeichnung	Schul1
Instrument	Schulfragebogen
Antwortkategorien	---
Rekodierung	---
Variablenname	ACBGENR
Frage	Wie viele Schüler sind zurzeit (1. April 2006) an Ihrer Schule angemeldet?
Item: Viertklässler in der Schule	
Kurzbezeichnung	Schul2
Antwortkategorien	---
Rekodierung	---
Variablenname	ACBG4ENR
Frage	Wie viele Schüler der vierten Klassenstufe sind zurzeit (1. April 2006) an Ihrer Schule angemeldet?

Tabelle A. 16: Bildungsfreundlichkeit des Schulumfelds

Item: Anzahl der Einwohner	
Kurzbezeichnung	Schul3
Antwortkategorien	Weniger als 3000 Einwohner (1)
	3001 – 15 000 Einwohner (2)
	15 001 – 50 000 Einwohner (3)
	50 001 – 100 000 Einwohner (4)
	100 001 – 500 000 Einwohner (5)
	Mehr als 500 000 Einwohner (6)
Rekodierung	---
Variablenname	ACBGCTAS
Frage	Wie viele Einwohner hat der Ort, in dem sich Ihre Schule befindet?
Item: Urbane vs. dörfliche Infrastruktur	
Kurzbezeichnung	Schul4
Instrument	Schulfragebogen
Antwortkategorien	Städtisch (1); Vorort (2); Ländlich (3);
Rekodierung	ACBGCOMM
Variablenname	ACBGCOMM
Frage	Wie würden Sie die Gegend beschreiben, in der sich Ihre Schule befindet?

Tabelle A. 17: Schulische Ressourcen

Item: Buchtitel in der Schulbibliothek	
Kurzbezeichnung	Schul6
Instrument	Schulfragebogen
Antwortkategorien	---
Rekodierung	---
Variablenname	ACBGLIBC
Frage	Wie viele verschiedene Buchtitel gibt es ungefähr in Ihrer Schulbibliothek (ohne Zeitungen und Zeitschriften)?
Item: Zeitschriftentitel in der Schulbibliothek	
Kurzbezeichnung	Schul7
Instrument	Schulfragebogen
Antwortkategorien	---
Rekodierung	---
Variablenname	ACBGLIBM
Frage	Wie viele verschiedene Zeitschriften- und Zeitungstitel gibt es ungefähr in Ihrer Schulbibliothek?
Item: Computer, die für den Unterricht in der vierten Klasse zur Verfügung stehen	
Kurzbezeichnung	Schul8
Instrument	Schulfragebogen
Antwortkategorien	---
Rekodierung	---
Variablenname	ACBGCMP1
Frage	Wie viele Computer können von Schülern der vierten Klassenstufe zu Unterrichtszwecken genutzt werden?

Tabelle A. 18: Beeinträchtigung des Unterrichts durch Ressourcenknappheit

Skala: Ausstattung Medien	
Kurzbezeichnung	Schul9a
Instrument	Schulfragebogen
Antwortkategorien	gar nicht (1); ein wenig (2); ziemlich (3); sehr (4);
Rekodierung	alle
Frage	Wie sehr wird das Vermögen Ihrer Schule, einen adäquaten Unterricht durchzuführen, durch Knappheit oder Unzulänglichkeiten in den folgenden Bereichen beeinträchtigt?

Variablenname	*Frage (Forts.)*
ACBGSI5	Ausstattung mit Material (z. B. Papier, Stifte)
ACBGSI10	Computer für Unterrichtszwecke
ACBGSI11	Computerprogramme für Unterrichtszwecke
ACBGSI12	Computerfachleute
ACBGSI13	Bücher der Bibliothek
ACBGSI14	Audiovisuelle Mittel

Skala: Räumliche Ressourcen und Materialien	
Kurzbezeichnung	Schul9b
Instrument	Schulfragebogen
Antwortkategorien	gar nicht (1); ein wenig (2); ziemlich (3); sehr (4);
Rekodierung	alle
Frage	Wie sehr wird das Vermögen Ihrer Schule, einen adäquaten Unterricht durchzuführen, durch Knappheit oder Unzulänglichkeiten in den folgenden Bereichen beeinträchtigt?

Variablenname	*Frage (Forts.)*
ACBGSI4	Unterrichtsmittel (z. B. Lehrbücher)
ACBGSI6	Schulgebäude und Schulhof
ACBGSI7	Heizung / Klimaanlage und Beleuchtungssystem
ACBGSI8	Unterrichtsräume (z. B. Klassenzimmer)

Skala: Qualifizierte Lehrkräfte	
Kurzbezeichnung	Schul9c
Instrument	Schulfragebogen
Antwortkategorien	gar nicht (1); ein wenig (2); ziemlich (3); sehr (4);
Rekodierung	alle
Frage	Wie sehr wird das Vermögen Ihrer Schule, einen adäquaten Unterricht durchzuführen, durch Knappheit oder Unzulänglichkeiten in den folgenden Bereichen beeinträchtigt?

Variablenname	*Frage (Forts.)*
ACBGSI1	Qualifizierte Lehrkräfte
ACBGSI2	Lehrkräfte, die auf Leseunterricht spezialisiert sind
ACBGSI3	Lehrkräfte für Deutsch als Zweitsprache

Tabelle A. 19: Abläufe

Skala: Qualitätsentwicklung	
Kurzbezeichnung	Schul13
Instrument	Schulfragebogen
Antwortkategorien	sehr wichtig (1); wichtig (2); eher unwichtig (3); unwichtig (4);
Rekodierung	alle
Frage	Welchen Stellenwert haben folgende Maßnahmen zur Qualitätsentwicklung und -sicherung an Ihrer Schule?
Variablenname	*Frage (Forts.)*
SL411	Gemeinsame Vereinbarung von Entwicklungsprioritäten für die Schule.
SL412	Diskussion über die aktuellen Probleme der Schule, ihre Ursachen und mögliche Verbesserungsvorschläge.
SL413	Einsatz von standardisierten Leistungstests zur Überprüfung der erreichten Schülerkompetenzen (Wissen, Fähigkeiten, Fertigkeiten).
SL414	Die schriftliche Festlegung von Leistungsstandards, die an dieser Schule in verschiedenen Bereichen von den Schülern erreicht werden sollen.
SL415	Eine systematische Bestandsaufnahme von wichtiger Daten (z. B. Notenverteilung, Fehlzeiten der Schüler, schulisches Angebot, Fortbildung der Lehrer).
SL416	Festlegung von Qualitätsindikatoren, deren Messung künftig Auskunft über die Erreichung der Ziele der Schule gibt.
SL417	Erstellung eines Medienkonzepts.
Anzahl der Entwicklungsschwerpunkte (Summenscore)	
Kurzbezeichnung	Schul17
Instrument	Schulfragebogen
Antwortkategorien	nicht markiert (0); markiert (1);
Rekodierung	alle
Frage	Welche Entwicklungsschwerpunkte werden an Ihrer Schule bearbeitet?
Variablenname	*Frage (Forts.)*
SL62a01	Soziales Lernen / Werte
SL62a02	Bereichs- / fachbezogene Kompetenz
SL62a03	Bewegung / Gesundheit
SL62a04	Öffnung der Schule
SL62a05	Spezielle Unterrichtsformen
SL62a06	Einsatz neuer Medien
SL62a07	Schuleingangsphase/ Übergänge
SL62a08	Kooperation
SL62a09	Gestaltung der Schule
SL62a10	Wissenszuwachs / Basisqualifikationen
SL62a11	Integration/ Förderunterricht
SL62a12	Lerntechniken
SL62a13	Schulklima
SL62a14	Zusatzangebote
SL62a15	Lehrerkompetenz
SL62a16	Andere Schwerpunkte

Tabelle A. 20: Kontingenzfaktor: Kommunikationsprozesse zwischen der Schule und den Eltern

Skala: Elterninformationen und Veranstaltungen	
Kurzbezeichnung	Schul11
Instrument	Schulfragebogen
Antwortkategorien	nie (1); einmal im Jahr (2); 2- bis 3 mal im Jahr (3); 4- bis 6-mal im Jahr (4); 7-mal im Jahr oder öfter (5);
Rekodierung	--
Frage	Wie oft bietet Ihre Schule folgende Dinge für Schüler der vierten Klassenstufe und/oder ihre Familien an?
Variablenname	*Frage (Forts.)*
ACBGPRO1	Gespräche zwischen Lehrern und Eltern (individuell oder in Gruppen)
ACBGPRO2	Briefe, Ankündigungen, Rundschreiben der Schule usw., die den Eltern zugeleitet werden, um sie über die Schule und dortige Aktivitäten zu informieren
ACBGPRO4	Schulische Veranstaltungen, zu denen die Eltern eingeladen werden
Skala: Elternengagement im curricularem Bereich	
Kurzbezeichnung	Schul14a
Instrument	Schulfragebogen
Antwortkategorien	stark (1); weniger stark (2); gar nicht (3);
Rekodierung	alle
Frage	In welchen Bereichen sind Eltern an Ihrer Schule aktiv beteiligt?
Variablenname	*Frage (Forts.)*
SL512	Fachkonferenz
SL513	Schulprogramm
SL514	Unterricht/ Förderunterricht
Skala: Elternengagement in Freizeit und Hausaufgabenbetreuung	
Kurzbezeichnung	Schul14a
Instrument	Schulfragebogen
Antwortkategorien	stark (1); weniger stark (2); gar nicht (3);
Rekodierung	alle
Frage	In welchen Bereichen sind Eltern an Ihrer Schule aktiv beteiligt?
Variablenname	*Frage (Forts.)*
SL511	Freizeitbereich
SL515	Hausaufgabenbetreuung
SL514	Unterricht/ Förderunterricht

Item: Anzahl der Elterninformationen (Summenscore)	
Kurzbezeichnung	Schul15
Instrument	Schulfragebogen
Antwortkategorien	ja (1); nein (2);
Rekodierung	alle
Frage	Gibt die Schule gezielte Informationen für die Eltern heraus, in Form von ...

Variablenname	*Frage (Forts.)*
SL521	Monatsplänen / -berichten?
SL522	Halbjahresplänen / -berichten?
SL523	Jahresplänen / -berichten?
SL524	Elternbriefen?
SL525	Informationen über Schwerpunkte der pädagogischen Arbeit in der Schule?
SL526	Schulprospekten?
SL527	Listen mit Telefonnummern der Lehrkräfte?
SL528	Listen mit Sprechstundenzeiten der Lehrkräfte?

Tabelle A. 21: Kontingenzfaktor: Kommunikationsprozesse zwischen der Schule und außerschulischen Einrichtungen

Skala: Kooperation mit KiTa's, Grund-, Haupt-, Realschulen, Gymnasien	
Kurzbezeichnung	Schul12a
Instrument	Schulfragebogen
Antwortkategorien	regelmäßig (1); häufig (2); selten (3); nie (4)
Rekodierung	alle
Frage	Kooperiert Ihre Schule mit anderen Einrichtungen in Ihrer Gemeinde/ Region?
Variablenname	*Frage (Forts.)*
SL3017	Kindergärten, Kindertageseinrichtungen, Horte
SL3018	Andere Grundschulen
SL3019	Hauptschulen
SL3020	Realschulen
SL3021	Gymnasien

Skala: Kooperation mit sozialen und staatlichen Einrichtungen und Betrieben	
Kurzbezeichnung	Schul12b
Instrument	Schulfragebogen
Antwortkategorien	regelmäßig (1); häufig (2); selten (3); nie (4)
Rekodierung	alle
Frage	Kooperiert Ihre Schule mit anderen Einrichtungen in Ihrer Gemeinde/ Region?
Variablenname	*Frage (Forts.)*
SL3007	Einrichtungen der Kinder- und Jugendhilfe (z. B. Jugendamt, schulpsychologischer Dienst, Erziehungsberatung)
SL3008	Soziale Einrichtungen (z. B. Wohlfahrtsverbände, Altenpflege)
SL3009	Einrichtungen des Gesundheitswesens
SL3010	Gemeinde, Stadtverwaltung, Bezirksamt
SL3013	Betriebe, Unternehmen, Verwaltung
SL3016	Therapeutische Einrichtungen bzw. Personen (z. B. Logopäden)

Skala: Kooperation mit außerschulischen kulturellen u. kirchlichen Einrichtungen	
Kurzbezeichnung	Schul12c
Instrument	Schulfragebogen
Antwortkategorien	regelmäßig (1); häufig (2); selten (3); nie (4)
Rekodierung	alle
Frage	Kooperiert Ihre Schule mit anderen Einrichtungen in Ihrer Gemeinde/ Region?
Variablenname	*Frage (Forts.)*
SL3003	Kulturelle Einrichtungen (z. B. Museen, Theater)
SL3004	Bibliotheken
SL3006	Kirchliche Einrichtungen

Tabelle A. 21: Kontingenzfaktor: Kommunikationsprozesse zwischen der Schule und außerschulischen Einrichtungen (Fortsetzung)

Skala: Kooperation mit Hoch-, Gesamtschulen, Kultureinrichtungen	
Kurzbezeichnung	Schul12d
Instrument	Schulfragebogen
Antwortkategorien	regelmäßig (1); häufig (2); selten (3); nie (4)
Rekodierung	alle
Frage	Kooperiert Ihre Schule mit anderen Einrichtungen in Ihrer Gemeinde / Region?
Variablenname	*Frage (Forts.)*
SL3011	Hochschulen (Fachhochschulen, Universitäten)
SL3015	Ausländische Kultureinrichtungen
SL3022	Gesamtschulen
SL3023	Schulen mit mehreren Bildungsgängen
Skala: Kooperation mit Medieneinrichtungen	
Kurzbezeichnung	Schul12e
Instrument	Schulfragebogen
Antwortkategorien	regelmäßig (1); häufig (2); selten (3); nie (4)
Rekodierung	alle
Frage	Kooperiert Ihre Schule mit anderen Einrichtungen in Ihrer Gemeinde / Region?
Variablenname	*Frage (Forts.)*
SL3024	Medienzentren
SL3025	Bild- und Filmstellen
Skala: Kooperation mit Musik- und Sportvereinen	
Kurzbezeichnung	Schul12f
Instrument	Schulfragebogen
Antwortkategorien	regelmäßig (1); häufig (2); selten (3); nie (4)
Rekodierung	alle
Frage	Kooperiert Ihre Schule mit anderen Einrichtungen in Ihrer Gemeinde / Region?
Variablenname	*Frage (Forts.)*
SL3001	Sportvereine
SL3002	Musikvereine

A.4 Deskriptive Statistiken

A.4.1 Hintergrundmerkmale der Schülerinnen und Schüler

Tabelle A. 22: Fehlende Werte und deskriptive Statistiken der Hintergrundmerkmale von Schülerinnen und Schülern

Skala	Variablenname	Prozentueller Anteil fehlender Werte	Deskriptive Statistiken			
			Min.	Max.	Mean	SD
Kulturelles Kapital	ASBHBOOK	13 %	1	5	3.60	1.19
	ASBHCHBK	13 %	1	5	3.36	1.14
Heimische Sprachpraxis	SFP23	23 %	1	3	2.79	0.48
	SFP2401	13 %	1	4	3.79	0.61
	SFP2403	14 %	1	4	3.71	0.73
Sozioökonomischer Status	EF36	31 %	1	8	4.31	2.16
	v_EGP6	26 %	1	6	3.42	1.93
	m_EGP6	30 %	1	6	3.75	1.63

A.4.2 Leistungsbezogene Persönlichkeitsmerkmale

Tabelle A. 23: Fehlende Werte und deskriptive Statistiken der leistungsbezogenen Persönlichkeitsmerkmale von Schülerinnen und Schülern

Skala	Variablenname	Prozentueller Anteil fehlender Werte	Deskriptive Statistiken			
			Min.	Max.	Mean	SD
	SFP122	11 %	1	4	3.02	1.06
Motivation zur Mitarbeit im Deutschunterricht	SFP123	12 %	1	4	2.90	1.15
	SFP126	12 %	1	4	3.14	1.08
	SFP127	12 %	1	4	2.82	1.19
	SFP128	11 %	1	4	3.21	1.07
	ASRREA01	0 %	291	740	548.57	63.07
	ASRREA02	0 %	248	742	548.40	64.41
Lesefähigkeit	ASRREA03	0 %	259	752	548.04	63.85
	ASRREA04	0 %	267	755	547.97	64.04
	ASRREA05	0 %	276	753	548.82	64.25
Kognitive Fähigkeiten	kft_fa	2 %	20	69	50.51	8.78

A.4.3 Deutschnote und Übergangsvariablen

Tabelle A. 24: Fehlende Werte und deskriptive Statistiken der Deutschnote und der Übergangsvariablen

Skala	Variablenname	Prozentueller Anteil fehlender Werte	Deskriptive Statistiken			
			Min.	Max.	Mean	SD
Übergangs-empfehlung	lehr_pr2	8 %	1	3	2.18	0.77
Geplante Eltern-entscheidung	r6elt_pr2	19 %	1	5	3.77	1.41
Deutschnote	deu_note	4 %	1	4	2.36	0.86

A.4.4 Unterrichtliche und Schulische Kontextfaktoren

Tabelle A. 25: Fehlende Werte und deskriptive Statistiken der Unterrichtsvariablen

	Kurz-bezeichnung der Skala	Itemname	Prozentu-eller Anteil fehlender Werte	Deskriptive Statistiken			
				Min.	Max.	Mean	SD
Klima							
Skala: Hilfsbereit-schaft und soziales Verhalten der Mit-schüler	Gebor1	ASBGCT4	10%	1	4	2.70	0.95
		ASBGCT5	9%	1	4	2.88	0.91
		ASBGCT6	9%	1	4	2.97	0.90
Skala: Sicherheits-und Geborgenheits-gefühl	Gebor2	ASBGCT1	8%	1	4	3.11	0.91
		ASBGCT2	9%	1	4	3.30	0.84
		ASBGCT3	9%	1	4	3.24	0.92
Schüler-Schüler-Beziehung							
Skala: Beliebtheit unter Gleichaltrigen	WohlB1	SFP052	12%	1	4	2.30	1.05
		SFP053	11%	1	4	2.14	0.97
		SFP054	12%	1	4	2.35	1.07
		SFP056	13%	1	4	2.57	0.97
		SFP058	11%	1	4	3.07	0.94
Lehrer-Schüler-Beziehung							
Skala: Vertrauen zur Lehrkraft und deren Durchset-zungsfähigkeit	Lehr4	SFP151	13%	1	4	3.20	1.00
		SFP152	13%	1	4	3.45	0.87
		SFP153	12%	1	4	3.49	0.82
		SFP154	13%	1	4	3.21	0.92
		SFP156	13%	1	4	3.23	0.96
		SFP157	13%	1	4	3.52	0.81
		SFP159	13%	1	4	3.51	0.85
Unterrichtsführung und Methoden							
Skala: Angemesse-nes Unterrichtsni-veau und -tempo	Lehr1	SFP1403	12 %	1	4	3.21	0.89
		SFP1404	13 %	1	4	3.52	0.80
		SFP1405	12 %	1	4	3.38	0.88
		SFP1406	13 %	1	4	3.56	0.76
		SFP1407	12 %	1	4	3.36	0.91
		SFP1408	13 %	1	4	3.46	0.82
		SFP1409	13 %	1	4	2.97	1.06
		SFP1410	14 %	1	4	2.97	1.04
		SFP1401	12 %	1	4	3.50	0.83
		SFP1412	13 %	1	4	3.44	0.89

Tabelle A. 25: Fehlende Werte und deskriptive Statistiken der Unterrichtsvariablen (Fortsetzung)

	Kurz-bezeich-nung der Skala	Itemname	Prozentu-eller Anteil fehlender Werte	Deskriptive Statistiken			
				Min.	Max.	Mean	SD
Unterrichtsführung und Methoden							
Skala: Erklä-rungsfähigkeit der Deutschlehrkraft	Lehr2	SFP133	12%	1	4	3.63	0.72
		SFP134	12%	1	4	3.58	0.78
		SFP135	12%	1	4	3.65	0.70
		SFP1402	12%	1	4	3.69	0.67
Skala: Desorgani-siertes Vorgehen im Unterricht / Strukturierung	Lehr3	SFP136	13%	1	4	1.72	1.00
		SFP137	13%	1	4	2.30	1.18
		SFP132	12%	1	4	1.81	1.04
		SFP1411	13%	1	4	1.82	1.10
Skala: Mediennut-zung im Unterricht	UMeth1	SFP1606	14%	1	5	2.58	1.17
		SFP1607	15%	1	5	2.70	1.41
		SFP1608	15%	1	5	2.31	1.42
		SFP1614	15%	1	5	2.17	1.37
		SFP1616	15%	1	5	2.32	1.43
Skala: Ordnung und Disziplin	UMeth2	SFP173	15%	1	4	2.58	1.07
		SFP174	16%	1	4	2.57	1.10
		SFP175	16%	1	4	3.00	1.09
		SFP176	16%	1	4	2.87	1.03
		SFP177	16%	1	4	2.61	1.11
Skala: Kognitive Aktivierung	UMeth3	SFP1609	16%	1	5	3.44	1.25
		SFP1610	15%	1	5	3.59	1.12
		SFP1611	16%	1	5	3.66	1.26
		SFP1613	15%	1	5	3.55	1.34
Skala: Variations-reiche Arbeitswei-sen im Unterricht und Hausaufgaben	UMeth4	SFP1601	14%	1	5	4.55	0.91
		SFP1602	14%	1	5	4.18	1.10
		SFP1603	14%	1	5	4.61	0.79
		SFP1604	14%	1	5	4.33	1.06
		SFP1605	15%	1	5	4.23	1.04
		SFP1612	15%	1	5	4.75	0.71

Tabelle A. 26: Fehlende Werte und deskriptive Statistiken der Schul- und Umfeldfaktoren

	Kurz-bezeich-nung	Itemname	Prozentu-eller Anteil fehlender Werte	Deskriptive Statistiken			
				Min.	Max.	Mean	SD
Bildungsfreundlichkeit des Schulumfelds							
Urbane vs. dörfliche Struktur	Schul4	ACBGCOMM	4%	50	1010	256.52	142.93
Einwohneranzahl	Schul3	ACBGCTAS	4%	1	6	3.11	1.64
Schulgröße							
Anzahl von Schülerinnen und Schülern	Schul1	ACBGENR	7%	50	1010	256.52	142.93
Anzahl der Viertklässler	Schul2	ACBG4ENR	6%	7	136	54.04	26.86
Schulische Ressourcen							
Buchtitel in der Schulbibliothek	Schul6	ACBGLIBC	27%	1	5	2.37	0.94
Zeitschriftentitel in der Schulbibliothek	Schul7	ACBGLIBM	28%	1	5	1.58	0.74
Für den Unterricht verfügbare Computer	Schul8	ACBGCMP1	5%	0	65	12.21	8.43
Medienausstattung	Schul9a	ACBGSI5	6%	1	4	3.63	0.69
		ACBGSI10	5%	1	4	3.23	0.84
		ACBGSI11	6%	1	4	3.15	0.82
		ACBGSI12	5%	1	4	2.40	1.00
		ACBGSI13	8%	1	4	3.25	0.92
		ACBGSI14	6%	1	4	3.14	0.79
Räumliche Ressourcen und Materialien	Schul9b	ACBGSI4	5%	1	4	3.53	0.69
		ACBGSI6	5%	1	4	3.42	0.85
		ACBGSI7	5%	1	4	3.65	0.63
		ACBGSI8	6%	1	4	3.39	0.83
Qualifizierte Lehrkräfte	Schul9c	ACBGSI1	5%	1	4	3.47	0.64
		ACBGSI2	7%	1	4	3.35	0.71
		ACBGSI3	10%	1	4	3.15	1.05
Schulische Abläufe							
Skala: Qualitätsentwicklung	Schul13	SL411	5%	2	4	3.37	0.57
		SL412	5%	1	4	3.56	0.53
		SL413	5%	1	4	2.90	0.68
		SL414	6%	1	4	2.98	0.66
		SL415	5%	1	4	2.98	0.74
		SL416	5%	1	4	2.86	0.65
		SL417	6%	1	4	2.43	0.71

Tabelle A. 26: Fehlende Werte und deskriptive Statistiken der Schul- und Umfeldfaktoren (Fortsetzung)

| | Kurz-bezeich-nung | Itemname | Prozentu-eller Anteil fehlender Werte | Deskriptive Statistiken | | | |
				Min.	Max.	Mean	SD
		SL62a01	4%	0	1	0.50	0.50
		SL62a02	4%	0	1	0.17	0.38
		SL62a03	4%	0	1	0.24	0.43
		SL62a04	4%	0	1	0.11	0.32
		SL62a05	4%	0	1	0.15	0.36
		SL62a06	4%	0	1	0.10	0.30
Anzahl der		SL62a07	4%	0	1	0.21	0.40
Entwicklungs-	Schul17	SL62a08	4%	0	1	0.15	0.36
schwerpunkte		SL62a09	4%	0	1	0.13	0.34
(Summenscore)		SL62a10	4%	0	1	0.15	0.35
		SL62a11	4%	0	1	0.26	0.44
		SL62a12	4%	0	1	0.11	0.31
		SL62a13	4%	0	1	0.17	0.38
		SL62a14	4%	0	1	0.05	0.21
		SL62a15	4%	0	1	0.08	0.27
		SL62a16	4%	0	1	0.06	0.24

Kontingenzfaktor: Kommunikationsprozesse zwischen der Schule und den Eltern

	Kurz-bezeichnung	Itemname	%	Min.	Max.	Mean	SD
Skala: Eltern-informationen	Schul11	ACBGPRO1	5%	2	5	3.73	0.80
und Veranstal-		ACBGPRO2	4%	1	5	4.23	0.81
tungen		ACBGPRO4	4%	2	5	3.72	0.72
Skala: Eltern-		SL512	6%	1	3	1.47	0.67
engagement	Schul14a	SL513	6%	1	3	2.09	0.59
im curricularen Bereich		SL514	5%	1	3	1.49	0.56
Skala: Eltern-		SL511	7%	1	3	2.03	0.75
engagement im	Schul14b	SL515	6%	1	3	1.33	0.61
Freizeitbereich		SL514	5%	1	3	1.49	0.56
		SL521	7%	0	1	0.05	0.22
		SL522	6%	0	1	0.35	0.48
Anzahl der		SL523	6%	0	1	0.41	0.49
Elterninforma-	Schul15	SL524	5%	0	1	0.98	0.15
tionen (Sum-		SL525	5%	0	1	0.79	0.41
menscore)		SL526	6%	0	1	0.37	0.48
		SL527	5%	0	1	0.45	0.50
		SL528	5%	0	1	0.60	0,49

Tabelle A. 26: Fehlende Werte und deskriptive Statistiken der Schul- und Umfeldfaktoren (Fortsetzung)

	Kurz-bezeich-nung	Itemname	Prozentu-eller Anteil fehlender Werte	Deskriptive Statistiken			
				Min.	Max.	Mean	SD
Kontingenzfaktor:							
Kommunikationsprozesse zwischen der Schule und außerschulischen Einrichtungen							
Kooperation mit KiTa's, Grund-, Haupt-, Real-schulen, Gym-nasien	Schul12	SL3017	5%	2	4	3.65	0.58
		SL3018	5%	1	4	3.18	0.82
		SL3019	7%	1	4	2.41	1.09
		SL3020	6%	1	4	2.50	0.97
		SL3021	6%	1	4	2.50	0.97
Kooperation mit sozialen und staatlichen Ein-richtungen und Betrieben	Schul12b	SL3007	5%	1	4	2.95	0.81
		SL3008	5%	1	4	1.90	0.80
		SL3009	5%	1	4	2.70	0.96
		SL3010	6%	1	4	2.92	0.92
		SL3013	6%	1	4	2.07	0.86
		SL3016	5%	1	4	2.68	0.85
Kooperation mit außerschul. kult. u. kirchlichen Einrichtungen	Schul12c	SL3003	6%	1	4	2.72	0.87
		SL3004	5%	1	4	3.03	0.84
		SL3006	5%	1	4	2.68	0.89
Kooperation mit Hoch-, Gesamt-schulen, Kultur-einrichtungen	Schul12d	SL3011	5%	1	4	2.03	0.95
		SL3015	5%	1	4	1.55	0.72
		SL3022	8%	1	4	1.86	1.00
		SL3023	6%	1	4	1.83	1.03
Kooperation mit Medieneinrich-tungen	Schul12e	SL3024	5%	1	4	2.36	0.89
		SL3025	5%	1	4	2.66	0.85
Kooperation mit Musik- und Sportvereinen	Schul12f	SL3001	5%	1	4	3.08	1.01
		SL3002	5%	1	4	2.72	1.12

A.5   Covariance Coverage Matrix in MPLUS

Anhand der in Tabelle A. 27 angeführten *Covariance-coverage*-Statistik aus MPLUS wird angegeben, wie viel Prozent der Fälle Werte zu den Varianzen (auf der Diagonalen) und Kovarianzen (unter der Diagonalen) beisteuern und gleichzeitig die Grundlage der Schätzung der fehlenden Werte mit FIML in dem vorliegenden Modell darstellen (Christ & Schlüter, 2012, S. 27; Muthén & Muthén, 2012, S. 488, 632). Hierbei wird deutlich, dass die niedrigste Anzahl der gültigen Werte bei 82 Prozent für die geplante Elternentscheidung und die höchste bei 99 Prozent für die kognitiven Fähigkeiten liegt. Bei den Kovarianzen liegt die niedrigste Anzahl an gültigen Werten bei 77 Prozent für die Übergangsempfehlung und die geplante Elternentscheidung und die höchste bei 95 Prozent für die Note in Deutsch und kognitive Fähigkeiten.

Tabelle A. 27: Prozentuelle Verteilung der gültigen Werte für die abhängigen Variablen aus der *Covariance-Coverage*-Matrix aus MPLUS

	Eltern-entscheidung (%)	Deutschnote (%)	Übergangs-empfehlung (%)	Kognitive Fähigkeiten (%)
Elternentscheidung	0.82			
Deutschnote	0.80	0.97		
Übergangsempfehlung	0.77	0.90	0.92	
Kognitive Fähigkeiten	0.81	0.95	0.92	0.99

A.6 Faktorladungen der eingesetzten Skalen aus MPLUS

Folgende Ausschnitte aus den MPLUS-Ausgaben enthalten die Faktorladungen der eingesetzten Skalen.

A.6.1 Hintergrundmerkmale und leistungsbezogene Merkmale von Schülerinnen und Schülern

Tabelle A. 28: Standardisierte Faktorladungen der eingesetzten Skalen der Hintergrundmerkmale und leistungsbezogener Merkmale von Schülerinnen und Schülern in dem Einebenen-SEM (Ausschnitt des Ausgabefensters in MPLUS)

```
STDYX Standardization
                                                         Two-Tailed
                  Estimate      S.E.    Est./S.E.     P-Value

  LESE     BY
     ASRREA01Z      0.935      0.005     171.241       0.000
     ASRREA02Z      0.928      0.006     160.763       0.000
     ASRREA03Z      0.931      0.005     181.335       0.000
     ASRREA04Z      0.931      0.005     194.155       0.000
     ASRREA05Z      0.931      0.005     176.594       0.000

  SES      BY
     V_EGP6RZ       0.735      0.016      46.965       0.000
     M_EGP6RZ       0.629      0.018      35.583       0.000
     EF36Z          0.736      0.014      54.136       0.000

  BOOKS    BY
     ASBHBOOKZ      0.829      0.012      70.396       0.000
     ASBHCHBKZ      0.846      0.014      62.259       0.000

  SPRACHE  BY
     SFP2403RZ      0.719      0.024      29.577       0.000
     SFP23RZ        0.534      0.034      15.775       0.000
     SFP2401RZ      0.798      0.028      28.324       0.000

  MOT2     BY
     SFP128RZ       0.858      0.010      88.764       0.000
     SFP122RZ       0.476      0.016      29.697       0.000
     SFP123RZ       0.491      0.018      27.440       0.000
     SFP126RZ       0.842      0.010      81.800       0.000
     SFP127RZ       0.692      0.014      51.032       0.000
```

Tabelle A. 29: Standardisierte Faktorladungen der eingesetzten Skalen in dem Mehrebenen-SEM aus der *doubly-latent*-Modellierung M4 der Hintergrundmerkmale von Schülerinnen und Schülern mit fixierten Residuen der Faktorladungen (Ausschnitt des Ausgabefensters in MPLUS)

```
STDYX Standardization
                                                     Two-Tailed
                     Estimate      S.E.    Est./S.E.    P-Value

Within Level

  SES       BY
     V_EGP6RZ        0.686        0.014      49.127      0.000
     M_EGP6RZ        0.575        0.016      36.157      0.000
     EF36Z           0.678        0.014      47.733      0.000

  BOOKS     BY
     ASBHBOOKZ       0.810        0.011      77.005      0.000
     ASBHCHBKZ       0.816        0.010      78.287      0.000

  SPRACHE   BY
     SFP2403RZ       0.716        0.021      34.554      0.000
     SFP23RZ         0.499        0.024      21.067      0.000
     SFP2401RZ       0.819        0.020      40.046      0.000

Between Level

SES_A       BY
     V_EGP6RZ        1.000        0.000   20257.027      0.000
     M_EGP6RZ        0.999        0.000    6789.158      0.000
     EF36Z           1.000        0.000   25832.162      0.000

  SPRACHE_  BY
     SFP2403RZ       0.999        0.000    2526.727      0.000
     SFP23RZ         1.000        0.000   16183.347      0.000
     SFP2401RZ       0.999        0.000    4913.747      0.000

BOOKS_A    BY
     ASBHBOOKZ       1.000        0.000   19851.191      0.000
     ASBHCHBKZ       1.000        0.000   19797.262      0.000
```

Tabelle A. 30: Standardisierte Faktorladungen der eingesetzten Skalen in dem Mehrebenen-SEM aus der *doubly-latent*-Modellierung M4 der Hintergrundmerkmale von Schülerinnen und Schülern mit freigesetzten Residuen der Faktorladungen (Ausschnitt des Ausgabefensters in MPLUS)

```
STANDARDIZED MODEL RESULTS


STDYX Standardization

                                                       Two-Tailed
                     Estimate      S.E.    Est./S.E.    P-Value

Within Level

  SES      BY
    V_EGP6RZ          0.688        0.014      49.147      0.000
    M_EGP6RZ          0.575        0.016      36.621      0.000
    EF36Z             0.687        0.014      50.475      0.000

  BOOKS    BY
    ASBHBOOKZ         0.813        0.011      76.684      0.000
    ASBHCHBKZ         0.815        0.011      76.780      0.000

  SPRACHE  BY
    SFP2403RZ         0.715        0.021      34.798      0.000
    SFP23RZ           0.502        0.024      21.029      0.000
    SFP2401RZ         0.820        0.021      39.668      0.000

  MOT2     BY
    SFP128RZ          0.847        0.008     106.843      0.000
    SFP122RZ          0.467        0.013      36.045      0.000
    SFP123RZ          0.497        0.014      36.044      0.000
    SFP126RZ          0.838        0.008     109.497      0.000
    SFP127RZ          0.679        0.010      67.605      0.000

Between Level

  SES_A    BY
    V_EGP6RZ          0.989        0.018      53.546      0.000
    M_EGP6RZ          0.984        0.035      28.252      0.000
    EF36Z             0.937        0.023      40.448      0.000

  SPRACHE_ BY
    SFP2403RZ         0.980        0.047      20.805      0.000
    SFP23RZ           0.966        0.028      34.580      0.000
    SFP2401RZ         0.979        0.031      31.815      0.000

  BOOKS_A  BY
    ASBHBOOKZ         0.978        0.014      70.459      0.000
    ASBHCHBKZ         1.012        0.011      94.788      0.000
```

Tabelle A. 31: Unstandardisierte und standardisierte Faktorladungen in dem Mehrebenen-SEM
aus der latent-manifesten Modellierung M3 der Lesefähigkeit mit äquivalenten
Faktorladungen (Ausschnitt des Ausgabefensters in MPLUS)

```
MODEL RESULTS
                                                             Two-Tailed
                      Estimate        S.E.    Est./S.E.      P-Value

Within Level

  LESE     BY
    ASRREA01Z         1.000          0.000     999.000       999.000
    ASRREA02Z         1.005          0.009     109.707         0.000
    ASRREA03Z         1.000          0.007     134.716         0.000
    ASRREA04Z         1.001          0.008     124.220         0.000
    ASRREA05Z         1.000          0.008     129.356         0.000


Between Level

  LESE_A    BY
    MSRREA01Z         1.000          0.000     999.000       999.000
    MSRREA02Z         1.005          0.009     109.707         0.000
    MSRREA03Z         1.000          0.007     134.716         0.000
    MSRREA04Z         1.001          0.008     124.220         0.000
    MSRREA05Z         1.000          0.008     129.356         0.000


STDYX Standardization
                                                             Two-Tailed
                      Estimate        S.E.    Est./S.E.      P-Value

Within Level

  LESE     BY
    ASRREA01Z         0.927          0.003     309.852         0.000
    ASRREA02Z         0.925          0.003     301.557         0.000
    ASRREA03Z         0.927          0.003     329.267         0.000
    ASRREA04Z         0.927          0.003     309.079         0.000
    ASRREA05Z         0.927          0.003     328.676         0.000

Between Level

  LESE_A    BY
    MSRREA01Z         0.990          0.002     487.212         0.000
    MSRREA02Z         0.986          0.002     399.101         0.000
    MSRREA03Z         0.991          0.002     557.264         0.000
    MSRREA04Z         0.988          0.002     465.551         0.000
    MSRREA05Z         0.989          0.002     498.287         0.000
```

Tabelle A. 32: Standardisierte Faktorladungen in dem Mehrebenen-SEM aus der latent-manifesten Modellierung M3 der Lesefähigkeit mit freigesetzten Residuen der Faktorladungen (Ausschnitt des Ausgabefensters in MPLUS)

```
STDYX Standardization

                                                   Two-Tailed
                      Estimate    S.E.   Est./S.E.  P-Value

Within Level

  LESE     BY
     ASRREA01Z        0.927      0.003   312.019    0.000
     ASRREA02Z        0.925      0.003   308.720    0.000
     ASRREA03Z        0.927      0.003   321.089    0.000
     ASRREA04Z        0.927      0.003   313.135    0.000
     ASRREA05Z        0.928      0.003   329.081    0.000

Between Level

  LESE_A   BY
     MSRREA01Z        0.990      0.002   487.219    0.000
     MSRREA02Z        0.986      0.002   396.419    0.000
     MSRREA03Z        0.991      0.002   556.338    0.000
     MSRREA04Z        0.988      0.002   480.935    0.000
     MSRREA05Z        0.989      0.002   484.800    0.000
```

A.6.2　Unterrichtsmerkmale

Tabelle A. 33: Standardisierte Faktorladungen der eingesetzten Skalen in dem Mehrebenen-
SEM aus der latent-manifesten M3-Modellierung der Unterrichtsmerkmale mit
freigesetzten Faktorladungen (Ausschnitt des Ausgabefensters in MPLUS)

Tabelle A. 33a)　　*Skala: Angemessenes Unterrichtsniveau und -tempo*

```
STDYX Standardization

                                                      Two-Tailed
                       Estimate      S.E.   Est./S.E.   P-Value

Within Level

  LER1      BY
      SFP1408RZ        0.733       0.016    45.649      0.000
      SFP1401RZ        0.600       0.018    33.192      0.000
      SFP1403RZ        0.706       0.014    48.679      0.000
      SFP1404RZ        0.710       0.019    37.287      0.000
      SFP1405RZ        0.697       0.019    36.935      0.000
      SFP1406RZ        0.723       0.019    38.997      0.000
      SFP1407RZ        0.632       0.017    36.096      0.000
      SFP1409RZ        0.547       0.020    27.050      0.000
      SFP1410RZ        0.639       0.016    40.157      0.000
      SFP1412RZ        0.583       0.018    31.648      0.000

Between Level

  LER1_A     BY
      MSFP1408RZ       0.850       0.029    29.747      0.000
      MSFP1401RZ       0.752       0.045    16.592      0.000
      MSFP1403RZ       0.850       0.024    35.260      0.000
      MSFP1404RZ       0.824       0.048    17.019      0.000
      MSFP1405RZ       0.844       0.026    32.190      0.000
      MSFP1406RZ       0.838       0.036    23.302      0.000
      MSFP1407RZ       0.789       0.032    24.910      0.000
      MSFP1409RZ       0.704       0.039    17.906      0.000
      MSFP1410RZ       0.826       0.025    32.742      0.000
      MSFP1412RZ       0.704       0.052    13.461      0.000
```

Tabelle A. 33b)   *Skala: Erklärungsfähigkeit der Deutschlehrkraft*

```
STDYX Standardization
                                                  Two-Tailed
                     Estimate    S.E.   Est./S.E.  P-Value

Within Level

LER2     BY
    SFP133RZ          0.815      0.013    60.398     0.000
    SFP134RZ          0.774      0.022    34.956     0.000
    SFP135RZ          0.629      0.022    28.565     0.000
    SFP1402RZ         0.659      0.029    22.712     0.000

Between Level

LER2_A   BY
    MSFP133RZ         0.879      0.030    29.682     0.000
    MSFP134RZ         0.867      0.046    19.037     0.000
    MSFP135RZ         0.764      0.059    12.864     0.000
    MSFP1402RZ        0.849      0.034    24.939     0.000
```

Tabelle A. 33c)   *Skala: Desorganisiertes Vorgehen im Unterricht*

```
STDYX Standardization
                                                  Two-Tailed
                     Estimate    S.E.   Est./S.E.  P-Value

Within Level

LER3     BY
    SFP132RZ          0.707      0.018    38.804     0.000
    SFP136RZ          0.705      0.020    34.616     0.000
    SFP137RZ          0.476      0.021    22.476     0.000
    SFP1411RZ         0.562      0.019    30.052     0.000

Between Level

LER3_A   BY
    MSFP132RZ         0.882      0.031    28.086     0.000
    MSFP136RZ         0.903      0.038    24.038     0.000
    MSFP137RZ         0.610      0.090     6.758     0.000
    MSFP1411RZ        0.719      0.077     9.328     0.000
```

Tabelle A. 33d)   *Skala: Vertrauen zur Lehrkraft und deren Durchsetzungsfähigkeit*

```
STDYX Standardization
                                                      Two-Tailed
                    Estimate      S.E.   Est./S.E.     P-Value

Within Level

LER4     BY
    SFP152RZ        0.776        0.014    53.965        0.000
    SFP151RZ        0.646        0.018    36.242        0.000
    SFP153RZ        0.741        0.019    38.122        0.000
    SFP154RZ        0.658        0.019    33.938        0.000
    SFP156RZ        0.699        0.017    42.044        0.000
    SFP157RZ        0.692        0.016    42.309        0.000
    SFP159RZ        0.516        0.026    19.871        0.000

Between Level

LER4_A   BY
    MSFP152RZ       0.913        0.024    38.763        0.000
    MSFP151RZ       0.823        0.035    23.693        0.000
    MSFP153RZ       0.859        0.058    14.859        0.000
    MSFP154RZ       0.757        0.063    11.916        0.000
    MSFP156RZ       0.838        0.048    17.286        0.000
    MSFP157RZ       0.881        0.034    25.616        0.000
    MSFP159RZ       0.748        0.059    12.689        0.000
```

Tabelle A. 33e)   *Skala: Hilfsbereitschaft und soziales Verhalten der Mitschüler*

```
STDYX Standardization
                                                      Two-Tailed
                    Estimate      S.E.   Est./S.E.     P-Value

Within Level

GEB1     BY
    ASBGCT4RZ       0.602        0.022    26.825        0.000
    ASBGCT5RZ       0.856        0.021    41.624        0.000
    ASBGCT6RZ       0.582        0.022    25.931        0.000

Between Level

GEB1_A   BY
    MASBGCT4RZ      0.796        0.148     5.380        0.000
    MASBGCT5RZ      1.072        0.119     8.985        0.000
    MASBGCT6RZ      0.239        0.243     0.985        0.324
```

Tabelle A. 33f)   *Skala: Sicherheits- und Geborgenheitsgefühl*

```
STDYX Standardization
                                                           Two-Tailed
                      Estimate      S.E.    Est./S.E.      P-Value

Within Level

 GEB2      BY
   ASBGCT1RZ           0.562       0.032      17.792        0.000
   ASBGCT2RZ           0.652       0.034      19.024        0.000
   ASBGCT3RZ           0.776       0.034      22.868        0.000

Between Level

 GEB2_A    BY
   MASBGCT1RZ          0.637       0.055      11.528        0.000
   MASBGCT2RZ          0.890       0.071      12.474        0.000
   MASBGCT3RZ          0.882       0.102       8.639        0.000
```

Tabelle A. 33g)   *Skala: Mediennutzung im Unterricht*

```
STDYX Standardization
                                                           Two-Tailed
                      Estimate      S.E.    Est./S.E.      P-Value

Within Level

 UMET1     BY
   SFP1607RZ           0.826       0.019      43.437        0.000
   SFP1606RZ           0.617       0.012      50.709        0.000
   SFP1608RZ           0.658       0.015      44.145        0.000
   SFP1614RZ           0.633       0.013      48.708        0.000
   SFP1616RZ           0.663       0.014      47.059        0.000

Between Level

 UMET1_A   BY
   MSFP1607RZ          0.858       0.036      23.713        0.000
   MSFP1606RZ          0.691       0.027      25.853        0.000
   MSFP1608RZ          0.727       0.033      22.310        0.000
   MSFP1614RZ          0.862       0.024      35.961        0.000
   MSFP1616RZ          0.784       0.032      24.277        0.000
```

Tabelle A. 33h)   *Skala: Ordnung und Disziplin*

```
STDYX Standardization
                                                      Two-Tailed
                    Estimate      S.E.   Est./S.E.     P-Value

Within Level

UMET2     BY
    SFP176Z          0.800       0.012    69.318       0.000
    SFP173Z          0.651       0.017    39.099       0.000
    SFP174Z          0.578       0.018    32.414       0.000
    SFP175Z          0.538       0.021    26.188       0.000
    SFP177Z          0.617       0.017    35.822       0.000

Between Level

UMET2_A   BY
    MSFP176Z         0.950       0.018    54.183       0.000
    MSFP173Z         0.862       0.035    24.413       0.000
    MSFP174Z         0.793       0.057    14.034       0.000
    MSFP175Z         0.787       0.048    16.547       0.000
    MSFP177Z         0.772       0.050    15.370       0.000
```

Tabelle A. 33i)   *Skala: Kognitive Aktivierung*

```
STDYX Standardization
                                                      Two-Tailed
                    Estimate      S.E.   Est./S.E.     P-Value

Within Level

UMET3     BY
    SFP1610RZ        0.807       0.020    40.635       0.000
    SFP1609RZ        0.669       0.026    26.101       0.000
    SFP1611RZ        0.559       0.018    30.372       0.000
    SFP1613RZ        0.476       0.021    22.399       0.000

Between Level

UMET3_A   BY
    MSFP1610RZ       0.912       0.047    19.456       0.000
    MSFP1609RZ       0.773       0.055    13.962       0.000
    MSFP1611RZ       0.663       0.045    14.642       0.000
    MSFP1613RZ       0.444       0.065     6.865       0.000
```

Tabelle A. 33j)   *Skala: Variationsreiche Arbeitsweisen im Unterricht und Hausaufgaben*

```
STDYX Standardization

                                                   Two-Tailed
                     Estimate     S.E.   Est./S.E.  P-Value

Within Level

UMET4    BY
    SFP1603RZ         0.507      0.039    13.142     0.000
    SFP1601RZ         0.448      0.032    13.949     0.000
    SFP1602RZ         0.490      0.026    18.892     0.000
    SFP1604RZ         0.472      0.029    16.236     0.000
    SFP1605RZ         0.539      0.028    18.980     0.000
    SFP1612RZ         0.386      0.050     7.787     0.000

Between Level

UMET4_A   BY
    MSFP1603RZ        0.322      0.166     1.943     0.052
    MSFP1601RZ        0.484      0.112     4.339     0.000
    MSFP1602RZ        0.635      0.120     5.302     0.000
    MSFP1604RZ        0.560      0.089     6.305     0.000
    MSFP1605RZ        0.607      0.106     5.723     0.000
    MSFP1612RZ        0.515      0.114     4.534     0.000
```

Tabelle A. 33k)   *Skala: Beliebtheit unter Gleichaltrigen*

```
STDYX Standardization

                                                   Two-Tailed
                     Estimate     S.E.   Est./S.E.  P-Value

Within Level

WBE1    BY
    SFP056RZ          0.797      0.012    63.990     0.000
    SFP052RZ          0.700      0.014    51.552     0.000
    SFP053RZ          0.581      0.018    31.902     0.000
    SFP054RZ          0.630      0.017    36.985     0.000
    SFP058RZ          0.649      0.016    39.696     0.000

Between Level

WBE1_A    BY
    MSFP056RZ         0.826      0.044    18.773     0.000
    MSFP052RZ         0.598      0.057    10.555     0.000
    MSFP053RZ         0.568      0.071     7.989     0.000
    MSFP054RZ         0.677      0.054    12.500     0.000
    MSFP058RZ         0.773      0.039    20.023     0.000
```

A.6.3   Schul- und Umweltmerkmale

Tabelle A. 34:   Standardisierte Faktorladungen der eingesetzten Skalen in dem Mehrebenen-
SEM Schulmerkmale (Ausschnitt des Ausgabefensters in MPLUS)

Tabelle A. 34a)   *Skala: Schulische Ressourcen / Ausstattung Medien*

```
STDYX Standardization

Between Level

  SCH9A    BY
    ACBGSI5RZ        0.513      0.110      4.678      0.000
    ACBGSI10RZ       0.829      0.045     18.248      0.000
    ACBGSI11RZ       0.883      0.038     23.388      0.000
    ACBGSI12RZ       0.454      0.093      4.898      0.000
    ACBGSI13RZ       0.565      0.067      8.472      0.000
    ACBGSI14RZ       0.683      0.065     10.478      0.000
```

Tabelle A. 34b)   *Skala: Schulische Ressourcen / Räumliche Ressourcen und Materialien*

```
Between Level

  SCH9B    BY
    ACBGSI4RZ        0.507      0.113      4.503      0.000
    ACBGSI6RZ        0.949      0.058     16.419      0.000
    ACBGSI7RZ        0.669      0.068      9.778      0.000
    ACBGSI8RZ        0.716      0.113      6.359      0.000
```

Tabelle A. 34c) *Skala: Schulische Ressourcen / Qualifizierte Lehrkräfte*

```
Between Level

  SCH9C    BY
    ACBGSI1RZ        0.530      0.108      4.907      0.000
    ACBGSI2RZ        0.679      0.301      2.259      0.024
    ACBGSI3RZ        0.582      0.280      2.076      0.038
```

Tabelle A. 34d)   *Skala: Elterninformationen und Veranstaltungen*

```
Between Level

  SCH11    BY
    ACBGPRO1RZ       0.424      0.127      3.344      0.001
    ACBGPRO2RZ       0.693      0.111      6.263      0.000
    ACBGPRO4RZ       0.582      0.110      5.270      0.000
```

Tabelle A. 34e)   *Skala: Kooperation mit KiTas, Grund-, Haupt-, Realschulen, Gymnasien*

```
Between Level

SCH12A    BY
    SL3017RZ        0.438       0.086       5.083       0.000
    SL3018RZ        0.360       0.091       3.954       0.000
    SL3019RZ        0.578       0.101       5.738       0.000
    SL3020RZ        0.903       0.053      16.903       0.000
    SL3021RZ        0.910       0.042      21.741       0.000
```

Tabelle A. 34f)   *Skala: Kooperation mit sozialen und staatlichen Einrichtungen und Betrieben*

```
Between Level

SCH12B    BY
    SL3007RZ        0.692       0.081       8.590       0.000
    SL3008RZ        0.410       0.083       4.957       0.000
    SL3009RZ        0.566       0.140       4.029       0.000
    SL3010RZ        0.426       0.155       2.742       0.006
    SL3013RZ        0.355       0.134       2.645       0.008
    SL3016RZ        0.556       0.095       5.826       0.000
```

Tabelle A. 34g)   *Skala: Kooperation mit außerschulischen kulturellen u. kirchlichen Einrichtungen*

```
Between Level

SCH12C    BY
    SL3003RZ        0.630       0.111       5.665       0.000
    SL3004RZ        0.579       0.172       3.368       0.001
    SL3006RZ        0.599       0.134       4.480       0.000
```

Tabelle A. 34h)   *Skala: Kooperation mit Hoch-, Gesamtschulen, Kultureinrichtungen*

```
Between Level

SCH12D    BY
    SL3011RZ        0.442       0.089       4.955       0.000
    SL3015RZ        0.564       0.157       3.597       0.000
    SL3022RZ        0.574       0.136       4.236       0.000
    SL3023RZ        0.556       0.122       4.543       0.000
```

Tabelle A. 34i)   *Skala: Kooperation mit Medieneinrichtungen*

```
Between Level

SCH12E    BY
   SL3024RZ        1.039       0.752       1.382       0.167
   SL3025RZ        0.530       0.412       1.287       0.198
```

Tabelle A. 34j)   *Skala: Kooperation mit Musik- und Sportvereinen*

```
Between Level

SCH12F    BY
   SL3001RZ        0.606       0.167       3.626       0.000
   SL3002RZ        0.914       0.185       4.939       0.000
```

Tabelle A. 34k)   *Skala: Qualitätsentwicklung*

```
Between Level

SCH13    BY
   SL411RZ         0.629       0.124       5.076       0.000
   SL412RZ         0.501       0.110       4.550       0.000
   SL413RZ         0.435       0.147       2.965       0.003
   SL414RZ         0.526       0.108       4.847       0.000
   SL415RZ         0.366       0.107       3.428       0.001
   SL416RZ         0.614       0.087       7.056       0.000
   SL417RZ         0.541       0.081       6.663       0.000
```

Tabelle A. 34l)   *Skala: Elternengagement im curricularen Bereich*

```
Between Level

SCH14A    BY
   SL512RZ         0.620       0.110       5.651       0.000
   SL513RZ         0.475       0.143       3.326       0.001
   SL514RZ         0.536       0.099       5.404       0.000
```

Tabelle A. 34m)   *Skala: Elternengagement Hausaufgabenbetreuung*

```
Between Level

SCH14B    BY
   SL511RZ         0.661       0.127       5.188       0.000
   SL514RZ         0.269       0.124       2.173       0.030
   SL515RZ         0.484       0.106       4.542       0.000
```

A.7 Vorbereitende Arbeiten

A.7.1 *Überprüfung der Faktorenstruktur der latenten Individualvariablen (Quer-Ebenen-Invarianz, vgl. vorbereitende Analyse 1 in Tabelle 2)*

A.7.1.1 Faktorenstruktur der latenten Individualvariablen

Vorbereitend für die Modellierung wird im Folgenden die Struktur der Messkonstruk-te der latenten Individualvariablen auf der Individual- und Kontextebene überprüft. Zur Handhabung der Messkonstrukte in Mehrebenenanalysen gibt es keine standar-disierten Verfahren, die sich in sozialwissenschaftlichen Untersuchungen auf breiter Basis etabliert hätten. Bekannt ist jedoch, dass die Residuen der Beobachtungswer-te in Mehrebenenmodellen auf der Kontextebene in der Regel sehr gering ausfallen, da diese auf der Aggregatsebene meist hohe Reliabilität aufweisen (Christ & Schlüter, 2012; Muthen & Asparouhov, 2011). Um Schätzprobleme zu vermeiden, wird daher empfohlen die Residuen der manifesten Variablen zu überprüfen und auf den Wert Null zu fixieren (Hox, 2008). Das Ziel der nachfolgenden Analysen liegt somit zu-nächst in der Überprüfung der in den Mehrebenenmodellen eingesetzten Messmodelle im Hinblick auf ihre Quer-Ebenen-Messinvarianz (Mehta & Neale, 2005), bevor an-schließend empirische Analysen durchgeführt werden (Kap. 6.5). Hierbei wird jedoch lediglich das Modell mit freien Ladungen und Mittelwerten mit dem Modell vergli-chen, in dem die L2-Ladungen[1] auf den Wert Null fixiert sind. Angenommen wird da-bei, dass das Modell auf der Kontextebene (bezogen auf die Faktorladungen und la-tenten Mittelwerte) mit dem Modell auf der Individualebene identisch ist (Millsap, 2011).

Im ersten Modell[2] werden die Faktorladungen der Konstruktvariablen sowohl auf der Individual- als auch auf der Klassenebene frei geschätzt (*random-intercepts-mo-del*). Auf beiden Ebenen wird die durch die dazugehörigen latenten Konstrukte erklär-te Varianz betrachtet (M4 Aggregation, Marsh et al., 2009, vgl. Kap. 6.2.3.4). In Ab-bildung A.1 ist das Modell in Anlehnung an Muthén und Muthén (1998-2010, S. 260) schematisch dargestellt. Die manifesten Variablen (dargestellt als Vierecke) weisen klassenspezifische Mittelwerte auf, dessen L2-Zwischen-Klassen-Varianz anhand von schwarzen Punkten in der Darstellung des *within*-Teils (innerhalb von Klassen) des Modells symbolisiert wird. Die Varianz dieser Variablenmittelwerte wird wiederum auf der *between*-Ebene (zwischen den Klassen) als kontinuierliche latente Variablen in das L2-Modell integriert (dargestellt als Ovale, z. B. Mot-V1). Diese Variablen weisen auf der *between*-Ebene eine durch das latente Konstrukt nicht erklärte Restva-rianz auf (symbolisiert durch die schrägen kleinen Pfeile).

---

1 L2-Ladungen sind Ladungen der zweiten Ebene (hier die Kontextebene).
2 Zur Handhabung der Gewichtung und Zentrierung vgl. Kap. A.2.

Abbildung A.1:   Schematische Darstellung des Strukturgleichungsmodells mit variablen Mittel-
                 werten und variablen Residuen der Faktorindikatoren auf der *within-* und *bet-*
                 *ween-*Ebene (*random-intercepts-model*)

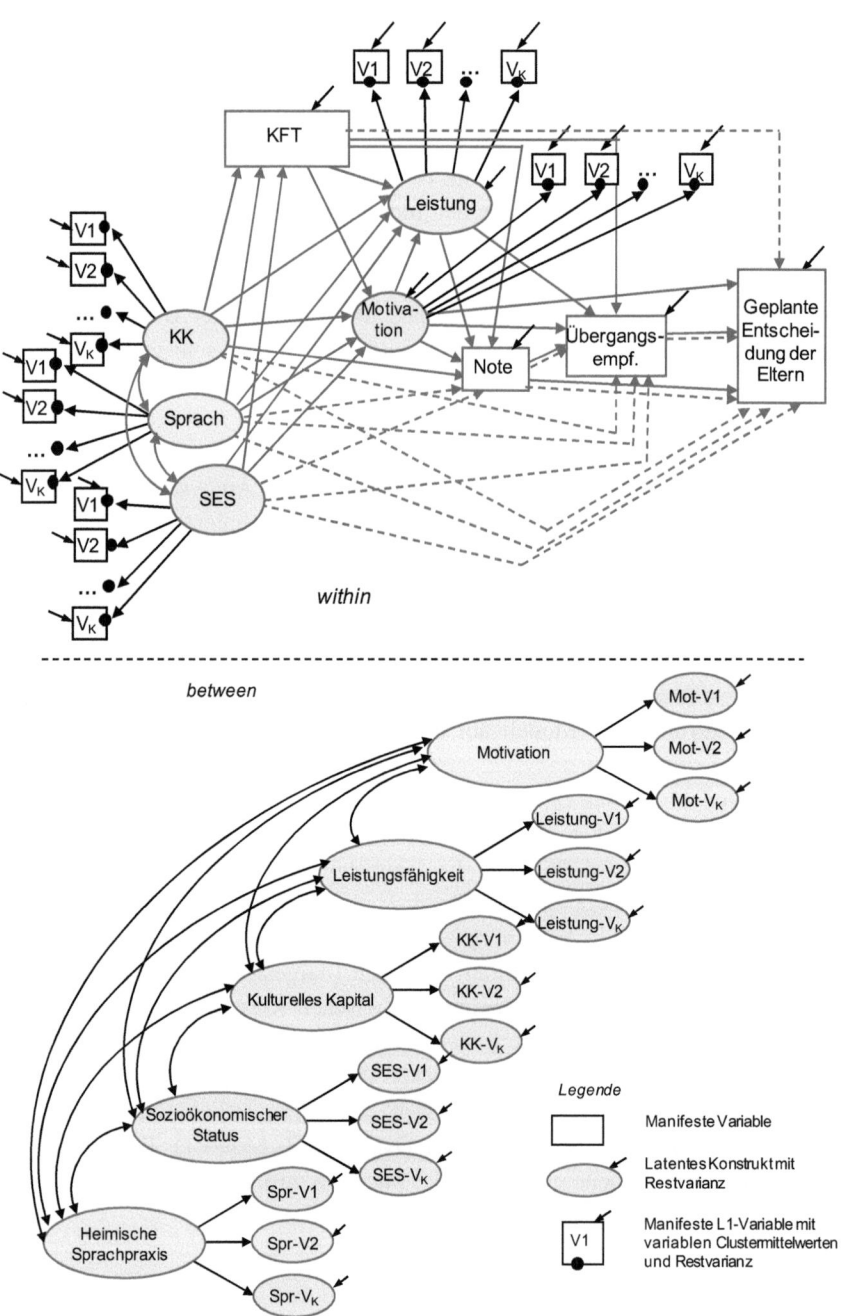

KK – ‚Kulturelles Kapital'   Mot-V1 – erste Variable der Skala ‚Motivation zur Mitarbeit'
KFT – ‚Kognitive Fähigkeiten'   KK-V1 – erste Variable der Skala ‚Kulturelles Kapital'
Sprach – ‚Heimische Sprachpraxis'   Spr-V1 – erste Variable der Skala ‚Hemische Sprachpraxis'
SES – ‚Sozioökonomischer Status'   SES-V1 – erste Variable der Skala ‚Sozioök. Status'

In Tabelle A. 35 sind die Residualvarianzen der Faktorindikatoren für die Zwischen-Klassen-Ebene (*between*) in dem Modell mit variablen L2-Residuen dargestellt. Die meisten Variablen weisen sehr geringe Residualvarianzen auf der Aggregatsebene auf, die in den meisten Fällen nicht signifikant sind. Lediglich die drei Indikatoren der Skala ‚Motivation zur Mitarbeit im Deutschunterricht' (SFP122R, SFP123R, SFP127R) weisen bedeutsame Residualvarianzen auf. Dieser latente Faktor erklärt offensichtlich nur einen Teil der Varianz der manifesten Variablen auf der Kontextebene.

Tabelle A. 35: L2 Residualvarianz der manifesten Faktorindikatoren (standardisierte Werte)

Skala	Variablenname	Residualvarianz	
Kulturelles Kapital	ASBHBOOK	.071	*
	ASBHCHBK	-.044	ns
Häusliche Sprachpraxis	SFP23R	.081	ns
	SFP2401R	.044	ns
	SFP2403R	.046	ns
Sozioökonomischer Status	V_EGP6R	.057	ns
	M_EGP6R	.046	ns
	EF36	.098	(*)
Lesefähigkeit	ASRREA01	.001	ns
	ASRREA02	.009	*
	ASRREA03	.000	ns
	ASRREA04	.003	ns
	ASRREA05	.002	ns
Motivation	SFP122R	.568	**
	SFP123R	.286	*
	SFP126R	.018	ns
	SFP127R	.210	*
	SFP128R	.058	ns

RMSEA .020, CFI .990, TLI .988, SRMRw .035, SRMRb .090
** $p \leq .01$ * $p \leq .05$
Gewichtungsvariable: HOUWGT
Teilstichprobe in MPLUS: SUBPOPULATION
Klumpungseffekte in MPLUS: Mehrebenenmodellierung
Zentrierung der L1-Prädiktoren: Gruppenmittelwert

Die in Tabelle A. 35 dargestellten Ergebnisse zeigen, dass eine Fixierung der L2-Residuen für fast alle Konstrukte sinnvoll ist. Dies ist insofern bedeutsam für die nachfolgenden Analysen, als dass hiermit Schätzprobleme vermieden werden. In weiteren Analysen werden daher die L2-Varianzen wie in Abbildung A.2 dargestellt auf den Wert Null fixiert. Hierbei wird ebenso wie im vorangehenden Modell davon ausgegangen, dass die manifesten Variablen eine Zwischen-Klassen-Varianz aufweisen, die graphisch anhand schwarzer Punkte symbolisiert wird. Im Unterschied jedoch zum Modell mit variablen L2-Residuen (Abbildung A.1) wird diese Varianz ausschließlich auf die Zwischen-Klassen-Unterschiede in den latenten Konstrukten zurückgeführt. Diese Annahme wird durch die Fixierung der Residualvarianzen der beobachteten Variablen auf der *between*-Ebene umgesetzt, welche graphisch durch die nun fehlenden Residualpfeile auf der Klassenebene symbolisiert wird.

Abbildung A.2:   Schematische Darstellung des Strukturgleichungsmodells mit variablen Mittelwerten und fixierten Residuen der Faktorindikatoren auf der *between*-Ebene (*random-intercepts-model*)

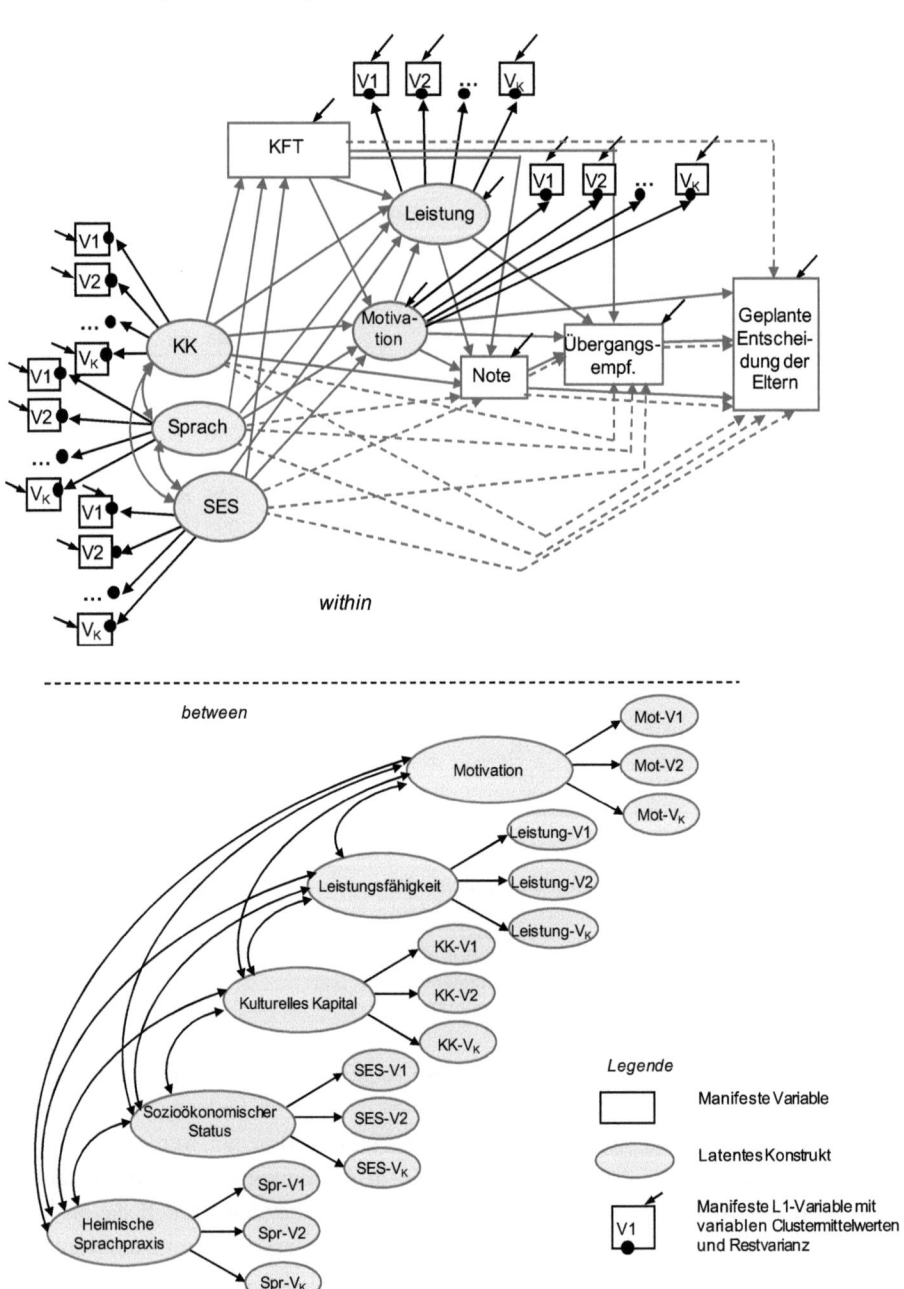

KK – ‚Kulturelles Kapital'
KFT – ‚Kognitive Fähigkeiten'
Sprach – ‚Heimische Sprachpraxis'
SES – ‚Sozioökonomischer Status'

Mot-V1 – erste Variable der Skala ‚Motivation zur Mitarbeit'
KK-V1 – erste Variable der Skala ‚Kulturelles Kapital'
Spr-V1 – erste Variable der Skala ‚Hemische Sprachpraxis'
SES-V1 – erste Variable der Skala ‚Soziök. Status'

A.7.1.2 Modellvergleiche: MSEM mit variablen und fixierten L2-Residuen der Faktorindikatoren

Im Folgenden werden die Befunde der Varianzanalysen auf der Aggregatsebene anhand von Modellvergleichen validiert. Um die Modellgüte zu beurteilen, werden hierbei sowohl die deskriptiven Modellfitwerte für die Modellbeurteilung (RMSEA, CFI, TLI, SRMRw, SRMRb) in Tabelle A. 36 als auch die Modellfitwerte für Modellvergleiche (AIC, BIC, Log-Likelihood, Chi-Quadrat-Differenztest) in Tabelle A. 37 betrachtet. Für den BIC-Fitwert werden drei Varianten vorgelegt. Diese unterscheiden sich voneinander in der eingesetzten Stichprobe. BIC1 wird an der Individualstichprobe adjustiert, BIC2 wird für populationsbezogene Analysen entsprechend adjustiert und BIC3 an der Clusterstichprobe (vgl. Kap. 6.2.5). Da sich die Zwischen-Klassen-Varianz der drei Indikatoren des Faktors ‚Motivation zur Mitarbeit im Deutschunterricht' als substantiell erwiesen hat, enthält die Tabelle daher außer den beiden Modellen (Modell A mit freien L2-Residuen und Modell B mit fixierten L2-Residuen der Faktorindikatoren) ein weiteres Modell, in dem alle L2-Residuen bis auf die drei Variablen des Faktors Motivation fixiert wurden (Modell C).

Tabelle A. 36: Deskriptive Fitindizes zur Modellevaluation für Modelle mit freien und fixierten Residuen der Faktorindikatoren auf der Kontextebene (L2)

Modell	RMSEA	CFI	TLI	SRMRw	SRMRb
A	.020	.990	.988	.035	.090
B	.020	.990	.988	.035	.123
C	.019	.990	.988	.035	.093

Modell A: variable L2-Residuen der Faktorindikatoren
Modell B: fixierte L2-Residuen der Faktorindikatoren
Modell C: fixierte L2-Residuen der Faktorindikatoren, bis auf drei Items der Skala ‚Motivation zur Mitarbeit im Deutschunterricht' (SFP122R, SFP123R, SFP127R)
Gewichtungsvariable: HOUWGT
Teilstichprobe in MPLUS: SUBPOPULATION
Klumpungseffekte in MPLUS: Mehrebenenmodellierung
Zentrierung der L1-Prädiktoren: Gruppenmittelwert

Alle drei Modelle zeigen sehr ähnliche deskriptive Fitwerte (Tabelle A. 36). In dem SRMRb für die Kontextebene sind jedoch geringfügige Unterschiede erkennbar. Der Fitwert des Modells C mit teilweise fixierten L2-Residuen liegt nahe am Fitwert des Modells A mit freien L2-Residuen, während Modell B mit vollständig fixierten L2-Residuen einen etwas schlechteren Fitwert aufweist. Nach den deskriptiven Fitindizes zeigen demnach die Modelle A und C eine gute bis akzeptable Modellpassung. Im Modell B verfehlt der SRMRb knapp die .10-Grenze für einen akzeptablen Fitwert. Im Modell A mit variablen L2-Residuen zeigen ferner die Residuen negative Korrelationen (hier nicht dargestellt).

AIC und BIC

Die Fitindizes für Modellvergleiche in Tabelle A. 37 zeigen, dass die Modelle mit fixierten und teilweise fixierten L2-Residuen (Modell B und C) gegenüber dem Modell mit freien Residuen (Modell A) vorzuziehen sind. Mit Ausnahme des AIC-Wer-
tes für die Differenz zwischen den Modellen A und B fällt die Differenz zu Gunsten
der Modelle B und C aus. Da der AIC-Wert jedoch nicht an der Stichprobe adjustiert
ist, wird auf der Basis der BIC-Werte eine bessere Modellpassung der Modelle mit fixierten L2-Residuen angenommen. Des Weiteren deuten die AIC- und BIC-Werte darauf hin, dass das Modell mit den teilweise fixierten L2-Residuen (Modell C) besser
auf die Daten passt als das Modell mit vollständig fixierten L2-Residuen (Modell B),
da die AIC- und BIC-Werte hierfür etwas niedriger ausfallen, wobei die Differenz (B
vs. C) sehr niedrig ist.

Tabelle A. 37: Fitindizes sowie Chi-Quadrat-Differenztest für Modelle mit variablen und fixierten Residuen der Faktorindikatoren auf der Kontextebene (L2)[1]

Fitwerte	AIC	BIC1	BIC2	BIC3	Likelihood	scaling correction factor
Modell A	272699	273640	273198	273227	-136210	1.429
Modell B	272719	273538	273154	273179	-136238	1.533
Modell C	272694	273533	273139	273165	-136223	1.489

Unterschiede zwischen den Modellen				Chi-Quadrat-Differenztest (p≤ .01)	df	Chi-Quadrat-Differenztest (p≤ .01)
A vs. B	-20.48	101.40	44.21	47.90	77.38	18	sign.
A vs. C	4.90	106.47	58.81	61.89	26.90	15	n.s.
B vs. C*	25.38	5.07	14.60	13.98	31.38	3	sign.

[1] Chi-Quadrat-Differenztest wurde hier ohne Berücksichtigung des *scaling correction factor* durchge-
führt, da dieser negativ ausgeprägt war.
BIC1:   an der Stichprobe von Individuen adjustierter Wert (n = Individuen)
BIC2:   für die Population adjustierter Wert
BIC3:   an der Clusterstichprobe adjustierter Wert (n = Cluster)
Modell A: variable L2-Residuen der Faktorindikatoren (139 freie Parameter)
Modell B: fixierte L2-Residuen der Faktorindikatoren (121 freie Parameter)
Modell C: fixierte L2-Residuen der Faktorindikatoren außer drei Items der Skala ‚Motivation zur
               Mitarbeit im Deutschunterricht' (SFP122R, SFP123R, SFP127R) (124 freie Parameter)
Gewichtungsvariable: HOUWGT
Teilstichprobe in MPLUS: SUBPOPULATION
Klumpungseffekte in MPLUS: Mehrebenenmodellierung
Zentrierung der L1-Prädiktoren: Gruppenmittelwert

Im Rahmen des Chi-Quadrat-Differenztests wird geprüft, ob unterschiedliche in sich
genestete Modelle gleich gut die Daten beschreiben. Bei signifikanten Abweichungen
wird das weniger restriktive Modell beibehalten, weil angenommen wird, dass dieses
Modell die Daten besser beschreibt. Da die Mehrebenenmodelle sich voneinander le-

diglich durch die Anzahl freier Parameter unterscheiden, sind sie ineinander genestet und können anhand der Chi-Quadrat-Differenztests verglichen werden.

Die Ergebnisse der AIC und BIC basierten Modellvergleiche werden durch den in Tabelle A. 37 angegebenen Chi-Quadrat-Differenztest bestätigt. Da im Modell B die Faktorindikatoren fixiert sind, ist das Modell sparsamer als das Modell A. Nach dem Chi-Quadrat-Differenztest beschreiben die Modelle die Daten unterschiedlich gut, da sich signifikante Abweichungen zwischen den Modellen ergeben. Wie bereits anhand der deskriptiven Fitindizes für Modellevaluation gezeigt wurde, erweist sich das weniger restriktive Modell A als signifikant besser als das Modell B, womit das restriktive Modell B verworfen und das weniger restriktive Modell A beibehalten werden muss. Modell B zeigt auch gegenüber dem Modell C mit teilweise fixierten L2-Residuen signifikante Unterschiede in der Passung auf die Daten. Damit weist das sparsamste Modell B signifikant schlechtere Passung auf die Daten auf als die beiden anderen Mehrebenenmodelle. Modell C, bei dem beinahe alle Residuen der Faktorindikatoren bis auf drei Items der Skala ‚Motivation zur Mitarbeit im Deutschunterricht' fixiert sind, weist dagegen keine signifikanten Unterschiede in der Passung auf die Daten gegenüber dem nicht restriktiven Modell A auf. Nach dem Chi-Quadrat-Differenztest können die Ergebnisse der AIC und BIC basierten Modellvergleiche bestätigt werden, die gezeigt haben, dass das Modell C beibehalten werden kann. Dieses Modell wird für die weiteren Analysen eingesetzt. Mit Ausnahme der Skala ‚Motivation zur Mitarbeit im Deutschunterricht'. Hierbei wird bei allen Skalen die Quer-Ebenen-Invarianz angenommen. Bei dem erstgenannten Konstrukt wird dagegen die partielle Quer-Ebenen-Invarianz für die beiden Modellebenen angenommen (Byrne, 2008; Byrne, Shavelson & Muthén, 1989).

A.7.1.3   Zusammenfassung und Implikationen

Die vorgestellten Modellvergleiche zeigen insgesamt, dass die beiden Modelle mit fixierten und teilweise fixierten L2-Residuen (Modell B und C) gegenüber einem Modell mit variablen L2-Residuen vorzuziehen sind. Dabei erweist sich das Modell mit teilweise fixierten L2-Residuen (Modell C) als das beste Modell. Dieser Befund konnte ebenfalls anhand des Chi-Quadrat-Differenztests bestätigt werden. Demnach beschreibt das Modell mit teilweise fixierten L2-Residuen die Daten besser als das Modell mit vollständig fixierten L2-Residuen und unterscheidet sich nicht signifikant von dem nichtrestriktiven Modell A mit variablen Residuen. Für nachfolgende Analysen werden die Residualvarianzen der Faktorindikatoren bis auf den Faktor ‚Motivation zur Mitarbeit im Deutschunterricht' als messinvariant in Bezug auf die beiden Modellebenen modelliert (Mehta & Neale, 2005) und somit auf der Kontextebene auf den Wert Null fixiert. Angenommen wird dabei, dass die L2-Varianz der Faktorindikatoren vollständig durch das latente Konstrukt auf der Kontextebene erklärt wird. Einzig für die Skala ‚Motivation zur Mitarbeit im Deutschunterricht' wird von der partiellen Quer-Ebenen-Invarianz ausgegangen (Byrne, 2008; Byrne et al., 1989)

A.7.2 Wahl der Aggregationsart der Kompositionsvariablen (MSEM; *intercepts-as-outcomes-model*, vgl. vorbereitende Analyse 2 in Tabelle 2)

A.7.2.1 Latente vs. manifeste Aggregation

Im Rahmen latenter Aggregation wurden die L2-Konstrukte für die Varianzzerlegung (Kap. 7.2 und Kap. A.7.1) sowohl in Bezug auf die Itemstichprobe als auch in Bezug auf die Personenstichprobe latent modelliert (*multilevel latent covariate*, MLC nach Lüdtke et al., 2008; *doubly-latent-model*, M4 nach Marsh et al., 2009, vgl. auch Kap. 6.2.3.4). Damit wurde angenommen, dass die latente Aggregationsart der L1-Angaben für die Bestimmung der Effekte am besten geeignet ist. Diese Annahme soll im Folgenden überprüft werden, indem die Ergebnisse aus der latenten Modellierung in Bezug auf die Personen gegenüber den Ergebnissen aus der manifesten Modellierung gestellt werden (*multilevel latent covariate*, MLC vs. *multilevel manifest covariate*, MMC nach Lüdtke et al., 2008; M4 vs. M3 Aggregation nach Marsh et al., 2009, vgl. auch Kap. 6.2.3.4). Dies ist insofern angebracht, als dass einige Variablen fehlende Werte aufweisen und insbesondere in solchen Fällen eine solche Gegenüberstellung beider Aggregationsarten nach Lüdtke et al. (2008) empfehlenswert sei. Dabei wird überprüft, ob die Ergebnisse aus der Simulationsstudie von Lüdtke et al. (2008) anhand der vorliegenden Daten nachvollzogen werden können.

Das Modell für die nachfolgenden Analysen unterscheidet sich von dem Modell in Abbildung A.1 und Abbildung A.2 dadurch, dass hierbei die L2-Konstrukte zur Erklärung der L2-Varianz benutzt werden. Das Modell ist schematisch in Abbildung A.3 dargestellt. Die manifesten Kriteriumsvariablen (Deutschnote, Übergangsempfehlung, Geplante Übergangsentscheidung der Eltern) fungierten als latente Kriteriumsvariablen auf der Kontextebene (markiert durch Ovale in der Darstellung). Da es sich bei den Kriteriumsvariablen jeweils um eine einzelne manifeste Variable auf der Individualebene handelt, sind diese Variablen in dem dargestellten Modell latent in Bezug auf die Stichprobe, jedoch manifest in Bezug auf die Items. Dies entspricht dem M2-Modell nach Marsh et al. (2009, vgl. auch Kap. 6.2.3.4). Die Prädiktorvariablen sind auf beiden Ebenen latent in Bezug auf die Items, es ist jedoch aus der Abbildung A.3 nicht ersichtlich, ob diese in Bezug auf die Personen oder Items latent sind. Dies müsste anhand der Konstruktvariablen markiert werden, die aus Übersichtlichkeitsgründen nicht dargestellt werden.

Abbildung A.3: Schematische Darstellung des Strukturgleichungsmodells mit variablen Mittelwerten der latenten Prädiktorvariablen, die zur Erklärung der L2-Varianz der
Kriteriumsvariablen benutzt werden (*random-intercepts-model*)

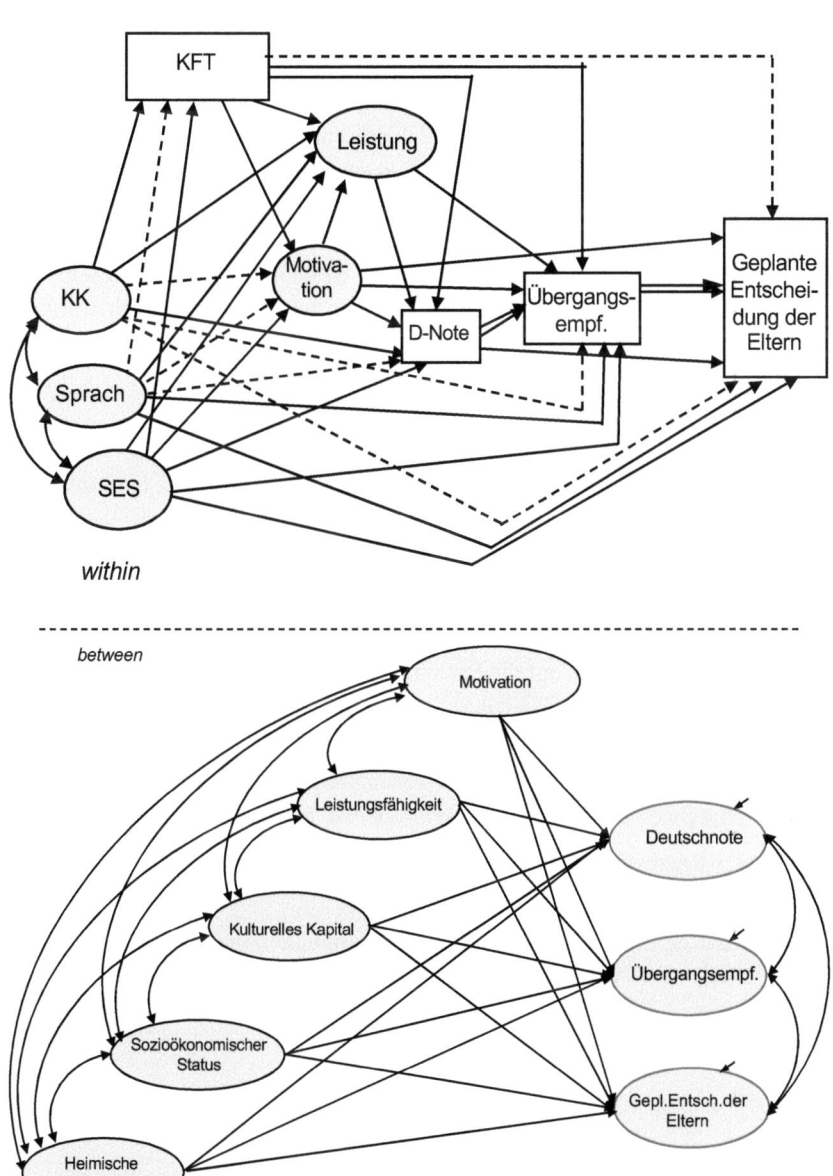

KK – ‚Kulturelles Kapital'   Mot-V1 – erste Variable der Skala ‚Motivation zur Mitarbeit'
KFT – ‚Kognitive Fähigkeiten'   KK-V1 – erste Variable der Skala ‚Kulturelles Kapital'
Sprach – ‚Heimische Sprachpraxis'   Spr-V1 – erste Variable der Skala ‚Hemische Sprachpraxis'
SES – ‚Sozioökonomischer Status'   SES-V1 – erste Variable der Skala ‚Sozioök. Status'
Die manifesten Variablen der jeweiligen latenten Konstrukte wurden nicht dargestellt.
Die drei abhängigen Variablen auf der Clusterebene sind jeweils manifest in Bezug auf die Items und
latent in Bezug auf die Personen (MMC Aggregation nach Lüdtke et al., 2008; M3 Aggregation nach
Marsh et al., 2009).

Im Folgenden werden Modelle mit unterschiedlicher Aggregation der Prädiktorvariablen dargestellt. Im Rahmen der latenten Aggregation der Prädiktoren (MLC nach Lüdtke et al., 2008; M4 Aggregation nach Marsh et al., 2009) werden die individuellen Angaben (repräsentiert anhand manifester Faktorindikatoren) als L2-Varianz der Faktorindikatoren auf der Kontextebene in das Modell aufgenommen. Dies entspricht der Modellierung im Rahmen der Varianzzerlegung und den dazugehörigen vorbereitenden Analysen, die in Kapiteln 7.2 und A.7.1 präsentiert wurden. Dagegen werden im Rahmen der manifesten Aggregation (MMC nach Lüdtke et al., 2008; M3 Aggregation nach Marsh et al., 2009) Klassenmittelwerte anhand der Individualwerte gebildet und als Faktorindikatoren in manifester Form auf der Kontextebene in das Modell aufgenommen. Die Strukturgleichung ist für beide Modellierungsarten dieselbe und kann beispielhaft für eine der drei Kriteriumsvariablen wie folgt dargestellt werden:

$$U_{yij} = \alpha_0 + \beta_{w(1\dots k)}\, U_{x(1\dots k)ij} + \beta_{b(1\dots k)} U_{x(1\dots k)j} + \delta_{0j} + \varepsilon_{ij} \qquad \textit{Formel A. 1}$$

U_{yij}	=	latente (bezogen auf die Personen) stichprobenkorrigierte Kriteriumsvariable für den individuellen Wert für eine Person i im Cluster j
$U_{x(1\dots k)ij}$	=	latenter (bezogen auf die Items) messfehlerkorrigierter L1-Faktor des individuellen Werts der Prädiktorvariablen für eine Person i im Cluster j (z.B. latente Variable des SES)
$U_{x(1\dots k)j}$	=	latenter (bezogen auf die Personen und Items) messfehler- und stichprobenkorrigierter L2-Faktor des aggregierten Werts der individuellen Prädiktorvariablen x für Cluster j (z.B. messfehler- und stichprobenkorrigierte Variable des SES)
α_0	=	Mittelwert der Mittelwerte (*grand-mean, intercept*)
$\beta_{w(1\dots k)}$	=	L1-Regressionskoeffizient des Hintergrundmerkmals auf der Individualebene (*within*) (z.B. SES)
$\beta_{b(1\dots k)}$	=	L2-Regressionskoeffizient des Hintergrundmerkmals auf der Aggregatsebene (*between*) (z.B. SES)
δ_{0j}	=	L2-Residuum
ε_{ij}	=	L1-Residuum

Die abhängige Variable U_{yij} ist in beiden Modellen (MMC und MLC nach Lüdtke et al., 2008; M3 und M4 nach Marsh et al., 2009) manifest in Bezug auf die Items und latent in Bezug auf die Personen. Die unabhängigen Variablen $U_{x(1...k)j}$ stellen im *latent-manifest-model* (M3/MMC) messfehlerkorrigierte latente Variablen für den aggregierten Wert in der Prädiktorvariablen $x_{(1...k)}$ dar, die jedoch manifest in Bezug auf die Personen und somit nicht stichprobenkorrigiert sind. Dagegen stellen die Variablen $U_{x(1...k)j}$ im *doubly-latent-model* (M4/MLC) messfehler- *und* stichprobenkorrigierte Variablen dar (Marsh et al., 2009, vgl. auch Kap. 6.2.3.4).

Die Kontext- und Kompositionseffekte werden dabei in einem gruppenzentrierten Ansatz als die Abweichung zwischen dem Betakoeffizienten der Kontext- von dem Betakoeffizienten der Individualebene berechnet (vgl. Kap. 6.2.3.3. und 6.2.7.2):

$$\beta_c = \beta_b - \beta_w \qquad\qquad \textit{Formel A. 2}$$

Die Entscheidung zwischen den beiden Aggregationsarten (M3/MMC vs. M4/MLC) wird für die nachfolgenden Analysen bei der formativen Aggregation (Kompositionsmerkmale) nach den Empfehlungen von Lüdtke et al. (2008) in Abhängigkeit vom *sampling ratio* vorgenommen, der mit den Anteilen fehlender Werte verknüpft ist. Da zur L2-Aggregationsart in Bezug auf die Personenstichprobe insgesamt noch wenig fundierte und umfassende Simulationsstudien vorliegen (Lüdtke et al., 2008), werden im Folgenden die Ergebnisse aus der manifesten und latenten Aggregation (M3/ MMC vs. M4/MLC) miteinander verglichen und unter Berücksichtigung des *sampling ratio* interpretiert. Erwartet wird, dass die latente Modellierung bei Variablen mit einem hohen *sampling ratio* zu einer Inflation der Koeffizienten führt, weil die Fehlervarianz überschätzt wird. Bei einem niedrigen *sampling ratio* wird dagegen eine Unterschätzung der Koeffizienten (negatives Bias) im Rahmen von MMC-Modellierung (M1 & M3) erwartet und gleichzeitig eine Überschätzung der Signifikanz, die aus der Unterschätzung der Varianz resultiert. Zusätzlich wurden bei der Modellierung Modelle mit unterschiedlicher Handhabung der L2-Residualvarianzen und Faktorenladungen berücksichtigt.

In Tabelle A. 38 sind die Ergebnisse der Analyse von Kompositionseffekten anhand unterschiedlicher Modelle dargestellt. In den Modellen A, B und C sind die Prädiktoren der zweiten Ebene mit dem MLC-Ansatz (M2 & M4) anhand der Individualvariablen der ersten Ebene modelliert. In den Modellen D, E und F wurden die Faktoren anhand des MMC-Ansatzes (M1 & M3) als Mittelwerte der Beobachtungen der ersten Ebene modelliert. Die Standardisierung der Koeffizienten erfolgte in Anlehnung an Marsh et al. (2009, vgl. auch Kap. 6.3.7.3). Die L1-Prädiktorvariablen wurden in allen Modellen um den Gruppenmittelwert zentriert (Enders & Tofighi, 2007). Für jede Aggregationsart wurden zusätzlich jeweils Modelle berechnet, in denen die Handhabung der Faktorindikatoren unterschiedlich ist. In den Modellen A und D wurden die Residuen der Faktorindikatoren auf der *between*-Ebene auf den Wert Null fixiert und in den Modellen C und F wurden äquivalente Faktorladungen für die *within*- und *between*-Ebene spezifiziert. In den Modellen B und E wurden die Faktorindikatoren und Residuen auf beiden Ebenen frei geschätzt. Die Fixierung der L2-Residualvarianzen in den Modellen A und D beruht auf der Annahme, dass das latente L2-Konstrukt die Zwischen-Klassen-Varianz der manifesten L2-Variablen in den MMC-Modellen (M3) sowie der latenten L2-Aggregationen der L1-Variablen in den MLC-Modellen (M4) vollständig erklärt. Diese Annahme konnte anhand von Modellvergleichen in Kap. 3.4.1 für fast alle Skalen der Schülerkomposition bestätigt werden. In den Modellen C und F, in denen die Faktorladungen der Individual- und Kontextebene (L1 und L2) äquivalent sind, wird davon ausgegangen, dass die Faktorstruktur auf der Individual- und Kontextebene gleich ist. Durch die Fixierung der Faktorladungen wird die Skala der Messmodelle für die beiden Analyseebenen angeglichen, wodurch die Varianz innerhalb von Klassen direkt mit der Varianz zwischen den Klassen vergleichbar wird (Bauer, 2003; Byrne, 2008; Byrne et al., 1989; Curran, 2003; Marsh et al., 2009; Mehta & Neale, 2005 S. 273). Der Zweck der unterschiedlichen Modellierung besteht darin, die Stabilität der Messmodelle zu überprüfen und die geeignete Modellierungsart (manifeste vs. latente Aggregationsart) sowie Fixierungsart für die Analyse der Kompositionseffekte in der vorliegenden Arbeit zu wählen (Fixierung der L2-Residuen der Faktorindikatoren auf den Wert Null vs. Äquivalentsetzung der Faktorladungen über beide Ebenen).

Tabelle A. 38a und Tabelle A. 38b zeigen die Kompositionseffekte des sozioökonomischen Status (SES), des kulturellen Kapitals (KK), der heimischen Sprachpraxis, der Leistungsfähigkeit und der kognitiven Fähigkeiten auf die Elternentscheidung, die Übergangsempfehlung sowie die Deutschnote. Analysen der fehlenden Werte (Anhang Kap. A.4) zeigen, dass diese für die Variablen der Hintergrundmerkmale höher sind als für die fünf *plausible values* des Lesescores und für die kognitiven Fähigkeiten. Während die Hintergrundmerkmale bis zu 30 Prozent fehlende Werte aufweisen, sind die Angaben zu kognitiven Fähigkeiten beinahe und die Ergebnisse des Lesefähigkeitstests vollständig. Somit erweist sich das *sampling ratio* in Bezug auf die Leseleistung und kognitive Fähigkeiten als sehr hoch.

Tabelle A. 38a: Gegenüberstellung der Modelle: Kompositionseffekte der familiären Hinter-grundmerkmale bezogen auf die geplante Elternentscheidung, Übergangsemp-fehlung und Deutschnote (*random-intercepts-models*)

		Kompositionseffekt					
		Modell A	*Modell B*	*Modell C*	*Modell D*	*Modell E*	*Modell F*
Modellierung		MLC			MMC		
Faktorladungen auf der between-Ebene		fixiert	frei	äquivalent	fixiert	frei	äquivalent
Kriterium	*Standar-disierung*	Prädiktor: Sozioökonomischer Status					
Geplante Eltern-entscheidung	βc	.332 (*)	.503 *	.654 **	.127 ns	.334 **	.337 **
	sβc	.172 (*)	.255 *	.319 **	.076 ns	.185 **	.192 **
	ES1	.389 (*)	.592 *	.760 **	.171 ns	.424 **	.443 **
	ES2	.381 (*)	.581 *	.746 **	.167 ns	.416 **	.434 **
	ES3	.365 (*)	.540 *	.674 **	.164 ns	.397 **	.412 **
Übergangsempf.	βc	.019 ns	.170 ns	.237 ns	-.079 ns	.028 ns	.038 ns
Deutschnote	βc	-.590 **	-.549 **	-.561 **	-.372 **	-.423 **	-.425 **
	sβc	-.282 **	-.265 **	-.267 **	-.204 **	-.220 **	-.228 **
	ES1	-.623 **	-.584 **	-.590 **	-.450 **	-.486 **	-.505 **
	ES2	-.611 **	-.573 **	-.579 **	-.441 **	-.475 **	-.494 **
	ES3	-.600 **	-.564 **	-.569 **	-.438 **	-.471 **	-.490 **
Kriterium	*Standar-disierung*	Prädiktor: Kulturelles Kapital					
Geplante Eltern-entscheidung	βc	.110 ns	-.075 ns	-.241 ns	-.047 ns	-.244 (*)	-.253 (*)
	sβc	.062 ns	-.042 ns	-.137 ns	-.032 ns	-.158 (*)	-.167 (*)
	ES1	.134 ns	-.090 ns	-.296 ns	-.070 ns	-.344 (*)	-.366 (*)
	ES2	.134 ns	-.090 ns	-.296 ns	-.070 ns	-.344 (*)	-.365 (*)
	ES3	.133 ns	-.090 ns	-.293 ns	-.070 ns	-.340 (*)	-.361 (*)
Übergangsempf.	βc	.096 ns	-.068 ns	-.110 ns	-.013 ns	-.123 ns	-.128 ns
Deutschnote	βc	.369 ns	.324 ns	.339 ns	.005 ns	.032 ns	.040 ns
Kriterium	*Standar-disierung*	Prädiktor: Heimische Sprachpraxis					
Geplante Eltern-entscheidung	βc	-.708 **	-.622 *	-.301 (*)	-.141 *	-.106 ns	-.102 ns
	sβc	-.196 **	-.179 *	-.108 (*)	-.086 *	-.051 ns	-.045 ns
	ES1	-.432 **	-.393 *	-.234 (*)	-.188 *	-.112 ns	-.097 ns
	ES2	-.430 **	-.391 *	-.233 (*)	-.187 *	-.111 ns	-.097 ns
	ES3	-.418 **	-.382 *	-.230 (*)	-.185 *	-.111 ns	-.096 ns
Übergangsempf.	βc	-.062 ns	.010 ns	.030 ns	.004 ns	.037 ns	.036 ns
Deutschnote	βc	.102 ns	.108 ns	.109 ns	.059 ns	.079 ns	.087 ns

** p ≤ .01   * p ≤ .05   (*)p ≤ .10
Die Fitindizes für die Modellpassung sind in Tabelle 39 angegeben.
Für die Modellauswahl wird das Signifikanzniveau von p ≤ .10 akzeptiert. Bei späteren Interpretationen werden ausschließlich Signifikanzen auf p ≤ .05 betrachtet.
Modelle A, B, C: MLC-Modellierung (Lüdtke et al., 2008; M2 & M4 nach Marsh et al., 2009)
Modell D, E, F: MMC-Modellierung (Lüdtke et al., 2008; M1 & M3 nach Marsh et al., 2009)
βc unstandardisierter Koeffizient
sβc an der Gesamtvarianz des Prädiktors und der Kriteriumsvariablen standardisierter Koeffizient
ES1 bis ES3 – standardisierte Effektstärken nach Marsh et al. (2009, vgl. Kap. 2.5.5), ES1: L1-Varianz des Residuums des Prädiktors, ES2: L1- und L2-Gesamtvarianz des Prädiktors (Residuum und Varianz), ES3: L1-Gesamtvarianz des Kriteriums (Residuum und Varianz) und L2-Varianz des Prädiktors
Grau schattiert sind Koeffizienten, die für nachfolgende Analysen relevant sind.
Gewichtungsvariable: HOUWGT
Teilstichprobe in MPLUS: SUBPOPULATION
Klumpungseffekte in MPLUS: Mehrebenenmodellierung
Zentrierung der L1-Prädiktoren: Gruppenmittelwert

Tabelle A. 38b: Gegenüberstellung der Modelle: Kompositionseffekte der Lesefähigkeit und
                  der kognitiven Fähigkeiten bezogen auf die geplante Elternentscheidung,
                  Übergangsempfehlung und Deutschnote (*random-intercepts-models*)

		Kompositionseffekt					
		Modell A	Modell B	Modell C	Modell D	Modell E	Modell F
	Modellierung		MLC			MMC	
	Faktorladungen auf der between-Ebene	fixiert	frei	äquivalent	fixiert	frei	äquivalent
Kriterium	Standardisierung			Prädiktor: KFT			
Geplante Elternentscheidung	βc	-.120 ns	-.121 ns	-.126 ns	-.129 *	-.131 *	-.133 *
	sβc	-.046 ns	-.047 ns	-.049 ns	-.069 *	-.070 *	-.071 *
	ES1	-.099 ns	-.100 ns	-.104 ns	-.149 *	-.152 *	-.155 *
	ES2	-.099 ns	-.100 ns	-.104 ns	-.149 *	-.152 *	-.154 *
	ES3	-.099 ns	-.100 ns	-.104 ns	-.149 *	-.152 *	-.154 *
Übergangsempf.	βc	-.181 ns	-.181 ns	-.182 ns	-.179 *	-.181 *	-.183 *
	sβc	-.072 ns	-.072 ns	-.072 ns	-.099 *	-.100 *	-.101 *
	ES1	-.162 ns	-.162 ns	-.163 ns	-.225 *	-.228 *	-.230 *
	ES2	-.160 ns	-.161 ns	-.161 ns	-.223 *	-.226 *	-.228 *
	ES3	-.160 ns	-.160 ns	-.161 ns	-.222 *	-.225 *	-.228 *
Deutschnote	βc	-.154 ns	-.156 ns	-.154 ns	-.120 (*)	-.120 (*)	-.121 (*)
	sβc	-.054 ns	-.054 ns	-.053 ns	-.058 (*)	-.058 (*)	-.058 (*)
	ES1	-.115 ns	-.117 ns	-.115 ns	-.126 (*)	-.126 (*)	-.126 (*)
	ES2	-.114 ns	-.116 ns	-.114 ns	-.125 (*)	-.125 (*)	-.126 (*)
	ES3	-.114 ns	-.116 ns	-.114 ns	-.125 (*)	-.125 (*)	-.126 (*)
Kriterium	Standardisierung			Prädiktor: Lesefähigkeit			
Geplante Elternentscheidung	βc	.061 ns	.067 ns	.015 ns	-.348 **	-.362 **	-.369 **
	sβc	.046 ns	.052 ns	.011 ns	-.306 **	-.317 **	-.323 **
Übergangsempf.	βc	-.053 ns	-.049 ns	-.058 ns	-.546 **	-.543 **	-.545 **
	sβc	-.041 ns	-.038 ns	-.045 ns	-.485 **	-.482 **	-.484 **
Deutschnote	βc	-.381 **	-.368 **	-.376 **	-.899 **	-.889 **	-.891 **
	sβc	-.239 **	-.230 **	-.235 **	-.645 **	-.638 **	-.639 **

unstd. - unstandardisierter Koeffizient

** p ≤ .01   * p ≤ .05   (*) p ≤ .10
Die Fitindizes für die Modellpassung sind in Tabelle A. 39 angegeben.
Für die Modellauswahl wird das Signifikanzniveau von p ≤ .10 akzeptiert. Bei späteren Interpretationen
werden ausschließlich Signifikanzen auf p ≤ .05 betrachtet.
Modelle A, B, C: MLC-Modellierung (Lüdtke et al., 2008; M2 & M4 nach Marsh et al., 2009)
Modell D, E, F: MMC-Modellierung (Lüdtke et al., 2008; M1 & M3 nach Marsh et al., 2009)
βc unstandardisierter Koeffizient
sβc an der Gesamtvarianz des Prädiktors und der Kriteriumsvariablen standardisierter Koeffizient
ES1 bis ES3 – standardisierte Effektstärken nach Marsh et al. (2009, vgl. Kap. 2.5.5), ES1: L1-Varianz des
Residuums des Prädiktors, ES2: L1- und L2-Gesamtvarianz des Prädiktors (Residuum und Varianz), ES3:
L1-Gesamtvarianz des Kriteriums (Residuum und Varianz) und L2-Varianz des Prädiktors
Grau schattiert sind Koeffizienten, die für nachfolgende Analysen relevant sind.
Gewichtungsvariable: HOUWGT
Teilstichprobe in MPLUS: SUBPOPULATION
Klumpungseffekte in MPLUS: Mehrebenenmodellierung
Zentrierung der L1-Prädiktoren: Gruppenmittelwert

Nach den Angaben in beiden Tabellen zeigen sich Vergleiche zwischen den Ergebnissen der MLC/M4- und MMC/M3-Aggregationen überwiegend als konsistent mit
den Befunden von Lüdtke et al. (2008). Demnach werden die Kompositionseffekte mit der MMC/M3-Aggregation beim niedrigen *sampling ratio* unterschätzt, was
bei den beiden Kompositionseffekten des familiären Hintergrunds (SES und heimische Sprachpraxis) gegenüber den Ergebnissen aus den MLC/M4-Modellen deutlich
wird. Nach Lüdtke et al. (2008) wird ferner im Rahmen der MMC/M3-Aggregati-
on mit einem niedrigen *sampling ratio* die Varianz unterschätzt, was dazu führt, dass
die Ergebnisse signifikant werden, obwohl in der Population keine Signifikanz vorliegt (Alpha-Fehler). Diese Tendenz zeigt sich zum Beispiel für den MMC/M3-Effekt
des sozioökonomischen Kapitals auf die geplante Elternentscheidung, der in den Modellen E und F mit $p \leq 0.01$ signifikant ist, während der Kompositionseffekt bei den
MLC/M4-Modellen nur im Modell C dasselbe Signifikanzniveau erreicht. Ebenfalls
wird bei dem Kompositionseffekt des kulturellen Kapitals deutlich, dass die MMC/
M3-Modelle das Signifikanzniveau von $p \leq .10$ erreichen, während die Effekte in den
MLC/M4-Modellen sogar nach diesem liberal angesetztem Grenzwert nicht signifikant sind.

Nach Lüdtke et al. (2008) wird ferner die Heterogenität der Individualwerte bei
einem hohen *sampling ratio* als Stichprobenfehler behandelt, was zu einer Überschätzung des Standardfehlers führt. Übereinstimmend damit zeigt sich in Tabelle 38, dass
die Kompositionseffekte der MLC/M4-Modellierung für die Lesefähigkeit und kognitive Fähigkeiten[3] durchweg niedriger und zum Teil nicht signifikant ausfallen,
während die MMC/M3-Modellierung auf das Vorliegen von Kompositionseffekten
schließen lässt. Die heimische Sprachpraxis weist mit 1 bis 2 Prozent die geringsten
Anteile fehlender Werte von den Hintergrundmerkmalen auf. Dennoch tritt bei der latenten Modellierung keine Inflation des Koeffizienten ein. Das Signifikanzniveau ist
ebenfalls in der latenten Modellierung höher. Aufgrund dessen werden die Angaben
für die Skala ‚Heimische Sprachpraxis' trotz eines hohen *sampling ratio* latent aggregiert (MLC/M4).

Insgesamt lassen die vorliegenden Modellvergleiche mit Ausnahme der heimischen Sprachpraxis ähnliche Rückschlüsse zu, wie Lüdtke et al. (2008) sie in der Simulationsstudie gezogen haben. Übereinstimmend damit werden für weitere Analysen
die Ergebnisse der MLC/M4-Modellierung für die Kompositionseffekte des sozioökonomischen Hintergrunds, des kulturellen Kapitals und der heimischen Sprachpraxis
herangezogen. Dagegen werden die Kompositionseffekte der Lesefähigkeit und der
kognitiven Fähigkeiten anhand der Ergebnisse der MMC -Modellierung (M3 und M1
nach Marsh et al., 2009) analysiert.

---

3 Da kognitive Fähigkeiten im Modell eine manifeste Variable darstellen (in Bezug auf die Items), entspricht die latente L2-Aggregation dem M2-Modell von Marsh et al. (2009).

A.7.2.2   Faktorenstruktur der latenten Kompositionseffekte (Quer-Ebenen-Invarianz)

Nachdem die Wahl der Aggregationsart für die jeweiligen latenten Konstrukte erfolgt ist, wird im Folgenden die Stabilität der Modelle überprüft, indem die Modelle mit unterschiedlicher Handhabung der Faktorindikatoren sowie der L2-Residualvarianzen anhand der Modellgütefitindizes überprüft werden. Bei der Betrachtung der in Tabelle A. 39 dargestellten Fitindizes wird deutlich, dass nicht alle Modelle stabil geschätzt werden konnten. Bei der MLC-Modellierung wurde nur das Modell mit auf den Wert Null fixierten L2-Residuen ohne Probleme geschätzt, womit erneut bestätigt wird, dass die Fixierung der Residuen auf L2 sinnvoll ist (vgl. Kap. A.7.1). Bei der MMC-Modellierung ergeben sich dagegen keine Probleme bei der Modellschätzung, jedoch zeigt das Modell D mit fixierten L2-Residualvarianzen eine sehr schlechte Modellpassung (RMSEA = .663, CFI = .000). Demnach erweist sich für die MLC-Modellierung das Modell mit fixierten Faktorladungen und für die MMC-Modellierung das Modell mit äquivalenten Faktorladungen als geeignet für weitere Analysen. Da die absoluten Fitindizes eine eindeutige Präferenz liefern, wird im Weiteren auf Modellvergleiche der Kompositionsfaktoren verzichtet.

Tabelle A. 39: Fitindizes der MLC- und MML-Modelle zur Überprüfung der Kompositionseffekte (*random-intercepts-models*)

	Modell A	Modell B	Modell C	Modell D	Modell E	Modell F
		MLC			MMC	
Fitindizes	Faktor-ladungen fixiert	Faktor-ladungen frei	Faktor-ladungen equivalent	Faktor-ladungen fixiert	Faktor-ladungen frei	Faktor-ladungen äquivalent
RMSEA	.021	.022	.022	.663	.023	.024
CFI	.989	.989	.988	.000	.989	.988
TLI	.986	.986	.984	NA	.985	.984
SRMRw	.035	.035	.034	.025	.025	.024
SRMRb	.159	.158	.172	.096	.092	.093
Modell-schätzung	no error reported	neg. Korr. der Resi-duen	neg. Korr. der Resi-duen	no error reported	no error reported	no error reported

Modelle A, B, C	MLC-Modellierung (M2 & M4 nach Marsh et al., 2009)
Modell D, E, F	MMC-Modellierung (M1 & M3 nach Marsh et al., 2009)
Gewichtungsvariable:	HOUWGT
Teilstichprobe in MPLUS:	SUBPOPULATION
Klumpungseffekte in MPLUS:	Mehrebenenmodellierung
Zentrierung:	Gruppenmittelwert

A.7.2.3 Zusammenfassung und Implikationen

Anhand der Gegenüberstellung der Kompositionseffekte aus unterschiedlichen Aggregationsarten wurden in Verknüpfung mit dem *sampling ratio* für die Modellierung des SES, des kulturellen Kapitals und der heimischen Sprachpraxis die MLC-Modellierung (M4 nach Marsh et al., 2009) und für die kognitiven Fähigkeiten und die Lesefähigkeit die MMC-Modellierung ausgewählt (Lüdtke et al., 2008; M1 und M3 nach Marsh et al., 2009). Das Modell mit fixierten L2-Residualvarianzen zeigte im Rahmen der MLC-Modellierung im Gegensatz zu dem Modell mit äquivalenten Faktorladungen keine Probleme bei der Schätzung. Bei der MMC-Modellierung zeigte dagegen das Modell mit auf null fixierten L2-Residuen der Faktorindikatoren eine sehr schlechte Modellpassung. Hierbei erweist sich somit die Modellierung mit äquivalenten Faktorladungen als am besten geeignet. Damit werden die MLC/M4-Aggregationen in den nachfolgenden Analysen mit fixierten Faktorladungen, die MMC/M3-Aggregationen mit äquivalenten Faktorladungen durchgeführt.

A.7.3 Wahl der Aggregationsart der Unterrichtsvariablen (MSEM; *intercepts-as-outcomes-model*, vgl. vorbereitende Analyse 3 in Tabelle 2)

A.7.3.1 Latente vs. manifeste Aggregation

Die Überprüfung der Faktorenstruktur der Messmodelle zur Analyse der Kompositionseffekte hat die Annahme bestätigt, dass deren Handhabung in Bezug auf die Aggregationsart abhängig vom *sampling ratio* unterschiedlich sein sollte. Die Ergebnisse stimmen weitgehend mit den Empfehlungen zur formativen Aggregation von Lüdtke et al. (2008) überein. Da die L2-Konstrukte der unterrichts- und lehrerbezogenen Einschätzungen der Schülerschaft eine reflektierende Aggregation darstellen, empfiehlt sich nach den Autoren ein anderer Umgang (vgl. Kapitel 6.2.3.4). Aufgrund der Problematik, die mit Schülerbeurteilungen des Lehrerverhaltens (Validität, soziale Erwünschtheit) einerseits sowie mit Verzerrungen im Rahmen reflektierender Aggregation[4] (vgl. Kap. 6.2.3.4) andererseits verknüpft ist, kann nach Lüdtke et al. (2008) keine eindeutige Empfehlung bezüglich der Wahl zwischen manifester und latenter Aggregation der Personenstichprobe ausgesprochen werden. Da es sich bei Schülerangaben zu den Unterrichtsfaktoren um die sogenannte reflektierende Aggregationsart handelt, wäre nach ihnen eine Gegenüberstellung von Analysen aus der latenten und manifesten Aggregation empfehlenswert.

Die Analysen der beiden Aggregationsarten zeigten, dass die latente Aggregation im Rahmen der vorgelegten Modelle zu Schätzproblemen führt. Daher wird die L2-

---

4   Dabei wird auf die Ungenauigkeit der MMC/M3-Schätzungen bei einem niedrigen *sampling ratio* und/ oder einer kleinen Cluster- bzw. Stichprobengröße hingewiesen, ferner auf negative Verzerrungen und die Unterschätzung der Standardfehler im Rahmen der MMC/M3-Modellierung vs. Überschätzung der Standardfehler im Rahmen der MLC/M3-Modellierung sowie auf die Ungenauigkeit der letzteren bei einem hohen *sampling ratio* (Lüdtke et al., 2008, Marsh et al., 2009).

Aggregation der Schülereinschätzungen des unterrichtlichen Kontextes äquivalent zu dem *latent-manifest-model* M3 von Marsh et al. (2009a, vgl. Kap. 6.2.3.4) gehandhabt, das heißt die L2-Angaben werden manifest in Bezug auf die Personenstichprobe und latent in Bezug auf die Items modelliert (MMC nach Lüdtke et al., 2008). Für das im Folgenden gewählte Vorgehen spricht ferner das hohe *sampling ratio* in Bezug auf die Anzahl gültiger Antworten (vgl. Anhang A.4).

Die Strukturgleichung zur Überprüfung der direkten Effekte der Unterrichtsfaktoren entspricht damit der Gleichung für die Modellierung der Kompositionseffekte:

$$U_{yij} = \alpha_0 + \beta_{w(1\ldots k)}\, U_{x(1\ldots k)ij} + \beta_{b(1\ldots k)} U_{x(1\ldots k)j} +$$

Formel A. 3

$$+\gamma_{w(1\ldots k)}\, U_{z(1\ldots k)ij} + \gamma_{b(1\ldots k)} U_{z(1\ldots k)j} + \delta_{0j} + \varepsilon_{ij}$$

U_{yij}	=	latente (bezogen auf die Personen) stichprobenkorrigierte Kriteriumsvariable für den individuellen Wert für eine Person i im Cluster j
$U_{x(1\ldots k)ij}$	=	latenter (bezogen auf die Items) messfehlerkorrigierter L1-Faktor des individuellen Werts der Prädiktorvariablen für eine Person i im Cluster j (z.B. latente Variable des SES)
$U_{x(1\ldots k)j}$	=	latenter (bezogen auf die Personen und Items) messfehler- und stichprobenkorrigierter L2-Faktor des aggregierten Werts der individuellen Prädiktorvariablen x für Cluster j (z.B. messfehler- und stichprobenkorrigierte Variable des SES)
$U_{z(1\ldots k)ij}$	=	latenter (bezogen auf die Items) messfehlerkorrigierter L1-Faktor des Unterrichts- oder Schulmerkmals z für eine Person i im Cluster j (z.B. Schülereinschätzung der kognitiven Aktivierung)
$U_{z(1\ldots k)j}$	=	latenter (bezogen auf die Personen und Items) messfehler- und stichprobenkorrigierter L2-Faktor des aggregierten Werts des Unterrichts- oder Schulmerkmals z für Cluster j (z.B. Mittelwert der Schülereinschätzung der kognitiven Aktivierung)
α_0	=	Mittelwert der Mittelwerte (*grand-mean, intercept*)
$\beta_{w(1\ldots k)}$	=	L1-Regressionskoeffizient des Hintergrundmerkmals auf der Individualebene (*within*) (z.B. SES))
$\beta_{b(1\ldots k)}$	=	L2-Regressionskoeffizient des Hintergrundmerkmals auf der Aggregatsebene (*between*) (z.B. SES)
$\gamma_{w(1\ldots k)}$	=	L1-Regressionskoeffizient des Unterrichtsmerkmals auf der Individualebene (*within*) (z.B. Schülereinschätzung der kognitiven Aktivierung)
$\gamma_{b(1\ldots k)}$	=	L2-Regressionskoeffizient des Unterrichtsmerkmals auf der Aggregatsebene (*between*) (z.B. Mittelwert der Schülereinschätzung der kognitiven Aktivierung)
δ_{0j}	=	L2-Residuum
ε_{ij}	=	L1-Residuum

Die Unterrichtsfaktoren werden im Folgenden entsprechend der latent-manifesten Modellierung (M3) nach Marsh et al. (2009) berechnet (MMC nach Lüdtke et al., 2008). Diese Modellierung ist identisch mit der Modellierung der Kompositionseffekte der Lesefähigkeit und der kognitiven Fähigkeiten im Kapitel A. 7.1. Die unabhängigen Unterrichtsvariablen $U_{z(1...k)j}$ sowie die kognitiven Fähigkeiten und die Lesefähigkeit stellen im *latent-manifest-model* (M3/MMC) messfehlerkorrigierte latente Variablen für den aggregierten Wert in der Prädiktorvariablen dar, die jedoch nicht stichprobenkorrigiert sind. Die abhängige Variable U_{yij} ist in den nachfolgenden Analysen manifest in Bezug auf die Items und latent in Bezug auf die Personen. Dagegen stellen die übrigen Hintergrundmerkmale (SES, kulturelles Kapital und die ‚Heimische Sprachpraxis') $U_{x(1...k)j}$ entsprechend dem *doubly-latent-model* (M4/MLC) messfehler- *und* stichprobenkorrigierte Variablen dar (Marsh et al., 2009, vgl. auch Kap. 6.2.3.4).

A.7.3.2 Faktorenstruktur der Unterrichtsvariablen (Quer-Ebenen-Invarianz)

Eine weitere methodische Frage betrifft die Handhabung der L2-Residualvarianzen der aggregierten Variablen. Falls gezeigt werden kann, dass diese nicht substantiell sind, können die L2-Konstrukte mit fixierten Varianzen der Faktorindikatoren geschätzt werden. Dies vereinfacht insofern die Interpretation der Befunde, als dass angenommen werden kann, dass die L2-Konstrukte die gleiche inhaltliche Bedeutung haben wie die L1-Konstrukte. Die Beurteilung der Faktorenstruktur erfolgt im Folgenden auf der Basis von unterschiedlichen Kriterien. Erst bei Nichterfüllung mehrerer Kriterien werden Modelle mit fixierten L2-Residuen zu Gunsten von Modellen mit variablen L2-Residuen verworfen. Dabei werden zum einen die Ausprägung und das Signifikanzniveau der L2-Residualvarianzen der manifesten variablen betrachtet (Tabelle A. 40). Zum anderen werden Modellvergleiche durchgeführt, in denen die Konstrukte jeweils mit freien und fixierten Faktorindikatoren geschätzt wurden (Tabelle A. 41). Im Rahmen der Voranalysen werden zwecks Übersichtlichkeit die Items als Abkürzungen angeführt, da deren inhaltliche Bedeutung zunächst nicht relevant ist. Die hierzugehörigen Fragen sind im Anhang aufgeführt (vgl. Kapitel A.3).

Anhand der in Tabelle A. 40 aufgeführten L2-Residualvarianzen wird deutlich, dass die meisten latenten L2-Konstrukte tatsächlich beinahe vollständig die Varianz der Faktorindikatoren erklären. Die meisten Residualvarianzen sind zwar signifikant, jedoch sehr niedrig. Lediglich bei fünf Variablen liegen die Residualvarianzen über .10 (grau markiert in Tabelle A. 40). Dies betrifft ein Item der Skala ‚Hilfsbereitschaft und soziales Verhalten der Mitschüler' (Gebor1) sowie jeweils zwei Items aus den Skalen ‚Mediennutzung im Unterricht' (Umeth1) und ‚Variationsreiche Arbeitsweisen im Unterricht' (Umeth4).

Weitere Rückschlüsse lassen sich auf der Basis der in Tabelle A. 41 dargestellten Modellvergleiche ableiten. Hierbei wird deutlich, dass die Modellierung mit fixierten L2-Residuen der Faktorindikatoren bei den Skalen ‚Hilfsbereitschaft und soziales

Verhalten der Mitschüler' (Gebor1) sowie ‚Mediennutzung im Unterricht' (Umeth1) signifikant schlechtere Modellfitindizes hervorbringt als die Modelle mit freien L2-Residuen. Die AIC- und BIC-Werte liegen jeweils für das restriktive Modell höher. Da diese Fitindizes eigentlich sparsame Modelle bevorzugen, deutet ein schlechterer Fitwert auf eine schlechtere Passung des sparsamen Modells auf die Daten hin. Die Modellabweichung ist ebenfalls nach dem Chi-Quadrat-Differenztest für diese beiden Skalen signifikant. Dagegen erweist sich die Abweichung zwischen dem sparsamen und weniger sparsamen Modell bei der Skala ‚Variationsreiche Arbeitsweisen im Unterricht' (Umeth4) nach dem Chi-Quadrat-Differenztest als nicht signifikant.

Tabelle A. 40: L2-Residualvarianz der manifesten Faktorindikatoren (standardisierte Werte)

Abkür-zung	Variablen-name	Varianz	p-Wert	Abkür-zung	Variablen-name	Varianz	p-Wert
Lehr1	*Angemessenes Unterrichtsniveau und -tempo*			*Umeth1*	*Mediennutzung im Unterricht*		
	MSFP1401RZ	0.05	0.000		MSFP1606RZ	0.17	0.000
	MSFP1403RZ	0.04	0.000		MSFP1607RZ	0.09	0.000
	MSFP1404RZ	0.04	0.000		MSFP1608RZ	0.15	0.000
	MSFP1405RZ	0.04	0.000		MSFP1614RZ	0.06	0.000
	MSFP1406RZ	0.05	0.000		MSFP1616RZ	0.09	0.000
	MSFP1407RZ	0.04	0.000					
	MSFP1408RZ	0.04	0.000	*Umeth2*	*Ordnung und Disziplin*		
	MSFP1409RZ	0.06	0.000		MSFP173Z	0.07	0.000
	MSFP1410RZ	0.04	0.000		MSFP174Z	0.05	0.000
	MSFP1412RZ	0.06	0.000		MSFP175Z	0.05	0.000
					MSFP176Z	0.02	0.000
					MSFP177Z	0.06	0.000
Lehr2	*Erklärungsfähigkeit der Deutschlehrkraft*			*Umeth3*	*Kognitive Aktivierung*		
	MSFP133RZ	0.04	0.000		MSFP1609RZ	0.05	0.000
	MSFP134RZ	0.03	0.000		MSFP1610RZ	0.03	0.044
	MSFP135RZ	0.04	0.000		MSFP1611RZ	0.07	0.000
	MSFP1402RZ	0.04	0.000		MSFP1613RZ	0.07	0.000
Lehr3	*Desorganisiertes Vorgehen im Unterricht vs. Strukturierung*			*WohB1*	*Beliebtheit unter Gleichaltrigen*		
	MSFP132RZ	0.03	0.000		MSFP052RZ	0.05	0.000
	MSFP136RZ	0.03	0.000		MSFP053RZ	0.04	0.000
	MSFP137RZ	0.07	0.000		MSFP054RZ	0.05	0.000
	MSFP1411RZ	0.07	0.000		MSFP056RZ	0.02	0.000
					MSFP058RZ	0.04	0.000
Lehr4	*Vertrauen zur Lehrkraft und deren Durchsetzungsfähigkeit*			*Umeth4*	*Variationsreiche Arbeitsweisen im Unterricht*		
	MSFP151RZ	0.05	0.000		MSFP1601RZ	0.09	0.000
	MSFP152RZ	0.04	0.000		MSFP1602RZ	0.07	0.000
	MSFP153RZ	0.05	0.006		MSFP1603RZ	0.15	0.000
	MSFP154RZ	0.07	0.000		MSFP1604RZ	0.11	0.000
	MSFP156RZ	0.05	0.000		MSFP1605RZ	0.06	0.000
	MSFP157RZ	0.05	0.000		MSFP1612RZ	0.09	0.000
	MSFP159RZ	0.08	0.000					
Gebor1	*Hilfsbereitschaft und soziales Verhalten der Mitschüler*			*Gebor2*	*Sicherheits- und Geborgenheits-gefühl*		
	MASBGCT4RZ	0.07	0.003		MASBGCT1RZ	0.10	0.000
	MASBGCT5RZ	-0.04	ns		MASBGCT2RZ	0.08	0.015
	MASBGCT6RZ	0.14	0.000		MASBGCT3RZ	0.06	ns

Fitindizes für Modellvergleiche sind in Tabelle A. 41 angegeben.

Gewichtungsvariable:	HOUWGT
Teilstichprobe in MPLUS:	SUBPOPULATION
Klumpungseffekte in MPLUS:	Mehrebenenmodellierung
Zentrierung der L1-Prädiktoren:	Gruppenmittelwert

Tabelle A. 41: Modellvergleiche: AIC- und BIC-Fitindizes für Modelle mit variablen und fixierten Residuen der Faktorindikatoren

Prädiktor		Log-Likelihood für das spezifizierte Modell	freie Parameter	AIC	BIC1	BIC2	BIC3	
Angemessenes Unterrichtsniveau und -tempo (Lehr1)	Free	-204842	206	410097	411492	410837	410880	
	Fix	-204848	197	410091	411425	410798	410839	
	Diff.		6	67	39	41	ns[1]	
Erklärungsfähigkeit der Deutschlehrkraft (Lehr2)	Free	-163470	160	327260	328343	327835	327868	
	Fix	-163480	157	327274	328337	327838	327870	
	Diff.		-14	7	-3	-2	sign.	
Desorganisiertes Vorgehen im Unterricht vs. Strukturierung (Lehr3)	Free	-164099	160	328517	329601	329092	329125	
	Fix	-164100	157	328513	329577	329078	329110	
	Diff.		4	24	15	15	ns	
Vertrauen zur Lehrkraft und deren Durchsetzungsfähigkeit (Lehr4)	Free	-184646	178	369648	370853	370288	370324	
	Fix	-184663	172	369669	370834	370288	370323	
	Diff.		-22	19	0	1	sign.	
Hilfsbereitschaft und soziales Verhalten der Mitschüler (Gebor1)	Free	-158032	154	316373	317415	316926	316958	
	Fix	-158099	152	316502	317531	317048	317079	
	Diff.		-129	-116	-122	-122	sign.[2]	
Sicherheits- und Geborgenheitsgefühl (Gebor2)	Free	-158918	154	318144	319186	318697	318729	
	Fix	-158945	152	318193	319223	318740	318771	
	Diff.		-50	-36	-42	-42	ns	
Mediennutzung im Unterricht (Umeth1)	Free	-169593	162	339511	340608	340093	340126	
	Fix	-169702	159	339721	340798	340293	340325	
	Diff.		-211	-190	-200	-199	sign.	
Ordnung und Disziplin (Umeth2)	Free	-169764	166	339860	340984	340457	340491	
	Fix	-169775	162	339874	340971	340456	340490	
	Diff.		-14	13	0	1	ns	
Kognitive Aktivierung (Umeth3)	Free	-163505	160	327329	328413	327904	327937	
	Fix	-163517	157	327348	328411	327912	327944	
	Diff.		-19	2	-8	-7	sign.	
Variationsreiche Arbeitsweisen im Unterricht (Umeth4)	Free	-179631	172	359607	360772	360225	360260	
	Fix	-179638	167	359611	360742	360211	360245	
	Diff.		-4	30	14	15	ns	
Beliebtheit unter Gleichaltrigen (WohB1)	Free	-170188	166	340707	341832	341304	341338	
	Fix	-170198	162	340720	341817	341302	341335	
	Diff.		-12	15	2	3	ns	

[1] Ohne *scaling correction factor*, da dieser nicht verfügbar ist.
[2] Ohne *scaling correction factor*, da der Chi-Quadrat-Wert bei Berücksichtigung des Faktors negativ ist.
BIC1:   an der Stichprobe von Individuen adjustierter Wert (n = Individuen)
BIC2:   für die Population adjustierter Wert
BIC3:   an der Clusterstichprobe adjustierter Wert (n = Cluster)
Gewichtungsvariable: HOUWGT
Teilstichprobe in MPLUS: SUBPOPULATION
Klumpungseffekte in MPLUS: Mehrebenenmodellierung
Zentrierung der L1-Prädiktoren: Gruppenmittelwert

Weitere Skalen, bei denen einige der Fitindizes auf schlechtere Modellpassung des restriktiven Modells hindeuten, sind die Skalen ‚Erklärungsfähigkeit der Deutschlehrkraft' (Lehr2) und ‚Kognitive Aktivierung' (Umeth3), da hierbei die restriktiven Modelle bei einigen AIC- und BIC-Werten ebenfalls anhand des Chi-Quadrat-Differenztests signifikant schlechtere Modellfitwerte aufweisen und ‚Sicherheits- und Geborgenheitsgefühl' (Gebor2) wegen der auffallend hohen Differenzen in den AIC- und BIC-Werten, wobei der Chi-Quadrat-Differenztest nicht signifikant ist. Bei der Skala ‚Vertrauen zur Lehrkraft und deren Durchsetzungsfähigkeit' (Lehr4) ist der Chi-Quadrat-Differenztest zwar signifikant, jedoch ist die Richtung der Differenz nur bei dem AIC zu Gunsten des nicht restriktiven Modells. Auch hier erweisen sich die L2-Residualvarianzen als unauffällig. Da bei diesen Skalen die L2-Residualvarianzen unauffällig sind und die Modellvergleiche anhand der Fitindizes keine eindeutige Modellverwerfung implizieren, wird im Folgenden davon ausgegangen, dass die L2-Residualvarianzen marginal sind und entsprechend auf den Wert Null fixiert werden können.

A.7.3.3   Zusammenfassung und Implikationen

Bei den Unterrichtsfaktoren wird aufgrund des hohen *sampling ratio* die manifeste Aggregation von L1-Angaben auf die Kontextebene angewandt. Die Überprüfung der Faktorenstruktur hat ergeben, dass neun von elf Konstrukten des Klassenkontextes eine ähnliche Struktur auf der Aggregatsebene wie auf der Individualebene aufweisen. Damit kann bei diesen Skalen angenommen werden, dass die Fixierung der L2-Residualvarianzen gerechtfertigt ist. Die beiden Skalen ‚Hilfsbereitschaft und soziales Verhalten der Mitschüler' (Gebor1) sowie ‚Mediennutzung im Unterricht' (Umeth1), bei denen die Struktur des Messmodells auf der Aggregatsebene am stärksten von der Struktur auf der Individualebene abweicht, werden entsprechend in weiteren Analysen mit teilweise fixierten L2-Residualvarianzen modelliert.

A.8   Modellgleichungen

A.8.1   Modellierung der Kontextfaktoren

Einige der Schulfaktoren sowie die Einschätzung der Bildungsfreundlichkeit der Umgebung werden als manifeste L2-Variablen in das Modell aufgenommen. Die Strukturgleichung für diese Faktoren entspricht der MLM-Modellierung. Die Skalen des schulischen Kontextes stellen dagegen latente (in Bezug auf die Items) messfehlerkorrigierte L2-Faktoren dar. Damit erweitert sich *Formel A. 3* wie folgt:

$$U_{yij} = \alpha_0 + \beta_{w(1\ldots k)}\, U_{x(1\ldots k)ij} + \beta_{b(1\ldots k)}U_{x(1\ldots k)j} +$$

$$+\gamma_{w(1\ldots k)}\, U_{z(1\ldots k)ij} + \gamma_{b(1\ldots k)}U_{z(1\ldots k)j} + \qquad \textit{Formel A. 4}$$

$$+\tau_{(1\ldots k)}U_{s(1\ldots k)j} + \delta_{0j} + \varepsilon_{ij}$$

U_{yij}	=	latente (bezogen auf die Personen) stichprobenkorrigierte Kriteriumsvariable für den individuellen Wert für eine Person i im Cluster j
$U_{x(1\ldots k)ij}$	=	latenter (bezogen auf die Items) messfehlerkorrigierter L1-Faktor des individuellen Werts der Prädiktorvariablen x für eine Person i im Cluster j (z.B. latente Variable des SES)
$U_{x(1\ldots k)j}$	=	latenter (bezogen auf die Personen und Items) messfehler- und stichprobenkorrigierter L2-Faktor des aggregierten Werts der individuellen Prädiktorvariablen x für Cluster j (z.B. messfehler- und stichprobenkorrigierte Variable des SES)
$U_{z(1\ldots k)ij}$	=	latenter (bezogen auf die Items) messfehlerkorrigierter L1-Faktor des Unterrichts- oder Schulmerkmals z für eine Person i im Cluster j (z.B. Schülereinschätzung der kognitiven Aktivierung)
$U_{z(1\ldots k)j}$	=	latenter (bezogen auf die Personen und Items) messfehler- und stichprobenkorrigierter L2-Faktor des aggregierten Werts des Unterrichts- oder Schulmerkmals z für Cluster j (z.B. Mittelwert der Schülereinschätzung der kognitiven Aktivierung)
$U_{s(1\ldots k)ij}$	=	latenter (bezogen auf die Items) messfehlerkorrigierter L2-Faktor des schulischen Merkmals s für Cluster j (z.B. ‚Kooperation mit Musikvereinen‘)
α_0	=	Mittelwert der Mittelwerte (*grand-mean, intercept*)
$\beta_{w(1\ldots k)}$	=	L1-Regressionskoeffizient des Hintergrundmerkmals auf der Individualebene (*within*) (z.B. SES)
$\beta_{b(1\ldots k)}$	=	L2-Regressionskoeffizient des Hintergrundmerkmals auf der Aggregatsebene (*between*) (z.B. SES)
$\gamma_{w(1\ldots k)}$	=	L1-Regressionskoeffizient des Unterrichtsmerkmals auf der Individualebene (*within*) (z.B. Schülereinschätzung der kognitiven Aktivierung)
$\gamma_{b(1\ldots k)}$	=	L2-Regressionskoeffizient des Unterrichtsmerkmals auf der Aggregats-

ebene (*between*) (z.B. Mittelwert der Schülereinschätzung der kognitiven Aktivierung)

$\tau_{(1...k)}$ = L2-Regressionskoeffizient des schulischen Kontextes auf der Aggregatsebene (*between*)

δ_{0j} = L2-Residuum der Mittelwerte

ε_{ij} = L1-Residuum

Dabei ist $U_{s(1...k)ij}$ ein latenter (in Bezug auf die Items) L2-Faktor des Schulkontextes (z.B. ‚Qualitäts- und Schulentwicklung') mit dem dazugehörigen Regressionskoeffizienten auf der Aggregatsebene (*between*) ($\tau_{(1...k)}$). Damit sind diese Schulfaktoren messfehlerkorrigiert.

A.8.2 Differenzielle Kompositions- und Kontexteffekte: Modellspezifikation

Rechnerisch wird bei der Modellierung der differenziellen Effekte der Klassenkomposition die Varianz der Regressionskoeffizienten (Steigung innerhalb von Gruppen) zugelassen (*random-slopes-model, random-coefficient-model*), was durch das Einfügen des Terms $\delta_{(1...k)j}\,U_{x(1...k)ij}$ in *Formel A. 4* impliziert wird (Marsh et al., 2009):

$$U_{yij} = \alpha_0 + \beta_{w(1...k)}\,U_{x(1...k)ij} + \beta_{b(1...k)}U_{x(1...k)j} +$$

$$+\gamma_{w(1...k)}\,U_{z(1...k)ij} + \gamma_{b(1...k)}U_{z(1...k)j} + \tau_{(1...k)}U_{s(1...k)j} + \quad \textit{Formel A. 5}$$

$$+\delta_{(1...k)j}U_{x(1...k)ij} + \delta_{0j} + \varepsilon_{ij}$$

In dieser Gleichung wird die Varianz der Steigungen aus der Regression zwischen einem Hintergrundmerkmal $U_{x(1...k)ij}$ (z.B. SES) und der abhängigen Variablen U_{yij} (z.B. Übergangsentscheidung) zugelassen. Dabei repräsentiert $\delta_{(1...k)j}$ normalverteilte Abweichungen von der Gesamtsteigung β_w mit dem Erwartungswert Null. Die Kovarianz von δ_{0j} und den jeweiligen $\delta_{(1...k)j}$ innerhalb von Schulklassen ist ebenfalls zugelassen. Im zweiten Schritt werden die Kompositionsmerkmale als Interaktionseffekte zur Erklärung der Steigungsvarianz hinzugefügt.

$$U_{yij} = \alpha_0 + \beta_{w(1...k)} U_{x(1...k)ij} + \beta_{b(1...k)} U_{x(1...k)j} +$$

$$+\gamma_{w(1...k)} U_{z(1...k)ij} + \gamma_{b(1...k)} U_{z(1...k)j} + \tau_{(1...k)} U_{s(1...k)j} +$$

Formel A. 6

$$+\lambda_{(1...k)} U_{x(1...k)ij} U_{x(1...k)j} + \delta_{(1...k)j} U_{x(1...k)ij} + \delta_{0j} + \varepsilon_{ij}$$

Der Interaktionseffekt $U_{x(1...k)ij}$ $U_{x(1...k)j}$ zwischen der individuellen Variablen $U_{x(1...k)ij}$ (z.B. individueller SES) und der Gruppenvariablen $U_{x(1...k)ij}$ (z.B. aggregierter SES) wurde zur Erklärung der *Zwischen-Klassen-Varianz der Steigung* (aus der Regression zwischen dem individuellen SES und der Lesefähigkeit) in die Gleichung eingefügt. $\lambda_{(1...k)}$ ist der entsprechende Koeffizient des Interaktionseffekts. Im Falle des sozioökonomischen Hintergrunds (SES) ist die L2-Variable bei der Modellierung der Kompositionseffekte anhand von *doubly-latent-model* (M4) nach Marsh et al. (2009) sowohl in Bezug auf die Personen als auch auf die Items latent, da die L1-Prädiktoren auf der Clusterebene als L2-Varianz direkt modelliert werden.

Formel A. 6 beschreibt den Kompositions- und Interaktionseffekt eines Individualmerkmals am Beispiel des ‚sozioökonomischen Status' (vgl. Kap. 6.2.3.1 der vorliegenden Arbeit). Die Modellierung von Unterrichts- oder Schulmerkmalen als Moderatoren kann anhand der folgenden Formel beschrieben werden:

$$U_{yij} = \alpha_0 + \beta_{w(1...k)} U_{x(1...k)ij} + \beta_{b(1...k)} U_{x(1...k)j} +$$

$$+\gamma_{w(1...k)} U_{z(1...k)ij} + \gamma_{b(1...k)} U_{z(1...k)j} + \tau_{(1...k)} U_{s(1...k)j} +$$

$$+\lambda_{(1...k)} U_{x(1...k)ij} U_{x(1...k)j} + \varphi_{(1...k)} U_{x(1...k)ij} U_{s(1...k)j} + \delta_{(1...k)j} U_{x(1...k)ij} + \delta_{0j} + \varepsilon_{ij}$$

Formel A. 7

$U_{s(1...k)j}$ ist ein latenter (in Bezug auf die Items) messfehlerkorrigierter L2-Faktor (z. B. ‚Qualitäts- und Schulentwicklung') und $\varphi_{(1...k)}$ ist der dazugehörige Interaktionseffekt.

A.9 Ergebnisse aus der Einzelmodellierung der Kontexteffekte

Im Folgenden werden die Kontexteffekte in einzelnen Modellen überprüft, wobei die zuvor ermittelten Kompositionseffekte des Schülerhintergrunds kontrolliert werden. Das Ziel hierbei ist die Identifikation von Variablen, die später in ein gemeinsames Modell eingefügt werden sollen, um die gegenseitige Abhängigkeit von schulischen und Klassenfaktoren zu berücksichtigen. In dieser Phase der Modellierung wird noch keine Interpretation der Effekte vorgenommen. Die im Folgenden eingesetzten Angaben zu den schulischen und regionalen Kontextfaktoren stammen aus dem Schulleiterfragebogen und können dementsprechend als L2-Variablen in die Modelle direkt aufgenommen werden. Eine Aggregation ist nicht notwendig. Alle Modelle zeigten gute bis akzeptable Modellpassung[5]. Die in Tabelle A. 43 angegebenen Koeffizienten sind standardisiert und können daher wie herkömmliche Korrelationskoeffizienten interpretiert werden.

Dagegen sind die Unterrichtsvariablen aus dem Schülerfragebogen entnommen und stellen somit Einschätzungen der Schülerschaft zu deren Lehrkräften und zum Unterricht sowie zu den sozialen Beziehungen im Klassenraum dar. Dementsprechend werden die Unterrichtsvariablen als L2-Variablen aggregiert. Die Aggregation wird als manifeste M3-Aggregation der L1-Variablen vorgenommen (Marsh et al., 2009). Da die Unterrichtsfaktoren anhand latenter Skalen erfasst sind, stellen sie zwar in Bezug auf die Personen manifeste Aggregationen dar, jedoch in Bezug auf die Items sind sie latent. Kontexteffekte für die Unterrichtsfaktoren werden genauso berechnet wie Kompositionseffekte des Schülerhintergrunds als die Differenz zwischen dem individuellen und dem clusterbezogenen Steigungskoeffizienten. Für die gemeinsame Modellierung in Kapitel 7.4 werden die ES1- bis ES3-Standardisierungen nach Marsh et al. (2009) als Effektstärken angegeben. In Tabelle A. 42 wurde für die Voranalysen zur Vereinfachung nur der ES3-Koeffizient angegeben.

Anhand der in Tabelle A. 42 dargestellten Kontexteffekte des Unterrichts auf die Benotung sowie die Übergangsempfehlungen und geplante Elternentscheidungen wird deutlich, dass nur einige Unterrichtsfaktoren Effekte auf der Kontextebene aufweisen. Die Effekte fallen dabei klein bis mittelstark aus (Marsh et al., 2009). Für die Deutschnote sind zwei Skalen des Klassenklimas und zwei der Unterrichtsmethoden relevant. Für die Übergangsempfehlung und Elternentscheidung zeigen die Skalen: ‚Desorganisiertes Vorgehen im Unterricht‘ sowie ‚Ordnung und Disziplin‘ entgegengesetzte Effekte.

---

5 Grenzwerte für einen guten/angemessenen Modellfit: CFI, TLI ≥ .95, RMSEA ≤.08, SRMR (*within, between*) ≤.05; Grenzwerte für einen akzeptablen Modellfit: CFI, TLI ≥ .90, RMSEA ≤.10, SRMR (*within, between*) ≤.10, 90% C.I. RMSEA ≤.05, Prob. RMSEA ≤.06

Tabelle A. 42: Einzelmodellierung der Kontexteffekte des Unterrichts sowie des Klassenumfelds unter Kontrolle von Kompositionseffekten des Schülerhintergrunds (ES3*-Standardisierung)

Konstrukt	Prädiktor	Kriterium		
		Deutsch-note	Übergangs-empfehlung	Geplante Eltern-entscheidung
Klassen-klima	Hilfsbereitschaft und soziales Verhalten der Mitschüler	ns	ns	ns
	Sicherheits- und Geborgenheits-gefühl	-.114 *	ns	ns
	Beliebtheit unter Gleichaltrigen	-.099 (*)	ns	ns
Unterrichts-methoden	Mediennutzung im Unterricht	.275 *	ns	ns
	Kognitive Aktivierung	.131 *	ns	ns
	Variationsreiche Arbeitsweisen im Unterricht und Hausaufgaben	ns	ns	ns
Unterrichts-führung	Angemessenes Unterrichts-niveau und -tempo	ns	ns	ns
	Erklärungsfähigkeit der Deutsch-lehrkraft	ns	ns	ns
	Desorganisiertes Vorgehen im Unterricht	ns	-.278 **	-.307 **
	Vertrauen zur Lehrkraft und deren Durchsetzungsfähigkeit	ns	ns	ns
	Ordnung und Disziplin	ns	.169 (*)	.307 **

** p ≤ .01   * p ≤ .05   (*) p ≤ .10
*ES3 — standardisierter Koeffizient nach Marsh et al. (2009)
L1-Prädiktoren sind Gruppenzentriert; L2-Prädiktoren sind zentriert am Gesamtmittelwert
Im Modell berücksichtigte Kompositionseffekte:
  - der geplanten Elternentscheidungen: SES, heimische Sprachpraxis, Lesefähigkeit
  - der Benotung: SES, kulturelles Kapital, Lesefähigkeit
  - der Übergangsempfehlung: Lesefähigkeit
Gewichtungsvariable: HOUWGT
Teilstichprobe in MPLUS: --- (SUBPOPULATION nicht verfügbar)
Klumpungseffekte in MPLUS: Mehrebenenmodellierung
L1-Prädiktoren sind Gruppenzentriert; L2-Prädiktoren sind am Gesamtmittelwert zentriert.

In Tabelle A. 43 sind Effekte des Schulumfelds und des regionalen Umfelds auf die Übergangsentscheidungen dargestellt. Ebenfalls zeigt sich hierbei, dass viele der überprüften Variablen keine direkten Effekte auf die Übergangsvariablen zeigen. Die nachgewiesenen Effekte fallen zudem niedrig aus. Die signifikanten Faktoren werden in der simultanen Berechnung der Kontexteffekte in einem gemeinsamen Modell berücksichtigt (vgl. Kap. 7.4).

Tabelle A. 43: Einzelmodellierung der Kontexteffekte der Schule und des Schulumfelds unter Kontrolle von Kompositionseffekten des Schülerhintergrunds (*stdyx*-Standardisierung)

		Kriterium		
Schulbereich	*Prädiktor*	*Deutsch-note*	*Übergangs-empfehlung*	*Geplante Eltern-entscheidung*
Schulgröße	Anzahl der Schülerinnen und Schüler in der Schule	-.079*	ns	-.083(*)
	Anzahl der Viertklässler in der Schule	-.126**	ns	ns
Bildungs-freundlichkeit des Schulum-felds	Einwohnerzahl	-.158**	.190**	.165**
	Urbane vs. dörfliche Infra-struktur	-.104*	.126**	.117*
Qualitäts- und Schulentwick-lung	Qualitätsentwicklung	ns	ns	.149*
	Entwicklungsschwerpunkte	-.093**	.113**	ns
Schulische Ressourcen	Anzahl von Buchtiteln in der Schulbibliothek	ns	ns	ns
	Anzahl von Zeitschriftentiteln in der Schulbibliothek	.092(*)	ns	ns
	Anzahl von Computern, die für den Unterricht in der vierten Klasse zur Verfügung stehen	ns	ns	ns
	Medienausstattung	ns	ns	ns
	Räumliche Ressourcen	ns	ns	ns
	Lehrkräftemangel	ns	ns	ns
Kommunika-tionsprozesse zwischen der Schule und den Eltern	Elterninformation und Veran-staltungen	ns	ns	ns
	Elternengagement im curri-cularen Bereich	ns	ns	ns
	Elternengagement im Frei-zeitbereich und bei der Haus-aufgabenbetreuung	ns	ns	ns
	Anzahl von Elterninformati-onen	ns	ns	ns

Tabelle A. 43: Einzelmodellierung der Kontexteffekte der Schule und des Schulumfelds unter Kontrolle von Kompositionseffekten des Schülerhintergrunds (*stdyx* Standardisierung) (Fortsetzung)

Schulbereich	Prädiktor	Kriterium		
		Deutsch-note	Übergangs-empfehlung	Geplante Eltern-entscheidung
Kontingenz-faktor	Kooperation mit KiTas, Grund-, Haupt-, Realschulen, Gymnasien	ns	ns	ns
	Kooperation mit sozialen und staatlichen Einrichtungen und Betrieben	ns	ns	ns
	Kooperation mit außerschu-lischen kulturellen u. kirchli-chen Einrichtungen	ns	ns	ns
	Kooperation mit Hochschulen und Gesamtschulen, auslän-dischen Kultureinrichtungen	-.125 (*)	.184 **	ns
	Kooperation mit Medienein-richtungen	ns	ns	ns
	Kooperation mit Musik- und Sportvereinen	ns	ns	ns

** $p \leq .01$ * $p \leq .05$ (*) $p \leq .10$

Für die Voranalysen wird das Signifikanzniveau von $p \leq .10$ akzeptiert. Bei späteren Interpretationen werden ausschließlich Signifikanzen auf $p \leq .05$ betrachtet.

L1-Prädiktoren sind Gruppenzentriert; L2-Prädiktoren sind zentriert am Gesamtmittelwert.

Im Modell berücksichtigte Kompositionseffekte:
- der geplanten Elternentscheidungen: SES, heimische Sprachpraxis, Lesefähigkeit
- der Benotung: SES, kulturelles Kapital, Lesefähigkeit
- der Übergangsempfehlung: Lesefähigkeit

Gewichtungsvariable: HOUWGT
Teilstichprobe in MPLUS: --- (SUBPOPULATION nicht verfügbar)
Klumpungseffekte in MPLUS: Mehrebenenmodellierung

L1-Prädiktoren sind Gruppenzentriert; L2-Prädiktoren sind am Gesamtmittelwert zentriert.

A.10 Abbildungen

Abbildung A.4: QAIT-Modell, Beziehungen zwischen veränderbaren Bestandteilen der Instruktion und Schülerleistungen (*Model Relating Alterable Elements of Instruction to Student Achievement*; Slavin, 1996, S. 10)

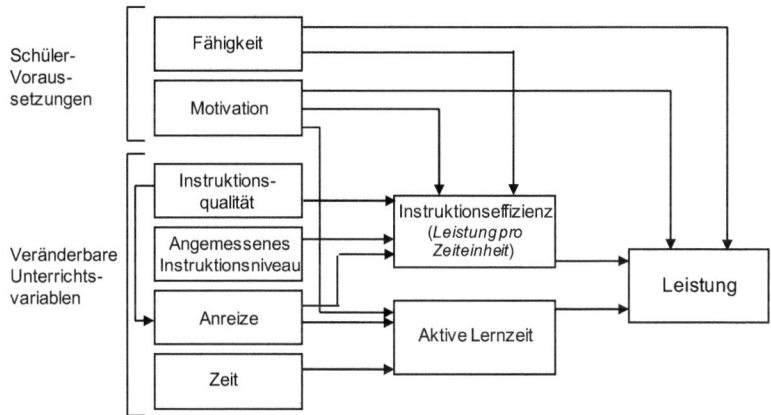

Legende
Instruktionsqualität (Quality)
Angemessenes Instruktionsniveau (*Appropriateness*)
Anreize (Incentives)
Zeit (Time)

Instruktionseffizienz (Instructional Efficiency)
Aktive Lernzeit (Time on task)

Abbildung A.5:   Das grundlegende Modell der Lerneffektivität nach Creemers *(The Basic Model of Educational Effectiveness*, 1994, S. 27)[6]

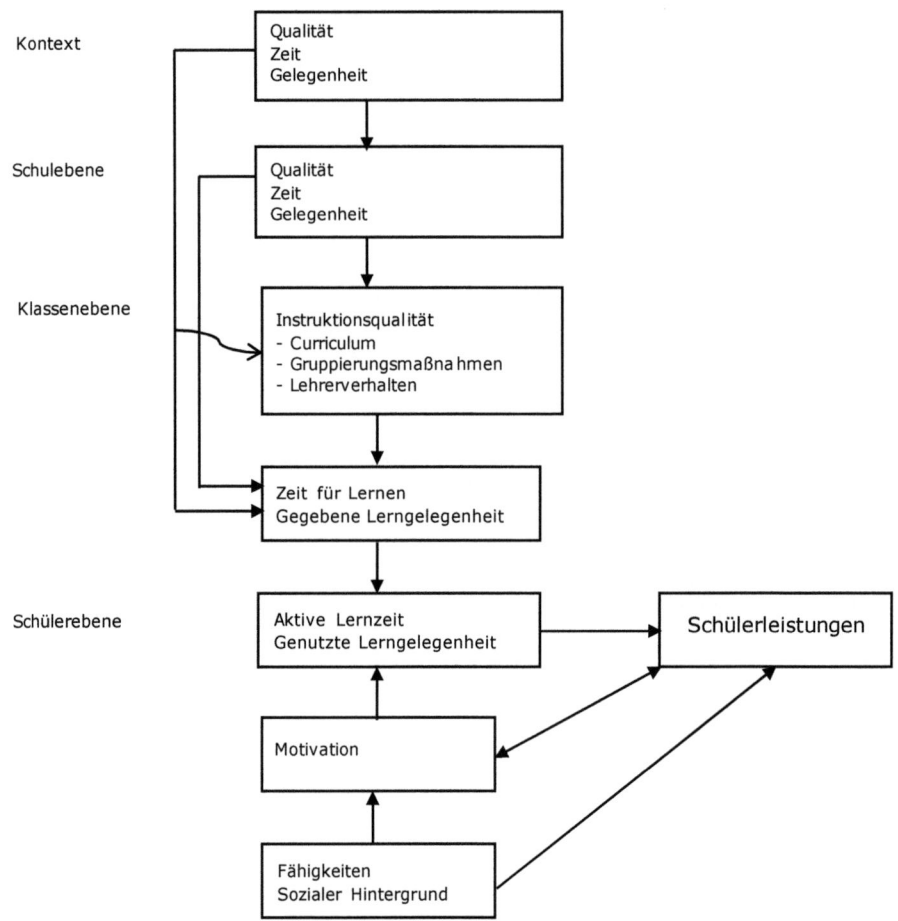

6   Das umfassende Modell (*The Comprehensive Model of Educational Effectiveness*) findet sich bei Creemers (1994) auf Seite 119.

Abbildung A.6: Integriertes Mehrebenenmodell der Schuleffektivität (*Integrated Multilevel Educational Effectiveness Model*, Scheerens & Bosker, 1997, S. 46)

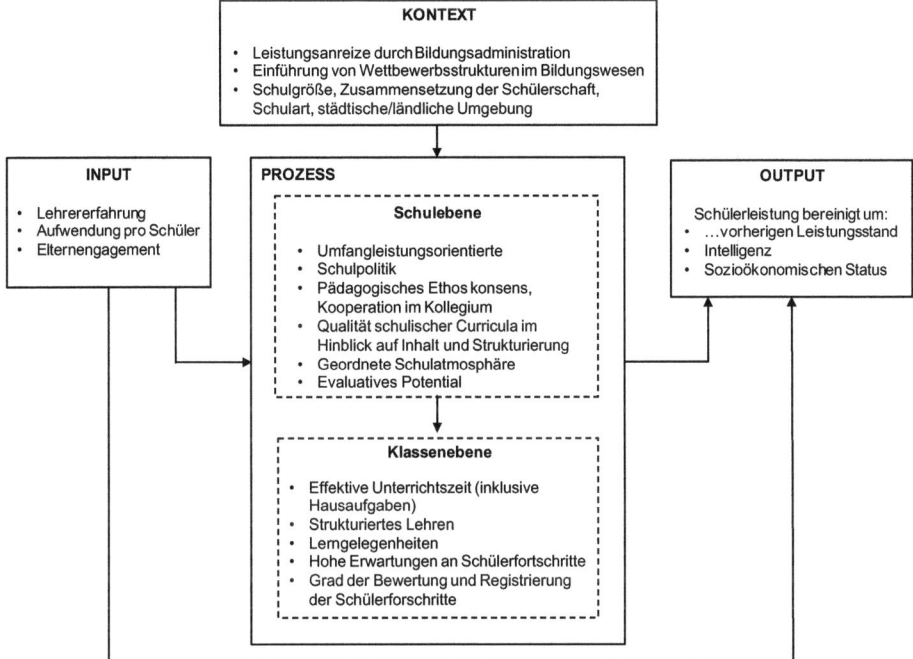

Literatur

Bauer, D. J. (2003). Estimating multilevel linear modeling as structural equation models. *Journal of Educational and Behavioral Statistics, 28,* 135–167.

Byrne, B. M. (2008). Testing for multigroup equivalence of a measuring instrument: A walk through the process. *Psicothema, 20*(4), 872–882.

Byrne, B. M., Shavelson, R. J. & Muthén, B. (1989). Testing for the equivalence of factor covariance and mean structures: The issue of partial measurement invariance. *Psychological Bulletin, 105*(3), 456–466. http://doi.org/10.1037/0033-2909.105.3.456

Christ, O. & Schlüter, E. (2012). *Strukturgleichungsmodelle mit Mplus. Eine praktische Einführung.* München: Oldenbourg Verlag.

Creemers, B. P. M. (1994). *The effective classroom.* London: Cassell.

Curran, P. J. (2003). Have multilevel models been structural equation models all along? *Multivariate Behavioral Research, 38,* 529–569.

Enders, C. K. & Tofighi, D. (2007). Centering predictor variables in cross-sectional multilevel models: a new look at an old issue. *Psychological Methods, 12,* 121–138.

Erikson, R., Goldthorpe, J. H. & Portocarero, L. (1979). Intergenerational class mobility in three Western European societies: England, France and Sweden. *British Journal of Sociology, 30,* 341 – 415.

Heller, K.A. & Perleth Ch (2000). *Kognitiver Fähigkeits-Test (Rev.) für 4. Klassen (KFT 4 R).* Göttingen: Beltz-Testgesellschaft.

Hox, J. J. (2008). *Multilevel analysis. Technics and applications.* New York: Psychology Press.

Lüdtke, O., Marsh, H. W., Robitzsch, A., Trautwein, U., Asparouhov, T. & Muthén, B. (2008). The multilevel latent covariate model: A new, more reliable approach to group-level effects in contextual studies. *Psychological Methods, 13*(3), 203–229. http://doi.org/10.1037/a0012869

Marsh, H. W., Lüdtke, O., Robitzsch, A., Trautwein, U., Asparouhov, T., Muthén, B. O. & Nagengast, B. (2009). Doubly-latent models of school contextual effects: Integrating multilevel and structural equation approaches to control measurement and sampling errors. *Multivariate Behavioral Research, 44,* 764–802.

Mehta, P. D. & Neale, M. C. (2005). People are variables too: Multilevel structural equations modeling. *Psychological Methods, 10,* 259–284.

Millsap, R. E. (2011). *Statistical Approaches to Measurement Invariance.* New York: Taylor & Francis Group, LLC.

Muthen, B. & Asparouhov, T. (2011). Beyond Multilevel Regression Modeling: Multilevel Analysis in a General Latent Variable Framework. In *Handbook of Advanced Multilevel Analysis.* Psychology Press.

Muthén, L. K. & Muthén, B. O. (1998). *Mplus User's Guide. Statistical Analysis with Latent Variables. Version 6.* Los Angeles, CA: Muthén & Muthén. Retrieved from http://statmodel.com/ugexcerpts.shtml

Muthén, L. K. & Muthén, B. O. (2012). *Mplus User's Guide. Statistical Analysis with Latent Variables. Version 7.* Los Angeles, CA: Muthén & Muthén. Retrieved from http://statmodel.com/ugexcerpts.shtml

Scheerens, J. & Bosker, R. J. (1997). *The foundations of educational effectiveness.* Oxford: Elsevier Science.

Slavin, R. E. (1996). *Education for all.* Lisse: Swets & Zeitlinger.

Tabellenverzeichnis

Abbildungsverzeichnis